近代史资料专刊

一九一九年南北议和资料

YIJIUYIJIUNIAN NANBEI YIHE ZILIAO

本书收录1919年2月北京政府与南方军政府议和谈判的文献共7种，包括李廷玉所存电稿、南北议和文献、议和文献辑存、唐继尧函电、护法谠言、政闻纪要和陕西靖国军纪事等，系研究北洋军阀与南北议和史的原始资料。

中国社会科学院近代史研究所
《近代史资料》编译室 主编

全国百佳图书出版单位
知识产权出版社

内容提要

本书收录1919年2月北京政府与南方军政府议和谈判的文献共7种，包括李廷玉所存电稿、南北议和文献、议和文献辑存、唐继尧函电、护法谠言、政闻纪要和陕西靖国军纪事等，是研究北洋军阀与南北议和史的原始资料。

责任编辑：兰　涛

图书在版编目（CIP）数据

一九一九年南北议和资料/中国社会科学院近代史研究所《近代史资料》编译室主编. —北京：知识产权出版社，2013.1
（近代史资料专刊）
ISBN 978-7-5130-1693-3

Ⅰ.①一⋯　Ⅱ.①中⋯　Ⅲ.①南北议和（1911）—史料　Ⅳ.①K257.906

中国版本图书馆CIP数据核字（2012）第260943号

近代史资料专刊

一九一九年南北议和资料

中国社会科学院近代史研究所
《近代史资料》编译室　主编

出版发行：知识产权出版社

社　　址：北京市海淀区马甸南村1号	邮　　编：100088
网　　址：http://www.ipph.cn	邮　　箱：bjb@cnipr.com
发行电话：010-82000860转8101/8102	传　　真：010-82000860转8240
责编电话：010-82000860转8325	责编邮箱：lantao@cnipr.com
印　　刷：知识产权出版社电子制印中心	经　　销：新华书店及相关销售网点
开　　本：787mm×1092mm　1/16	印　　张：34.5
版　　次：2013年1月第1版	印　　次：2013年1月第1次印刷
字　　数：513千字	定　　价：105.00元

ISBN 978-7-5130-1693-3/K·161（4537）

出版权专有　　侵权必究
如有印装质量问题，本社负责调换。

再版前言

《近代史资料专刊》是由中国社会科学院近代史研究所《近代史资料》编译室主持编辑的专题性近代史资料的总称。《近代史资料》编译室以整理发表近代历史最新资料为职志，也是国内从事近代史料整理编辑工作最早的机构。自1954年组建以来，经过几代学者不间断地努力，先后编辑出版了120余期的《近代史资料》刊物、数十部《近代史资料专刊》及《北洋军阀》等大型专题史料集，为新中国近代史学的建立和发展、为新中国史学工作者的成长都做出了应有的贡献，在海内外均具有较大影响。

《近代史资料》编译室最初叫《近代史资料》编辑组。近代史研究所成立初期，为推动中国近代史学科的建设与发展，在所长范文澜先生主持下，于1954年成立了以荣孟源先生为主编的《近代史资料》编辑组，负责近代史料的搜集整理，编辑出版《近代史资料》期刊。郭沫若院长亲自为《近代史资料》题写了刊名。除"文革"时期曾一度被迫停刊外，数十年来《近代史资料》编译室坚持为近代史学术研究与教学服务为宗旨的办刊理念，陆续整理刊出1840～1949年间中国政治、经济、文化、军事等各方面的档案文献史料，受到广大读者的肯定和欢迎。因《近代史资料》期刊每期的容纳量仅有20万字左右，针对篇幅较大、期刊无法容纳的专题性史料，从1957年开始又创办《近代史资料专刊》，专门发表专题史料，不定期出版。以

《近代史资料专刊》名义出版这些专题史料，不仅选题精道，而且篇幅容量较大，内容充实丰富。某个专题的新史料一次性大量公布出版，往往会对于相关领域或专题的研究起到极大的推动作用，如《太平天国史料》、《山东义和团案卷》、《辛亥革命先著记》以及《一九一九年南北议和资料》等。可以说，这些《近代史资料专刊》的整理出版，都曾为推动相关领域的研究发挥过重要作用，许多都已成为该领域研究必不可少的基础史料。

因为种种原因，20世纪80年代中期以后，《近代史资料专刊》的编辑出版一度中断。但是实际上编译室的同仁并未曾停止专题性史料的整理工作，也陆续整理出版了《梦蕉亭杂记》、《民国人物碑传集》和《翁文灏日记》等，只是未加以专刊之名。近年来，在所领导的支持和学界朋友的鼓励下，我们在坚持编辑《近代史资料》期刊的同时，尝试着恢复了这项传统工作，先后又以《近代史资料专刊》的名义出版了《抗战时期西北开发档案史料选编》和《倪嗣冲函电集》。然而，对于那些由于出版年代较久，如今已流传较少的专刊史料，精选其中部分重新再版，于学术研究及文化保存也是一件很有意义的事情。此次重新整理再版的《近代史资料专刊》，最早出版的一本是1957年由科学出版社出版的《辛亥革命先著记》，距今已超过半个世纪，最晚的是1984年由齐鲁书社出版的《太平军北伐资料选编》，距今也近三十年了。因为出版时间较久，特别是早期的版本现在存世很少，随着社会经济的发展和对历史文化的重视、中国近代史研究者的更新换代，以及研究思想与方法的变化等因素的影响，许多旧的历史结论已经成为陈迹，在审读史料中重构历史，解读其中未曾被重视的历史信息，已经越来越为新的研究者们重视。因此重新整理发表这些珍贵史料，也具有重要的学术价值和不可替代的作用。

此次再版《近代史资料专刊》，不是简单的旧籍重印，而是将过去50余年中陆续刊出的史料予以重新整理，并按照近代历史发展时序重新编排。各卷目次、初版时间及出版社名称如下：

《鸦片战争时期思想史资料选辑》，中华书局1963年版。

《太平天国资料》，科学出版社1959年版。

《太平天国文献史料集》，中国社会科学出版社1982年版。

《太平军北伐资料选编》，齐鲁书社1984年版。
《山东义和团案卷》（上、下），齐鲁书社1980年版。
《义和团史料》（上、下），中国社会科学出版社1982年版。
《筹笔偶存》，中国社会科学出版社1983年版。
《庚子记事》，科学出版社1958年版，中华书局1978年再版。
《杨儒庚辛存稿》，中国社会科学出版社1980年版。
《辛亥革命先著记》，科学出版社1957年版。
《鄂州血史》，龙门联合书局1958年版。
《云南杂志选辑》，科学出版社1958年版。
《云南贵州辛亥革命资料》，科学出版社1959年版。
《辛亥革命资料类编》，中国社会科学出版社1981年版。
《华侨与辛亥革命》，中国社会科学出版社1981年版。
《徐树铮电稿》，中华书局1963年版。
《一九一九年南北议和资料》，中华书局1962年版。
《秘笈录存》，中国社会科学出版社1983年版。
《五四爱国运动》（上、下），中国社会科学出版社1979年版。
《五四运动回忆录》，中华书局1959年版。
《陆海军大元帅大本营公报选编》，中国社会科学出版社1981年版。
《陕甘宁边区参议会文献汇辑》，科学出版社1958年版。

以上凡22种25册，约1000余万字。

再版整理工作采取极为审慎的态度，并遵循以下基本原则：

1. 初版之时的序、前言或编者说明之类的文字原则上不再重印，由再版整理者重新撰写编辑说明，对初版整理工作给予必要的介绍和说明。

2. 对于原稿或初版时因印刷等原因存在的明显讹误之处，再版整理者径加改正；对于校勘修订之处，均于舛误文字后加正文，并以〔 〕号标明；脱字或无法辨识者，标以□号；漏字增补者，以【 】号标明；疑问处加（?）标明；原稿文中加注之处，原为双行排印者，均改为单行排印，或加（ ）标明，或用小字排印；原始资料行文或署名中并列双排者也均改为单行，个别文件除外；疑有脱字或衍文者，于页下脚注标出。

3. 个别史料中，同一人名、地名前后用字不统一的现象，记录史实前后矛盾或表述不一致的现象，均保留原样未予擅改；清朝或北洋政府文献中对革命党、起义民众等污蔑诋毁之词，也都一律保留原样，以存历史之真，均请读者使用中注意。

此次能将几十年间陆续出版的《近代史资料专刊》重新整理出版，要特别感谢知识产权出版社这种嘉惠学林的眼光与勇气。兰涛编辑不辞辛劳，往来联络指导，以及各位编辑的认真工作，都应该得到学界和社会的掌声。

参加此次再版整理编辑工作的有，《近代史资料》编译室的刘萍、卞修跃、孙彩霞和李学通。由于整理者水平有限，其中如有不当之处，尚请读者批评指正。

李学通

中国社会科学院近代史研究所
《近代史资料》编译室　主任
2012 年 9 月

编辑说明

1917年9月，孙中山为抗议北京政府解散国会，发起以维护《临时约法》和民元国会为目的的护法运动，并在广州成立军政府。北洋政府举兵镇压，引发南北战争，又称护法运动，然而，随着俄国十月革命的爆发、第一次世界大战结束，国际形势发生急剧变化。与此同时，国内南北阵营内部错综复杂的矛盾也逐渐发酵。受滇桂军阀的排挤，孙中山1918年5月被迫辞去护法军政府大元帅职务。改组后的军政府由滇桂军阀实际掌控，孙中山仅列名七总裁之一。北洋政府中，直系与皖系军阀间明争暗斗，日益激烈。皖系以武力统一为目标，不断向日本借款，扩充军力。直系则为阻止皖系扩张，标榜和平统一，吴佩孚在前线通电主和。1918年10月，由北方新国会选举的大总统徐世昌就职，国内各界要求和平反对战争的气氛越来越浓。在这样的背景下，1919年2月起，南北代表在上海召开议和会议，唐绍仪、朱启钤分任南北方总代表。因北京政府并无议和诚意，南北议和会议于5月破裂。

《一九一九年南北议和资料》一书原由中华书局1962年出版，收录了与南北议和相关的七份原始资料：《李廷玉所存电稿》、《南北议和文献》、《议和文献辑存》、《唐继尧函电》、《护法净言》、《政闻纪要》和《陕西靖国军纪事》，对于研究北洋军阀与南北议和的历史，颇具参考价值。

其中《李廷玉所存电稿》为江苏督军李纯的幕僚李廷玉1918年为李纯奔走疏通议和与各方的电稿，反映议和酝酿时期的一些情况。

《南北议和文献》是北方议和总代表朱启钤的往来函电和参考文件，直接记录了南北议和会议具体内容，如双方争议之处、北方内部的态度，以及和会破裂的真实原因等。内容主要为北京政府方面的文献。

记述南方军政府的《唐继尧函电》和《护法净言》主要记录和反映了南方政府中对议和的态度。

《议和文献辑存》辑录南北议和时期的一些零散函电，可视为以上史料的补充。

《政闻纪要》为当时人所编1918年3月至1919年2月间大事纪要，主要记录了北方政府的一些重要活动。

南北议和中，陕西停战问题为双方争执焦点之一。《陕西靖国军纪事》叙述陕西靖国军始末，为南北议和陕西问题争执的真相提供了补充资料。

本次再版重印之时，除将原繁体字改为简体外，又对初版中个别文字、标点舛误之处略加修正，尽可能地订正了初版时遗留的部分讹误。由于水平有限，不当之处请读者指正。

编　者
2012年11月

目 录

李廷玉所存电稿 …………………………… 陈隽如 辑（1）
南北议和文献 ……………………………… 朱启钤 存（36）
议和文献辑存 ……………………………… 赖群力 辑（289）
唐继尧函电 ………………………………… 唐继尧（322）
护法诤言（选录） ………………………… 姜玉笙（362）
政闻纪要 ………………………………… 大隐居士 手摘（380）
陕西靖国军纪事 ……………………………………（504）

李廷玉所存电稿

陈隽如 辑

说明：1917年护法战争发动之后，北方军阀派系间有冲突，南方军阀又把持广东军政府，排挤孙中山先生，于是南北军阀中都有一些人以议和为名，暗相勾结。当时江苏督军李纯倡办"和平救国会"，并联络两广巡阅使陆荣廷，共同作调停人。我的老师天津李廷玉实忱先生为江苏督军署高等顾问，曾为李纯策画奔走，我家里存有他抄存的电稿，对于研究这一时期的历史有很大的关系。把它整理发表，以供史学家参考。

陈隽如

1. 李廷玉致王占元电　　1917年12月24日

万急。武昌王督军❶鉴：华密。咸电谅由秀督❷转达，昨抵武鸣❸，当将调解苦衷，并种种碍难内幕，痛切陈明。干老❹闻之，颇

---

❶ 湖北督军王占元。
❷ 江苏督军李纯，字秀山。
❸ 陆荣廷，字干卿，广西武鸣人。
❹ 干老即陆荣廷。

为见谅,并谓:"尊重法律。拥戴河间❶,始终如一。段阁❷倒后,无他问题,只在双方撤兵,赶速恢复国会,俾黄陂❸正式辞职,河间依法继任,一切善后处置,静待中央解决,遵令而行。连次电止湘粤进兵,并劝两粤取消自主,以示同心排解,早息阋墙。乃停战命令迄未明颁,两段❹进据要津,曹、张❺等同任司令、且龙❻就巡使,兵迫雷州。岳军❼进兵占据黄沙一带,各将校连电报告,且来责言。万一在此调解期间,致生冲突,不特前功尽弃,且恐时局益危。"各等语。玉云:"春督❽既作调人,万无进攻之理,但湘军前方有此电告,自应电询春督,期得真相,以息群疑。"所有驻岳各军,是否前进,抑或部下妄动,尚未退还原扎地点,均希速示,以免有碍调停。本日中央号电准王芝祥速赴武鸣,协商善后,合并电闻。李廷玉。敬。

2. 李廷玉致陈光远电 1917年12月24日

万急。南昌陈督军❾鉴:结密。咸电谅由秀山转达。昨抵武鸣,当将调解苦衷,并种种碍难内幕,痛切陈明。干老倾慕之忱,溢于言表,并谓:"尊重法律,拥戴河间,始终如一。段阁倒后,无他问题,只在双方撤兵,即时恢复国会。从此黄陂辞职,河间继任,一得完全自由,一为正任总统,所有一切善后,不准措置咸宜。惟停战命令迄未明下,致撤兵复法,不得次第实行。近则龙使就职,兵逼雷州。两段及曹、张等又被中央策令,均于和解前途,发生绝大障碍,况岳军进逼黄沙一带,前方愤激,岌岌可危,万一冲突忽生,将置调人于何

---

❶ 冯国璋,直隶省河间县人。
❷ 段祺瑞时为内阁总理。
❸ 黎元洪,湖北省黄陂县人。
❹ 段祺瑞任参战督办,段芝贵任陆军总长。
❺ 曹锟、张怀芝,任北京政府第一、二两路司令。
❻ 两广巡阅使龙济光,1917年12月7日通电就职。
❼ 驻岳州的北京政府军队。
❽ 王占元,字子春。
❾ 江西督军陈光远。

地？吾固保存中央威信起见，电劝桂、粤取消自主，陈、谭❶两督已无异词。刻因种种实情，竟归停顿，不特前功尽弃，且虑乱无已时。"等语。当即一面电达宁垣，一面请子春兄速将进驻黄沙军队即日撤退，如岳军未逾原线，须速电宣明，以留调和地位。本日中央号电已派王芝祥速赴武鸣，与干老接洽，合并电闻。玉。敬。

3. 李廷玉致陈光远电　　1918年1月3日

万急。南昌督军鉴：结密。沁日复电敬悉。因与干老就商，取消自主及撤兵两事。干老云："电劝两粤取消自主，出我本意。嗣得莫督❷等称：兴兵本为护法，此时段阁虽倒，国会尚未恢复，自主未便取消。因其理由充满，我亦无词。撤兵一节，莫督等以闽、岳增兵，毫无退让，龙使就职，又兵发钦、廉、高、雷，借图袭取，若先撤兵，实系束手待毙。所论亦属实情，故现在先决问题，只在恢复国会。此令朝颁，则撤兵与取消自主夕便可决。况国会一复，则两段不能立脚，免得贻患将来，于国家、于河间，两有裨益。秀督尊崇法律，拥戴中央，与吾辈同，自应协力进行，共挽危局。兹承秀督电候，尤为钦感。"等语。用特电闻。铁翁❸到后，接洽如何，届时复报。玉。江。

4. 李廷玉致李纯电　　1918年1月1日

万急。南京李督军❹鉴：石密。俭电敬悉。遵与干老就商三项。干老云："解决各项，全在国会问题。恢复国会令下，则取消自主，双方撤兵，当然办到；两段虽欲恋战，情势有所不能。复旧召新，本无成见，惟黎总统正式辞职，冯总统依法继任，一再迁延，恐枝节横

---

❶ 广东督军陈炳焜，广西督军谭浩明。
❷ 广东督军莫荣新。
❸ 王芝祥，字铁珊。
❹ 江苏督军李纯。

生，转于调解前途有碍。去年项城故去，要求恢复国会，承认旧为法，及副总统依法继任，三事解决，兵即彻回。此次用兵，专在倒段护法。今段既倒，只有复法而已。吾辈与秀督等同是调人地位，困难正复相等，各方趋向，近多宣明，中央自可裁决。且铁老通电，理由充满，吾畍〔侪〕当无异词。"等语。昨晚黔代表刘君燧昌，即刘督❶哲嗣，及特派员严参谋培俊到宁，与述公等维持时局苦衷，及排解近况，均各满意，并表示一致进行。附以电达。玉。武科。东。

5. 李廷玉致李纯电　　1918年1月7日

万急。南京李督军鉴：石密。东电敬悉。遵请干老阅视，并主张开会公决，以免督军团横生阻力。干老云："秀督两全办法，意旨可推测而知；惟须由秀督诸公发起，较为合宜。所论善后各节，具有苦衷，尤堪钦佩。但巡使一职，未组机关，更未请领印信，又未开支分文，是奉命之初，已有归田之意，今幸还我初服，大可世外逍遥；只以秀督迫作调人，未敢逶谢。"等语。此老恬退，出于至诚，为国为民，不辞劳怨，实为晚近所稀。

正拟复间，又奉支电，随又持商干老。渠云："此等办法，极表同情，自应密电湘、粤，俾知内容如此，以息猜疑。但召集省会议员殊觉迁缓，就新疆论，非四个月不能抵宁，其他边远省分可依次推定，似应另筹捷便之法，免致日久变生。又由湘通电一层，尚须商榷，组庵❷不肯复任，谭司令❸非督军省长，似不便与秀督等联衔。至攻闽问题，纯系造谣，毫无事实。向使李督❹果不助莫，进取潮汕，不特桂不应援，粤亦不先交战。此时秀督倡办和平救国会，用心良苦，极端赞成。"等语。窃以原电苏、鄂、赣、湘，是否湘直字之讹，抑或参加湘省另有用意，未敢悬断，第就情实推之，似参加易取各方猜忌，不如其已。至各

---

❶ 贵州督军刘显世。
❷ 谭延闿字组庵。
❸ 谭浩明。
❹ 福建督军李厚基。

省会议员参加会议，表示新旧问题取决民意，督军团可无异词，特路远迂延间，如干老所虑，拟请复通电时，指明某某远省，交通不便，应以电文协商为准，以期捷速而利进行。可否仍请酌定。

又同日接赣督支电开：南宁陆巡阅使转李实忱兄鉴："结密。云云。陈光远。支。"等因。当向干老密商，渠云："黄陂正式辞职，河间依法继任，素所主张。且议会承认黄陂辞职，河间继任，一再宣言，谅无反汗。王总理出组内阁，曾发电恭贺，表明倾向国会，并无疵议。宪法上政权持平规定，自是久远之图，国会决难反对，况国会未解散时，于分配未平之点，早经允为改良，岂今日顿翻前议。余对督军团向不主究诘吴莲伯❶，诸君亦谓，惩办祸首，徒托空言，不如不办。似各项问题不但吾极赞成，谅各议员亦无异说，应将陈秀督电转达粤湘，俾待并会解决。"除复赣督外，附以报闻。同日电吴莲伯、王儒堂❷两议员。又将电吴、王大意特请孙君伯兰❸一致表明，借挽危局。玉。武科叩。虞。

6. 李廷玉致李纯电　　1918年1月8日

万急。南京李督军鉴：石密。虞电计达。干老业转支日尊电，并陈督❹电于湘粤两省及上海岑西林。电尾表示赞成数语，敢告，以纾廑系。三五日内陈舜卿、王铁珊到邕，拟接晤后束装北上，以备接洽赴宁与会各员，俾知西南正确宗旨。尊处如有后命，望即电示，以便遵行。玉。武科。齐。

7. 李廷玉致李纯电　　1918年1月11日

万急。南京李督军鉴：石密。蒸电计达。今日陈督军舜卿❺到

---

❶ 吴景濂，字莲伯。
❷ 王正廷，字儒堂。
❸ 孙洪伊，字伯兰。
❹ 广西督军陈炳焜。
❺ 陈炳焜，字舜卿。

宁❶，声谢馈品，并谓秀督诸公主张和平解决，具有爱国热诚，所有调解手段及种种苦衷，甚为佩仰。支电发起和平救国会，极表同情，但虑各省会议员迟到，恐此期内或生枝节。答以边远各省，可以电文为凭，抑或表示随从多数，当无过缓之虑。舜公云："只得如此，别无最捷方法。"惟云："龙使举动，粤省各界极端反对，军人方面尤抱不平，虽近数日未闻激战，但双方均在出动，恐非宣言所能阻止。前干老电劝取消自主，本极赞同，只因龙使动兵，则取消自主一层，转须缓议。前电请中央撤消龙使，原为立息兵端，免致生灵涂炭，乃未蒙见谅，似未知粤中真相及吾辈苦心。秀督对于善后问题意颇厚密，特吾以息事宁人为主，但法律恢复，不愿再入宦途。干老三省使职发表后，龙或气沮，然居心贪诈，公众不容，仍无息事之望。似须由秀督请中央撤消巡使一职，可解纠纷。若恐龙不甘心，尽可予以他种名义，借钳龙使之口，并安粤人之心。"各等语。窃以舜公光明磊落，语出至诚。单对陆使明令既颁，撤消巡使令同时并下，不特具无兵祸，则两粤自主，即可宣布取消。况舜公心口如一，作事极有担当，对于在粤各军尚有威杖，敢请与王陈两督联名电陈，俾以上各端早成事实，庶于大局前途不无裨益。谨此电闻。玉。武科。真。

8. 李廷玉致冯国璋电　　1918年1月12日

北京大总统府守卫何司令希古❷代呈大总统钧鉴：前呈两电，计邀垂弩。昨陈督军到宁接洽。渠言："西南主张倒段而外，只在恢复国会后，黎黄陂正式辞职，冯河间依法继任，绝无他项问题。陆使电劝取消自主，极表同情；惟因龙济光宣布就职，进兵高雷，则取消自主一层，转须稍缓。前电中央撤消两广巡阅使职，系为保存中央威信，借可早日息兵，专待恢复国会，乃未蒙见谅，似中央尚未知粤中真相及吾辈救国苦衷。陆使拥戴河间，与吾辈同意。段阁时代，以巡使畀龙，陆使原无异词，各方面高级军官亦无他说，但龙与粤人感情

---

❶ 广西南宁。
❷ 何绍贤，字希古。

最恶,闻龙就职进兵,咸欲灭此朝食,中下级军官龙〔尤〕抱不平,各督军几难禁阻。现在海军逼琼,击沈龙部兵舰,陆战龙又挫败,本可置而不论,只以彼此互斗,伤亡均属无辜,不忍再用兵力。况外交逼紧,尤须早息阋墙,同御外侮。但龙使执迷如故,断非语言所能开导,似须明令撤消巡使一职,以免兵祸。如虑与前令抵触,或龙使不肯甘心,尽可改与他项名目,以关龙使之口,而平粤人之气。且撤使令下,战祸立消,一切问题,均待中央裁决。若任龙使横行,恐各界疑中央仍用段氏以粤扰粤之义,则枝节横生,益难收束。"各等语。窃以陈督忠诚恻怛,专主息事宁人,毫无权利思想,所论办法,具有苦心,并非胶执成见。敢乞毅然颁令,彻消巡使一职,以促和局而息兵争,实与民国前途,不无裨益,披沥陈告,万乞早见施行。李廷玉叩。文。

9. 李廷玉致李纯电　　1918年1月13日

万急。南京李督军鉴:石密。奉佳电敬悉。王总理❶垂询各节,遵将干老主张切实陈告。干老云:"此次西南起兵,专在恢复国会,俾黎黄陂正式辞职,冯河间依法继任,其下手办,则须推翻翻段内阁。前因段阁既倒,苏督等通电调停,当即电令前方罢兵,静待中央解决,则无条件可言。现在停战宣布,根本解决,只在法律问题。余对复旧召新,本无成见,惟大多数答以复旧为词,碍难强抑;若径行立断,不特理欠圆满,抑且难为运用。余处调人地位,当以从众为宜。支日苏督来电,意欲发起和平救国会,公决国会问题,纯系抛开武力,专重民意。又同日赣督来电,提出四项条件:一、允黎黄陂辞职,冯河间依法继任。二、王总理正式组阁,允许通过。三、宪法与政权允持平规定。四、国会对督军团不再生异议。均极表同情,并电湘粤取一致态度,且发表意见,主持开会从速,早解纠纷。黎冯两公高尚恬退,素所深知。河间与我旧交,其坦白公明,尤为钦佩。但就事实论,黄陂、河间均系旧会产出,经各国承认,若不复旧,则辞职继任之法定程序均须久搁。与其召集新会,多启枝节之争,毋宁恢复

---

❶ 王士珍。

旧会，以合法律之正。至多数反对一节，屈指计之，不过奉、鲁、皖、浙、闽数督，以河间威信与各方感情，果与疏通，当可有效。况苏督已办和平救国会，则是新是旧，取决民意，尤可关各督之口，平无意识之争。回忆国会被解之期，所有行为，论事诚有困难，黄陂果则已失尊严，纵他方之怂恿复职，就主观客观而论，承认一节，万难实现。以余个人言之，亦不主其再上舞台，弥增缺憾。以黄陂之明，当自了解。此时前线两相对峙。尚未撤兵，若中央一再迟疑，恐在停战期间，生出意外冲突，不但重起内讧，且虑外侮逼来，无方抵御，万望河间毅然独新，不信浮言。并望王总理相济相成，早达息事宁人目的。"各等语。谨此报闻。玉。武科叩。元。

10. 王芝祥致国务院电　1918年1月14日

北京国务院王总理钧鉴：珊密。祥元日到邕，晤陆干卿，详达总统与我公维持之苦心，甚为钦佩。干公轸念时艰，甚愿早息内讧，同心协力，急谋对外，以救危局。惟现近日现相，南与南不和，北与北不和，南北又复不和，是天心之未厌乱，抑人事之有乖欤！闻龙紫丞❶募勇增兵，扰害高雷，人民转徙流离，土匪乘间窃发，繁盛之地，成为战场。小民何辜，遭此涂〔荼〕毒，兵连祸结，永无宁日！恐龙使既难保全，大局亦因而破坏；若使各去猜疑，共捐私愤，和衷共济，亦不难有解决之方。干公因退居闲散，一切不愿与闻。惟两粤将领，以龙使派兵肆扰，愤激异常，默察情形，必须请干公出山，方能维持百粤治安，乃以顾全中央威信。日昨秀山代表李中将廷玉电商李督，拟请任干公为湘、粤、桂三省宣抚使。得李督虞日复电，谓已会同鄂、赣两省联衔入告等语。在干公淡泊为怀，厌闻杖利，然责以爱国之忱，顾名思义，必肯出而任事。敢祈我公转陈首座，从速发表，以安两粤之人心，而重中央之信仰。至于善后各事，与干公筹画，均易解决。先肃电陈，伏候明示。芝祥叩。盐。

---

❶ 龙济光，字紫丞。

11. 李廷玉致冯国璋电　　1918年1月15日

万急。北京总统府守卫总司令何希古呈大总统钧鉴：成密。来粤倏将逾月，默察西南半壁，实以干老为忠［中心］，信仰所归，非此人难任排解。虽干老恬退，夙无利之心，然为国家谋，为湘、粤计，非请干老出任其难，诚无他术可解纠纷。前苏督等电请中央任干老为湘、粤、桂三省宣抚使，以便负全责而挽危局。昨铁老到邕，尤以苏督等办法，为第一要着，业电请王总理请求中央早为发表。铁老官桂多年，信望素符，与干老尤为契合，并责以维持大义，谅无可解辞。务恳早颁宣抚明令，庶得促进和平，结束善后。铁老对于苏督和平救国会办法，甚愿速见实行，免得旷日相持，致有意外。谨此电陈，伏希垂鉴。李廷玉叩。删。

12. 李廷玉致冯国璋电　　1918年1月16日

万急。北京大总统府守卫总司令何希古呈大总统钧鉴：成密。删电计邀垂察。干老接晤王上将❶后，拟上元首、总揆各一书，为最后之忠告。其主张在公义私交两臻完美，决定将书交玉带呈，并面陈西南真相，以免函电往来，致多犹豫。业拟筱日起程，先此电达。玉叩。谏。

13. 李廷玉致李纯电　　1918年1月16日

万急。南京李督军鉴：石密。寒电计达。元、寒各电均敬悉。联合长岳一节，干老了解，并无异词。省会议员召集，与远省电商，以期捷速，无他便法。对于中央一再迟疑，似不满意。自铁老电请总理主张速办和平救国会，尚有最后之希望，拟卸调人，以促省悟，尤表同情。复示六项，以辞职一层，为现时最要之著，谅日间中央必有正当回复。北洋各督反对旧国会一项，据铁老言，虽确有此情，究亦首

---

❶ 王芝祥。

座怀疑所致。当与干铁两老协商办法，铁老主由干老致元首、总理各一函，交玉带京面呈，并述西南实情，为最后之忠告。若仍支吾，是河间不顾公义，不讲私交，只得与秀山另筹良策。干老云："此法甚善。"玉即决定筱日起程，留惺亚在宁接洽。窃以时局纠纷，固由段党作祟，实河间见理不明。公等拥护中央，即是翊戴河间。就苏而论，尤为河间劲援，如其长此狐疑，不明黑白，则与西南同谋共济，以特别方法，斩此乱丝。自来豪杰匡时，不外有卓识，有决心，有毅力，三者兼备，始能能决大策，定大疑，成大事业。此次公倡言护法，主张和平，以大公我之心，存国救民之举，万一各方牵掣，不能遂我初衷，则于粤湘马首是瞻，以扶危局。临行驰告，口不择言。玉。谏。

14. 李廷玉致李纯电　　1918年1月22日

南京李督军鉴：华密。筱电计达。养日抵羊城，借悉时局已有转机，甚慰。刻搭轮，准宥日开行。此布。李廷玉。养。

15. 李廷玉致王芝祥电　　1918年1月22日

南宁督军署转王铁珊先生鉴：华密。养日抵羊城，借悉大局颇能转圜，中央对李秀督不准辞职及卸去调人。似此情形，南北渐趋一致。望速晋京，共促进行，并转告惺亚。南宁友均祈代候。李廷玉。养。

16. 国务院通电　　1918年1月月25日

万急。各省督军、省长并转各司令，各镇守使，各师长、统领，龙华、宁夏护军使，承德、归化、张家口都统，武鸣陆上将军，锦州巡阅使鉴：本日奉大总统布告："政见不同，各国恒例，然苟有他道焉可以息争，则宁避武力而用和平。诚以好治而恶乱，去危而就安，人人心理所同，可以断定者也。国璋生长兵间，憯于学识，徒以因缘时会，不能不受法律之委托，承乏代理。适值兵事，顾目睹见夫民生之憔悴，财政之困难，间阎迫于饥馑寒，将士罹于锋镝，未尝不恧焉伤之。师行所至，外国人之生命财产，时虑其保护不周，教士商民迭有呼吁。况欧战而后，我既与协约国为同一之动作，正宜蓄养己力，以援助友邦，更无内讧之理。国璋素以和平为主旨，久拟警告同，早弭战祸，徒以荆襄忽又自主，潮汕攻击不休，以故迟尚未发。近日上将军陆荣廷、云南督军唐继尧、广西督军谭浩明等均有遵饬所属各军停止战争之表示，陆荣廷且有劝告桂粤取消自主之宣言，此天心厌乱之机，即人事昭苏之会，中央与各省均应表示同情。深愿察纳劝告，解息纷纭，于军事上既得各方之结束，于政事上乃徐图统一之进行。至于陆续派出之各项军队，系为弹压地面、巩固防务起见，皆应静候命令解决，不得彼此稍有误会。此则双方统兵长官，应互负其责也。若或尔虞我诈，借和平之标的，逞侵略之野心，斯全国当视为公敌，既非国璋所欲闻，抑亦重负陆荣廷等劝告之本旨矣。至善后事宜，大要只求此后之不背正轨，而不得追溯既往。因革损益，自以彼此掬诚相告，次第施行，固非国璋所敢私告也，亦非一方之见所能决也。诚有兄弟阋墙，外御其侮，我全国父老子弟，其敬听之。特此布告。"等因。院。有。印。

17. 伍廷芳通电　　1918年1月26日

南宁陆巡阅使、李省长，云南刘代督、唐行营、唐督军，贵阳刘督军，长沙谭联军总司令、程总司令，南宁〔京〕李督军，南昌陈督军，荆州石总司令，襄阳黎总司令，重庆熊镇守使、王总司令，上海岑云阶、孙伯兰先生，广州自送莫督军钧鉴：顷电冯总统电，其文如下："北京冯总统钧鉴：庚电敬悉。尊意以前事实，不当再事追溯，以免纠纷，惟求此后之根据法律而已。具见我公牺牲己见，息事宁人之苦心，无任敬佩。廷芳南来，将及一月，从各方面悉心考察，现在南北争持主要之点，一言以蔽之，不外恢复旧国会与否而已。西南各省曰，国会为中华民国三杖之一，解散国会，乃干宪非法之举，西南义师之兴无他，惟求恢复国会，维持约法而已。盖民国命脉，系于国会，环顾全球，即君主国无不有国会；惟中华民国则以民国无之，诚亘古未有之怪象；故吾辈欲维持民国，必先维持国会。倘但召集新国会，则试问此国会从何处发生？据何法律？临时参议院之为合法，乃前内阁欺人之语耳。以民国元年既经消灭之机关而复活之，则必大总统亦为临时，各友邦之承认，亦复取消方可。此种不通之论，原不容于学校讲堂，不图竟创于政府，见于实行，此民国之大辱也。临时参议院既不法矣，则由该院产出之新国会，焉能合法。亦犹婚姻既不合法，则所生之子，亦惟私生之耳。惟其如是，故已往事若不追溯，日后设施，虽欲根据法律而不可得。临时参议院非法，则新国会亦非法，新国会通过之法律亦非法，选出之总统亦非法，无往不非法，是我公纳民轨道之盛意，亦无由得达。若果能恢复旧国会，则宣布宪法，以固邦本，修改国会组织法、选举法，以改良代议机关，不数月而旧国会散，新国会出，因而法律复焉，和平复享，此西南诸省护法护国必以恢复旧国会为先之理由也。我公当国当政，居拥护国宪、维持法律之地位，一纸明令朝下，而全国纠纷夕解。乃迟迟未获命，国人大惑不解。此事既为争执之点，应请公开诚布公，正式宣告对于此事之态度，俾南北人士可以了解，泯除误会，于政局当大有裨益。临电翘企，伏维鉴察。伍廷芳。宥。等语。特此奉闻，敬候明教。伍廷芳。宥。叩。

18. 李廷玉致李纯电　　1918年2月3日

万急。南京李督军鉴：绍密。晤张绍先、何希古、师岚峰，探询内容，均言调和已无余地。方维新谒首座，陈述尊处主张，及特别挽救法。首座云："事至如此，无可磋商。惟苏须出兵一旅，即由陈部抽出一团，编成一旅，交张宗昌带，免得西南指责，以留苏督人格，并可塞主战各督之口。俟战有利，再觅机言和。"总理颇知尊意及特别补救之方，但迫令改出条件，恐亦未易办到。按上各情，似脱卸调人通电，即可宣布。余容续报。玉。江。

19. 李廷玉致李纯电　　1918年2月5日

万急。南京李督军鉴：绍密。江支两电计达。铁老述元首仍主和，总理亦知各督不战，惟措置无法，致陷国家于危。现主由公及西林❶、铁老等出名，请干老先行撤兵，以示调和诚意，再议各项条件。元首、总理似有活动意思。本日晚间，谒元首再探口气如何，届时电达。谨闻。玉。歌。

20. 李廷玉致李纯电　　1918年2月6日

万急。南京李督军鉴：绍密。元首被宵小包围，不令主调和者再申和议，故至今未得晋谒。本日尚设法求见，如仍无效，即拟南旋，切述真相。罪己令下，是自命皇帝口吻。赦帝制犯令下，尤足动天下之兵。似此不辨是非，以仇为德，落入陷井。犹不解祸从何来，无法挽救！复辟高唱，将成事实，主战派决不进兵，以期推倒冯、王❷，行张勋故事。东海❸甘作傀儡，不纳正言，行将自杀。陈督夺官留职。殷执法赐上方宝剑，益见中无所主，乱下令文。特此驰达。玉。鱼。

21. 李纯致谭浩明、谭延闿电　　1918年11月5日

谭行营谭月波❹、组庵两先生鉴：顷读诸公艳日通电，尊重法律，希望和平，义正词严，语长心重。佩仰佩仰。秉三❺先生约集在野朝贤，开兹盛会，同声相应，顺风而呼，甚盛事也。但其通电声述甚明，盖只是鼓吹舆论机关，而非国民裁判之地，尊电望其维持公议，可谓一语破的。现无首以强邻干涉，已有动机，不速自谋，复亡无日。法律保障，具有同情；特恐展转需时，迫不及待。拟先将事实、法律诸问题，酌定具体办法，奉商诸公。如荷同意，事实先可解决，纠纷即已化除。而法律问题，转得郑重从容，公同裁决，以求美满之结果。至如何组织此解决法律机关，无不可商办也。窃谓时局艰危，

---

❶ 岑春煊，广西西林人。
❷ 冯国璋、王士珍。
❸ 指徐世昌。徐氏郡望为东海郡。
❹ 谭浩明，字月波。
❺ 熊希龄，字秉三。

已达极点，治标之法，别无良图。纯自去年奔走号呼，怨尤丛积，本不愿再为冯妇，贻笑士林；特是国家兴亡，匹夫有责，中外相迫，又复义无可辞，故觍颜陈词左右。两公热诚爱国，百倍于纯，苟可以救危亡，固国本，当无不可通融商洽，期底于成。先后虽殊，要必达于尊法律之目的。与其迂而迟，何如捷而速。除迳电商干老外，管蠡之见，未知有合于高明否？惟求赐教为幸。李纯。微。

22. 李纯致国务院电　　1918年11月8日下午8点

北京钱总理❶鉴：亲译，统密。院鱼电敬悉。嘱纳西林，本当遵办。惟思西林在粤为西南总裁领袖，我虽未尝承认，彼固尉佗自居，非如闲居在沪时，可以一招即至。虽日奉命电邀，窃恐以纯地望，未必惠然肯来，转伤中央之威信。如用公电约，则公才公望，岑所钦崇，宜若可以从命。尊意以为何如？李纯叩。齐。

23. 李纯致张敬尧电　　1918年11月8日下午8点

长沙张督军❷鉴：统密。顷接辰州田应诏、张学济等电称："我公奉与西南接洽和议，正在进行。"昨忽接桧浦周则范司令电："安化北军陡向东坪小淹进攻，战争激烈。不知何故肇此战祸。东坵各地与诏等所部，及马、辰、滇黔各军防线毗连，利害所关，殊难坐视。现已电嘱周军，惟取正当防卫。一面公电奉陈，深冀勿以一隅之冲突，致激各军之公愤。倘荷电致张督，饬令该地防军，仍就原防，共维现状，则大局和平，实利赖之。"等语。苏省距湘较远，前方近况，未知其详，究竟是何情形，祈查明见示。现值一发千钧之际，似应各守防地，静待解决，以免轻启衅端，牵动大局。我弟力主和平，当有同情也。李纯。庚。

---

❶ 国务总理钱能训。
❷ 湖南督军张敬尧。

24. 李纯致吴佩孚电　　1918年11月8日下午8点

衡州吴将军鉴：统密。顷接辰州田应诏、张学济等电称："我公（与致湘督文同）大局实利赖之。"等语。苏省距湘较远，前方近况未知其详。除电询张督并嘱饬属力维现状外，特电奉闻。李纯。庚。

25. 李纯致唐继尧、刘显世电　　1918年11月8日

云南唐督军、贵阳刘督军均鉴：同密。卅一电敬悉。两公尊重法律，维持和平，一片苦心，昭然若揭，而并不为门面而谈，尤深钦仰。遵即转陈中央。兹据复电，甚佩卓论之纯正公平，尤赞两公之热诚爱国。惟以尊重法律，必求正当解决，妥慎折衷，非彼此片面所可主张，往复数言所能剖释。诚恐旷日持久，又恐鲁莽草率，转成种种非难，意在分途并进，迅商办法。果其研究法律，同时解决，固所至愿。若法理尚无归宿，事实已具端倪，亦可稍省旷废之时间，而先收局部之效果。此中央之微意也。纯以为会法律而言事实，是轻本重末，势不可行；后事实而先法律，恐筑室道谋，时不我待。纯意如中央能提出解决法律具体办法，商定组织何项正当机关；为裁判法律之地，使法律两字有所着落，虽组织需时，然既经宣布，即有归宿。而以其间商量事实问题，随时解决，似可两全。未知尊意以为何如？尚祈赐教。蘧使辱临，定当倒屣，俟到宁日，谨当报闻。李纯。齐。

26. 李纯致国务院电　　1918年11月8日

北京国务总理鉴：统密。前以一电敦劝西林赞助和平统一。顷接复电云："漾电东奉。悲恻之怀，缨冠之义，至深敬佩。宥日电谭联联军总司令请吴师长转去一电，谅必察阅。煊志在促进和平，无间终始。惟念民国七载，祸变迭经，未尝不以调和了局，卒至调和甫竣，纠纷又起。国力几何，旦旦而伐，即无外患，亦足危亡。况强邻眈视，日思染指，而欧战将终，东亚问题尤为吃紧。诚如尊论，局势已

急,稍纵即逝,为目前及将来计,均非迅开和平会议,解决历年症结,永杜祸原,不易图存。煊静现默察,知调和关键,首在使南北无所轩轾,则情感通而扞格消,纵有一二野心家,欲肆挑拨离间手段,亦苦无从。否则夜长梦多,深恐变幻莫测,国家将以沦胥。言战所以促亡;言和而犹豫不决,其祸正同。值此一发千钧之际,全在当机立断,挽回浩劫。煊对于东海今人,素所景仰。惟现因问题,于和平事业只能暗助。此中困苦,明达如公,当能洞烛,东海谅亦知之。敬布腹心,仍候明教。春煊。冬。等语。希转陈主座,请示见复为祷。李纯叩。霁。

27. 李纯致田应诏电 1918年11月8日下午8时

特急。辰州田总司令并转张、胡诸君鉴:敬、鱼两电均诵悉。鱼电所述一节,已电张督并嘱饬属保守原防,静候解决。仍望谆嘱周军维持现状,以免轻启衅端,牵动大局,是所至祷。李纯。庚。

28. 李纯致徐世昌电 1918年11月9日下午8时

北京大总统钧鉴:公密。自遵钧谕与陆等接洽,所得复电,经已择要转陈,其趋向和平,已得一致,是第一步接洽,尚称顺手。惟综览各方公私诸电,保持法律,异口同声。平心论之,彼以护法为名,今遂后法律而先事实,则是专争权利,体面何存。故其要人非不希望和平,赞成统一,而不能不力争法律者,盖亦自有苦衷。今若但以甘美之词,危苦之论,劝其先议事实而徐求法律之真谛,势必不行。然遂允其要求,则旷日持久,诚如钧虑有时不我待之忧。纯殚精竭思,窃以为急求统一,必筹两全。钧座本拟定一具体办法,俟洽商后宣布。如于此具体办法中,首先提出法律问题,声明组织何项正式机关,为公同裁判之地,使法律二字有所著落,则虽组织需时,裁判需时,而既经宣布,已有归宿,护法者目的已达,心气自平。更于办法中声明,在组织时间,一面商决事实,以免旷日废时,致召干涉。则不言之先后,而事实之解决自在先矣。管见所及,未知当否?伏乞钧裁。尚有楮墨所难宣者，日内拟派李顾问廷玉入都，面陈一切，并请示机宜，到时求准予人觐为幸。李纯叩。佳。

29. 李廷玉致陈炳焜电   1918年11月14日

桂林陈省长舜卿哥鉴：和密。真电敬悉。前奉文电，已陈秀督。秀督钦佩感叹，赞不容口，谓我哥爱民爱国，一片真诚，无论若何为难，必当竭力斡旋，以副盛意。本拟俟奉到尊电，如何〔荷〕于哥同意，即密电中央查照进行。前承披示干哥意见相同，秀督闻之，尤深愉快。刻已本公之意，切商政府，务期达此目的。虽中央现议不免偏重事实，然以秀督恳切陈词，剖析事理，或可收美良之效果也。惟干哥此次来电，但认调人，不及他事，固属谦抑之词。秀督之意，时局危迫，今达极点，欧战比已告终，苦纠纷不决，不独海牙会上无一席之地，且列强先警告而后干涉，将有代我处置之虞。是非干哥出任仔肩，尽力赞助，无以促和平统一之进行。现在中央对于干哥与对于秀督，皆倚畀甚多，希望甚切。又求干哥一力担任，而后秀督不至灰心。务祈以此意转致干哥，并云从傍切实敦劝，是所至祷。廷玉叩。寒。印。

30. 李纯致国务院电   1918年11月14日

北京钱总理鉴：统密。元电敬悉。欧战告终，我之纠纷未已，诚如尊论，时局危迫，不能不迅筹解决。纯受主座委托，商陆❶疏通，现虽稍有把握，惟虑稽迟贻误。今由中央拟具办法，派员赴桂商洽，使纯之责成可宽，仔肩可谢，至为感慰。惟前者中央来电，谓将拟具体办法，派员特赴张处并至陆处接洽后，即由纯与干卿宣布。此其时尚无欧洲休战之信，现在时局益迫，若待林等至桂，计非月余不达，此一月中，诸事停顿，已恐长夜梦多；若再由纯处转折，更恐往返耽延，别生枝节。愚见尊处既派林、关两君赴桂，嗣后关于洽商之事，

---

❶ 陆荣廷。

可即迳与桂省电商，勿庸由纯接洽，以免迟误。林、关两君亦勿庸绕宁，徒费时日，并希辅陈为荷。李纯叩。寒。

31. 李纯致施愚电   1918年11月14日

北京铁狮子胡同施鹤雏❶兄鉴：隹密。院电谓已拟定具体办法，交兄赍宁，望速来盼。李纯叩。

（李廷玉于寒电拟出后，曾签："顷复细思，中央派林、关二人赴桂，实根于卅一电，别无他意，若竟推辞，似觉不可。窃谓院电暂可不复，俟其持办法到后再酌，抑或复以时局危迫，派员需时，不若由宁电商，较为迅速。是否有当，统令酌行。"十一月十四日李纯批："所见相同，前签已批，请阅便悉。"）

32. 李纯致国务院电   1918年11月13日

北京国务总理钧鉴：统密。真两电、尤一电均敬悉。承示西林可来之故，自当遵办。惟愚意终未敢冒昧电邀。比已招其驻沪代表彭君来宁，嘱彼密电探询，若可来，即当电约，容再奉闻。上大总统佳电，所陈一节，日前接干卿电，似仍未接近，已于真日奉达。然纯意非如此通融，不能双方兼顾。陆处容再竭力磋商，必求范我驱驰而后已。虽不敢谓必有把握，然精诚所至，金石为开，或可有效。中央已拟定具体办法，甚慰；惟盼施君速赍以来，俾资研究。将来如何意见，即嘱李顾问廷玉面陈也。李纯叩。元。

33. 李纯致国务院院电   1918年11月22日

特急。北京国务总理鉴：统密。前奉删电，即经遵嘱电告西南，一律罢战退兵。兹接陆荣廷电云："巧电悉。和议既决，先行退兵，自是要著。顷接干臣先生翰电，商请双方退兵，业经转商多方亦理。

---

❶ 施愚字鹤雏，或作鹤初。

湘中方面与吴、谭结为后，已无战事可言。长此相持，劳师匮财，终非善策。双方军队，如能同时撤退，极所赞同。他方意见，尚待磋商，湘事成议在先，办理较易。惟湘局糜烂，一切后事宜，非得谭组庵出而维持，窃恐不能收拾。尊意以为何如？幸即转商前途为盼。荣廷。哿"。等语。又接刘显世电云："巧电悉。大局趋势，不容我内部再有纠纷。东海明令罢战退兵，为和平会议之先导，我公斡旋其间。致肩和平之先机，至为钦佩。承示各节，自竭力赞成。此间早令前方各军停战，惟退兵手续，仍须俟和平会议双方决定，方免彼此纷歧。切盼转陈东海，早将设立和平会议之办法决定宣布，庶能提纲挈领，着着进行。世已将此意电达岑、陆、唐诸公，切望办理，以期及早成为事实，用副盛意。再，日来迭得湘军周总司令则范报告：张敬尧所部连日由安化进攻周部于安化属之东坪地方。周军因曾奉电令，勿得肩衅，致碍和局，遂由东坪退守。张军仍复进攻，周又再由太平锄、瑯塘退至对口溪。刻张部仍进攻不已，意在乘此时攻下湘西。请示应否反攻前来。查东海既明令罢战退兵，而张军乃无端开衅，极为和局之障碍。务恳商由东海电张，饬将东坪等地退出，回复原状，以便徐商办法，免生枝节。如何，并祈见示。显世。箇。"等语。查刘电所称张、周两君开衅一节，系十日以前之事。前接张、周两方来电，纯即电嘱各保原状，勿再冲突，静待解决，免生枝节。嗣得双方复电，均允照办。比已先将此层电嘱刘督矣。谨此电闻。祈参酌办理。李纯。养。

34. 李纯致刘显世电 　　1918年11月22日下午1时30分

贵阳刘督军鉴：同密。箇电敬悉。会议之组织，已经切商中央，决可办到，俟商定即电请双方派员会议。至湘军报告，似均在奉令罢战之前。纯前接田、周电，已电嘱张督各保原状，勿再冲突。张复电照办。又于浩日分电张、田申明此义，当不致再生枝节矣。先此奉复，尚希勿念。李纯。养。

35. 李纯致国务院电　　1918年11月23日

万急。北京国务总理鉴：亲译。统密。简电敬悉。管蠡之愚，均蒙采纳，忭幸无似。惟纯改和平为善后，为避其名；尊电改会议为协议，为存其体；同有深意。本当谨遵。第反复细思，协之与会，实亦无大区别，而易起西南之疑。盖既变其"和平"二字，而又并"会"字靳之，恐执为无益之争也。且会者，非对待之名词，涂山之会，执玉万邦；葵丘之会，载书五命；圣王霸主，不失尊严。即在前清，亦有御前会议。若夫"协"，尧之协和，固为美名；今之协约，则为敌礼。宁谓彼方要求会议，不如姑以子之。万一欲于"善后"二字上冠以"和平"字样，亦无不可从也。此非迁就，盖所欲争，尚不在此。祈迅速核复，以便宣布。至代表关系甚巨，鄙意拟声明资望素著，经验素深，或有法学知识，或熟悉各方面情形，而向无成见者，庶不致横议诡随，别生枝节。祈代为请示只遵。李纯叩。梗。

36. 李纯致熊希龄、张謇电　　1918年11月24日

天津熊督办、南通张季直先生钧鉴：前读李公通电，慈祥恺恻，极悲悯之怀。嗣读东公属转李公电，藻密虑周，谋安全之策，仁人君子，共挽时艰，其用心甚苦，而其利国福民者，为甚宏也。窃谓东海出山，明良一德，诚祸福转移之会，亦存亡绝续之交。诚得两公约合在野同志诸贤，顺风而呼，千里可应，较之军政各界请求呼应，为效更速而神。盖共和国体，民为主人，护法诸君，必尊民意，舆论之裁判，苟居多数，各方面皆不难牺牲己见，以相从也。纯所奉元首电，亦于西南有所接洽，但止属一方面，而大力包举，终有赖于群公。至于以实力为后援，则长江各省凡可以促进和平者，职任所在，敢不尽力。外则分道进行，内则互为精神之协助，以期速达救国救民之志愿，两公当无不赞同也。敬布愚诚，惟希察照。李纯。敬。

37. 李纯致陈炳焜电   1918年11月25日

桂林陈督军鉴：尊处东日万火急通电，直至径日始奉，相距二十五日。以此观之，从前彼此往来电未达者，殆甚多也。尊处渴望和平，皆悲天侧【悯】人之心，流露而出，精诚所致，金石为开，转移之机，殆将不远。中央自东海就任后，首组内阁，即已表示和平。国务院亦有通电，剖示诚意。此乃续绝存亡之机，不可失也。公德望冠时，一言九鼎，尚希会商干老处，比已去电商洽，更求从旁玉成。曹、王、陈诸督军，均与纯同心心合德，无不一致进行，披臆奉复，惟希察照。李纯。径。

38. 李纯致冯国璋电   1918年11月25日

北京冯前大总统钧鉴：岚密。漾电只悉。仰见民胞物与，悲天悯人之至意，钦服莫名。熊、张诸公发起兹会，此体钧座和平救国之心，纯极端赞同。一俟接电，遵当表示同意，并当随时声应，祈释廑怀。纯近奉东海电论，向陆干卿有所接洽。但止疏通此一方面，且不居调人之名，责任较轻，愆尤或寡，有无效果，仍不敢知。窃谓谋解决之进行，终非由钧座提倡维持不可。纯力所能及，遑恤捐瘠，尚祈随时提撕，俾获遵循勿失，是所至祷。李纯叩。径。

39. 李纯致国务院电   1918年11月25日

特急。北京国务总理鉴：统密。遵嘱电劝各方一律退兵，兹接谭组庵电云："祃电敬悉。宏识苦心，闻者咸颂。两方同其真诚，和平庶几有望。惟会议一日不成，则纠纷一日不解，迁延愈久，枝节日多。撤兵诚如尊论，具有苦衷；然不经接洽，终托空言。即以湘论，其或撤主和有纪律之兵，而留主战恣暴之众，未见其有益也。公智珠在握，想已策及万全，幸时垂示。"等语。查陆干卿复电，对于湘省退兵，有"非组庵回湘，难定办法"之语。默察陆、谭诸君主意均于湘事颇为注重。谨以奉闻，惟乞裁夺。李纯。有。

40. 李纯致徐世昌电   1918年11月25日

特急。北京大总统钧鉴：统密。准院电，善后会议地点拟定南京。容将一切办法商之西南，俟得同意，即当宣布。惟兹事体大，既在南京，则纯义当负责，而材轻任重，深恐不胜；拟恳慈施，俟得西南同意后，即由中央简派才望素著之大员来宁，担任办理一切，以昭慎重而免遗误。谨此电陈，伏维垂鉴。李纯叩。

41. 李纯致国务院电   1918年11月26日

北京国务院鉴：统密。漾、梗两电均悉。和平统一，其理相因。非和平无以谋统一，要亦非修明武备无以促进和平。荩筹及此，诚中国之福也。奉读致西南一电，恳切肫诚，无异生公说法，所谓一纸书贤于十万师，收效之宏，响应之捷，奚待蓍蔡。纯敬体中央之意，凡所措施，敢不兢兢。至于保卫公安，维持秩序，整军经武，除暴安良，谨当遵照前令，毋敢或懈。祈释廑念。李纯。宥。

42. 李纯致岑春煊电❶   1918年11月26日

万急。广东岑云阶❷先生鉴：永密。迭奉诸公来电，表示和平诚意，商开双方会议，具征顾全大局，尊重法律，大公无我，始终如一之盛意，钦佩无似。当经转呈中央，并拟定善后会议名目，议双方各派代表十人，解决法律事实。兹接国务院电，均准照办，并拟指定南京为会议地点。是诸公所希望而指示者，幸不辱命。现拟由纯通电宣布，即日组会议，双方均于三星期到宁，公同解决各问题。除法律应完全由会议解决外，其关乎事实有紧要迫切，或简单易于解决者，则双方直接洽商，随时解决，以赴时机。双方代表，以资望素著，经验素深，或有法学知识，或熟悉各方面情形而向无成见者为合。以上各

---

❶ 李纯致岑春煊、陆荣廷、唐继尧和刘显世三通电文，内容全同，今止录此电。
❷ 岑春煊字云阶。

节，中央均已同意，用特电达。如公等赞同，即祈飞速电复，以便宣布。无任跂祷。李纯。宥。

43. 李纯致陆荣廷电　　1918年11月26日

特急。武鸣陆上将军鉴：公密。哿电敬悉。荩筹至佩，当即转陈。兹接院复电云："干卿赞成罢兵，甚慰。仍盼早日商定退法，以便双方进行。"至组庵夙为东海器重，曾经电邀来京，商议大局，迄未北来。湘事稍定，自必有借重之处。"等语。湘事重要，公意深远，纯亦同深注意，容大体定后，竭力图之，以副盛意，而慰湘人。李纯。宥。

44. 李纯致吴佩孚电　　1918年11月27日

特急。衡州吴将军鉴：子密。有电敬悉。尊拟退兵次序，具征成竹在胸，卓识荩筹，至为钦佩。善后会议已定，正征求西南同意，约旬日间，当可宣布。至退兵问题，亦在商洽中，俟有确定办法，再行奉闻。至组庵先生担任湘事，裨益大局，当匪浅鲜，纯极端赞成。已电陈元首，复电已露允意。元首与组庵谊属师生，知之甚深，感情素洽，一俟湘局稍定，想可成事实也。特复。李纯。感。

45. 李纯致徐世昌电　　1918年11月28日

北京大总统钧鉴：统密。纯于漾日电致滇黔两督，述钧座宽仁公大之意，询其有何意见，当为代陈。兹接刘督显世来电云："漾电敬悉。无任钦佩。世等心期和平，始终未懈。徒以事势推移，阻障横生，惟有成事不说，冀图将来耳。我公热诚宏愿，再作调人，东海人望素孚，主持其事，必能统筹兼顾，泯此纠纷。已将尊电转商唐督矣。再，此间相距甚远，交通梗阻，一切情形，非文电所能尽述，兹商唐督特派黔中道尹王伯群君赴尊处接洽，乞开诚示教，转达东海为祷。显世叩。宥。"等语。谨此上闻，李纯。勘。

46. 李纯致刘显世电　　1918年11月28日

贵阳刘督军鉴：华密。宥电敬悉。我公热诚卫国，始终主持和平，不独纯所深知，全国亦皆共信。兹荷会商唐督，特烦遽使远临，尤见万里同心心，不遗葑菲。王君到此，定当欢迎，凡所蕴蓄于中者，无不倾沥相告。除将尊意转达东海外，谨此奉复，诸维爱照。李纯。勘。

47. 李纯致吴佩孚电　　1918年11月28日下午6时

特急。衡州吴将军鉴：子密。善后会议，现已呈奉中央允许，地点拟在南京，双方各派代表十人，于三星期内齐集，经电商岑、陆诸公矣。惟有须吾弟向岑公解释者，兹代拟致岑一电，其文曰："公等主持开和平会议，李秀督力陈中央，经几许攻击，几许困难，始达目的，煞费苦心，现已由秀督将会议办法电商尊处。其名为'善后会议'者，盖因中央方面面，已有罢战退兵之令，西南方面，亦有赞成和平之电，且和平已无可议，所议者法律事实之善后问题，且为应付外交，不便前后矛盾，实具苦衷。想公等顾全大局，热诚维持，对于各节，决无异议。惟祈速复赞成，俾秀督早日宣布，早日组织，共商正当之解决，同挽既倒之狂澜，全国幸甚。"等语。望即照此电之意，另加头尾，速电西林为祷。李纯。沁。

48. 李宗黄致唐继尧电　　1918年11月28日1点30分

万急。云南唐督军钧鉴：同密。组织会议，中央已允，李秀督已电商师座。此事之成，秀督唇焦舌敝，实经许多困难波折，煞费苦心。其名为"善后会议"者，乃法律事实之善后问题，再为应付外交，不便前后矛盾，实具苦衷。务祈帅座转致各方面复电赞成，并祈电到刘督军一律依允，免致秀督阻于困境，是所切祷。宗黄叩。勘。

49. 李纯致国务院电   1918年11月28日

特急。北京国务总理鉴：统密。遵嘱向西南劝促停战退兵。兹接岑春煊有电云："巧电有奉。前接干臣来电，知北京业已明令罢战。此间当于二十二日通令前敌各军队一律停战，并已电告，计达览。至如何退兵问题，由南北前敌各军，就近商议办法，较为简捷。惟昨接吴子玉❶师长转示参陆部删电谓，湘、鄂、闽、赣各部所属军队，应就现驻地点认真防卫等语。独置陕西于不论，是否陕西不在战之列？务祈电询速示。"等语。应如何答复，祈酌示为幸。李纯。俭。

50. 李纯致国务院电   1918年11月28日

特急。北京国务总理鉴：统密。感电敬悉。容即向组庵剖述。惟湘省内情，及陆、谭同意，盖自有在。容嘱施鹤雏入都详陈一切。李纯。勘。

51. 李纯致国务院电   1918年12月2日

特急。北京国务总理鉴：亲译，统密。卅电敬悉。遵即婉复西林并转电西南矣。善后会议办法，已去电接洽，尚未复齐。其已复者，或仍主"和平"二字，并主在沪，仍须磋商。惟总以岑、陆复到，方能为定。前承电嘱，约西林来宁，当托其代表彭君电询。兹接西林复电云："现处地位与在沪不同，且此间意见参差，留此疏通较便。"等语。似一时未能来宁。顷又接李顾问来电，据称元首对于西南，主要以岑为宜，刻已电嘱陆、唐、刘三公一体劝驾。容得复陈。李纯。冬。

---

❶ 吴佩孚，字子玉。

52. 李纯致岑春煊电　　1918年12月2日夜4时

特急。广东岑云阶先生鉴：永密。宥电谅达。此次会议，经千回百折而始就绪，名取善后，地取南京，皆为外交关系，与正文丝毫无妨。现在全国安危，在公一言，务乞解释维持，期早成立。将来两方代表，自应公推领袖，尊处代表领袖、中央诸公之意，均希望我公担任。顷已电致陆干老及唐、刘两督军劝驾，惟祈为国一行，以慰众望。盼赐复音，无任翘跂。李纯。萧。

53. 李纯致岑春煊电　　1918年12月2日夜4时

特急。广东岑云阶先生鉴：永密。接政务会议敬电，以湘事嘱为诘问张督。查敝处迭接张督周司令电，各执一词。即经迭电劝解，旋经复电，均允照办。兹又得田君应诏最近艳电云："勘电敬悉。东坪冲突，张军、周军各执一词。兹承赐复调解。现在两方均有复电，已允各守原防，两不相侵，正在磋商分防办法，后此咸无他争。屡劳锦注，感谢无既。"等语。是双方已无冲突，希转致诸公可也。李纯。宋。

54. 李纯致刘显世电　　1918年12月2日夜4时

贵阳刘督军鉴：同密。俭电敬悉。组织会议各节，仰荷赞同，具征维持大局之盛意，至为佩慰。承商三项：一、此项办法，已同日电商岑、陆、唐三公。敝处于广州方面，向与岑公电音往来，广州来电亦多系岑公署名也。二、西南所争，本在法律。会议所决，亦重在法律。其事实可俟会议成立，再行解决者，自当留以有待。其有紧要迫急，或简单属于一局部者，不能不直接洽商，随时解决，以赴时机。若在会议成立后，则洽后自可由会议经过也。三、代表外公推在野名流一节，卓论极佩。现本拟于双方代表外，成一居间团体，凡在野名流，为全国所信仰，如尊电张、熊、范诸公者，皆拟激为疏通园之人，与尊意大致相符。时机危迫，间不容发，我辈所应注意者，似应在会议后之根本问题，不在会议前之细微末节。公热诚爱国，众所推崇，尚祈毅力维持，期早成立，是所至祷。再将来双方代表，须各推领袖一人。西南领袖，中央诸公均盼望西林担任，纯已电陆、唐二公劝驾，祈公敦劝西林国一行，实于大局有益。尊意以为何如？李纯。冬。

55. 李纯致唐继尧电　　1918年12月2日

万急。唐行营唐督军：同密。全电悉。会议名目及地点，实为外交关系，国体关系。一则表示我已和平，庶国际地位不致发生疑问。一则同胞和解，不可在外人范围之下，致与体面有关。此纯等之愚见也。且名为善后，乃与公等护法救国之旨相符，亦与解决根本问题相合。若云和平，是所以会议者，仅为彼此息争而已，不问后之善不善，何以显诸公数年持正之心哉！故善后可以包和平，和平不能括善后也。地点在宁，保护维持，纯之责甚重，在护则纯可卸责矣。是为纯一人计，则在沪为宜；若为诸公计，为国体计，似不宜在而宜在宁也。或谓辛亥会议不在沪乎？然辛亥为共和未成时代，草创之局，未足为法。且其时之南京，亦非如今日之南京也。公等明达，当能鉴之。窃谓我辈目的所希望，智力所应争，实在会议后之根本问题，不在会议前之细微末节。事机危迫，间不容发，时不可失，稍纵即逝。我公仁智，斗南一人，尚祈转向各方解释维持，期会议早日设立。一言九鼎，必可有成。黄炎之灵，实式凭之。人数日期如何斟酌？并祈速示为祷。李纯。冬。

56. 李纯致唐继尧电❶　　1918年12月2日

特急。云南唐督军鉴：同密。宥电谅达。会议办法如荷同意，双方代表自须各推定领袖一人。西南代表领袖，中央诸公均望西林担

---

❶ 另有致陆荣廷电一通，与此全同。

任,尚祈鼎力玉成,并切劝西林为国一行。除电干卿暨刘督❶一体劝驾外,谨此电商,惟祈鉴照,并盼电复。李纯。冬。

57. 李纯致国务院电　　1918年12月3日

特急。北京国务总理鉴:统密。卅电敬悉。陕事已酌电前途,并声明南军在陕,应以守秩序,有正当将领主持者为衡,请其将驻扎地点、军队数目、将领姓名开示。其不在此数者,即为土匪,当然剿办。容俟得复再闻。尊电谓据报前敌各方面仍有南军勾匪反攻,未知何省?所报是何方面?有无指出确实地点?祈明示,以便诘问彼方。比接吴佩孚电云:"得各方电,在湘滇、桂军已有先退之表示。中央在湘各军,似亦宜有一部分先行撤退,以昭信用。查奉军各旅,驻兵株、醴一带,并无正当任务,可否先退归本省。"等语。所陈不为无见,尚乞酌行。鄙意退兵问题,枝枝节节为之,终非妥策。闻中央已议退兵办法,似宜早日定夺,俾可商订进行。盼复。李纯。江。

58. 李纯致岑春煊电　　1918年12月3日下午12时

特急。广东岑云阶先生鉴:永密。有电敬悉。尊处已于二十二日通令前敌各军,一律停战,具征维持大局,悲悯为怀,即经转陈中央,同深佩慰。卅电不言陕者,谓因陕匪猖獗,伏莽遍地,人民性命所系,地方安危所关,不得不力图绥戢,非有他意。愚意陕省内部复杂,应以守秩序、有正当将领主持者为衡。拟请将军队名称数目、驻扎地点、将领姓名开示,以便转商中央。其不在此数者,即为土匪无疑,自当饬行分别剿办。如此庶匪徒不致借名,而北军亦不致误会。尊意以何如?敬祈赐复为盼。李纯。江。

---

❶ 致陆荣廷电作"除电唐、刘二督军"。

59. 李纯致岑春煊电　　1918年12月4日夜12点20分

广东岑云阶先生鉴：永密。准江西陈督电称："顷接吴总指挥卅电开，据丁司令报，据一团二营石营长报称：'南雄方面，有新自韶州开来之步兵第卅六团，城内驻两营，一营分驻竹洞、茶头、风门坳、李洞、格洞等处。前驻长江墟之第卅一团，于十七日调回韶州两营，余一营驻风北山、摄水、鱼王等处。'又据驻防小梅关之刘营长报称：'廿八日下午八时半，据二三两连报告，有敌四五十名，在我我防线前千二百米达处，向我排枪攻击，当以各连以一排还击，经廿分钟，敌综消灭。各等语。现当和平开始之时，两军均宜恪遵命令，各守原防，兹据报粤军忽有小股向我前线排枪射击，将使言战派借为口实，于大局不无防碍。昨经英、法、美、义、日本五国向我政府警告，希望促进和平，南北将宜猛省，力去一切和平之障碍者。尚希转电岑西林，电饬前方粤军，勿再轻动，致生枝节，是所盼祷。"等语。查尊处上月有电，已于廿二日通令前敌各军队，一律停战，不知何以又有此事？祈公迅电前方，严禁开衅，免生枝节为祷。李纯。支。

60. 唐继尧致李纯电　　1918年12月3日

特急。南京李督军鉴：同密。齐巧两电均悉。我公尊重和平，维持大局之念，继尧极所钦仰，敢不赞同。惟私心所期望者，不宜尊重事实，而法律置诸缓图；不宜分途协商，而全局转难一致。前经电达，计鉴愚忱，并已于敬日通电奉商，在上海开和平会议，果得各方当局一致赞同，则法律、政治各问题，均可同时解决也。至会议办法，昨接尊处宥电，当即转商西南各省，并已于江日通令前敌各军，一律停战矣。特此电闻，仍应明教。继尧。江。

61. 李廷玉致吴佩孚电　　1918年12月10日下午2时30分

特急。衡州吴将军鉴：子密。此次会议，中央已允加"和平"二字，惟地点因国体关系，不愿托外人宇下，故决在南京。且辛亥在沪会议，暴烈分子，手枪炸弹，施行强迫，不容正人君子发言。此次亦不宜蹈前复辙。况阴谋之徒，力愿南方坚持，和议停废，以快其心。诸公更不宜堕其彀中，为人利用也。务望转饬月波、组庵两公，一致赞同，并电劝各方毋生异议，迅速复允，俾便早日进行，是所切祷。廷玉。蒸。

62. 李廷玉致陈炳焜电　　1918年12月10日下午2时30分

特急。桂林陈督军舜卿哥鉴：和密。此次会议，中央已允加"和平"二字，惟地点因国体关系，不便托外人宇下，故决在南京。且辛亥在沪会议，暴烈分子，手枪炸弹，施行强迫，不容正人君子发言。此次亦不宜蹈前覆辙，务祈转饬干哥，一致赞同。免因此细事，致解决大局因而停顿，则造福于全国者大矣。现在阴谋之徒，方愿南方坚持，和议停废，以快其心。诸公更不宜堕其彀中，为人利用也。谨此密布，并盼惠复。廷玉。叩。

63. 李纯致岑春煊电　　1918年12月27日下午6点

广州岑云阶先生鉴：永密。敬两电谅达。会议未开，人心不定，外交亦受影响。务祈鼎力维持，迅速商定见复，并早派代表，克期开议，全国人民，实攸赖之。前奉盐电，即经转陈中央。兹接院电，以井勿幕在平被杀，据报在十一月间。其时兴平正被匪踞，自非陈树藩诱杀云云。据纯所闻，大致相同，尚祈代解释。至尊拟办法两条，具见调停苦衷。查第一条不再增加军队，自可照办，至已派赴陕省之军以，系停战前一月之事，但照敬二电划界分区，各任防剿，既无冲突，自无问题。第二条与鄙论足相发明，惟祈查照敬二电迅速见复，俾使双方规划进行。中央来电，谓将来划分界线时，凡停战后攻取地点，仍应一律退出，未可认为驻兵地点，此为公理所许，尊处自无不赞同也。统候复音，无任跂祷。李纯。沁。

64. 李纯致岑春煊等电　　1918年12月24日

火万万急。广州岑云阶先生、伍秩庸先生、孙中山先生、唐少川先生、林悦卿先生，武鸣陆干卿先生，云南唐蓂赓先生❶均鉴：华密。迭接云阶先生电，因陕省问题，致会议停顿，纯甚惜之。会议之不可缓，已详敬电，关于陕事，当然持平解决。窃谓尊处所争，在不得指军为匪。中央所争，在不得指匪为军。各有苦衷，各有至理，纯以为皆是也。今欲释双方之争，先当分别军与匪之界限，中央停战令，本未划出陕省；但声明土匪扰乱治安，军队有有妨秩序，为国人所共弃，是所重者治安秩序而已。能保治安、守秩序，有正当之将领，一定之人数，驻扎之地点，即为军；反是则为匪。前电云阶先生，请开示在陕部分将领、人数、地点，即此意也。今若将各项开示，双方议定适当界线，划定暂驻区域，各守原防，则驻军之界限定，则区内之匪各担任剿除之，有扰治安妨秩序者共弃之。中央无指匪为军之争，尊处无指军为匪之争。尊处所认为部队者，但无妨于地方，中央不过问，中央军队之入陕者，但无轶于范围，尊处不过问，静待会议收束解决。此关乎陕事内者也。粤军陈炯明现方力谋进攻，应请严令停止。其闽、粤方面，李❷所部与陈、许❸所部商定双方撤退。川、陕方面，各指定界线，声明地点并区域，彼此遵守，静候解决。总期双方距离百里以外，免生冲突，有违约者，曲直自明。援闽王旅届时亦当停进，即于所停区域内，遵照原议，专任靖乡。以上各节，如虑划分不易，或临时发生争执，不妨由双方或居间公团，派员分往指导监视，秉公商定。如荷赞同，即祈示复，以便转陈中央，即日实行。至欧洲和会代表，关系国际重要任命，未可分歧，尊处推重之人，仍宜由中央派往。闻伍君朝枢日内莅沪，当遣员前往接洽。统希亮察，并盼复音。李纯。敬二。

---

　　❶ 以上七人即广东军政府的七总裁；岑春煊、伍廷芳、孙文、唐绍仪、林葆怿、陆荣廷、唐继尧。
　　❷ 李厚基部队。
　　❸ 陈炯明、许崇智。

65. 李纯致岑春煊等电   1918年12月24日

火万急。广州岑云阶先生、伍秩庸先生、孙中山先生、唐少川先生、林悦卿先生，武鸣陆干卿先生，云南唐蓂赓先生：华密。天祐吾华，诸君子商为会议之策，解决法律事实各问题，期成永久之和平，以立巩固之国本。纯既闻命，即经陈明中央。中央尊重法律，爱护最深，愿与【诸】君子解决进行，共谋国是。迭次商洽，拟定于南京开和平善后会议，双方各【派】代表十人，即举一人为总代表。一切办法，奉云阶先生电复，各方均已赞同。仰见护法护国，同德同心，举国闻之，莫不引领而望。惟现因陕事，持论稍有异同，进行因之停顿。纯已将云阶先生迭电大旨，转陈中央，折衷拟一持平适宜办法，以调解陕事。经于本日电奉达矣。因思吾辈苦心苦口，惨淡经营，以成此会议一举者，皆为保护法律，而求根本之解决。故前者中央先商事实，而诸公不谓非义正也。今者会议之名称、地点以及办法，双方既皆赞同，中央派定总代表及代表，既已通知，尊处举少川先生总代表，亦既见示。而陕事乃事实之一端，若竟因此停顿，是重陕事而轻国本也，是仍先事实而后法律也，父老子弟，将有议我后者。区区之愚，似宜一面定期会议，一面商决陕事，兼营并顾，毋以一省牵大局，乃见诸公护法之公诚。陕事能于早日商决固甚幸；否则开议之后，仍可继续商洽，不致相妨也。诸公明达，想荷赞同，尚祈迅复。当于奉复之日，按照原议由苏会同鄂赣通电披露，约定三星期双方代表齐集宁垣开议，尊处代表姓名，并乞示知。鹄候复音，无任跂祷。李纯。敬。

66. 李纯致国务院电   1918年12月26日夜6点

特急。北京国务总理鉴：揆密。有电敬悉。敬电谅达，俟得西南复电，即当飞布。南军所攻取各处，诚如尊论，应一律退出，不得作为驻兵地点。惟所攻取者各若干处，是何地名，乞开示，以便声明为祷。李纯。宥。

67. 李纯致岑春煊电　　1918年12月28日下午6点

万急。广州岑云阶先生鉴：永密。时局纠纷，百务停废，国事日益棘，民困日益深。赖公以雷霆万钧之力，因势利导，扶危定倾，遂使和平空气布满全国。属者商定在宁开和平善后会议，一切办法，已荷各方赞同。乃因陕省问题，至今停顿。而名称、地点，又复有人争持。使宝贵之光阴，虚掷于不自惜，阳和之气，复形愁惨，乐观之后，又抱悲观。侧闻北方将士，渐有不平之言；东西列强，又有警告之耗，人心浮动，危机四伏，兴言及此，无泪可掉。因思纯此次担任宣达，固出于救国之愚，要亦恃有我公德望足以靖群嚣，威信足以一众志，故不恤千回百折，惨淡经营，以期达其初愿。今即陕事论之，一隅之争，似未可牵全局。且观于各省，凡双方驻扎正当军队均无冲突情事，只须分别界限，即可两无误会。纯之敬日二电，陈述甚详。即川、陕、闽、粤方面，亦皆本诸公意旨，拟具折衷办法，川鄂方面概可仿行。但得我公鼎力主持，似不难迎刃而解。总之，我辈务当以全副精神，注重于根本问题，迅开会议，早日解决，以救国家之复亡。千钧一发，时乎不再。纯所崇拜，海内惟公，知己心交，故敢一倾肺腑，惟公其图之。翘企复音，无任盼祷。李纯。勘。

68. 李纯致岑春煊等电　　1918年12月28日下午9点

广州岑云阶、伍秩庸先生、唐少川先生、孙中山先生、林悦卿先生，武鸣陆干卿先生，云南唐蓂赓先生均鉴：接国务院电，中央总代表朱桂莘君暨代表诸君，已定于本月卅一日来宁。特此布闻。李纯。勘。

69. 李纯致国务院电　　1918年12月29日

北京国务院钱总理、郭秘书长、方局长钧鉴：统密。中央总代表不日南来，所有筹备会议一切事宜，经已分别督同派定各员，分别办理。惟将来开议，应行讨论研究者必多，非精于法学、品纯识正者，无以谘商而纠正之。程参事树德、林秘书步随均精研中外法理，夙闻其名，拟暂约来宁，共商一切，祈转陈请示。如蒙俞允，并祈转致两君速临为荷。李纯。艳。

70. 李纯致国务院电　　1918年12月30日

特急。北京国务总理鉴：统密。前以十代表姓名电致西南。顷岑西林养电称："元电奉悉。北方已派朱君启铃等为代表，甚慰。此间已推定唐君绍仪为总代表，其他代表均已分别推定；俟得陆、唐诸公同意，即奉闻。惟此间多数主张，闽陕若不停止进兵，则和议仍不能开。务乞竭力主持，是为至要。"等语。合电奉闻。李纯。卅。

71. 李纯致刘显世电　　1918年12月30日下午6点

特急。贵阳刘督军：同密。前接漾电，当于宥日奉复，计邀鉴及。顷接冯君玉祥电云："尊电所询，此间并无其事。王使驻节澧县，仅有使署守备队六营，又分驻桃源二营，所余无几，自顾不暇，何能有此。常澧相距颇近，知之最悉。王使断无多事之举。"等语。并声明已迳复尊处，尚祈转致各方，毋听浮言，是所切祷。李纯。卅。

72. 李纯致岑春煊等电　　1918年12月30日下午11点

万火急。广州岑云阶先生、伍秩庸先生、唐少川先生、孙中山先生、林悦卿先生，武鸣陆干卿先生，云南唐莫赓先生均鉴：华密。顷接国务院勘电开："顷据闽督电称：'我军奉令停战，严守阵地，实行停战。陈炯明仍复驱使土匪，各处纷扰，不遗余力。耿团长遵令分守莆田、涵江一带。许崇智自上月廿日起，由仙游以全力进攻莆、涵，围困十余日。经我军击退后，又阳为讲和，暗袭永泰。会合蒋国宾于本月八日，率队陷我永泰。仙游方面近复遗匪二千余名，带机关枪两架山炮又已出发，据报抵獭溪者已六百余名，抵黄石者四百余名。耿团长锡龄迭电告急，请兵到莆会合抵御。蒋国宾又率队二千余，进攻永泰县之嵩口。又匪首杨姓集合二千余人，于本月六日占驻泉州青阳市一带，向泉城进攻。十七日匪首蓝本文乘虚掩攻古田县署。'又据姚师长号电称：'郑、吴等匪，盘踞闽清闽侯交界之下洋里口一带，意图攻我水口，断我上游防线，似此阳以停战为名，阴行其侵掠之计，实属居心叵测，防不胜防。拟请电致西南，严词质问。'等因。查自停战命令颁布以后，中央军队惭次撤退，驻后方静候解决。不意陕、闽两省南方军队，竟有勾结土匪，乘间侵掠之事。前因陈、刘两督报告宁羌、褒城等处，迭被攻破，南郑被围甚急，迭电诘问，请饬退据原防，迄今未据复电，前敌之围攻益猛。今据闽督所称各节，其情形与扰陕无异，而多方侵袭，暗中勾结，直欲破信约，妨碍和平，应请转致西南，严饬前线正式军队，即日退回原防，不得肆意侵掠，引匪图乱。倘再有前项情事，致妨地方长官守土之责成，激成地方人民恶匪之公愤，中央不能负此责任也。专布，立盼电复。"等语。查停战以后，陕省镇巴、宁羌、沔县、褒城等处，均被川军攻陷，南郑复攻围甚急，闽省方面，又复有此举动，殊与诸公和平宗旨有妨，似非所以昭大信。务希迅令正式军队，刻日退回原防，静候解决。敬二电所拟解决陕闽办法，望速核复，以便双方早日进行，免致枝节横生，有碍和议，是所切祷。立盼电复。李纯。卅。

南北议和文献

朱启钤 存

编者按：这批文献原是朱启钤先生所保存的，内有从1918年12月到1919年6月朱先生充当北方总代表时期的来往的函电，有南北议和的文件和参考资料，还有当时报纸上对于议和的评论，是研究1919年南北议和问题的一批重要的原始资料。今选录其中函电、议和文件的大部分，议和参考资料与报刊评论的一部分，略加整理，按时间的顺序编次成帙，以供历史研究者参考。

1. 法日公使会晤外交总长问答与驻英美日各公使来电

法柏使❶会晤外交总长问答　　1918年5月15日下午6时半

转达南军探询中央议和条件事

柏使云：贵国南方军官数员，托广东领事转请本使询问中央政府，如何条件可以议和。本使欲为照询，良用踌躇。今日完全以私人资格，转达此语。毫无置问贵国内政之意。务希亮察。

总长云：贵使善意可感。仅为传达意思，从前非无先例，本总长

---

❶ 法国驻华公使柏卜（Boppe）。

当于国务会议时转达同人。

收驻美顾公使❶电   1918年8月18日到

十五日电敬悉。本月三日，奉国务院电询此事，即询美当局。据答，只知与中华民国政府通好，决不另认少数行省擅立之政府等语。谅蒙接洽。嗣详察各方面，亦无所闻。顷探美当局意，仍无变更。知注先复。钧十六日。

收驻英施公使❷电   1918年8月22日到

遵十五日电，探悉要求承认一事，仅向英领事口头提及，英政府似无认真理会之意。基。十九日。

外交总长会晤英朱使❸问答   1918年9月9日下午5时

南北问题

朱使云：西南情形如何？近日有何消息？

总长云：目前福建某处似有危险，日内亦无他消息。

朱使云：广东盐税前已被军政府截留，现闻又有截留关税之说。果尔，于中国前途实大可虑。

总长云：中国数次革命以来，均未动及关税，因彼此均知关税有种种对外之关系。此次如有截留情事，恐将发生他项问题矣。

朱使云：贵国近来情形愈趋愈下。南北问题若不早日解决，长此以往，必有分裂灭亡之惨。现时前敌将士均不愿战，人人皆知。自外人观之，实无十分必战之理由。中央政府屡借外债，凡国家有可以抵押者，均已抵押殆尽。此款尽充军费，而未收丝毫实效，万非长久之计。西南声称彼等实愿和平了结，因中央政府向无诚意。此说真假，不可得而知。惟伍君廷芳曾向本国驻粤领事声明数次，托其问本公使，转探中央政府口意，大约实有调停之余地。

总长云：南北战争，生民涂炭，诚有如贵公使所言，有分裂灭亡

---

❶ 中国驻美公使顾维钧。
❷ 中国驻英公使施肇基。
❸ 英国驻华公使朱尔典（Jordan）。

之惨。中央政府岂不愿和平解决。无如西南极端坚持，如请恢复旧国会一层，此万难办到。旧国会从前所办之事，如反对宣战问题及库伦条约，种种刁难情形，实为中外所共见，断难独责中央政府之无诚意也。

朱使云：总而言之，此事若不早日解决，贵国将来地位实有不堪设想者。贵总长亦知两月以前，英美驻华各界要人曾立一会，对于中国现状，曾有决议，请本公使转达本国政府，设法劝告中国等情。该会要人类皆久居中国，深知中国内情，且与彼等私人亦有利益关系，均以为贵国内部如不即日平静，国家万无存在之理。此事，贵国政府不可不注意也。

总长云：语有之："当局者暗，旁观者明。"贵公使本日所谈各节，足见关系本国之意，深为可感。明日当详细为段总理言之。

朱使云：贵总长所述贵国成语，甚为切当。段总理为人，有一定不易之宗旨，本公使最为钦佩。惟时势变迁，有万不能坚持到底者，即当设法转圜以顾全大局。欧美各国现因战事较为重要，故无暇顾及中国内乱。但战事可望早日解决，一旦议和，试问贵国处何地位？此四年之中，贵国有何成绩？倘届时贵总长被简为贵国议和代表，恐亦难于措辞也。不然，欧战时代中国内部如早和睦，于实业贸易上大加整顿，以中国出产之多，大可供给欧美各国之用，实利国利民之一大机会。今则失此机会，深为可惜。

总长云：贵公使在中国最久，知中国情形最深。今日所谈各节，极为中肯，殊足令人钦佩。本总长定当转达段总理及其他阁员，以备采择。

朱使云：本使拟日内以私人资格往谒新举大总统徐君。徐君亦与本使相知有年也。

总长云：徐大总统极愿接见贵公使，且对于南北问题尤愿和平解决，贵公使晋谒时，亦可顺便一谈。

朱使云：今日与贵总长所论贵国内情，实足令人悲观。曾亦与曹总长❶谈过一次。因恐与段总理意旨不合，故未向段总理言之。

---

❶ 交通总长曹汝霖。

收驻美顾公使电　　1918年10月26日到

南方代表十八日来美，访美外部等，闻均未接待。……来青年会，旧同事宾主参见，所答不涉政治。现闻该代表等拟出资联络报界，鼓吹承认，并拟常驻美京运动政界。昨日来馆，以个人名义接谈。劝以值此世事蜩螗，外交紧急，凡我国民须同心协力，一致对外。且我大总统调和……，尤不宜以国内问题诉诸外邦，自招诽议，徒损我国际名誉等语。钧。二十三日。

收驻英施公使电　　1918年10月30日到

《伦敦时报》载上海十月二十二日专电称：有深谙中国政局某氏，曾至广州视察能否有和平机会。现适回沪，语人曰，所有广州政府各首领，除陆荣廷一人外，均已获晤。彼辈愿承诺美国居间调停。若有中国之良友出任其责，则扬子诸省之督军，必予赞同，自无疑义。查和局运动，现正在北京竭力进行，业已组织新政党，鼓吹和平。有赞成各国调停，为影响北方督军之惟一方法者。此等心理，现在日益加增，盖北方实权，尽寄于此辈之手也。

中国现有不克加入欧战和议之恐慌。此等情形，殊足以催促其征求两方同意，速息内讧，而美国实为相当之调人。至谓应由一国独任调停，或应由所有协约国为之。前者为事较易，而后者不利之处甚多，固显然易见也云。基。二十九日。

收驻英施公使电　　1918年11月2日到，洋文密码

《伦敦时报》载，北方武人党为预防外国调停起见，宣言赞成南北调和及改组军队，其代表遍访某某国使馆，力陈调和计划。查该计划内开，倘由文官分子着手与南方议和，恐终归无效等语。该代表并称纯以武人党一方面之力，已可决定调和之基础云。因有上开目的，故北方诸将领正与南方将领交换意见。查此等举动，殊足证明武人党暗中布置，希图与广州国会之所谓调和条件应由国会规定而不应由武人规定一层，互相对抗也。

据报章所称，广州国会现正与南方武人龃龉。若然，则南北两方武人联络一气，以为自卫之计，势或难免也。

总统之停战命令，日间当可发表。昨日，国务会议，对于此节，稍加讨论，即予赞同。惟所议定之手续，均不免欺瞒外国之观瞻也。

《伦敦邮报》载十月二十五日上海专电称：北京政府现已正式向广州政府接洽，拟于广州开和平会议，故总统业已颁发休战命令云。基。一日。

收驻美顾公使电　　1918年11月2日到

顾本日据副外部密告："日前中国南方代表来部请见，未允，旋以固请，允在私寓接谈。该代表等备陈南方意旨，力求承认，并望加入和会，以北京政府所派全权，受东邻胁迫诱挟，而放弃中国权利。经本副外部答以，美渴望中国统一，不便干预内政，所请承认，实无希望。故所答不敢稍涉鼓励之意。美与联邦承认奥属人民，意任使奥国内部解体，削其抗力。今中国南省欲加入和会，图与北省抗衡，必召瓜分之祸，断非中国之福。并告彼，美总统与外部均不便接见，勿宜固请等语。次日，该代表复持面述各节，开送节略交署"云。钧。三十一日。

收驻英施公使电　　1918年11月5日到

北京十月二十八日路透电称，因各国使馆迭次会议之结果，日本提议，由协约国向中国调停内争。对于嗣后日本债约问题，尚须商订办法。盖武人派一日能筹款，即一日不允让步。查福建借款，现尚充溢武人之财库，而北京政府乃商请提拨关税盈余。广州政府已以独立国自居。故对于日本意图，同时分头向北京、广州两方面交涉一节，似无牵掣。福建借款后付之余数，计日币四百万元，适于前星期内交付；而中日合办实业借款，计日币一千万元，又于十月二十五日鉴字。

收驻日本章公使❶电　　1918年11月5日到

本日饯小幡，席散，内田谈及中国时局，颇表诚恳之意。据云，南北问题，渠以挚爱中国之意，甚望及早解决。明知从中有无数难题，惟北方本有相当势力，大总统及中央政府又已为外国所公认，国

---

❶ 章宗祥。

内多数所拥戴，应请对于南方略示宽大，与其虚争形式而延误时机，自不如速就实益着想。欧战现势，急转直下，或以公平条件之交涉，即成为媾和结局。彼时全局平定，中国纷争如故，各国必啧有烦言，即因此而议及处分中国问题，或亦难保。各国果有此议，日本恐难维持。渠念中日亲善，故特烦猛省。至统一方法，中国必能善自筹画，渠无待多言，惟望以速为妙云云。经告以二十四日部电大意，并答以祥所测年内可期统一等语。特闻，希转陈首揆两座。祥。四日夜。

外交总长会晤日本林公使问答　　1918年11月7日

林使❶谓：本使此次回国，本国朝野上下，均以中国之时局以早日解决为宜。且不料欧战结局如此之速，故尤切望中国能于欧战结束以前，先行解决时局，愈速愈妙。此不独为日本之希望，大约协商各国亦系如此看法。且并不愿干预中国之内政，甚望中国以自力解决云。

总长甚韪其说。

法使馆函　　1918年11月27日

敬启者：

本月十九日，承贵部委托代致唐继尧上将要电一件，已由法国驻云南委员转交。唐上将声明，对于该电所陈，不作答复。唯托该委员将下列各条，代呈国务总理。本使馆特将原电抄送贵部，即请转呈国务总理是荷。

（一）唐上将甚盼中国和平，但须南北各派专员开议和会议，讨论议院、政府及其他政治问题解决之办法。

（二）唐上将当极力疏通西南军政府，准备调和办法，如遇必需时，当强迫履行。但北京政府如与联合护法军中之一部，单独商议，殊属无益。

（三）北京政府对于各项争点，如未经双方平等于事前议妥时，不宜即以命令解决。盖此项命令，西南自不遵守。

---

❶ 日本驻华公使林权助。

2. 质问政府收买存土请答复书[1]

参议院议员黄锡铨提出

为依法质问事：

收买存土一事，发生于民国五、六年之间。当时政府委托江苏冯督[2]与上海洋药商行订立合同，规定以民国元年公债证券收买上海洋药公所剩余印土二千一百箱。旋因各省群起反对，国会议员纷纷提案查办，经国务员屡次出席辩论，卒以两院一致议决，咨请政府停办取销。

民国七年三四月间，忽闻有中央要人，与洋药商人安得臣更提旧事。磋议结果，将原订合同修改，规定由政府收买存土一千五百七十七箱半（其后又多出七十一箱半，亦令税关放行），每箱规元六千二百两，申算银元，仍用公债票交付，以后分年用银币赎回。同时又由某要人，托名华商组织公司，向政府买受存土，名曰承办包售制药公司，求政府指销苏、浙、赣、粤四省，现在已成事实。就表面观之，政府买土发商，制药分售，为国民戒烟治病，其术甚仁，其论甚正。而孰知政府非有爱民之心，唯有乘机网利以害民。政府亦明知辱国殃民，无奈被一般贪夫之欺朦，不惜分余沥以济用，至可痛也。

今就牟利之实迹言之。政府收土一箱，价银六千二百两。在洋商方面，仅得五千两，经手人扣用一千二百两，合计一百九十七万余两。试问政府分受此款否乎？政府转售于公司，每箱一万六千元。除去成本八千六百元，可赢七千四百元，合计一千二百二十万余元。试问政府实收此款否乎？公司分售于散商，每箱二万四千元。可赢八千元，合计一千三百二十万余元。试问政府沾益此款否乎？至于散商零售于民间，其价更不止加倍。综计销尽存土一千六百四十九箱，四省国民则负但五六千万元之烟价；全国国民，则负担收回债票一千五六

---

[1] 本文与以下几篇黄锡铨等提案，在原存文件包中，题为各界意见。似朱启铃出席和会时的参考文件。

[2] 冯国璋。

百万元之母息金；而烟害又无禁绝之望，此皆政府之所赐也。

查政府收买存土，其不正当之理由有六，试分晰言之：

一、自灭禁烟命令也。冯督军主张收买之时，蔡乃煌所订行销苏、赣、粤三省烟土合同，尚未满期，犹可曰烟未禁绝也。迨民国六年四月一日，烟禁满期，中央政府电令海关禁绝鸦片入口，又令全国厉行禁种、禁吸、禁运，法令森严，协约各国，闻风信仰。岂料仅阅一年，忽有翻云覆雨，起灭自由之举。其无理由一也。

二、佯言国际交涉也。政府对于国人借口者，谓中英禁烟条约，所定运华烟土箱数，未经销完，即行禁绝，必起交涉，不得已吃亏收受。不知烟禁期满之际，英商屡求英使照请我国展限，或将存土放行。英使电奉其外部训令，不许干预。由英馆员亲到我外部税务处说明，并有公文存卷。何能设词欺人，掩耳盗令。其无理由二也。

三、存土不令运出也。存关印土，皆经报税。烟禁满期，政府应照会英国，请谕令英商将存土运出国境，别寻销路；我海关将税发还，庶完朱约义务。乃政府计不及此，既无权将土收没充公，又不发还关税，令早退出。处置失宜，卒被甘言利诱，出此收买下策。其无理由三也。

四、买价被骗大甚也。印度生土，运销中国及英京者，货同而价迥异。中国每箱规银五千两，英京只值规银五百六十两（海关有月报可凭，有关员可询）。烟禁期满，存土既难入口，又难出口，土商久既灰心，无活动之余地。政府此时以公平价值收买，每箱给予规银一千两，彼即不尽满心，然亦无法相抗，交易必成。乃竟绝不调查研究，任食浊之夫，巧言哄骗，给予十倍之重价。其无理由四也。

五、买土不付焚毁也。如果以一千两收买一箱，虽多至三千箱，不过破费三百万，何难举全数付之一炬。即今重价收买，亦只多费数百万，政府应毅然焚毁。以一千余万元，博国家清洁果信之美名，又可立断鸦片之流毒，民间更免数千万害人之负担，为利孰大。乃政府意全不属。其无理由五也。

六、转售不赴外国也。政府不将存土焚毁，而必转售商民者，为图利耳。窃意政府不可徒知有利于国库，而不计及有害于民生；更不宜私庇三数同僚之欢娱，而不动念四省绅民之呼吁。政府今日宜将存土尽售于协约各国，为制造军用之吗啡。协约国方面，虽不能给予六千两之价，必可得英京五百两之价。政府能割弃投赀十分之九，即可收全国四万万之人心，并可望协约国后此和议时之援助。倘使执迷不悟，定必后悔难追。其无理由六也。

有此不正当之理由，遂生破烟禁之反响。一则国内烟苗复盛也。陕西、张北、山东各地，或民种而官不禁，或官许而重其税，见诸报章，形诸公牍，政府对之，几有谕禁俱穷之苦。西南数省更无论矣。一则国外烟土纷来也。滇南交界之缅甸，黑吉交界之俄疆，数年前遍地种烟，私运入境，屡酿交涉。自滇烟禁绝，边禁加严，年来少始偷运。今则缅土复来，滇境复种矣。俄国禁酒后，中俄会商，互禁烟酒入境，吉黑两边，牺牲多数营业酒户，甫于前年结约实行。今则俄人废约，烟禁荡然矣。此外如青岛、厦门、福州之私土日多，如安东、大连、胶州之吗啡日进，足为我弛其防，邻受其利之明证。过此以往，必有全国皆烟之一日，思之痛心！

虽然，事至今日，系铃解铃，胥在政府。如果为国家名誉计，为民生毒痛计，举所买存土，特派重员，监督沪关，全数焚毁，策之上也。举所买存土，委托驻协约国公使，全数转售，策之中也。能行中策，收回赀本一部分，其所亏者，国民固乐于负担。能行上策，全部赀本，付诸火化，他日收回债票之赀，国民尤乐于负担。盖与与复受鸩毒，同贻灭种之忧，毋宁输纳汗赀，可涤及身之累。谨依法提出质问，即希政府按期答复，须至质问者。民国七年八月。

3. 徐大总统之就任与南北问题之关系

《日华实业》第十号　1918年11月15日

寺尾亨述

支那何故如此纷争不知底止，岂真为政权之争夺乎。夫政权之争夺，日本亦常有之。然则支那纷争之真因果如何，想无论何人亦知之。第一，即新旧思想之冲突，为其纷争之原因。每有大改革，则此冲突必随之起。旧思想者，以旧思想打算自己一身之利害。新思想者，以新思想打算自己一身之利害，故遂结不可解之纷争。元来支那之革命思想分歧为二：其一为欲改革朝廷者，其二为欲根本的改革民间者。欲改革朝廷者，既中途失败，即孙文等所主张是也。欲改革民间者之主张，即为支那之舆论，至于今日仍然。革命之目的在于倒皇室，以新人心而救支那。此废满兴汉之革命所由起，遂风靡支那全国之民心。然现在支那之纷争，非汉人与满人之争，即主张护法为正当之南方，与蔑视约法之北方相争也。南方于宪法未成之前，尊重《临时约法》而为民国统治之大方针，北方皆蔑视之，如袁如段，无不然也。南方对于违法之北方，竭力抗拒，北方唯以强力压南方。此即南北纷争之现况也。

以余观之，北方徒以强力压南方，到底不能达其目的。何则？盖南方实已凝结造新支那之势。南方之有志者，对于日本政府而求其正式承认交战团体，援段之寺内阁不肯承认。余谓由南北两方交涉于日本之时，则为南北妥协统一不难。盖承认南方为交战团体，乃可使南北立于对等之地位，始得妥协。且于北方之段内阁倒而新内阁出，则妥协更便。兹所谓承认南方为交战团体者，必非认其独立之谓，切勿误解，不过使南方得对等地位以应北方耳。余于徐世昌被选为大总统之时，尝谓徐氏就任亦无好效果。盖南方以其为违法议会所选之大总统，而非真民国之大总统，遂极反对之。试观徐氏所述就任之辞，其意盖惧前途问题益复杂，故痛言救国之必要。今徐氏之地位已非常困难。日本人对于南北，须持如何之态度，是诚至难之问题。大概以诚意图南北之妥协统一，使民国得发展，此即日本人当然应为之义务也。但以余之私见，则以谓日本人须随时代之进运而行政策，又当了解时代之大势，将来欲为支那计，与其同旧思想之支那提携，宁同新思想之支那提携较为良策也。支那日渐新进，新思想日日驱逐旧思想，势所必然。此大势无论何人，亦不能逆之。日本人苟欲顺应世界之大势，助长支那将来之发达，则必须与新思想之支那（暗指南方）提携，以树亲善之策。倘逆时代之大势，而与旧思想之支那（暗指北方）提携，则是真不识时势者也。

4. 大阪每日新闻社论❶   1918年11月20日

对于南北两方通告，谓必需外力调停，则日本不辞其劳。

对于英美通告曰，必要从中调停，则帝国有为先锋之责任。

二十日《大阪每日新闻》社论云：

徐总统之宣言曰："余所虑者不在戢乱之近功，在立经国之大计。"其目的之高远，与抱负之广大，甚矣。然不收戢乱之近功，要不能立经国之大计。徐总统之意，盖欲乘内外气运之所趋，先收戢乱之近功，明矣。不独徐总统之意为然，证诸内外之形势，且亦有足副徐总统之所期者。惟广东军政府及国会，则对于北方依然目其政府、国会、总统为伪，且称破坏宪法者为国贼，常以为正统之政府与国会，不在北而在南。其态度之崛强，有非将旧约法回复，尽除北方一伪物，俾合于南方主张，誓不应允妥协之势。是故北方苟不将旧约法回复，无论其余条件之如何，南方必拒北方之提议，此可断言。是所以徐总统引以为忧，而主和论者亦束手无策也。

若言南北今日之势力，彼此殆相匹敌，而各不能制服之。是故妥协一事，其难可知。惟南北长此抗争不已，匪独于中国前途为不利，且为极东大局之和平计，不利亦多。幸今日南北两面，表面虽彼此不愿退让，而心中实两方皆亟欲妥协。是不惟两方之当局为然，两方之人民亦然。甚至所有友邦，亦无一不然。内外人之希望既如是，则妥协之为期匪遥，可想而知矣。今日之所以相去甚遥者，徒以徐总统虽急欲戢乱，尚无戢乱之大力为其后援之力故耳。虽然，时机一至，吾知此后援之力，不待徐总统之要求，自能乘机而至。且此力既至，南方对之匪惟敬且畏，复深欲依赖之者也。然则其力维何？试申论之。

夫中国之治乱，微独中国国内之力得左右，外力之影响，亦不亚于其内力。易言以明之，即今日南北之能妥协与否，端视友邦之能调停否耳。近闻英国公使朱尔典已屡以非公式向徐总统陈述英政府之意

---

❶ 此为剪报，无报名及月份。似为北京或天津的报纸转载1918年11月20日的《大阪每日新闻》社论。原标题为《日本保障中国之言论》，今改。副题二行，照印。

见，极愿南北妥协，并暗示英国愿助以一臂之力矣。又美大统领威尔逊，亦于总统就任之祝电中，明言亟望南北妥协。而晚近返任之美国公使蓝辛氏❶，且以大统领❷之意志为本，闻亦正式提议，愿任鲁仲连之职矣。准是以观，英美两国或协力助徐总统早奏戡乱之功，俾中国人对之，人人感佩不置，而从此可以攫得东洋优越之地位，正未可知焉。

然英国为我同盟国，美国亦我最亲爱之一国。而彼于中国之位置，方以新协约而明定彼等于中国内政决不致公然行动，藐视我而不与我一言，此吾人所深知者也。就利益之深浅，友谊之亲疏，位置之远近，以及洞悉中国之内情一切论，无论何国，概莫我若。故中国苟一旦必需外力调停，惟我日本出，则众论翕然，英美两国断不能独进而自由行动者也。准是以观，中国于妥协一事，苟机运已熟，而所缺者惟外力之援助。则我帝国政府正宜利用此机，示对华之亲善，并谋极东大局之安定，切不可让其任于他人也。

兹又有一事不可不知者，英美两国于中国南北妥协，其希望之意，果如何也。是英美两国仅不过希望而止乎？抑欲酌定一适当之妥协条件乎？又以其条件，正式调停时，尚必备国际的实力以为后援乎？又英美两国所定之条件，果能一致乎？设不幸而条件不能一致，则两国自必各自单独行动，届时保无转促纷纠乎？凡是种种问题，我国皆不可不预为考察，就其长短得失，一切详细研究，而取舍之，并与我国保共同一致之步调也。向者，袁世凯运动帝政时，我国致反对之警告于中国，尝与与国取共同之步调矣。又就参战问题言，亦尝纠合英、法、俄、伊诸国以劝中国，并要求美国出而参战，且令承认中国之参战矣。之二事者，概于对华关系及调和中国与与国之利害，皆极适当处置。今之对于南北妥协，又何异于是。盖惟我日本能精通中国之实情，熟知南北之希望，且对于极东将来之安危，与世界平和之关系，能熟察其情形而取舍适宜，并于妥协一旦成立后，确有保障中国之实力与地位者也。是故吾辈于此，第一宜对于中国通告南北两方，谓南北妥协将必需外力调停者，则日本帝国无论何时不辞其劳。

---

❶ 美国驻日公使蓝辛。
❷ "大统领"，当即美国大总统威尔逊。

对于英美两国通告之曰，两国苟以南北妥协之成立为必要，且以从中调停为得计者，则帝国政府有为先锋以求贯彻目的之责任，若欲以单独行动，而令共同参战之国，及同盟国间酿成对华意见之扞格，且使之丑态毕露，损威严而贻笑中国及敌国，甚至行动陷于穷困者，则极力反对之。是为帝国与与国对于中国声明，不干涉内政之适当处置，且令共同行动之诸国，彼此不挟疑虑之举也。吾其望政府于此对华问题，勿忘执牛耳之责，而度外置之。又当知日本帝国之出，为中国南北所亟望者焉。前者于徐总统就任之初，吾辈尝著论曰："当此世界平和之日益依厚之时，与其承认南方为交战团体而助成其分裂，何如斟酌南方之精神与希望，而定一南北妥协之要素，我原内阁想必采纳此策云。"然则，今日为实验此言之采纳与否之时矣。我原内阁果如何乎。

5. 周廷劢密呈❶ 1918年11月28日

总理钧鉴：

敬呈者。窃厅长抵粤，接洽各方面情形，当即趋谒岑云老、莫日老❷陈述一切。经将两人主张，于宥日由广州发农密电报一通，计登鉴核。惟是当时晤谈情形，尚有重要问题，不能由广州拍发，亦不便由香港电达者，谨为总理缕陈之。

初晤莫询以陆巡使主意如何？答曰：陆与西林同意。次询：如果中央任日老督粤，则省长当属何人？答曰：无论何人督粤，惟省长总须意见一致者。再询：以粤人为省长如何？答曰：可。再询：李耀汉、陈炯明二人如何？答曰：各方面似不赞成。又询以法律问题如何？答曰：我无成见，应俟大会解决。此与莫晤谈之情形也。

次晤岑，询以军府主张如何？答曰：军府主张各别，惟我与陆巡阅使趋向中央则一致。现下停战令及组织和平会，军府反对之，而我与日初力主之。询以中央拟复陆两粤巡阅使任如何？答曰：甚合。询以粤督应属何人。答曰：应属莫。询以省长属之粤人如李耀汉、陈炯

---

❶ 原为清折，存档时加封面，题有"报告西南情形"字样。
❷ 莫荣新，字日初。

明者，当否？答曰：此问题极难解决，我现时不能答。次谈及法律，询以新旧国会合并，组织宪法会议如何？岑时顾左右无人，乃微声曰：新国会固属不可，旧国会亦断不应留。询以两国会同时解散，依何法召集乎？答曰：应集全国名流，另组宪法会议，先定大纲及制定国会组织法，然后从新选举。询以解散新国会与总统有无关系？答曰：东海当然行使总统职权，无问题也。询以现时请到南京会议如何？答曰：感中央诚意，自当从速举行，我恐不能往，拟公推少川，但重要时我亦可行，惟地点则须在上海耳。请将种种商之日初，即发电转达总理。此与岑晤谈之情形也。

厅长窃查军政府与旧国会方面，党派复杂。岑陆为主和派，政学会及中立派议员属之。孙伍为主战派，过激国民党议员属之。其余如海军及滇黔与其他各群捣之代表，则主张不定，时而附和孙、伍，时而附和陆、岑，皆不能有所表见。而岑、陆为实力派，孙、伍为言论派，故岑、陆和则孙、伍派自无所附丽。滇军李根源直接于岑，李烈钧虽名为指挥，与李根源不对，毫无实力。桂军则莫派亦属岑，而陈炳焜另树一帜。谭浩明及马济等则纯属陆。但广东为捣乱重心，能解决驻粤之桂、滇两军及粤军之有力者，则海军无饷，国会无招待费，所谓西南主义，自可迎刃而解。故欲解决西南，当以岑、陆为中坚。若但联陆，则滇军与海军仍恐中梗。此则西南大体之情形也。

至专查粤省方面，则有滇、桂、粤三军鼎足而立。滇军直接于岑而与莫相联属。驻粤桂军十之四直接于陆荣廷，十之二属于陈炳焜派，十之四属于莫荣新派。其粤军则有所谓纯粹的者，如入闽之陈炯明、广州镇守使李福林、肇军李耀汉等是。有所谓附桂之粤军者，如肇阳镇守使古日光、潮州镇守使刘志陆、高雷镇守使陈德春、琼崖镇守使黄志桓、海防司令申葆藩此等皆粤人，有重兵等是。故就粤省之军力，其重力已属于莫。若陈炳焜则虽能联李耀汉，而其他属莫之桂军、粤军及滇军，皆其反对派。至粤省长，则以粤人而与陆、莫无大恶感者，始免于冲突。陈炯明为陆、莫所忌，似宜暂以护军使或其他名目以安置之，现已向其接洽，俟得复再报达。此广东方面之情形也。

据厅长愚见所及，以法律论，孙、伍为全部旧法派，岑、陆为片面法律派，其他群捣则视孙伍、岑陆之势力消长为附和派。以事实论，孙伍为空谈派，岑陆为实力派。以岑陆论，岑则凭借滇军及莫派之粤桂军,且持片面之法律说,以希望副总统候补者,为进取派。陆则巩固其两粤势力,为保守派。再进由和平方面论,恢复陆之地位,先使一部妥惬,似矣,然陆久视两粤为其势力范围,若无增等之特种权位,则彼必不牺牲其所附和之片面法律说以为之徇。故欲解决西南,必当以岑陆同时并举。而岑陆并举,则法律方面亦断不能偏废。岑陆之所主张,若由新国会行使取权,选举副座,彼固不易允许。即使新旧国会同时解散,另组制宪机关,再行召集国会,彼两人所希望之副座,亦岂能达其目的。大抵中央所谓威信,与西南所谓护法,乃一种虚矫之说,固明知与事实不相干也。今最难决者,为对等和议一说。假使中央徇其所请,同时解散新旧国会,另组制宪机关,另定国会组织法,将来所召集之国会,所选出之副总统,亦不属于现在所希望之人,则彼等当亦无术。夫旧国会已议决解散矣,西南各督军省长已取消自主矣,在彼一人觖望尚能借口谋叛乎?故今之和平问题,若稍曲徇岑、陆之请,先将军政府及旧国会打消,则已见统一。至其所希望之候补副总统,乃付之于将来不可知之数,亦何必靳此无所谓之希望。若唐继尧僻在边服,孙、伍派信口空谈,无能为也。再次如和议决裂,则当专联陆派,而以粤军之陈炯明、李耀汉、李福林等助之。但陆果以武力归顺中央,则所要求当于两粤巡阅使上而更有进,且必将莫荣新、谭浩明、陈炳琨移督别省,而以粤督及省长归陈炯明、李耀汉等,方能联络,而不至地位上有所冲突。陆固非坚持法律者,陈炯明、陈炳琨则固可为中央用者,视将来之趋势如何耳。谨将各方面接洽情形及附以一隙之见,伏呈鉴核。

周廷劢密呈　十一月二十八日

6. 荆嗣佑说帖❶　　1918年

现在南北和局,基于大多数倾向和平之心理,大致可望成功。然

---

❶ 说帖附有便条二纸。一为某人致梁士诒者,文曰:"韦荣熙友人荆嗣佑,湖南人,前湘榷运局长。自称与湖南中下级军界极有联络,可以分头运动,为朱桂老议和之一助,并不要运动费云。交来说帖一件,原欲呈朱桂老。乞转交。"一为梁士诒致朱启钤,转交此说帖。原说帖与便条均无月日。据内容推断,当为1918年末。

其难关莫如陕、湘、闽之权利分配问题，就中以湘省为尤吃紧。盖其地位当南北之中冲，两方在所必争。又湘人天性好动，往往为爆火之源，欲为国家策永远和平，不可不首先注意于此。

湘南势力，表面上有熊、谭二系，此两人者，亦时挟地方势力以为重。究其实际，又不能完全支配全省，使之安定。抑甲扬乙，促起波澜，翻为全国祸乱之媒。历观往事，可为寒心。

为中央计，宜看穿湖南全省不必为一二有力者左右，直接对于在事人员加以抚绥，则和议席上可扫除一层大障蔽。

湖南在事人员计分三派：一、现隶张督指挥者，前十七师师长陈复初、常澧镇守使王正雅。二、湘西张学济、胡经武、林德轩、田应诏，表面上属熊系者也。三、湘南程潜、林支宇、赵恒惕、林修梅，表面上属谭系者也。考之事实，决不尽然。中央此时若将上列各员一一与以直接接治，声明解散军队办法，得由该员等以士绅资格从长筹议，并预筹解散以后消纳方法，其方法大致在开发湖南诸矿，垦洞庭沿岸之荒田、湘西苗疆荒山，其详细程序，当俟另拟。则督军、省长两席，决无人争，任从中央去取。他方有野心者，在和议席上，无能施其掣肘之技俩。

将来中央当轴之人，若能从下面将湖南人联贯，俾趋和平秩序之一途，则一国长治久安之道，可由此发端。若陕，若闽，未尝不可用同一方法，择熟习两省内情之人，分途进行，必收意外奇效。

要之，此次和议，不但应注意于和议之如何能成，更当注意于和议成后，如何可以施政无阻，垂绩久远。

借令膺和局全责之人，事事处于被动，难免闻各方面之争，而目眩耳惑，则和议只能敷衍牵就；事定之后，祸根所伏，发不旋踵矣。故当事者苟能于上述三省预筹肃清本源之策，本身先有主宰，然后因势利导，顺理成章，有纪律，有安排，同时可网罗新进者为人才，供本身直接驱使。天下健者无如我何，自今以后，中国政局可展开一新时期，兴国伟业，庶几近矣。

荆嗣佑号植薪，湖南溆浦人，前湘榷运局长。

7. 景耀月解决国局意见具体条款说明书[1]　1918年12月7日

时局急须解决，南北两方当局及在野第三者，虽皆在极力进行，然未能逼近一步。期于实地着手者，确由于两方之意见，尚在隔阂。隔阂之点，非由于意见距离之远近，而在意见沟通之欠缺。所以然者，以两方所欲开列于当场之条件，尚皆有未便先行提出及明言之处，以致聚讼纷然，经久未有着落。今宜由第三者切实从中媒介其条件，代为提出其意见之雏形，俾两方得就所列各点，开端研究。然后再求其相差池之点，更正商榷而折衷之，使两方皆有所着手。企图从切进行解决，则国局自不至停滞不进，致连累贻误国际方针及国际地位之大者。但此各项条件，必须事实法律双方环顾，方为适合于今之国局。耀月权拟定解决国局意见具体条款若干则，提供两方当局，以媒介其意趣，用备开端探讨，并提出于平和期成会请付公裁。兼具呈元首及中央政府、军政府两方当事诸公鉴裁。

甲　事实方面

第一纲　和局代表会议

说明：本会名称，暂假定为和局代表会议。至将来定名，由两方代表于会前聚集时从妥酌定。

第一条　和局代表会议之组织

一、中央政府派和议代表五人列席，内指定一人为和议总代表。

二、军政府由政务总裁内推出三人代表列席，或由各总裁派遣代表三人列席，内推定一人为西南和议总代表。

滇黔军代表一人列席，由督军唐继尧派遣。两广军代表一人列席，由前巡阅使陆荣廷派遣。但两代表属于西南总代表之部，不另推总代表。

三、旧国会参众两院议长列席，或各委代表一人列席，新国会参众两院议长列席，或各委代表一人列席。但旧国会代表属于西南总代

---

[1] 原件为新闻纸铅印单页一张，似为当时散发的文件。

表之部,新国会代表属于中央总代表之部。

四、北方平和期成会派代表二人列席,南方平和期成会派代表二人列席,属于南北各总代表之部。

说明:平和善后,似应当加入国民代表,以容纳国民之意思,及在野有力者之意见,兼可为力于两方中间之仲裁,以资意见距离甚远时之救济。而国民代表,非经繁重手续,又苦无从出生。今避手续繁难之困难,酌从简易设法,由南北两方平和期成会中各推二代表列席,非谓即可代表人民院全意思,然足以代表一部在野平和主张有力者之意见,则无疑也。故免选举手续之繁重,兼不偏枯放弃人民之意见,故折衷出代表如上。

第二条　和局代表会议之地点及主席

一、以南京为和局代表会议开会地点

说明:天津偏近北方,汉口近腹地,上海犹有逼接租界之嫌,唯南京则地当南北之冲,兼为民国政府创造之地,而其长官又适为调人之最有力者,足致于会议保卫之责,事实地点,皆最为适中。

二、以江苏督军和局代表会议主席

说明:南北两方,既久皆承认苏督李纯为主张和议调人之中坚,今又适借其所驻地为开会地点,即由两方认定其为和局会议之介绍者,兼公推定为和局会议主席,唯不加入表决之数。主席有故障时,南北两方总代表各递一次相互代理主席,但得加入表决。

第三条　和局代表会议之议案

一、副总统当选者决定问题。

二、新内阁阁员支配问题。

三、西南当局地位部署问题。

四、暂置巡阅使区问题。

说明:巡阅使制度案未成立以前,现所权设,皆作为暂置。但所以提前设置之故,因便目下时局部署之容易归着。巡阅使制度见后方。

A　暂置全川巡阅使一职,或川藏巡阅使一职。

说明:全川兼川边而言,置川藏巡阅使一职,以有沟通川藏之效,俾边域内地,逐渐镕化无迹,意在注重边图。

B　暂置两广巡阅使一职。

C　暂置滇黔巡阅使一职。

D　暂置两湖巡阅使一职。

E　暂置全闽巡阅使一职。

说明：闽省巡阅问题，表面似无必要，然不归两方加入正式解决，闽局恐一时难定，故列之。

说明：暂置巡阅使区问题，今作甲乙两说：甲说如上。乙说亦列备裁择。一暂置川边西藏巡阅使，二暂置川滇巡阅使，三暂置黔桂巡阅使，四暂置闽广巡阅使，五暂置两湖巡阅使。以上巡阅使缺，略以唐继尧、陆荣廷、岑春煊、曹锟等分配任之。若副总统当选者决定在西南时，则所开巡阅使缺，由两方当局临时磋商，错综分配。

五、滇军驻川军额问题。

说明：于国家军制军额未规定以前，其驻川军队额数，若暂设全川巡阅区时，当暂以滇军二师、川军一师为限。若暂设川藏巡阅区时，当暂以滇军二师一旅、川军一师一混成旅为限，分驻巡阅使辖管区内。

六、裁军军费归着问题。

说明：解散军队费用，或中央地方分担，或悉数归中央担任，当于本会议核酌定夺。

七、部署西南将校问题。

说明：西南中下级将校，应晋秩官及归录用者，皆由中央酌量与北方将校一例为相当之补官及采用。

八、国会问题。

A　新国会存留，西南五省一区补选缺员。

B　旧国会变为国民会议。

说明：以上和局代表会议，为解决时局之第一步，纯属事实方面，无法律程序之可言者。此外当属之法律方面者，似非归诸国会不可。然两方国会争执，不肯相消，一也。二则属于事实方面之和局代表会议范围外，尚有若干最重大须解决之事项，不得不归之法律方面，而又似不悉属国会之职权。两会径尔相续，不唯进行程序似乎脱笋，且其问题重大，亦非何者一方面之国会原身，所得笼统解决而能持平至当使无遗憾。则不得不略采美国最高会议制度，发生特别国民会议，以成为三角会议递进会议之形式，分疏解决。然发生国民会议，其选举手续又过于繁重，且此会议之选举法，一时又难得一折衷适当可从发生之机关，以出生此选举法母地之故，势必旷日持久，致国家统一善后进行之步调，顿挫呆滞。然国民会议之选举法，本无定式，但不外乎足以代表民间意思旨趣而已。今拟暂以新国会存留，但令西南五省一区，补选缺员充足额数，以完成其名实。而以护法之旧国会，变为国民会议，以议订今日事实方面、以后与夫通常法律方面、以前之各种特别法律问题，一举而数宿题可以悉解。且置国民会议议员于政治潮流与法律局外，议决种种重大问题，则不似从前国会议员之自议决其本身问题，或直接间接与自身有关系之问题，则其成绩必见优良，收效当较为美满。且国家今日积年动乱，愈扰而宿题愈出，皆多非国会本身所能解决之案，亦有非国会所应解决之事，则非召集特别法律会议，不能清办。如上所述，召集此项会议，非先发生此项会议选举法不可，是根本上之一难也。即选举法可以出产，成立而后，如必欲副国民会议之名实，则地方所选出之议员，仍必以富有新知识之旧国会议员占其多数。如其选举不取放任主义，则当选之议员，未必即能副国民会议之名实，足以服人民及各方面之心理而无憾，窃又以为非国家之幸。今为国家法制进行便利起见，不如简直以旧国会变更成此特别会议，则新旧国会各得调剂其穷，两相调处而无侵越，而国家亦可于短期中收两会之实效。国家步调运用，亦不至一时临于顿滞，为益溥也。至两会经费一层，或以为人员额数过高，国家担任经费太巨。不知国家自改革已来，各项重大宿题，终久非经一次之根本解决，终难永久进行而无碍，此为成立法制国程序上不可免之事。且复不思时局纠纷不能解决，数年已来，两方用兵之费，为额何如。固知此尤属小项，不可为国家惜也。再者组织国民会议，不敢临时另行增入他项性质之员额者，一则恐略启滋扰，必致各方横生枝节，时局又当延时不决；二则即以纯粹民选之旧国会原质充之，亦所以完成贯彻国民会议性质之实际。

九、决定国会期间，以宪法公布之日为闭会期案。

说明：以依据宪法及国民会议修正之国会组织、选举两法，召集其国会之日为满期。

十、决定国民会议之议题及其期间，以九个月为闭会期案。

国民会议之延期，不得逾五个月以上。

说明：国民会议之议案，首由和局代表会议决定题目，俾免临时该会自行发生分外枝节。至其期间，旧国会以七年八月为闭会期，即算入中间欠缺期间。前次公决延期至七年十月为闭会期案，则计自六年六月解散期起，相差亦仅十余月之期耳。今既仿美制度，开设国民会议，则宪法当然归之该特别会议制定无疑。宪法二读业当告竣，少事修订，即可成立，为期亦非甚远。此外斟酌国民会议所当议之议案，约九个月为期，略可完结闭会。即须延长，亦不能超过其时额之半，终结必矣。如上所列，既可以免新国会之取消，又得补足旧国会期间之欠缺，兼得曲从法外，调剂救济于无形，国家又复收国民会议之实效。故拟列条文如上。

乙　法律方面

第二纲　国会

说明：南北两方当局倘皆能依法解散新旧国会，则大局尤为容易着手，兼可即时直接谋根本之解决。今为两方皆不愿牺牲其国会计，因从事实方面，曲为两全之策。所幸以宪法公布之日，为根据宪法召集正式国会之日，可以为时间上之调剂。故拟存新国会，为宪法未公布以前执行国会法职权如左。

第四条　国会之职权

一、国会选出之大总统为第二任民国大总统。

二、选举民国第二任副总统案。

三、新内阁同意案。

四、财政善后整理案及币制改革案。

说明：以乘今日财政紊乱极点之时，实行改金本位制，为厘订国家金融制度及财政根本整理之入手办法。

五、执行其他对于法律规定之国会一切职权。

第三纲　国民会议

第五条　国民会议之职权

一、完定宪法。

说明：前国会之制宪，所以经久不就者，以国会本身，根本即已投诸局中，辙蹈自为立法之弊。今若根本废弃其草案，非惟在该会足惜其功，在国家亦足惜其时，且亦未足以服选举旧国会者一般人民之心理。今变为国民会议，置该会自身于宪法之上，则即无复迴顾与牵就，当可折衷贵当，得一公允之根本法。

二、修正大总统选举法案及修正国会组织法、选举法案。

三、议订废督军制案。

说明：督军制度，本为辛亥革命军政时代之遗制，由都督、将军三变而来。该制度变化无定，常随国家改革变乱，迁流过渡，其为军政未结束时期之权宜制度明甚。且其沿积既久，盘根既深，与地方民政之实行，事实上常多抵触之处。近来变本加厉，子继弟及，大有唐末五代藩镇留后之趋势。苟极其弊，实非国家今后之福，亦岂其个人本身之幸。以其权限过大，势之所极，不复与以退躬之余地，理至危也。且以革命时期之制度，行之国家宁息之日，而不图改弦更张，一新世宇，国家民众视瞻所属，即为其神理所驰系，复安有政治气运转移清明之望，可随其吉祥之呼召而来。而其他一切之不适当、不合法，皆非本文一时所能论及。故革命时期督军之遗制不废除，即谓为国家革命方在起落进行之中而实未终止也可，故列条文如上。

四、议订中国永久军民分治及军民长官分地驻节案。

说明：军民分治，为法治国之原理。当民国二三年间，举国即已咸知其流弊所极，必将不堪，即已各方一律黾勉实行矣。自尔变乱不绝，军民两政畸轻畸重，于是督军多皆兼任省长，虽复有美其名曰不自兼者，然所荐而任者，非其秘书，则其科长，仍一禀承各该督军、巡阅之命，其实较之兼任，尤为恶劣难堪也。且军务进行日剧，即民政退步速度益锐之时。军民两政进化增减，常得一反比例。是不但军务倥偬，民治停滞，人民不堪其害。而军人与政治杂糅一团，实为违反立国之原则，犹不仅以干涉政治论也。谓方今立国世界，政治宜归轨范，不容独行无人之境而无危。是非订立一中国永久军民分治案，不足以策后验，而仍难免为异日当局之野心者，以扶植其个人势力之故，即不暇择其手段不顾一切国家之利害而利用之之弊。不但已也。有清之世，督、抚不同城，镇、道不同治，各有其驻节之地。其用意至深远也。即以现在东西各国论，未有军民长官同驻一地。且古今亦未有军政长官与民治长官混合于一区，而各能施其政命无相羼扰者。且海陆军以对外，行政官以治内，理宜分驻旌节，各就其便。岂有军人杂糅于行政官之庑，而民政能肃清者。且革命以来，军民两治混合之日久，军政长官徇其起义势焰之所极，即令军民分治，而长官同城，军督叱咤民长有如台隶，事事干涉。积习之下，沿成惯例，时时禀承，处处同意，无复民治微意之存在，甚不可也。谓今日军民各政长官，急宜分驻旌节，指定地点，以法律规为定制，永绝此弊。省长驻节省会。军长驻节地点，则规度其军区之形势，若边省则依边防之局势，腹省依内地要隘之联络，准地势上之便利，而为驻在地点。斯为军民分治根本之要端，故列条文如上。

五、议订省制案及地方制度案。

规复县议会案附。

说明：地方制度，括各省自治区域及未设省各自治区域而言。当以省为国家最高级之地方官厅，兼为最高级之地方自治团体。明白分析官治机关及自治机关两者之权限，俾官治、自治两方各从其情实而发展。至县议会亦直接关系地方本身者，故以国民会议规复之。

六、议订分划全国军区案。

说明：军区破除省界，在边省以其防守局势及连络为区划之标准，在腹地以其形势呼吸为区划之标准。

七、议订全国军区，军长定名制度改为巡阅使、镇守使两级制案。护军使设制案附。

说明：督军制取消，即以巡阅使为最高级职之军政长官，其制有略采前清总督制之处，而不拘泥省界一定之区划。以军事上之便利为标准，破除省之区域，依联络上之便利。其所辖区域或以一省区或兼数省区而设置皆可。其他有特别情形之地方，则仍酌设护军使不废。

八、议订全国军制、军额、军费制度案。

说明：中国军制，究竟当以师为单位，抑以旅为单位，各有利弊，尚须酌妥本国前途及军兵程度实情，对于其比较有利益者而采用之。且自辛亥革命历年变乱以来，军制须待更张厘订之点尤多。至军额、军费,尤当自行速定准制,垂为法令。否则,恐启他人干涉裁军及限制军队、监视财政之端。盖国家常备军额过高固不宜,过低尤不可,甚重大也。

附则:国民会议于和平代表会议所决定付议之案外,不得另行自提议案。

北京平和期成会干事景耀月提出

附:呈大总统国务总理折文

窃耀月对于时局解决条件,综事实、法律两方面拟定,为和局代表会议、国会、国民会议三大纲,五条目,三十则,详列解决时局之方法、手续及各种重大积久待决之问题。窃欲企望元首平和主义之贯彻,与夫国家积年宿题之根本解决。不避冒昧,谨胪列各条全文,用备临时采择。是否有当,恭呈裁鉴。中华民国七年十二月七日景耀月谨呈。

8. 黄锡铨请咨政府预筹处置中国与德奥两国财产办法提出和平会议建议案　1918年12月

德、奥两国以武力抗全球,中立各国均受生命财产之损失。我政府于民国六年对德、奥宣布绝交,继而参战,并参酌协约国处置敌国财产办法,处理该两国之财产。查德、奥财产有不动者,有流动者。其不动财产之处置,应另提议,不入此案范围。此案提议,专属流动财产中之赔款、借款两种,亦未及于他种流动之财产。现在德、奥已经降伏,所有中国应付德、奥之赔款、借款,固应拟定处置办法,而德、奥应付中国之赔款、借款,亦应拟定办法,预备提出和议大会,与列国采一致之进行。谨先将财产种类,分别列表,加以说明理由,拟议办法供使席之采择。表说如后:

(甲类)中国应交德、奥之赔款计二款
(乙类)中国应付德国与他国共同契约之借款计三款
(丙类)中国应付德、奥单独契约之借款计十一款
(丁类)德国应赔没收中国之款计一款

（戊类）奥国应赔未交军舰、军械之款计四款
（甲）中国应交德、奥二国辛丑赔款表计二款

国别＼数目	民国六年三月起至七年十月止停付赔款本息	民国七年十一月起至二十九年十二月止应付赔款本息
德	二四九五二二〇四马克	三九一六六五一九四马克
奥	一三〇五二六六克勒尼	二〇四八八二七五克勒尼

（乙）中国应付德国与他国共同契约借款表计三款

一英德洋款项下德国部分之款	数目有卷从略
二英德续借款项下德国部分之款	同
三五国善后借款项下德国部分之款	同

（丙）中国应付德、奥单独契约借款表计十一款

号数	两国数目	借额	已还	未还	到期年月
1	德瑞记第一次借款	三十万镑	二十四万镑	六万镑	五年十二月
2	德瑞记第二次借款	四十五万镑	九万镑	三十六万镑	十年到期
3	德瑞记第三次借款	三十万镑	十万镑	二十万镑	六年十二月
4	奥第一次借款	一百二十万镑	四十万镑 又扣去胜军舰九十万一千五百镑		六年十二月
5	奥第二次借款	二百万镑	六十六万六千五百镑 又扣去购军械一百零五万八千五百七十六镑		六年十二月
6	奥第三次借款	五十万镑	一十六万六千五百镑 又扣去购军舰一十七万八千五百七十六镑		六年十二月
7	奥四年十二月未付上三项本金展期欠款	一百二十三万三千镑			原订五年至九年分年摊还

续表

号数	两国数目＼数目	借额	已还	未还	到期年月
8	奥五年十二月未付上三项利息展期欠款	六万六千三百十四镑			原订六年五月以前还清
9	德华银行短期借款	中币六百二十六万七千七百三元			五年分借入
10	德洋行船厂军械舰欠款	二百四十万元			
11	瑞记德华期票欠款	一百一十四万三千零四十元			十五年满期

（丁）德国应付中国赔款表计一款

国别＼款目	绝交以后没收中国陇海铁路存在比国之法金	又没收各项料件	应赔数目
德	三百零九万余佛郎	一百二十五万佛郎	

（戊）奥国应付不交军舰械赔款表计四款

号数	国别＼款目	扣去英金	应赔损失
1	奥第一次借款	九十万一千五百镑	
2	奥第二次借款	一百零五万八千五百七十六镑	
3	奥第三次借款	十七万八千五百七十六镑	
4	奥免图船厂	购船定款四万九千镑	

甲表两款说明及办法

中国应交德、奥赔款，系因联军入京辛丑和约所赔偿之兵费，除已付不计外，现表列停付及应付之赔款本息，应即一律取消，永远停付。

乙表三款说明及办法

乙表三款，均由共同契约发生并出售债票。其德国部分出售之款，绝交以后，已经停付。其协约国及中立国人民所购之票，仍行照付。现正战事解决，其真正德、奥人民所持之票，应否继续付款，曾经研究，拟有两种办法。

第一采单独对付之办法：德、奥开衅，中国人民直接间接所受之损失大，德、奥两国如能担认照数赔偿，则中国政府对于德、奥两国人民所持中国借款债票本息，亦应继续付还。否则，永远停付，以为损失之互抵。

第二采共同对付之办法：上项办法如会议时不能适用，即应与协约各国采取同一办法。盖国际借款本为各国常有之事，欧战告终，各国对于德、奥人民所持协约国政府售出之债票，是否照常付款，必有相当办法，如系停付，中国亦即停付，如系认付，中国亦可认付，但须酌展交付之期，其展期长短，以欧战开始至和议成功之日为标准。至于停付期内，未付利息等项，不能向中国政府追付。

丙表十一款说明及办法

丙表一、二、三三款，所有未交德国瑞记洋行之债款，应否照付，拟照乙类第一、第二两种办法参酌办理，如果必须付款，亦应展期悉照第二办法。

丙表四、五、六三款，系奥国借款，由奥资本团代表瑞记洋行经手。向借之初，订明借款内扣出若干金镑，向该行订购军舰或军械，故三款之内，皆经扣去巨款，然至今并无交货。此三款处置之法，应核明除已还已扣之数外，如仍有未清之本息，其办法拟照乙类两种办法办理。其未交货之款，拟照后文戊类办法办理。

丙表第七款，此项系因民国四年十二月底，应付奥国第一、二、三三次借款之本金一百二十三万三千镑未能付还，另发债票，订于民国五年分起，至九年分止，分年摊还。所有过期欠款。拟照乙类第一、第二两种办法办理。

丙表第八款，此项系因民国五年十二月底，欠付上条三项借款之息金六万六千三百十四镑，未能付还，订明展期至六年五月以前还清，嗣因绝交停付，拟照乙类第一、第二两种办法办理。

丙表第九款，此系民国五年财政部先后向北京德华银行暂借德金又公砝银共约合华银六百二十六万七千七百九十三元，拟照乙类第一、第二两种办法办理。

丙表第十款，此系陆海军部向德商礼和、德达生、逸信各洋行及硕效船厂订购军舰、军械，欠款约共二百四十万余元，拟照乙类第一、第二两种办法办理。

丙表第十一款，此系财政部填给保商银行之期票，由保商转入瑞记洋行、德华银行，约共银一百一十四万三千零四十元，至民国十五年满期，其过期款项，拟照乙类第一、第二两种办法办理，未到期之款另定还期。

丁表一款说明及办法

此款系交通部陇海铁路在比国存款，法金三百零九万余佛郎，又各项料件，约值一百二十五万佛郎。绝交后，德国将此两款没收，应向德国索赔，并令认赔各种损失。

戊表四款说明及办法

表内一、二、三三款，系奥国扣去订购军舰、军械之款，久无交货，值此船舶缺少，运输不便，中国政府受损甚大，且战后船价比较战前昂贵倍蓰，此即中政府之损失，应令赔偿。

戊表第四款，系奥国士地俾路免图船厂，收去海军部购船定款，久未交货。责赔之理由及办法，均同上条。

以上统共二十一款，皆中央政府与德、奥直接交涉之财产，此外各省欠付德、奥商人债款及购货物价，亦必不少，应由政府通电各省查明数目，克日复电，以凭汇办。兹依院法提出建议案，请付公决，咨请政府查照办理。

　　提出者　黄锡铨
　　连署者　韦荣熙　陈　介　蒋　荣　谭雨三　何焱森
　　　　　　周诒春　卢谔生　许受衡　王锡蕃　陈邦燮
　　　　　　陈振先

　　　　　　　　　　　　　　　　　　　民国七年十二月

9. 黄锡铨请咨政府将欧战期内中日国际间发生障碍亲善之三案提出议和大会请求公道处分建议案

1918年12月

中日两国同处亚洲，同文同种，唇齿相依，休戚相共。斯言也，昔时尚属常谈，今日急宜实践。盖大势所趋，远东实为首冲。两国必有亲善之诚心，他国乃无干涉之借口。无如国境接触，不无障碍之发。欧战初起，又因地位势力之不同，所发生之故障，于亲善尤多防碍。两国之民，心知其故，各抱悔憾于寸心，不敢向政府以吐露，盖虑反讦之不易也。际兹欧战既停，议和开会，两国之民自宜各摅衷心之诚，搜求欧战期间两国交涉公案中苟有关于障碍亲善之巨案，应请政府提出议和大会，与战事求一致之解决，表示亲善之实征。所以不由两国政府解决而必提出大会者，一以避免自埋自掘之嫌，一以避免利害冲突之弊。嫌疑不致重结，交谊自加融和。此诚最好之时机也。本员调查所得有三案，急须提付大会者，谨分晰胪陈于后：

其一，德国租借我青岛胶州湾全部地方，设立海军根据地，妄思雄长亚洲。欧战既起，日本为铲除德国势力，保安东亚起见，兴动大军，围攻青岛，占而守之，至今未有交还，此为亲善障碍之一。我国应将此案提请大会，劝日本为无条件之交还。其理由有六：

一、青岛胶州湾地方系中德两国由契约发生之租借地，原非德国属土，亦非德国殖民地，其实在主权仍属于中国。

二、中国参战之日，中德间条约一概破废，从前由条约租借之地方之主权，即于是日归还于中国，不容有第三国之干涉。

三、中国参战以后，中日两国地位同等，休戚同情。德国即失青岛胶州湾之租借权，日本直接交还于中国，不待德国之协议；中国向日本直接收回，亦无庸德国之承认。

四、日本政府于攻取青岛之先，曾有对德最后之通牒，占守之后，又有对列国之宣言，皆声明将青岛交还于中国，大义炳然，必能实践。

五、协约各国战时占有敌国之领土或殖民地，此次会议或有不能交还者。中国居协约国之一，日本何至以敌国相对待，不将青岛交还于中国？

六、协约各国战时占有敌国之领土或殖民地，此次会议或因赔偿损失，或因交换利益而为有条件之交还者。日本既不至以敌国待中国，自不至以义举攻德所受之损失，向中国索偿，希望有条件之交还。

其二，民国四年五月，中日两国所订条约两件，一关于山东条约四条，一关于南满洲及东部内蒙古条约九条，又交换公文十三件。此项条约及公文亦为亲善障碍之一。今我国宜将此案提请大会，劝告日本将此项条约全部取消。其理由有六：

一、此约有害我之主权。

二、此约有害我之内政。

三、此约于机会均等主义不符，又于中国与各国条约抵触。

四、此约之成立带有强迫之形迹，急宜取消，灭其形迹。

五、国民对于此约之恶感著为纪念，急宜取消，释其纪念。

六、此约足陷中国于被指导、被支配之地位，急宜取消，保全我独立之资格。

其三，欧战期内各国无力借款，中国用兵之际饷械俱缺，不得不告贷于日本。自民国四年至七年，共借过二万万七千五百七十万余元。在中国渴极求饮，自不恤许重利以要求，加抵押以坚信。不知一言抵押，即不由不任债权人之选择，弊害即伏于其中。今稽抵押品三十二款，或关地方主权，或关政治利权，有清款即能回复者，有永远不能回复者。譬彼娄人举债，月偿重利，又引债权人住我室，佃我田，据我祖遗财产，奴隶我妻子，此非债权人之过，实债务人之过。事至今日，木既成舟，在我国民不敢推诿清还之负担，但求解除致命之抵押。拟请政府将此案提出大会，求请协约各国，俟和议长立后，许借大款于中国，并请预先劝告日本，许中国于所借大款中，拨出巨款，将所欠日本借款本利，无论到期未到期概行尽数清还，撤消一切抵押之券约，借以表示解除亲善之障碍，巩固比邻长久之交情，于东亚大局深有裨益。谨调查借款抵押款目，编表附后，以备采择。

欧战期内中国借入日本债款抵押表

款目年分	民国四年	民国五年	民国六年	民国七年
借入次数	三次	二次	九次	二十一次
借入数目	一千一百万元	三百万元月还五万	四千四百一十万元	二万一千七百六十三万元
抵押品	凤凰山铁矿	盐税	一百五十万元之银行股票	盐税
	湖南安徽某矿		四百万元之军用券	中央印刷局材料由日商三井包办
			邓家屯铁道	开滦煤矿股本
			广东士敏土厂	太平山铁矿
			广东大沙头地税	水口山锑矿
			盐税余款	许日本人合办福建杂税
			多伦及其他二常关	国库券二千五百万元
			吉长铁道	全国电报财产
				无线电报材料由日商三井包办
				奉天某煤矿
				湖北地方收入
				山西地方收入
				广东全省矿产
				吉林森林
				云南锡矿
				济彰铁路建筑权
				洮热铁路建筑权
				高徐铁路建筑权
				吉会铁路建筑权
				全国烟酒税

  以上三案谨依院法提出建议案，请付大会从速公决，咨请政府查照办理。

  提出者　黄锡铨
  连署者　韦荣熙　林韵宫　陈　介　周诒春　何焱森
      林炳华　陈振先　谭雨三　刘冕执　卢谔生
            中华民国七年十二月

10. 鲁匪纪略[1]　　附收束办法

齐鲁风俗，本极强悍，兖、沂、曹间之豪，尤为一省冠。发逆之后，继之捻匪。庚子之变，起自拳匪。其为历史上之扰乱区域，益已久矣。不幸共和以还，迭生内乱，日德青岛之役，丙辰护国之师，枭雄攘臂，乌合景从，胜则居然王侯，败亦不失贼寇。党人政客既为之擘画赞扬，军阀策士更代其左右进退。是鲁匪之关系政局，已非等闲。顾尚未能大举成功者，时机与统一者之有待耳。若谓流寇不能亡国，则请一览明季史。兹述鲁匪之内幕如左：

（一）匪军之首领

综计山东土匪，不下三万余人。其首领曰范玉林、于三黑、顾德邻、史殿臣、宋凤玉、朱三子、王四麻、张良、郭安、朱六、张得胜等，其他不关重要者，尚不可以数计。

（二）匪首与政界要人之关系

范受某将军之生成，乃誓为之效死力。某以军械资若辈者，已达六千以上，款项之接济，更不待言。故鲁匪之崇拜某将军，仅亚于张大帅。果某将军之统一费用，不至因长江形势变化而中变，则今日之鲁匪三万人，当不待国军之往剿，而早已发动矣。然跃跃欲动之心，固未尝一日已也。（津沪均有某将军机关）史以定武军部属之资格，以张勋名义，号召旧侣。表同情者既众，即军用与军火亦极充足，而胜其他匪众。至顾德邻等则受广东军政府之委任，而以护法军名，今又受靖国军之笼络。若于三黑之徒，不过惟利是趋。然此辈亡命，要皆各有专长，非寻常揭竿者比。兹更加以陆、唐之密使联合，青纱帐之天然掩护，羽毛丰满之时机将熟，即谓鲁难方兴亦可。虽然，吾民苦矣。

（三）党人与土匪

山东界直、皖、苏、豫，为南北枢纽，津浦、陇海线交叉其中。党人与政客咸以鲁省得失，为南北胜败之焦点。革命三次，民治派终不能执中原之牛耳者，无他，地利使然故耳。护法之师既起，政客如

---

[1] 原文无日期，夹在与李纯来往文电中。似为朱启钤在和会中的参考文件。

刘冠三、邓天乙，党人如刘大同、班麟书，莫不各衔使命，利用土匪，以达其种种目的。而土匪首领之司令、军长，官样头衔，遂亦由广东、上海而流入青岛、济南，以及西府各县。本系人放火之生涯，而美其名曰护法靖国之师。一旦成功，且可邀高官勋位，远如某督军，近如毛思忠，彼穷凶极恶之土匪，又何乐而不步武后尘哉！

（四）本省官军与土匪

土匪之出身有五：曰解散之武军，曰逃溃之兵勇，曰流离颠沛之难民，曰桀傲不驯之亡命，曰久在绿林之强盗。之五种之人类虽不齐，然其生于斯，长于斯，亲朋故旧不论直接间接，要与本省官军不无关系可言。而况不肖军队，私与匪通，甚至有交换条件，若兵去匪来，兵来匪去，声东击西，此起彼伏，其流弊犹其小焉。是本省官军之不能剿匪，征诸往事，历历可鉴。养痈成患，噬脐何追，此不能不望中央之根本解决也。

（五）外省军官与土匪

本省军队不能剿匪，已如上述。若外来之客军，既与匪不生关系，似无纵放及畏葸可言。然主客军队，易生嫌隙。以逸待劳，盗亦有道。劳师动众而疲于奔命，青纱帐起而利于掩藏。防军有限，土匪无穷。地势不便，于客军人民或有所忌讳。稽延时日，影响益大。欲求匪患肃清，似宜另筹彻底的办法。

（六）山东土匪与日本浪人

日本既据青岛及胶济沿线，该国无赖志士、退伍军人，因之而来谋飞跃者，踵相接，趾相错。丙辰之役，山东各部民军咸用日本浪人为种种活动。此次土匪军兴，凡属贩运军械、关说肉票、调查富户、牒报军情、指挥抢掠、设立机关、办理外交，皆赖此辈日人为之奔走画策，而助纣为虐。其中之萱野、野中、大谷、佐藤、足立、清水、岛村、田中、江藤等，皆与辛亥、癸丑、丙辰之役，参加预闻。故该国政府，亦公认彼等为酝酿中国内乱之健全分子。其不加之制裁，听其自由行动，盖有外交深意存乎其间。外患与内乱迭相起伏，中央政府又何不以彼之矛，刺彼之盾，而行釜底抽薪之法也。

附：收束办法

（一）中央派员，在青岛、济南两处，设立办事机关。

（二）任用极为日本浪人，以及山东土匪所崇拜信仰之人士，前往办事。

（三）所有土匪任用日本浪人，一律使其倾向中央政府，而听中央政府委员之指挥，办理收束土匪事宜。如此则匪之羽翼去，而我之臂助成矣。

（四）以种种手腕使匪首与匪类缴械投诚，择其勇敢善战酌量编制剿匪军队，即以之攻击余匪。是政府不尽招抚之名，而地方实受以毒攻毒之效。

以上为收束鲁匪之大纲，简捷易行，收效至速。较之劳师动众，所获奚止倍蓰。是在当道者之善于运用耳。

11. 姜桂题致徐世昌电　　1918年12月月8日发

北京大总统钧鉴：统密。顷闻西南和议条件，有要求赔款千余万元之说。同属一家，何言赔偿。且南北连年用兵，所需战费，何一非民脂民膏。南方若取偿于此，试问中央所损失又将取偿于何方。彼若有真意言和，只宜磋商善后用费，不宜再索他项巨款，重累我民。又闻有要求解散新国会之议。试思旧国会两次当国，有何好处。新国会成立未久，有何坏处。若故予中央以难堪，和议万无成理。为目下计，似宜新旧合并，徐图改选，借免争执。现在五国已来忠告矣，若再相持不下，必有友邦出任调停，全国拱手受人支配之一日。总之，谋画统一，斡旋时局，必须资望孚众，心地光明之人，方足以资融洽而收和平之效。愚见所及，谨电密陈。伏候择采，并乞训示。姜桂题叩。庚。印。

12. 吴笈荪致熊希龄函❶

秉三督办左右：

奉赐书并岑电，敬悉。"善后"二字，本系对外表示南北业已和

---

❶ 原为抄件，无日期，疑为1919年12月初所发。

睦，同力商议善后事宜之意，并非以命令处分，绝无所用其疑虑。现在政府开诚布公，一切小节繁文，悉当蠲弃。此等会议名称，无关轻重，诚如尊论。日内阁议，必有适当办法也。专此奉复，顺颂勋绥。

吴笈荪谨肩

13. 李纯致钱能训电　　1918年12月9日发，10日到

特急。北京国务总理鉴：统密。会议名目既允加"和平"二字，是所洽商者只在地点，或可无甚争持。一俟复齐，即当宣布。惟纯资望较浅，一人出名，恐不足见重于海内。拟约同曹经略使❶及鄂、赣二督❷联名披露。是否可行，乞转陈主座请示遵行。李纯。青。印。

14. 李纯致钱能训电　　1918年12月9日发，10日到

特急。北京国务总理鉴：亲译，揆密。顷接组庵、月波、子玉来电，谓得熊秉三支电，中央已允仍从原议，定为平和会议云云。查尊处来电仅允加"和平"于"善后"二字上，纯遂以之答复彼方。乃熊君忽有此电，不独言论互歧，且使西南疑纯一人作梗。后此洽商，何以取信。拟请密陈主座，设法防止谗言。当此时世艰危，即幸而归于统一，在事者有何功利可言。若不免有好名之心，俟事将成而专美，亦殊未晚，正不必于此时争先竞进，徒误事机也。我公闻之亦当太息。李纯。佳。印。

15. 李纯致钱能训电　　1918年12月11日到

特急。北京国务总理鉴：亲译，统密。佳两电敬悉。代表首席，拟定朱君，至为忭慰。遵已与彼方接洽，并分电西林、武鸣及各要人，请西林担任领袖。俟得复再闻。李纯。印。

---

❶ 曹锟。
❷ 王占元与陈光远。

16. 日报之南北和平观

东京《时事新报》1918年12月14日载，译员王朝佑译

支那改造之根本问题，总可于南北会议略见效果。但无何等实力之南北各代表，只能解次国会问题，其余重大问题，非俟南北统一，国会成立，不能解决。而国会问题以外，有不可不赖该会议决之者，即四川、湖南、长江沿岸及西南诸省之恢复秩序是也。

停战之实状　自南北两政府于十一月十五日、二十二日各下停战令后，南北两军已为无限期之停战。此次和平会议，开头即为撤兵方法。北京政府认陕、闽两省为土匪跳梁，不能息兵，其实则欲于该两省占有力之地位，但此外则无何等奸策。南方亦无利用停战期间窃行进兵之事。南北两军既已倦战，和平可望进步。唯撤兵后，须解散一部军队，仿第一革命之例，至少需费约二三千万元。此与和平会议无直接关系，故不赘叙。

撤兵之顺序　（一）北京政府将湘南之北军先撤至衡州方面，俟和议成立后，北军之一部拟驻屯于长、岳。而南方则从"湖南人之湖南"主义，使湖南军维持湖南治安。如广西军由湘撤退，北军亦须全部撤退。但岳州为武汉之咽喉，归南军掌握，实为北方所难堪，且攻陷岳州，北军牺牲极重。结局南方主张之"湖南人之湖南"主义，恐难贯彻。（二）福建南部之北军，收束于厦门。南军则俟福建督军及其他问题解决后始退回广东。（三）其他四川、湖北、陕西、江西各省之南北军各退驻原地，恢复战前之状态。唯云贵军总司令唐继尧，为维持地方治安起见，拟于四川省之重要地点驻屯若干云贵军。故云贵军由四川撤退时，当较他省稍迟。

17. 支那问题联合大会　1918年12月18日《中央新闻》

支那问题联合大会，于本月十七日在东京上野开会。来会者，有各政党及与支那关系之各种团体代表约八十余名，其内有政友会之杉田定一、小川平吉、小林源藏、小泉策太郎、一宫房次郎，有宪政会之安达谦藏、本田恒之、降旗元太郎、小泉又次郎、大竹贯一，有国

民党之美和作次郎，有新政会之山根正次，清和会之金子元三郎，日支国民协会之寺尾亨，黑龙会之内田良平，国民外交同盟会之中西正树，国民义会之五百木良三，并有楠濑幸彦、佐藤钢次郎、长冈外史、权藤震二等。推楠濑氏为会长，为决议文如左：

  支那问题联合大会，顾念东亚之时局，决议以国民名义致电于支那各派领袖及各报馆、各省督军，而求支那国民之猛省。

政友会之杉田定一演说曰：为此决议之人数虽少，然其实质为日本国民各团体之精粹，故此决议，即与举国一致之决议无异。支那四百余州亦将谅察此决议之旨趣。今欧战既终，此后战胜者与败者，俱因医其创痍之故，当然共向东洋着手。此际日支两国不可不相提携以当之。是则应保持日支亲善之关系，支那自己须断灭内争，然后乃可与日本共同一致，以处时局。所以促进支那南北之妥协，设统一政府，是东洋平和上最急务也。余对此决议，殊表赞成。

宪政会之安达谦藏演说曰：支那南北统一之必要，是不待言。必须令此决议案贯彻四百余州，以促支那国民之自觉。南北当路者倘去从来恶感情，坦怀以图民国之统一，为无隔阂之妥协，则统一政府，亦不难成立。故当促支那国民舍政权争夺之观念，以诚意为国乃可也。

右决议文既满场一致可决，同时寺尾亨朗读上海戴天仇致本会之祝电，该电略谓：非断行复兴旧国会，废止督军，限制军队，则决不能致统一云云。又小川平吉代表发起人，特此决议文，电致支那南北两方。小川氏且曰：若决议之旨趣不能贯彻支那国民，而支那尚继续争乱之时，则更为第二回、第三回之决议。但今回先为国民的决议而止，倘有必要之际，再出别态度也。

18. 小幡[1]公使之谈话   1918年12月19日大阪《朝日新闻》

本月十七日小幡公使赴任过大阪，在火车中语记者曰：由来支那

---

[1] 小幡西吉。

之事，朝不测夕。今正内外多事之秋，余未敢轻下判断。但支那南北，昨因列国之友谊的警告，兹已促进协和之绪。今正当国际联盟高唱之时，而支那独自南北乖离，没头于内讧，是殊逆行世界之大势。况因此损害支那本国，延至损害有特别关系之日本及列国，殊意外也。余甚望支那觉醒而实现南北融和，且信其必成功。但关于其成立之期，则今未能遽断。盖南北之主张与地位各异，故最后之妥协，必须经多少曲折乃可成立。总之，支那内促妥协之机运，外激世界之大势，南北将驯致舍小异就大同之形势，颇堪乐观。

余望日本人对于支那之时局，须以宽大待之。南北之各提案，非至字句末节，皆完全讨议则不决。此种琐细，是支那人之通有性。倘蔑视之而只求大略，则和平会议必生阻碍。更从日本地位而观，因以日支亲善为目的，唯其手段政策之细目，各自异见解。今日本政府准据部内所定大方针而进，余只祖述之已足。

又于政治之外，以余私见观之。日本于战时勃兴之工业，欲将来永久维持，则决不可置支那于度外。盖日本输入各种原料，及输出制品，皆倚重支那。故日本关系，必须图完全之经济的提携乃可。关于食料问题，日本倘依西贡米及印度米以济米谷之缺乏，则失之太远，不如求于支那，最为捷径。就于支那防谷令，亦必须为适当之解决乃可。今欧战既终，列强竞向于支那大陆，以图经济的发展。日本于此方面，亦不可不保守特殊之地位。余甚望日本之有识者，关于支那，与其求于政治的，宁求于经济的为善也。

19. 李纯致钱能训电　　1918年12月20日

万急。北京国务总理鉴：统密。会议名目拟和平善后，地点拟南京，双方代表拟各十人，即于十人中推一总代表，及约集居间团体一切办法，经奉中央核准后，即于庚日电商西南。兹接岑西林真电云："庚电奉悉。苦心种种，至佩。所拟办法，大致均可赞同。内中尚有应行疏通之点，即电详。惟现有一极困难问题，即北方对于陕西，以剿匪为名，不认为停战区域。此间激昂万状。若不迅速先解决陕西问题，则和局必因之破裂。曾记去冬执事与煊呼吁和平，将有头绪，卒因北方以荆襄为土匪区域,立致决裂。今复袭故智,故生波折,真可浩叹。试思和议将开,十百千倍于陕西问题,皆可付之公决,何必小题大做,功败垂成。执事公忠爱国,务恳飞电力争,迅定办法。由陕西南北两军,指定驻兵地点,凡所驻区域内如有匪患,各自剿办。并希东海明白电示,以释群疑。否则,万劫不复。吾辈一腔心血,付之东流,犹其小焉者也。迫切待命。"等语。又微日,曾以五国警告事,电促西南猛省。兹接西林文日复电云:"微电真奉。欧洲和会,世界问题由此铨分,关系固极重大。闻北方已派陆子欣[1]为专使。此间多数主张,以北方事前未来征求同意,要求驰电反对,以明其非能代表全国。并拟一专由南方推出极有重望之人,赴欧洲列席。并谓南方纵不得独占议席,然欲破坏兹事则有余云云。已涉意气。煊于关系国际地位,除再三劝解,并告以极加破坏,必致两败俱伤等语外,并思得调停之策。于蒸日致电熊君秉三,略谓'欧洲和会,由南北会同遣派代表,即为适当。例如北派若干人,南亦派若干人。此双方合派人员,北方一律正式任命发表。同时,南方亦一律正式任命发表。如须国会通过亦可。如此办法,对内则法律、事实既能兼顾,彼此体面亦获两全。对外则参与和会,南北确能一致行动,发言自有价值。又此间所派之人,当选其资望素孚,而又最稳健为中外所欢迎者。务请将此意转陈当道,迅速示知'等语。鄙意此项办法,原为求形式上统一之唯一良法,仍乞我公加电促成,以免陷于不国之悲境。是所切盼。"等语。同日又接西林啸电云:"接钱君干臣来电,北方已派朱君启钤等为代表。此间亦已拟定唐君少川为总代表。惟因陕西问题,异论蜂起,调解实已困难。项接干臣兄来电,似指郭坚等为匪,异常固执。查郭坚为前陕西省长公署警备队统领,樊钟秀、陈树藩之第二混成旅团长,本不得以匪论。卢占魁诚为匪魁,然亦不过如湖南张敬尧部下之毛思忠等耳。彼欲加入护法军队,处置方法,必由和平会议解决,方为正办。假以护法军队名之为匪,拟西南于何等。请公代为一思,使煊何以解于护法诸省。现当双方下令停战之后,忽以借口剿匪动众兴师。谓此为非作战,复又谁信。陕西之事,非匪不匪问题,系停战

---

[1] 陆征祥。

不停战问题。以爱和平之故,各方均已解甲,独置陕西于水火,又使煊何以对三秦父老。说者为陕有匪患,试思我国各省何地无匪。正须和平会议解决大局之后,悉心剿抚,从容收拾,又何必亟亟于一时,反因此牵动大局,使全国人民既苦兵祸,复罹匪患。权量大小,一言为决。凡事须设身处地,互相体谅。北方所为是否平情,我公明烛四表,素持公道,务恳密告东海,速行独断,是所切祷。前致东海文电,谅荷转达,祈速复示。"等语。合观以上三电,于名称、地点、办法既云大致赞同,即已表示允许;既拟定唐少川为总代表,而对于朱桂莘亦无异词,是一切均可就范;所待商者,陕省问题。鄙意陕省亦应划入停战范围。该省内容复杂,不能与各省并论。惟若概指为匪,一意剿办,必起猜嫌,致和局因之停顿。似宜分别酌定办法,如粤闽方面,李所部与陈、许所部,应双方撤退指定界线,声明地点并区域彼此遵守,静候解决。王旅停进,指地驻扎,候令撤退。川防方面,熊所部与陈、刘所部,双方撤退办法,与闽同。陕省内部,于右任军队,内容复杂,应查明部分首领姓名,确实兵数,及驻扎地点,限定适当区域,恪守地方秩序。不在此数,即为土匪,当然剿办。如虑闽陕方面,按照以上办法,不易划清界线,或不易辨明是非,似不妨由双方或居间公团派员前往指导监视。管见如此,祈转陈,请示核复,以便与彼方磋商。但前接秉三电,关乎陕事已酌拟办法电致西林。已否得复,尚祈询明参酌办理,以免两歧。至欧洲和会遣派代表,岑电调停之策,拟双方正式任命,殊属不妥。不如秉三所拟办法,是为持平得体。似当本秉三前电切实磋磨,统候示复。李纯。哿。印。

20. 北京政府代表名单

朱启钤　桂莘
吴鼎昌　达诠　后门外雨儿胡同_{安福系}❶
王克敏　叔鲁　石老娘胡同_{直系}

---

❶ 各代表派系系据叶恭绰所谈加注。

施　愚　鹤初　　象来街路北金宅<small>直系李纯</small>
方　枢　立之　　后孙公园<small>安福系</small>
汪有龄　子健　　大酱房胡同<small>安福系</small>
刘恩格　鲤门　　西单横二条路东<small>安福系、奉系</small>
李国珍　叔远　　顺治门大街<small>研究系</small>
江绍杰　汉三　　教场四条路西<small>安福系</small>
徐佛苏　　　　　绒线胡同<small>研究系</small>

21. 朱启钤等招待北京各团体代表名单[1]

安福俱乐部代表名单

田应璜　子琮　　兵部洼十三号
梁鸿志　仲异　　外西华门大街十号
王揖唐　一唐　　东铁匠胡同
王印川　月波　　前铁厂营
曾毓隽　云霈　　南池子

丰盛胡同七号俱乐部代表名单

梁士诒　燕孙　　甘石桥
周自齐　子廙　　西四报子胡同颜宅
毕桂芳　植臣　　东四双辇儿胡同
杜　持　志远　　鲍家街六号
吴　钫　伯琴　　大雅宝胡同宽街六号
陈邦燮　磊尘　　东斜街昌堂门

宪法研究会代表名单

梁善济　伯强　　察院胡同
王家襄　幼山　　草帽胡同

---

[1] 朱启钤等北京政府代表十人在出席和会之前，于1918年12月23日至25日在北京招待北京各团体代表。出席名单，均由各团体提出。在各团体提出名单时，均有致朱启钤信一通，说明送上名单，无他内容，从略。

林长民	宗孟	景山大街
籍忠寅	亮侪	安福胡同
黄　群	溯初	顺治门大街

平和期成会代表名单

熊希龄	秉三	石驸马大街水灾督办处
蔡元培	孑民	东堂子胡同三十三号
谷钟秀	九峰	鲍家街
丁世峄	佛言	按院胡同东口
庄蕴宽	思缄	锡拉胡同
张一麐	仲仁	后泥洼

和平统一会代表名单

张贞午君	西斜街
王采臣君	天津河东鸿安里斜对四号
程仲渔君	石驸马大街通条胡同
赵竹垣君	牛街轿子胡同内沙络胡同
蒋枚生君	西单梯子胡同
曲理斋君	棉花五条十三号

讨论会代表名单

陆宗舆
孙润宇	兵部洼中街二十六号
袁荣叟	棉花九条
王　毅	刚家大院
魏斯炅	李铁拐斜街
林韵宫	永光寺中街
蔡国忱	石老娘胡同
苏毓芳	西城石灯庵间壁
苏艺林	达智桥乐群学社
赵炳麟	彰仪门大街教子胡同内沙栅胡同
谭雨三	永光寺中街新会会馆

国民经济协进会函[1]

迳启者：欣闻贵总代表诸公南下在即，企仰莫名。本会素抱提倡国民经济之宗旨，顾以经济事业之发展，胥视国内和平为依归。同人尊重和平，最为切挚。沪粤方面均举代表接洽，冀以赞助和局之早成。兹特公推本会主任干事廖廉能、参议麦秩严、干事卓宣谋、薛登道四君上谒台端，务希酌定日期，先行见示。以便届时趋教，接洽一切。此致议和总代表　代表

国民经济协进会谨启

会址广安门大街　十二月二十六日

22. 新民通信第三百五十号[2]　1918年12月26日晚刊布27日稿

钱总理再复西南各领袖电

新民通信社消息云：西南各领袖因闽陕问题，曾发筱电来京。钱总理特将陕匪骚扰情形，及各种证据，电复西南。其文如下：

广州岑西林先生、伍秩庸先生、林悦卿先生、孙中山先生，武鸣陆干卿先生，云南唐蓂赓先生、上海唐少川先生鉴：奉发下筱电诵悉。三年以来，内争不已，战祸相寻。因之地方土匪乘机窃发，扰害地方，残贼人民，掳掠货财，欺蔑妇女，开掘坟墓，凡悖乎人道公理者，无所不为。而以福建、陕西两省匪势为尤烈。迭据该管官吏所呈报，本籍绅士所陈诉，证以特派人员所调查，中外过客所记述，阅不终篇，悲愤交集。夫国家之所以赖有政府者，将使强不陵弱，众不暴寡，良善安其业，老幼得所养也。今以闽、陕两省情形而论，匪之残酷已极，民之待救至殷。若再因循放任，不事剿除，潜扬匪焰，重苦吾民，恐中外古今无此公理，无此治体也。今日之停战争言和平者，盖以兵凶战危，损失过巨，民不堪命，当谋所以休息生养之故。政府毅然停战撤兵，对于西南正式军队，约定不相侵犯，为民请命之诚

---

[1] 此函实为名单。据朱启钤复函，朱启钤等因于29日启程，未接见国民经济协进会代表。

[2] 本文与下二文均为油印本。今选录其中一部分，并删副题。

心,当为中外所共谅。然民间之所最幸冀者和平;而其所最疾苦者匪乱。闽省之匪如卢祥、吴四、蓝本各股,陕省之匪如卢占魁、樊老二、高峻、郭坚各股,或为积年马贼刀痞,或为海洋大盗,案犯山积,法所不容。因通缉而逋逃,借逋逃而啸聚,本以帜法作奸为生,奚知靖国护法之义。而且匪乱之生,远在西南战事以前,案牍具在,岂容相诬。将欲谋和平以奠民生,必先申法纪以除民害。故于明令停战之时,即将剿匪事宜,剀切声明,所以尊重西南正式军队,不使名义有所假借也。以郭坚、樊老二、吴四、卢祥等之行为,若在南方正式军队驻扎区域之内,亦应痛加剿除,不留余孽。今日方为全国谋和平,而独留此大股悍匪,扰害闽陕两省人民,使其永远不得享受太平之福,窃意中外仁人君子之用心,必不如此。乃中央忠诚,不蒙荃察,来电竟以假借剿匪名义,阴行进兵相诘难。中央为尊重西南正式军队起见,故分别土匪、军队而二之。而来电乃欲牵合为一,以阻剿匪之进行,窃所大惑不解。且樊老二、吴四等,确系土匪,两省人民各有公论,事实既难曲讳,耳目岂能尽掩。若必强词开脱,其何以对闽陕两省父老子弟。且将来和平妥协后,势将收束正式军队,以节饷糈。今兹库空如洗,势将举债以济急,偿还之责,仍在民间。举债以裁兵,友邦当能相助,人民当能相谅。若以之济匪,不但人言可畏,抑且治法何存。奖乱之端一启,将来大局敉平,更无图治之法。吾人本是同舟,诸君素以保艾为怀。近当为两省人民求旦夕之安,远当为中国谋长久之治,想不以中央剿匪办法为非是也。至筱电所谓陕省增援四旅,井道被戕,永泰闽军袭击聘臬,王旅赴闽,鄂督计划收复施南各节,全非事实。兹以事实证明:查中央停战命令于十一月十六日公布。张、许所部入关,系本年九月。陕督电呈匪势猖獗,请拨军队防堵西路,事在停战命令以前,且无增援四旅之事。井道之死,郭坚使李良材刺之,其胞兄井崧生可以为证,事在十一月内,时兴平为匪据也。闽省自停战以后,闽军未尝向西南正式军队攻击。而十一月二十、二十一、【二十】四等日,涵江、浦液、莆田均被攻击甚烈,而永泰则于本月九日失守,可证永泰闽军袭击聘臬,必无其事。王旅赴闽,乃隶于萨督办,以备清乡之用者,此外并无派兵之事。鄂西方面,中央军队在川境者皆一律退出,川军在鄂境者迄未撤回,且与土匪区别不清。是宜急电川省，一律撤出鄂境，以免误会。而汉中之事，尤可为中央笃守信约铁证。当停战之时，汉中军队防御线，一在宁羌、阳平一带，一在佛坪、镇巴一带，今则宁羌、略阳、沔县、褒城、镇巴相继失守，南郑被围甚急。如系川省背约相攻，自当迅回原线。应请查明办理，以符原约。详切奉告，伫俟电复。能训。宥。印。

各代表连日在京之行动

新民通信社消息云：朱总代表偕同各代表，连日在中央公园招宴各政团。二十三日晚所请者为安福俱乐部之王揖唐、田应璜、王印川、梁鸿志、曾毓隽五氏。二十四日午宴所请者为七号俱乐部之梁士诒、周自齐、毕桂芳、杜特、吴钫、陈邦燮五氏。二十四日晚宴所请者为研究会之梁善济、林长民、黄群、王家襄、籍忠寅等五氏。二十五日午宴所请者为讨论会之孙润宇、袁荣叜、王毅、魏斯炅、林韵宫、蔡国忱、苏毓芳、苏艺林、赵炳麟、谭雨三、陆宗舆等十一氏。二十五日晚宴所请者为和平统一会之张贞午、王采臣、程仲渔、赵竹垣、蒋枚生、曲理斋等，和平期成会之熊希龄、蔡元培、谷钟秀、丁世峄、庄蕴宽、张一麐等及五族和平会之吕超伯、陈小庄、高登鑪、吕习恒、张敬舆等。

昨日（26日）午后二时至三时，招待中外新闻记者，到者约六七十人。先由朱总代表致词，大意谓："年来国内㣲扰，于统一国家之下，乃有双方对峙之现象，此诚国家之大不幸。政府内审国民之心理，外鉴世界之趋潮，毅然奋断，下令停战，委任启钤等为政府代表，开和平善后之会议，以崇和平而谋统一。顾政府派遣代表已及兼旬，而西南派人消息仍复沉寂无闻。且双方原议，举凡一切纠纷，悉纳诸会议范围中，平允解决。乃西南于会议之前，发生种种先决问题，致和平稍生障碍。启钤等体政府息事宁人之意，初不因是波折，稍为存迟回观望之心。刻同人等决定本月二十九日束装南下，在宁静候。盖所以昭示中央爱重和平之诚意，兼以促西南之反省也。惟是启钤等自维庸陋，膺兹重任，抚躬循省，深惧勿胜。连日为集思广益起见，已约集各政团征求多数之意见，以为列席时谈判之资料。本日特招待在京新闻记者诸君，辱承不弃，惠然肯来，曷胜荣幸。不过今日招邀，殊非寻常酬酢可比。同人等对于诸君最大之要求，即在主张正义，发挥健全之舆论，以为代表同人之后盾，和平前途，庶或有济。诸君子皆新闻界之名宿，而新闻又为一国舆论之源泉，如蒙发扬伟论，以诏同人而宠其行，则尤同人等所祷祀求之者也。"

次由《京报》邵振青君演说裁兵废督之必要。次《北京日报》朱淇君演说，就邵意而加以引伸。次《新民报》乌泽声君演说南北宜同时裁兵废督。次《经世报》陈焕章、张一鹤两君演说，代表此次出发，宜代表全国，代表民意。次路透社访员伍恒君（A. E. Wearna）演说欧洲和会开始，亟望中国内部统一云云。至四点方散。至各代表出发日期，确定于二十九日午后二时，专车出京。三十一日自天津出发，预定下月一号抵宁。在守守候南方派定代表，即行开议云。

派使问题

新民通信社消息云：派使问题，南北一致，对外本无界限可言。当局欲表示不分畛域起见，特派王正廷君赴欧，加入陆外长一行。至名称未确定。缘和会未开以前，未便发表使节名称。即如陆氏赴欧，亦未有各位也。惟伍朝枢君热中代表，先日自粤抵沪，特电催政府派员往商，并谓无论如何，拟搭乘二十八日之船出发赴欧云。

梁任公南下后之行程

新民通信社消息云：梁任公于二十三号下午专车出京。京中朋旧随送至津者，计有四五十人。连日在明湖春、鲍尔德饭店设筵公饯。梁君于二十四号下午九时二十分，乃乘津浦专车南下，时赴车站致送者除京中朋旧外，有天津各当道及直隶省议会议长、议员，最近自美回国之严修、范源濂两君，共计百余人。与梁君同行之刘崇杰君，亦即于是夕自京赶到，同在津站登车。顷闻梁君于昨二十六早已安抵南京，晚车赴沪。本日在沪稍作勾留，晚间登横滨丸出发。梁君先德年前病殁香港，其遗柩尚停厝港中。该轮过港之时，梁君并拟一登岸，前往省视云。

又一消息，闻任公此次乘横滨丸赴欧，日本当轴曾下训令三菱公司，转嘱该轮特别优待。日前任公在京晤见日本前代使芳泽，芳泽曾以此意面向任公道达云云。

陕西之近讯

新民通信社消息云：某方面接陕西确电，最近攻围汉中之土匪❶，因攻扑不入，又改提停战条款五项。其大要如下：

（一）双方罢兵，弃嫌修好，合力对外，以固蜀防。（二）拒止北军不得入陕南境界，原驻南郑十五旅北军，当实行驱逐或解散之，以巩固川军势力。（三）停战后分兵围陇，以拓展川军之范围。（四）汉南面川军分驻方法，刘存厚同钟体道部队暂驻城固以东，彼军暂驻褒城以西，至永久驻兵之地点，临时再为协商。（五）以汉城为川军公共办公地点，彼此均不得驻一营以上之兵力云云。

湘省撤兵消息

新民通信社消息云：闻驻湘之第七师军队，前有两团开抵祁阳等处协防。近因实行撤兵，已由湘督张敬尧遵照中央命令，电饬该军队撤回宝庆驻扎矣。

23. 新民通信第三百五十一号　1918年12月27日晚刊28日稿

政府颁致各代表之方针

新民通信社消息云：全体阁员昨日（27日）正午十二时在中海春藕斋为朱总代表及各代表饯行，并披露政见。主宾一十七人。首由钱总理代表阁员，起立演说政府方针。大意谓："政府委任诸君为代表，与西南代表会议。现当诸君临行，愿宣述政府意见：第一，西南数省因法律问题，内争经年。现值欧战告终，正宜一致对外，发展国力，以尽其对于世界之义务。今大总统受任伊始，首先与西南开诚协商，继复纳西南之请，而有派遣代表会议之举。政府所可告于诸君者无他，即为国家进步计，不能不以和平统一为必要者也。第二，关于法律问题。将来会议时应以多数舆论为基础，以国家为前提，使真正

---

❶ 北京政府污蔑广东军政府所属的部队为匪。

法意归于一致。第三,关于善后问题。将来会议时应就现状妥筹收束,被兵省分,匪患兵乱,亟筹规复。善后经费,以必要为限。改良计划,以能行为主。第四,关于民治问题。现今世界大势,不容我故步自封。原望借此内争之结果,厉行民治,肇造新邦,巩固国本,一新人心。是所至盼。"云云。当由朱总代表致答词。宾主尽欢而散。至下午二时方散。

闽督报告闽省匪祸详情❶

新民通信社消息云:闽省剿匪问题,近日颇为和议中之一种波折。本社不惜多方刺探,究其实情。昨从某方面得闽督李厚基最近一电,报告月来情形,极为详尽。因特志之,以供国人参考。原电如左:

(衔略)我军奉命停战,严守阵地,实行已久。陈炯明仍复骚使土匪,各处纷扰,不遗余力。耿团长遵令分守莆田、涵江一带。许崇智自上月二十日起,由仙游以全力进攻莆、涵,围困十余日。经我军击退后,又阳为讲和,暗袭永泰,会合蒋国宾,于本月八日,率队陷我永泰。仙游方面,近复遣匪二千余名,带机关枪二架、山炮四尊,又已出发。据报抵濑溪者已有六百余名,抵黄石者四百余名。耿团长锡龄迭电告急,请派队到莆,会合抵御。蒋国宾又率队二千余,进攻永泰县之嵩口。又匪首杨姓,集合二千余人,于本月六日占驻泉州青阳市一带,向泉城进攻。十七日,匪首蓝本又乘虚掩攻吏(?)田县署。又据姚师长号电称,郑吴等匪盘据闽清、闽侯交界之下洋、洋里口一带,意图攻我水口,断我上游策线。似此阳以停战为名,阴行其侵掠之计,实属居心叵测,防不胜防。拟请我大总统电致西南,严词质问。彼即意存破坏,闽省亦惟有督饬各军队为正当之防卫,不得已也。再,迭据军队搜获土匪公文、函件、旗帜及子弹箱印封函件,查验均系陈炯明部所发出,凿凿有据。除将前项证件另文呈送外,谨闻。李厚基叩。

皖绅反对加税之激昂

新民通信社消息云:闻皖绅近因反对加赋及盐觔加价各案,群情

---

❶ 北京政府污蔑广东军政府所属的部队为匪。

异常激昂，尤以前国务总理李经羲为最力。本社昨从财部方面查得李氏领衔一电，发自上海者，指摘倪、龚之处，至有云"皖人治皖甚于寇仇，岂无天良，忍心出此。彼所以悍然不顾者，蓄意已久，勾结已成，纯以金钱武力制造民意，指选议员，为其鹰犬"等语。丑诋不遗余力。其中有无内幕，局外人不得而知矣。原电如左：

（衔略）国政方新，嗷嗷待治。乃皖民日在水火益加深热，生机断绝，忍无可忍。一曰田赋展加一五，此案大部试办，各省多未实行，皖省行之，已太偏苦。正谋请罢，反闻展期截留省用。三年即停之谓何，是使大部堕大信矣。一曰田赋再加七分，借口警备通案。不思皖患原在兵多，兵变则此警队莫之能御，平时则此警队足扰闾阎。所以从前兵少，匪亦较少。皖南山多埆垅，皖北水患频仍，小民终岁勤动，不给衣食。灾赈迭告。夫谁不知，何能括生计所需，养自焚之患也。一曰陡加盐价，每石一元。托名兴办实业。夫实业，只有招股合资，未闻以贫民之脂膏，为营业之资本。加以官私价格悬殊，豫东、浙、鲁私枭，将以皖为归墅，防不胜防。且与外人有约，无论何等用项，不得擅改盐税，一旦增加，适贻口实。如盐法何，如国体何。今者一有之间，三者并举。第一案闻由议会请愿国会，第二、三案省会延长十日，专议通过。倪嗣冲久领兵符，龚心湛新承简命。皖人治皖，甚于寇仇。岂无天良，愁心出此。彼所以悍然不顾者，蓄意已久，勾结已成。亦知民意机关，为民国所重，特种要根，纯以金银武力制造民意。指选议员，为其鹰犬。使小民如躋地狱，救死不瞻。此而不言，永无天日。经羲等怵目痛心，实为皖省贫民生死利害关系，祸患之来，影响甚大。泣求救民水火，立斥皖吏，罢此三策。皮骨获存，孑遗永赖。悚惶冒罪，泣血上陈。李经羲、余诚格、李经芳、陈维彦、金邦平、徐乃昌、洪冀昌、刘体智、孙发绪、朱震、朱锟、朱畴、孙元芳、徐国安、刘更年、李经沦、刘慎诒、李国杰、余之芹、陈仁梅、张士瑛、何声灏、何声润、聂宗羲、陈树屏、光升、舒继芬、汪龙标等叩。有。

24. 新民通信第三百五十二号　　1918年12月28日晚刊29日稿

昨日公府之宴会

新民通信社消息云：昨日正午总统在怀仁堂筵宴各代表，列席者十二人：

朱启钤　钱能训　吴鼎昌　王克敏　方　枢　李国珍
汪有龄　刘恩格　江绍杰　徐佛苏　吴笈孙　郭则澐

阁员中仅钱总理列席，于阁议散后，偕同郭秘书长匆促赴宴。此外各部总长并未与宴，亦并未招请各政团人员。总统于席间随意谈话，并无正式演说。盖前日国务员之招宴，重在发表意见；昨日之宴，重在为各代表送行云。

唐少川对于南方时局之意见❶

新民通信社消息云，唐少川最近有一长函致南方诸领袖，对于南方局面有所主张，亦足以见唐氏怀抱之一班。原函录下：

（前略）军政府改组，公等不以仪愚陋，委以总裁重任。天职所在，义岂容辞，原以羁旅异邦，未能就职。比者由东返国，适值和平论鼓吹最盛之时。和平美事也，凡属人类，同具有爱好和平之心理。况自约法失效以来，战祸绵延一年有感，苟有永保和平之方法，吾人方欢迎之不暇，岂复有反对之余地。仪内察吾国舆情，外观世界大势，因有开对等和平会议及和平会议之先不得提出何种条件之主张，而军政府经政务会议议决后，亦已有停战命令之发布。我护法人士希望和平，如此其切，护法苦衷，自当为国民及友邦所共谅。今者我方表示和平，彼乃增兵南下，则破坏和平之罪，自有司其责者矣。

此次欧战结果，世界已入于法理胜利，强权委缩之时期。吾人以拥护法理，抵抗强权为宗旨，世界潮流所趋，必终有最后胜利之一日。然仪尤有进者，吾人以护法为号召，则立言行事，必以法律为根

---

❶ 本文另有许某抄件一份，与此全同。朱启钤在封面批"密存"二字。正文前有"谨将香山与粤议会原书录呈钧览"字样。"前略"、"下略"均抄件原文。

据。民国约法，主权在民。国会诸君，民意所寄。窃以为与合法国会并立之机关，似不宜有军政府名称，且恐友邦以军政府名称属于临时性质，并此合法国会且将昧其本来。况停战令已下，军政府似更无存在之必要。鄙意今日虽不必急急于成立正式政府，而军政府名称，似宜改为护法政府。名称既正，庶不致滋友邦之误会。此愿与公等商榷者一也。

欧战告终，纯为武力失败、民政成功之结果。德皇求和者屡矣。而美国必以政体改革，成立国民政府为议和条件。故国民外交实为急不容缓之事。我中华民国合法国会为完全代表国民之机关，且除此国会以外，更无一可以代表人民之合法机关。公等负此千钧一发之大任，值世界平民政治成功之时，正宜以国民代表之名称，为国民的交□进行，俾主持平民政治之友邦，了解吾国内争之真相。则按人道之正义，自有相当之援助，而无是非之劝告，又何自而发生乎。此愿与公等商榷者二也。

凡此二事，皆为目前之要图，而与长治久安之计，尤有密切之关系云云。（下略）

陕乱未已

新民通信社消息云：钟体道现驻守陕西之南郑，近日频来急电告急。铣（本月十六）电谓南郑被围十二昼夜。巧（本月十八）电谓褒城（亦陕境）被攻，并有赴筑炮台，整备长围之意。两方现均正式停战，川军自无攻陕之理，其为土匪蠢动无疑。铣、巧两电分致京中各机关、各报馆者，特录如左：

（一）钟体道铣电　昨夜敌攻城极猛，仍被击却。但据探报，该逆现又增加援兵四营，意图抄袭城固。我军撄城固守，已达十二昼夜。款乏力疲，望援如岁。泣恳严令援军并程前进，以解倒悬。大局幸甚。师长钟体道叩。铣。

（二）钟体道巧电　敌军昨夜乘微雪扑城，仍被我军击退。据确探报告，吕逆超现到褒城，增调匪队陆续来汉，又运到大炮三门，枪弹数十驼。刻正征集土囊，赴筑炮台，预备全力攻击。我军誓守待援，已十四昼夜。泣恳钧座严催援军飞速前进，并发大宗饷款，以解危急而维军心。不胜待命之至。师长钟体道叩。巧。

赣边撤防之情形

新民通信社消息云：中央自下停战令后，即已实行撤兵。即如赣边方面，自本月十五日起，所有兵站输卒均已一律分别撤销遣散。丁、王两旅所部共万余人，亦于十七、十九、二十三、二十四等日，自前敌或撤回省垣，或移驻赣县，或退扎大庾。迭经吴总指挥鸿昌报，由赣督陈光远转报至京。谓撤防事宜，两旬以来，业经办理完结云。

皖人反对加税案再志

新民通信社消息云：皖绅反对加赋展限，及盐觔加价情形，昨经刊报。闻日昨旅宁皖省绅商续有一电，致其同乡京官，抗论此事。本社得其原电，照录如左：

（衔略）盐觔加价，暨警备队附加税仍行续征两案。议会违反全皖三千万人民之公意，贸然通过。皖人绝对不能承认。请维持。旅宁安徽绅商苏锡岱、胡翔林、苏民生、洪寿琛等全体公民叩。

25. 萨福楙致朱启钤电　　1918年12月29日发，30日到

天津京奉路局郑副局长：丙密。转朱桂老钧鉴：西南代表，除香山总代表早定外，据昨晚香港来电，已全部发表。孙文代表胡汉民、岑春煊代表章行严、湖南彭允彝、四川秦广礼、云南唐继虞、贵州王百群、广东郭松年、陕西李述膺、广西崔漪、海军饶子和，共十人。谨电闻。福楙、永铭。艳。

26. 《字林西报》时评　　1918年12月31日

时届新年，而中国诸政治家仍在沪宁道上仆仆不息。南方新到诸代表，意见亦非一致。而北方代表见及南方国会之失势，意料此次会议仅属南北和好之导线。不幸中间尚有意图阻碍和平者之形迹，似亦未可忽视也。

27. 唐绍仪电❶

（前略）近日和局渐有转机，而在沪开议较易解决，似已共喻。顾于时之士以和为市，袭买空卖空之术，谬托其第三者之地位，群相标榜，号称仲裁，或则挟揣摩之术，或则借疏通之名，机心所趋，昧理愈晦，于和议实多窒碍。窃念民国成立以来，政变相寻，虽由于武人跋扈，然政侩文匪居奇影射操纵其间，实为厉阶。前事具在，可以取鉴。仪与我公谊属挚交，矧谋国之诚，初非两致，蓦有怀疑，无难披沥，宁复待人关说者。望公于此点特加注意，勿为投机者所蔽。和平前途，实利赖之。临电主臣，仰盼德音。绍仪叩。

28. 熊希龄致李纯电　　1919年1月1日

南京李督军鉴：成密。前因地点问题，曾电谭组安、陆干卿疏通。兹准组安电："勘电计达。顷接陆武鸣复云：'尊电敬悉，会议地点前接云老电云，已无争执。少川坚持在沪，此间尚无所闻。已转电少川疏通意见矣。荣廷艳。'等语。特闻。公行时乞先赐电。闰叩。卅。"等因。请转告朱总代表诸公为荷。龄准二日午后三时专车南下，同行期成会诸公约二十余人，谨奉闻。希龄叩。东。

29. 军政府致李纯电　　1919年1月2日

万急。校正南京李督军鉴：永密。敬、敬二、勘各电均奉悉。各代表均已确定，不日发表。惟此间以为非陕、闽、鄂西停战问题解决后不得开议。敬二电开示各节，具荷关垂。并谓划定区域，各守原防，则军之界限定，而区内之匪，各担任勦除之，极为扼要之论。第军与匪之区别，首宜分明。北方坚持郭坚等为匪，则郭坚等部下驻扎

---

❶ 此电原为抄件，剪去上款，不知收电人为谁，亦不知日期。据内容推断，似为1918年1919年之交所发。收电人似为朱启钤。

之地点及其人数，纵使开列，亦属无益。今之争点，在北方指军为匪，而非指各军区域内之匪。若如尊电所云，尚复何所争执。尊意拟由双方或居间公团，派员分往指导监视，秉公商定，煊等极表赞同，或请就地领事及教会为之保证亦可。即请转告北方，迅速决定。对于陕西方面，或由双方共推威信素孚之大员前往查视，划定区域，以杜纠纷，亦所深盼。岑春煊、伍廷芳、陆荣廷、唐继尧、孙文、唐绍仪、林葆怿。冬。印。

30. 岑春煊致李纯电　　1919年1月2日

万急。校正南京李督军鉴：永密。卅电奉悉。昨接干丞兄宥电，亦以此为言。当即根据事实，逐层质正。又接干丞兄世电，谓双方划驻办法，已由公电商，并谓开会后，尽可赓续商洽。具见斡旋苦心。惟煊以为解决今之纠纷，亦至轻而易举。即北方明令，饬前进之军勿进，作战之兵休战，一面迅开会议，将整理军队之事，切实定一办法，有何不可。必以此时借口勦匪，横生枝节，诚为可惜。解铃系铃，仍在北方。倘果实行停战，煊便分饬前敌各军，严为约束，即以两军现驻地点作为界线，毋相侵越，则纠纷均了。倘以剿匪清乡为名，纷纷调遣，而独举以责备南军，焉得谓平，且又何以关其口。我公久领兵符，当识此中苦况。务祈急电东海，饬令陕闽实行停战，此间方易约束。昨复敬二之电，想已达览。关于陕事，由双方公推大员前往监视，指定区域，亦属正办。公意谓何？迅赐复示。春煊。冬。印。

31. 吴鼎昌致周自齐电　　1919年1月3日发

北京报子街周总长鉴：宣密。在蚌埠晤丹帅，丹以此次军事经历，谓北以武力服南，实不可能，自应速以和平方法解决。皖军已陆续撤退，节省军费。曹、张两军亦应自谋收束。湘督宜易吴，以维持湘省局面。并云南北两方军队，均应速谋规复民国四年或五年之旧额，以救财政上之危急等语，对于北方情形颇为明了。到宁晤李督军详谈经过，知陆干卿只在保存桂军在桂完全之势力，对于法律及他省事均不欲多言以沽名或买怨。唐冀赓势力已布于滇、川、黔，除保全此三省势力外，对于法律及他事，表面亦颇随同过激派主张，借张声势。岑在粤颇为国会过激派所窘。唐则本与调和事无关，此次乘机回国，假徐、岑之力以谋总代表之地位，实则以二孙❶为立脚地，引过激派以自重，故地点主张在沪甚力。李督及同人等之意，均以在沪实于和平之局有损无益。外人不知过激派之情形，尤不知少川与二孙之关系，甚望公一为解释也。代表出京已一星期，中央诚意，昭然若揭。此间人士对于西南尚未派出代表一层，颇多失望，并云西南方面似此纷歧莫定，将来会议时，西南能否以诚意协商，实属疑问。此节并盼告知使馆方面。昌寓造币厂，同人议决现持冷静态度，以待西南之消息。并告，乞转燕❷。江。

32. 朱启钤致钱能训电　　1919年1月5日

北京集灵囿译电处译❸呈钱总理鉴：和密。得少川电文曰："朱桂

---

❶ 二孙指孙中山与孙洪伊。
❷ 梁士诒，字燕孙。
❸ 集灵囿译电处，即善后办事处。朱启钤"特存要件"中有《善后办事处暂行办法》。全文录下：

善后办事处暂行办法

一、本处设于集灵囿西花园。
一、本处设主任二员，以府院秘书王杜、朱彭寿兼充。并酌派府院秘书厅人员分任撰拟、收发、缮录文电，至多以六员为限，其翻译电报，仍由府译电处指定专员管理。
一、本处电本有二：一"和密"，通用公开之电用之。一"梓密"，特别密商事件不便公开者用之。和密各电由译电处专员密译，梓密各电由译电处送本处主任亲译。
一、和密电于呈阅后，随时交善后讨论会。梓密电应否抄交，由主任请示施行。
一、总代表及各代表来电，请书明"集灵囿译电处诤呈"字样。
一、每日收到各电即时译就，由主任分送总统、总理阅核，面承意旨，酌拟复稿，呈定后，即时译发。来电在夜间十一时后者，于次早提前分送。
一、本处所收文电及核复各函电，随时密送府院秘书长阅核，以资接洽。
一、详细函件随时用快信寄宁，其各代表关系会议函件，亦请径寄本处，较为敏捷。
一、本处人员应一律严守秘密，本处办公室内不得接见宾客。（府院人员除秘书长随时到处外，其余非有公事接洽，亦不得访谈。）
一、本处庶务，由公府庶务司派员经理。
一、本处人员职务繁劳，酌给律贴，以资体恤。

莘先生鉴：得三原急报，自奉军管旅全体加入战线之后，战事日趋剧烈，战局日增扩大。夫陈树藩与靖国军，尚为陕省内部之争。乃当和议将开之际，而奉命入陕之奉军，竟敢不遵停止进攻之命，擅自开衅，破坏和局。似此所谓停战划界者，何由实行。窃谓为解决陕局纠纷计，为除去议和将来障碍计，除奉军撤回原防，殊无办法。即请执事电告北京政府，明颁停战命令，饬凡于停战令下后入陕之北军全数撤退，以免横生枝节。并惩许、管抗令挑衅之罪。至陈树藩嗾使奉军加入战争，尤为造乱之首，亟应即日撤离陕境，以遏乱源。且更有不得已于言者，当此议和将始，而奉军竟敢抗令挑衅，是即北政府威令完全不行之证。则将来双方所议，纵有结果，北政府如何负责。若明文所议，不能实行，则双方会议，岂非多事。请将此议，转告北政府，并即日答复为盼。绍仪。支。"等语。其措词颇有盛气凌人之概。弟决意不允照转中央，径自电复，仍抱定李督军所拟定办法五条，促其转催军政府答复办理，以挫其锋。文曰："上海唐总代表鉴：支电悉。陕事李督军勘日电广州军政府所拟五条办法，尚未得复。此系根本解决纠纷之策，即希尊处转催迅复。政府自当本此五条通令办理。特复。启钤。歌。"等语。已与李督军接洽，谨以奉闻。陕事进行实在情形若何，并盼密告。钤。微。

33.《中西独立报》对于时局之适当主张❶

七日路透远东电云：中西独立报馆之新闻记者，在北京彼此详细讨论，为南北和平之公道主张，通过后列数款，并希各处报界与以赞同。

（一）国会与制宪问题　广东旧国会即一千九百十三年召集之国会，应继续完成其制宪之责任。所有去岁制宪时，相持未决之总统制与内阁制及大总统有无解散国会权等七项问题，可由南北和议代表议定其大纲，然后由广东旧国会规定其条文。惟旧国会继续制宪之时期，以一个月为限，期在必完，限满即行解散。又北京新国会关于第三条（见下文）之手续完毕后，亦立即解散，其时期亦一个月

---

❶ 原件油印，无月份。据内容推断，"七日路透远东电"应为1919年1月7日。

为限。

（二）总统问题　观察现今之时势，广东旧国会应追认徐世昌为大总统，并使其任满五年。

（三）副总统问题　副总统应由广东旧国会选举，交北京新国会承认而完毕。此项承认之手续，亦限定不得过一个月。但副总统之选举，以非军人为合格，或下次新国会再行选出。

（四）武人问题　中国应照各国陆军直辖于中央之成例，实行改革。将袁世凯时代所定之督军、巡阅使、镇守使、护军使各官职，概行取消，各省政权完全操于省长。省城内不准驻留军队，省内治安之责，由警察担负。凡军事独立之机关，如国防军等亦一并取消。并于北京设裁兵善后局，以安插被裁之军人，使有相当职业。

（五）密约及借款问题　自欧洲开战以来，中国向各国所订之密约及借款，应完全宣布，凡与中国利权有妨害者，应即行取消。

（六）会议地点问题　为保持南北代表之自由暨安全计，此次会议应照一千九百十二年先例，在上海公共租界内举行。

（七）友邦之辅助问题　中国既为协约国之一，则协约国应辅助中国实行南北和平会议，商定之一切条款。

（八）财政问题　嗣后中国向友邦借款，须将一千九百十一年所定改良币制案加入借款条件内，以期整理中国之经济。

34. 郑洪年致朱启钤电　1919年1月7日发，当日到

南京车站送细柳巷朱寓吴笈荪兄。微密。桂老钧鉴：前托萨、钱代达详情，谅经钧察。前日唐已急函粤速派代表。粤国会现正谋倒岑，进行甚猛，俟结束后，代表即可正式发表。前拟定之十员，当不至有大变更。唐对洪年密言，东海从来能容纳者，仅我与桂莘、杏城三人。杏城多不肯直言。我此出实为东海。彼等谓我牺牲国会。但武力无归宿，国会何用。况孙派不稍予满意，何能得永久和平。我惜不能与东海见面，若一见，则诸事易决。伯兰❶言西南只有少川，如代

---

❶ 孙洪伊，字伯兰。

表派不出，则请蒉赓、干卿各代表参事数人，助唐开议，便可解决。闻唐与中山均暗中有此主张，请勿宣布。默察各方情形，除伯兰外，均不重视国会，而重视废督裁兵，似于外交确有把握，其争在沪开议者，此其真因。谷九峰❶昨晤唐，唐袖示东文报，戏之曰："汝来疏通我。"又曰："代表推定，政学会人多数，闻彼等因此反对，是此事否?"约谈二十分钟，所问非所答。谷遂出。中山允开会时，尽举所知以告，力助进行，嘱先致意。唐及两孙各派，对公均确表示满意。余容续陈。洪年。虞。

35. 为吗啡害民甚于鸦片请咨政府修订吗啡治罪条例扩充范围加重罪刑以保人种提议案

徐大总统就职之初，有振奋全国精神之命令焉，一为停止用兵，一为焚毁鸦片。斯二者，实为保全民命、巩固国基之善政，宜乎全国共表同情，邻封亦申颂祝，垂诸国史，殊增光荣。岂意鸦片方有肃清之机，吗啡乃有增盛之势，驱虎进狼，厥害弥甚。夫吗啡本为重要药品，多种病证皆需用之。本案所提议非指配药用途之吗啡，乃指代鸦片烟瘾之吗啡。所谓增盛者，即指鸦片禁除以后之时代。本员费数年调查之力，至于今日，来势益汹，毒害弥广，国人不悟，政府不理，不敢不大声疾呼，正告天下焉。

一、吗啡制造最盛之地方　英国有三公司，在伦敦者一，在苏格兰者二。德国有两公司，皆在柏林。日本则台湾，开设最先，规模未广。欧战之际，英德吗啡出口减少，日本公司制造顿增，事业甚为发达。

二、吗啡贩运最著之商人　日本大阪专贩吗啡之商号，名为中日商业公司，又分公司于东京、神户。昔年驻日英德商人向本国制造处贩运吗啡，由船运日，批售日商，再由日船转入中国销售。久之，日商以间接贩运不能操纵利权，遂谋直接向欧洲买入，并变更运道办法，改由西比利亚铁路，作为挂号邮件运进日本。其价值先由电报订定，货物则由邮车运来。先入日境，再由日转至大连、高丽、青岛，

---

❶ 谷钟秀，字九峰。

输入中国北部，分途潜运内地。欧战以后，来源缺少，日商又自行添设制炼公司，专采波斯、印度鸦片，炼成吗啡，径运中国，此项贸易遂全数操于日商之手矣。

三、日商在本国受特别之保护　我国宣统元年，清廷始颁吗啡入口之禁令，日商遂认定私运吗啡为获利最大之事业，日本政府特许人民经营此项贸易，加以特别保护。吗啡入日境时，每磅纳关税十元二角，由银行收存，发回收条。待再运出口往大连或高丽、青岛之时，则给予出口护照，该商即持照向银行领回前纳税银；若运往上海，则不给回税银。日本邮便局特许吗啡装入包裹，代为营运，不准中国税关查验。既到中国，仍由各地日本邮局之经理。中国自与万国联邮，欧美各国设在中国之邮局，皆已渐次裁撤，独日本反加增设，东三省增设尤多。又日本银行对于吗啡营业商人，格外予以经济之援助，使利便优胜于他商。

四、日商在中国仍受特别之保护　大连、安东、青岛、福州、厦门数口，皆吗啡入口要道，大、安、青三处为尤多。民国四年八月，中日继续条约规定日商在青岛各口起卸之货物，执有政府特许券者，应免税关查验。日本对于安东、青岛各关之税司关吏，力争全用日人，管理之权皆入日人之手。不独专享私运吗啡之利，即违禁济匪之军械、违约私贩之鸦片，一经到关，立刻通过毫无阻难。（私运军械鸦片及朝鲜官许种鸦片运入中国，年益增加，另案提议。）又在关东之日官，对于此等贸易，或正式或非正式，靡不注意保护。在山东铁路之日警，对于中国巡警搜捕私售鸦片、吗啡之商贩，必救护被捕之人，处罚捕人之人。在南方私售鸦片、吗啡之小贩，执有日官护照，证明其为台湾人，即受日领事之保护。故自中国禁烟以来，发见多数私售鸦片、吗啡之案，未闻日人曾受惩罚。可知治外法权之效力矣。

五、吗啡私入中国之重量　吗啡未禁入口以前，每年由外运入约在四五吨之间。迨始禁之年宣统元年，海关报册只有数两，可知走私漏税数已不少。查在中国之外国药房准运吗啡入口，以供药品，但须报关纳税，取缔颇严。其时西人调查私运入者实有十吨之数。迄民国元二年，销数顿增。据英国商部报告，一千九百十二年民国元年出口吗啡七十一吨半，其中入日本者三十一吨半；又查是年日本自销吗啡不及十五吨，其大半皆售予中国。又据《字林西报》称：欧战以来，日本运入中国之吗啡，每年约十八吨，年年皆有增加。自行制炼以后，闻更加多，秘密行为确查不易，然而每年十八吨之数必有赢而无绌矣。

六、日商因吗啡而获大利 英伦出口吗啡，每一安士中国七线五分价值英金十司令五便士。日商转售于中国小贩，每一安士至少亦有英金四磅六司令八便士。今以岁运十八吨而计，并照英伦出口份值而计，成本三十三万六千磅，转售于中国，得份二百八十万磅，其获利八倍又三分之一。并刺打吗啡器具等项计算，每年由中国运回日本之现金，过于三千万元以外矣。

七、中国因吗啡而受大害 中国北部之人多以刺打吗啡为业，东三省为尤多。凡借吗啡以过烟瘾者，每次止费铜元四枚，至多不过十枚。据精于西医家言，用吗啡以止烟瘾每重一磅足供三十二人一年之用。但刺打吗啡之人，强健劳工不过延十年之命，体弱安闲之人，则不及十年，以其精血易枯也。由此计之，日本岁运吗啡十八吨，析之为四万零三百二十磅，每磅供三十二人之用，受吗啡毒者一百二十九万零二百四十人，展转传染，每年即死一百二十九万二百四十人。二十年后，辽、沈、幽、燕间，不必海陆大军之来攻，窃恐他主易人，国旗变色矣。

查日本烟禁最严，凡贩运鸦片入口及吸食者，皆处死刑。其巡警有权径入人家搜查，故举国无烟民。我国受鸦片烟毒数百年，近年历尽艰难始见禁除之成绩。日本为近邻久交，理应推己及人，出力扶助，乃反乘机徼利，破我禁令，犹得谓之亲善乎？英美十二友邦协订禁烟公约，禁止鸦片、吗啡运入中国，或用以制造并配合药物，日本早经签押，理应倡之自近，切实履行，乃反护持己商，破坏公约，犹得谓之信义乎？日人治台湾，歧视原隶中国之籍民，任其吸食鸦片而不禁，且官卖以网其利。满洲、胶州，日本视为囊中物，故其贩入鸦片吗啡，亦较他处为最盛。说者，以为其设计蓄谋，非徒剥夺资财，实欲殄灭华种，犹得谓之人道正义乎？此乃昭著之事实，并非排击之空谈，凡我国民速宜省悟。

为今之计，尤人不如责己，去害莫如自强。应请我政府，提出民国三年公布之吗啡治罪条例，从速修订，扩充范围，加重罪名，凡贩卖吗啡及业刺打吗啡暨受刺打吗啡之人，皆处极刑。凡税司关员，供我职事，受我俸给，不能扞我法令，亦宜加重处分。更望政府以真诚恳挚之心，向日本政府提议，改良我海关查验日货及邮包之规则，与通商各国同等待遇。庶使列国泯猜嫌攻击之声，中国国民感亲仁善邻之谊，于东亚大局深有裨益。谨依法提议，请付公决，咨请政府查照办理。

　　提出者　黄锡铨
　　连署者　林韵宫　刘冕执　谭瑞霖　任凤宾　陈邦燮
　　　　　许受衡　何焱森　吴　钫　卢谔生　韦荣熙
　　　　　　　　　　　　　　　　　　　民国八年一月七日

36. 朱启钤致张志潭电　　1919年1月9日

　　参陆办公处张元伯❶鉴：虞密。会议开时，关于军队收束问题，西南方面恐不能不有所提议。亟应请兄先将民国四年中央及各省所定兵额及饷数，民国五、六、七年中央及各省所增兵额及饷数，并附以统兵将领名姓与所驻省分及饷项之所出，分年分地列表。并由吴君达诠❷晋京，与兄接洽迅速办理，即由吴君将各种资料携回讨论，预为准备。钤。佳。

37. 李纯所派驻京调查员密根❸　　1919年1月10日

　　南京督军李钧鉴：绍密。谨将调查许、张两旅❹至陕分区剿匪❺情形，报告如下：一、许部主力由武功、扶风之线进击凤岐之匪。二、许部之一支队，由醴泉至乾县助攻凤岐一带之匪。三、刘部❻镇嵩军由盩厔、郿县援助许部，进击凤、宝一带之匪。四、第四混成旅

---

❶　张志潭，字元伯、远伯。
❷　吴鼎昌，字达铨。
❸　此电于1月11日由李纯抄送朱启钤。李纯函云："顷接驻京调查员报告许张两旅至陕分区剿匪情形，相应照录一份，函送台端，即希察阅。"
❹　许兰洲与张锡元。
❺　北京政府污靖国军为匪。
❻　刘镇华部。

为许部之后援并保护长安及至潼关后方之策源地。五、第四混成旅之一部，协向陈督❶所部攻击高陵一带之匪。六、晋军先进取澄城、白水，然后再由中部攻击宜君、同官之匪。七、甘军一部由清水至两当，进击凤县一带之匪。八、管使❷以一部出益门，扼堵凤岐之匪南窜。谨闻。○○叩。蒸。

38. 张敬尧主张裁兵筑路之通电　　1919年1月11日《新申报》

　　各省督军、省长、护军使、镇守使、各都统钧鉴：兵兴以来，军旅扩张，南北一辙。饷械所需，大都出于称贷。明知挖肉补疮，要皆势非得已。今后和平规复，此种巨额军费，断非国力所胜。且世界潮流，厌弃武力，民族生存，唯经济竞争是赖。吾国欲于经济战场免遭淘汰，则裁减兵丁，振兴生产，为善后第一要着。然"裁兵"两字，言之匪艰，行之不易。恩饷所需，为数极巨。兵丁得此区区，初无补于生计；国家耗此巨款，事后无法补偿。举债以济一时，终贻累于久远。此困难一也。吾国兵丁来自招募，其人故非有业，入伍以后，更与田园生活隔离。退出军门，仿徨失所。自身怀兔死狗烹之念，匪党挟呼朋引类之心，啸聚即成，小则劫夺人民，大则攻城掠地。表面为国家裁兵，实际为民间增匪。此困难二也。和平意见，各方猜忌，尚难尽除。言及裁兵，先后众寡之间，在在易生争议，徘徊观望，虞诈以生。虽有裁兵之名，欲求见诸实行，尚不知几何年月。此困难三也。因裁兵而增匪，因增匪而又添兵。因和议而又裁兵，又因裁兵而梗和议。循环往后，靡有穷期。不为止本清源之谋，则所谓和议，所谓裁兵，皆属无事自扰，反不如竟行直遂之为得也。欧战方罢，美总统威尔逊首谋安插兵丁。其在国会演说曰，内务部已设法令全国工商家迅速恢复事业，以备凯旋兵卒得有就职之途。又由内务部指拨荒地数百万英亩，以供兵丁垦殖。报章所载，中外具瞻。夫美国事业发达之国也，其兵丁来自征解，凤皆有业之人。美国又富力最强之国也，

---
❶ 陕西督军陈树藩。
❷ 陕南镇守使管金聚。

其兵丁尤不乏恒产。而政府当局犹兢兢以失业为惧，汲汲代谋。我国兵士既无恒业，又无恒产，授以武术而驱之出伍，是附虎翼而纵之出柙也。敬尧之愚，以为必代退伍兵士确立谋生之途，庶几兵祸永销，和平巩固。否则，未易言矣。今大总统就职之始，首以工商政策，号召国人，顺潮流之趋势，应时局之要求，涣汗纶音，令人钦仰。惟是工商事业，其血脉端在交通。交通不灵，则产地货品不能输送市场；市场消息，无由传达地。其军事教育以及诸般行政之有赖于交通者，尤为吾人最近感受之教训。吾国交通梗阻，世界各国实无其匹。欲求工商发达，是犹强僵尸而为步亥也。今次和平规复，兵丁裁减，势在必行。第裁减兵丁，既不能遣送归乡，俾成匪盗，惟有以工代遣。移善后经费改建交通，除铁路所经外，各就省区范围，规划马路干线。所有应裁兵队，概令从事建路工程，仍由各该长官督率服务，以军法部勒。庶几款不虚縻，民沾实惠。兵丁得业，无徘徊歧路之思。血脉渐通，有指臂关联之妙。马路计划，各省多有萌芽，敝省前此亦曾提交省会有案。淞沪卢军使遣兵筑路，尤为成效可睹。倘虞工竣后依然闲散，可于修路期间，筹备屯田工厂，为长久计划。一举而收数善。同人服务民国，夙皆自矢公忠。和平既有端倪，宁再以拥兵为乐，裁兵之议，自当率先倡导，善后大计，尤应预为妥筹。倘荷赞同，则公推一人领衔，敬尧愿附骥尾，会同入告，并达和平会议，俾中央统筹全局，南北一致进行。临电不胜翘企之至。张敬尧。佳。叩。

39. 谭延闿致李纯电　　1919年1月12日

万万火急。南京李督军鉴：组密。前奉青电，当经转达西林。顷得复电云："现已派定章士钊、胡汉民、李曰垓、曾彦、郭椿森、刘光烈、王伯群、彭允彝、饶鸣銮、李述膺诸君为代表，已通告北方，即日赴沪，听候闽陕问题解决，即行开议。春煊。蒸。"等语。特闻。闿。文。

40. 李纯致钱能训电　　1919年1月14日发

万急。北京国务总理鉴：统密。接广州七总裁冬日复电云："敬、敬二、勘各电均奉悉。各代表均已推定，不日发表。惟此间以为非陕、闽、鄂西停战问题解决后，不得开议。敬二电开示各节，具荷关垂，并谓划定区域，各守原防，则军之界限定而区内之匪各担任剿除之，极为扼要之论。第军与匪之区别，首宜分明。北方坚持郭坚等为匪，则郭坚等部下驻扎之地点及其人数，纵使开列，亦属无益。今之争点，在北方指军为匪，而非指各军区域内之匪。若如尊电所云，尚复何所争执。尊意拟由双方或居间公团派员分往指导监视，秉公商定。煊等极表赞同，或请就地领事及教会为之保证亦可。即请转告北方，迅速决定对于陕西方面，或由双方共推威信素符之大员前往查视，划定区域，以杜纠纷，亦所深盼。"等语。又上月接钧院勘电，当于卅日切电七总裁诘问，并嘱迅令退四原防。兹接岑冬电云："卅电奉悉。昨接干臣兄宥电，亦以此为言。当即根据事实，逐层质正。又接干臣兄世电，谓双方划驻办法，已由公电商，并谓开会后，尽可赓续商洽。具见斡旋苦心。惟煊以为解决今之纠纷，亦至轻而易举，即北方明令饬前进之军勿进，作战之兵休战，一面迅开会议，将整理军队之事切实定一办法，有何不可。必以此时借口剿匪，横生枝节，诚为可惜。解铃系铃，仍在北方。倘果实行停战，煊便分饬前敌各军严为约束，即以两军现驻地点作为界线，毋相侵越，则纠纷均了。倘以清乡剿匪为名，纷纷调遣，而独举以责备南军，焉得为平，且又何以关其口。我公久领兵符，当识此中苦况。务祈急电东海，饬令陕闽实行停战。此间方易约束。昨复敬二电，想已达览。关于陕事，由双方公推大员前往监视，指定区域，亦属正办。公意谓何。迅赐复示。"等语。查纯敬二电于解决办法，分疏甚明，已蒙转陈照准。岑等来电亦大致赞同。惟陕、闽、鄂西方面，彼总以未停战借口。陕省内部则我所谓匪，彼所谓军，亦难骤分界限。今议按照前议各节，并参以彼之要求，酌定目前简捷办法如下：（一）陕、闽、鄂西双方一律实行停战。（二）援闽、援陕军队，准即停进，担任后方剿匪任务，嗣后不再增援。（三）双方将领直接商定停战区域办法，签字后，各呈报备案。（四）陕省内部，由双方公推大员前往监视，以杜纠纷。（五）划定区域，各担任剿匪卫民，毋相侵越，反是者，国人共弃之。（六）以上各节，一经双方承认宣布，即由苏、鄂、赣三督宣布在南京开议日期，不得再以他事别生异议，致会议停顿。以上六节，是否可行，祈转陈请示，以便商定实行。其监视陕省划分界线之大员，并祈由中央指定一二员，俾可商洽公推。统求速复为叩。李纯叩。盐。

41. 朱启钤致吴鼎昌电　　1919年1月15日发

北京雨儿胡同吴次长鉴：锞密。十三函悉。对某君发表之意甚合。顷已见《申报》北京专电，措词尚妥。补助至多每月一千。其人甚飘忽，得力再续给，方有操纵，希酌行。叔鲁、子健自沪归言，得晤少川，口吻仍先事实法律。并称总代表就否，对于西南尚有三问题：（一）须有全权；（二）不受条例拘束；（三）地点在沪。又云代表会议不当有南北之分，应一致讨论永久和平方法，先接洽后开会云云。又美参赞来言：激烈派对于国防军进行之速，甚生疑虑。少川在沪宣言：开会时视为先决问题以解内外人心之疑。此言美为后盾，不可不注意。靳翼青现长陆军，可否从芝老[1]原意归纳部辖，实际上似无出入，望密商先发制胜之策。蝥。咸。

42. 唐在章致朱启钤电　　1919年1月15日发，16日到

南京湖北会馆朱总代表钧鉴：彰密。昨晚公使团密开会商，决对南再提劝告，仅美使未赞同，候请示本国。乞秘。西南尚无正式派出代表通知，此间空气似不甚佳。达诠到京已接洽。谨闻。章。删。

43. 唐在章致朱启钤电　　1919年1月15日发，16日到

南京湖北会馆朱总代表钧鉴：彰密。公使团会议决定，电饬广东领事团，通告军政府，大意如下：北方休战，并派代表，南方独否，不足示诚意。英、法、美、日、意五国特正式通告南方，如能于本月二十五日派出代表赴沪开会，并在会议内决定用途，则所有去年之关

---

[1] 段祺瑞，字芝泉。

余千二百万，可照所定用途拨用。否则，将关余于二十五日后统交中央政府云云。通告电已发出。极确。谨闻。章。删二。

44. 唐在章致朱启钤电　　1919年1月15日发

南京朱总代表钧鉴：彰密。京津两《益世报》近由美馆收买，主笔杜竹轩本日赴沪。杜不甚纯正，前正在京运动各西报访员，提议八款，通电各处，如副座南选、解散新会及地点在沪各主张。此次来沪，恃美馆名义，难保不别生问题。请周寄梅、端纳两□注意，并先与上海各西报接洽。端纳本嘱担任连络沪西报，一二两月津贴，已为代表领交，存花旗银行。并乞转致。章。咸。

45. 朱启钤致吴鼎昌电　　1919年1月16日

北京雨儿胡同吴次长鉴：锞密。顷接沪电❶如下："密。粤府电唐总代表，证书已派员专送等语。又某方面得军府密电，冀赓不满于李曰垓，已改派缪嘉始〔寿〕。缪为滇政务会议人员。又粤会湘人开会，讨论章士钊、彭允彝代表资格问题，结果承认章代表西林，彭不能代表湖南。彭已辞，另派何人未定。闻李、彭均隶政学会，故受排斥。"云云。其不能正式通告，或即为此。并请转达府院。○。铣。

46. 心致朱启钤电　　1919年1月16日发，当日到

急。南京下关交通银行速送朱总长：微密。顷某方面得粤电，寒日政务会议，伍主席代表十人及各省代表，暨□议长均出席。提议意见六条：一复国会。二定地方制度，制定宪法。三决定军区及裁兵。四补充护法各省军费，由各省详造报册。五善后借款，南北共同办

---

❶ 朱启钤派有密探在沪，随时将所得消息电朱。此人署名为"心"。此处"沪电"，即心致朱启钤"铣二电"。电文与本文所引全同，惟无最后"故受排斥"四字。

理。六军府公布命令，承认有效等因。次唐督代表赵藩述唐督意见如左：一议和取对等资格。二法律为重，事实次之。三勿以一部分利害单独行动。次胡汉民主张：一条件须国会同意。二不让步之条件须先提议。三确定总代表与代表之权限。次章行严谓：议和之际，虽有种种风说，须持冷静勿摇惑。唯褚辅成默无一语。心。铣三。

47. 萨福楙致朱启钤函　　1919年1月13日发，17日到

桂老赐鉴：

敬肃者。日昨孙君伯兰请客席散，经楙询其南方代表几时可以正式发表，据云彼及唐少川先生皆屡次有电到粤催派，并云如唐能对彼等表示明白，抱定护法宗旨及废主战派领袖并国防军与废督裁兵各事，彼必尽力提倡。予唐全权，其他九人或为代表，或为参赞，仅襄赞其事。昨午又晤唐君少川，彼仍坚持地点在沪。并云俟南方代表派定时，关于权限一层，彼必先与南方订明，方可就职等语。再，近日有人运动二孙往宁一行，孙伯兰决定不去，大料孙中山亦未必肯往。楙意现在惟有政府及各方面竭力设法，先将南方代表派出，否则，日久必生枝节也。专此肃陈。祗请钧安。

　　　　　　　　　　　　　　　　　　萨福楙谨肃　　元月十三日

48. 朱启钤致钱能训电❶　　1919年1月17日晚发

敬密启者：昨美使馆武参赞拍来思（Price）自沪回京，过宁时偕美领事来谈。渠在沪先劝香山来宁，未能如愿。因又劝弟赴沪与香山交换意见，并探询预定之和议办法，当由弟婉词解释，嗣经周诒春补具一英文谈话节略❷交去。渠将以之报告使馆者，兹特译呈鉴核。查该节略系由该员匆匆择要记录，于弟当时谈话原意颇有未尽豁露之

---

❶ 原为稿本，未署下款，标题为"致钱总理"。
❷ 即下文《一月十五日朱总代表与美使馆白少尉谈话节略》。

处，谨为我公一密陈之。此次使馆方面调查和议人员，间接递一意见书❶其中所列各条：首系废督裁兵，以政权归之本省人民。其余一则曰实业应归国办，利权不得让与任何一国。再则曰政府各机关宜雇用外人，充当行政顾问各职。三则曰整顿财政应与万国财政委员会协商办理。目光所注，不言可知。所谓最后之协助者此耳。香山处必已先入有此种主张。殊不知此项问题之解决，不在叫嚣之空言，而在切实之办法；不尽在目前之急救，而在长久之治安。溯其本源，仍须从国家经济方面谋切实之保障，此所以有促达铨回京调查事实，搜集资料之举也。盖废督、裁兵问题，即军事收束问题，而军事收束问题，亦即经济支配问题。查现在国家收入，每年不过三万五千万，国债一项，已占一万四五千万；军费复达二万万以上，销耗之巨，已臻极则。将来善后借款成立，国债支出又须加增，而镑价涨起以后，海关、盐税两项，能否有前此之盈余，尚不可必。除必须之行政经费外，所余可供军事之支配者，诚已无几。故此次善后最大问题，即此后财政应如何较量出入分配适当，以维护永久之安宁。所谓会议之关健在此，所谓以经济解决而谋保障之方法亦在此。此中曲折，香山于政局隔阂已久，未尽了然，不免有言之过易之概。至于国际利害，或仅偏听一方之主张，作取快一时之议论，不知为国家计，亦须兼营并顾，不宜专走极端也。总之，京中中外新闻记者所发表之八条，及沪上美人所抱之希望，关于法律各节虽各不同，而对内对外主张极端之意见可称一致。该参赞以非正式手段交阅，其间必有用意，弟所以将预定计划、国人所抱宗旨、谋经济解决之理由，略加点示。是日彼此谈话甚长，又经辗转传译，该员回京报告使馆之词，不知有无误解之处，最好请吴达铨与周廙老审酌鄙见，面晤美使详谈一切，以资证明。但所交阅意见书，渠向周诒春声明为某友所托，应守秘密，晤美使不必提及，并勿泄出为要。专此奉达，敬颂台绥。

---

❶ 即下文《上海某美人对于双方代表之希望》。

49. 上海某美人对于双方代表之希望

议和代表似应宣布下列事项，俾国民晓然于和平会议对于国内善后方法之意见，及办理善后事宜之机关。

一、本代表等系经南北两方选出，兹以下列各问题实为当务之急，且以国事应得国民之公判，谨将和议全文宣告于国民，并请各省议会俯赐鉴察。

甲、取消督军制度，将一省政权归之本省人民，开地方自治之端，以餍民望。

乙、解散冗兵而组织国军。

丙、凡铁类、石油、水力及铁路各种实业，应归国办，而其利权不得让与任何一国。

丁、政府各机关宜雇用外人充当行政及顾问各职，俾得以新法改良我国行政。

戊、凡损害我国领土完全及独立之条约，应商请目下乐助我国组成责任政府之各友邦删除之。

己、整理财政（系并振兴全国实业及改组国家银行而言）应与万国财政委员会协商办理，该会所立地位为顾问而兼有执行之权，俾中国财政得以清理而保持经济独立。

二、上述各节，施诸实行，势须组织政府。窃查省议会为现时之合法机关，完全代表民意，而得人民之信任，是以本代表等谨将下列意见贡诸各省议会之前。

甲、各省省议会，就其议员中推选代表十人，集于南京，代表全国人民组织国会。

乙、该国会集合后，其第一责任即制颁各省区联合之约章，以期巩固统一于一中央政府之下。

丙、该国会应选出大总统、副总统各一人，并通过大总统提出之内阁。

丁、各省议会应于其议员中选出代表五人，合组一宪法起草会。

戊、永久宪法未经各省议会通过以前，该国会得作为最高立法机关，而其所制定之约章，应有国家基本法之效力。

50. 一月十五日朱总代表与美使馆白少尉谈话节略

一、和议未开以前，双方总代表所以不宜会晤接洽者，缘朱、唐二君，原系至友，为人所共知。今若先事会晤，恐致引起两方各派之疑忌，不特无补于事，反足增加困难。按此条系因该少尉有总代表先行赴沪与香山交换意见之主张而答。

二、两总代表对于和会应议事件，虽各有一定之计划，而在施行之方法未经明确规定，彼此详细讨论确实赞同之前，似不宜遽行宣布。

三、朱、唐二君俱赞成先讨论事实。

四、唐君与民党中人素乏政治经验，且近年以来，久已脱离政局，是以对于建设计划每多偏重理想，而于国内实情往往不能切合。

五、朱君对于建设计划并非偏废理想，惟欲以事实为根据，而旁采世界良好之经验为方针耳。

六、朱君对于解决现时纠纷，拟由财政方面着手，先研究民国五年治平时期及六七两年用兵时期全国之收支统计，以达恢复民国五年之状况。然后更进而谋国家永久之计划，俾根本上之种种危险得以消灭，而各项有益之新政得以发展。今所谓废督、裁兵及恢复地方自治各题目，咸属中国全国建设大问题中之小问题，朱君所研究者，即为中国现时之解决及永久之建设也。

51. 吴鼎昌致朱启钤电　　1919年1月15日发，17日到

朱总代表鉴：锳密。元首、总揆均晋谒，详陈各方情形，极以同人所见为然。现正调集材料属草。又，昨日公使团会议，中央提用关余一千二百万元，议决本月二十五日为止，若无南北代表会同抗议，即先提付。已于昨日电告粤领，转知军府。此事极有关系，特闻。上海东方通信社颇多来宁见公，希注意。交部得沙面电云，代表已得旧国会同意派出，不知确否。余函详。鼎昌。删。

52. 朱启钤致唐在章电 1919年1月18日

北京国务院唐伯文❶鉴：彰密。筱电悉。顷接沪探电❷如下："密。顷某方面接粤电，关于国会议决代表条例五条如左：（一）总代表代表护法政府，有办理和平会议事务之全权❸。（二）总代表代表由护法政府派遣，但须得国会之同意。（三）总代表有指挥各代表之权，各代表违背护法主张，总代表得撤退之，咨请护法政府改派。（四）和平会议之条件，须经国会同意。（五）本条例至和平会议完结时废止。"等语。按此为国会过激派极端之主张，对待政学会代表。唐在沪曾宣言，不受何项条件限制，殆指此也。啸。

53. 吴鼎昌致朱启钤电 1919年1月17日发，18日到

朱总代表鉴：锞密。咸电悉。某君事，款系分月交与，尊见同办法再函详。三师事已密商。今日元首与翼青❶商议办法，定妥后即奉闻。关余用途单，本日另函寄。昌。筱。

54. 吴鼎昌、唐在章致朱启钤电 1919年1月17日发，18日到

南京朱总代表钧鉴：彰密。铣电敬悉。七总裁佳、盐两电同于铣晚到，文如下："徐菊人先生鉴：兹派定唐绍仪君为总代表，章士钊、胡汉民、李曰垓、曾彦、郭椿森、刘光烈、王伯群、彭允彝、饶鸣銮、李述膺为代表，即日赴沪，听候闽、陕、鄂西问题解决，即行开议。特此通告。岑春煊等。佳。"又："徐菊人先生鉴：佳电谅达。李曰垓职现改派缪嘉寿为代表。特此通告。岑春煊等。盐。"又港电：

---

❶ 唐在章，字伯文。
❷ 沪探电，署名为"心"，筱（17日）发。
❸ 此条，据心18日电更正为："二，总代表一员，代表十员，由护法政府派遣，但总代表得国会之同意。"
❹ 靳云鹏字翼青。

"寒日政务会议，各总裁、各代表列席，正式披露代表。岑未到。伍提出五款：一、复旧会；二、实行地方制；三、军事问题由军事委员提交代表；四、西南所需军事费，由西南开交代表，善后借款，由会议决定交南北政府合办；五、军政府命令由北方承认有效。"昌、章。筱。

55. 南代表名单❶

章士钊　行严　湖南人，留英学生，岑春煊代表，政学会。
胡汉民　展堂　孙文代表，日本留学生，老同盟会，与汪精卫齐名，曾任粤都督。
缪嘉寿　延之　曾为唐继禹参赞，随同赴粤者。辛亥时，为李根源副官长。洪宪之役，为兵站总监。其后为旅长，旋擢为滇军第二师师长。最近为蒙自道尹。
曾　彦　其衡　广西代表，曾任议员及广东财政厅长。昔为政学派，后因政学派其财政厅长以杨永泰代之，极恶政学派，武鸣派也。
郭椿森　松年　广东代表，即粤督之参谋长。与李根源颇接近。贵州人。武鸣因郭偏重联李，闻不甚以郭为然。
刘光烈　亚休　四川代表，四川熊督❷，闻与政学会接近。
王伯群　　　贵州人，留日学生。刘督军❸之甥，贵州师长王文华之胞兄。黔中道尹。
李述膺　龙门　陕西人，旧国会议员，陕西代表，政学会。
饶鸣銮　子和　福建人。福建及海军方面代表。海军参谋长，已故饶司令本族。
彭允彝　静慎　湖南人，留日学生，政学会。

---

❶ 原为折本，内无总代表唐绍仪。
❷ 四川督军熊克武。
❸ 贵州督军刘显世。

56. 财政部致朱启钤电　　1919年1月17日发，19日到

南京转朱总代表鉴：宜密。部库如洗，需款万急。本部会同外交部，迭向公使团交涉，请放关税余款一千二百万元。磋议同三，今甫通过，规定用途如下：四年公债还本三百七十万元，积欠外交部各使馆经费一百八十万元，广东治河经费一百万元，裁兵费一百四十万元，撤防费一百四十万元，教育费三十万元，上年十月分欠发军饷一百四十万元，维持上海丝厂费一百万元，共一千二百万元。惟查公使团照复外交部文内，大致以南北久已停战，请放关余，未便再有反对。倘善后会议不持异议，则此款应于一月二十五日放还。至军事用费，深望中国政府严加查核，用于外部清单内指定之用途，不作他用各等语。此案千回百折，其中经过困难情形，几非笔舌所能罄。现幸告成，勉度难关。深恐南北会议此事，又生枝节。特此密陈，务乞曲予维持，至为感祷。财政部。筱。交行。

57. 朱启钤致吴鼎昌电　　1919年1月19日

北京雨儿胡同吴次长：锞密。十二详函悉。关余用途单，此间已接财部电知粤代表等，二十一二可到沪。无论如何，二十五前绝无开会之事；但恐西南来电抗议耳。中央能否仍向外交团运动，到期支付便了。不然，日来沪报激烈派对于陕事，呼号急迫，南代表到沪，必引此为口实，或生枝节也。前日快寄密函到否？与美武员谭话译稿昨又补寄校正华洋文一件，希抽换。再，添派代表之事，都中争此者有人，恐启党潮。曾电干老主张不派。如派周季梅❶固所赞同，希转达请示。蝼。效。

---

❶ 周季梅即周诒春。

58. 朱启钤致吴鼎昌电　　1919年1月19日下午12点发

北京雨儿胡同吴次长鉴：锞密。沪报载接粤电，西林答复领团："一月二十五日势难开会。外交团之决议，直无异无条件将关余交付北方。余意以为延期至二月二十五日，方为至当。"云。此项答复，由粤领报告公使团等语。确否请探复。蠖。效二。

59. 唐在章致朱启钤电　　1919年1月19日发，20日到

南京朱总代表钧鉴：彰密。啸电谨悉。本早西林来筱电，大意：一、陕事以于右任辖军及驻地为界，本不待分。即承尊嘱，当饬电查，照秀督开列界限办理。二、代表佳日早定，因电阻迟达，日内当已抵沪，闽陕事尽可就地商洽。三、熊军❶报告北军反攻，乞饬退。陈炯明进兵，已电核禁等语。又港探电，胡汉民铣日先行，各代表尚无行期云。章。皓。

60. 唐在章致朱启钤电　　1919年1月20日发，21日到

南京朱总代表钧鉴：彰密。本日胡鄂公自成都来筱电称，熊未受军府川督职，即为归向中央计，惟表面难骤合，缓当受任命。又七总裁蒸电称，李督划区剿匪办法，仍虑不尽融洽，拟邀各领事居间。钱总理复电，外人居间，有妨国体，仍照划区法，径与李督洽商。港探电：一、军府以将校十五名组军事委员会；取决军事条件，提交代表，各省委员反对。二、胡汉民、徐谦、汪兆铭筱日同船赴沪。章。号。

---

❶ 熊克武军。

61. 废督裁兵与军民分治

译 1919 年 1 月 21 日《日本及支那》，译员王朝佑

解决支那现下之纠纷，速谋南北统一，首为废督裁兵问题。而欲图永久的和平，除厉行军民分治外，固别无他道也。

对此问题，国民之意向颇见一致。而顽强之督军等，只顾个人之权利，不念国家之存亡，极力反对，可谓执拗已极。

袁氏当国，欲借武力以平治天下，各省长官悉以武人为主脑，而结果，遂酿成各省将军拥兵自卫之端。

当段祺瑞对德断交，其地位已极危险，不得已而开督军会议，借以维持现状。殊不知以后凡中央要政，督军皆可以置喙。迩来有一重要问题发生，中央反不得不仰督军之鼻息。考现在各省督军，多非由中央任命，或以兵力劫夺，或以势力培植徒党满布，恰如春秋战国之诸侯。

袁世凯拥十镇之兵力，运以狡狯辛辣之手腕，一旦措施失宜，尚贻莫大之后悔。段祺瑞执北洋军阀之牛耳，尚不能抑武人之行政权。况徐总统既非武人，又无一兵，而欲遽行裁兵废督，军民分治，岂不戛戛乎难哉。反观南方军政府之现象，无不与北方相似。然则全国所希望废督裁兵、军民分治，将永无实行之日乎？曰：非不能实行，而今之时尤为实行之绝好机会。顺应世界大势，俯从国民希望，迅开南北和平会议，多年之纠纷，可一扫而空。

此和平会议不宜只图一时之配合，而要在铲除支那永远之祸根。故南北各代表应大展经纶，以确立万年统一之基。（中略）

然支那之此次和平会议，国民及友邦实为其背后二大势力。彼督军纵拥兵反抗，亦毫不足惧。若左顾右盼，不肯毅然决然断行此种问题，以误国家百年之大计，而失创设大新民国之途，岂友邦能为第一次之劝告，独不能为第二次之援助乎。

两总代表既宣言非一部之代表，乃国民之代表，若今后有反乎其宣言者，不只背国民之舆望，实负友邦之好谊矣。

62. 多贺顾问报告特报第一号情形择要[1]

计开：

北京英美报员团决议干涉南北和议：

一　国会与宪法制定问题

广东旧国会仍然继续，并当有完全制定宪法之责任。

未决之总统制、内阁制及大总统有无解散国会权等各问题，宜在南北和平会议经代表决定大纲，再由旧国会定其条文。

旧国会继续日期，以一个月为限，届期解散。北京新国会以副总统问题解决后解散。

二　总统问题

旧国会宜追认徐氏为大总统及五年任期之件。

三　副总统问题

副总统由旧国会选举，新国会宜承认之；但副总统须以非军人充之。

四　军人问题

各省陆军，须按照各国陆军均归中央节制之办法而改革。所有督军、巡阅使、镇守使及护军使一律作废，各省政权均归省长，治安由警察维持之。

五　密约及借款问题

欧战以后缔结之密约及借款宜一律发表，其中若有妨及中国利权者均作废。

六　会议地点问题

宜在上海公共租界内开会。

七　友邦补助问题

各协商国宜帮助中国，使之实行南北和平会议决定之一切条件。

---

[1] 本文与下一篇，均李纯抄转朱启钤者，前有李纯函一件，内称："顷接多贺顾问报告二件，特抄录奉呈，即祈察阅，以备参考。"该函朱启钤于1919年1月21日收到。多贺完之，时为江苏军事顾问。

八　财政问题

如中国需行借款时，宜为整理经济起见，应之❶在千九百十一年所定之币制统一加入借款条件内。

63. 多贺顾问报告欧洲战争情报第三、四号情形择要

计开：

甲　预定媾和会议办法

此次欧洲媾和会议预定办法如左：

一　参列会议之全权代表之人数

英、法、美、意、日五国，各参列五名；

比、塞两国，各参列三名；

其他各国，各参列两名。

二　会议次序

第一段　英、法、美、意、日五国代表，先决定关于世界改造之一般根本规则，及媾和会议进行之次序。

第二段　参加比、塞两国代表，商酌关于媾和会议之一般规则及决定。

第三段　全部各国代表会议，提出各种问题，附以各国代表所组织之特别委员会。

第四段　将已议决之媾和条件对敌国提出，但须按德、保、土、奥、匈国之次序。

第五段　订签媾和条件。

第六段　开各国联合之国际会议（无论协商国、中立国及敌国）议定国际联盟、海洋自由及限制军备等各条件。

乙　英国军队之复员办法

此次大战，各交战国均行总动员。兹既息争，似应即行复员。但以人数众多，一般无职军兵至解散后，于社会上恐生恶果，故各交战国均考求最完善办法。而英国之复员办法则如左：

---

❶ 原文如此。

一　复员后一年未得职之退伍军兵，均发给六个月之现在薪金。

二　行退伍之次序如左：

第一，就于军队之庶务者

第二，从于产业者，

第三，有其他之职者。

三　复员后一年，采用文官时，先由退伍军兵中之有才能者充任。

四　在退伍之先，均给以二十八日之假期，此军兵得于此期间随意求事。

64. 吴鼎昌致朱启钤电　1919年1月21日发，22日到

南京朱总代表鉴：锞密。效日两电并十七日函件均接悉，已密呈元首、揆座。由沂老❶便中照公谈话之意，与美馆说明。代表事仍照尊意不必添派。关余事西林经粤领抗议缓期，确有其事。美、日使仍主原意；英使稍有迟疑。大致可望如期支付，现正交涉，容续电告。本日吴秘书长来寓谓："奉元首谕嘱昌转告，此次会议，西南若提出人的问题，应严行拒绝；并云合肥参战有功，此次元首主和，又得其维持帮助之力，对于合肥弋不得提及只字。"等语。吴并云，元首特命其来寓作为正式传谕。谨以奉闻。又陕闽六条办法内，双方派人监视军队事，昌意主张由双方代表会议，公推一二人照派。如此可免作为会议之先决问题，而派人名义上之困难亦可免却。已陈元首、揆座。公如何，盼示。前谒见合肥情形，及外交状况，已托端甫❷兄面陈。并与端甫约定渠回京见面后，昌再来宁。又欧洲和使人数，定为陆、顾、王、施、魏，除陆外，余可轮派列席。并闻。昌。个。

---

❶ 沂老指周自齐。

❷ 端甫，徐世章。

65. 汪有龄致朱启钤函   1919年1月21日

桂老赐鉴：

顷访信公❶未遇，旋晤九峰。知渠与信公受少川委托，准于今晚赴宁谒公，面商分用关余一事，先主张各分一半，而以三分之一为转圜地步。龄意此款中央若欲独享，太伤感情，恐多纷议；不如以中央所开裁兵费、撤防费为标准，酌减若干，作为西南善后经费预支之款。如此办理，在我情理兼尽，可得各方面之同情。不知尊意以为何如？龄明晨本拟往访少川，现因分用关余一事不便发表意见，拟俟接公复信后再往。行严改二十日由港赴沪，同行者闻有彭、郭、王❷三人。龄旋宁之期恐须在二十五六。若公有事见召，得信即行。专此奉布，祗颂公绥。

有龄谨启　二十一日晚七钟

复示请由交通银行转交。

66. 朱启钤致钱能训电   1919年1月22日

万急。钱总理钧鉴：密。昨日接少川马电，兹托汪精卫、谷钟秀、卢信三君赴宁，与尊处接洽，并商关于关税余款事件等语。本日谷、卢两君到宁面述少川已电英使，大致主张此款由双方代表协议分拨之法。据谷、卢两君所述，少川之意在平分全数。钤等将财政部开列用途清单，逐条商议，并加解释：一、四年公债还本，系税务司指抵之款。二、出使经费，系各银行扣抵之款。三、教育经费，系外国留学垫款。四、广东治河经费及外交团议决维持丝厂费，虽未得其详，亦必系指定不能移动之款。以上共七百八十万元，万难分拨。谷、卢两君惟要求将上项用途详确说明，以便转达。其余四百二十万元，据谷、卢两君之意，姑就此数均分。南方用途，亦不外裁兵、撤防、欠饷等

---

❶ 信公指卢信。
❷ 即彭允彝、郭椿森、王伯群。

项，以后再开清单。钤等以为此事虽非代表应议条件，但既经少川派人接洽，自应据实转陈。如何解决，祈即裁复。朱○○等。养。

67. 朱启钤致吴鼎昌电　　1919年1月22日发

北京雨儿胡同吴次长鉴：锞密。少川委托汪精卫、谷九峰、卢信公来宁商洽关余款事，同人与之磋议甚久，并将款项用途逐条解释。兹据其来意，用正式电转达中央，因其第一次派人来商，不能不转。惟闻英使尚在迟疑。少川又有电外交团主张南北均分，不知临时生阻力否。为期已近，能一面对付，一面支款，度过年关再说。代达一节，固亦缓兵之策，即同人亦对谷等声明，往返电商，恐不济急。即中央允为分拨若干，用途尚须外交团审酌，手续繁多，西南亦未必遽得。窥渠等之意，但于名义分得多若干，缓急固非所计耳。政府回电，务持大度同仁之语为是。特密达，希转陈。精卫因折臂损骨入医院，未来。并闻。蛰。养。

68. 吴鼎昌致朱启钤电　　1919年1月23日发，24日到。

南京朱总代表鉴：锞密。养电转陈关余事，外交团无变动，过二十五日便了。故院电明日方奉复。希公对于来员设词延待院复。美参赞事，沂老另函复。欧洲和议情形，前函所述密询美馆，颇确。希密告少川，迅谋统一对外。端甫何日回？盼示。昌。漾。

69. 朱启钤致吴鼎昌电　　1919年1月24日

北京雨儿胡同吴次长：锞密。漾电悉。谷、卢两君昨夜回沪，报告少川。此间电院请示情形，过二十五候院复来，转电少川可耳。刘光烈昨自川来，过宁时，秀山延之上岸，端甫与之同席。闻其谭话甚嘹亮，同人尚未见面。章行严、彭允彝、王伯群定今夜来宁，子健在沪，当与同回。晤谭情形，容再奉达。端甫到即住敝处，一切均接洽。渠定明晚赴蚌埠，二十七可到京。欧洲和议情形，昨已密告信

公，转少川注意。但彼自命为外交老手，观察上何如，亦属信公探告。总统传谕一节，亦对卢有所表示。陕闽事，少川本不甚注重，军政府又未以此六条相告，由双方代表商议派员一层，俟章行严等来交换意见再说。蝼。敬。

70. 钱能训致朱启钤电　1919年1月24日发，25日到。

朱总代表鉴：密养电悉。和议开始，彼此一家，自应通盘筹划。为统一之先声，中央毫无偏见。关余用途系经外交团通过，如四年公债还本，为全国人民共同关系，由税务司担保直接拨发；外交经费为全国对外代表者之用，留学经费亦无彼此之分，均系由银行团扣还归垫。广东治河经费由银行交粤丝厂，维持经费由银行交沪。此外为裁兵撤防之费，一一列有详细清单，均于国家财政和议前途有益。若用途稍有变动，必须另行开具详细清单，通过外交团，颇费周折。而四年公债业经登报定于一月二十七日抽签在前，又势难延缓交付之期，失信国民。好在裁兵，撤防各种善后经费，彼此同一情形，中央岂有歧视之理。亟盼和议告成，共同筹划西南各省所有裁兵撤防计划，并盼迅速开具详细清单，预为准备，以免临时因此延缓。希将此事突在情形转告来宁诸君，代达少川兄为荷。能训。敬。

71. 朱启钤致李纯函　1919年1月25日

秀帅麾下：南方提议关余一事，前经密陈政府，请示办法。顷奉敬电，于该项用途，及由外交团通过各情，甚为详析。当经电复，拟请王叔鲁、江汉三两君明日赴沪，面晤少川，俾由口头答复，并顺便接洽。兹将来去电文抄送省览。又解决陕事，应本我公前拟办法次第进行。政府昨电拟由双方代表公推大员驰往监视一节，并已商由王、江两君与少川交换意见。惟关于此事，最近往来电文，尚祈饬抄一份，迳交叔鲁，以备参考，无任企幸。顺颂勋绥。

　　　　　　　　　　　　　　　　　　　弟朱○○正月二十五日

72. 北京外交部致李纯等电❶　　1919年1月25日。

南京李督军鉴：并转熊秉三先生、朱桂莘先生暨代表诸公鉴：准和会全权委员陆总长❷，自法京来电称："五国议决处置俄国问题，先令俄国各政府团体停止军事动作，并派员会同英、美、法、义四国代表，公同设法恢复俄国和平。查俄乱不戢，致召干涉。足为殷鉴。我国若不早谋统一，言念前途，不寒而栗。现南北调停，至如何程序，请随时电知。以资应付。"等语。特电闻。外交部。有。印。

73. 唐在章致朱启钤电　　1919年1月28日发，当日到。

朱总代表、吴次长钧鉴：彰密。少川近密致英公使一函，叙述议和意见，计列七款：一、撤参战处，废国防军。二、裁减军队。三、推行警察。四、去督军制。五、省长由民选。六、废厘金。七、改国会制。并谓总统目前仍受制武人，望协助。又言南北代表尚融洽，但令他方面勿牵制，解决甚易云云。又京中报界，近两日有南方要求处分祸魁诸谣言，已坚约各报勿登出。此说似来自南方，乞设法。守沪消息，并乞常示。章。勘。

74. 唐在章致朱启钤电　　1919年1月28日发，29日到。

南京朱总代表钧鉴：彰密。本日七总裁有电称，悦卿任为闽督，已在粤就职，行其职分内应行之事，并非进兵。各代表已出发，候闽、陕、鄂西问题解决，即开议云。又港探电，旧参院宥日讨论代表条例及总代表职权，仍未决。章。勘二。

---

❶ 此电由江苏督军署秘书厅抄转朱启钤，朱于1月26日收到。
❷ 外交总长陆征祥。

75. 朱启钤致钱能训电　　1919年1月29日

北京集灵囿译电处呈钱总理鉴：和密。前奉敬电，即请叔鲁、汉珊❶携尊由赴沪面复少川，并商闽陕问题。少川谓军政府与中央往复各电，及秀山所电各款，均未接洽。由王、江两君以秀山最近所拟五款交阅，并以派宋联奎前往划界，询其意见。少川谓，须转询陕西代表再复。翌日往见少川，谓宋与陈督关系太深，不甚赞成，即提出意见五项：（一）明令停战。（二）取消检查三原电报。（三）须得三原总司令部停战之密电为证据。（四）派员划界。（五）主张派张瑞玑。但张现在粤，可由陕议员杨铭源先行代往。并云总理抚陕时，张曾任首县，中央当可同意。王、江两君又以各派一人为询，少川未置可否，大概事尚可商。钤以上提出五项，与秀山商酌。所谓明令停战者，与秀山原电第一款无大差别，只须中央电令陕西照办，不过重言申明，无须再发明令。至第二、第三各项，俟划界人员到陕区划清晰，亦即自然解决。惟所推之张瑞玑、杨铭源二人，能否胜任，务请速复。又，报载宋联奎已命入陕，确否？并乞示知。南方代表已有胡、章、刘、李、饶五人到沪。少川之意，俟再到数人，当请彼等来宁答谢李督招待盛意，并与钤等接洽，不必待全数到齐，始行开议云云。知注附闻。朱〇〇。艳。

76. 李纯致钱能训电❷　　1919年1月29日

特急。北京国务总理鉴：〇密。接广州七总裁感电称："陕西军队驻扎地点及将领姓名，已于马日电达，计已邀鉴。煊等以为划驻办法，由双方公推威信素孚之大员前往监视，尤为妥善。张将军绍曾公正严明，南北悦服，兹拟推张将军入陕一行，秉公办理。如荷赞同，请转电北京一致推任，是所切盼，并希示复。"等语。查五条办法已

---

❶ 江绍杰，字汉珊，或作汉三。
❷ 本电与下一通钱能训致李纯电，均由李纯抄送朱启钤。

于勘日电商西南,并录稿奉达。除广州马电另行浑含电复,容再录陈外,其陕省监视人员,勘电系遵照来示,议由双方总代表公推。兹据电推张绍曾,应否复以仍照勘电办理,抑如何答复之处,祈转陈请示见复为祷。李纯。艳。

77. 钱能训致李纯电　　1919年1月30日

南京李督军鉴:亲译〇密。艳二电悉。西林来电,拟推张绍曾赴陕,仍由双方公推办法。若竟照此办理,彼必借口于先决陕事,再行开议。鄙意仍宜查照前电,由双方总代表公同集议,正式推定,借可促成会议,且杜口实。即请我公与少川、桂莘就近接洽,并以此意酌复西林,如何?能训。三十。

78.《大陆报》北京路透电讯　　1919年1月30日

北京汇丰、正金、麦加利、花旗、正金❶、中法汇理、道胜、华比等八家银行,已合贷一款与中国政府,计洋五十万元以充遣送敌侨回国之用。该借款利息八厘,由本年八月至年底之盐税收入项下拨还,每行立交五万元,余则存候中国政府随时取用云。

79.《字林西报》北京通信　　1919年1月30日

中国与和平会议　　巴黎传来,日本将在和会代表中国之说,华人仍极疑骇。因迄今既无承认,又无否认之表示,华人自觉不安,深恐日人诚欲一试。或谓此种谣传,系日人之试探作用。至日本将在高等军事会议为中国代表,殊无理由。中国虽不与于此会,然中国之利益,他人当然不致忽视。况美国与协约各国主张公义,华人又何必多疑也。

中国之武人政策　　近闻有人运动,明令准设国防局。查参战军之设,原期中国实行参战。嗣则高级官吏意欲借以维持其军权,曾将参

---

❶ 原文如此,两个"正金",必有误。

战军改编为国防军，未闻有正式设立国防局之事。今如欲得明令准行，果足巩固段氏之势力。（段氏在中国政界，尚有一部分之势力，至少亦可称在北京一隅尚有势力。）然必须言之成理，此其难点耳。因中国政府鉴于公论，裁遣督军军队之举，认为必要，故碍难准设违反此义之永久军事机关。如果实行，则中国在欧洲和会中，将引起不良之感应，并阻碍国内之和议，颇足危及和局也。是以极愿最近之军备计划不得成功。况今徐总统非迷信武力者，当不致照准也。

日本对华态度　一月三十日巴黎电称：和会日本代表米卡诺❶男爵，对路透访员宣称，日本虽愿协助俄国恢复秩序，然不欲于涉俄事，已由西比利亚撤退大部之军队，现在其数处之防军，足以维持协约各国之利益而已。日本向无欲得中国土地之野心，且极意维持其政治与土地之独立，实皆出于诚意也。在此次和会中，日本必将注意中日间和洽之必要。如能实现与远东之开放门户及机会均等主义并行，则此种问题可得而解决矣。

二十八日巴黎电称：星期一午后之会议，五协约及联合诸国代表，继续交换关于德国在太平中及远东属地之意见，英属及中国代表皆与闻焉。同时，十九国代表由甘旁君（法国代表之一）主席，选举办理各项事务之代表。

80．中国应提出之和平条件❷

《密勒评论报》云，日本现抱有一种信心，以为彼能在欧洲和会推翻中国欲保其领土完全、其主权独立之计划与希望，此殆无可疑者。本报所载北京通信员关于此项运动之论文，已予吾人以若干消息矣。凡一般华人与在远东之外人，应皆注意于此项运动之发展。除本报通信员所已说明者外，闻日本并曾允许中国赞助其取消庚子和约之提议。惟日政府以二十一要求所夺取中国之种种让予权，则须中国助日本取得列强之承认，以为酬报。日本此项新运动之详情，本报当俟

---

❶ 日本代表为牧野伸显男爵。"牧野"译音应为 makino。
❷ 原件为油印，无日期。据内容推断，似为1919年初。

有更相当之机会时，再行发表。此时本报深望中国政界大员与一般人民，注意于下列重要之提议。此等提议，应由中国提出于欧洲和会，以期自救其陷于高丽之复辙。至此等提议之内容，对于中国及抱自由主义之列强，如美、法、英等国，均属公平而无偏也。提议如下：

（一）凡一切条约或合同，规定以在中国之势力范围独有特权或特别权利，许予任何外国，而其他缔约国虽缔有最惠国条款，亦不能完满享用此等权利者，皆取消之。

（二）中国全国之铁路，凡关涉外人利益者，均作为中立或国际公共性质。

（三）凡许予任何外国之专有开矿权，与中国主权有损，或侵犯门户开放或机会均等之主义者，皆取消之。

（四）凡任何外国所享中国领土之让予权，皆取消之，使该地改为各国公共管理，但规定俟中国关于监狱及司法之某种改革实行后，该地须归还中国。

（五）驻在中国之各国军队，除为庚子和约所规定者外，一概撤回。其庚子和约规定之军队，俟中国关于军事及警察行政之某种改革履行后，亦撤回之。

（六）各国在中国所设一切邮局、电局，概行移离中国境，代以各国公管之机关，以一定之时期为限。

（七）设置一种统一币制，归一国际机关管理之，以一定之时期为限。同时训练华人，为将来接管之预备。

（八）凡土货之转口内地税，一概废止。至五年之后，列强应许中国以自定税率之权。同时，海关行政，须立时改良。如出口税应废止，入口税之关于平常商品者，应增至百分之十二零五，关于奢侈品者，应增至百分之念五，原料应列入无税货品之类。并规定训练华人，俾可立海关高级位置。又需设一估价部。

（九）废除治外法权，但须中国供应下列之需要：（甲）凡达入学年龄之儿，一百分之五十应入公立或私立之学校肄业，至少五年。（乙）颁行最新之民刑法典，至少五年。（丙）设立宪法政府，中央及各省行政均须依文明制度，并有相当之保障，以防政治上之贪黩举动，至少须实行五年。（丁）对于制作权、出版权及商标，须有相当之保护。

（十）在中国及在华人多数住民之土地，所有各种形式之鸦片贸易，除作药者外，概须停止。

以上诸提议，凡有思想之华人，皆应加以考虑。倘中国能循此方针而行，则可以免丧失土地完全之危险。须知中国之土地完全，今正为日本在华各方面之活动所危迫也。

81. 摘译日本官报　第一款第一号
预算会议第六回　大正8年（1919年）1月28日

望月小太郎：（前略）日本对支那执政治的主导之地位，经济的则守门户开放、机会均等二大方针。然以外交大交动，更有二大新主义发生，即小弱国救济及民族自决是也。（下略）支那人有恒言，美人令人可爱，英人令人可敬，日本人令人可疑。此皆前内阁对于中国采用偏颇政策所发生之结果。现内阁当一反前内阁所为。凡前内阁所订之条约，应公表者公表，破坏者破坏，改正者改正。敢问外务大臣是否同意。

国务大臣（子爵内田康哉）：（上略）鄙人以为支那并非小弱国，将前项两大主义加入对支方针，非鄙人所赞成。支那人问题，当由支那人自身决之。此各国对于今日之南北妥协，所以不予干涉也。（下略）至尊见谓一切概行发表一节，非得前途允许，碍难发表；且发表之时机，亦尚需斟酌。如日支关系有不满意之处，自当力予矫正。

望月小太郎：（前略）今改称支那为大弱国。拯救此大弱国于免困之中，想外务大臣与本员均有同感。尊说谓对于不正之事，当予矫正。谨问第一对于军事协约，应否公布。如不以为然，或俟至南北妥协以后，再行改订何如？（下略）

国务大臣（内田）：此项军事协约系属密约，无论有何质问，均难答复。

望月小太郎：前内阁之对支借款全部，现内阁谓为日支共同利益所关，非日本一国垄断，非前内阁对中国不信之原因。第一为军事协约，第二为借款。且一万万零五千万元之全数借款，均用作援助北方之费，有用作南方讨伐军费者，有用作收买议员费者，有肥督军私腹者。现内阁是否认为不当？如认为不当，应如何处置？请问。

国务大臣（内田）：此等借款为前内阁所结，难保无用于政争之处。现内阁对于政治借款，此后决不允许，而实业借款，则可商办。前内阁所订借款之中，如山东铁道延长线、满蒙四铁道、吉长铁道等实业借款，如实系用于正项，尚可允许。现方在商订正约之中。

此外对于参战借款、交通借款、吉黑森林借款、有线电报借款，皆有质问，以所答不得要领，故不译。

望月小太郎：关于各国交回关税余款一事，南方要求延期至二月二十五，帝国政府似应有公平处置。敢问。

国务大臣（内田）：此款原系支那政府即北方政府所有。日本所认之政府为北方，在理不能不交付。（余略）

望月小太郎：政府对于中国希望撤除铁路管理权、租借地驻屯军等项，是否予以赞助？

国务大臣（内田）：凡支那正当之希望，于中国将来有益之事，日本自当首先予以援助。

82. 摘译日本官报　第一类第二号预算委员第一分科会议录
第一回 大正8年（1919年）2月1日

望月小太郎君：现在姑将过激派之议论搁下（笑声起），进而质问对支政策。论到政策，似非次官所能答复。今且改议问题，即前日外务大臣所辩明帝国政府对支方针中之事实问题是也。对于停止的支那借款之条目，政府将属于何种者停止？为数若干？此乃事实问题，敬候说明。

政府委员币原喜重郎：尊说停止借款一事，就政府所发表方针正确言之，即日本政府对于此种借款不予维持，凡有足酿支那国内纷争原因者，不予维持。方针如是。

望月小太郎君：然则前内阁所订借款，如尊说所谓预付款项，不仅预付款项。敢问现内阁是否有将此种借款，全部照约办理，抑或指今后凡关于政治的新契约，概不订结之意。例如吉会铁路借款预付款项一千万元，满蒙铁路借款亦有预付款项二千万元，山东铁道借款预付款项二千万元，军事协约预付款项二千万元。此项借款之中，亦有似系全部者，例如订一万万元之草约，预付二千万元，所余八千万元，并不停止，全部按照前内阁之契约实行。关于此点，鄙人更不明了。

政府委员（币原喜重郎君）：少有误解。

望月小太郎：即此点。

政府委员（前人）：并非一万万之借款预借其中一部分之谓。就铁路而言，既架设高密、徐州之铁道，复架设济南、顺德之铁道，在订正式条约之前，对于草约先付二千万元，以后或八千万或九千万，其数目迄今未确定。非如尊见所云，先订一万万元之金额，先交二千万，余八千万继续交付，并无所谓余额。

望月小太郎君：是否谓余额之数并未定明契约，契约所载全数，皆已交付。

政府府委员（前人）：约定之数，如前所述。预先交付，一旦铁路开工，不时需款，至其需款数目，并未订明。（以下从略）

望月小太郎：（前略）凡关于政治借款，现内阁是否全行停止。关于此点，深愿说明。最近二十、二十一日北京报载，日本将前内阁所约定军器，即其军事协约相关之军器，交付北方。他报亦有揭载。或系虚传，并望其为虚传。何则？牧野大使一面在欧罗巴中央❶说明日本对支政策如何公明，口沫未干，而现内阁于南北妥协未解决前，仍然供给武器于北方，令人发生一种误解，殊使日本在极东地位受重大影响。日本当局者，应注意不使此种误报发生。鄙人前日在议场及预算总会，商请对于由军事协约发生之参战借款，应与支那政府交涉，所有余款，悉还日本。次官系事务官，此等事项，谅难办到。姑以相商何如？

政府委员（币原次官）：供给兵器一事，颇招许多误解。政府方针，凡有关于此种嫌疑之借款，概不订结。并声明现在实未订结。但是向来逐次所结契约之中，有不能不交付者，事关既定之义务。盖此等事项，倘非政府毅然敢负违反契约之责任，而一旦毁废已成之契约，即就信义上言之，事体特属重大。言至此，鄙人固未能断言必能

---

❶ 原文如此。

办到。惟将来凡有招此种嫌疑之事，必不再蹈，鄙人固有可断言者。若欲将属于既定义务之契约，概行废毁，得毋涉于矫激。

望月小太郎：先此内田外相曾声明，对于去年十二月威尔逊总统所提出为停战基础之十四条，表示承诺。该十四条第一项即主张撤废密约。而前日外务大臣曾言及，日支军事协约为秘密条约。说将来和平会议中，有一国出而请我破弃，于帝国政府体面，大有关系。不如由我自行撤废，日本系表示诚心诚意对支那，应先废北方一首领与当时政府所订之军事协约，俟南北妥协后再议。（下略）

政府委员（币原次官）：（上略）威总统所提出十四条之第一条中，仅述及秘密外交之宜废止，并未述及秘密条约之应废止。所谓废止秘密外交，含有如何意味，至如何程度，殊属疑问。目下在巴黎所开之五大国会议，其结果亦未公布。若完全废止秘密外交，似应全行公开。实则不然。然就方针而言，固以废止秘密外交为最当。（下略）至军事协定之内容，非与支那政府商妥，未便公表。其中所有条项，并非日本一方面无理之要求，则可断言也。

望月小太郎：（上略）据尊说，谓日支军事协约之内，后日或有发表之处，亦未可知。即发表其中各项，亦非日本营特种之私利。鄙人衷心望其如此。然观其内容，如全部在此处发表，殊于国家不利。兹仅言一二例。如支那海陆军之统一（即由日本统一之之意），第二支那之兵工厂亦然，第三支那之陆军、海军均以日本之将官为监督官等项，当时日本政府并不辨正。（下略）夫我政府固已承认秘密外交为不当，则何以尚令军事协约依然存在？是果为帝国对于与国，对于支那之诚意上适当之举动耶？

（此处原有空行）

望月小太郎：（前略）因有军事协约，而有参战借款，以参战借款，于是乎遂组织所谓国防军。此项国防军名为西北国防军，原以供西北边防之用。现在段祺瑞氏在今日仅于北京、山东、河南方面拥有三师。此外与日本有特殊密接关系之奉天张作霖之兵，亦散在于陕西、福建，乃系事实。请答辩。

（余略）

政府委员：张作霖之兵如何配置，非鄙人所知。开赴陕西、福建之兵，是否张作霖之兵，亦非鄙人所知。

望月小太郎：（上略）方今南北两方正在讲和，何以一方以北京为中心，集兵力于山东、河南。无他，和议告终，中国政府仍在北京，仍须有兵力方能支配政局，此即段祺瑞最后之希望也。余敢断言，南北妥协不能达目的即在于此。（下略）兹所问者，为日支关于制铁共同经营之问题。请详答。

政府委员：并无草约。前内阁既未订有草约，现内阁亦未进行。

望月小太郎：兹所欲问者为币制借款一事。此系前内阁所计划，支那因此定有金券条例。此事现内阁如何办理？

政府委员：（上略）币制借款乃列国之财业团之问题，非日支两国间之借款问题。（下略）

望月小太郎：敢问对于支那日本之特殊优越的地位，是否如日英协约及石井兰心协约所载，仅由第三者订约声明而反置主人公于度外。（下略）

政府委员：日本在和平会议中，提出何种办法，目下以不言为佳。为维持日本在支那之特殊地位起见，将于和平会议中，提出何种条件，今日以不言为佳。

83. 赵庆华致朱启钤电　　1919年2月2月

桂公钧座：敬肃者。睽违训诲，时切驰思，敬稔旅祉延禧，百凡休畅，至以为慰。上月下旬，燕老遇见朱英使，谈及和平会议事，英使署有派员赴会参观之举。嗣询悉英使拟派商务参赞娄思（Mr·Rose）君来宁，曾于上月二十九日约在甘石桥谈话，周廙老亦在座。当将各方面情形详告，并将所定宗旨亦已告知，彼我意见相同，娄君允愿赞助。曾给介绍函，燕老亲笔批注，请钧处介绍汪、施、王、吴诸君与娄君相识接洽。娄君日内出京，由京汉赴汉，再乘轮来宁，大约二月十日以前必到。至祈优加接待，并请指导一切为祷。专此肃达。敬颂勋绥，恭贺春禧。

　　　　　　　　　　　　　　　　　　　　　　赵庆华谨肃二月二日

84. 朱启钤致唐在章电　　1919年2月3日发

北京国务院唐伯文鉴：彰密。冬日曾电致少川，文如下："上海唐总代表鉴：卅日，章、胡、彭、王、李、饶诸代表来宁，转述尊意。一地点在沪，二会议时专由双方总代表发言等语。地点问题，本易解决。唯会议办法，似应采取不分南北共同协商之精神。当提出会议大纲办法四条：一议题由双方总代表协定后，列入议案。二会议时，由双方总代表发言，但得委托分代表陈述。三议案总代表认为应准备或审查者，得开准备会或审查会；准备会或审查会得由两方代表联合行之。四准备会或审查会拟议事件，仍由双方代表取决。当时双方代表详述理由，并面告胡代表即晚回沪代达。此项办法决定后，即可定期开会。卅一日，彭、王、李诸君回沪时，又复请其转达台端，容纳鄙见，迅速惠复。现逾三日，未接来电，不胜翘望。特再电达，希即见示为荷。朱启钤。冬。"又为催促商定会议办法，今日特属吴鼎昌等全体代表，乘午车赴沪，与唐接洽一切，裨得早日开议。江。

85. 朱总代表之谈话[1]

新闻界访员某君，昨日赴宁，亲谒朱代表。叩以近日外交情形。据朱总代表面告某君：予近日迭得有责任之消息，日使小幡因青岛问题，与外交部交涉。以王、顾二使提议青岛问题及宣布密约二事，并未先与日专使接洽，与国际惯例不合，请政府注意。至外间所传要求撤退王、顾，以武力恫吓各节，实未言及。近日政府接欧洲来电，谓五强国会议处分德属岛屿问题，日本提山青岛当为无条件之让与，其时并未先与陆使接洽。迨各国主持须中国委员出席，一钟前始通知中国委员到会。顾使仓卒出席抗争，当然不能先与日本接洽。各国对于顾使辩论，表示同情。乃小幡到部，反以不先接洽相责，实与事实相反。

某君又询以政府诰诫王、顾，有无其事。

---

[1] 原件油印，无月日，据内容推断，当为1919年1、2月之交事。

朱总代表答以并无其事。昨政府又电致陆专使，属其转告王、顾。元首对于此事之态度，初非浮言所能动听也。

最后某君谓，宣布欧战后中日密约一层，政府有无确实办法。

朱总代表云，当日小幡日使至外部交涉，亦曾言及，可将济顺、高徐路约提出欧洲大会。外部因与二十一条有关，并要求将二十一条同时提出。日使并无异言。此系经过实情云云。

86. 译北京电　　1919年2月4日

日本钳制中国在法和议专使之手段，更进一步。昨日小幡公使特访代理外交总长，声称中国如于此事（即和平会议中国所持政策）愿从日本之意，则去年九月间段祺瑞签订之参战借款二千万元内，未经交付之余款一千七百万元，即可悉数交付。设若中国不欲承认该借款合同，应将已交之三百万元，付还日本，可即取消等语。按中国现值国库空虚，政府已罗掘俱穷，故日本此举之用意，不言可喻。小幡公使并言，英国现值内乱纷扰之际，决无余力可助中国，而日本海陆军则正空闲无事云云。外代总长含混其词，答云即将此事提交国务院云。

又同日京电云：今晨驻京各西报访员联袂晋谒小幡公使，探询意见。据云，渠之往访中国外交总长，实因接得巴黎日本和议专使来电，并非受有东京政府训令。至访晤之用意，实欲使中政府注意其在法和议专使之举动。因渠等曾宣称，欲将某种秘密文件发表。此种行为，实属不当。果欲将某种文件宣布，必须双方同意，方为正办。在日本方面，此举本无不可照办，惟此事须先经协商也。倘中国坚欲发表，日本亦愿同意也。外间所传日本用压力，逼迫中国，实为不确。即如中国不愿依从日本提议之意办理，时局上亦无危险发生。惟此事为势所迫，出于无奈而已云云。小幡公使见华人对于渠之晋谒外长，诸多惊慌，实不能解。其意固属友谊的行动也。外间传言日本在满洲增兵一事，小幡公使否认焉。

87. 钱能训致朱启钤电　　1919年2月4日发，5日到。

南京朱总代表：梓密。蠖公鉴：本日《京报》号外登载我公致少川电全文，是否由尊处交登？其中有无作用？祈示复。紫。支二。

88. 朱启钤致钱能训电　1919年2月5日

北京集灵囿译电处，梓密。紫公鉴：支二电悉。致少川电本系用明码，有意使外间传播，表示正当之主张，希望社会之同情。上海报馆亦有发号外者。自系一种空气作用。四条办法各代表赴沪接洽，少川仍坚拒不纳。其详情及对付方法，俟明日各代表回宁，与秀山商酌后，另电奉闻。蘷。歌。

89. 熊希龄致唐绍仪等电[①]　1919年2月5日

请转总代表唐少川诸公鉴：今日为外交紧急事，曾发一函，须七号方到。惟时机迫切，又有新发生消息，不得不再电报告。前月廿九提出青岛问题，日本大使先期知照陆使暂避，仅由顾、王两使。念八争论，尚不激烈。念九顾使发言甚得体，各国均表赞助。散后，各代表并与顾使握手，以示美感。讵料本月二日驻京日使小幡，赴外部与陈代总长交涉，谓欧洲会议各国，要求中日两国宣布自欧战以来中日所订密约。日大使答以须请示政府，中国大使乃谓并不反对宣布，是与日本未能一致行动。中政府若不训令顾、王等随同日本一致，日本即任听东三省独立，并将参战借款停止交付，永远占领胶州，以为胁迫。北京政府颇为震慑，将开国务会议解决。希龄以为时机已迫，乃于昨日切函东海及干臣，力劝勿为所惑。今日得中央消息，国务会议仍然畏首畏尾，特为气闷。

查此次欧洲和平会议，乃为我国生死问题，苟稍有良心者，无不知此举可以出死入生，出奴入主。今顾、王两使既能力争国权，中央政府宜如何坚持不动，将密约电寄宣布，岂能因日使虚声恫吓，令功坠垂成。况参战借款，日本自称仅交三百万，余一千七百万停止交付。该政府对内对外业经宣言，该使小幡何得又以此要挟政府，谓不

[①] 另有一件内容与此电全同，系电李纯转朱启钤者。

续交。其意无非以我财政支绌，借此以为挟迫。不知现在南北会议，各省督军宗旨，均因军饷无着，商榷裁兵，何至再持此款，添练特别军队，而置各省已有之军于不顾。中央政府及段芝泉亦断不忍以此一千七百万之日金，为人所挟制，致将四万万人之国土置于度外，而使万世子孙永为牛马奴隶。现闻北京各外交团及外人意见，均以为中央如无能力对付日本，或致受胁承诺，惟赖南北会议之各代表力争或否认，以为补救之一着。路透电业已表示此意。是其视各代表为全国民意之中心也。弟拟请双方各代表，目前将内政□□（暂缓）商议，以此次外交为第一问题，赶开临时紧急会议，联电政府，速照陆使等所请，概将密约宣布。政府若不见听，即通电欧美各国否认，以救国危。将来能达目的，四万万国民感戴诸君保邦之功，百世不忘矣。务乞迅即筹议，无任盼祷。熊希龄。微。

90. 钱能训致朱启钤电 1919年2月5日发，6日到。

朱总代表鉴：密。近日中外言论咸趋重裁兵，且善后借款亦以裁兵为前提。此次开议，自应首先提出裁兵议案，双方派人于中央设立裁兵委员会。将来裁兵实多计划，即可由会员讨论议决，俾早实行。请公先与香山协商。此事为中外注目，务请接洽进行，并希见复为盼。能训。微。

91. 唐继尧自拟条件❶

拟提交和平会议条件：
一、关于法律问题
甲、由旧国会制定宪法，并选总统。即请新总统施行新宪法，组织宪法上之国会。现在之新旧两国会均以宪法之力消灭。
乙、国会自非法解散后，北京政府各项借款，应即宣布用途，未

---

❶ 原件无日期，2月6日李纯致朱启钤函说："顷得云南唐督军自拟提交会议条件，特抄奉陈。"

经国会通过以前，西南各省不能担任。

二、关于地方行政问题

甲、划定地方税，以能供地方政治发展之用为主，其详细办法，由各省斟酌地方情形自订。

乙、交通除国防铁道外，各省应有自由计划、集款、兴筑之权。

丙、各省有自由募集公债之权。

三、关于军区

甲、划分军区办法另行详订。

乙、军区未定以前，各省关于补充军实，中央应行承认。

四、关于滇、川、黔、陕、鄂、豫、湘西联军范围以内善后问题。

甲、在川滇军至少以二师、一混成旅编为国军，在川黔军至少以三混成旅编为国军。滇军分驻上下川南各县，滇军驻川东，全部饷项，由中央拨发。军区未定以前，各军仍归滇黔督军节制指挥。

乙、在粤滇军以两师编为国军，饷项由中央拨发。军区未定以前，暂归云南督军节制指挥。

丙、护国、护法两役善后款项，应由中央确实筹发；并提发交五百万元以为收束军队之用。

丁、滇黔向为受协省分，用兵以后，尤为瘠苦，中央应指定的款按年协济。

戊、任命四川军民长官，应先征求滇黔两省督军之同意，或由滇黔保请中央任命。

己、鄂西恢复黎天才襄郧镇守使职务。鄂西靖国军编为两师、四混成旅，以唐克明为第一师师长，颜德胜为第九师师长，其各混成旅旅长，由黎天才遴员转请委任，统归黎使节制，饷项照旧支发。

庚、陕西督军以于右任充任，陕西靖国军及联军援陕各路，由于督计画办法，先得联军总司令同意，会商中央，分别安插。

辛、湘西除黔军卢旅仍驻辰州外，其属于靖国军之湘西各军，至少应编成国军一师。所糜军饷，其拨国家税款者，应悉予核销；其向地方机关及私人拨用，或借贷者，应由政府如数偿还。至湘西镇守使田应诏、镇守副使周则范、辰沅道尹张学济、辰州关监督张伯良等，均恢复原职。其各军任职人员,因此次护法关系,曾被执讯监禁查办者,应分别昭雪、免究、给恤。

壬、豫军王天纵所部,至少编为三混成旅,驻屯洛阳、郑州或南阳等处,饷项由中央拨发,并予王天纵以相当职务。

92. 李纯通电　　1919年2月6日

国务院各部院、各总裁、曹经略使、巡阅使、督军、省长、都统、护军使、海陆军各司令、朱总代表暨代表诸公,谭月波、组庵两先坐,吴将军均鉴:近月以来,和平空气,布满全国,因善后之解决,有会议之盛举。既经中央复准,各方赞同,双方各推总代表亦先后分莅宁沪。惟以中央颁布停战罢兵令,广州军府亦通令停战罢兵,各省虽皆奉行,而陕、闽、鄂西等处尚有纠葛。经多次之协商,定简捷之办法:(一)陕、闽、鄂西双方一律严令实行停战。(二)援闽、援陕军队,即停前进,担任后方剿匪任务;嗣后不再增援。(三)闽省、鄂西、陕南由双方将领直接商定停战区域办法,签字后各呈报备案。(四)陕省内部由双方总代表公推德望夙著人员,前往监视区分。(五)划定区域,各担任勤匪卫民,毋相侵越;反是者,国人共弃之。以上五条,均陈奉中央允准,电得广州军府同意,即日双方通令按照实行。所有陕闽等问题,遂已解决,会议即可进行。知关廑念,特此布奉。李纯。鱼。

93. 微密电❶　　1919年2月6日发,7日到。

浦口杨段长速送朱总长:微密。地点事,东海本允,由端甫电秀山疏通,秀亦允,惟复电大发牢骚。此间对于香山不容纳四项办法,不甚满意。地点事将停。桂心。鱼。

---

❶ 此电末尾"桂"字不清,不知是否与"心"字相联为发电人署名。只得用"微密电"标题。

94. 唐在章致朱启钤电　　1919年2月7日发，8日到。

南京朱总代表钧鉴：彰密。歌鱼电敬悉。已属路透及字林西报各访员，分电沪粤两处，大意如下：此间中外人士，闻唐君反对朱总代表四项办法，致有议迟开，群情失望。谓值外交紧迫不定，因手续小节，致碍进行。北方已一再让步，深望南方贤明，乞总代表克日开会，共御外侮云云。沪上中西各报是否照登，请饬查复。章。虞。

95. 钱能训致李纯电[1]　　1919年2月7日发

南京李督军鉴：亲译，○密。鱼电悉，解决陕闽等处简捷办法五条，已得彼方赞成，自应早日宣布实行。惟第四项公推大员监视一节，原议系双方总代表公推德望夙著人员前往。既经彼方一致赞同，且经我公通电宣布，自应仍由总代表公推，以符定议。前粤中来电，虽有公推张绍曾之说，但此间未经同意。嗣少川有拟推张瑞玑之电，亦曾以张瑞玑自较胜任，惟仍应由双方代表正式公推。祈以此意切商西林诸公，俟双方总代表公推办法协商确定，即可将五条办法正式宣布。再，前得我公复电，于偕同赴沪一节未荷赞同。惟沪上同寅骈臻，无论在宁在沪，一切仍仗燮猷匡济。未尽之言，另托鹤雏代达，想邀鉴察。敬以附闻。能训。阳。

96. 李纯复钱能训电　　1919年2月8日发

北京国务总理鉴：亲译，○密。阳电敬悉。办法第四项公推大员一节，彼方复电已赞成由双方总代表公推，其所云张绍曾者，特申前电之请，嘱纯设法维持而已。纯于接电后，即已于麻日复其一电云："卅电敬悉。勘电五条办法既荷赞同，已转陈中央查照，通电实行，并由纯另行通电宣布矣。尊处拟公推张绍曾一节，闻唐总代表之意，

---

[1] 此电与下一通李纯复钱能训电，均由李纯抄送朱启钤，朱于2月9日收到。

似别有所嘱。既由双方总代表公推，纯势难儳言，尚乞鉴原为幸。"等语。此时中央但须将五条办法正式宣布，不必问其张绍曾一层。盖纯之通电，不过告慰各方面，仍须由中央电令实行。朱总代表乃可与唐少川协商公推也。若中央内定张瑞玑，只须于宣布后，密电桂莘，商唐公推不必再向西南辩白，致生枝节。尊意以为何如？至赴沪筹备一节，势谁遵从，鱼电已详述之，并详复端甫先生矣。李○。庚。

97. 朱启钤致钱能训电　　1919年2月8日

钱总理鉴：密。接唐总代表虞电，文曰："顷准秀公鱼电称，所拟停战办法五条，经北京政府电准照办，已同时电商军政府同意等因。准此，除由此间电军政府速催张君瑞玑克日兼程赴陕外，应请尊处迳即电京，迅饬前方防线各军，实行停止进兵，不得再施攻击，以昭诚意而维和局。无任企盼之至。"等语。陕事既经双方协商，张瑞玑不日北行，应请即照李督商定之第一、二条，迅饬前方各军实行停进。其余各条分别施行。此电必须正式复答，请即日赐复为盼。○。庚。

98. 朱启钤致唐在章电　　1919年2月8日发

北京国务院唐伯文：彰密。中央代表抵沪后，谒唐磋商会议规则，照原四条略加修改，已得双方同意，即协推汪、方、章、胡四君起草，结果由王今日回宁报告。又议场先择上海总商会，继以地址不便，拟借用前德总会云。

99. 朱启钤致吴鼎昌电　　1919年2月8日

上海吴代表鉴：鍈密。香山虞电属会衔电主座，弟因对主座称谓不一，涉笔复止。已将原电转京，并另电痛陈利害，即与会衔无异。彼此处地不同，当能见谅。俟得政府回电，如主张不致相歧，自当一致贯彻。设有异同时，须用秉三电之所主张。即为南北代表，自应联合表示。但此系国民外交，为世界所注目，发言不可不特加慎重。况国际礼仪，动意气，伤感情之论调，固所不宜；即传说过甚之词，亦未可据为典要。此次日使对我外部之确情，及我政府对外之方针，暨各方面之态度，均宜考查明晰，方可以其情实为对待之根据。香山为外交先辈，允宜奉为圭臬，对外有所主张，谊当一致。兹事体大，其进行程度，尤冀随时审酌，以期周至。顷鹤雏来宁，述及临行所闻日使恐吓不如外间所传之甚，政府亦颇沈静，不为所动，所谓诰诫王、顾❶，亦尚无此事实。钤昨致各方探询之电，尚未得复。请公亲持此电，转告香山。至拟另电致王、顾二使一节，告以国民公意为之后援，以鼓其气，甚有作用。即我辈对于二使此次在欧会抗议，亦当表示敬意。已复电香山，请主稿挈名会发。措词应采何种方式，并望同人参酌为荷。再，函电所商会议之事，容另达。庚。

100. 朱启钤致吴鼎昌电　　1919年2月8日

上海吴次长：锞密。同人均鉴：顷干老梓密，答复外交事如下：闻青岛问题，沪上论调颇趁〔趋〕激烈，大抵由于西报鼓吹。即路透电所载，亦全非事实。此事缘起，系因顾使在会要求直接归还青岛，语甚持正。日使谓其持论过激，曾至外部抗辩，但亦主张将胶济借款条约提出大会。我政府则以中日密约二十一条与此项问题有关，拟同时一并提出，日使亦无异词。现由院电陆全权❷相机披露。外间所传恫吓之辞，不无已甚。即英美论辩激烈，不免张大其词，恐系为人利用。少川致主座微电，亦已复之。大要谓政府宗旨坚定，决不致为何方拘煽所能动摇等语。又据许君云，廿九日元首尚有电致陆使等，奖励王、顾之语。余电均未来。知注并闻。起草事，进行如何？地点事，顷接端甫转来李廷玉转去吴子玉电，痛诋唐主在沪，此间不平之意可知。属商电部借房。筹备一节，俟叔鲁到婉商较妥。蠖。庚二。

---

❶ 王正廷与顾维钧。
❷ 出席巴黎和会的全权代表陆征祥。

101. 朱启钤致周自齐曹汝霖电   1919年2月6日

北京报子胡同周子廙总长，赵家楼曹总长：宣、咫密。昨电计达。路透消息，真确情形若何？亟盼见告。冬乡论调激昂，对外主张，应归一致。弟所处地位，尤与此事有密切关系，非得确实情形，不能发言。究竟：一、日使对外交部发何言论？二、政府若何答复？三、政府对于陆、王、顾各使有无命令？四、报传日人军人对于驻日中国使馆威胁举动，是否属实？五、以未付参战借款为要挟条件，是否属实？借款经费未付，尚有若干？此语若确，芝老是何意见？六、日本有无以军力为要挟之表示？七、欧美各使馆对于此事之议论及对于政府之表示若何？八、政府决定若何之方针，对付此问题？即逐条指示为荷。钤。鱼。

102. 曹汝霖致朱启钤电   1919年2月8日发，当日到。

飞急。南京李督军转朱桂莘先生：咫密。鱼电悉。此事全非事实，纯系西报鼓吹挑拨。一、日使对外部只言专使在会，并未与日代表接洽，遽言可以密约发表，不合外交惯例，请注意。二、政府答以当注意。三、并无命令。四、毫无事实。五、另一问题，日使恐国防军再作征南之用，请政府声明并无政治作用。六、亦非事实。七、欧美方面颇疑谣言为真，请政府勿受要挟。八、政府只允发表密约可以同意，已令代表将所有中日关于山东秘约发表。歌电当相机办理。霖。庚。

103. 周自齐致朱启钤电   1919年2月14日发，15日到。

南京朱桂莘先生：宣密。微、鱼两电悉。山东问题，已由总理撮要电达。兹遵示条复：一、日使对外部云，两国密约须彼此商允，始可宣露；顾、王提议不合外交手续。二、政府答复，事关领土，不能不在会提议；日本原有归还之诺，自必实行。三、政府对顾、王无诰诚之事。四、并无其事。五、日使云，参战款如我正式请其停付，或移作别用，均可照办，非要挟也。尚余千七百万未付，芝老坚持继续。近因谣传中国人主张撤参战处，芝老从前所允达诠办法，现已不允。六、无此表示。七、欧美使馆异常不平，极力推重顾、王，而力劝我政府不可退让。八、政府仍力进行，惟主张和缓出之，不欲过于开罪近邻。而最近数日，小幡言论日趋平和，已允我将山东借款密约及二十一条于会议时宣露，并请我政府将近日实情登报，以免再有误会。微电各节，已向外人表示。英美允即电沪，劝促早日开议。日亦电其沪领婉劝矣。美使主张，两方开议，首先决定裁兵大纲，签字互换。电请元首特派代表并选派南北军财要人，延请英、美、法、日军事家合组裁兵委员会，即日在京会议南北一律裁兵各种方法。此条实行，一面续议其他事件，庶免纠缠延误。所持不无可采，闻已电其特派员提倡矣。总之，英、美与日猜忌愈深，感情愈坏，我尤须审慎坚定，不为何方利用，方有自立之地。外交方面，对北甚好，对南颇生厌恶，以南方缺爱国心，终置国家于冷静地位也。余续陈。齐。顾。

104. 朱启钤致吴鼎昌电　　1919 年 2 月 9 日

上海吴次长鉴：锞密。顷接京咫密探电如下：（即 102《曹汝霖致朱启钤电》全文，略。）去电问语，如尚记忆，希即补充。一面由快函抄寄。第二函悉，应致中央探索之事，请拟稿寄来为然。钤。佳。

105. 钱能训致李纯电❶　　1919 年 2 月 10 日发

南京李督军鉴：亲译，〇密。庚电悉。张绍曾事由公婉复彼方，至妥。简捷办法五条，既经我公通电披露，且叙明曾商中央允准，已可作为宣布。俟会议时，由双方总代表推定人员，再由中央依据五条办法，分饬各该管长官将领接洽实行，并通电各省知照。尊意以为何

---

❶ 本电与下一通李纯复钱能训电，均由李纯抄送朱启钤。

如？能训。蒸。印。

106. 李纯复钱能训电 1919年2月12日发

北京国务总理鉴：亲译，○密。蒸电敬悉。尊意俟推定，再依据五条办法分饬实行，郑重分明，荩筹极佩。惟纯思窃以为五条办法，乃包陕、闽、鄂西而言，公推人员则陕省一部分之事。若因陕一部分，而致各方办法因以停滞，彼已通电遵照，我独有所迟迴，不唯前敌将士无所遵从，且恐社会舆论不免攻击。此应商者一也。西南方面屡次有电致纯，暨朱总代表，辄以陕事为言，并谓中央对于西南是否实有和平之诚意，对于各军是否实有约束之能力，其词颇含讽刺。纯与朱总代表皆未便上陈，迳自答复。今彼已通电，我仍有待。疑为无诚意，已足伤感情；疑为无能力，更足伤大体。此应商者二也。陕事复杂，本非一时所能遽决。我既通电实行，彼即无词可借。万一于人员未推定以前，稍生枝节，经彼诘问，我转振振有词。若必待人员推定始行通饬实行，使目前稍起纠纷，则其曲全然在我。此应商者三也。再四思维，似乎未推定之先，通电实行，较为合宜。纯之披露，特为中央之先声，以慰四方之延颈。中央即凭纯电宣布实行，益见体制之尊崇，威信之广远。而以总代表公推人员，留伸缩之余地，对于陕事转可审视迴翔，关于会议，又不至因之停顿，此诚有利无害之策。纯职司宣达，一经呈定办法，其职已尽，本不当再有谠言。但承殷殷垂问，谨竭思虑，奉赞高明，统乞卓裁为荷。李○。文。

107. 王克敏致朱启钤电 1919年2月13日到

朱总代表鉴：鲁密。顷晤少川，各代表亦在坐。少川阅电后，谓："我请东海宣布者，系军事协定及其另定之密约。来电所言，问非所答，全是搪塞之词。"敏谓："外交有一宗手续。此次欧议席上，系因青岛问题而起，则在会议所宣布者，只能以与青岛有关系之密约为限，似不能横插他题。"唐又言："军事协定较之密约为要。我请朱总代表因我等之要求，请东海将军事协定及其另定之密约及所有与日本密约,一并对我等宣布。"敏谓:"此系另一问题,与此次日本外交无涉,外交事总算已有办法。"嗣唐又言:"军械又有一船,要使一面议和,一面交战,断说不去。须请政府对日本声明,将军械及因军事之借款,在会议中概行停止。至陕事,胡仍照对达诠所言,李□□紧急。"敏谓:"现在仍照李秀山所拟办法五条实行,自可解决。"唐言:"五条皆系敷衍办法,只须照第一条实行便足。"唐又言:"桂辛何尚不来。如再不来,外人皆疑为另有用意,大非所望。"敏以准备未全为词。唐言:"国家大事,岂能以馆舍不周为解。"随后总结数言:一、请政府将与日本所定各种密约,对和平会议推诚宣布。一、和平会议期内,请政府对日本声明,将前定之军械及日军事之借款,一律停交,已交之军械,政府应有处置妥法。一、陕事请政府速定相当办法。一、请公速来,免人生疑。乞速电复。再,唐言,军事协定确有另定条件。渠在日本时,田中陆军大臣曾对渠言有此条件,不能宣布等语。并闻。敏。

108. 朱启钤致王克敏电　　1919年2月14日

上海新闸路十三号王叔鲁先生鉴:〇密。陕事得新老电,政府已将五条于覃日通电宣布等语。外交情形,日内稍变,日本有将各种密约先行宣布之说,政府亦电令陆使,相机办理。同人二三日内赴沪。详情面谈。德华住宅,照电财部借用矣。钤。寒。

109. 唐在章致朱启钤电　　1919年2月18日发,19日到。

上海朱总代表钧鉴:彰密。合肥昨见日本访员,述国防军意见:一、予自清末迄今,有志改良军制,历年变乱未遑,将从国防军着手。二、中央必先有优厚军力,方能使各省实行改良或裁减军队,国防军即为中央地步云云。乞密存。又熊克武寒电,九日就川督职,仍乞提携等语。并闻。巧。

110. 唐绍仪演说　　1919年2月20日

唐总代表起而宣言曰：今日为和平会议开幕之期，鄙人无似，获厕与其画，欣愧交并。溯自法纪凌夷，生民涂炭，年来南北所受痛苦，人民所蒙损失，不可以缕述。国家不幸莫逾于此。然今日两方代表犹幸得聚首一堂，讨论国家百年大计，实人民厌乱之心理，与友邦友谊的忠告，交相促迫，始有此和平会议之组合。此不可谓非不幸中之幸也。

今日为第一次会，对于国家具体问题，当俟诸以后逐期会议详细讨论。惟有一事不能不先为声明者，此次西南护法之争，揆诸正谊公理，实为不得已之正当防卫，并非挟持意气，故与北方为难。所谓西南反对北方，此种不当之名词，西南绝不能承认。至年来战事蔓延，民生憔悴，南北两方同感此痛。熟审世界之趋势，知公义之方张，敢信以后世界上必无战争发生。征诸美总统威尔逊之演说，当可了然。况吾国数千年来人民心理，皆酷爱和平，历史具在，班班可考。民国成立以来，国家政权多握于武力派之手，故战争纷乱，迄无宁岁耳。迩者时势所趋，潮流相追，将化干戈为玉帛，换刀剑以犠牛，一切干羽戈矛，皆应视为过去陈旧之骨董，后此战争当无从起。西南唯一之希望，亦岂有他，不过欲使合法之和平，期其千万世不祥之兵气，销为日月光，俾戮力同心，以发展民治精神，图谋国家巩固而已。若夫对外，则双方虽在战争，而彼此实共同一致。际此欧洲和平会议时期，吾国尤不能不争国际上之地位。西南本极愿国有强固之政府，使教育、交通、实业事项积极发展，以利民生。内政修明，则外侮自无从侵入。矧世界和平之说，美总统倡于前，举世人和于后。近且国际联盟之议，将形诸事实，则外侮之虑，更可无虞。且也，近世外交，多主秘密，故尔虞我诈，诚所不免。兹者外交主义世界已趋于开明，则虞诈之患可无，斯侮辱之虞自免。我西南主张宜趁此世界推诚相与之时，实行全国开放主义，借友邦资财，发展吾国实业，以吾人物产供给世界需求。民国前途殊未可遽抱悲观也。

今日与诸公为第一次之会晤，鄙人所最感触不安者为"南北"二字。夫吾国实一家耳，安有所谓南北。即以此次双方代表而论，南方所派出者固有北人，北方所派出者尤多南人。鄙人极愿尔后南北界线勿复再印于脑际。

此外，更有最切要之事，为鄙人所舌敝唇焦，迄仍未获解决者，厥为陕西问题。自停战迄今，经已两月，而陕西战事仍未停止。陕民何辜，遭此荼毒。鄙人于各代表未抵沪之前，与徐菊人先生函电交涉不下十数次，直至于今，仍无效果。今且和平会议已第一次开会矣，而据昨日所得消息，尚有三原失守说。果尔，则以前所下停战令，不成为一纸空文耶？务望诸君鉴陕西人民受此额外痛苦，首将此事解决，免使全国皆跻和平，而西陲一隅尚遭涂炭，则幸甚。

国内战争，至今日已告一结束，然推厥祸原，外力实有以助长之。盖武人派苟非借助外力，则金钱无自来，军械无从购，兄弟阋墙，早已言归于好矣，何至兵连祸结，延至今日，使人民痛苦，至于此极哉。此着要之点，务望诸君格外注意。所愿由今以后，双方代表彼此相见以诚。盖会议讨论范围，悉关国家大计，非一人一家之事，惟推诚相与，始易解决。并愿此等不祥之会议，从速终了，俾人民获早日安宁，当亦为诸君所赞许也。

111. 朱总代表演说　　1919年2月20日

顷唐总代表所述各节，与启铃感想亦有同者。迩年以来，内争扰攘，迄于今日，国民希望和平，有如饥渴。又值欧战告终，列邦将以大同主义贡献于世界，我国岂可长此纷争。故政府有派遣代表会议之举。今者两方代表团聚一堂，捐除畛域，共谋国是，自当有解决办法，以慰内外之望。惟是南北纠纷各事，原因复杂，其造因不尽在民国八年中，因沿历史而来者甚多，自应为根本之观察，定远大之计划。至唐总代表所谓外交问题一节，一致对外，争国际上之地位，启铃极表赞同。民国六年，政府加入参战，亦为注重国际地位起见，排万难而为之，久为人所共知。经营年余，始获此结果，得在欧洲和会席上，以公允正当之言论，供献于各友邦之前。我国民自当以一致之精神，为政府之后盾。唐总代表所谓须建设强固政府一节，启铃尤为同感。欲求政府之强固，必须内外相维，共策进行。至军事方面，尤应顺世界之潮流，副国民之责望，合财政之状况，力事裁汰。惟其办法，极应详慎，当为妥筹收束，引归正轨，不可因销弭兵祸，转启争端，致使人民疮痍未苏，又遭涂炭也。再，停战以来，因地域辽阔，一时致有冲突，容或有之。辛亥和议时，亦不免有此种现象。自当从速设法，以纾民困。今日为会议开始之期，不及讨论具体办法，略述一二而已。诸公以国家安危为重，启钤不敏，愿共勉之。

朱启钤　二月二十日

112. 关于国会与总统问题❶

一、现在北京开会之国会，及在广州开会之国会，应即行解散。

一、民国六年在北京开会之参议院、众议院，应自行召集，在地方开宪法会议。自宪法公布后，即行组织内阁，修改国会组织法。

宪法以民国六年原案为根据。但宪法之修改由国民大会行之。国民大会之组织另以法律定之。其地方制度，以和平会议所决定者为根据。

开宪法会议时，应承认为　　南北统一大总统，任期照大总统选举法之规定。（南代表认为应开总统选举会。）

开会期间，不得过　　月，自宣告开会之日起算。

国会组织法，参议院应减少名额，每省五人。初选举由县议会同日各别行之，每县选举二人，县内、县外各一人。合各县选举得票最多数之十五人为初选当选人。复选举由省议会行之。中央学会十名，内法政科二名，农科二名，理工科二名，文科二名，商科二名。前任大总统、副总统均为参议院议员。

一、国会组织法修改后，于个月内，依照新选举法选举参众两院议员。

一、北京国会、广州国会解散后，议员岁费一律照章发足。

---

❶ 原无标题，写在八行信笺上，且中多空格。似为北方代表在和会中的提案草稿。

113. 关于宪法问题[1]

一、以经过第一届国会二读会之宪法草案为宪法大纲，宪法未制定以前，有宪法同等之效力。

二、依据宪法大纲，于三个月内召集第三届国会。其国会之组织及选举各法，并依据民国七年　月　日所公布者。

三、于第三届国会开会后一个月内，设立制宪会议，以宪法大纲为标准制定宪法。宪法于制宪会议开会后三个月内完成，由制宪会议公布之。

四、制宪会议议员定为二十一人。

第三届国会议员五人，

现服役于行政机关者五人，

现服役于司法机关者五人，

现未服役于立法、行政、司法各机关者六人。

上项制宪会议议员，由第三届国会于开会后一个月内选举之。

五、上列各条，经双方议决签字公布以后，宪法未制定以前，凡已往及现在各项法令，并其机关，其上列各条有冲突抵触者，应失其效力。

114. 贵州要求军费之内容、贵州军事现状

此次和平会议贵州要求军费之内容

（一）护国之役，约尚欠三百五十万元另有存案可稽。

（二）复辟之役，一百万元。

　　（甲）垫发欠饷约五十万元。

　　（乙）垫发恤金约二十万元。

　　（丙）损失：1，步枪四千枝；2，山炮十八尊；3，机关枪

---

[1] 原无标题，写在红格纸上，中有空格。似为北方代表在和会的提案草稿。

二十四挺；4，其他辎重：共值约在三十万左右。

（三）护法之役，约七百六十余万元。

（甲）军饷陆军五个混成旅，月需三十万；在川游击军十营，在湘游击军五营，月需五万；除在川月拨十五万，每月欠饷约二十万元。

（乙）运输费　每月平均约需十万元。

（丙）医疗费　每月一万元。

（丁）恤赏费　约五十万元。

（戊）未发协款　自六年十一月起（每月十万）截至七年十二月止，共一百四十万元。

（己）津贴及一切特别费　战时多平时一倍，平均计每月约十万元。

附注：护法之役项下（甲）（乙）（丙）（丁）（戊）（己）各款，均自六年十一月起，截至七年十二月止，合计（甲）款二百八十万，（乙）款一百四十万，（丙）款十四万，（丁）款五十万，（戊）款一百四十万，（己）款一百四十万，六项合计为七百六十四万。

以上三项，总计为一千二百一十余万。

贵州军政现状七年十二月记

第一项　陆军

　　（甲）陆军五混成旅。湘西一旅，川、黔共四旅，约三万人。

　　（乙）宪兵两营。在川、在黔各一营，约一千人。

　　（丙）警卫两营。约一千人。

第二项　学校

　　（甲）讲武学校。

　　（乙）测量学校。

第三项　医院

　　（甲）陆军医院一在黔。

　　（乙）医疗所二在川。

第四项　游击军

（甲）在黔、湘游击军分五路，计二十五营。｝约一万七千人
（乙）在川游击军分两路，计十营。

军费月计（共约五十万元）

第一项　三十五万元（总司令部月需万五千元在内）。
第二项　两万元。
第三项　一万元。
第四项　十万元。

此外特别费

一、津贴运输。
二、恤赏。
三、临时增设（如兵站之类）。

115. 钱能训致朱启钤电❶　1919年2月20日发，21日到。

朱总代表：密。哿二电悉。陕事自五条办法覃日通电以后，北方军队次第收束。三原、泾阳一带，因系于右任驻在地，迄未向该处进攻，原为将来划分地步。沪上所传三原克复之说，确系讹传。明日会议请公抱定五条办法，覃日以前，当然不受五条拘束，覃日以后自应停战。并请明日当由两方代表推定张瑞玑，以正式电告中央，即日照办，此事便有结束。特将真实情形据告。能训。哿。

116. 译《中法新汇报》本日论评❷

会议开始

无谓空渺数月之谈判，至今日方有结果，在上海正式开会矣。其中所当解决之问题，或与法律或于事实上有关系者，约可分为五项：（一）闽陕问题，（二）国防军，（三）国会，（四）惩办南北启衅之

---

❶ 此电末尾朱启钤批有"陕事带会阅"字样。当即2月22日朱启钤在第二次会议时所说的陕事来电。

❷ 原为抄件，无日期，似为1919年2月20日或21日。

祸首，（五）善后事宜。

第四问题无足轻重，因欲惩罚北方军阀，必致再启兵衅而召外人干涉，国计民生，益不可问。至其余四端，综为一事。陕闽一带，武人不遵命令，继续作战，因恃有国防军为后盾，故敢如此猖獗。段派之不欲去国防军，因南北两方悉有军队，南北国会之争，亦恃有军队为后盾也。故欲解决一二三事，必须先决第五问题。

所谓善后问题，不外减除军费，废去督军。至国防军，既与日本有密切关系，尤须首先裁撤。倘段派必欲维持之，南方应稍忍耐，俟其余军队裁撤后，国防军亦必不能独存矣。代表诸公，应知为国民而开议，而非为军人而来者也。

117. 第一次会议记事录

二月二十一日上午九时，南北总代表暨各代表均出席，会议陕西问题。兹将会议情形分录于左：

唐总代表首先发言，谓：去年十一月十六日徐东海所宣布之停战命令，所有军事省份均包括在内；然北方竟将陕西、福建两省划出停战范围，指为土匪，屡次进兵攻击。后以福建一方北军武力稍弱，且离北京较远，不如在陕北军战斗力充足，且距京较近，故以全力攻击陕西。旋经南方力争、陕民反对，江苏李督出而调停，于是乃有五条办法之调处。按五条办法实根据去年十一月十六日之命令而来，未尝非解决陕事之一办法。乃南北一面磋商解决办法，而北军仍陆续暗中进行，则虽有办法亦等于无办法。本席深信东海先生对于停战确有诚意；然陕西用兵是否违反命令，抑或另出于一部分人故意如此，实不可知。查国防军、奉军、甘军本各有统辖，各有防守地点，何以对于陕西则联合各军从事攻击，此事实难索解。微特代表对于此事不能明了，即全国人民亦咸怀疑虑。夫由东北调遣兵队进攻西北，中间生出许多纠纷，当未与诸公会晤之前，曾电东海请令许兰洲退出原驻处，并撤换陈树藩以解决陕民困苦。贵总代表及各代表谅表同情。深望以统一国家为前提，以陕民疾苦如己受，彼此同电东海，要求将上列两事照办，以解陕民危困。

朱总代表曰：陕西党派甚为纷杂，剿办土匪，已非一日。当时并无明了之护法军，而土匪遍地，该省长官告急请兵，故闽陕不在停战区域范围之内。旋因军政府屡次抗议，往返商论，有直接电致中央者，有由李督转达者，电文具在，此事实在派遣代表之前，甚有因此不派代表之传说。嗣后李督从中调停，提出五条办法。自提出后，又复往返磋商，在其期内，两方军队或不免有冲突之事。现在李督提出五条，中央政府及军政府业已同意。而五条中之公推监视员一条，商明由代表开议后实行。至停战一层，中央政府已于十三日通电，其电文已转达唐总代表。现在监视员张瑞玑已来，应相接洽，令其速赴陕西，遵照五条办法实行监视划界事宜，以纾民困。

唐总代表曰：陕省土匪系发生于停战命令后，抑在命令发表之前？

朱总代表曰：陕省确有土匪在前，事实具在。既有土匪，政府即当有剿办之事。

唐代表曰：停战命令之后，北军仍事进攻，且远调奉军，究属何故？

朱总代表曰：奉军于总统就任前已驻河南洛阳观音堂一带，并非停战后方始开拔。

唐总代表曰：军队入陕，系在停战命令之后。

朱总代表曰：军队入陕，确在停战命令之前。至双方军事行动，本席间有不甚详明之处。

唐总代表曰：停战命令原以表示和平，乃将陕闽两省划出，强加以土匪名目，殊与和平宗旨大相违背。当时山东、河南各处土匪未尝不充斥，何以只对于陕西方面调兵攻击？

朱总代表曰：河南、山东同时剿匪，非止陕西，此有公报可证。

唐总代表曰：命令中何以不言河南、山东亦为剿匪区域，而独指陕闽两省？

朱总代表曰：十六日命令，只言土匪扰乱地方，两省土匪较多。

唐总代表曰：吾辈应综陕事始末，研究其实在。

朱总代表曰：曾对各方面声明，若言已往之是非，不免互相抗论，只有就现在事实商量办法。从前经过情形，彼此均非当局，未能尽悉，故已往之事，不能不据文电加以研究分别答复。此时惟有就已定办法，促监视员迅速前往，遵照五条办理，间有困难之处，再由双方电告一切。

唐总代表曰：双方派员办理固善。惟不如由此间讨论一切实办法，俾委员办理更有把握。自十一月十六日停战令下后，至二月十三日五条公布。在此期间，北军所占领地方，何一非南方范围，当然不能以土匪论。如仍视为土匪，则北军亦可目为土匪矣。若北军坚持土匪区域之说，委员将如何？又东海虽下令宣布五条，倘彼方军队不奉命令，委员又将如何？此为今日所先应研究者。况陕西现有北军，究奉谁人命令，是否直隶于国务院抑别有机关指挥？此项军队，殊不明了。万一二月十三日以后，北军仍从事攻击，北京政府将如何？张君此去亦不过划界而已，倘北军强词夺理，界线不明，军匪不辨，则困难立见。如此若不定办法，则张君之去亦不过令其照五条辩论。即见钱干丞，而钱亦不过令其照五条前往而已。故今日应决定一切实办法，方易解决。不然，即使张君虽往而解决终难也。

朱总代表曰：陕西北军民军所在地域互相参错，故须划清界限，彼此担任剿匪。而划界一层，以湘西办法最善。李督提出五条。亦系仿照湘西办法，由双方军队长官照五条直接商定停战区域。我辈在此距陕甚远，若悬拟划界办法，亦与实际情形不合。故此事应由双方将领自相协商酌定办法。湘西亦系如此，自划界之后，永无冲突，是其明证。即与政府往返商量，而政府亦是转饬军队办理。总之，双方军队有协同之精神，方可持久。且冲突绝非一方之事，必因两方相抗而成。现在张君已到，当嘱其速往与双方前敌军队接洽办理。

唐总代表曰：此语甚是，但恐斯事内幕实非如此。

朱总代表曰：只须两方有和平真意，自免冲突。

唐总代表曰：所谓冲突，界说不一，陕省则北取攻势，南取守势，与湘西势均力敌不同。福建则南取攻势，北取守势，若南方亦如北方破坏和局，则福建早陷于危境矣。

朱总代表曰：湘西划界在停战前，鄂西划界在停战后，现状均好。此刻陕西如划清界线，双方负责，便可解决。

唐总代表曰：此固情形各有不同，惟双方有同等兵力，始可办到。闽省南军力厚，北军即不敢过问。陕省南军力薄，北军为扩张地盘计，即视为土匪，猛下攻击。即此可知各地情形不同，实不能以一概论。湘西、鄂西彼此均有同战斗力，安可同日而语。至双方负责一层，即如陕之于总司令方面，我可负责任。试问贵代表对于前方各军队能负责任否？负责须双方一律，事乃易办；若推诿于前敌将领，更难解决。前敌将领，只知武力强弱，遑问公理。本席极愿双方负责，务使前方军队遵照命令及五条办法划界驻兵。于总司令方面，本席负完全责任，北军方面，亦请贵代表负责。并请先将陈树藩撤换。十一月十六日停战命令后，北军所占地方须完全退还。许兰洲所统入陕之奉军，即日退出原驻地。此非过于要求，实一部分之事，极易解决。

朱总代表曰：今日所讨论者，在实行五条办法，若地方军队长官不能奉行，我可负请政府饬陕军实行之责。至贵代表可指挥于司令，本席则不能直接指挥全国军队。

唐总代表曰：并不是指全国，只就陕西而言。

朱总代表曰：军队当然听政府之命令。

唐总代表曰：陕军究竟为谁管辖，其直辖于国务院，抑直辖于其他政府？

朱总代表曰：斯语本席不能承认。

唐总代表曰：现在北京政出多门，如最近借入外债一千七百万，余知实非东海本意，尚有一政府，操纵于其间，故有此问。

朱总代表曰：此另一问题。

唐总代表曰：借外债即为攻陕张本，吾知东海不至赞成。然其他部分人违反和平本意，究竟东海能以命令制止与否，系另一问题。惟东海既表示和平，其有破坏和平不奉命令者，东海当如何？故今日张君之赴陕，徒持此空空洞洞之五条办法，似于事仍无济，双方须讨论实际办法才是。

朱总代表曰：贵总代表是否欲商量划界办法？恐彼此之所悬度者，定一标准交与张君，到陕亦未必即能办到。

唐总代表曰：五条办法办到与否，有益与否，尚不可知，不能谓有此五条，其他可以不加讨论。况北方军队仍未奉命，张君此行，有何结果。

朱总代表曰：此次公推张君，以张君为两方信任之人，能与双方接洽。将来到陕之后，必能有公正之解决报告于北京政府、军政府及本会。总之，此事以前未有协定办法，故有纠纷。刻下已有协定办法，当有圆满之解决，若有不遵之事，当由政府强令遵照。

唐总代表曰：二月十三日以后，贵代表负责，既闻命矣。惟十一月十六以后，二月十三日以前，中间发生之战事如何办法。况让一步言即就北京所诬为匪者，只卢、郭二军耳。然迩来所进攻占领之地，均非卢、郭驻军范围。且三原一带，实在于总司令驻军区域，此又何以自解？

朱总代表曰：贵代表之意是否以于司令为正式军队，其余皆非南军，目前只知有卢、郭，或者将来于卢、郭之外，别有他种土匪。

唐总代表曰：所谓土匪系北方单独之主张，南方始终未有承认。如卢、郭二人均经李根源、陈树藩任用，今日忽指为土匪，于道理上说不过去。假如目下双方情形与北京所指者不同，前方北军不听张君劝告，尤为难决之问题。故无论如何，吾辈今日必须商量有实际办法，与张君决定，庶张君前往乃有把握。

朱总代表曰：张君对于陕事甚为熟习，当先与面商交换意见。张君此去须负事实上之责任，故吾辈所悬度者，不能责之张君也。

唐总代表曰：今日会议乃欲除去武人占据地盘之祸。前东海曾谓，俟和平会议开议后，自有办法。目下当趁此机会，减少一般武人之跋扈。

朱总代表曰：本席未闻此说。

唐总代表曰：五条办法只有四条，而最难者为划界。倘吾辈不商定办法，恐张君徒凭五条条文前往，亦无办法也。

朱总代表曰：原定条文，应由双方将领自行分划签字；而以公推之大员监视之，而所派大员事前仅负介绍及疏解之责。

唐总代表曰：欲免除不肖武人专横，当以何者为保障？又划界事宜，究以何者为标准？

朱总代表曰：停战划界当遵二月十三日所布之五条办理。

唐总代表曰：双方协定界线，当以十一月十六日命令为准，不能以二月十三日为准,吾辈应主张公道。依东海和平本旨,则十一月十六日以后,北军不应以大军进攻陕西。贵代表所云以二月十三日情况为标准,殊欠公允。

朱总代表曰:划界一事,只可以二月十三日情况为准。不然,又将继起纷扰,陕民重遭涂炭。凡事须从事实上注意,若一言可决固佳,否则反不如从事实方面着想也。

唐总代表曰:若有要求贵代表同意一事,即撤消陈树藩是也。据各方面报告,均谓陈树藩纵容土匪,杀戮平民,中外舆论,同声指摘。今本席代表陕西人民请求贵代表,即电东海将陈树藩撤消,就令一时办不到,贵代表职责上亦当如是。倘北京政府能将陈氏撤消,则吾辈亦当电军政府将于右任督军命令取消,以昭平允。

朱总代表曰:此时尚在两军对峙之时,当求息争之法。若先更调军事长官,转恐另起波折。总之,整理军事极为赞成,但不可操切,当详细商酌,逐渐办理。

唐总代表曰:贵代表以撤陈树藩为操切乎?陈为陕西蟊贼,和平障碍,北京政府应有觉悟。

朱总代表曰:若不按诸实际,操切办理,假如有人对南方亦提出同等对人问题,恐难成为事实也。

唐总代表曰:吾辈讨论,只凭公理,断不为无理之袒护。贵代表如须提出,本席绝无所容心,只有付诸中外正谊公论之裁判而已。

朱总代表曰:今日讨论五条办法,自是正当,倘及其他急剧辩论,转失感情。

唐总代表曰:伤感情一说,本席不承认,本席只认定失不肖武人之感情,于吾辈代表及其他之感情绝无妨碍。且本席之要求撤消陈树藩,非绝无根据,前东海曾云及和平会议如主张撤消,则我当将他撤消。我辈今日不过代表国民心理,向贵代表要求同意,并非逾分亦非极端主张。且会议之前,曾向东海请求,又非临时贸然提出者。尚望同意,为国家去一大恶物。

朱总代表曰:五条以外,如涉及对人问题,恐无益于陕西目前之争。

唐总代表曰:是否五条以外不能发言?

朱总代表曰：并非不能发言。不过此外问题不能同意，容俟将来从长计议。

唐总代表曰：不同意，即不赞成。

朱总代表曰：先讨论五条办法，若提出对人问题，本席以为于将来收束军队等事有所妨碍。

唐总代表曰：五条办法，当按十一月十六日命令为标准，若按二月十三日宣布之日为标准，殊不公允。

朱总代表曰：划界剿匪，仍当根据二月十三日所布之五条办法，以电文达到之日为准。

唐总代表曰：撤消陈树藩之要求，未得贵代表同意，然本席总希望可以办到。若此项问题作为暂时中止讨论，俟今日与张君瑞玑接洽后，再行讨论。

　　　　　　　　　　　　　　钤　二月二十一日

118. 钱能训致朱启钤电　1919年2月21日发，22日到。

朱总代表鉴：密。哿电悉。陕事已于复哿二电内详述，当不致十分困难。惟外交事，原因复杂，因争论青岛而牵及参战军，又因参战军而牵及军事协定。其间英日之论调，中央之解释，与夫政客接洽之鼓荡，又皆互有出入，而不能贯彻其主张。若分别言之：在英美方面，欲推倒日本从前在中国之自由行动，而又值一般舆论反对合肥之所为，遂因禁付参战借款而并及于参战军。日本方面，则值此欧会开始，时局将有变更，不能显然抵抗，遂一面要结法国为消极之抵制；一面对于参战借款，嘱松井疏通香山，不可提出会议。中央方面，则以参战名义在军事协定之先，本无连属关系。目下欧和尚未签字，各国军队亦未尽撤，且俄属不靖，西比利亚一带，各国皆有军队出发，是此时参战军未便解除。在香山方面，则向以美为重心，故欲借外交问题，一方拘束日本，以见好于美，一面攻击合肥，以见好于一般政客之心理。至于陆相田中之言，与小幡不符者，所谓不用以对内，则中央本有此宣言，其谓将来裁撤军队，又不能不借参战军之力，意在中央先有实力，然后裁撤各军，无抵抗敷衍之弊。且此说系注意于骄纵之北军，不得以裁兵之用，即谓有对内之嫌疑也。有吉之言，可谓明白了当。参谋部之电，系疏通少川不使提议，故含蓄其词耳。欧战终了，另加解释，系在弟任内事。当时确无他项附约，终了之期，以和会签字各国退兵之日为限，亦尚明了。且此系另一问题，与参战军不相连属。即使参战军裁撤，亦不能涉及于军事协定，以该条文本不根据参战而发生也。现中外人士均疑中日必有密约，实在无之。报载借款续练十师之语，尤系讹言。

此事既如此复杂，倘笼统提出议题，政府虽限于困难，尚有片面理由。窃虑提案未终，一困于英日之对付；再困于政党之流言，如再有北军鼓荡阴谋利用情事，则解铃系铃，两方总代表又何以善其后耶？平心论之，此时欲使政府明发宣布确实办法，以阻其提出，势难办到。诚以政府必须维持合肥，以收束北洋军队。且合肥排除众难，加入战团，以有今日。当时协约各国亦颇龃之，公今日对会宣言亦是此意。参战军即由此发生，不闻各国有异议也。今和议尚未签字，自未便遽尔解除。中央已将此意，属外部向日使声明。是已定有办法。假使明日宣布，香山仍必借英美以责言，亦未必默然而息也。诚欲有相当之解释，谓宜层层划分，不可纠纷束缚。青岛事已交大会，自可静候解决。其军事协定原文亦在陆子欣处，本拟陆续提出，是宜催其相机提交大会，由外解决，自可无国内之纠纷。

至于参战军一事，和议签定，当然同时解除名义，彼时自应归陆部统辖。至应裁与否宜并入裁兵案内，由陆部统筹办理。盖此军既非对内，当然不生问题。借曰对内，即无此参战军，岂即束手而听西南之宰割。借曰应裁，此时亦无裁费，何必先此断断。总之，当将此事区别而言，归外交者仍结束于外交，归军事者仍结束于军事，若并为一谈，是作茧自缚矣。用将详情缕达，可酌告香山。或将参战军归入裁兵案内，外交各事当候欧议解决。且所以各举代表之缘起，原系因护法而致兵争。则今日欲谋和平统一，亦必有一定之范围，相当之权限。若欲举必不可能之事，为高掌远蹠之谈，其何能济。公之议案，冷待协商者，意正在此。军事协定条件，日前已邮寄，购械及参战借款两约，俟再调取续寄。紫。马。

119. 北京政府马电❶

外交问题、军事协定及参战军三事,政府马电主张办法:

一、青岛事已交大会,应静候欧会解决。

二、军事协定原文,已在陆子欣处,催其相机提出大会,由外解决。

三、参战军事,俟和议签定,解除名义,彼时归陆军部管辖,应裁与否,宜并入裁兵案内办理。

来电要点

一、参战军与军事协定为两事,参战军裁撤不能涉及于军事协定,以该条文不根据参战而发生也。

二、和议未签字各国,军队皆未尽撤。西比利亚一带不靖,各国皆有军队出发,参战军当然不能裁撤。

三、军事协定终了之期,以和会签字各国退兵之日为限。

解释系在钱阁之时。原文养电声明录后❷。

四、参战军不用以对内,中央本有宣言。

五、借款续练十师之说,实无其事。

六、确无他项附约。

七、青岛问题、军事协定及参战军三事,不可混为一谈。归外交者,应结束于外交。归军事者,应结束于军事。

八、不可假此等事为攻击参战首功之人。

120. 第二次议事录

二月二十二日上午九时,南北总代表及各代表全体入席。兹将会议情形录之如左:

---

❶ 原为抄件,无标题。据内容推断,发电日期应为1919年2月21日。
❷ 文中未附养电。

甲　陕西问题

朱总代表首先发言，谓：张君瑞玑昨已晤见，于陕中情形极为明了。兹有来电一通，请查阅。至张君赴陕，应否由本会备具公函，送交张君作为委托之证？

唐总代表曰：请大众决定办理。

朱总代表曰：按钱干丞所来之电文，则北军进攻三原、泾阳之谣，可证明其不实。

唐总代表曰：三原失守之说，系讹传，自是幸事。惟电文中称于右任驻在地不进攻，是否于以外他处悉为匪，皆可进攻耶？电意似属如此。

朱总代表曰：于司令为彼方领袖，故单提于司令；例如北方言陈树藩，实则在陕军队，亦不止陈军而已。

唐总代表曰：干丞电于体制殊未合，吾辈定须遵守彼之训电耶？

朱总代表曰：京电专对北方代表而言。

唐总代表曰：照李督勘电，所开五条办法，第三条称陕南将领，第四条称陕省内部，意义殊有出入，非解释明白，张君无从着手办理。

朱总代表曰：条文所称陕南将领，或陕省内部，均在陕西范围之内；而第四条重在公推大员监视划界一层。

唐总代表曰：勘电闽陕系各为一事，陕南似又为一事。

朱总代表曰：第三条兼包闽、鄂、陕等处，均须划界，第四条之意闽鄂无须派员监视，独陕西尚有派员监视之必要，而陕南与陕省内部同属陕境，系属一事。

唐总代表曰：昨曾与张君研究勘电五条，称划定区域由陕南双方将领直接商定；而陕省内部则由张君监视划界分区，似界线权限均不明了。本【席】为早决陕事起见，以为须有明白确当之解释，张君方易办理。

朱总代表曰：现在为解决纠纷起见，应以现在两方军队所在地划分区域，中间应留防卫线，彼此距离稍远，使不冲突。此事双方均须让步。

唐总代表曰：办理此事，权限应须分明，不分明则困难立见。

朱总代表曰：张君此去，本席以为须由本会付以委托之证，并电中央接洽，加发命令；当入陕时，通电前方将领保护，方为周密。

唐总代表曰：请贵代表告北方，以后对于陕沪来往电文，万勿阻搁。吾辈总以接到于右任电，方敢信在陕北军已实行停战。

朱总代表曰：陕经兵事，电杆毁坏，故往返电文，因之稽搁。以后自当电告政府，转饬电局遵照。

唐总代表曰：划界一事，当以十一月十六日以前状况为根据。

朱总代表曰：现既公推张君为公正人，完全委诸张君遵照五条办法，相机办理。俟其到陕，当有公正之评判。

唐总代表曰：因条文不明了，本会更须定一办法，俾张君办理有所依据。

朱总代表曰：界不能不划，匪不能不剿，已成不易之论。划界原在息争，当以维持现状为主。张君负有监视之名，应行疏通之实，惟有请张君到陕根据五条相机办理，若由本会预为拟定办法，深恐于事实上多所扞格。

唐总代表曰：第三、第四两条条文殊太参差；且第四条所规定张君不过监视划界而已。据张君称：不有一定界线与彼，彼亦无从着手。

朱总代表曰：三四两条之精意，已述于前。划界一事，仍宜按照湘南办法，由双方将领协商办理。张君前往，事前设法疏通，事后保证界线，方能有济。

唐总代表曰：闽湘与陕情形不同，湘南本势均力敌，且双方将领均有觉悟，故相约停战。福建北不敌南，知战无益，故亦停战。至陕西状况，北方厚集各路军队，下总攻击；南方仅以有限之兵，不完之械，东撑西拒。北方乃利用此弱点，相率竞争地盘，与闽湘情形迥异。借使陕西南军兵力与闽湘等双方觉悟亦如湘南将领等，则何至有今日之争持。此节大众均应明白，陕事何可断定照湘南办理，本会总须讨论一监视划界办法。

朱总代表曰：划界办法，当以二月十三日五条公布后两方军队所在地为准，本此标准从事解决较易且速。若必追溯以往，甚为困难。

颇思以此种意见委托张君秉公办理；且双方将领张君均素熟识，一经疏解，不难化除意见。

唐总代表曰：公正人自是向双方调处，但有一方吃亏，公正人亦难于调处也。

朱总代表曰：陕事重在疏解目前之纷争，并非为永久之解决，亦非为双方划分地盘。就令强为划分，将来统一后，亦岂能双方长此对峙耶？

唐总代表曰：张君因无一定标准，实无办法，且五条办法实由停战争议而起，故不将停战争议关于一切界说划分清楚，张君亦无根据。

朱总代表曰：氾指地域一层，种种困难，前晤张君并未向本席要求予彼以界说。

唐总代表曰：张君如肯担任前往，亦未尝不可。

朱总代表曰：应敦劝张君前往。

乙　军事问题

唐总代表曰：昨日之会，对于参战国防军曾略有讨论。今日路透电载：北京政府有接受日本参战借款余额一千七百万之说。刻欧战已终，无战可参，需此巨款，究属何用？本席前经屡次电争，今日望本会代表全体电争为盼。

朱总代表曰：现在果有续提斯款之事，诚足引启各方之疑虑，自当向政府陈述，请勿提用。

唐总代表曰：原始日本以关于对付西伯里亚问题而有中日军事协约之订立，由协约所规定而发生应办事项，乃有参战军之组织。欧洲战事终了，参战军遂变为国防军，此国防军所由来也。至日本与国防军之关系，有如左要点：

一、日本参谋部曾寄语，于和平会议时，勿提议国防军。

二、日本参谋部驻沪员松井，曾主张南方亦须练国防军。

三、日本参谋部主张，南方有名人物加入北方国防军。

四、日本面请本席向南方接洽，要求勿撤国防军。

五、本年二月十一日，日首相原敬曾对田中陆相反对国防军，惟田中则坚持国防军有存立之必要。

六、日本国民对于国防军，多持反对说。

七、关于国防军及借用日款事，本席曾屡电外交团，声明反对；外交团亦极表同情，复电甚为满意。

八、对于国防军借用日本款事，上海各团颇有暗潮，现须设法禁止，免日人借端生事。

九、各国对此事，在欧洲和议席上极为帮忙。

十、国防军结果完全受支配于日本。

凡此皆实在情形。目下关于裁缩军队、整理财政，以为急须进行。姑无论国防军队与日本有种种秘密关系，固当裁撤。即无上列各种关系，然此际扩充军队实与此次和平会议之本旨违反，与友邦忠告之善意违反，与全国人民希望之心理违反。况国防军原于中日军事协约发生者，近北京政府有令使赴欧特使，将中日密约随时宣布。既可宣布于外人，自可宣布于全国，毋使切肤之国民，茫然不知本国国权丧失何等程度。此事应由双方代表迅电北京政府，要求将中日军事协约及一切附件宣布于国民，使全国国民得以研究救亡之法。

朱总代表曰：本席前在南京，适值外交事件发生，曾向政府建议，昨日谈话会时，商量向政府索取军事协定诸约，同人均赞成。且对外方面，政府与国民应取一致之态度，国民外交实为政府外交之后盾，政府失败，亦即国民失败。至收束军队，本席亦同此意。昨日面致整理军事、政治计划书，希望为将来讨论收束军队之参证。而收束军队之标准，当本国家经济之能力酌定，全国每年军费之额，以求财政上收支之均衡。至向政府索取各种条约，其中应守秘密者，阅人仍应负秘密之责。夫对外固宜以民气为后盾，尤应审慎进行；如有过激之举，亦非有利于外交也。

唐总代表曰：现在先讨论要求北京政府将军事协约及一切附件宣布，并对于北京政府支取残余借款一千七百万元之质问，亦应同时电发。

朱总代表曰：赞同，即拟电稿拍发。

遂随意谈话，十一时半散会。并商定以后会议时期，星期一、三、五为正式会，二、四、六为茶话会。均上午九时开会。

121. 钱能训致朱启钤电　　1919年2月22日发,当日到。

朱总代表鉴:密。马电敬悉。议场讨论各节,至协机宜,记录盼速邮寄。至划界一节,自应以宣布五条办法之日为断,务希毅力坚持是为至要。紫。养二。

122. 钱能训致朱启钤电　　1919年2月22日发,23日到。

朱总代表鉴:和密。养电悉。路透电所载,国务院并无此项通告。但欧战虽停,和议尚未签字,各国军队亦未完全撤回,参战军纯系对外性质,此时自未便解除。且参战事务之发生,协约国亦均一致主张。当时借款声明不作他用,自是另一问题,于现在和议进行,中央认为并无障碍。又查参战事务之发生,不但协约国一致主张,且借械、借款以及运输等事,英美亦愿代筹。如谓参战军不应再用外款,此有合同关系。假使借用他国之款,亦将废止耶?国人疑虑,诚属不免,似应明白解释。若欧战终了,则参战军自应同时收束。希转告唐总代表无生误解,仍望协力进行,俾得早息纠纷,是所至盼。能训。养。

123. 钱能训致朱启钤电　　1919年2月23日发,当日到。

密。养电悉。参战处系因加入战团,执行参战事务而设;至军事协定条件,则因中日共同防敌之关系,另与日政府商订,本属两事。现欧战虽缓,和议未成,即协约各国之战备,亦以敌谋莫测,未能尽弛。则我国久经成立之参战处,自不容遽尔裁撤,此就军事言之,未能实行收束之理由也。欧会主张国际公开,我政府亦决将各项密约提出大会,此项军事协定条件,业经电达陆使,属其相机提出。对外如此,对于国内要人,自可据实告知,释其疑虑。此就条件言之,政府未尝坚守秘密之实情也。此项条件并无附件,惟关于"欧战终了"一语,因日政府要求解释,续经订明,事在能训任内,所订条文,亦极简单。承属抄寄各代表公同展看,借可消弭对外风潮,解释国民误会,用意周匝,至表赞佩。当兹将原约及解释条文一并抄寄,以备阅核。更有陈者,双方既经开会,则所派总代表固已互相承认,既承认代表,自必互认派派遣代表之机关。来电所云称谓问题,揆之事理,似无关系,并望酌达。能训。漾。

124. 钱能训致朱启钤电　　1919年2月23日发,当日到。

密。蠖公鉴:祃电悉。军事协定并无附件;其正件业与中日密约二十一条及济顺、高徐借款合同一并抄就,由邮寄沪;其解释期限全文,亦于昨日电达,屈计均当达览。顷因少川要求交会公阅,已电请我公就近检交。此事既嘱陆使在欧会发表,则对内会议自无秘密之必要。且香山所述,华人公愤及日人挑拨各情,此间亦已见及。能由香山极力劝压,足见顾全大局,至为佩慰。所虑华人借端暴动,致堕日人之计,若事前协力消弭,当无可逞。现日政府对于各项密约,亦赞成提出。且本无何项丧失权利之特别密约,若能就此等内容,剀切告知,益可解除误会,较空言解释为有力。中央于此等密件,认为可以交会公阅,意亦在此。至该约之是否有效,既经提交欧会,应俟公议解决。若此时中外认此等密约为无效,揆诸事理,恐有未能。此其迭据欧会报告,似欧会中英美代表对于日本之论调,与在华英美人言论迥然不同。我政府于此困难问题,亦惟有持以定见,出以毅力,固不可为一部分言论所摇,亦决不可为外界潮流所卷。公谓如何?参战借款一节,昨已另复。尊电谓密约在军人手中,有为政府所不知者。以弟考究所得,除参战借款及军械借款两约外,并无何项密约。当日弟虽非与闻其事,而议席讨论所闻止此,倘其另有密约,则非弟所敢知矣。购械及参战借款两约,当即寄。紫。漾四。

125. 朱启钤致李纯电　　1919年2月23日发

南京李督军鉴:桂密。第一次会议,即提陕事,辩论情形已将纪事录密告台察。昨日开会,张君瑞玑已由双方推定。张君人颇明了,其意亦在了事。惟少川处陕人环绕，不免提出许多要求。箇日会议，唐即以五条虽经宣布，北军仍未奉命为言，要求将监视划界切实办法，由代表会议先行商定。衭日会议，持之尤力。唐谓五条内第三条专指陕南，而第四条又言陕省内部，条文既有出入，自当另定办法。陕南划界，姑以二月十三所布五条之时为准，其余各处划界，应以十一月十六日停战令下之时为准，方昭公允。○以条文所称陕南或陕省内部，均在陕西范围之内，第三条兼包闽鄂两处，均须划界。第四条之意，闽鄂两处无须派员监视，独陕省尚有派员监视之必要。至其划界办法，均系仿照湘南成规，统由双方将领协商。假使此间凭空悬拟标准办法，决难与事实相符。划界原在息争，当以维持现状为主。既推张君为公正人，应以监视等事委诸张君，俟其到陕相机办理。名为监视，实以疏解为务，其划界手续，仍由双方将领协商，如有困准，临时尽可电商。至军事行动，两方应照罩日所布五条时，各军驻扎之地为准，南由唐负责，北军亦当恪遵，如有违抗，当由○负请政府强制之责。再三辩论，唐始无异言。此事在会，似已告结束。张在沪，与晤谈两次，持论平允。陕人之激切主张，闻渠已力为疏解。日内到宁，敬希延见，指示方略，并将尊处与军政府往来讨论经过情形，详切告知，俾能贯彻此次主首。再，陕地将领中，谅多熟友，并乞台端致函绍介，或由中央另派一人伴送，尤为妥洽。已电告中央，表示此意。统候卓裁，示复为荷。漾。

126. 李纯致朱启钤电　1919年2月24日

特急。朱总代表鉴：桂密。漾电敬悉。陕事赖鼎力斡旋，佩仰无既。张君昨已到宁，面谈一切，所有经过情形，均与略述，并告以陕省内部异常复杂，障碍必多，恐一人之力难以办到，应请中央加派人员会同办理，方为稳妥。张亦颇以为然。拟到京请示总理商订。纯已将此请密电干老矣。李纯。迥。

127. 唐在章致朱启钤电　　1919年2月22日发,23日到。

上海朱总代表钧鉴：密。国防军三师驻近畿，现由靳管。日本由阪西接洽，有款而无械。西北边防军三大旅，分驻洛阳、廊坊，每旅万人，实同三师，现由徐管。日本由斋籐接洽，械弹充足，惟苦无款。后者有实力，而前者仅徒手；后者易说话，而前者不易说话。南方昧于情形，徒知攻击前者。如能移其注意及于后者，则事易解决。应否由京访员电沪鼓吹，乞密示，并转吴次长。章。祃。

128. 朱启钤致唐在章电　　1919年2月24日发

祃电悉。参战军与外交问题应分别而定，不可混为一事，愈滋纷扰。参战事终了时，参战军自有正当结束办法，此间已分作两事研究。至该军内部之事，此刻不宜言及，以免问题复杂，枝节横生。由京访员电沪鼓吹一节，千万停止为荷。蠖。

129. 第三次议事录

二月二十四日开第三次会议，各代表均列席。朱总代表谓接北京来电：一、关于军事协约事，原约及其解释允即寄交本会阅看，并声明该约并无附件。二、关于参战军事，欧洲和议尚未签字，参战机关未便裁撤，但当时借款已声明不作他用，认为于和平进行并无障碍。唐总代表谓昨接钱干丞来电，关于八年公债事，称财政竭蹶，如不维持，恐妨害秩序。国会在开会期间，当然咨交同意。又接陕西于右任十五日来函，称乾县、盩厔之围依然，陈树藩之旅长刘世龙仍在东路进攻。各函电宣布毕，开始讨论。

唐总代表曰：钱干丞来电，殊不明了。据称协约并无附件。查军事协约，据本席调查所得，并征诸日本方面消息，金谓该约确有附件，不能宣布者，第恐干丞未知其详耳。请贵代表再电干丞，务须将一切附件及关于该事之往返文牍，悉数抄寄。本席以外交事项来往文件亦可作据，固不限定于条约也。

朱总代表曰：据政府来电所抄寄者，即陆海军协定各一件，及解释欧战终了期限换文一件。贵代表所述，外交事件不限定条约一项，即往来函件亦可作据，本席亦同此意。昨日电致政府，凡属协定内所关各项文件，请其开具清单注明有无。俟各项抄件到后，公同阅看，再行讨论。

唐总代表曰：军事协约系完全由中国与日本订定者，与协约国无关。

朱总代表曰：参战处之设，系本于出兵法国之议，而为协约国所同认者。至军事协约，则系西伯里亚出兵，故由中国与日本单独协定。

唐总代表曰：参战事因中国未曾遣兵赴法，本已作罢。后以西伯里亚事，协约国之一之日本，遂与中国订立军事协约，吾辈须分别清楚。

朱总代表曰：军事协约乃由参战处与日本所协定者，盖参战处系办参战全局之事。至军事协约，乃参战之一部分事也。

唐总代表曰：军事协约系由中国高级军官发动，先向日本协商者。

朱总代表曰：所谓高级军官，乃发生于协定之后，未有协定之前，无所谓高级军官。现在未看协约全文，亦有不能悬度之处。

唐总代表曰：协约全文，刻未寄到，暂不辩论。但干丞电称无附件。干丞恐亦未明个中真相，原可相谅。但本席敢断言，该约必有附件。又日本是协约国之一，不是协约国全体，此语务望注意。

朱总代表曰：仍俟抄件寄到，阅看之后，再行斟酌。设有不合之处，自当为之补救。

唐总代表曰：欧战终了，参战处本无存在之必要。刻下美国赴欧之兵，经已撤回。英法军队已满布德国境内，防备事项，周密无遗，此刻协约国与德已无战事。干丞来电称不容遽尔裁撤，及此时未便解除等语，殊属武断。我南方对于该电所称不能同意，兹提出抗议。以为欧洲既无战事，则参战机关不能存在。至军事协约事项，应付本会解决。盖国民已将讨论国家大计之权，付托于本会也。请贵代表再去电声明。

朱总代表曰：应俟抄件寄到看过有无疑义，彼时再向政府竭力请求。

唐总代表曰：据于右任十五日由陕来函，刘世龙进攻及乾县、盩屋被围。前贵代表曾称十三日以后负责此事，务请负完全责任。万一和议破坏，南方不负其责。

朱总代表曰：刘世龙所部想系支队。查五条办法十三日始公布，距十五日仅隔二日，未必即能达到散在各处之支队。当致电政府请其严令前方遵照五条办理。

唐总代表曰：查刘世龙驻军之地与陈树藩相距不过数十里，十三日之电岂能诿为不知。

朱总代表曰：陕西军队复杂，不知刘世龙军属何部，须待考查。

唐总代表曰：刘世龙乃陈树藩之旅长。

朱总代表曰：此事当即日致电政府。

唐总代表曰：按干丞电云，参战款不作他用，并云与和议进行并无障碍。此事我南方须抗议。试问此借款尚须用于西伯里亚方面乎？抑向其他方面别有作用乎？于和议有无障碍，须由本会讨论，方能断定，不能以干丞认为无障碍便可断定。况关于此事，南方曾屡向外交团声明，此次和议系发生于外交团之忠告，促成于人民之心理，中外舆情，均希望本会有良好之结果。故关于中国以前种种经过，及以后种种计划，须完全由本会讨论决定，北京政府须静候本会解决，不能妄下断语。即如军事协约确有附件，乃妄断为无。参战借款何尝有分毫用于西伯利亚，实完全为攻陕、湘、闽之用，乃谬言不作别用。刻下参战已成为中日两方行为，乃指与协约国有连带关系。至公债募集，不知有何作用，竟谓交国会同意。自和会开始，双方为慎重国家前途使和议有良结果起见，对于国会问题尚未议及，乃干丞电居然称"国会"二字。试问国会究在何处？所谓交国会同意者，系指何种国会？凡此支吾之词，绝无诚意。本会代表二十一人，系受国民信托，凡关于除去国家障得、减轻人民负担、增进公共利益事项，本席只认贵代表有发言权，本会有完全处决权，北京政府绝无发言地位，钱干丞亦不过一掌理公牍之书记而已。本席再三声明。务望贵代表及本会同人认定此旨。

朱总代表曰：关于公债事，贵代表曾有电致京抗议。以后如有电致北京政府，望事前先行接洽。至贵代表所言应行声明及抗议诸事，本席以为宜分别事之性质，决定办法。现在本会进行之时，北京政府及军政府均各有执行之事，故各方面事务日有变化，因此不能不向两方询问情形。且两方对于本会看法，亦有因事而异之时，有认为委托者，有认为付与本会决定者。是以一事之来，当分别事之关系，应查考者查考，应讨论者讨论，若事事参杂，殊觉不便。即就国民方面而言，其对于本会观察亦不相同，有向本会请愿者，有以各事均应由本会裁决者。而本会自提之事，亦有关系于一方者，有关涉两方者。本席以为将来处理事务，应以国家将来之建设为目的者。所议之事既多且繁，尤不能不分案解决，使有线路之可寻。

唐总代表曰：迩来所接京电，多令人不满意。即如干丞关于答复八年公债之电，以财政支绌为理由，实属巧于回护。本会既经开会，此等关于人民负担之巨款，不应由北京政府擅行募集。想贵代表亦以为然，务望电京阻止。

朱总代表曰：募集八年公债一事，前吴代表回京调查财政状况时，尚未有此议。军事收束及政治改革，均以国家经济状况为根据，必须通盘筹划，始克有济。今忽发生此项公债，数目若干，担保若何，均不知悉，亦于将来整理财政有碍。假如政府因事实上之必要，须募公债，亦应先将计划告知代表。容当向政府陈述一切。

唐总代表曰：本会宗旨是谋国家和平，除去和平障碍，减轻人民负担，此为重大责任，均在吾辈身上。若公债募集与夫参战借款、军事协约、铁路借款等，无一非于国家主权有妨害，于人民负担有增加者，本会必须抗议。如北京政府与本会反对，则本会当以刑事犯待之。以后违犯本会之事，或可减少。

朱总代表曰：本会现正讨论国家建设各端，虽不负行政之责，而于两方现状及维持之方，本会亦当注意。至国民负担已重，不可再增，自是正论。似当对于负行政之责者与以范围，责其不可超越，而在此限度内，以筹维持现状之法。至整顿财政，绝非一言可决。上次本席所提计划书，其中关于财政一项，情形甚详，请贵总代表阅看一过。将来即可根据于此，分条逐项设法整顿，应改良者改良，应维持者维持。此系将来建设之根本计划。至目前维持现状，若抑之过甚，驯至现状不可维持，仍是无益于事也。

唐总代表曰：贵代表所提计划书极完备周详，将来即可作改良标准，然办理程序必须先去不良，而后可进于良。目下未能改进于良，而不良者尚日增而日盛，则结果可知。近世门户大开，非闭关可比，倘不进步，则将来在世界位置上，实无良好希望。北京以财政困乏，则设法维持现状，斯可矣，何以既拟接受一千七百万参战余款，又欲发行四千万公债？夫内外战争经已收束，需此巨款又胡为者？岂饮酖不顾，尚欲为国内作战之准备耶？此等所谓不良之现象，尚日有增进，为国家计，非先去此障害，实无改良之可言。请本会注意。

唐总代表又曰：湖南迭遭兵祸，金融枯竭，米珠薪桂，死亡枕借。此间所接湘民请愿日有数起，倘不从速设法，则湘民靡有孑遗。请贵总代表将此情状，速电北京；并将张敬尧撤退；同时两方军队将领退出，并妥筹善法，以苏湘民困苦。

朱总代表曰：湘南自民国以来、屡经政变，本极凋残。经此兵燹，金融恐慌尤甚于前，故湘南问题，当从经济方面入手。惟此事情形复杂，而事关财政，又非空言所能解决，亟须切实研究，否则，虽撤退兵队，未必即能拯救湘民也。

唐总代表曰：救济湘省虽宜从经济方面入手，然非金融活动，粮食充足，使可生活，盖张敬尧等各种军队，充斥其间，虽有金钱菽粟，庸足以供彼辈之抢掠乎？湘事须从根本解决，本席主张将此问题，指定代表审查。

朱总代表曰：赞成审查。

唐总代表曰：公债之外，尚有关于铁路借款，将与日本换订合同，其内容包含森林、矿产，恐不知几许，此项交通实业如入于日人之手，亦足以亡国而有余。且在会议期中尤不应有此事。宜电询北京政府，将所有外人订立之合同，一并交出。

朱总代表曰：铁路借款关系财政。高徐、济顺合同，因关系青岛问题，已寄欧洲和会，政府已允与二十一条一并交本会阅看。其他各种借款，均列入本席所提计划书中之一览表内，可查照标目，向政府索取合同阅看。至换订铁路借款合同一事，在此时似不相宜，可与八年公债一同审查，电致政府阻止。

唐总代表曰：铁路合同不知内容，俟寄来阅后再议。八年公债案可先付审查。惟今日之会最要而又最急者，莫如军事协约问题，内有附件为外间不知者。据本席所知附件中有日本代中国练兵二十师，期限二十年，由日本借给中国开办费二千万元；此外经常费每月二百万元，目前暂练三师，军械供给以五千万元为额等项。此事异常秘密，由日本参陆两部与中国订定。日本参谋部要人亲为本席说及，即田中陆长亦曾向本席谓军事协约确有附件，但不能宣布。可知干丞昨日所来之电不能作据。盖此事即干丞亦不知，难怪其如此。最好即电北京政府将公私函件完全交出。

旋唐总代表指定章君士钊、彭君允彝，朱总代表指定徐君佛苏、方君枢，审查湖南问题。唐总代表又指定胡君汉民、刘君光烈；朱总代表又指定王君克敏、吴君鼎昌审查八年公债案。遂散会。

钤　二月二十四日

130. 陈光远电　1919年2月22日发，24日到。

和平会议总代表朱桂莘先生、唐少川先生暨代表诸先生均鉴：奉国务院哿电，欣悉群贤毕至，和会宏开，德星聚于一堂，仁风扬于八表。诸公皆当代名贤，负时重望，万流镜仰，四海倾心。际兹旋干转坤之交，同膺排难解纷之任，化干戈为玉帛，以揖让行折冲，允协舆情，共决国是，大局有赖，兆庶腾欢。溯自国步多艰，戎车再驾，或因仁智异见，遂致兄弟阋墙。光远躬忝疆寄，目击时危，每闻鼙鼓之声，辄深猿鹤之痛，椎心泣血，被发缨冠，谨随诸贤，共谋调解，几经挫折，终乏转圜。兹幸当事诸公，一心同德，积志精诚，力戢宁息，于是我全国士民两年来和平之希望，今乃拨云雾而见曙光。快慰私衷，莫与克比。我代表诸公，抱公忠体国之心，感风雨同舟之谊，鉴世界之大势，以国家为前提，图长治久安之规，去入主出奴之见，利害熟权其轻重，【偏】颇务底于均平，执两用中；先求统一，终求轨物，跻世泰和，扶危定倾，安内对外，博施福利，宣济艰难。额手以虔祝,数十国友邦所引领以仰望者也。翘首海天,无任颂祷。陈光远。养。

131. 钱能训致朱启钤电　　1919年2月24日发,25日到。

朱总代表密。蠖公鉴:此次开会以来,所讨论者均系枝节问题,于南北善后办法尚无正式议案。目前中央最注目者为裁兵一举,前曾电请我公将裁兵委员会办法于开议时首先提出。诚以此项委员会必须先行成立,然后善后借款乃可设法进行。且此举为南北趋势所同,较易通过。祈商首先提前办理。但仅此一案,或嫌单简,应否再酌定一二案,以为支配,并希卓筹,密示。紫。敬。

132. 钱能训致朱启钤电　　1919年2月24日发,25日到。

朱总代表鉴:密。此间前派秘书余诒赴陕调查情形,顷据报告,陕省土匪均集重于西北两路。如郭坚、樊老二、卢占魁、高景娃、曹世英,各匪占据地方,其残杀人民方法,有炙背、人堆雪等名目,拉票勒赎尤其余事。叶荃占据凤翔,与郭、樊相援应。至泾原一带,为胡景翼叛兵所据,传闻尚无烧杀抢掠行为。东路自潼关以及华阴、华州、渭南各县,均为张锡元所部驻守。各该县地方,经匪蹂躏不堪,张接防后,招集绅商共筹救济,渐复旧观。该旅军纪严明,防御周密,颇尽保护人民之责,即陕军在该防区内有不法行动,亦必严加惩治。以故土匪绝迹,商民无扰,甚至他属人民,亦多争附该旅防区,以求保护。行经各县访诸耆老,无不对于中央军队额手称庆等语。所述均经目击,自属实情,缕陈以备考证。能训。敬。

133. 钱能训致朱启钤电　　1919年2月25日发,26日到。

朱总代表鉴:密。敬电悉。于右任十五日之函,当系十三日以前之事。迭已严饬各军恪遵五条办法,一律实行。至陕省往来电报一节,已函交通部转饬各局查照矣。能训。有。

134. 唐在章致朱启钤电　　1919年2月24日发，26日到。

上海朱总代表钧鉴：彰密。陕许张等复电，遵令停战。又英、法、美三使向小幡严诘，小幡承认已交款，允转劝合肥中止进行，并转吴次长。敬。

135. 第四次记事录

二月二十六日上午九时，开第四次会议，南北总代表及各代表均列席。兹将会议情形分列于左：

唐总代表谓：昨晚接于右任十七日由陕来函，报告陕西有几处尚未停战，且盩厔县靖国军于十六日退驻郿县。查五条停战办法二月十三日已宣布，何以十四五六七日尚有战事？贵总代表所发去北京之电，究竟若何？

朱总代表谓：第一次开会，唐总代表云接于右任十五日信，陕战未停，当即电致政府。昨得政府敬日复电，谓于右任十五日之函，当系十三日以前之事，迭已严饬各军恪遵五条办法，一律实行。至陕省往返电报一层，已函交通部转饬各局查照等语。昨日唐总代表云，接于右任十六日信，仍有战事。本席同日又电政府，力言陕战不停，于会议恐有窒碍。此方谓停战已实行，而彼方报告仍云进攻，本席无由证明，而五条办法达到后，双方军队之真实情形，目前亦难悬测。

唐总代表曰：据于右任报告，十三四五六七日，每日均有战斗情形，且盩厔县之靖国军十六日退至郿县，可以证明北军猛下攻击，靖国军因无力防守，向后方退却。似此文电往返，徒费时日。陕西虽系一部分事，然南方军政府认为先决问题，只因为大局起见，故委曲求全。十二月十六日以后二月十三日以前之事，姑不苛求，暂按五条办法商榷。今并此五条尚未实行，如何解决？当初本席要求撤换陈树藩，原是一种根本解决方法。今既若此，非即将陈树藩撤换，北京命令必不能行，陕战亦无解决之法，惟有极力要求即将陈树藩撤去。如此事不解决，和议必不能进行，我等固难负此重责，恐贵代表等亦不能负此责任。我等惟有每日到会,专候陕事解决为唯一之任务。

朱总代表曰:陈树藩之不洽舆情,本席亦非为之辩护。即北京政府对于更换军事长官,亦非不可能之事。不过,此时重在息争,不可激起反动。贵代表连日所得于右任信,系属一方之报告,似亦不能据为定案。本席所接政府之电,谓已严饬停战,而双方将领奉到之后,情形如何,尚不可知。或者须候张君瑞玑到后,方有划界互守办法。昨日本席又有电致政府,措词尤为恳切。俟此次复电到后,情形如何,再行酌定办法。

唐总代表曰:陈树藩在陕,全陕人民固欲去之为快,即北京政府亦不以此人为然。今以袒护一人之故,与全陕人民心理违反,障碍和议,困苦人民,殊为不值。且本席主张撤陈,盖深知其必不遵守北方政府命令,特为陕民代达痛苦之要求,绝非与陈个人有何种关系及为靖国军谋地盘也。北京政府本力所能及,乃不能容纳人民痛苦之伸诉,试问何以办理国事!本席再声明:南方代表以后只有每日到会,听候何日将陈树藩撤换,方议其他各事。试观我军在盩厔防守已两月余,乃于十六日退至郿县,即此可证明十三日以后至十七日以前,此数日中战斗甚力,无可辩护。南方对于关系重大之参战事,及国防军本有正当完善之主张;但陕事不决,只可暂不进行,惟有通电中外,布告吾等为陕民疾苦起见,专候陕事解决,然后进行而已。

朱总代表曰:本席深知政府绝无不希望和议早成之意,亦绝无不欲陕事解决之理。不过陕西军事将领,或因局部观察不同,以致双方军队互不相下,亦未可知。且连日所接陕信,皆系就十三日至十七日之情形而言,但此事须有宽余时间,以观其真确之情形。政府最近已有严令通饬恪遵,应看政府严令到后情形如何。况本席昨日致政府之电,亦详言必须有强制陕西军队长官,恪遵电令之办法;否则陕战不能停止,和议前途甚有妨碍。此时张瑞玑亦已到京,与当局晤商办法,俟其到陕后实地调查情形如何,当有详确之报告。倘果仍有战事,自当予以严重之处分。

唐总代表曰:贵代表所说本席已领会。但今姑不论如何,即就从前专制时代,假如有一极不洽舆情之长官,为人民参劾,专制政府且不能不采纳,而况共和时代以民为主体乎?今本席代表陕民公意,要求撤去害民之长官，保地方之生灵，促和议之进行，并非为某人要求位置。乃并此而不得，前途可知。故我南方代表已决议，每日到会只待陈树藩之撤去，不再讨论别事。请以此意电告北京。陕事为大局一部分最要紧之事，此外各大问题，亦均有刻不容缓之势。务望将陕事先决，免使其余重要问题受连带影响。本席以为今日系正式会，如贵代表以为对于解决陕事有不便发言，各代表亦或另有意见发表，今为容纳各人意思，便于解决起见，可以将今日之正式会，改为谈话会。

朱总代表曰：本席以为本会对于陕事当请政府强令陕西恪遵电令，一面仍须商量别项问题，兼筹并顾。以谋和议之迅速。贵总代表所谓陕战不停，即须停止讨论他事一层，本席甚望贵总代表再加以考虑。因陕西双方军队之真实情形，似难仅凭一方之报告为据。

唐总代表曰：贵总代表所言，未免有为陕西将领袒护之意。本席对于陕西靖国军向未加以辩护，且为大局计，委曲求全，允照五条办法，苦心孤诣，当可共谅。乃十三日以后，并此五条办法而不照行，即张君瑞玑到陕亦有何效果。北京政府于权力范围内，尽可施行威信。如不徇陕西人民之哀求，不撤不洽舆情之陈氏，则和议必无结果。茫茫前途，殊抱悲观。

朱总代表曰：贵代表因陕西报告提出抗议，本席并无为陕西军队长官辩护之意。惟此次会议，系为解决时局纠纷起见，不可因一部分之纷争，反致影响于本会。

唐总代表曰：二十一日开议，即系陕西问题，乃至今日并无办法，此可为北京政府痛惜者。和议一开，国内大事皆应由本会议决。乃对于陕西一不洽舆情之长官，尚且不容纳吾人之要求，实无议和诚意。

朱总代表曰：从前因政治之纠纷而启争端，在后因国民之催促而开和议。本会一方在解除纠纷，一方在筹议建设，似未可因陕事遂至停顿。

唐总代表曰：停战公例，万国所同。今因陕西不停战，我南方自当主张公理。在公理未白之前，不能讨论他事，此等主张，理由极充分，无论中外不能加以责备。如谓主张错误，我南方完全负责。此刻除每天到会静候撤陈树藩之外,余事均暂不议。

朱总代表曰:贵总代表之主张,如以此为最后及最坚决之宣言,本席尚望贵总代表再加考虑。顷贵总代表谓,陕事讨论已极困难,拟将本日会议改为谈话会,本席亦甚赞成。

遂改为谈话会,互相谈话而散。

钤　二月二十六日

136. 朱启钤致钱能训电　1919年2月26日

钱总理鉴:和密。本日会议,少川谓:接于右任十七日来函略称:"乾县、盩厔战事较前益烈,盩厔已无法支持,于十六日退至郿县。东路战事亦烈,关山、兴市等处,刘世珑、姜鸿模复日攻我军,而陈氏复有甘晋各军分作八路图攻三原。李际春一旅已到榆林。国务院所派余诒等均被陈监视。陈并宣言反对李督五条办法,即张瑞玑到陕亦无从着手。"等语。要求钤等负责,并谓代陕民哀请速电政府,立撤陈树藩,另简贤良地方长官。钤即以有日等电交阅,谓于函所云各节,当属十三日以前之事,并告以昨日致电政府,请再严令前方将领,恪遵五条电令,免妨和议进行。而少川则谓,陕事原为先决问题。嗣以李督调停,商定五条办法,南方让步,允先照办。不意一面言和,一面作战。陈树藩如此抗令,此间陕人异常愤激,渠亦无可解说。且广东方面议论激昂,如陕战不停,恐将牵动闽赣再起战争。最后乃谓,非下令撤陈,决不再议他事,南方代表唯有每日到会询问已否下令撤陈而已。观此情形,陕西不实行停战,则撤陈之说不打消,和议即不能进行。即以剿匪而论,亦须在划界之后方免口实。否则钤等此后到会不过专供彼方之诘责。务乞准如昨电,迅颁明令。再少川迭电三原,迄未得复,希饬前方将领毋扣三原电报。若得于右任一电,则沪证明实已停战,即可转圜续议他事。又此间会场情形,外人极为注目,路透访员日有专电。今少川主张陕战未停,缓议他事,会议停顿,责在我方,恐此消息传出,将受中外舆论攻击,请政府注意应付。启钤。宥二。

137. 吴笈荪致朱启钤电　　1919年2月25日发，26日到

朱总代表钧鉴：护密。顷接长沙张督军上主座漾电，文曰："宝防情形业经屡电上陈，并迭电谭延闿交涉。据其复电，均以一面之词，自为辩护。并请田使树勋与周伟商划宝、武界线，均由尧电饬酌量办理在案。兹据田使皓电内称，姚斌前在宝庆南乡被我击溃，啸聚周旺铺，复被我二十七团击溃，窜至桃花坪，经周收敛，仍骚扰如故，屡经商民恳请剿办。今谭电云，桃花坪、岩口铺为姚斌历驻之地，此语甚属失实。职查前与周伟划界，拟报据前约，宝、武之间以紫阳为中心点，周伟欲改以岩口铺为中心点，彼此相持，迄未据约。今谭复提划界之议，若仍照周伟主张，则与我军极有妨得，实难许可。本日周伟来函云，陈光斗已受程总司令命令，不日开往新宁，伊部亦受命令各在现地不动，请我军亦勿前进等语。窥其意旨，似在退出桃花坪后仍取无形划界之意。职只息事宁人，免再为界限争执起见，拟从权变，准照周函，彼此均暂守观驻防线，以俟大局解决。是否有当，请示遵行等情。前方情形，彼此即愿各守防线，而田使之意又不明议划界，再滋争议，似可准其各就原状，以俟解决。除电谭延闿转饬周伟约束所部，嗣后勿有随意前进之举，以免再生交涉，并电复田使外，拟恳转电李督军，加电彼方，确实遵办，以期促进和平，至深企祷。"等语。特闻。笈。有。

138. 钱能训致朱启钤电　　1919年2月2发日发，27日到。

朱总代表鉴：密。世湘❶交到尊处，有电敬悉。少川原电所述小幡赴外部声明一节，据外部云，确无其事，倘若到部陈述，自当以详情电闻，希先告少川为荷。能训。宥。

---

❶ 吴笈荪，字世湘。

139. 唐在章致朱启钤电 1919年2月26日发，27日到。

上海朱总代表钧鉴：彰密。张瑞玑今午抵京，三点见总理，极欢洽。李督电加派一员赴陕，此间不谓然。本日徇张请，再电前线饬遵五条，张已以此电慰沪上陕人。美银团代表阿卜德抵奉后，忽先赴沪，似在察看南北情形而来，专为善后借款，似宜注意。并转吴次长。章。宥。

140. 朱启钤致李纯电 1919年2月26日

南京李督军鉴：桂密。迥电敬悉。关于陕事问题，连日讨论情形，业将第一二次议录，交邮寄，谅已达览。本日会议，少川谓接于右任十七日函称："乾县、盩厔战事较前益烈，盩厔已无法支持，十六日，退至郿县。东路战事亦烈关山、兴市等处，刘世陇、姜鸿模复日攻我军。而陈氏复有甘、晋各军，分八路图攻三原。李际春一旅已到榆林。国务院所派余诒等均被陈监视。并宣言反对李督五条办法，即张瑞玑到陕，亦无从着手。"等语。要求弟等负责。并谓代陕民哀请，速电政府立撤陈树藩，另简贤良地方长官。弟即以政府来电交阅，谓于函所云各节，当属十三日以前之事。并告以昨又致电政府，请再严令前方将领，恪遵五条电令，免妨和议进行。而少川则谓陕事原为先决问题，嗣以李督军调停商定五条办法，南方让步，允先照办。不意一面言和，一面作战。陈树藩如此抗令，此间陕人异常愤激，渠亦无可解说。且广东方面议论激昂，如陕战不停，恐将牵动闽赣再起战争。最后乃谓非下令撤陈，决不再议他事。南方代表唯有每日到会，询问已否下令撤陈而已。观此情形，陕西不实行停战，则撤陈之说不能打消，和议即不能进行。言念前途，殊深焦灼。除已电陈政府，请再颁明令，借图转圜外，知关厪注，特以奉闻。再，第三四次议录另寄，并希详阅。钤。宥。

141. 李纯致朱启钤电   1919年2月27日发，28日到。

朱总代表鉴：桂密。宥电敬悉。捧读第一、二次议录，借悉议场内情。对于陕事，因应得宜，苦心孤诣，令人拜服赞叹。现会议既因此停顿，除实志停战，别无解决之法。吾兄旬日以来，可谓备尝艰苦。然欲求和议之速成，终非双方开心见诚、信义为重不可，否则，国家前途有不堪设想者。奉电前因，殊深焦灼。比蒙元首派刘文泉来宁问疾，明日回京，弟已将一切情形，托其转陈，借为兄同声之应。尊处如得中央复电，尚希随时见示，以慰悬悬。承寄示第三、四次议录，至感，尚未奉到，并闻。纯。沁。

142. 唐绍仪致徐世昌电   1919年2月27日

徐菊人先生鉴：昨电请停止参战借款，想已入览。今日我国民所最怀疑而急思去之者，为参战军。因其引入特殊之外力，破坏列强之均势，偏快个人之私图，危及全体之公安，对内对外仍无理由以存在。此种军队实仰给予参战借款，为正本清源计，正宜及早停止，以便收束。前此当事者以为彼方或迫我履行契约，不能无所瞻顾；实则欧战已停，何战可参？时效已过，而为种种曲解以文过，此中不可告人之私心，益为路人所共见。今则日本政府亦鉴于世界潮流之趋向，而因舆论之交迫，令日使来外部声明不复相强，则转圜自救，机会即在眼前。公自谓，国家危亡，故勉担大任，若复听此事之成，不特言行相违，为个人盛德之累；且党恶以祸国，尤为公所不取。和议正在进行，而对此破坏和平之障碍物，故优容而庇护之，是岂以国家为己任者所忍出此！更征之内外舆论，一致反对参战借款，已异口同声。公若以民意为重，谅不致犯天下大不韪而不恤。且事非他人所强要，而我乃甘心卖送，情实既不可掩，清议又不能逃，启乱召亡，事在旦夕。而尚以犹豫因循之态度待之，此诚所谓大惑不解者也。前电意有未尽，故申言之。所期当机立断，无任迫切待命之至。唐绍仪。沁。

143. 钱能训致朱启钤电   1919年2月27日发，28日到。

朱总代表鉴：密。此间接岑春煊祃电称："欧战既停，吾国为维持国际地位，不得不勉息内争。斯时何时，苟非别有肺肠，当不忍再梗和议。乃南北之代表已集，闽陕停战监视、划界之员既行，而事出意外。据秦中报告：乃有在陕北军乘我不戒，大举来攻，事孰主宰是其意❶居，岂惟难奈解人，恐左右且无以自解。吾国今日之所以有和，凡属国人应识定此为国际得失之关系，非复内力消长之问题。和也而幸存，则楚人失弓楚人得之，攻陕胡为者？战也。而召亡，则皮之不存，毛将焉附，攻陕又胡为者？而况烽火连年，疮痍满地，关中父老，水深火热，无南无北，其有人心，乘天心悔祸之机，念人民厌乱之极，激发天良，可已则已。若夫军队之收束，盗匪之清理，及一切善后部署，则和会既开，从长计议，尽有办法，正不必背约弃信，多杀士卒，重累人民而后快。来日方长，苟能政理清明，则遐迩卒服，又岂特一陕西而已。势至今日，若争，是不揣其本，执地盘之谬见，肆军阀之暴行，以强取豪夺，挟诈逞威，风示天下寓假如贫，既梼蒲为风毒，则横流溃决。南方为自卫计，抑安忺忺伣伣坐待背割，传曰'未闻以千里畏人'。南方士气激昂，戎马亦非不跃跃欲试，若必激之太甚，恐非春煊等所能制止。而战端再启，亦非南方所能任咎矣。唯力是视，谁愿雌雄死争，鸡虫之得失，终酿猿鹤之浩劫，吾为此惧，"云云。当复电称："奉诵致元首祃电，敬悉。罢战之议，最初发自中央，其间几经商促，而始有会议机关之成立；又以南方借口陕事，几经筹议，而始有五条办法之宣布。所不惜瘖口哓音委曲迁就者，盖以求国内之和平，亦正以欧战告终，为维持国际地位计，舍此别无畦径。元首明令及迭次通电，固已屡言之。不料迁流至今，我公犹以此相督责也。夫南北会议，孰预导之？监视划界办法，孰提倡之？中央果不欲言和，则作战布告何必瘖口哓音，委曲迁就，而召此无聊之责难也！秦中报告谓北军大举来攻。报告出自何人？大举来攻系在何时

---

❶ 原文"孰主宰是其意"六字加（）号，旁注"电码有误"四字。

何地？如其在五条办法未经宣布以前，则元首明令固未尝讳言剿匪。且陕匪为患闾里，此间据确切报告，陕匪残杀方法，有炙背、人堆雪等名目，奸淫劫掠，人所共知。南中亦认划界以后，各任剿匪。然则划界以前，中央遂坐视土匪之纵横而不加制正耶？国际得失，尽人皆知，于此时而利用机会扩张权利者，天实厌之。如云内力消长问题，则中央于西南五省未尝简畀一官，派遣一卒，何独注意于一隅之陕？执事既知关中父老水深火热之可念，则中央不忍陕民涂炭之意，当在洞察之中。此事五条办法既经宣布实行，则一切军队之收束，盗匪之清理、及一切善后部署，自当俟从容筹划，岂犹待我公之一言耶？总之，陕省夙隶中央，不在西南五省之内，无所谓强取，无所谓豪夺，更无所谓地盘问题。朔方健儿，岂无身手。第当此振导和平之际，我公徒以横戈跃马相矜，非能训所敢闻命也。"等语。特录奉闻。紫。沁。

144. 钱能训致朱启钤电   1919年2月27日发，28日到。

朱总代表鉴：密。敬电悉。军事协定全文，前已寄达，其关于欧战终了时期之解释条文，亦已续寄。来函所询陆军正约第一段括弧内所称"参照附录第一、第二、第三、第四"等语，系指驻日章使与外部换文而言。此项换文顷甫觅到，亦当即日抄寄。至"按照协定条文另行协定"一节，评询靳总长及海军当局，均称并未另行协定。惟作战开始日期，询之参战处及海陆军部，尚未得复，俟复再达。能训。沁。

此案当时往来文件，此间所知只此。缘全案不在国务院，亦不在外交部，此外有无他项函件，容从速详细调查，再行奉告，究未免稍需时日耳。陕事顷亦另电详达中央，为迅速划界起见，于张瑞玑未到以前，已暂拟定划界范围，似可本此立论。至如何分划，仍俟张瑞玑到陕监视，方为确定也。八年公债事，昨来电已详复。此事屡经阁议决定，已经明令颁布，朝令夕改，实有困难。目下财政枯竭，舍此亦别无办法。我公设身处地，当亦知其痛苦。现惟有俟新国会开会后提交同意，听其解决。在北方尚能自圆其说。南中各界，仍望能设法解释。固知会议结果,方可商议借款,而当此需款孔殷,岂能一律停付,悉待将来之善后借款。来电所示各节,处交现已明白宣布。陕省停战已详另电,固已不成问题。济顺、高徐、满蒙等路借款,事属已往,此时并无进行之举,所审酌者内债而已。开议以来,南方所提议者,大抵皆枝节问题,于根本计划尚未议及。议案似宜从简,时期似宜缩短。事实问题之最重要者,莫如裁兵以及法律问题,将来亦必须开议。若因彼方枝节争持,致重要议案转为悬搁,对内对外均非所宜。愿公以此意与少川切实商之。至深企祷。紫。沁。

145. 钱能训致朱启钤电　　1919年2月27日发,28日到。

朱总代表鉴:密。宥二电悉。于右任连日去函,香山亦连日诘难,实则此间预拟分划范围早经电达尊鉴。三原一带因系于右任驻扎,为尊重和平起见,无论为军为匪,决不进攻。所谓八路图攻三原,确非事实,特于右任私怀危惧,饰词告急耳。余诒近日尚有来电,未尝被陈监视。至陈督反对划界,此间未有所闻。以鄙意揣之,陈督上年被匪包围,几于不免;近来剿匪渐次得手,忽为划界办法打断,平居积愤,发为危论,或在意中,可断其必无事实。试思陕省匪患频年,陈督果有平匪之力,何至有今日之划界。故陈督去留与今日陕事决无关系。第当此陕事未定,中央万无撤换陈督之理。且原议对人问题不得提出,尤无因南方要求而撤换陈督之理。南方以撤换为先决问题,既违原议,且重视陈督矣。公谓剿匪办法须在划界之后,方免口实,斯固然已。第中央认为划界办法,因监视专员未到,暂时未能着手而不能悬以久待,故预拟划界范围,俾免延误。划界既暂有范围,则于我军范围以内之土匪担任剿捕,亦非过举。况中央固迭电陕省尊重和平耶?电报事已函交通部亦理,此时于右任如确知中央计划,务从宽大,当不靳一电之证明,即不然,而饰词告急之快函,亦不至联翩南发。特苦于张瑞玑尚未到陕,此间和平计划及双方接洽情形,于右任未之知耳。顷另电详复陕事,并附电陕原文,望我公切商香山解释误会,赓续集议,俾善后问题有可进行。此间于陕事亦必毅力维持,照五条办法迅图解决。若其枝节争持,置正文于脑后,危局日迫，载胥及溺，北之不利，未必为南之利也。斡旋和会，悉赖桨筹，详情如何，仍祈速示。紫。沁四。

146. 钱能训致朱启钤电 1919年2月27日发，28日到。

朱总代表鉴：密。据闽督敬电称："据周旅长转据驻防梧桐尾营长刘汉祥报称：现有敌军率叛变之前营长朱得才，由永春带队五百余人，连土匪共约千余人，于二十一日入仙游城，图攻永泰。刻已有四百余人进踞永泰，三十周之巢氏（？）书陈请增队预防。复接嵩嘈高团副报称仙游敌队加增，以图进攻各等情。查彼军意图攻我。业于养日电陈在案。此等诡谋，厚基早经逆料；今则狡谋见诸事实，其用意已可概见。除饬前方戒备外，理合电请严词向南方质问，以免破坏大局。"等语。特录奉达，请转知少川，速电彼方，务令退驻原防，毋得有意挑衅，致碍大局为要。能训。感。

147. 钱能训致朱启钤电 1919年2月27日发，28日到。

朱总代表鉴：密。宥电悉。陕事自元日将五条办法电令饬遵去后，至于右任十七日函，中间相距才五日耳。无论十三日以前，当然不受五条之拘束，即该电当日到省，再由省转递前方各军队，试问五日内能否周知？即当日南方通饬停战，试问该军队于未奉到以前及奉到以后，何日方一律遵行？事实昭彰，中央未尝责难也。至陈督树藩既有治军专责，不能遏止匪乱，酝酿及今，匪区益广，匪号日多，以致为人利用，贻害地方，不可收拾，因循贻误，无可讳言。但留此根株为西南竞争之资料，尚有地盘一线之希望者，非该督之贻误不至此。功罪定评，适成相反。今唐总代表于正当开议时，要求撤陈，果何为者？不撤陈即不开议，又何为者？撤防命令，中央创之，迟之又久，而西南始有停战之电。代表出发，中央先之，迟之又久，而西南始有选派之举。即对于陕事五条办法发于李督，而首先赞成于中央。西南以于右任为靖国军司令，中央即对于三原、泾阳之匪，亦概从放任。且曲徇唐总代表之请，欢迎张瑞玑为赴陕监视专员。凡此种种，中央委曲求全，以冀促进和平，中外人士，当有定评。若仅借于右任之函，遂欲强制要求，以不讨论别项问题为挟持之具，则中外舆论之攻击，必有所归，会议停顿，中央断不任过也。掬臆质陈，尚祈酌达前途为幸。能训。感。

148. 钱能训致朱启钤电　　1919年2月27日发，28日到。

朱总代表鉴：密。此间接粤中六总裁号电称："顷得沪电：北方虽日言和，依然借军费、接收军火。计十二月初旬，由日本交款三百万，月底交七十万，正月五十万。正月二十一由秦皇岛上岸军火一万四千箱，过山炮、战炮各二门，机关枪二架，子弹一千箱，急急成立国防军。对于陕西一意作战，除许兰洲、张锡元等重兵加入外，且开进国防军一部协力攻击等语。复接于督军右任报称：在陕北军乘我旧历元旦不备，四路进攻，西路则管旅攻我凤翔；镇嵩军攻我盩厔；奉军全部及陈树藩所部在武功方面与我第三、四路军队及叶荃所部激战。东路则张锡元全旅克渝攻我渭南属之小社、大神、官道等；刘世珑勾结□城李天佐所部攻我兴市镇；段祺瑞复接济刘存厚枪弹二百五十箱，现正激战甚烈等语。综上报告，若合符节。尊处一面派遣代表商开和议，一面增购军械急急备战，一面言而不信，力攻陕西。究竟居心何若？且当此和议开始，中外舆论切望裁兵之时，忽又假借国防名目扩充军队。现今布满全国由国库养给之各军，何一非国防之用。国民方苦兵多，痛心疾首，乃复别张异帜，如火益薪，汲汲耽皇，究何为者？况以牺牲无数权利所得之军械，复又供之陕省继续作战，中梗和议。是否尊处无宁息之决心，抑系部下为自由之行动？前李苏督拟具解决陕、闽、鄂西办法五条，第一条即云命令实行停战，尊处业已赞同。如果轸念民困，有意和平，应请即日明令陕中北军实行停战，昭示天下，以全信义，以保和局。否则，破坏和平之咎，必有尸其责者。伫候电复。"云云。当复电称："奉诵致元首号电，敬悉。自罢战以来，政府未尝另借一款，增购一械，所谓十二月初旬交款若干，月底交款若干，正月交款若干，敢断言决无其事。至接收军火，或指参战军械而言，此项军械久经订购，日人照约续交，未便停止，其决不至为对内之用。则亦可以断言也。沪电出自何人？所云何据，外间颇传日人有接济南省军械情形，中央以彼此开诚相见，未尝以一语相加，岂区区至诚，而不能见谅于诸君子耶。陕省患匪已久，剿匪亦已久，前此明令停战，及此次商订之五条办法，均未尝讳言剿匪。果为陕民疾苦计，则剿匪计划不能一日停止，中央所以暂置陕民疾苦而迅订五条办法者，则以姑息纵匪者患在一隅，因剿匪而牵及会议有碍进行，则其患极于大局，故宁忍一隅之疾苦，以促大局之和平，委曲斡旋，苦衷共见。至五条办法未经商定以前，陕省剿匪计划当然不受拘束。若必以剿匪计划，认为侵及南军，则当未经商划以前，孰为土匪，孰为剿军，果有如何之标准耶？国防军之名义，实所未闻，殆指参战军而言。此项军队本为参战而设。目下欧会和议未成，德国实力未衰，欧美诸邦方以协约条件，德未遵行，火车、潜艇亦未遵照交齐，岌岌然以死灰复燃为虑，谋所以防范之，此固协约各国所同。且各国逼迫俄边，近日激党益肆，阿省剧战，日军伤亡甚多，流民散卒纷窜我境，正在设法遏止，为防边计，亦非有得力军队不足以资策应。况此项军队之招募，固属原定计划，而不始于今日。借曰兵多应裁，此语固南北所公认，何去何留，则当开诚商榷，通盘筹定。谓政府无宁息之决心，则南军裁编计划，其果先有成算否乎？李督五条办法，早经通电宣布，事由政府提议，自以毅力持之，岂此项通电尊处尚未见及。重劳下问，只益屏营。"等语。特录奉陈，以备参考。能训。沁。

149. 钱能训致朱启钤电   1919年2月27日发，28日到。

朱总代表鉴：密。径二电悉。于右任快函一节，少川致元首电亦云接有于右任十五日快函，大致略同。虽日期或云十五或云十六，其系十三日以前之事，当无疑义。现已通令照五条办法实行，中央于划界办法主张甚力，因前此张瑞玑未经正式推定，无从着手商划，是以将应划地点，先行区划，所有分划大致范围，已由参陆处电致我公，计当察阅。南中注重于右任所驻地方，中央亦于于右任特为注重，故于三原、泾阳一带前电已划归南军范围，不但于南军停止进攻，即该处屯聚土匪,中央亦概置不问,以示尊重和平之意。现张瑞玑已到京,不日前往,即可实行商划。至明令一节,前既预发电令,业经通饬照办,如其尚有战争,当是电令寄达需时,前方或未周知之故。中央既允停战,自必切实施行。公既表示负责,决不能徒托空言,亟应再申电令,借释斐(?)疑。兹经电致陕督,转致南方将领,其文曰:"本月十三日由国务院参陆部电令陕西前方将领遵照五条办法,实行停战,并派张瑞玑前往监视划界,以息纷争。查陕西频年以来,兵灾迭经,疮痍满目,关怀民瘼,轸念尤深。政府内察舆情,外观大势,亟应统筹全局,促进和平。所有前方将领,务当共体斯意,各以国家地方为重。所有停战划界事宜,应即查照前颁五条办法,切实施行。其在陕军队,仍应依照五条办法,担任后方剿匪事宜,以符定议。"云云。特录奉闻,即请查照。能训。沁三。

150. 第五次会议纪录

二月二十八日上午九时,开第五次会议,南北总代表及各代表均列席。兹将会议情形列之于左:

朱总代表报告:中日军事协约全文已由北京寄到,计《中日军事协定文书》一件、《陆军共同防敌协定条文》一件、《海军共同防敌协定条文》一件、《解释欧战终了文书》一件,共四件。并声明寄交欧洲专使,相机披露者,亦只此四件,此外别无附件。

唐总代表曰:关于中日军事协约,须详细查阅,此事暂行搁置。先行提议陕事,请问贵总代表已否接北京复电。

朱总代表曰:北京复电,此刻尚未接到,仅接私人来电。闻政府因陕事未决,本会停议他事,甚为焦灼。张君瑞玑业已到京,正与当局接洽,不久当有明确之办法。

唐总代表曰:个人私电,不能作据。惟北京至今未有复电,微特对于北京政府不可解,对于贵总代表亦不可解。十三日五条办法宣布后,贵总代表已声明负完全责任。今已多日,屡次开议,吾辈均主张以陕事为先决问题,贵总代表亦赞成此说。十五六七八日接于右任关于陕西战事来函,均经向本会报告。今又接于右任十九日由陕所来快信称，北军均移集东路，十九日向相桥、交口、红崖头、千都村、兴市、关山等开始攻击，战争极烈。以上各处与三原相距仅数十里，三原亦恐难坚守。以前北军向西路攻击，尚可谓西陲僻处偏隅，或有彼此冲突之处。今围攻东路，又何以自解。今日须问贵总代表，所谓负完全责任，究竟如何担负之法？两方总代表本有"全权代表"字样，当然有全权解决之权，不必与北京往返文电后，方能发生效力。若听北京命令，必无办法。除非：（一）决裂和议，（二）贵代表向北京声明陕战不停，即不能再负代表之责，（三）双方代表一致向本国人民及外交团声明，北京处理陕事之不当。舍此以外，恐别无办法。

朱总代表曰：本席对于陕事前次曾声明，在和议期中有此不幸之事，甚为可惜。连日贵总代表报告，逐日接于右任信，陕战现尚未息。亦曾迭电政府，请严令停战，并将陕战不停，有妨和议进行情形，详切陈说。现在尚未接到政府复电。此事政府须考查事实，责问前方将领，文电往返，稍费时日。本席前次致电政府声明，如陕西在五条令下后仍有战事，前方将领应加以严重处分。此时政府须证明陕西真实情形后，方能再定处分之办法。至通告外交团一层，本席不能同意。假使政府回电之后，对于本席所恳切陈述者，仍不能有一确实办法，则本席惟有以去就力争而已。

唐总代表曰：本席对于贵总代表所言，不能满意。陕西停战之事，并非一种案件，无须调查及费如何手续。停战期间如发生战事，当然即令其实行停战。倘北京政府并此权力而无之，尚足称为政府乎？贵总代表所谓困难之说，殊令人对于北京政府深为婉惜也。准此以观，即将来议和有何效力。

朱总代表曰：政府对于陕事绝无不欲停战之理。五条令下之后，陕战仍尚继续，其中原因如何，政府当有一番考查。或是前方将领误会，或是将领不遵，俟考查明确，然后再定办法。

唐总代表曰：北京久不答复，岂认为与和议无关耶？抑不欲言和耶？兹切实声明：从本日起四十八时内，如尚未得北京政府圆满之答复，惟有向外交团声明，停顿和议。

朱总代表曰：本席极希望本会议迅速进行，惟贵总代表要求通告外交团一事，尚望贵总代表详加考虑。

唐总代表曰：贵总代表不过欲替北京政府拖延时日耳。但陕民水深火热，日益增重，且以前不过西路人民受此痛苦，今则并移于东路矣。救死扶苏，如何可待！

朱总代表曰：张君瑞玑到京后，对于贵总代表有无报告？

唐总代表曰：未有报告。兹向贵总代表为最后之请求：请贵总代表及各代表诸公联电北京政府，声明如四十八小时内，不得圆满之答复，以后不能负代表之责。至双方同电外交团声明一节，贵总代表未予同意，南方代表惟有单独向外交团声明此事真相，及和议停顿理由。因此会议系发生于外交团之忠告，刻和议停顿，自不能不向彼声明。本席以为最善由双方代表共同声明，使外交团知我双方代表并未决裂，不过向北京方面加增一种催促力而已。贵总代表不表同意，殊为可惜。关于陕事未决问题，此为本席最后之语。至北京寄来中日军事协约文件，吾辈须详加考察。惟既据北京政府声明，除已寄交本会之四件外，并无附件。本会双方代表当以全体名义，向中外郑重宣言，声明关于中日军事协约，除此次抄寄本会之文件四种外，绝无附件。将来如发现与何国政府、何国人民私行订立关于中日军事协约之附件，全国人民不能承认，即不能发生效力。

朱总代表曰：本席第一次电致政府，请其将中日协定全文寄交本会阅看。因次日开会，贵总代表对于协定尚有许多疑虑，故本席第二次电致政府谓，所指附件不必拘定签字之约文，即关系协定一切文电，皆应抄交本会。现政府所抄寄者，想系对于第一次电请之答复。至第二次要求抄交文件之电，政府尚未复到。现应一面考查，一面再向政府催问。俟得复后，再定办法。

旋互相谈话而散。　　　　　　　　　　铃　二月二十八日

151. 朱启钤致李纯电　1919年2月28日发。

南京李督军鉴：桂密。沁电悉。本日会议，仍继续讨论陕事。少川先询问政府对于陕事有无解决办法之复电，并谓："自二月十三日五条停战办法宣布后，每日均接有于右任报告陕军攻击详情函件。昨又接十九日由陕来信，报告连日战事增剧。近且各军移其东路向相

桥、交口、红崖头、千都村、兴市、关山等处攻击,与三原相距仅数十里。是非北京政府威令不行,即系无议和诚意,实属不顾议和前途,不恤陕民呼吁,与世界和平宗旨大相违反。由今日起,于四十八小时内,北京如无圆满答复,即应停会。"等语。弟并未答复。但事实上中央若无明确办法,会议必将停顿❶应付俱穷,极为焦灼。同人等自审才力不及,电请辞职。余详本日议录,另寄台览。特闻。钤。勘。

152. 李纯致朱启钤电 1919年3月2日

朱总代表鉴:桂密。勘电敬悉。会议开始,以小问题即已发生如此险象,将来果有重大百倍者,更何堪设想。不唯兄等焦灼,即弟身居局外,亦同情也。惟是陕西方面,中央不能如约停战,度必有不得已苦衷。现既因此停顿,惟望吾兄顾全大局,坚忍负重,设法转圜,以谋度此难关。弟力所能及,定为声应之助。政府复电如何之处,乞随时见示,以慰悬念,是所盼祷。李纯。冬。

153. 朱启钤致李纯电 1919年3月2日

李督军鉴:桂密。奉读冬电,只增惭悚。本日奉干撰电,其文曰:"密。俭电悉。尊述息争方法三端,正在赶速商办。惟第一条办法最难,陈、于本有宿怨,未必能互相款曲,当以他法证明之,但非限期所可办到。第二、三条自易商办,惟少川声明四十八小时内如无满足答复,即向外交团声明停议云云,此系外交界最后宣战之名词,同属国内,宁非笑柄,此间无法承认。请转告少川,必有确实答复,惟不能拘以时日耳。"等语。东电中所谓第一层,系指由陈督电告于

---

❶ 自"即应停会等语"至"必将停顿"共二十九字,系改订稿,初稿为:"请贵代表诸公向政府声明,以后不能负责。并请同时由双方代表将此实情向外交团切实声明等语。弟以政府虽有复电,而对陕事仍以后方剿匪为名,实无一律停战之意。对于颁发停战明令一节,并未提及,万难据以答复少川。"

右任，由于通电来沪，证明停战而言。中央视为困难。二层，划界未定，缓言剿匪。三层，系发明令，实行停战。二、三条似允许可办之意。已将电意属人转致少川，未必视为满意也。余容续达。钤。冬。

154. 钱能训致朱启钤电　　1919年3月2日发；3日到。

朱总代表鉴：密。俭电悉。陕事赖公匡持，一则曰当以五条办法发表时为根据；再则曰五条办法未布以前，当然不受拘束；三则曰陕事除五条办法外，不应涉及他事；持议扼要，至佩荩筹。徒以于右任连日去函饰词告急，致政府与双方代表并陷于困难之境。明知香山强硬主张，限期答复，其中别有苦衷，断非得已，但以哀的美敦书施于国内，何能承认。细思陕事重要争点，在南中以匪为军，故一言剿匪，即有反对南军之嫌，若鲠在喉，无由一吐。今且以此争点驯至停议以待，若长此相持，则因一隅牵及全局，数月心血尽付东流。尊示息争方法三端，如第一项方法，陈、于宿有嫌怨，何能彼此款洽，前电已略言之。陈固不肯与于接洽，于亦岂肯为陈证明。且以南军将领片面报告为断，势必至不合事实之报告，皆将据为定证，不如由陕省公共团体及闻望夙著之绅耆电述停战实情，以为保证，但事颇繁重，非限期所可办到也。第二项谓划界以前，军匪既无标准，则剿匪须暂中止，以事实论，匪果当剿，不能以未经划界不治，且匪与军异，南军可互商停战，匪则自由行动，我不剿匪，能保匪之不犯我军乎？借曰匪不应剿，则五条办法又何以有担任后方剿匪及双方各认剿匪之规定？特剿匪之举，为陕计也。今在南一部分陕人既自愿牺牲陕人之生命财产，中央亦何必坚持初议，以善意而被恶声。鄙意既经停战，决计将剿匪事一并暂停，匪之窜扰地方者，随时设法防堵，勿使滋蔓已耳。第三项所云明令院令皆以表示政府诚意，本无区别，西南既知元首一言为重，何以少川来电反复痛诋，不为元首稍留威信。惟颁令一节公既表示赞许，弟亦认为可行，顷照我公前电大意，拟办命令，其文曰："陕省兵灾频年，疮痍满目，眷言民瘼，轸念殊深，亟应促进和平，早日安集。前由国务院依照协定办法，通饬停战划防，其陕省内部并照第四项办法派张瑞玑驰往监视、区分，务在一律实行，克期竣事。各该将领自应共体斯意,恪遵办理,倘或奉行不力,职守所在,不得辞其咎也。此令。"云云。以上三端已具解决办法,至前日去电所述预拟划界范围,系因张瑞玑尚未到陕,而我军驻守各处,为实行停战计,不能无暂时之防御线,将来如何商划,仍俟张到陕监视划定,非以片面计划,强双方遵守也。我公既有怀疑,故申言之。惟能训更有言者,会议甫开,如裁兵、分治等重要议案,中外注目,岂宜久搁,致遗各方口实。万一因停议之故,别生枝节,影响大局,如国事何。务须切致香山,赓续正式开议,并将议题宜少、议期宜简之意,切实转商,能限定于较短时间内,求一正当结束,则国家之幸也。敢布腹心,伫候裁复。能训。冬。

155. 南京平和期成会联合会电　　1919年3月3日发

大总统钧鉴:国务院、参谋部、军政府、督军省长、唐总代表、朱总代表暨各代表、省议会、教育会、商会鉴:本会由各地平和期成会代表组织,冬日成立,票选熊希龄为会长,梁士诒、张一麐为副会长,特闻。平和期成会联合会。江。

156. 李纯致朱启钤函　　1919年2月26日发,3月5日到。

桂莘仁兄大鉴:连奉两函,并承抄示第一、二次议事录,准情酌理,因应咸宜,佩仰无既。张君瑞玑前者过宁,已与畅谭,业经电告。现在湘省宝庆方面,因紫阳驻兵事,双方将领各执一词。刻已由张督电令田镇守使与周伟商分界线,未知如何。闽省则李督来电,谓陈炯明部下,结连土匪,图攻永泰,而彼方来电则谓臧师长进攻沙枢、小波岭一带,亦复各执一词,比正在交涉中,知关厪念,附以奉闻。复颂

台绥　　　　　　　　　　　　　　　弟李纯启　二月二十六日

157. 李纯致朱启钤电 1919年3月4日发,5日到。

朱总代表鉴:桂密。刘君恩源奉命来视弟疾,于其晋京时,曾嘱转达陕事,力请中央设法转圜。兹接到刘君来电云:"冬日抵京,当将携电面呈元首。奉谕陕事业将发布明令,严申诰诫,可无他虑。"云云。知注特闻。李纯。支。

158. 朱启钤致李纯函 1919年3月6日

秀山督军台鉴:

　　昨奉电示,具悉。此间停议情形,至劳廑注。自会议停顿以来,南代表一方仍坚持撤陈之议。现各方有持调停说者,谓中央既有严令停战,陈督自当遵从,但期于右任来电报告,使停战之事得以征实,则撤陈一说,或可劝告转圜云云。弟连日电致中央,大致亦本此立论,并请政府电饬陈督勿扣三原电报,冀早日证明停战,借可解纷。本月四日,政府业经严令停战,并由院部另发军令,饬照元电协定五条办法,停战划防,仍候张瑞玑抵陕区分后,再定后方剿匪计划。是政府于陕西军事,不但对于靖国军实行停战,且在未划界以前,并将剿匪各事亦一律停止。似此委曲求全,或可希彼方谅解。弟已将迭次文电抄送少川查阅,并据情正式致函促其早日继续开议。一俟得复如何,即当电告台端,用慰苂系。少川日来抱恙,弟今日特往问候,因其体热未退,未能畅谈,大约两三日内,当可占勿药矣。兹将政府最近来电暨致少川一函,一并抄奉❶,希加鉴阅为荷。

　　专上,敬请台安。

弟朱○○

---

❶ 原函稿未附抄件。

159. 吴笈荪致朱启钤电　　1919年3月3日发，5日到。

上海朱总代表密鉴：亲译，护密。陕事自明令发后，又分别切电前敌各军遵守。陈督已先有电来，遵照五条办法办理，此后必不至再有战事，请释廑系。至此事内容，实缘彼攻陕南，被北军驱出后，西路剿匪乃大得手。彼时五条办法尚未议定，有词可措。连下数城，各军拟乘胜将西路肃清，则陕甘要道可通。钧座前月来电，亦有和议未定之先，速请陕事计划，故先实积极进行，特注重只在西路。于右任所驻三原等处，乃在北路，并无一兵前往。现西路只有凤翔、岐山等县未复，然均已合围，故在军人方面，颇觉不肯放手。但为大局所迫，及中央信用计，不能不强使牺牲。现既分别严饬遵守，可保一律奉行。惟彼方所得报告，均系廿日前之事，俟得近报，难保不有责言。谨将详情撮要奉陈，以备预筹应付，千祈秘鉴。笈。江。

160. 钱能训致朱启钤电　　1919年3月5日发，当日到。

朱总代表鉴：密。陕事已颁明令，兹又由院部另发电令，其文曰："以陕省划区停战办法，前于二月元日电行在案。现在和议进行，中外瞩目，亟应切实照办，以息纠纷。乃近日于右任等迭函上海告急，南方代表振振有词，坚求一定时刻，以明令约止诸军，且有通告领团解散会议之主张。中央渴望和平，始终一致，既不欲以一隅起各方之误会，又不愿以停顿召外人之责言。昨已奉明令饬依照元电协定办法停战划防，仍候张瑞玑抵陕区分后，再定后方剿匪计划。公等关怀时局，当能深悉中央企望和平之意，希再即严饬所部恪守现在防地，勿得轻启衅端，致贻口实。"等语。通饬在陕各等遵照，请即查照。紫。歌。

161. 吴笈荪致朱启钤电　　1919年3月5日发，6日到。

上海朱总代表鉴：护密。昨日下午英公使请谒主座。接见时，主座先与声明，今日系助朋友谈话。伊述香山电文内有停战及要求更易陕督二事。主座停战令已发布，饬前方各军严切遵守，陕督则目下不能更易。伊间参战军事，告以条约不能废止，俟欧战一经签约，诸事自皆终结。伊之断断于此，似有人位之关系，亦与力为解释。伊云："中国南北统一，若在欧议签约之后，中国即不能得有利益，应速筹议。"主座云："君此语余极注重，亦请转告少川同为注重速议进行。于裁兵计划及宪法问题，提议各设机关，便可早谋统一，中国前途，关系至重。"伊甚以为然。撮要奉达，希即酌量转达香山。再，主座谈次，又曾告以："我与少川多年至好，非同恒泛，与君亦系老朋友。君关心中国大局，我与少川彼此均是六十外老友，亦甚愿乘此时机，为国家人民同做成一件事，一家同享和平。"等语。并及。筱。歌。

162. 吴笈荪致朱启钤电　　1919年3月5日发，6日到。

上海朱总代表鉴：护密。电陈朱使会晤各节，谅蒙鉴及。闻美公使对于南北和议停顿，意颇淡寞，不似朱使之帮唐态度，对陕明令亦颇满意，对于参战军问题，近日论调亦似不甚注重。特闻。再，今日路透电载，南方代表俟陕西问题解决后，即将提出军事协约、裁兵及裁撤国防军问题，祈注意。筱。歌二。

163. 朱启钤致李纯电　　1919年3月6日

南京李督军鉴：顷接张瑞玑来电，文曰："唐、朱两总代表鉴，并转李龙门先生鉴：余诒来电称，陕已停战，于、陈亦有使往来。昨令电当已收效。敬闻。瑞玑叩。鱼。"等语。特闻。钤。鱼。

164. 唐在章致朱启钤电　　1919年3月6日发

上海朱总代表钧鉴：彰密。陕督参长致京办公处电徐云："顷返，于亦派人来。田、岳二团可先就抚，于、张亦愿速了，三数日即定局。可告衡玉速来。禔。江。"又电："停战令到，即确实奉行。另电：

复请中央以之告南方，于张口台办法已妥，日内办到。田、岳抚事，同时成，请告诸公。禔。支。"又陈、张确实停战，复电另由府达。章。鱼。

165. 钱能训致朱启钤电   1919年3月6日发，8日到。

朱总代表鉴：密。前拟将会议详情宣示，曾经电述。兹于本日通电全国，其文曰：南北纷争，于兹两稔。自政府首倡和平之议，于七年十一月十六日颁发明令，罢战退兵，通电各方，敦切商洽。复由江苏李督军疏通意见，函电交驰，积牍盈尺。其始西南一争名称，再争地点，政府皆曲意从之。迨中央代表既经出发，迟之又久，南方代表始克集沪，又以闽陕问题延不开议。政府为促进和平计，断不令一隅之故，牵及全局，遂不惜使陕民忍痛须臾，允准李督军所拟之五条办法。办法惟何？大要在停战划界，双方各任剿匪而已。经征得西南同意，于本年二月十三日电令宣布施行。双方代表始于二十日在沪集议，共同推定张瑞玑赴陕监视区分。在政府以为陕事可告一结束矣。乃唐总代表以迭接于右任连日来函谓，陕省迄未停战。遂于二十八日会议，要求撤换陈督树藩，并限四十八小时如无满足答复，即向外交团声明停议。以国际惯例，施之国内，宁非怪事。溯自二月十三日，将协定五条办法电陕饬遵，嗣复迭电申告，陈督均先后复电遵办，固未尝抗违命令。至于右任十七日去函，其间相距仅四五日耳。无论十三日以前，当然不受拘束。即该电到省，再由省转递前方各军队，试问四五日内，能否周知。即当日西南通饬停战，该军队何日奉到，何日遵行，中间亦展转多时。事实具在，可复按也。此次唐总代表仅据于右任私函，遂欲强制要求，以停议为挟持之具，致政府各代表不得已而相率辞职。政府已将陕事确况及彼方误会情形据实宣示。惟念大局为重，不忍听其破裂，一面慰留代表，催促开议，一面明令前方将领，依照五条办法恪遵办理，期在一律实行，克期竣事。复经切电在陕军队，各守原防，静候划界，俟实行划界之后，再定后方剿匪办法。剀切申论，务期共晓。现张瑞玑克期驰往，著手监划。无论唐总代表是否满意，上海会议是否停止，政府惟当抱定五条办法，将陕省划防等事积极推行，以重信谊。至开议以来，唐总代表所断断争持者，约有数端：曰取消参战借款，曰取消参战军，曰取消军事协定条件。在中央则认为欧战尚未终了，取消暂非其时。既不能取消，则参战借款当然支付。俟欧战签字，军队撤退后，所谓军事协定及所谓参战军者，皆应同时消灭。彼时参战军应裁与否，应由陆军部并入裁兵案内，统筹办理。此中重要争点，在目前欧战是否认为终了。政府认为尚未终了者，远则有见于和平条件，德国未尽履行；近则有见于俄过激党尚在肆扰，在华敌侨之尚须驱遣。然默揣欧战情形，和约签字为期不远，彼时自有正当解决。且此次会议缘起，乃因护法以启兵争，则议题所列，自应以法律为重，即因护法问题牵及事实，亦必有一定之范围。乃迭次开议，于彼方根本关系之法律问题，未尝一语道及，即政府代表所提出裁兵及军民分治各议案，皆有关善后重要计划，亦以开议以后，枝节纠纷，束之高阁。徒撷举外交内政种种事实，以诘难政府。既失集议本指，且轶权限范围。果一切外交内政皆取决于此项会议，则政府固可不设矣。日以促进和平告于中外，而究其所为，乃使和平曙光相去益远。则会议之延滞，中央固不任其咎也。此中经过情形，我国人或未深悉，用特据实摘告，俾释群疑。凡我邦人，其共鉴之。紫。麻。

166. 唐在章致朱启钤电　　1919 年 3 月 7 日发

上海朱总代表钧鉴：彰密。申刻，英、法、美、意四使赴外交部，声明："日本已认付参战借款，中政府勿再向借。"云云。此举纯系牵制日本，并非劝告，亦不涉和议。特闻。章。虞。

167. 李纯致朱启钤函　　1919 年 3 月 8 日

桂莘仁兄大鉴：顷奉三月八日惠书，并承抄示各件，读悉一切。此次南代表因陕事争持，和议几至决裂，赖我公运广长之舌，持坚果之心，施无边之法力，得以勇猛精进，伏息群魔。功在河山，名垂宇宙，匪独三秦父老铭勋颂德而已。迭示办法，手腕灵敏，智勇深沉，尤极佩仰。现在中央委曲求全，实已表示十分诚意。少川病愈后，当可继续开议。此后小小波折，虽或不免，然得公鼎力维持，亦不难范我驰驱也。专复。敬颂勋绥。

弟李纯敬启　三月八日

168. 河南平和期成会成立快邮代电　1919年3月9日发

上海探投朱总代表钧鉴：大乱频年，生民涂炭，方幸会议开幕，和平有期，乃以陕西一隅，牵动全局，和会梗阻，全国惊心。伏望我总代表懔沦胥之将及，以民意为依归，忍辱负重，务达国民最后之希望，实所切祷。河南平和期成会。青。

169. 王天纵劝段祺瑞悔祸电　1919年3月9日❶

（衔略）顷劝告段祺瑞悔祸书，文曰：北京参战督办段芝泉先生鉴：欧战和平，世局奠定，我国南北，应息纷争。先生虽拂逆于前，兹阅墙衅起，当亦悔悟于今日，息事宁人。而何以当南北开议之时，据各方通告之电，语先生重借外债，购买械弹，假国防为名，添编军队，增入陕西方面，接济刘存厚子弹数百箱，乘我将领不备，攻击四起，夺我数县。是殆假和议之名，而开战端之实，不独为南方之罪人，抑亦北方之罪人，纵敢一一陈之：项城时代，先生始以夤缘干进，居陆军总长之职。后为项城所嫉，免职下台。而洪宪发生，滇黔举义，天下靡然。先生依附民气，谋伊人之权利，暗遣曲同丰赴陕，密令陈树藩独立，以诳义军。项城初不知，竟被胁迫取销洪宪，仍复先生原职，劝令维持现状。后奸谋显露，项城病不能起，召集腹心多人，历数先生罪状，必欲杀之而后甘心。各将领愤愤不平，议令枭先生之首，以报大恩于项城。乃事未成，而项城殂谢。先生未杀，而谋杀先生者犹在。是谁肯甘心于先生者。项城死，黎副总统代任，先生以挟制居国务总理之职，一意孤行，偏僻自是，动辄极力把持，凡事

---

❶ 原件无月份，据内容推测，似应为3月9日。

纯施跋扈，目无总统，而任意威迫，心无国会，而乘机解散。是时有北方义士愤愤不平，劝总统速下明令，杀先生以谢天下。而总统仁慈，不忍诛杀先生，仅下令免职。先生恼羞成怒，逃至天津，暗遣心腹督军独立，反抗总统矣。又以牢笼手段，给张勋入京，演复辟之剧，推翻我黎大总统，民国几不堪复问。黎为辛亥起义之伟人，是起义各将领谁肯甘心于先生者。是时先生又为权利起见，号召义师，而李长泰率师入京，杀退张勋，共和复活。复辟不成，张遂成民国之罪人，而先生乃民国之首功。冯副总统代任，先生毅然登台，冒呈功勋，不赏李长泰师长之功，而奖王汝贤弟兄之功，故有撤李升王之举。李系北派，意已悉恨先生，而张老性憨，受害先生，遁逃逆旅，当亦痛恨已极。先生不顾，以此次功莫与比，仍独行其意见。凡有政治，不受之于总统，凡有设施，肯皆出之内阁。是以天津开会团结督军，把持权利，有结合党援之私，有驱逐总统之议。一派吴光新入夔，制伐西方，一派傅良佐督湘，弹压中路。而不料西南各省，奋护法之种种，同举义旗，血战年余，决无退志。是时闻有南京李督、江西陈督，见民军奋勇不可挽回，遂电先生提倡和议。先生以为不合，谋害二督，下令召集，会议武昌，先生暗派心腹，探知二督乘江宽轮西上，先生转令兵轮相遇撞击。不料二督均派代表，幸而未中奸计。适北方驻湘吴佩孚、冯玉祥各将领受中日协约之激刺，发议和停战之感言，通电全国，望速和平。先生外而严责吴佩孚，内而威逼冯总统。冯未满任，被迫辞职。冯部各将领及同胞四万万，固莫不痛哭流涕、发坚皆裂者也。而先生表面始辞总理之职。今据参战督办，对于中国南北极力主战，是以嗾使伪国会选举徐东海继任大总统，以钱能训代任内阁，明系以徐、钱为傀儡，而自行其职权。不知干臣、东海二先生，各具天良，不忍背叛民国，倡言和议。初见五国公使出而劝告，长江各督出而主张，发代诸明公出而调和，我同胞四万万当亦为之距踊三百，雀跃三百，是皆期于世界和平而不忍为同室操刃之举也。先生独不以为然，纠合安福派议员多人，弹劾钱能训、徐东海之异己，不能一致进行，特暗用手段，借款购械于外国，增兵开衅于三秦。先生此举，不惟反对西南，并反对徐东海、钱干臣矣，反对五国劝告、长江各督、当代诸公矣，反对北方一干将领矣，并反对同胞四万万矣。独是□□中国，实同胞四万万之中国，奈何以一人之权利，动全国之干戈，执迷不晤，怙恶不悛，破坏现在之和平，而置国家于不顾。设一旦外人干涉，解兴问罪之师，则我国国困民穷，危如累卵，而试问先生之意气何在？先生纵不为国家计，独不为一身计乎？纵不为一身计，独不为子孙计乎？而况袁项城之旧部，黎总统之旧部，冯总统之旧部，张勋之旧部，遍满全国，早皆蓄怒于先生。如无战祸则已，有战祸，不独西南各将领以报先生为目的，即东北各将领亦必以得先生之首而甘心也。先生众叛亲离，能取以胜乎？万一先生以独一无二之坚决，能战胜榷殊全国之人民，则我四万万同胞，能甘心就死，让先生一人独留乎？千夫所指，无疾而死。天纵在京数年，与先生交其一面，故特尽情劝告，惟先生慎之。王天纵叩。佳。

170. 朱启钤致北京电　　1919年3月10日发

　　午间，唐属南代表全体来云，继续会议，须先询朱意见：（一）李代表所得消息，陕战似尚未停。至五日朱函，对唐撤陈及以十一月十六日颁令为划界标准，何以未复。朱答，陕事，政府严令申儆，陈亦复遵，俟张瑞玑到时查考，如有违令，必当严惩。至撤陈及照十一月十六日划界，会议时本不赞成，故亦未请示，不能承认。（二）询军事协定、参战军事主张如何。朱答，政府协定主张宣布，参战军自有正当办法。（三）询国会问题，据麻电以法律立言，转责南方不提，是将来当先是着，公同意否。朱答，此问题早迟必提议，当与我方之军事政治各大问题公同研究，以平允解决时局云。南代表回。又唐病，医云三日后可出门。

171. 李纯致朱启钤电　　1919年3月10日发，11日到。

　　朱总代表鉴：桂密。顷准陕西陈督军庚电开："陕省前奉院部元电开示闽、陕、鄂西办法五条，当经通行前方各军队遵照在案。复奉大总统江日电令，饬即实行停战，以固安集。遵即通行前方各部队切实奉行，静候张瑞玑到陕区分办理。特闻。"等语。谨电转达，即希察照。李纯。蒸。

172. 熊希龄致钱能训电　　1919年3月10日

北京国务院钱总理鉴：枢密。麻电敬悉。南北会议因陕事停顿，龄特由宁赴沪，正在设法疏解。忽得尊电，反起纠纷，甚为诧异。京沪相距太远，真象莫明。中央只宜持重发言。按照惯例，亦应先与北代表预行接洽，方可发表文电，庶不致南辕北辙，另生枝节。盖有责任者之言论，与无责任者大相悬殊也。今若麻电所云，双方代表皆为失望。政府体制重在判别是非，居于正中地位，不可于未经查明之案为人辩护，致失尊严。譬如陕西问题，须俟张瑞玑到陕电告虚实，乃为确证。今麻电种种剖白，是替陕西说话矣。又如参战军问题，日本报迭次载明日本政府愿意中止。今麻电种种解释，是替日本政府说话矣。又如法律问题，中央屡次主张先事实而后法律。今麻电忽言注重法律，是替军政府说话矣。在政府虽存无我之意，而天下即疑为挑摆衅之端。差之毫厘，失之千里。一言兴邦，一言丧邦。枢机之发，不可不慎也。辱在知交，谨贡忠告，乞赐卓裁，无任虔祷。希龄叩。蒸。

173. 唐在章致朱启钤电　　1919年3月11日发

上海朱总代表钧鉴：彰密。今早公使团卒议，因沪会久停，有提劝告讯，现候东京复电。陆子欣赴瑞士，电京辞职，似因伍朝枢问题，现去电切留。张瑞玑明晚七点行。章。真。

174. 钱能训致朱启钤电　　1919年3月12日发，当日到。

朱总代表鉴：密。顷据许司令兰洲电称：兴平一带电线损坏，又因递送前方相距将三百里，院支电于阳日午后十一时奉到，已恪遵停战，暂就原防驻守。阳日以后，确无战事。知注并闻。再，尊电所询本月一号夜车运陕子弹及汉阳兵工厂拨给刘存厚子弹三十万，顷经详查，据述并无其事。祈转复。能训。文。

175. 钱能训致朱启钤电　　1919年3月12日发，当日到。

朱总代表鉴：密。蒸电所询运陕子弹一节，经参陆处查询，并无其事，惟从前发过子弹，间有已经起运尚在中途者。而陕省沿途等处各军均设有兵站转运局，其领到军械随地拨存，不时运往，殊难一一稽考。但所可确切声明者，目前对于陕省决无拨给子弹之事。此后陕省亦决不致发生战事。顷发一电，语有未尽，用以密陈，统希察照。紫。文二。

176. 朱启钤致李纯函　　1919年3月14日

秀帅麾下：

顷接唐总代表来函，内述陈总司令炯明议具闽省停战划界办法七条，并广州政务会议电开闽省划界办法，属为核复，并将陈电转陈政府等因。除函复外，兹将来函并复稿一件录副奉览，即祈察照为幸。专此。敬颂勋祺。

再，昨日南方各代表又来质询陕事，当即据电中央。原电并奉。又及。

附抄函电各二件❶

　　　　　　　　　　　　　　　　　　　　　　　钤

177. 钱能训致朱启钤电　　1919年3月15日发，当日到。

朱总代表鉴：密。近日陈督与于右任确有接洽，多系由林少和、张聚廷互通款曲，两方均有信使往复。尊处致于电，确已由张聚廷赍往转交，并非扣留。又据许司令兰洲报告，阳日在岐山军次，奉到院部节❷电，现已确遵停战云云。此事因驻地远近不同，邮递交通不便，

---

❶ 原稿未付抄件。
❷ 据174电文，许兰洲于阳日奉到"院支电"，"节"字疑为"支"字之误。

致实行期间不无先后,当在鉴中。又闻凤翔城内郭坚、樊钟秀等与叶荃意见决裂,已成互哄。现属我军务持镇静态度,勿得希功轻进。俟得续报再闻。紫。咸。

178. 钱能训致朱启钤电 1919年3月15日发,16日到。

朱总代表鉴:密。据许师长兰洲电称:"郭坚、樊钟秀、叶荃等,在凤翔城内互哄,枪声甚烈,居民纷纷逃避,流离载道。我军未能设法安抚,只能赈以粥米,情形极惨。"等语。特闻。紫。咸二。

179. 钱能训致朱启钤电 1919年3月有16日发,17日到。

朱总代表鉴:和密。元二电悉。陕事双方报告各异。此间仅据陕电转述,自非另有证明,不足昭信。惟道路遥远,一时无从取证。张瑞玑已于元日兼程入陕,一星期内可到。俟张到后来电报告,当可分晓。目前已先照尊电转告陈督,务得于右任一电,证明停战,以释群疑。俟得复再告。能训。铣。

180. 朱启钤致钱能训电 1919年3月16日

集灵囿译电处译呈,梓密。紫公鉴:寒电悉。军事案大致就我范围,已另电详陈。善后借款,今日亦大致讨论,拟定以二百兆元为额,王叔鲁、方立之、曾彦、缪嘉寿四人起草,不难限日归束。惟地方制度案,本推定施、汪、方、胡、章、彭六人审查,此案政论纷纭,因革损益,率尔操觚,谈何容易。持高论固难适合国情,对空策又不足以餍时人心理。平情讨论,双方颇感困难。即令审查得有结束,亦不过成为建议案而已。其他问题,滇、黔、川、桂各代表所最注意者在补充一条;湖南代表在抚恤救济一事。倘目前于善后款中有承认之明文,将来得中央公平分配之保障,余题当不难迁就归纳矣。自赓续开会以来,双方代表镇日在会场集合,感情较易融洽,讨论各案尚属顺手。少川近日态度亦极和缓,昨于休息时间密谈国会问题,亦苦无平允办法，使双方下台。渠自云，某派主张用六年会员在南京制宪，乃一种阴谋，事实上亦难使在新会之旧议员改颜合并。报载北京方面反对甚力，此说当可打消。渠又言拟用消极办法，和平会议如他案均已妥洽，惟法律一案双方不能让步，只好付之国民公决；或由本会组织一法律会议案，由各省议会每省推举三五人，在南京开会，解决此事。既可延长时日，各省局面容有变迁，北方省会既占多数，中央亦可操纵云云。问弟意见如何。弟仍主张简捷办法，先申甲说：由和会议定西南五省补选议员，加入北京宪法会，依据旧会二读案完成公布修正选举法后，即行闭会。并戏言此为借胎还魂法，民党中坚分子在西南当然入选，到京后当然可自由行使其宪法主张。京会亦不能不容纳西南一部分之意见，因此达到完成宪法之手续，与用六年旧议员还魂制宪同一作用，比较另借他种调停办法尚属易行，不过南方代表有牺牲护法之精神耳。次申乙说：即由本会自为国家直接负责整理原案，述而不作之意，但两方代表均涉议宪之嫌。反复譬喻。杂以滑稽之语，二者请其作答。渠于变更国会组织缩减人数之案，虽口中时有主张，而于约法之条文理路不甚了了，故未能作明了答复，但以甲说为降服办法耳。昨日接洽情形，大概如此。本拟俟达诠回沪，再进一步接洽，因得尊电，都中风传反对代表议法之说甚盛，如果政府有所顾虑，即就唐国民公决之说推诸和平会之外，徐图变化，未始非一了法。倘军事借款案果能单独成立，军事委员会之组织西南要人均入彀中，彼时旧会已失依据，自然消灭亦未可知。此层望趁达诠未行时密为计议，并盼速回。关于此等密要之事，非灵活脑筋不能迎机披导。弟早作夜思，心力已觉不继，报告属他人为之，每不尽意，自拟则日不暇给也。蠖。铣。

181. 唐在章致朱启钤电　　1919年3月16日发

上海朱总代表钧鉴：彰密。外部昨答复四国先日对参战借款劝告事。谓："系内部行政，政府正在筹议办法。"云云。乞密。又钱总理派许宝蘅来沪面陈。章。谏。

182. 吴笈荪致朱启钤电　　1919年3月16日发，17日到。

朱总代表鉴：蠖密。中日军事协约各项，已由部商明日使，彼此同于十四日登报发布，并拟将各密约陆续公布。巴黎会中新添财政、经济两股，我国加入经济股一员，即以施公使担任；财政股亦得加候补一员。陆子兴至瑞士稍事休养，十日忽来电辞职。经府院坚切电留。据闻系因前过日本与其外部谈话，曾有"中日两国在会，当亲密爱助共图进行"之语，日人用为话柄，到处传布。又有某公使等要求有议事表决权。两事交相逼迫，因思走避，刻又电催速回巴黎矣。笈。铣。

183. 唐继尧致朱启钤函　　1919年3月17日

桂莘先生侍史：久钦重望，无任依驰。会以上海议和，德星临聚，仰怀相与，愈仰宏谟。近因陕省问题又生障碍，深恐国事复起纠纷，曾于真日通电各省，切劝以和议不可破裂，大局必须维持。诚以民困已深，外交益迫，内争未息，必陷沦亡，故国民希望和议之成，群趋一致。乃犹有横加梗沮以逞私团者，此真国家之罪人，南北之公敌也。尚冀主持正谊，促进和平。翘企伟谟，不胜冀幸。兹有美国人安德森，由滇返沪，借便致笺布悃，并介绍与公一晤。此君熟悉我国情事，亦极爱重和平，幸与接洽。并祝健康不既。

期唐继尧敬启　三月十七日

184. 吴笈荪致朱启钤电　　1919年3月16日发，18日到

朱总代表密鉴：亲译，护密。陕省岐山、凤翔两事，干揆闻已电告。此事内容，岐山确系六日所下。许兰洲电告七日接到电令，七日后，实无战事。至凤翔系郭坚、樊老二与叶荃冲突，郭、樊欲将叶逐出，投诚于许兰洲。有电致奉军司令部，谓郭、樊、叶均已移驻城外地方，绅商请求维持秩序。详情尚未据报。已由奉司令部电许，不得

入城，必不得已，即以文官与商会安抚居民。又闻樊、郭仍在凤翔，许兰洲仍住横水镇。此均实在情形。特密闻。又，参战军经四国劝告后，日本屡次间接表示不赞成裁撤该军。小幡并谓前次劝告时，朱公使本有不干涉中国内政之议。此次四国劝告，朱尔典来约，小幡仍以不干涉中国内政拒之，故未加入云云。主座对此事，拟以改归陆军部复外，靳翼青，初意不敢赞成，各方面再三磋议，渐可就绪。芝老辞参战督办，主座当时原呈退回，外间尚无多知者。统容续报。笃。霰。

185. 朱启钤致钱能训电　　1919 年 3 月 21 日

集灵囿译电处译呈钱总理鉴：和密。准唐总代表函："以接三原于右任本月十一日函称，三月十日尚有战事，如乾、凤围急，兴市被攻，红崖渡又向我攻击。并得省中消息，六日午后，陈氏又电饬张金印激励将士，赶掘隧道，以期轰克乾城。七日又派机器局熟于爆炸术之刘某，携带地雷、黄色炸药并磨电机等前往乾县助攻。则陈氏无停战真诚可知。又据关外来人言，北京近又发给陈氏七九、六五枪弹各三十万粒，五生七、七生五及七生六炮弹各一千五百枚，刻已运至观音堂。由以上各节观之，北京与陈氏对于陕西实有所不甘心之处，必千方百计拖延之，掩盖之，以杀尽此六七万义军然后快，非必北京之令出不行，亦非陈氏之抗令不遵也。今北代表全体辞职既经笼统慰留，南代表要求限时答复，又已不得要领，和议前途尚不可知。如和会而存也，务望双方代表速电北京，阻止观音堂之大批军火运陕。如其决裂，战祸重开，责有攸归。"等语。兹将原件送呈，即祈查照，据情电京，并盼示复等因。谨此转陈，请饬查复。启钤。马。

186. 河南省议会快邮代电　　1919 年 3 月 21 日发

上海朱桂莘先生、唐少川先生暨诸代表先生钧鉴：昨接沪电，因陕事未能解决，和议行将破裂，人情惶惶，全国震惊。诸公膺代表重任，实国家存亡所系，一发千钧，关系至重，万勿以局部之波折，置

全国于不顾。尚祈委曲求全，双方忠告，务祈和议告成，南北统一而后止。异日山河再造，皆诸公之赐也。谨此电恳，盼切祷切。汴议会叩。马。印。

187. 张瑞玑由渭南来电   1919年3月20日发，23日到。

上略。唐、朱两总代表鉴：号日抵渭南。查张旅长锡元与靖国军岳维峻、曹世英在交口、相桥一带，均已遵令停战。刻有两方会议，各退四五里，岳、曹军退至少青河以西，张军退至田市、油房街，以免冲突。惟查浮水一带，时有溃匪出没抢掠，拟由张旅分驻省东大路，剿防各匪，以安闾阎。已将此情分电中央矣。玑明日即由渭入省。余俟续陈。瑞玑叩。号。

188. 钱能训致朱启钤电   1919年3月22日发，23日到。

朱总代表鉴：和密。据上海商业工团朕合会箇电称："本会商业五十三公团，于啸日集议，金谓日来商货壅滞，上海商店纷悬白旗，书写'和平'字样，而停止装货，停止交易之声，喧然以起。伏乞立电停战，并电催代表于七日内续开和议。"等语。查陕西确已停战，迭经电达在案。兹张瑞玑自渭南来电，已达台端，足资证明，是南方停议理由已可销释。商民呼吁迫切，当亦在南代表悯念之中，可据以转催，彼此开议。尊意以为何如？再本日据刘督存厚信称："厚部自奉停战命令以来，早经遵守现防。值兹和议进行，益当仰体成谟，静候解决，已转饬诸军一律遵照。"云云。并以附达。能训。养。

189. 钱能训致朱启钤电   1919年3月23日发，24日到。

朱总代表鉴：和密。祃三电悉。张瑞玑渭南来电，可为停战证明，昨已电达。并请尊处根据商界联合会函电，促彼方赓续开议，与尊意正同。本日据陈督电称：张瑞玑养日正午抵省。张抵省后，尚无直接来电。附闻。能训。漾。

190. 钱能训致朱启钤电 1919年32日3日发，24日到。

朱总代表鉴：密。州接福州李督军号电称："据厦门臧司令报告，南军近日复于南美、江东桥、东尾等处，增兵运械，逼近我军防线，意在挑衅，筹备进攻，毫无疑义。"等语。原电业由李督分致，想经察及。又接武昌王督军简电称："兹据郧阳张镇守使皓电称，据驻平利王团长报称，盘踞镇坪之匪，日渐增加，现已有三千余人，设卡放哨，逐渐前进，并有全队攻平之说。又据张使电称：据平利王团长报告，王安澜派人手持知照，至距镇坪七八里之古牛渡、白竹峡等处勒逼各团绅准备柴米。各处声言，全军将赴平利，沿途必须应用等语。寒日又搜出王安澜所部司令施宪武致竹山、竹谿商会公函内云：平利、砖坪一带，业已划入该军管区，恐鄂军未得真知，越境冲突，特行通知等语。查际兹停战期间，该匪等无端侵越我境，任意滋扰，殊属有碍和局。曾于□❶日电询南方诸将领。兹接黎天才皓电，称王安澜所部，向未受敝军指挥。此次到镇坪骚扰者，是否确系王氏所部，或属另股匪徒，无从悬揣。惟既骚扰地方，无论是兵是匪，均应查明办理等情。其唐继尧、熊克武则至今尚未答复。除再电唐、熊两司令速查电复外，谨陈。"等语。务即一并转询唐总代表为盼。能训。漾。

191. 张瑞玑由西安来电 1919年3月23日发，25日到。

特急。北京大总统、国务院、陆参处，广东军政府岑、伍两总裁并转各代表、各部长、赵其相先生，上海唐、朱两总代表并转各代表，南京李督军鉴：养日抵西安，陕省双方军队刻俱停战。前蒲城小有冲突，今已平息。调查主客各军驻扎地点：陈督所部分驻大荔、朝邑、潼关、临潼、蒲城、蓝田、安康、榆林、肤施、宝鸡、咸阳等处，奉军许兰洲所部驻兴平、武功、扶风、岐山，张锡元部驻渭南、华县、华阴、零口；镇嵩军驻鄂县、盩厔、郿县；川军驻南郑、沔

---

❶ 原为空格，有小注"码不明"三字。

县、宁羌、褒城；鄂〔鄂〕军驻白河、平利；甘军驻邠县、永寿、旬〔栒〕邑、陇县、汧阳、三边，晋军驻韩城、郃阳，绥军驻横山、靖边，靖国军部驻乾县、凤翔、享〔淳〕化、耀县、三原、富平、美原、泾阳、同官、宜川及渭北小青河以西蒲城附近一带。唯闻郭坚、樊毓秀已高悬奉旗，投归许旅矣。统计南北主客驻陕军约十三万，集八省之兵，合数省之匪，星罗棋布于关内一隅，纵卸甲坐食，秦已不堪。瑞玑入关，所经市阛，比户墟落断烟，闻西路尤甚。陕南已搜括无遗，陕北则糜烂殆尽。父老相见，拮手失声，咸谓兵火之惨十倍回乱。但愿自今以后，再勿多生伟人英雄，使愚民得稍稍安集，于愿已足。若欲复元气，非三十年后未易言也。其言甚怆，闻之恻然。瑞玑拟一二日亲赴兴平、三原各战线与许、于各方接洽，会商停战划界事宜。务求两免冲突，暂息民喘。和议既开，则是非曲直听之南北公判。陕人受祸较烈，故陕人希望和平之心较他省尤为迫切。此电入览，八百万呼吁之声隐隐纸上矣。瑞玑叩。梗。

192. 钱能训致朱启钤电　　1919年3月24日发，25日到。

朱总代表密。蠖公鉴：昨电计达。嗣又致电张君瑞玑，催其速与陈、于接洽，俾有相当通告。并望另有切实通电，分致各方，以为继续集议之据。一面另电陈督，请其速与张君商治进行。此电到后，张君当有详切办法，当再奉闻。目下能即据商界联合会函电，及张君自渭南证明停战来电，先行开议，尤所盼跂。日前秀督来电，谓：叔鲁谈及少川颇有悔意，而苦无转圜地步，谓可躬任疏通。最好由中央明令申责陕省将领，或另派大员前往查办。当复以陕省确已停战，未便加以申责。至另派大员往查一节，前虽已派宋联奎前往，如能以此为转圜地步，则另派亦无不可云云。日来尚未得复。未知秀督曾否接洽进行也。元首拟日内再颁明令，剀切申明渴望和平之意，并宣布陕省停战情形，不及他事。此项明令，能否借为转圜，于空气上有作用否？祈速密示。至盼。紫。敬。

193. 张瑞玑由西安来电 1919年3月25日发,26日到。

　　大总统、国务院、参陆处,军政府岑、伍两总裁并转各代表、各部长,参众两院林、吴、褚三议长,唐、朱两总代表并转各代表、李督军鉴:陕事已两电奉闻。查陕省军匪不分,近来土匪蠢起,如北山曹老九等皆借名靖国,占据滋扰,三秦人民疾首痛心。惟述及胡景翼军队,则感赞不已。足见人心不死,是非昭然。近因陕西一隅,牵掣大局,至和议不能进行。瑞玑窃谓陕事完全解决,当待和议公判。战事既停,和会即当续开。至划界一事,南北所争皆与事实相远。瑞玑入关以来,耳目闻见,较为亲切,日与三秦父老及各界绅民研究息事宁人方法,过偏则争,过激则变,只求双方退让,攻者解围,战者避舍,不至再起冲突,使小民暂时省(?)安。若如南方所争划界以十一月十六日原状为准,北方以二月十三日为准,是停战以后又起纷争。地点之争、时日之争、乡镇距离远近之争,各持一说,不肯相让,虽千笔万舌,亦无从而调停之。一有决裂,则战事立起,民又遭殃矣。瑞玑拟明日亲赴兴平、三原与许、于接洽,实行息战安民为第一。至陕省各种重要问题,俟和会开议自当连带解决。务请继续开议,判决一切。大局幸甚,陕西幸甚。瑞玑叩。有。

194. 许宝蘅致朱启钤电 1919年3月25日发,26日到。

　　朱总代表鉴:亲译,护密。蘅漾晚到京,进谒主座,干揆将二十一日所谈各节,详晰陈述。知公近来接洽情形,甚慰。惟法律问题极费研究,以旧法召新会,此说流行已久,北方心理多不主张,外交方面亦不谓然。良以两院人数过多,其性质无所差别,皆旧法不良之点。年来南北扰攘,皆由于此。若果仍用旧法,则数年之争谓何?且民国已八年,而宪法未定。主座谓国会须由宪法产出,方能根本肃清。若仍扶墙摸壁,则乱无已时。干揆意拟先提宪法问题,以旧会所草宪法二读案提出,认为有效,以示尊重旧会之意。由旧会将二读案完成，交新会通过；或由两会合组宪法委员会，将二读案完成通过，再本宪法案以修此组织法，庶于新旧会两方面皆无妨碍。刻下正在草拟此项办法，俟拟定再与公接洽，并与朱使接洽。二十日所谈朱使方面一节，刻下尚未续与接谈也。公与香山所接洽，揆意香山既尚不敢承认，希望公暂停顿。至裁兵案，外交方面最为注重，主座亦极注意。揆意须与法律同提。其余问题，不妨从缓。世湘丁艰，蘅奉命暂兼代。迟数日或端甫或蘅当南来，并闻。蘅叩。有。

195. 朱启钤致李纯函　　1919年3月27日

秀帅麾下：近日迭接张衡玉君❶自陕西来电，证明该省确已停战情形。此项电文，尊处度亦鉴及。当由弟处复电，并请将三原、兴平各地状况随时电示，俾慰远怀。一面由弟今早晤商少川促其继续开会。惟少川意以张君来电，系由西安所发，在陈督势力之下，所言有所顾忌，非候张君抵三原、兴平，与于右任接洽后，发来密电，不足征信。并于二月十三以后未能停战之责任问题，执为口实，似此纠缠不已，会议前途，未敢乐观。鹤雏兄来沪，传述尊意，至感殷拳。特将张电到后情形奉闻，并附缮复张君电寄上，即希台览为荷。专此。即颂勋安。

附抄件❷

弟朱○○敬启　三月二十七日

196. 钱能训致朱启钤电　　1919年3月27日发，28日到。

朱总代表鉴：和密。据福建和平期成会电称："粤军近迫前线，每夜呐喊击射，曷胜惊骇。"等语。又据建省议会电略同前因。该电均已分致，想邀鉴及。务希转诘唐总代表，速电粤中及陈炯明，严饬该军退守原防，毋令再启战端，致滋枝节，是为至要。能训。

———————

❶ 张瑞玑，字衡玉。
❷ 原稿未附抄件。

沁二。

197. 钱能训致朱启钤电　　1919年3月27日发，28日到。

朱总代表鉴：和密。据福州总商会、教育会等电称："闽受兵祸，日望和平，近因会议停顿，人心惶惑。连日官电，仁寿被占，惠安境内亦有南军侵越之耗。此间去电质问，迄未见复。又报漳州陈炯明军右翼迫近五百米达，左翼下天竺山，夜间呐喊射击。似此情形，深恐战祸复开。除面恳李督军仍遵行停战外，另急电请飞电朱总代表向南方代表交涉，务使在闽粤军勿挑衅端，诸待和局解决，以全闽民。"等语。特闻，祈查照转达为要。能训。沁三。

198. 钱能训致朱启钤电　　1919年3月27日发，28日到。

朱总代表鉴：密。顷据张瑞玑有电称："陕事完全解决，当待和议公判。战事既停，和会即当续开，请继续开议。"等语。查原电已分致尊处，想当鉴及。既有此切实证明，务请转促彼方从速续议，勿再延宕，实为至盼。能训。感。

199. 钱能训致朱启钤电　　1919年3月27日发，28日到。

朱总代表鉴：和密。晋阎督有电称："前奉中央停战电令，当饬援陕晋军遵照停战，静候划界，并将一部分陆续撤回东岸，余俟陕督派队换防，即全行撤回。乃顷据前敌报称：彼方乘虚相逼，分道进攻。离邰城数十里时，经派军使前往，告以停战划区之事，竟庞强不理，仍向城前进，去城仅五里许。若再逼进，恐生战事等语。查自奉令停战之后，已飞饬前敌各军停止前进。讵意彼方乘晋军调回之际，进逼邰阳，刻下近在咫尺，倘再前进，恐难免发生战事。事机紧迫，请察核示"等因。查中央自颁布停战命令，在陕各军均能确守原防，未越雷池一步，其援陕晋军，且将陆续撤回东岸。希冀和平之心，当可共谅。乃竟此退彼进，逾益逼近，实属有意寻衅。万一冲突，谁尸其咎。除电晋督饬部固守原防勿轻开衅外,希即向唐代表严重诘问,将该处队伍从速撤回原线,免启衅端。特电盼复。能训。感二。

200. 钱能训致朱启钤电　　1919年3月27日发,28日到。

朱总代表鉴:密。宥电悉。陕南停战区域由双方将领直接商定,系依据五条办法。尊意仍应与张君瑞玑接洽,益臻周匝。此间已电刘督、管使查照矣。能训。感三。

201. 钱能训致朱启钤电　　1919年3月27日发,28日到。

朱总代表鉴:密。宥二电悉。陕事得张瑞玑两电,一切症结可以顿解。彼方代表全体既经讨论办法,当有接近之望;若仍借词延宕,咎将在彼。尊意宣告经过情形,以俟公论,极得要领。承拟令稿,借赈抚以收人心,词意均属周协,日内即发表。紫。沁。

202. 朱启钤致张瑞玑电　　1919年3月28日

西安电局探送张衡玉先生鉴:接钱总理敬电开:"据陕督简电,转据刘旅长二十日电称:昨晚有匪千人潜至荆姚以南,占据甘井、李家、王家等村,时向我步哨线击射。蒲城亦仍被匪围困。我军皆遵令确实停战,此种土匪仍任意窜扰,可否准予御剿等情。查我军实行停战,彼乃得寸进尺。兴围撤后,匪势更逞,彼且以非其所部不能制止为言,后患不堪设想等语。陕省自停战后,土匪乘机窃发,到处皆是,究竟是兵是匪亦无从辨别。除令陈督,就近与张瑞玑赶速将划界事宜商定,以免匪徒混淆外,应希转向唐总代表声明,嗣后该省遇有匪警经南军所认为非其部不遵命令者,陕军将本其维持治安之责任,加以制止也。务希询得唐总代表确复,以便办理。"等因。当经函致唐总代表查照。顷接复开:"查所云是否真有匪徒,抑欲借剿匪为名伸其大欲?要之,一方面之词未克为凭。现在张专员瑞玑已入陕,应俟张将界线划定。如果真有匪徒,亦应各就所辖区域施以剿治，免生枝节。专复，即希查照。"各等因。除电复政府外，应请执事查明情形，与双方商洽迅定界线，以便分任剿匪，以免蔓延多生枝节，实所企祷。并希将办理情形随时见示为盼。朱启钤。勘。

203. 江西旅沪同乡会公呈

江西旅沪同乡会为攘夺公产，擅订契约，抵借外债，徒滋乱源，恳求提议取消事。

窃江西九江城门山铁矿，于李烈钧督赣时，由实业司购买，确定为省有产业，列入预算在案。现王揖唐呈部开采，而徐树铮、李盛铎、曾毓隽、李经芳、夏棣三、孙宝琦、饶孟任及盛宣怀之子盛泽臣等，均为合办人。业经江西实业厅长夏同和出席省议会报告，并声明此系北京政府主持，地方官吏无力挽回。查王揖唐、徐树铮等为主战派之首领，举国皆知。今乃擅以商办名义，将九江城门矿山向日本三井洋行抵借一千二百万元。事关本省矿权，赣省议会决不承认，已有哿、养、敬三电请求贵会议阻止。敝省旅沪同人以此案不特为地方矿权所关，且为此次和战问题所系，实与参战借款、八年公债、凤凰山借款等案，同为和平之先决问题。若不先事预防，共图抵制，一旦借款成立，战祸恐不免因之再起，此则全国人心所痛惜，亦决非贵会议之所愿闻。务请严电北京政府，明令取消，以保和局，实极公谊。

谨呈和平会议朱总代表。

汤漪
汤祚贤
邹维良

中华民国八年三月二十九日

204. 中日合办凤凰山铁矿合同草案[1]

第一条 本合同所指之铁矿,以凤凰山及周围五十里内之铁矿为限,其中已归商办者,应由政府收回。倘商人已与外人生有关系,则由政府取消之。

第二条 铁矿之矿业权完全属诸陆军部。

第三条 陆军部与大仓洋行合办一制铁工厂,其股份中国认十分之六,日本认十分之四。但中国之股款,由日本借款供给之。铁厂开办后,大仓洋行得应陆军部之需要,承办其他附属事业,其合同另订之。如须增加股份,仍按照本条办理。

第四条 铁厂所出生铁,至少须以一半供给日本之用。

第五条 股额定为日金一万万元。

第六条 合同签字后,大仓应照前条所订股额,交付四分之一。即二千五百万元存储陆军部所指定之银行,其存款凭单交大仓收执。

第七条 本合同自双方签字后实行。

以上合同七条,均陆军部与大仓洋行磋商成熟,现由陆军部咨送农商部征求同意。但田焕亭总长已赴彰德,故此事尚在停顿中。

205. 钱能训致朱启钤电 1919年3月30日发,当日到。

朱总代表鉴:密。勘电悉。赈抚昨已布。元首意另颁一令,宣布政府爱重和平之意,为转移外交空气作用,亦于本日宣布。现无续行劝告之说。少川以此为外交手段之胜利,正其失败也。参战军、八年公债两事,更在停议主因之外,似此波谲云诡,逆料开议前必有几许纡迴,即开议后,亦必有无数艰棘。其意在投机,而非图了事,已可概见。吾辈意指,皆欲于极短期间之内求一结束。若旷日持久,毫无

---

[1] 1917年10月28日段祺瑞借对德宣战名义,与日本拟定凤凰山开矿合同草案。但农商总长张国淦不在合同上签字。12月田文烈(字焕亭)代张国淦为农商总长,仍未签字。和会中,南方代表要求北京政府公布中日密约。朱启钤所收集的"参考资料"中,也收入这一合同草案。

办法，不特外交财政情形可虑，且难保不发生他项问题。彼时大局破裂，未始非一般投机者利用之资，而于少川个人，则断断有害无利。公晤见时，能否以此意切讽少川，促其觉悟。望斟酌为之。此后对待步骤，补救方法，以及各方空气，如何布置，均须详切研究，有所决定。此间正在筹虑，适得尊电，佩慰实深，达诠何日北来，尤所盼跂。祈以尊意密告达诠兄，俾资商榷。和密艳电，恕不另复。紫。三十。

206. 施愚致朱启钤函　　1919年3月31日

桂老大鉴：

　　承示唐总代表交广东来电一件。查此事最初政府派愚就近赴沪，与伍君朝枢接洽，拟任伍君为欧会专门全权代表，俟得同意，然后发给证书。彼时伍君以专门全权名义，能否列席，殊难预料，如不能列席，则派犹不派。又代表员额南北相悬，要求加派王宠惠、王正廷两君，而于名义争持尤力，至少须得二人加入全权之列，虽已额满，仍求撤换。当即据报政府。彼时政府以全权派定，早经通知友邦，难于更变。此电到宁，伍君已先去沪赴粤，去时与愚约有秘码，属为转达，因以此本由南京督署电粤，久不得复，迭次公电查询，迄无着落。然同时发有快邮，告以王君宠惠坚持不就，王君正廷已就职赴欧，而名义则已成一律，无全权、专门之分，列席则定为轮班，临时由代表推选。劝伍君为国勉行，毋再争持。及得伍君最后来电，第云已奉军府特派赴欧，不日出发，应商之事属张镕西❶、谷九峰两君与愚接洽。此次到沪，始承谷君见访，与述前项情形，则此事已成过去。谷君亦谓无可再商，欧会经时已久，政府实难于中途添派代表参加列席。政府最初于伍君原无所吝，以伍既无明确表示，政府何能以明令发表，授以证书。现伍君赴欧时，亦无请求政府任命及给予证书之语，则政府无所谓负约也。愚于两方之意，不过据实转达，兹奉交阅来电，谨将经过情形具陈大略，即希鉴察。并颂道祺。

　　　　　　　　　　　　　　　　　　愚启　三月三十一日

---

❶ 张耀曾，字镕西。

207. 钱能训致朱启钤电   1919年4月1日发，当日到。

朱总代表鉴：密。三十一电悉。教育部借款，系因库储奇绌，直辖学校经费数月未发，故向美国借美金五十万元，暂资应付。详情另由傅总长电达。希鼎力维持。同荷。能训。东。

208. 王占元等致朱启钤唐绍仪电   1919年4月1日发，2日到。

朱总代表、唐总代表并请转各代表诸君同鉴：自诸君子集沪开议，时局入和平之轨，国家有统一之机，中外闻之，莫不嗯嗯而望。方冀敦槃樽俎，永息纠纷，不谓因陕省一隅而议场忽然停顿，乐观之始，旋抱悲观，人心皇皇，大局岌岌，而国际地位受其影响，又险象之最著者也。占元等两年以来，奔走呼号，千回百折，幸而达其目的者，乃独亏此一篑之功。夙夜傍徨，疚心何极。窃谓中国之安危，系于和议，和议之成否，系于陕事。是陕事虽小，而所关固甚大也。自中央颁布严令，一律停战，陕陈督军固已通电声明遵令实行。虽于君右任尚无证明文电，而画界员张君瑞玑行抵陕省，陕已一律停战，有张君迭电可证。是则陕省方面解决有期。至于传闻异词，盖由内容复杂。此时所应商者，辨明以前之是非，保障以后之冲突而已。占元等比复陈明中央，一面另派大员查办陕事，以昭大信，一面责成陕省切实约束，以杜后虞。在中央不惜委曲求全，在各方当亦足纾忧念。当此时机危迫，一发千钧，潮流所趋，实为公理，人心所响，咸在和平，众欲未可拂违，武力断难存在。故非迅速开议，无以慰中外之望；非慎循轨辙，无以救国家之亡。占元等所希望于诸君子者，厥有三端：曰即日继续开议，曰双方议题作一次提出，为一定范围，三提出议题以后，以今日时势及事实所必要，而确能办到者为标准，总期早日解决，免致徒托空言。诸君子类负一时重望，同抱爱国热忱，尚祈俯采刍荛，重联议席。外以塞邻邦之望，庶国际地位得以保全；内以安浮动之心，庶四百兆民重登衽席。时乎不再，来者可迫。敢陈呼吁之词，敬达贤人之听，惟诸君子其图之。鹄候德音，毋任翘跂。王占元、陈光远、吴佩孚、李纯。东。

209. 陈树藩刘镇华致朱启钤唐绍仪电
1919年3月26日发，4月2日到。

朱总代表、唐总代表并转各代表鉴：张专员瑞玑养日抵陕，会商之下，备极款洽。业于宥日离省前赴兴平，仍拟由兴平赴三原与于右任君就商办法。除派宪兵护送，并报明中央、分电各处，令饬各军知照外，特闻。陈树藩、刘镇华。宥。

210. 张瑞玑由西安来电　　1919年4月1日发，2日到。

大总统、国务院、参陆处，军政府岑、伍两总裁，并转各部长、各代表、赵其相先生，参众两院林、吴、褚三议长，唐、朱两总代表并转各代表、李督军鉴：与陈督商，乾县战线均退后五里，关山军退至关道及下邽，兴市军退至荆西北各村堡。晨晋督及邰阳县公民电报：高峻侵扰邰阳一事，已由于右任飞饬高峻速勒部下谨守原防矣。三原密电亦通，玑今日已回省。敬闻。瑞玑叩。东。

211. 张瑞玑由西安来电　　1919年4月1日发，2日到。

军政府岑、伍两总裁，并转各部长、各代表、赵其相先生，参众两院林、吴、褚三议长，唐、朱两总代表，李督军鉴：本日致北京大总统、国务院电文曰："一日由三原回西安，始奉三月三十日令，拨银五万元交瑞玑同官绅抚恤陕灾，瑞玑不胜惶诧。瑞玑此次受双方代表公推入陕监视停战，前曾声明不能受一方约束。瑞玑主张，只以息陕祸促和议为第一义。陕战能停，和议能开，是瑞玑职务既尽，目的亦达，便当束装出关。毁我誉我，均非所计。若留陕会同官绅办理赈务，瑞玑万不敢任，请责成陕省官绅接款承办，和议开后，便请东归。瑞玑叩。东。"等语。敬闻。瑞玑叩。东。

212. 傅增湘致朱启钤唐绍仪电　　1919年4月1日发，2日到。

总代表朱桂莘、唐少川两先生鉴：音尘远隔，渴想为劳。本部辖各学校，以库储奇绌，凡四阅月无款可发，势将停歇。曾商美使向花旗银行订借五十万美金，尚未定约。近复重申前议，并将用途详悉开单，声明确无他项挪用情事，可以应允。惟美使为慎重起见，以须得两先生同意为便。兹特电闻，务恳俯念教育困难情形，此款专为维持学校，决不移作别用，即请力予赞成，无任祷切。傅增湘。东。

213. 钱能训致朱启钤电　　1919年4月2日发，3日到。

朱总代表鉴：和密。三十一电计达，顷复准陕督三十电："准刘督号电开，据阳平关孙团长震电称：安乐河敌军忽增营余，携带子弹甚多；大滩子敌亦增两连，并随时运动步队在八海河及黄河坝附近时来时去，大有乘隙进犯之意。又据钟师长面称：前日南路敌军增加营余，攻我西河口防地。又据刘督巧电，准陕军张旅长函开，转据驻岚紫何、陈两营长报告，上月敬、宥等日，王安澜属犯界岭，复由八仙街窜出，二南坝、镇平等处，杀据焚掠，备极惨毒。又准刘督敬电，据田旅长颂尧转据孙团长报称：大滩新增之敌，系江防队一营余；安乐河所增加者，则为但懋辛所部约六连，携带子弹甚充，并附有大炮二门、机关枪四架。其步哨线逐渐逼近，已距我步哨线仅四里许之松树坪。"各等语。查熊克武于刘督军划界之电，迄未答复，近复于后方节节增兵，时相侵逼，其意安在。倘因侵逼不已，发生冲突，阻碍和平，谁尸其咎？希查照三十一电，转致少川，电熊阻止。并将划界一事，迅由刘、熊双方商定，免生枝节。并盼复。能训。冬。

214. 钱能训致朱启钤电　　1919年4月2日发，3日到。

朱总代表密。蠼公鉴：陕省内部及陕南南军增兵图举，已迭电奉达。我军自实行停战后，战备已弛，仅各就原防驻守。若彼包藏祸心，万一衅端猝启，势成束手，何以处之。此辈自由行动，是否少川所能制止。正恐右任对于陕省内部、锦帆❶对于陕边川军，亦未必悉能制止。但彼此既以和平为重，自宜各任销弭，免滋纠纷。希密诘少川，共图挽救之策，至所盼跂。紫。冬二。

215. 钱能训致朱启钤电　　1919年4月3日发，4日到。

朱总代表鉴：和密。冬电悉。闽省划界事，依照五条办法，应由双方前敌将领直接商定。萨林监划之举，万难承认，务望坚持拒绝。前据李督电，已将划界事委托童、臧❷两司令与陈炯明直接商办。童、臧已在接洽办理，中央亦屡电催其速办，当可迅图解决，以杜口实。兹又将来电照转闽督矣。能训。江。

216. 钱能训致朱启钤电　　1919年4月4日发，5日到。

朱总代表梓密。蘷公鉴：顷得王、陈、李、三督及吴将军会电："请速派大员查办陕事，以明前之曲直，并责成陕省约束前方将士遵令，勿生枝节。"又接李秀督电，谓："此事已与少川接洽，彼意亦愿借此转圜，得纯电即可开议。但要求派员查办，须选素孚众望之人而已。"各等语。派员查办一节，果能转圜开议，中央亦何惜委曲斡旋。惟陕事既确经停战，若追论既往，则彼此各有是非，且恐前方将领滋生误会，影响实多。前既由双方公推张瑞玑赴陕监视，则职务权限亦不宜抵触。再四思维，拟以宣慰陕省被难人民为名，派员前往。并委其就近查明现在停战确情具复。毋庸颁发明令，亦未便论列以前是非。似此办法，较少流弊。如能就此转圜，即当照派前往。已以此意电告秀督，俟复再电。尊意如何？密示为盼！闻三原电已到，不日即可续议，确否？并祈示我。紫。纸。

---

❶ 熊克武，字锦帆。
❷ 童葆暄和臧致平。

217. 钱能训致朱启钤电   1919年4月4日发，5日到。

朱总代表密。蘷公鉴：肴电悉。伍朝枢赴欧一事，前后情形复杂。来电所述，鹤雏接洽情形，至为周晰。当日彼方慨然承诺，自必早经派往，乃因磋争名义，悻悻回粤。何谓北京变更前议，何尝有人反对。今以军政府特使名义赴法，不特中央断难承认，即协商各国亦当能认可【南】方之特使。伍到欧后，与陆如何纠缠，此间未据报告。惟先据陆使电请加派全权，中央复驳。嗣又来电谓："伍将此间及施愚迭次劝其赴欧函电交阅，并谓各全权讨论，粤中原有主张单独派员赴欧列席之议，独伍主张南北对外一致，足见深知大义。"等语。中央以全权既经派定，未便增加，迄未照允。最后，因加派胡、汪诸使参预和会，又电请以伍君参预和会。除对外仍由全权列席外，内部讨论同以全权待遇。当因陆使再四陈述，且所拟办法尚与对外无关，已有电令派伍参预欧洲和会事宜，内部讨论，准其一并列席，但仍无全权待遇明文。似此办法，在我已属委曲求全，并无加派伍为代表之事。据前后各电，似陆受纠缠，自在意中。昨李秀督转西林等来电，仍请加派全权，并谓全权中有自愿抽换者，此间已据以上理由复拒。仍请酌量转达，一致坚持为要。紫。支

218. 钱能训致朱启钤电   1919年4月4日发，5日到。

朱总代表鉴：梓密。江电悉。前者迭据陕督电称："南军约六七百人，敬日至平利、八仙街一带，攻陷鹦子、铁丝各寨，将进侵岚皋。"又电称："王安澜溃兵由城口窜至镇平。"又电称："岳西峰❶由三原带兵三营，已到军寨。"又电称："高、岳、杨等军多集于军寨，一部往攻兴市之我军，一部向荊姚等处。"又电称："王安澜现附合王天纵一部分约千余人，已抵岚皋、三温口，分抵平利、八仙街。"又电称："蒲城附近彼军日增，高峻、杨九娃、曹世英之众，皆由三原

---

❶ 岳西峰即岳维峻。

指使，分由美原、白水等处窜扰东路。"又电称："杨九娃袭我兴市，高峻占据漫川河及蒲西之十里铺。"又电称"彼军千人潜至荆姚以南，占据甘井、李家、王家等村。"又电称："彼方乘晋军撤退，近逼郃阳。"各等语。是皆足为彼方于陕西内部进兵之据。各电均经转达，请查阅便得其详。我军停战实况证明已极明了。乃彼方于开议一举多方延宕，至推及于其他问题。其展转推延，用意何居，殊不可解。公能探示一二否？此时为大局关系及空气作用，均不能听其迁延。且现状具在，曲直昭然，延误和局，咎不在我。亟应内外协力，预筹对付之策。达诠到京，当与熟商奉闻。紫。支二。

219. 钱能训致朱启钤电 1919年4月5日发，6日到。

朱总代表鉴：和密。准闽督江电："闽省划界事宜，电由童、臧两司令先与陈炯明直接商洽，业经于上月漾日电陈钧院在案。现经拟定以厦门鼓浪屿为会议地点，各派熟悉前线情形两员，先从海澄、江东桥及同安安一带磋商，已得彼方同意。容俟商定，另行奉闻。请先代呈。"等语。特电闻。能训。歌。

220. 李纯致朱启钤电 1919年4月5日发，6日到。

朱总代表鉴：桂密。江电敬悉。弟人微言轻，发电无效，本在意中。惟彼方既云俟衡玉赴三原后，再来电证明，即可开议。今既来电矣，何以又生反复？国家前途，危险万状，即使开议，能否补救，尚不可知。若复以私利之竞争，置信义于不顾，国既不保，权利何存。此诚可为痛哭太息者也！子春、秀峰、子玉诸公处，已转告之矣。尊处质询之函，如已见复之，祈略示慰悬悬。李纯。微。

221. 朱启钤致李纯电 1919年4月6日

急。南京李督军鉴：桂密。微电敬悉。少川态度近又少变，已协定明日先开谈话会。并闻昨由行严拟稿，电复尊处，词甚谦顺，似又有转机。又闻昨午旅沪陕人往逼少川，少川颇表示坚绝之意。但唐意频为外界所转移，开会以后，究竟如何，尚不敢谓有把握也。容再续闻。○○鱼。

222. 朱启钤致李纯电   1919年4月6日

南京李督军鉴：桂密。顷接张瑞玑君电开，陕省停战事云云，关中诸父老也❶等语。敬以奉闻，以便参考。○○鱼二。

223. 张瑞玑由西安来电   1919年4月6日发，当日到。

唐、朱两总代表并转各代表、全国和平期成会、和平联合会鉴：陕战已停，屡经电闻。前者右任所争，在乾县围兵退驻地点之远近，本非争战与不战也。今则郭坚指乾县为渠旧部，请许兰洲赴干收抚，是乾县又为许有矣。其余各处，更无战事可言。事实昭然，非可饰言。敬闻。瑞玑叩。鱼。

224. 朱启钤致李纯函   1919年4月7日

秀山督军麾下：
　　本日上午与南代表开谈话会后，即将大概情形密电政府。兹抄录一份，奇请台览。专此奉布，祗颂节绥。
　　附抄电一件。❷

　　　　　　　　　　　　　弟朱○○敬启　　四月七日

225. 北京国务院致李纯电❸   1919年4月5日发

南京李督军鉴：统密。支电悉。闽省划界事，先后迭准闽李督电

---

❶ 张瑞玑电全文，原稿未录。
❷ 原稿未附抄电。
❸ 本电与下文李厚基电李纯、李纯电国务院二件，均由4月7日李纯抄送朱启钤。

称，已电童、藏两司令与陈炯明直接洽商。昨续准江电称："现经拟定以厦门鼓浪屿为会议地点，各派熟悉前线情形两员，先从海澄江东桥及同安一带磋商，已将〔得〕南方同意，俟商定另闻。"各等语。是双方划界业在直接商洽，粤电所称李督有不允划界之意，殊非事实。至另派专员一节，与五条办法不符，业由朱总代表详复唐总代表在案。按诸现时情形，尤未便多此一举，转滋枝节。除经迭电李督依照五条办法切实进行外，希即转复南方迅饬前方将领开诚商洽，以期早日解决为要。院。歌。印。

226. 李厚基致李纯电　　1919年4月4日

南京李督军鉴：统密。支电敬悉。划界事宜会经拟定以厦门鼓浪屿为会议地点，各派熟悉前线情形两员，先从海澄江东桥及同安一带磋商，已得陈炯明同意。江日已电国务院在案。一俟下游一带议有办法，即将上游划界事宜赓续进行。此层亦经电商陈炯明。得陈冬日电复，已饬所派人员遵照办理等语。事关大局，且系中央促进和平，以划界为停战表示之意，焉有延不实行之理。顷奉院电，谓朱总代表之意，亦以上游宜速划界为言。已将此间办理情形电院，请由朱总代表转知唐代表，当能涣然冰释。至岑电谓沙龙、兴泰各处增兵逾防各节，并无其事。敝处所请质问南方各节，均有确据，南方所称，则全属子虚也。谨此奉复，即请转达，以息浮言。李厚基。支。

227. 李纯致国务院与李厚基电　　1919年4月4日

特急。北京国务院总理、福州李督军鉴：统密。前接培帅❶号电，并准院漾电，即经电诘粤中。兹接岑君春煊等三十一电称："有电悉，已转电陈省长查询，得复即奉闻。惟接该省长真电称：'拟照五条办法函电李厚基照办，竟置不理。近日更向沙县、尤溪一带先后进兵，越过原防，并于富口地方，侵袭我防线。请严电诘问，并早定办法，

---

❶ 李厚基，字子培。

派员划界，俾免误会。'等语。又据靖国军司令张嫣马电称：'北军准备作战，兴化方面突有步兵两营移驻莆、仙交界之花乳，仙游兴泰里之旧县亦添驻步兵一营，刘安方面突有步兵一营，由马巷跎驻诗坂、新城、晋江城内，借辞兵变。勿〔忽〕以步兵三营过我军防地洪濑附近前进，就中尤以新城、泡熊两方面极易发生误会。请严重诘问，以保和局。'等语。察阅尊电及陈、张报告，此曰增兵，彼曰侵袭，时日愈久，纠纷愈多，不速划界分防，难保不生冲突。二月马日，曾电商尊处，拟推林公悦卿、萨公鼎铭为监视划界委员。旋接支日复电，以北方未允照行，以致划界问题至今未决。似此相持不下，后患堪虞。应请我公仍照马电切商当局，早定划界办法。林、萨两公同为闽籍，桑梓关怀，解决自易。恳即转商，伫候示复。"等语。查前订五条办法，闽省系应直接商订划分防剿。今彼方迭电要求另推划界专员，近于节外生枝，似未便依允照办。惟顷接朱总代表来电，亦以彼方对于闽省上游方面，谓李督军不允划界，啧有烦言，全属推测之词，自不可信。惟瞩纯电请培帅，婉为疏通，俾上游划界之事，早日定议，以息纠纷。应请培帅设法维持，毋滋借口。并祈将近日情形查明示复，以便电致彼方，解释谣传。如有何为难之处，亦祈详示。至推林、萨为划界大员一节，朱总代表以其与五条办法不符，表示不能同意，南代表亦遂未坚持。拟请中央复纯一电，纯即转致彼方，以杜其别有隐谋，妄生异议。是否有当，统乞卓裁示复为祷。李〇。支。

228. 唐宁俭致朱启钤函　　附农民事物表　1919年4月5日发

桂莘先生伟鉴：

兹闻浦口扣留苏米数车，不准出省。当此春令气候，扣留之米渐见霉烂，各处米商相戒不敢入苏境，苏属米行家，因商贩不通，相率罢市。夫苏属本为裕米之区，农人米无可粜，用度无着，莫不忧形于色。当此仲春播种之时，以陈米腐烂，金融竭蹶，亦相率停耕，坐视膏腴荒芜。影响所及，势必至商停于市，工罢于场不止。况闻前清京、律、闽、粤向由苏省采运米石，轮船装载素无留难，而苏省亦未闻有缺食之患。况当共和之世，反不能流通省界，自误误人，言之可慨！尚望我公设法疏通，体恤民艰，顾全公谊，实为万幸。附摘汪稼门先生《荒政辑要》数条❶录呈钧览，不尽瞻依。得能流通，则商民受益出自我公所赐也。肃此奉布。敬请钧安。

唐宁俭谨上

各代表先生祈代达。

农民事物表

	昔　价	今　价
农船	洋三十元	洋六七十元
耕牛	洋三十元	洋七八十元
桐油每5斤	钱一百六十文	钱四百四十文
铁搭每把	钱三百二十文	钱八百文
车盘	洋六元	洋十四元
水车	钱四千文	洋九元

农具什物无不加倍有另

鲜肉	钱八十文	钱三百文
酒	钱十六文	钱五十六文

说　明

一人可种田十亩，中稔之年，每亩收二石五斗。稻藁每亩洋一元五角。八口之家，仰事俯畜，惟兹是赖。故近三四年来，进不敷出，往往自田变为租田，租田变为闸田。若再亏本，逃亡他处，妻子离散，名为技车棚，昨今二年数见不鲜矣。

其余咸鱼食物等亦无不加倍

农工人	三十两，合钱二十一千文	洋五十六元
肥料饼	洋六角	洋一元五角
租　米	七斗六升	九斗
小　租	一二斗	三四斗

---

❶ 原附件系摘抄道光年间刊本，略。

229. 湖南善后协会致北京电 1919年4月5日

北京大总统、国务院、内务部钧鉴：湘省议会改选期届，久待举行。惟自南北军兴，全湘各县分隶两政府之下，遽行选举，困难滋多。乃张督敬尧其于不归统一之各县，概用代办，而于长、宝、衡、常代办各县初选，亦发见种种不法情弊，既经撤消，复蒙电院、部，改为委办。近且发出布告，定四月十日为初选期，五月一日为复选期。查湖南七十余县，张督所能统辖者尚不及半，所谓委员自办，将欲谁欺。是其较前此代办流弊更甚，此宜取消者一。从前自办各县，初选调查时日既迫切不合法，且多数未经调查，徒事妄报，张督更任意加减，皆有实迹可征。而初选当选，多以贿成，有同市贾。张督乃令此项初选人届期一律复选，毫无变更，尤为颠预。此宜取消者二。和会已开，南北统一即在目前。省会选举，宜俟统一以后，事至易见。张督自知积怨湘人，不久于位，乃欲招集无赖，畀以议员，为制造民意，拥护权位之举。湘人未死，岂得甘休！此宜取消者三。以上诸端，按之选举皆为违法之尤者。理合电呈钧座，俯赐察核，迅电湘督饬令取消，仍俟和议告成再行依法改选，以尊法律而重民意。不胜迫切待命之至。湖南善后协会会长聂其杰、副会长彭兆璜等叩。歌。

230. 朱启钤致吴鼎昌电 1919年4月7日

北京雨儿胡同吴次长鉴：锞密。本日谈话会情形，已于阳电报告政府。肩门会议一节，彼方内部大有争执，反对者实居多数。行严负气未到。少川今日对于此事，语极游移，断难办到。现虽定九日开正式会，彼方议案一次提出。据闻以军政府所交之案，及西南各省所要求之条件，彼方下午开会，有一并提出之说。其案必拉杂不堪，会议结果可想而知。同人会商，我方仍抱计划书提议，其法律问题，再谋相当之对待。兄与政府接洽情形，及京中外交空气如何，均盼电示。再，少川今日到会场，病后强支，殊为困惫。渠定以后每日早午开会两次。能否如此进行，亦属疑问。钤。阳。

231. 吴鼎昌致朱启钤电　　1919年4月7日

朱总代表鉴：梓密。微、鱼三电奉悉。昌昨晚抵京。本日谒见主座、揆席，详述从前接洽情形，咸以非万不得已时，不可决裂；至应付少川，态度仍以强硬为是。本日会议结果见告后，当再与政府商酌。余事均已详谈，另函密陈。昌。虞。

232. 张瑞玑由西安来电　　1919年4月7日发，8日到。

国务院、参陆处、唐朱两总代表并转各代表鉴：顷接于右任由三原来函云，三原至西安安设军用电话多处，与电报同用一线，以致电报每为电话截阻，来往电报甚属困难。请与陈督商，自西安至三原，双方加修一线，以便交通。当与陈督商妥，一面饬由电局加修，一面由陈督迳行报部。此闻。瑞玑叩。虞。

233. 钱能训致朱启钤电　　1919年4月7日发，8日到。

朱总代表鉴：和密。准福建李督军支电开："划界事宜，经拟定以厦门鼓浪屿为会议地点。各派熟习前线情形两员，先后从海澄江东桥及同安一带磋商。已得陈炯明同意，业于江日电陈在案。一俟下游一带议有办法，即将上游划界事宜赓续进行。此层亦经电商陈炯明。得陈冬日电复，已饬所派人员遵照办理。请将彼此商洽划界情形，电请朱总代表转知唐总代表查照。"等因。希即转达唐总代表查照。能训。虞。

234. 钱能训致朱启钤电　　1919年4月7日发，8日到。

朱总代表鉴：密。陕陈督电称："先后据军民报告，曹匪据宜川后，四出劫掠，将合城数十村概付一炬。人民迫不得已，始集团抵抗，益触匪怒，杀毙人民及团丁数百人；又将城内老幼男女绑赴东山勒赎，其他惨酷情形，笔难尽述。再过半月，不独宜民靡有孑遗，陕北全局亦不堪设想。"等语。望告唐总代表转电于右任，如系所部，即行撤回惩办，以保民命而顾和局。若非所部，可来电声明，勿任影射。特电盼复。能训。阳。

235. 钱能训致朱启钤电　　1919年4月7日发，8日到。

朱总代表鉴：和密。前接熊克武三月文电，以安乐河、广平河等处界线，斤斤争辩，曾经迭电刘督查复，并令将划界一事，迅速办理在案。兹准刘督三十电复称："查安乐河、广平河之属于陕境，载在宁羌版图，界线分明，岂容淆混。存厚前请电熊退还者，盖因迭奉我中央严守陕边之电述，熊克武亦屡以守封疆为宣言，非彼此各不相侵，不足以符原议而昭公允。至于南江、广元方面，熊军鸣枪挑战，先后毙伤我防守西秦关及两河口之兵二十余名。日来彼军且于安乐河、广平河及曾家河一带，增兵进逼，到达松林坪附近，时向我防兵发射。此挑战之实据也。又奉皓电，饬与熊克武迳商划界一节。存厚前于江日电熊，指定地点派员协商，迄今尚未得复，实属无从办理。仍乞我钧院、大部迅电熊克武克日派员会商，大局幸甚。"等语。查刘、熊两军逼处太近，非先将界线区划，难息纠纷。熊克武对于刘督派员洽商划界之电，迄不答复，实属阻碍和平。迁延日久，更恐益生枝节。应请查照迭电，转告唐总代表电熊迅速将划界事项与刘督接洽办理，以促进和局，实所至盼。除电复刘督外，特达盼复。能训。阳二。

236. 李纯致朱启钤电　　1919年4月7日发，8日到。

朱总代表鉴：鱼两电均敬悉。张君之电已证明完全停战，闻之甚慰。少川态度少变，皆我公旋转之功。昨接其歌日复电，语甚平易近情，并云已决定本月七日继续开议，想已实行。惟于另派大员赴陕查办一节，视为甚关重要，切询人选如何，进行如何，已商之中央矣。中央之意，拟派员宣慰，就近委令确查现在停战确情，并勿追究既

往。愚见以宣慰名称，兼令查办，似亦可行，不追既往，亦无不可。但"查办"二字，表面总须做到。俟商定后再闻，先请密之。李纯。虞。

237. 第六次会议记录　　1919年4月9日

　　上午九时开会，先由两方总代表将具体议题提出。计唐总代表所提出者，承前续议问题六项：一、取销中日军事协约；二、裁撤国防军机关及所属兵士；三、参战借款不得提用；四、和平会议未终了以前，双方不得借入外资及发行公债；五、陕西问题；六、湖南问题。新提出者十三项：一、国会完全行使职权；二、实行军民分治，确定地方制度；三、废督裁兵，划分军区，厘定军制，实行征兵制，开通全国道路及修浚河道，以安插兵士；四、补充西南各省各军及海军军费、军实；五、善后借款，南北共同办理；六、输入外资，发展各种实业；七、军政府一切命令认为有效；八、指定的款，实行强迫国民教育，及鼓励社会教育；九、整理财政，免除厘金；十、贩卖人口，贩卖烟土、吗啡，栽种罂粟及一切赌博，严行禁绝，十一、惩办祸首；十二、各省治安善后问题；十三、整顿海军问题。朱总代表所提出者：一、军事问题：甲、拟留军队之编制问题。乙、额外军队之收束问题：（一）裁减标准与其方法；（二）安插方法；（三）裁减时期；（四）裁减费用。丙，军需独立问题。第二，政治问题。甲、军民分治。乙、厘定地方制度：（一）省之改革，（二）道之改革；（三）裁汰中央各署冗员，增设地方佐治官吏；（四）扩充全国教育；（五）推行全国警察。丙、地方自治：（一）县自治；（二）省自治；（三）振兴自治事务办法。丁、发展国民经济：（一）兴筑国道；（二）改革币制；（三）废除恶税；（四）革除条约及习惯上之束缚。戊、善后借款问题：（一）借款额数；（二）借款用途。兹将会议情形分录于左：

　　朱总代表谓：贵总代表所提之案，其中有许多与本席所提者实相吻合，可以合并讨论。惟本席所提出者，悉关国家以后建设问题，绝无南北新旧之见。而贵总代表所提者，其中有关于国家建设及兴革之事，为本席所未拟及之处，自可参合讨论。至有数条含有对抗形式，于建设问题无关者,刻和会既开,南北已成一家,所应讨论者,为全国大计及将来之建设,以共谋国家永久之和平。若所议之事,逾此范围,恐反于国家建设之事有碍。故本席以为两方议案意义相同者,可以合成一气,或大体讨论,或分案审查。至贵总代表所提其他各条不关建设及兴革各事,非本会所应讨论者,望贵总代表撤销。

  唐总代表谓:南北代表均承双方政府委托,代表会议,就理论上说,虽属一家,就事实上说,本系对抗。盖统一以后,自然是一家;统一以前,则为对抗。否则,北京政府命令,南方政府命令,可以行于各省,安用会议?惟以对抗之故,乃有南北派出代表,会议全国大计,此节须要认明。至贵总代表谓本席所提之案,有应议者,有须撤销者,尚望指出。以本席所提之案而论:第一条,所谓国会完全自由行使职权,乃南方根本问题。盖既为民国,自不能无国会,此条无论如何,决不能放弃。第二条,实行军民分治、确定地方制度,想贵总代表亦必表同意。第三条,废督裁兵,开通道路、河道,以安插兵士,此固事实所必至。第四条,西南以人民不平之故,而有护法之争。然一年以来,未尝借入一外债,未曾购入一外械,所恃以相持者,就地方筹款耳,统一以后,政府自不能不予以相当之补给。第五条,共同办理借款,系指关于善后借款,南北共同商办而言。第六条,输入外资,发展实业,迩来全国均有此种觉悟,中国人民并非贫乏,第以政治未良,人民投资均不放心,此时不得不如此办理。第七条,军政府自护法以来,成一对抗政府。以对抗政府之故,关于一切自不能不有命令,统一以后,自不生问题;然未统一以前,自不能不分别承认。第八条,关于教育事项,自当力为振兴。九、十两条,亦想能同意。第十一条,祸首问题,追原祸始,一年以来,国家何以陷于危险,人民何以受此痛苦,责有攸归,孰尸其咎,想全国人民亦不肯放任不问也。虽本会不能遂作执行机关,然本会此时不能不伸明公理。第十二条,各省治安善后,统南北而言。第十三条,整顿海军问题,吾国十数年来,未尝于海军船舰及海军人材稍为注意,目下设法整顿,实不容缓。综所提各案,据本席意见,以为均有讨论之必要。至贵总代表谓,或讨论大体,或分案审查,本席均表同意。至贵总代表所提各案,本席均未有异议,应付审查,或分别讨论。

朱总代表谓：今日对于议题，当有细详讨论。贵总代表谓须采对抗性质。然本席以为自和平会议成立以来，双方应互相勉励，以国家为前提，彼此均须有协同之精神，以共谋国家建设，本会前途方有希望，否则，必陷于不幸地步。第一，国会问题，本为此次南北争持之起点。若各抱一种学说，各持一方意见，极端主张，必无结果。现为消弭国内之纷争起见，不应有极端的主张，方有解决。第二、第三、第五、第六各条均系建设之事，贵总代表有无详细之案，如有具体之案，本席甚愿阅看，若无具体之案，亦可使双方代表协同讨论办法。第四，补充西南军实、军费，此条关系收束军队与夫增加人民负担，须有详细之节目，方可讨论。第七，西南命令，认为有效，此条过于含糊，须按各事之性质分别办理。第八，普及教育，如有具体之案，尤为欢迎。第九，整理财政、裁撤厘金，此条关于国家经济与国民经济，自当归案讨论。第十条，严禁贩卖人口、吗啡、烟土，栽种罂粟及一切赌博，国家均有法律规定，军兴以来，因❶废弛，将来自当切实履行。第十一条，惩办祸首，本席屡次表示对人问题，于和会极不相宜，亦非本会职权以内之事，本席认为非本会所应议及，务望贵总代表撤销。第十二，各省治安善后问题，自可讨论。十三，整顿海军亦军事之一，亦当研究。统观贵总代表所提各题，如第一、第七、第十一等类，均有对抗性质，会议将陷于难决之境。

唐总代表谓：我辈今日地位总是对抗形式。至何以有此对抗形式，寻流溯源，则自解散国会始。国会解散后南北乃拆为两家，南北拆为两家，乃成今日对抗之形式。贵总代表既认为国会南北争持之起点，则拨乱反正，自当从根源着想，如何不议。国家根本在此，战争原因在此。若此等重大问题可以不议，则南北代表所议者何事？盖事未有重于此者。至第七条，军政府自护法以来，当然与北京政府为对抗之状。既系对抗政府，自有对抗政府命令。此刻西南各省，已发生效力，当然然付审查。第十一条，贵总代表谓非本会所应议及，本席以为殊非确论。如谓此事属于司法范围，自有法庭执行绳判则可；若谓本会并讨论权而无之，将此题废置则以为不可也。至先后次序，自

---

❶ "因"后疑有漏字。

须有斟酌于其间。如国会问题，彼此意见既相去太远，则先议其他各项。即于会议期间，彼此接近或可了解一切，想出一相容之法，以解决国会。贵总代表谓本席所提之案有走极端者，本席不能承认。本席提出各议题，均极斟酌，且极公平，对于北京各行政机关未尝稍有涉及，良以谓和议促进，不得不审慎也。

朱总代表谓：今日应先讨论议题如何编列，本席对于贵总代表所提第一、第七、第十一三条，其内第十一条，认为绝对不能列入议题，第一条即使列入议题，应改称为国会问题。此次南北争持，皆由于此一国之内，不幸而有两种国会。试问去某一国会，留某一国会，是否本会所能主张？只可协商双方对于国会之意见。至第七条，须有界线，此事因俟各种问题完全解决，和议告成时，方可议及。

唐总代表谓：贵总代表谓，第一条应改为"国会问题"四字，就将此四字列入议题，本席亦可以勉从。即第七条俟各问题讨论就绪后，再行讨论，亦未尝不可。本席对于议题先后毫无成见。

朱总代表谓：第十一条，请贵总代表表示意见。

唐总代表谓：本席对于第十一条不能废置，已反复说明，若缓议则可，若撤销不议，恐难办到。

朱总代表谓：本席以此条既伤各方感情，又非本会所应裁决之事，务请贵总代表撤销。

唐总代表谓：贵总代表意思是否不撤销第十一条，则其余各题均不开议。

朱总代表谓：今日所讨论者为议题，本席认第十一条为不成议题，既非议题，何必列入。

唐总代表谓：先休息一刻，再行讨论。

下午二时继续开会。

唐总代表谓：若继续讨论第十一条，本席原认定第十一条有讨论之必要。然贵总代表既坚持谓不能成为议题，按照会议规则第三条，"议题由双方总代表协定"。换言之，即有一方不承认，不能成为议题。

朱总代表谓：十一条既不成为议题，自应不列入议案，本会即不议此事，其意是否如此？

唐总代表谓：既难强贵总代表以同意，则第十一条作为未经协定，暂未成立。

朱总代表谓：贵总代表及本席所提议题，有相同可以归并者，有不能归并为一者，本席以为应由双方将双方所提议题另行编列，应归并者则归并之，应改列者则改列之，借以整理议题，以便讨论。贵总代表所提承前续议各事，系前次议而未决之件，俟他项问题解决之后，自可随之而决。至编列议案一事，可否将今日会议改为谈话会，俾双方各代表发表意见，商酌如何编列之法。再本席所提各条，皆有一贯之主张，其中均按国家之财政立论。详言之，国家财力为各事之基础，并有印出计划，就席分布，须先审度现在财政之实况，然后能定其他各事之办法。

唐总代表谓：贵总代表谓拟改谈话会，将双方议案编列次序，本席表同意。但于改谈话会之先，本席有一言，请各位注意。此次双方所提之案，均关国家大计，然罣漏之处，尚恐不免。如有关于国家建设之真知灼见，为双方提出之案所未及者，即在谈话会亦不妨增入。吾国地大物博，天然之富无穷，实为世界公认。然以未发展之故，遂贫弱至此。吾辈对于此等事，不可不有一种完善的计划，幸勿以为一时办不到，即不考求具体之办法也。

朱总代表谓：贵总代表所言，系采何种主义？对外方针，是否采开放主义？

唐总代表谓：开放问题兹事体大，然领事裁判权不能收回，则所谓开放，终生窒碍。又如现行矿章，百端束缚，无论中外资本家，均无从着手。吾国矿产虽极丰富，然按现行矿章办理，无不亏折者。所以除煤矿外，其他各种矿务，均未睹成效。以最著名之汉冶萍铁矿论，若与世界各铁矿比较，则瞠乎后已。此种障碍，谈话会不妨切实研究，提出办法。

朱总代表谓：贵总代表所言，不外发达国家经济、国民经济、世界经济三种。此三者之中，自当以输入外资、发展国家经济与国民经济为先。然输入外资，因法权不能完备，其中甚有困难。即如外商在我国营业而须注册一事，尚不能尊重我国法律，往往一方在我国注册，一方又在英国注册，究与法律通例不符。现在外商希望与我国商民自由在各地经营贩买,及制造各业,而于商事行为又不愿遵用我国法律。此法权不能贯彻,以致输入外资,发生种种困难也。

唐总代表谓:外资输入与收回领事裁判权有连带关系,此语信然。假使国家对于实业事项有完善之保护,则外资输入亦未尝绝无希望。吾国办实业者,往往困于部章,资本家到部领照,非熟识有力者为之照拂,鲜有不遭部令斥驳者。故国内资本家对于政府多持不信任态度,实业何从发展。吾辈当首先希望国内有财力者于实业事项信任投资。至希望外资输入,第救济目前权宜之法而已。若使国内资本家放心投资,则此种苛困之部章,不得不亟谋改革也。

朱总代表曰:现在改为谈话会,讨论编列议题方法。

238. 钱能训致朱启钤电　1919年4月8日发,9日到。

朱总代表密。蠖公鉴:阳日两电均悉。少川提议三端,我公所答均极扼要,佩甚。于右任通电一事,已电陈督速予通行。今日张瑞玑来电谓:"三原一带电线因军用甚繁,致多迟滞,现已商准陈督添设一线。"云云。顷复张电,并已属其向于接洽,令速与沪人通电,以释群疑。此次会议期间,少川拟于两星期内完结。如能照此办理,岂非快事。至借外人为斡旋,似含有借重外援之意,我公驳之极是。扃门会议方法,顷达诠谈及,已难实行。第未知今日续开谈话会时,所商若何?仍希随时电示。至盼。紫。庚。

239. 吴鼎昌致朱启钤电　1919年4月8日发,9日到。

朱总代表鉴:锞密。虞电计达。昨因前日电示,扃门会议可望成功,不无希望,故对主座、揆席陈词稍婉。兹奉阳电,事又中变。以后进行,愈无把握,已将情形告之干老,定明日再详细讨论办法。万不得已时,以代表决裂,为政府留余地一节,昨已陈述府院,均以为然,明日讨论后续告。直接接洽非自动,系彼方派人来者。昨晚,陆派蔡、王两人已到,其他各方面亦均有接洽。上海会议为中外观瞻所系,府院面告,亦非万不得已时,不出此途。又铮❶丁忧回徐。镜潭、云沛❷方面则以会议不可决裂,迁延以观其变为是。外间议论,对于会议亦抱悲观。外交方面,亦渐厌南方枝节之要求。惟无论何派,均确知由和转战之不可能。国会问题,日昨讨论最久,府院甚以根本解决之法为然,纵有牺牲,亦属值得。现在既不屙门,恐无讨论之机会矣。参战军事,府院面告,外交方面已表示决不再提。英使为此事颇窘,有回国之传说。美使亦不以英使之态度为然。府中希望会议,不必再提此事。余续陈。昌。庚。

240. 吴鼎昌致朱启钤电　　1919年4月8日发,9日到。

朱代表鉴:锞密。此电勿示人。国会事,过南京时,秀山已为王、谷等专议宪法之说所动,经昌力陈利害,似已了然。因追询昌之主张,不得已,以积极、消极两说密告。秀赞成积极说,谓如府院同意,渠可与西南当局暗中接洽。陆派钮、蔡、王三人适抵宁,席中忽谈,钮留,蔡、王来京。过蚌埠,丹忱❸病,忽晤炳文、幼丹,告以情形。渠云,决裂后亦须另想和平办法。主座属又铮留京待昌,不意其母先一日死,忽回徐州。晤镜潭,详述情形。主座并告又铮与西南军界有接洽者,均随时将原电呈阅,与伯文之说不同。主座告,陆要一百五十万元,先给五十万,中央已允汇往,陆并未来催。唐亦派人来。惟虑陆先内向,力量对于广东能否达到,陆不无踌躇,故陆刻正在粤布置,非有把握,不敢催款。干老以为非至时机,不可轻举。且对外交上必须视上海会议最后情形,否则,中央有联络武人破坏会议之嫌疑。此种接洽,亦非尽由秀山。国会问题与外人接洽者,另函告。府院均以整理二读会条文宣布,为根本解决之法,极表赞同。主座谓,即牺牲金钱,亦无不可。第二案,府院均难决定。款事,主座甚以为必要,已属端甫进京会商。陕事查办之说,干老云难办到,此

---

❶ 徐树铮,字又铮。
❷ 吴炳湘,字镜潭,曾毓隽,字云沛。
❸ 倪嗣冲,字丹忱。

事恐有纠缠，公不必与闻。肩门之事，不能办到，以后枝节之事甚多。昌意同人态度似应强硬，力往决裂一方做去，再以金钱为饵，或可使少川就国会问题之范围，此事或有万一之结果。如何，盼告，以便进行。正译电间，往晤合肥，谈甚久。合肥亦以国会办法照第一案，代表为国家负责任极是，并举与西南接洽内容见告。其说甚长，另详。昌。庚。

241. 朱启钤致吴鼎昌电　　1919年4月9日

北京雨儿胡同吴达诠兄鉴：锞密。庚电密。本日会议情形，已于佳电报告政府。财政案不日开议。此案关系全盘计划，亟盼即日来沪。再，国会问题，现已接洽，定为最后商议之案，除根本解决外，几无别法可想。然少川心中最近抱何主张，尚难捉摸。中央各方面既赞成我辈主张，不惜点缀，请兄与府院预商办法，俾临时应手。至少川所提承前续议各案，今日在会并未深说，窥其意，似仅结束从前宣言手续，以待时机。我方应付之法，非俟别种问题完全解决后，不与彼明了商及。请密达府中放心为荷。蘷。佳。

242. 吴鼎昌致朱启钤电　　1919年4月9日

朱总代表鉴：梓密。庚电计达。本日在院与揆席详细讨论法律问题，决定采根本解决之法，不必迁就两会致遗后患。裁兵案，能以五年预算军费为标准最好。若空气上不可争执，即根据前次所拟计划书之数目，亦无不可。彼方情形复杂，少川言动游移。我方主张既决，只好强硬应付。至万不得已，必须以代表名义决裂时，使政府可有余地，以便另筹应付万法。特闻。昌。青。

243. 吴鼎昌致朱启钤电　　1919年4月9日

朱总代表鉴：梓密。亲译。庚二电计达。法律问题，决不迁就两会。议宪之说，已详□电，府院意照此决定。一面以强硬手段对付少川，一面只好□□牺牲金钱。府、院意款分两项，一项为其将来办选举之费，数稍大，可陆续拨付，一项为少川个人之费。中山个人之须□，政府自当准备决裂后之办法。此系日前面陈主座、本日与揆席密商，决定之结果。特另陈。昌。青二。

244. 朱启钤致李纯函　　1919年4月9日发

秀师麾下：

顷奉惠书并抄示关于闽事来去电三件。此事得我公斡旋其间，大致已渐就绪。派员监视，徒生枝节，经弟迭次拒绝。兹将日内与少川往来信函各一件，抄奉台览。即祈赐察为荷。专复。敬颂勋绥。

附抄函　来。❶
　　　　去。　　　　　　　　　　　　　　　　　　钤

245. 于右任张钫通电　　1919年4月4日发，11日到。

唐、朱总代表并转各代表，平和各会熊秉三诸先生，军政府各总裁，钱干臣先生、李督军、吴师长鉴：陕局蒙念，忍痛陈辞。本日军探回报，乾县敌军仍行攻击。兹将江日致张衡玉先生一电录呈。其文曰：西安张衡玉先生鉴：冬电敬悉。保持战斗队伍之退围，附带条件之通电，我兄对此不加厘正何耶？适间乾县军探回报，枪声时闻，隧道尚未停工，征发附近数百里间居民犹未已。如此可谓之停战也！我兄在原时谓和平会议，少俟数月。窃思乾县附近居民，早为炮火轰逐而去，仅退五里，无异附郭。城内食薪早已告罄，不出采买，将成饿莩。远出征求，则伯生前电所谓，内匪突出，犯彼防线云云，适为将来借口之资。是退兵等于未退，停战亦犹未停，未来争端，自在意中。弟意即已释戈修好，原议退回醴泉原防，自是正当办法。伯生既爱和平，又晓军事，想必见谅。况攻关山之队，向驻下邽，来电云分驻关道；攻兴市之队，向驻同州，来电云退驻荊姚一带；红崖渡之

---

❶ 原稿未附抄件。

队，本由草滩进攻者，来电以红崖为原防，事实不符。况相距隔一泾水，炮火仍相接触，非退至渭水之南，难免不生冲突，以上数事，除乾县红崖渡碍难照办外，兴市、关山等处，弟等当照来电办理。凡此皆临时办法，以为和平之先导。秦民甚苦，早在洞鉴，促进和平，是有责任。临电神驰，无任祷祝，弟于右任、张钫。江。印。"等语。敬闻。于右任、张钫叩。支。

246. 钱能训致朱启钤电　　1919年4月10日发，11日到。

朱总代表密。蠖公鉴：佳日两电均悉。彼方提出问题，纷纭庞杂，经我公据理抗议，已定改编五案，较见赅括。新议题，第一、第七、第十一各项，经公切驳，尤佩荩筹毅力。各案条目，盼早日寄示。条目中如有不可能之事件，仍望留意设法打销。五案所有问题，大抵皆统一后实行之事。既云统一，自应悉由中央主持。中央断不能专顾北方，西南亦何可仍存对峙之见。即如合办借款各办善后，均未脱此窠臼。一面言裁兵，一面言补充西南各军，尤属可笑。殆南代表所处地位不能不如此措词耳。国会问题，似不如法律问题之明了，但亦视内容如何，名义可不争也。军府命令问题，尊意承认范围当以何者为界限，如别种问题完全解决，其时统一已成，似军政府命令更无研究余地，是否借此推宕，可以虚下，并望密示一二。此次来电，当严守秘密。佳二电已抄示达诠，日内稍与接洽，即催南下。并闻。紫。蒸。

247. 钱能训致朱启钤电　　1919年4月11日发，当日到。

朱总代表鉴：密。蒸电悉。尊意拟先将裁兵办法议有端绪，并提前商定此事，以占地步，卓见至佩。少川态度变动靡常，趁其目前尚有了事之心，或可略有成议，此后得尺得寸未可知也。此间已与达诠详细接洽一切。尊处致达诠密电，亦已阅及，统由渠回时面达。日来其太夫人稍有感冒，须一两日方能南下，并以附闻。紫。真。

248. 钱能训致朱启钤电   1919年4月11日发，当日到。

朱总代表鉴：密。准陈督电称："庚电敬悉。查于右任请求拍发西南明密各电，前准张专员电商到署，业于上月卦一日电复，所有明密各电，均准拍发。惟有拍致三原称'督军会办'字样者，概不照转，以符名实。并令行西安电局，历准遵办各在案。兹奉前因，除再饬西安电局，凡有于右任致沪密电，务即遵照加急拍发，勿稍延滞外，谨此电复。"等语。特达查照。能训。真。

249. 钱能训致朱启钤电   1919年4月12发，当日到。

朱总代表鉴：密。准闽督电称："据童副司令阳电称：本日前方代表开谈话会，讨论开议程序。佳日开正式会议，彼方代表交上左翼各将领名单：军长许崇智，驻永安，所部蒋旅长国宾驻将乐，吴司令忠信驻永安，黄旅长国华驻大田，关总办国雄驻永安；陶旅长质彬驻永春、德化，朱旅长得才驻仙游。关于划界总接洽事宜，请派永安方面将领与许崇智相商，较为便捷。至我方所派出各将领姓名驻地，统请见示，以资接洽等情。除将上游及兴化、泉州方面将领姓名电复转达，并分饬遇事妥为接洽外，谨先电陈。"等语。特达查照。能训。文。

250. 朱启钤致吴鼎昌电   1919年4月13日

北京雨儿胡同吴达诠兄鉴：锞密。文电悉。老伯母清恙，想已告痊，至深驰系。此间会议情形，已逐日报告政府，想均接洽。近日会议时，我方态度，时作强硬拒驳之词，少川反恐有决裂之意，故措词不敢相逼。昨日提及悬案时，弟答复极为空泛，渠虽不能满意，亦不复往下追问。目下困难问题，仍在国会。前编议题次序时，曾约定国会问题最后商议。现在各种议案已陆续分别审查，恐两三日内，即须提到国会。昨日少川表示，国会问题应先由各代表互相接洽，其畏怯情形，更可想见。少川见我方对于国会问题屡屡表示决绝态度，故恢复民国六年国会之主张，亦知其难。又知国会在广州开会，人数日益寥寥，补选制宪，决办不到，故对于国会一事，益觉束手无策。此后会议国会问题时，究竟如何情形，现实不能预定。微窥其隐希冀之心甚切，而又不敢放胆做去。日内讨论席中，对政治上所发言论，可笑者甚多。其对于法律之条理，尤难使之明白贯彻下此决心也。同人窃揣，国会问题不能解决，则其他问题讨论审查即有结果，亦属泡影。现拟研究万一因法律问题无法进行，裁兵借款案，能否设法使之单独成立。此中机括，极为重要。同人分任审查，日不暇给。切盼兄即日来沪，共商一切。何日起程，并希示复。蘷。元。

251. 钱能训致朱启钤电　　1919年4月13日发，当日到。

朱总代表梓密。蘷公鉴：文电悉。政治案，指定代表细商办法；善后案，甲乙两项亦俟彼方先提出具体意见，再行讨论。此后是否即议国会，抑先议悬案，盼示及。欧凤墀来京略谈一切，切云关于地方制度，少川亦不主省长民选。确否？紫。元。

252. 钱能训致朱启钤电　　1919年4月13日发，当日到。

朱总代表鉴：和密。准闽督电开："据驻沙第一支队高司令官报称，现有吴忠信、孙本戎均来三元，设立公署，以刘佐为知事，征收钱粮，并有王得贵带百余人驻扎该处，勒饷掳人等语。查沙县三元地方，完全为我军防线范围，当此划界之时，彼方忽又有此举动，实属意图挑衅。除电陈炯明查明速饬退回外，敬乞电诘南方，俾令迅速退回，免因一隅牵动大局。"等因。特达查照，即希转请唐总代表，速电陈炯明查明制止为要。能训。元。

253. 于右任张钫致朱启钤电　　1919年4月12日发，14日到。

朱总代表鉴：英密。张瑞玑来原之日，宣告停战、发电二事，非进省面与陈氏接洽不能办到，次晨即行返省。今时逾旬日，而前项交涉并无详确之通知。现乾县围尚未解，红崖渡亦未退撤，兴市蒸日报告敌又袭我一次。战事未已，张君果否据实电闻，或竟受陈愚弄，均未可知。张君处陈势力范围中，其言论行动难保不为所利用，一切电函，切祈慎察，切盼。于右任、张钫。由渭南电局发。文。印。

254. 钱能训致朱启钤电   1919年4月14日发，15日到。

朱总代表梓密。蠖公鉴：元电悉。讨论各项办法，以建议案为归宿地步，卓见极为扼要。会议有无结果，仍视根本问题之能否圆满解决。故此案一面将各案迅图归束，一面对于根本问题仍不能不预为计划。南中近日盛传南京制宪之说，无论旧会开幕后行使职权，难于限制，即就制宪而论，新会完全撇开，势必激起反动。日来新会亦开议讨论，并质诘政府。故南京制宪之说，中央已难赞同。达诠所述，我公预拟办法，既可斩钉截铁杜绝流弊，且述而不作，亦不为侵立法之权，鄙意极为赞佩。惟此间颇有谓两方代表无议法之权者，此项办法宣布后，难保两方国会不激切抗议，届时或南会发生暴动，或北会另标护法，均不可知。固属必经阶级，但亦须预有对待计划，以免临时艰棘。能否由两代表将宪法草案及选举组织法核定后，仍交两国会通过公布。但得新会公布，则法律上手续已可自圆其说，旧会布否，不防听之。姑述鄙见，以质诸公，妥否仍盼裁示，弟亦无成见也。今日审查会讨论善后案，情形如何？紫。寒。

255. 钱能训致朱启钤电   1919年4月15日发，当日到。

朱总代表梓密。蠖公鉴：寒电悉。少川所言借款额未免过巨，各省积欠军费何能如数拨还，应由政府公平处置。滇代表亦谓当可勉力撙节，均尚能深明大局，至慰。此事现只能讨论大体，如何支配须临时筹酌。达诠日内南行，如有应商之处，仍盼密示，以便面告达诠较详晰也。紫。咸。

256. 吴鼎昌致朱启钤电　　1919年4月15日

朱总代表鉴：锳密。此电勿示人，亲译。今日赴院辞行，干老嘱再留二三日，因款事尚未商妥，昌即回沪，亦难应手。国会问题，若少川无胆，根本办法不能解决，则须另想他法。干老之意，俟款事定，昌回沪与公面商后，再行接洽办法，较易成功。如何？立盼电示。元电之意，已面陈政府，并闻。昌。咸。

257. 于右任张钫致唐绍仪朱启钤电　　1919年4月15日发，16日到。

唐朱两总代表鉴：英密。张瑞玑受南北公推，划界来陕，关于停战、通电二事，造电（巷堪）❶显背事实，蒙蔽和会，污蔑我军。甚且派员四出运动，陈得煽惑谣言，假接洽之名，轻弃职权，大施伎俩。文电具在，可案而知。窃思该员如此行为，其陕西划界监视员资格当然丧失，前后所发文电，敝军概不承认。此间通电，时被阻搁，嗣后贵会所有询征敝军事项，请即改由许尽田、张古民两处收转，是为至祷。于右任、张钫。删。印。

258. 朱启钤致吴鼎昌电　　1919年4月16日

北京雨儿胡同吴次长：锳密。咸电悉。执事行期展缓，殊为失望。会中情形，逐日均有报告。军事案已就我范围，他事不难归束。法律密与唐交换意见，另电紫公，请趁兄未行时，密为计划。此等事此间无人可以参预。电文在寓自拟，如有不明了语，想兄可以意会，代为解释。少川屡以执事不回为问，其意可知。就目前接洽而论，作用在先定办法，不必急需实质。安福部状况如何？盼示一二。蠖。铣。

---

❶ 原文如此。

259. 钱能训致朱启钤电 1919年4月16日发，当日到。

朱总代表鉴：梓密。删二电悉。军事委员会办法，此间前次计议，亦拟将财、陆当局加入，缘职权所属，若不加入，则办事必多牵碍也。此项委员会应否设置会长，或由南北代表推定，并盼筹示。紫。铣。

260. 钱能训致朱启钤电 1919年4月16日发，17日到。

朱总代表鉴：密。删电悉。裁兵限度、时期及厘定军制，经已分拟办法，为收束军费之准。至将来如何实行，仍由军事委员会妥筹酌办，用专门人员另归善后借款案内筹划，至为得体。现既未正式确定，当共守秘密。余续陈。紫。铣二。

261. 钱能训致朱启钤电 1919年4月16日发，17日到。

朱总代表鉴：和密。顷接武昌王督军寒电称："接熊克武、唐继尧转据援陕第二路总司令颜德基陷电称：据前线报告，鄂省现派兵五连，子弹十余挑，驻扎白河塘，距本军防区仅八十里地。又据报告云：东日东鄂军步兵二连、骑兵四十名，分途进攻镇坪，将王安澜全军击败；鄂军已联营进驻猫子庙一带，距本军防地雞心岭仅二十余里。又据该总司令鱼电称：据报前方指挥官洪汝彤报称：洋县近增有秦军一团，城外复驻有秦军。施南方面，亦增有北军等语。先后电询前来。查鄂军向未越界前进，只于前此陕军赴镇坪剿匪时，曾经派队一连前赴丰溪防堵，该处距雞心岭实九十里，现已调回。施南方面，更无增兵之事。熊君所云，显系出自谣传。除电复唐督军等声明勿滋误会外，理合电陈。"等语。特达备考。能训。铣。

262. 朱启钤致吴鼎昌电 1919年4月17日

北京雨儿胡同吴达诠兄鉴：锞密。删电谅悉。连日会议，军事案情形已迭电报告政府，当均接洽。军事案内，关于军事委员会组织一项，讨论甚久。原拟由平和会议公推会员四人，并以南北高级军官为限，系为推举冯、段、陆、唐四人伏根。弟曾向少川表示此意，少川亦极赞成。故此案付审查时，彼方指定缪、曾，我方指定叔鲁、立之。翌日审查会提出具体案时，少川又主张四人增为八人，删去军人限制，以便参入文人，并将公推形式改为双方各推。揣其原因，不外数端：（一）陆、唐派以外之人有所推戴，故游说少川，主张增加人数。（二）少川欲对于某伟人表示好意，故主张增加人数。（三）我方推举冯、段，彼虽不反对，然亦不欲由彼推举，改公推为各推，则无此嫌疑。（四）彼方所推之人，必有我所不满意者，改公推为各推，可免将来争持。少川之意，决不出上列数端。弟以原定会员四人，北推冯、段，南推陆、唐，而表面以公推形式出之，最为得体得法，可杜许多争竞。今增为八人，我方尚易分配，彼方必成逐鹿之势，可谓自寻烦恼。至公推各推，实质上毫无区别。即采用公推方式，彼方所推之人，我亦颇难拒绝，故已照彼意定议。至会长一席，本拟推戴元首。嗣因有人主张此会系裁兵机关，裁兵与善后借款有密切关系，会中所办各事，必不免外人稽核，以元首为会长，恐于体制有碍。故会长问题，暂不规定。将来或以元首为会长，或由会员互推，或竟不设会长，由会员轮流主席，届时由该会因时制宜，自定办法。总之，此会除办裁兵一事外，尚有融洽南北之作用。所推各人聚晤一堂，则意见必易疏通，诸事皆可商量。平和会议所定办法，如有窒碍疏漏，俟此会成立后，尽有变通或补充之余地。故弟本主张陆、财两长加入会员，今已允暂勿规定，逆料将来势必加入也。以上情形，并希酌达，以期明了。善后借款案，亦已继续审查，并闻。筱。

263. 朱启钤致李纯函　　1919年4月17日

秀山仁兄督军麾下：

　　沪上和会续开以后，曾将双方协定议题目次邮奉，度尘签阁。连日开议，军事案业已审查报告，经数次精密讨论，始获告成，已电政府核定。兹将本案内容，别纸录陈，务祈密察。

本案开议之始，彼方论调极高，拟将全国现存一百五十师于十六个月内全数裁去，而于改行征兵制度，废除督军制等问题，持之尤力。经弟多方陈说，告以收束军队，期于实行，陈义太高，将生阻障。复由审查员熟权利害，设法疏通，舌敝唇焦，仅能成立。其中军事委员会一项，原定公推南北高级军官四人组织之。继而少川忽变初议，力主增为八人，删去军人限制，意在参入文人，借以调和各面。并将"公推"二字，改为"各推"。弟以委员会设置之本旨，原期南北魁硕聚晤一堂，则意见必易疏通，诸事无难商榷。且军事收束，经纬万端。将来此会成立之时，非将军事上之专门学家及各省之执行当局，设法网罗，讵能推行无阻。故关于组织之方法，均留待委员推举后，由各委员自行协商详细规定。本会所定办法，不过略举大端，借引其绪。即有窒碍疏漏之处，尽多变通补苴之方。此时委员人数之多寡，殊无争执之必要也。惟国会一案，最属难题。现拟将各项议案先行决第议定，而以此事留为最后之解决。知关厪注，并以奉闻。

再，军事案虽已成立，尚未正式签定，务乞万分秘密为荷。匆布。敬颂勋绥。

外抄军事案一件。❶

钤

264. 朱启钤致钱能训电❷

紫公鉴：梓密。本日开会，就军事案继续讨论，于军事委员会一项辩论最多。原定军事委员会由和平会议公推八人及陆军、财政总长组织之。少川对于"公推"二字不甚赞同，拟改为南北各推四人，且以加入陆、财总长，则人数成为北六南四，不能平均，主张删去。弟以原文"公推"二字，全为表面好看起见，实质上仍是平均推举，与各推之结果并无出入，故对于各推一节不加严驳。惟彼方重用"南北

---

❶ 原稿未附抄件。

❷ 本文与下一电文，原为抄件，无月日，据内容应与上文朱启钤致李纯函同时。下4月18日紫致朱启钤电，似复本电。

各推"字面，显与统一有碍，当即驳复。嗣经再三磋磨，改为由和平会议双方总代表各推四人。所推四人，彼方意在参入文人，当有所为。至删去陆、财总长一层，弟以军事收束问题与陆军、财政当局极有关系，若非以同一身分加入委员会，则将来执行各事必隔膜，自以规定加入为宜。少川对此亦认为实际上之必要，惟不欲列为明文，受南北人数不均之指摘。辩论结果，拟将此项留俟将来商定委员会详密组织时再行加入。至委员会成立时期及地点，亦经详细讨论。彼方多数主张地点设在天津。弟以委员会与政府非在同一地点，诸事不能接洽，力主北京之说。并以条文内若不定明地点，则将来争议必多，转使委员会成立时期及收束军队期限因是或致延搁。嗣又议及委员会成立期限，弟谓此会关系立国大计，被推之人须负重望，且须亲自到京，方有协洽作用，非先与被推之人预为接洽，得其同意后，不能于条文中限定日期。讨论结果，将军事委员会一项上半段文字，修正为"军事委员会由和平会议双方总代表各推四人，自推定之日起，于若干日内在北京成立。"下文同前。少川已无异议。关于收束费用之计算，另有说明书由邮寄阅。此案同日已告结束，并向少川声明电政府核定，以杜彼方再生枝节。敬希从速电复为盼。蟫。

265. 朱启钤致钱能训电

紫公鉴：梓密。本日开会，由军事案审查员报告审查结果，全体再行详细讨论。分拟办法如下：（一）（二）（三）（四）（五）（六）（七），其中惟收束费用一款，因计算用费尚须更求明确，复交审查，俟修正后再行奉闻。此项费用于酌定善后借款额数时，极有关系，故应精密计算。至其用途之分配及会计稽核之方法，并聘用专门人员，自须容纳借款方面意见，拟归入善后借款案内妥议，而本案内不必提及，似较得体。善后借款案已由军事审查员拟草，日内即可告竣。军事案开议之始，彼方论调甚高，拟将现有一百五十师于十六个月内全数裁去，改行征兵制度，实行废止督军等职。后经多方磋磨，并于审查两方，熟权利害，分别疏通，始将本案成立。照此办法已与政府原定计划不甚悬殊，将来实行或亦无多困难。惟此案虽经两方同意，尚未正式确定,务希严守秘密为要。再,军事委员会人数一项,另电详述。并闻。蘷。

266. 于右任张钫致唐绍仪李述膺电　　1919年4月17日发

万急。上海唐总代表、李龙门❶先生鉴:英密。今接乾县王、郭二司令帛书,其文曰:"于总司令钧鉴:乾县以弹丸之地,与二十倍以上之敌兵血战数月之久,其战争之激烈,形势之危险,为我军起义以来所仅有者。珏等自思,无论对于陕西,对于西南,似均可告无罪。而钧部屡云援助,俱托空言,诚令人百思不得其故。窃维乾县一隅,关系甚大,前奉钧函,亦有以守乾县者守陕西,以守陕西者守西北等语。我总司令素具热心,关怀大局,若无特别原因,决不至漠视若此。前得谣传,谓有某某两路现已高悬奉旗。惟此间自接战以来,交通隔绝,除上钧部数函外,其余凤、鳌等处并未往来一字,故莫由得其真象。前日忽有奉军副官来信,谓,现在南北和议将成,全国俱已停战,并携有方刚之函,故珏等准其入城。及阅其信,谓渠因凤、乾之围甚急,故与许兰洲相约退让岐山,换解乾、凤之围。此外并无何种表示。珏等思之,方刚为陕省首义之人,屡蹶屡起,壮志未尝少衰,何至有此等举动。惟伊左右之人,流品甚杂,眼小如鼠,性□于狼,以升官发财为念,甘言重利,多方引诱,或致中其奸计,亦未可知,钧部必能得其真相。若方刚有投奉之事,请即通知珏等,即当与渠脱离关系。并请一面以珏等名义通告各方面,一面电达唐总代表,严重交涉,速解乾围。声明乾县绝对为靖国军之占有地,珏等所部绝对为靖国军之军队,珏等牺牲一切,死守乾城。总司令为大局谋安全,并非为私人谋权利,虽失败至无一人一卒,亦绝无反悔之理。天日在上,共鉴此心。敌于十日稍行退却,然仅由城外战壕退至附近各堡,距城一二里,数日以来,又已暗袭数次。是停战之事,此间并未实行。务祈尊处速派大兵来援为要。盖此后不惟城外敌人须防,即奉军亦应防之也。赵三前日回乾,回信被敌人截去。知念附闻。专此。

---

❶ 李述膺,号龙门。

敬请钧安，伏乞垂鉴。俊夫、西峰两司令同此不另。王珏、郭英文同上。四月十五日"。据此则乾围未解，乾战乾停，陈树藩于北廷命令直弁髦视之。务希严重交涉，以全□义，祷切盼切。于右任、张钫。筱。印。

267. 吴鼎昌致朱启钤电　　1919年4月17日

朱总代表鉴：梓密。铣电悉。昌明日出京，十九日特别快车由津回沪。法律案，今日为与主座、揆席详细讨论，略有办法，容当面陈。军事委员，我方应推之人，除冯、段外，亦与主座接洽矣。安福部主要分子尚无问题。政客造谣，本其惯技，只好置之不理。沪宁车请嘱筱山代为预备，并转告家人为荷。昌。洽。

268. 钱能训致朱启钤电　　1919年4月18日发，当日到。

朱总代表梓密。蠖公鉴：铣两电均悉。军事委员会组织，少川意在南北人数平均，惟北方省分较多，裁兵数亦较多，本未便平均分配。若能于公推之外，加入财、陆当局，则表面平均公推，而实际较有操纵。且事实上亦非加入陆、财当局不可。惟既经尊处商定，俟将来详密组织，再行加入，此时是否有磋商之地，尚希酌之。至双方所推人物，亦须预有标准。此间之意，段、冯、王诸公；南方如岑、陆、唐者为宜。能否由公与少川先行商洽，以期得手。其余讨论结束，修正文字各节，均属妥协。补充军费一节，为滇、黔、川、桂各代表所注意。惟南方既议补充，则北方应否补充，亦一问题。故中央公平分配一层，万不可少也。法律问题顷与达诠熟商，渠尚有一种计划，拟将两国会宪法起草会分子约计各七十人左右，召集完成二读旧案，并修正选举组织各法，在代表无议宪之嫌，而法律有下台之地，用意不无可采。达诠归时，当可详陈。鄙意此事最好仍用简捷办法，一了百了。少川亦思了事，但于法理不甚明了，且畏怯不敢担当，似可由公陈述利害，为更进一步之接洽。若少川所拟两说，国民公决易生枝节，因不可行，即所谓法律会议办法，将来虽有操纵余地，而大局久悬不定，夜长梦多，亦属可虑。欲照法律会议办法，则事前必有先决问题。一则新、旧两国会须同时闭会，以俟解决。一则须认为统一已成，元首业经全国承认，西南一律取消独立。果如是，则法律问题虽暂时解决，尚不致发生意外之变化。公谓如何？近日会议进行甚猛，想见贤劳。达诠今日晚车南下，知注附及。紫。巧。

269. 钱能训致朱启钤电　　1919年4月18日发，19日到。

朱总代表鉴：密。本日众议院要求国务员全体出席，先质问国会问题及代表权限。当由弟摘要报告要点如下：一、政府不能届（？）非法之名；二、旧国会不能复活；三、代表权限不能不讨论法律。盖彼方主张恢复旧会，我不置喙，便成默认。各议员尚无异辞。嗣又质问八年公债，财政总长报告不得要领。弟谓发生公债之政策，系因财政枯竭，救济目前起见。所以未交国会者，则以发布时值国会闭会，法律上无追认明文也。此系对于安福派之言，与我公进行，当不发生何等困难。恐南报传闻异词，用以密闻。紫。巧二。

270. 陕西议员致李述膺等电　　1919年4月18日发

李龙门先生转唐、朱总代表及各代表诸先生均鉴：和议重开，国人欣望，顾瞻陕局，隐忧方深。先决之问题既未解决，善后之条件何由提起。直等代表陕民，忝列议席。今当和会开议之时，溯陕西致祸之由，敢举陈树藩诸大罪状，为我诸公陈之。自陈氏督陕，岁无宁日，兵不归队，匪不入山。始则纵军为匪，继则收匪为军。军纪荡然，民生涂炭。其罪一。甫接督篆，即发省债，残民以逞，竭泽而渔。购田数百万，蓄妾十余人。为一己永久之谋，置全省生灵于不顾。其罪二。且秉性凶残，居心狠毒，信用私人，摧残善类，稍非同调，即被逐杀。政纲紊乱，民怨沸腾。其罪三。禁种罂粟，基于中英协约。辛亥以还，委员查禁，例极严厉，销耗几许国币，草菅几许民命，始告肃清。该督及刘镇华大开烟禁，广收烟征。酿国际之交涉，贻陕祸于无穷。其罪四。擅借外债，私购军火，向来禁令至严。该督私向日商借款数百万元，以南山一带矿产作抵，购运枪炮，数值巨万。为个人固权位，为桑梓延战祸。其罪五。议会为立法机关，负代表民意之责，有监督行政之权。该督视若眼中钉，嗾买公民，任意摧残，曾经敝会迭电各省，想当共见，其罪六。贩卖土药与播种罂粟，其罪相等。该督在陕省各处设立运贩机关，派队护运，获利额巨，是禁民放炮，己反纵火，其罪七。自南北和议将开，停战命令早经颁布。该督违抗命令，破坏和局，致令和议停顿，中外交责，其罪八。总其祸陕之罪，罄竹难书。陈氏不去，陕乱未已。直等为民请命，披肝直陈，敢祈诸公俯念陕西八百万生灵呻吟于陈氏虐政之下之苦，主张即日撤陈树藩，消后患于无穷，谋永久之和平，陕西幸甚，全国幸甚！陕西省议会议员杨直、程运鹏、寇之苏、柏堃、韩春第、王希哲、折克家、刘之润、刘肇丰、张玉汝、杨嗣震、王澄明、马嗣援、王寿、王树楷、□志升、李□文、马骐、李骏材。巧。

271. 钱能训致朱启钤电　　1919年4月19日发，20日到。

朱总代表鉴：梓密。啸及啸二电均悉。善后案协商结果，所拟办法略有商榷：一、借款总额以实收本国银元二万万元为准。按之外国货币原数当为若干，如何折合计算，其折扣数目若何？一、善后借款原议于裁兵善后各款外，可将一切重要建设费一并商借，为一劳永逸之计。来电所拟办法，除收束军队外，仅及建筑国道及补充西南善后经费，而于此外建设费概未之及，应否一并计划在内，尚须详酌。且西南军队固需补充经费，其中央军队亦应有补充之款。前由亚博特将各项军政、财政列表请填，渠意二万万元断不敷用，尚可设法多借。但此言甚秘。鄙意重要建设费，中央军队补充费，似不妨酌量增入。一、近来欧洲借款利息增高，不特四厘五难以办到，即五厘亦不易商。若预定五厘标准，恐临时过于束缚，难期就绪。至盐务余款，每年虽约计有四千余万元，但其中除已抵借他款外，为数无多，不足为担保之用。此间拟以全国烟酒作抵，但若借至二万万元以外，则烟酒项下仍属不敷，尚须另筹担保。此节亦与尊处计议不同。一、从前各项垫款及小借款，如政府或银行团认为为即借款偿还者，虽不在本案所开总数之内，亦须并入此项大借款内，统筹办理。以上各端，仍盼酌示。至啸二电所云，西南各省所得之数，究竟用诸何途，应由政府切实核定，语极扼要。陆军、财政当局加入委员会一节，既由公在议席声明理由，将来当无问题。惟此次修正原文，该会详密组织，系由各委员商定。倘各委员或有反对，能否以元首名义加派，并望留意。借款事关外交，来电谓此项办法系片面意思，将来银团交涉结果如何，尚不可知，洵已洞见症结。此间亦只能先据管见，大略答复；至为实行起见，仍须征求财、陆当局及外交银团之意见，方能作准。容俟接洽再闻。垫款一层万不可少，乞商妥加入为荷。紫。皓。

272. 钱能训致朱启钤电　　1919年4月20日发，21日到。

朱总代表鉴：梓密。补充军费一节，中央军队亦须一律补充，昨电达，祈注意。军事委员会详密组织，由各委员自行商订，似仍须呈商总统方为周妥。丙项借款提取一节，仅由财政部签字，恐银团未必满意。此节可先照此与商，如未允洽，再行酌改。尊意如何？余续陈。紫。号。

273. 钱能训致朱启钤电　　1919年4月21日发，22日到。

朱总代表，梓密。蠖公鉴：军事案全文已密呈主座鉴阅。所有筹划各节均甚周匝，惟有商榷数端：一、时期仅限一年六个月，一律办竣，为时较促，事实上不无滞碍。一、兵额以五十师为准，尚可如期办到，惟警备队必须在外。缘警备与陆军性质不同，近年各省巡防各队多有剿匪得力者，裁减则地方防务不敷分配；若改编陆军则转失其作用。且为实行分治计，武装警察宜隶内务，亦未便并入陆军计划之内。即论吾国幅员辽阔，边防繁重，兹仅厘定军额为五十师，将警队另行划出，亦复不为多也。一、西南军队如需补充经费，则中央军队亦须一律补充，综计需款颇巨。且银团重在收束军队，此项补充名目，恐难通过。在西南得此，未必实归民用，或以此为选举组党种种作用，资地诎力❶适以自扰，在中央亦殊失计也。第四款所列各项，除修筑国道经费已经指定外，其退职军官优待费、疏浚河道费、屯垦费及续加之养成侨工费，均未于借款内开列，此款既为安插裁兵，似应一并计及。一、征兵制度系属旧当，此时欧洲方面渐已不甚采用。若举为标题，似与近今时势稍有未合。一、厘定统一军制，依照丙项所列，军事行政统归参陆部主办，办法甚善。上文所谓厘定军掣〔制〕归军事委员会妥为筹划者，当系仅筹议概目，以不侵参陆主办之权为妥。抑更有应研究者，军事委员由双方代表公推，北如冯、段、王，南如岑、陆、唐，固可餍人望，无而〔如〕各人地望既崇，意见歧出，势必彼此牵掣，无从措手。此次补充计划，委员会特其表面，暗中仍不能不借外交团、银行团之力，以策进行。若该会内部先起纷争，更无办法。究竟有无何项良策，或仍用公推，或由元首委派，总以得人了事为主。统望裁酌密示。余续陈。紫。箇。

274. 钱能训致朱启钤电　　1919年4月22日发，23日到。

朱总代表鉴：密。马电悉。此间迭接陕电，谓乾县确已停战退围，与于电适得其反。皓（十九）日尚接陈督电称："围乾部队经于、张专员商定，全线退出五里后，即令张、白各旅团遵照实行。旋据张旅长金印电称，遵已全行退后，乾县城南面距原防线五里许之如台村、小对村，秦寅庄、北原上之线，围集固守。据白统领鸿仪电称，遵将防线退后固守，旅部及原营驻羊红店，杨营退驻如台村，郭金榜全部退驻好儿村及上下底洞村，齐营退驻南好儿村，蒙营退驻东奇五村，均距原线约五里。据张团长鸿电称，遵将城下防线全行撤退至乾城西北金家堡、张家堡、姚家官、玉皇洞一带驻守各等语。所有该部退驻情形，与张专员往返商定者无异。乃了〔辽〕东白旅甫退，乾众即将东城外安家寺、两青人村等处占据，比及函知张专员，迄未见复。嗣准张专员转据许司令电商派员入乾宣撤，当即电饬各旅遵照保护。旋据张旅长报称，奉军陈副官入城宣示后，即行出城。据称，王

---

❶ 原文在"资地诎力"旁注："此处电码不明"六字。

珪、郭英甫决意死守，不愿退去，将来究归何部，尚无一定宗旨。复据张旅长电称，自奉军副官入城后，乾众仍每日修补城墙，派出多人，于城下邺堡大肆抢掠，见我哨兵即开枪射击等语。似此负固顽强之态度，恐无掩护归凤之决心。我军虽一退再退，而彼则节进节逼，终且以开衅相咨诬。其实各军自退驻以来，力固防线，不知何尝有袭击情事。树藩并迭电各军，严约所部，不许还击，致滋借口。数日以来，无论彼方如何横挑，亦决不过问。惟乾众是否依附奉军，许司令始终并未直接来商，均由张专员往返转达。合并电闻。"云云。查阅陈电，我军确已遵令退围，决无战事，来电恐别有用意。除再电张专员瑞玑查明究竟是何情形外，特复查照。能训。祃。

275. 曹汝霖致朱启钤电　　1919年4月22日发，23日到。

朱总代表，悒密。桂老鉴：有英人亨利波，曾充驻日总领事，精娴日语，来华游历。因中日问题，英日不免有所误会，颇思尽力疏解。此次偕日人渡濑到沪，拟晋谒左右，有所陈见，乞赐晤谈，并介绍达铨为盼。霖。祃。

276. 钱能训致朱启钤电　　1919年4月23日发，24日到。

朱总代表鉴：密。此次伍朝枢以南方代表名义赴欧，要求列席，中央断难赞同，即列邦亦难承认。惟为爱惜人才起见，已派其参预和会，对于内部讨论，得与胡、汪诸使一体计议，在我已属委曲求全。顷得陆总长来电谓："昨接伍君交阅粤中政务会议去电云'不能列席，何取任命。已电少川力争抽换或加派，并托李纯斡旋，如北廷固执，即向和会要求列席，并宣言北派不能代表全国。倘因此两败俱伤，固大可虑，然非始愿。陆使向顾大局，希与切商转圜'云云。并据王全权来商，吾国业经提出之二十一条问题，将来请由伍君出席和会说明，伍君并有请由祥通知和会迳派伍为全权，不必候政府命令之意。王全权等节节进行情形，显有政治作用。此事关系至巨，祥实焦头烂额，穷于应付，不但无余暇以资对外，且恐贻患大局。"等因。当经电复陆使，切实拒绝，并嘱其以个人交谊，借劝伍君蠲除成见。我国全权委员对外久经宣布，诚未便无端抽换加派。为伍君计，参预和会已不患无建言之地。和会进行关系至重，若徒祷张为幻，志在两败俱伤，神州陆沉，载胥及溺，必有尸其咎者。此时沪议渐臻接近，时局可期解决。且少川素知爱国，当知对外要端，宜从审慎。希以中央苦衷，切实转达，请其迅致军政府悉力劝阻，共维大局为要。紫。漾。

277. 钱能训致朱启钤电　1919年4月24日发，25日到。

朱总代表鉴：和密。皓电只悉。查国有各铁路之有督办，皆因借款合同之关系而设，然此亦仅以建筑时代为限，迨路工告竣而入营业时代，所设督办即行取消，改为局长。津浦铁路是其先例。此次南代表提出统筹速办滇、川、黔、粤、桂、湘铁路一案，经画西南，亦作为国家谋永久之宏略，是诚当务之急。惟欲以一督办而辖六省铁路，是于各铁路之所以设置督办，暨督办之设置仅限于各该路建筑时代之先例，均有不符。而况如已订借款合同之钦渝、株钦、沙兴三路，其债权或属于法，或属于美，或属于英，依合同之规定，固可分别就各路各设督办一员，主持其事，若强以各路隶于一督办之下，不但交涉滋纷，抑于路务之进行亦多障碍。此次和议原所以谋统一，铁路既有交通部综其成，若于该六项铁路特设一督办以专辖之，于交通行政有失统一之嫌。尚希详酌。能训。敬。

278. 钱能训致朱启钤电　1919年4月26日发，27日到。

朱总代表鉴：梓密。径电悉。子兴昨日来电谓："伍至今以军政府代表自任，并未请示服从命令。儒堂为伍极力设法。对外列席，请示中央应否抽换。当复以派遣全权，应由中央主裁。在伍保持彼方名义，主张个人权利，本可置之不论。惟为爱惜人才，故派其参预和会，足征并无畛域之见。现在全权久经派定，草约亦已签字，对外名义既定，岂宜轻有更选。仍请其切劝伍君，蠲除成见，并劝导儒堂一致主持。"等语。顷秀山转到西林、秩庸来电，亦主抽换、加派，已照前意婉切复之。少川所云秩庸舐犊之爱，或系实情，由渠电致儒堂，设法消弭，当可得力仍盼早日拍发耳。紫。宥二。

279. 钱能训致朱启钤电　　1919年4月26日发，27日到。

朱总代表鉴：梓密。乾县情形，前经电询张瑞玑。顷据复称："乾县确已退围停战，瑞玑已历次电沪。右任电据乾县函称云云，盖借词也。瑞玑于乾县归许、归于一事，迭用明电通告南方，可惜许于乾县收抚事无甚把握，遂不免续生轇轕。"等语。特达备考。紫。宥三。

280. 胡瑛致章士钊函　　1919年4月26日

行严仁兄先生赐察：

吾湘辰、沅以上各地，夙产谷米不丰，多仰给于下游沿湖各县。军兴以来，兵数日增，民食日蹙。加以去年六、七月时，驻常北军，奉北京政府命令，禁输谷米于护法各军领地，致常、桃以下，谷米滞销，常、桃以上，食源匮竭，军民商贾遂交困无所为计。近顷湘西各军，前后派人来言，当青黄不接之际，各地日形恐惶，而驻常北军以未奉北京政府解除禁输谷食明令，未敢率意放行，非速谋接济，馑殍堪虞。弟不欲以此事正式提议向和会请求，拟请执事据情转达朱总代表，请其电北京陆军部解除前项禁运命令，以苏军民饥困，实所感祷。当此大局解决在即之时，南北已无歧视之必要，北京当局当不难照准也。专肃。敬请台安。

弟胡瑛谨启　　四月二十六

281. 吴县姚位俊等请愿书　　1919年4月26日发

朱、唐两总代表暨诸代表钧鉴：

公民等以共和国体，守〔首〕重立法，立法未固，庶政无由进行。而县市乡议会即为立法之基础。公民等为遵重立法起见，故敢具函请求。兹附呈请愿书乙件，伏乞俯准列入议案，公决施行，以端治本。专此。敬请政安。

吴县公民姚位俊、凌韫莘、陈霞门等十三人同叩，如请愿书手续不完备，退还迳寄吴县署前申庄口可也。

请愿书

为请愿事：窃查共和政体，守〔首〕重立法，立法未固，庶政无由进行。而地方自治即为立法之基础。盖地方自治被袁氏摧残，共和非法解散以来，已历五载。后蒙蔡公再造共和，国会、省会同时命令规复。而根本上之城镇乡自治，迄今未见回复，殊失完全法治之本旨。致下吏遇事专横，人民受其抑制，靡可胜言。公民等为遵〔尊〕重立法，容〔用〕敢上书请愿，伏乞贵会列入议案。是否有当，敬请采纳施行。

吴县公民　姚位俊押　凌韫莘+　陈霞门+　徐凤翀+
　　　　　马幼甫+　黄梅生+　吴炳荣+　汪木生+
　　　　　朱润荪+　张国宁+　沈吉甫+　胡兆基+
　　　　　吴凤鸣+

中华民国八年四月二十六日

282. 山东省议会致和平会议电　1919年4月29日发，5月1日到。

和平会议朱、唐两总代表钧鉴：东省自五年以来，始因民军纷起，人民罹索之苛烦，继因南北战争，地方遭土匪之蹂躏，公私损失，为数已多，益之以编遣民军，募集善后公债，暨息借之三百万日款。各项清册，现方从事汇集，确数若干尚未核算，而约计各条当不下千万之巨。近闻善后议案将次提出，恳将东省加入被灾各省，并案核议。除造具各项清册正式具书请愿外，特先电闻。山东省议会。艳。

283. 钱能训致朱启钤电   1919年4月30日发，5月1日到。

朱总代表，梓密。蠖公鉴：艳电悉。国会问题若不能并图解决，则军事及善后借款各案纵能单独签字，亦不易实行。缘此间于善后各案吹求者多，颇滋牵碍。前电已略申其意。与其逐案反抗，枝节横生，不如将根本问题之国会案，由会迅速筹商解决。无论归宿如何，届时会议既了，统一已成，在各方虽有种种困难，凡所以勉图干济者，自当由政府悉力任之。远伯、赞侯赴沪，代达各语，当能洞悉。为大局计，务望我公极力策划，并以利害切劝少川，撇开门面话头，勉任仔肩，以了此局。至国会问题，尊电谓恢复民国六年国会及南京制宪之说，为害甚大，洵为扼要之论，此间亦认为此二说均不可行。北京报纸赞成旧会制宪，系属一部分逞臆之谈，并无根据。近来新国会发生两会自行解决之说，亦恐头绪纷歧，难得要领。前此多数舆论，佥以制宪为解决时局之阶梯。就目下情形而论，制宪手续繁重，亦有困难，如避开制宪一层，以改定国会组织选举法为解决之方，是否可期办到？并望密示。紫。卅。

284. 张瑞玑西安来电   1919年4月30日发，5月2日到。

大总统、国务院、参陆处、各报馆、军政府、参众两院，唐、朱总代表，各代表、各报馆、李督军鉴：乾县停战事，前电已略言之。顷接李龙门兄电称："于右任漾电，陈督又以全力攻击乾县。恐兄入陕后，谓陕战全停之言，被陈督完全破坏，再不得以此欺人矣。"等语。词意怏怏，苦相诘责，一若乾县确有战事，而瑞玑故为隐饰者。夫停战与否，必有确证确据，非一人一言所能伪造也。一月以来，右任自三原函电致沪，总以乾县未停战为词。一则曰袭击，再则曰合围，三则曰全力攻击。如右任所言，则一月内之乾县，无日不在炮轰枪击中也。即以漾日之电为开始攻击之日，距今已十日矣。请陕西旅沪诸君电右任探问，此十日中陈督攻击情形如何？乾军守御方略如何？城垣有无破坏？双方有无伤亡？陈督共分几路？距城里数若干？驻扎何地？攻击何方？右任既为总司令，军事上之报告当必较他人明白详晰也。若乾县方面果有全力攻击之举，陕西八百万父老子弟当共闻共见。瑞玑负监视之责，而不闻不见，或闻之见之而隐而不言，则瑞玑罪当万死矣。夫此次陕西停战，亦时势所迫使然，非瑞玑之功。陕战既停，不待右任之电而和会即开，亦时势所迫使然，非瑞玑之力。和会之不可停顿，全国人之心理也。和会之开，非特中国之利，亦陕西之利，亦靖国军之利也。瑞玑向劝右任速整理内部，俟和会告成，以便编制。右任不暇计此，乃如报馆访员有闻必录，日书一纸以告沪。每一纸到沪，沪上诸君即据函电哗然，与和会争，与瑞玑争。试平心静气一研究之，陕西未宣战以前情状何如，今何如也，乾县未停战以前情况何如，今何如也。乾县战事，右任日日言之，诸君日日信之，而乾县仍日日无恙也。掩纸思之，当憬然悟矣。总而言之，瑞玑此决入关，一言一举不曲求人谅，人亦不谅。故谣诼横生，不惜破坏大局，使乾县之战祸再生，沪上之和会再闭，箝瑞玑之口而唾骂之，而其心始快。殊不知停战与否，此何等事，岂能以一手掩尽天下人耳目。瑞虽虽愚，亦当自谋立足地。乾县果有战事，瑞玑职司何事，早当布告天下矣，又何至陈督日日攻击，右任日日告急，诸君日日诘责，而瑞玑尚日日推诿掩饰耶？此不待辨而可决者。今和议行将告成，陕西问题随大局而解决有望矣。请诸君勿轻信谣言，横生枝节。和会幸甚！中国幸甚！陕西幸甚！靖国军幸甚！瑞玑叩。卅。

285. 钱能训致朱启钤电　1919年5月1日发，3日到。

朱总代表鉴：和密。近据确实探报："岑春煊计划以陈炯明充闽省长，由陈其年等在沪组织机关，号为闽省善后协会，伪造民意，为岑、陈之后盾。该协会中党人诡计，均有函件为凭，往来运动，人人皆知，闽省各界皆不以为然。划界事，厦门、漳州一带磋商虽有头绪；而泉州及上游一带彼欲将我界内地域划入彼界，由泉而仙，而德，而尤，而沙，而顺，以达邵武，数百里贯通一气。人民知彼军'多系土匪'，到处奸淫掳掠，扰害不堪，皆生畏惧，群起反对。现经李督军电致厦门抗议力争。彼方此种行为别有用意。以为此种要求，知我必不承认，彼可借口请求派林葆怿来闽监视，以便于中取利。"等因。查闽省划界，自应就现在两方驻军地点，彼此商定，各守防线，不相侵挠，静待解决，何得于界线外为无理之要求，范围外为阴谋之举动。应请告知少川，转致陈炯明，令其公平商议，勿得故意为难，致碍和局。能训。东。

286. 朱启钤致唐绍仪函　1919年5月3日

敬启者：顷接北京来电内开："近据确实探报，闽省划界事云云，应请告知唐总代表转致陈炯明，令其公平商议，勿得故意为难，致碍和局。能训。东。"等因。相应函达，即祈查照，转电陈炯明君，对于闽省划界，务必公平协商，免碍和局，是所切企。此致唐总代表。

朱启钤敬启　五月三日

287. 第七次会议纪事

五月六日上午十时，开正式大会，讨论山东问题。结果由双方总代表致电巴黎中国专使，电文如左：

巴黎中国使馆转陆专使暨各专使均鉴：青岛本中国领土租借德国，并非何国之属地，中国既对德国宣战，租借条约当然无效，青岛当然为中国所有，不能任听何国之处分。故吾人对于和会要求，退还青岛，实为至当不易之举。近闻和会有不能容纳中国主张之说，人心激昂，举国一致，北京及其各地人民，连日均有激烈之表示，不知和会情形究竟若何？倘和会承认他国之要求，不容纳中国之主张，我四万万国民为公理正义计，断无承认之理，应请勿予签字，以伸公道而保存国际之地位。谨代表国民公意，特电奉闻，并盼复示。朱启钤、唐绍仪。五月六日。

288. 朱启钤致吴炳湘电　　1919年5月5日

北京吴总监：锞密。路透电传，为青岛问题，京中学生暴动。详情如何？盼速电示。钤。歌。

289. 吴炳湘复朱启钤电　　1919年5月7日

上海朱总代表鉴：锞密。奉歌电并立之电，均敬悉。四日，北京大学等十数学堂学生二三千人，因青岛问题，在天安门前露天集合，拟赴各使馆争议。经派员警竭力解说勒阻，旋有代表数人赴美使馆。嗣后分途前至曹宅。其时已饬区队防护。卒以人众蜂拥入宅捣毁，复纵火焚宅。章公使适由曹宅出门，学生等围殴致伤。炳湘闻警，立即驰赴弹压。当奉总统谕令严拿，比经当场拿获三十余人。一面护送曹总长出宅、章公使入医院。其余学生均立时解散。所有逮捕学生，现已一律移送法庭解决。本日各大学均照常上课。仍严饬区队加意防范，地方秩序尚无他虞。请纾廑系，并乞转致立之诸君。炳湘。阳。

290. 朱启钤致任凤苞电　　1919年5月5日

急。北京交通银行任振采❶鉴：宜密。闻京中学生暴动，曹宅被焚，章使殴伤，军警拘捕学生并有枪毙之说。沪上谣传甚盛，恐激起对外风潮。详情如何？盼随时电示。蘷。歌。

291. 任凤苞复朱启钤电　　1919年5月6日

上海朱总代表鉴：宜微。歌电悉。四日事，昨电沪信，谅可鉴及。章使受伤甚重，现经日医诊治，可望无虞。此事发生在午间一钟。其时警察业已戒备。而章使被殴，曹宅被毁，乃在四点后。警察

---

❶ 任凤苞，字振采。

过于文明。迨至镜潭到场，发令拘人，始行解散。拘捕在场学生二十余人，在厅优待，无枪毙之事。但闻于七日在中央公园举行大会，政府恐再滋事，正在设法解散。并闻今日将有处分明令。容续电。再，京中秩序甚安，金融上亦未发生影响。并闻。苞。鱼。交行。

292. 唐在章致朱启钤电　　1919年5月7日发，当日到。

上海朱总代表钧鉴：彰密。本日警厅未得钱许，擅放扰事学生。钱即晚提辞呈，请靳暂代。又靳自蚌埠回，商定倒阁。吴此次行为似受徐意。乞密。章。虞。

293. 中国惟一之希望
《字林西报》1919年5月6日　　西人裴克斯斗投稿

列强代为恢复和平，不必协商南北政府

中国国内和议，现在上海举行，未能解决纠纷。力谋统一，惟由列强代为执行。试就南北代表团之意见而观，难期和议之得有结果。朱启钤氏必欲保全徐总统之地位，而唐绍仪氏亦必谋于北京政府之中，位置南方政客之领袖诸人。故唐、朱二氏虽极意交欢而终难以达到目的，其故仍因军阀作梗耳。是以唐、朱二氏，不得军人之欢心，不能有所进行。据闻二氏于此，颇已煞费苦心。议决全国现有军队一百四十余万名，内应裁一百万名之谱，其裁遣费由银行团借给之善后借款项下支给。其法非不甚善。但据吾人观察，南北现有军队中，枪械完备者不过五十万人，确经精练者不及二十万人。两总代表宁不知此。乃今议裁九十余万名之兵士，而延期数年之久，仅得平时军备标准五十万名。似此办法，军阀自必满意。若依此项计划，南北直可不裁一兵，善后借款迳由各省督军及其他高级军人分润可也。裁兵计划几与不裁无异，且可安然得获巨利，是故军人甘于缄默。

两总代表乃谋收买政客之法。然此实不易办理，盖除南北两国会外，尚有数千穷无聊赖之政客，将何以飨其欲望。据闻现方研究此事，拟由唐氏方面要求恢复旧国会，而由朱氏拒绝，和会乃复停顿。

然后由朱请求北京让步，而由唐商请南方撤消一部分之条件，调停妥洽，再开和会。约定取消北方国会，恢复广州国会，选举徐世昌为总统，或由旧国会在宁制定宪法，而后解散。将来助唐疏通广州国会。赞成此议者，或为吴景濂、褚辅成及胡汉民三君，彼等皆国民党之巨子，必能强迫党员就其范围。徐世昌氏或将允任三人为阁员，以作解决国会问题之酬报。至若解散北京之国会，安福系必以北方军权，仍归段祺瑞、徐树铮二人掌握为条件，方可办到。依上述办法，恢复和平，各派固皆无损；其吃亏者，惟少数爱国志士而已。然能保相安无事者，亦不过三四阅月耳。

现在国会解散之后，当然召集新国会。届时必由南北合组内阁，于是各党派即行所得于善后借款之金钱运动选举。南方财力较为薄弱，其结果自必不敌北方。于是新国会中，北派议员必居多数。开会之后，凡足以抑制南方，伸张北方势力之议案，必得通过。届时南派阁员必致辞职，而一般政客之不满意于政府者，必重集沪上，倡议倒段，因段仍必统带北方军队也。及至此时，徐总统始将厌恶段之操纵北京政局而求助于直系军人，徐之左右必且向南方宣告总统为维持民国起见，而与段氏宣战矣。南方知其用意，必致再树旗帆，声讨段氏。北方军队之忠于总统者，自必不与南方开战，又将重见长期之内争，与政党之互斗。其结果，必致中国不能再举外债，并使政府破裂，不能再有统一之望。至是，国际同盟会或将以管理之权交与日本，令其解决中国之纠纷焉。

余深悉中国官场心理，上述各情，并未言之过分。设若列强不代华人解决国事，我不知其将如何结局。……管见以为，刻下中国只有一法可得出险，即由吾人代为筹谋一切可使中国恢复和平并建设良好之政府。计划既定，然后通知南北两政府，请其依议实行，不必与双方协商也。余尝结识中国优秀之军人多人，深知若辈颇愿极力助成此举。吾人除代中国裁遣军队，解除其武装，减留二十万人；并为之管理财政，至可立于坚定之基础外，毋庸干涉其他政事。……吾人应为之设法，俾脱压制之苦，美国与协商各国皆有责任，倘任令华人处于腐败官僚之下，实不公允。

294. 《字林西报》社论　　1919年5月7日

昨日本报所载裴克思斗君之通信，议论透辟，足资关心中国者之研究。夫以裴君之"厚爱"华人，且谓中国除乱之道，舍列强干涉而莫由，其故可以思矣。裴君之解剖时局，洵极精确。阅报诸君，或疑其少算中国军队之人数。然以实际言之，军队之实力，远不及线上之兵力也。现拟裁兵之计划，徒饱各督军之私囊耳。裴君谓列强应代中国筹定计划，恢复和平，建设良好政府，要求南北政府依据实行，毋庸与之协商，其滥用职权之官吏，概可不必理会云云。至应行担承之大事有二：首为裁兵收械，将兵数减至最低额。次为整理财政，使之立于稳固之地位。列强苟能力谋中国之公益，而不务各自之私利，裴君深信华人必赞助其议论也。

阅者当尚忆及去年十一月间，中国宣布息战，外人皆视南北之和平为有望。其后经过之情事若何，兹可不提。至若和会虽开，而进行濡缓，以及其所拟定之计划，既所发现之种种阴谋，当为阅者诸君所共见共闻。裴君所述沪会结好武人之计划，及召集第三次国会以取消现有两国会之办法，皆非解决中国难题之适当方法。吾人近尝得与沪会诸代表晤谈，察其关于制宪一节，似无取法美国之意，而欲照旧办理，殊不可解。是则拨乱致治，殊难望于和会矣。

第二问题，为协商各国是否将起干涉。按去年十二月二日协商各国政府，曾对南北双方提出恢复和平统一之劝告，毕竟不致再战。时则政界亦颇以欧洲和会席上中国代表之发言权为虑。统一之局，宜可致矣。乃至今日，愈趋愈远。为华人计，则外力之助似不可少。盖自中国有史以来，国事之纷乱，执政之贪渎，未有甚于今日者也。列强诚以公道待华人，则应立即干涉。公使团近为禁止军用品输入华境一事，其宣言几若谓中国已无政府。然则何不更进一步，迳为华人设一政府乎？

又闻四百万华人，将以一心反对日本继承德国在鲁权利之说，殊属可笑。今华人之所欲者，惟国内之和平。商界对于沪会之宣言，足为代表一般华人可取之意见。中国之参战，及其加入协商方面之理由，与夫国民外交协会所谓中国与协商各国合力驱逐德人于鲁省之外，皆为谵语。只据北京电传，四月二十三日美总统与英、法两首相会议之后，决定山东问题或依中国密约处理，或由日本继承德国在鲁一切权利，悉听中国自择其一，载入和约。果如所言，则华人应谢政客军人之赐。是故解决中国之困难，首当扫除军阀政客以及一般谋仕之徒，然此非华人之所能为也。

295. 钱能训致朱启钤电　　1919年5月6日发，8日到。

朱总代表鉴：密。据童副司令❶电称："前奉钧院养电，颁发划界五条办法，节经电总司令请示去后，旋奉电谕，与陈炯明直接商洽办法。暄以此事应筹闽省全局，漳厦方面由暄知照陈炯明，各派员协商；泉州及上游方面，双方战线未能详悉，应由总司令电请陈炯明，将各地正式将领与驻地详细开出，即令各该地军队长官就近商办。当将此意电禀总司令。继复陈会议办法三条：一、双方各派熟识前线情形者两员会议，公推洪宇卿、吴耀和君为介绍人。二、会议地点在厦门鼓浪屿。三、先从同灌、江东桥、海澄一线着手。均经允准，陈炯明亦表赞同。当派定李旅长燃章、高旅长全忠为划界代表，彼方派出叶参谋处长举及郑参谋荃荪二君。于四月九日开第一次会议，双方提出全线各将领姓名驻地，并议决以原防钱为界钱。同灌方面，恪守原防，惟江东桥方面过于逼近，易生误会，议各撤退若干距离。双方代表以须经请示，未决。寒日开二次会议，同灌方面，彼退至山口安溪，我军仍驻原地，相距约二十余里，大致议妥。江东桥方面，磋议撤退地点，争持未决。时彼方代表又以上游双方防线远隔约十里，各守原防，议结较易。请即在厦门议，以期早日告竣，并开出其上游防线人名地点，即泉州方面，亦请于下次开议。暄以上游情形未明，即电请李总司令示遵。嗣奉复电允准，并许将防线地点草图俟绘就寄厦。至泉州方面，经饬贾旅长派员来厦与议。迨梗日开第三次会议，议决江东桥方面各撤退约六七里。泉州方面，据叶代表称，该处系靖

---

❶ 童保暄。

国军，接林葆怿来电，欲另派划界人员等语。当以迭奉钧电，均令与陈洽商，未尝及林。今忽生枝节，因电请总司令示复，故该方面现暂搁议。俭、艳两日续开会议，只得先就漳厦方面完全议妥，议案全文及界线图亦经办楚。除派员带省呈请总司令鉴核再行禀陈外，合将划界会议就绪及经过情形，谨电奉闻。"等语。查此次闽省划界，系根据五条办法，自应由双方将领直接商订，而林葆怿来电云云，殊与原议不符。务希转达少川，迅电阻止，以免别生枝节，是为至要。能训。鱼二。

296. 许宝蘅致朱启钤电　1919年5月8日发

上海朱总代表鉴：亲译，护密。学密〔生〕滋事详情，想均悉。逮捕诸生，揆意原主从宽。六日下午会议决定，如七日各校照常上课，学生不再出外，即予赦免，于法律、事实皆可兼顾。乃警厅于七日上午即准保释，事前不先请示，释后又不报告。干揆本令〔以〕各方暗潮，应付困难，攘有退志，因此拟即辞职，阁亦拟总辞。特此密闻。蘅。庚。

297. 唐在章致朱启钤电　1919年5月8日发

上海朱总代表钧鉴：彰密。本日阁议决用外交名义，全体同辞。昨晚遣人访合肥，询组阁同意，合肥辞，但又铮口气颇活动。外交界有意见。章。庚。

298. 唐在章致朱启钤电　1919年5月9日发

上海朱总代表钧鉴：彰密。内阁辞呈发还。主座召阁员面留。段亦表示意见，谓"丁此会，不宜易阁。学生宜公判，吴镜潭宜处分，地面秩序宜责成军警，予亦可帮忙。至有人利用外交推翻总统，予当首阻"云云。闻马二❶聚某派,确有非分运动。又王揖唐组阁说颇盛。章。青。

299. 广东护法后援会电　1919年5月11日

(衔略)近闻北京伪廷大借外债,以地丁抵押,运动上海和平会议南方各代表承认,系将成矣。查民国约法,凡国会议决方生效力,反是者,违法也。南北代表议决借款,约法无此规定,擅议者,非法也。兹闻民国正式国会业经议决否认是项借款,国民万无承认之理。为卫国计,为护法计,特电警告,恳速拒绝。广东护法后援会叩。真。

300. 第八次正式会议　1919年5月13日

五月十三日上午十一时正式会议。

唐总代表谓:此次和平会议所议各案,大致同意。至法律问题及国家应办之事,已列为八条,于本月十日开送贵总代表,兹为逐条申述如左:

第一条"对于欧洲和会所拟山东问题条件,表示不承认。"此次欧洲会议结果,对于青岛处分问题,当然不能承认,然必须有不承认之表示,以后方有办法。

第二条"中日一切密约宣布无效,并严惩当日订立密约关系之人,以谢国民。"中日一切密约,辱国丧权,令全国人民痛心疾首;且未经正式国会同意,按照约法,当然不能承认。而此立约有关系之人,引入特殊势力,只便私图,贻害国家,至今为梗,必须严行惩办,以谢国民。

第三条"立即裁废参战军、国防军、边防军。"参战军系根据军事协约而生,现欧洲和会对德和约,已交给德国,未何等反动,是欧战已了,参战军当然不生问题。国防军、边防军俱由中日协约发

---

❶ 指冯国璋。

生，全赖日本援助，须即裁撤。

第四条"恶迹昭著，不洽民情之督军、省长，即予撤换。"此等军民长官，即无本会之提议，北京政府亦应以惩办，我辈不过代表人民向贵总代表达其呼吁而已。

第五条"由和会宣布前总统黎元洪六年六月十三日命令无效。"民国国会于六年六月十三日张勋威迫前黎总统下令解散。约法无解散国会明文，不依据法律之命令，是为违法。且黎总统于解散国会之同日，曾通电全国，自认违法。当时阁员均不敢负责，代理国务总理伍廷芳亦以不敢负责之故至于辞职。乃临时以一步军统领江朝宗为代理总理，副署命令，而江朝宗亦于同日通电全国，自认违法。此种违法命令，应由本会宣告无效。

第六条"设政务会议，由和平会议推出全国负重望者组织之。议和条件之履行，由其监督，统一内阁之组织，由其同意。"国会未开会之前，正式内阁无由产生，故设此为临时机关。

第七条"其他已经议定及付审或另行提议各案，分别整理决定。"此乃结束各案自不待言。

以上七项，除第一项对新发生事项而言，余二、三、四、六皆系承前讨论，第五条本已编列为第一案。

第八条"由和会承认徐世昌为临时大总统，执行职权至国会选举正式总统之日止。"此为吾人承认统一之表示最大之让步。国家无法律则一切失所依据，故要求贵总代表宣布六年六月十三日之命令无效。贵总代表如容纳本席要求，并由第一条至第七条均一一同意照办，是北方政府已容受南方所代表之国民公意，本席本互让之精神，亦可为承认统一之表示。且更须郑重声明者，此第八条绝不能单独讨论，必须有第一条至第七条之实行，乃有第八条之结束，如第一条至第七条不能实行，则第八条仍属无效，故特编为最后一条也。请贵总代表表示主张。

朱总代表谓：贵总代表所提八条办法，本席请先就前提言之。当本会开议之始，经双方协定议题，为讨论便利起见，从事编列分为六项。内如军事、财政、善后各条，彼此意见均甚融洽，惟政治案见解稍有歧异，亦因其与法律问题有关，故尚悬而未决。今贵总代表提出八条，与前协商之议题问有未尽吻合之处。即以八条而论，第一条为青岛问题。本席在宁时屡次表示，对外须有一致之精神，嗣后到沪，关于前事与贵总代表均为同一之主张。此次欧洲和会消息传来，与贵总代表公电欧洲专使力争主权，如不能达，不予签字。即北京政府亦经电令专使抗议，并嘱不予签字，是与本会及国民趋向亦相同也。至第五条国会问题，年来战事即由此发端，实为本会议中极重要之事。贵总代表对于第五条是否认为绝对主张恢复旧国会？倘为绝对之主张，北方对于时局现状，实无回旋之余地，应请贵总代表再加考量为幸。

唐总代表谓：外交问题，国家应有一种坚决正当之表示，亦不徒对于和会本国专使发一电止其勿签字而已也。况即不签字，亦应研究一办法。此事失败，陆使殆难辞溺职之咎。欧洲和会关系如此重大，乃竟遨游瑞士几两星期。又对德条约，原定陆、王二人签字，忽于交约期近，电京请示何人签约，是何用意？况伊电京之时，外交上想已生变化，何以于英、法助日及日本最近主张如何，不详细报告。刻对德和约经已交付陆、王二人，已否签字是一疑问。就令不鉴，亦应发表一种宣言，声明三国附和日本所主张之条件，吾国不能承认，将来乃有说话余地。如此时不言，便作默认，以后即无发言余地。查德国原约为期九十九年，今所谓日本继承德国权利，是否将原订之九十九年约完全继承，抑英、美、法与日本订有何种交还条件此时不能宣布者，亦应切实查考，表示不承认态度。至如何表示，或令外交部向驻京各公使声明，或以宣言书发表，此后方有收回希望。日专使牧野氏虽屡次谓青岛将来交还中国，然"将来"二字，恐遥遥无期。今所应注意者，为缩短期限及无何等条件两节。此问题如无正确不承认之表示，即系默许，以后即不忍言矣。此外本会最要之问题有二：一为法律问题；一为统一问题。所谓法律问题者，即第五条国会问题是也。中华民国既有依据约法之国会，而解散为违法，则违法之命令，当然无效。国会受此故障，致不能行使职权。若去其障碍，国会职权自然回复。国家纷乱实缘于此。今为国家谋减少纠纷，自应由本会将当日不依法之命令取销，拨乱反正，正本清源，在此一举，请予同意。

朱总代表谓：青岛问题，非仅不签字即可了事，本席甚以为然。

各国未能容纳我国专使主张,遽决定以青岛付诸日本,此为吾人极端反对者,凡可为外交后盾者,无不竭力为之。惟此事究应如何主张,似应调查实情,方可建议。至国会问题,为国内纠纷之主因,本会于其他各案,均已议有头绪,欲期此案解决,两方须有互让之精神。当此外交紧急之时,欲求国家之统一,尤以解决国会问题为枢纽。若各持绝端的主张,使无从讨论,则殊可惜。况法律上之学说甚多,各持一说,徒自纠纷,何由解决。值此外交危迫,急谋统一之时,尤不可专务空言,无益事实。故本席以为第五条办法,不惟与贵总代表力谋统一之旨背道而驰,即于以下各条中亦有不能贯彻之处,是以认为无可讨论。

　　唐总代表谓:谋国家统一,彼此均有同情,然欲使舍根本法律而不言,必另造新法,则纠纷愈甚,去统一愈远。六年解散之令,本系违法,违法之令,本会宣布其无效,本席以为此乃最平允之主张,绝非趋极端者。贵总代表徒谓无讨论余地,绝未有何种主张及何种理由之表示。究竟此而无讨论余地,则所可讨论者为何,所能办得到者为何,愿闻明教。

　　朱总代表谓:北方国会本无问题,此案系贵总代表提出,应请表示南方之意见;但从统一国家着想,似以力求公允为宜。如持绝端主张,则就北方法律上之观察,惟有请南方五省补选议员而已。若贵总代表尚能开诚商榷,未尝无磋商余地也。

　　唐总代表谓:本席所提出之八条,实为最低让步及最后之意思。至法律问题未解决之前,第七条所载,应否分别办理。

　　朱总代表谓:贵总代表既绝对主张恢复旧国会,则本会所议各案,均无拘束之力,只可让之国会之议决。况本会议决各案,须由统一政府执行,如国会问题不能解决,南北既难统一,亦难望其实行也。

　　唐总代表谓:贵总代表谓第五条无办法,则其他各案,不必讨论。本席今为最后意思之表示,以为本席所提出之第五条实最公平,贵总代表既不能容纳,则本席惟有代表南方各代表以至诚致谢于北方代表等,屡次会议俱能和衷商榷之盛意而已。本席智能薄弱,无济时艰,当本责任问题向军政府辞职,以谢不敏。

　　朱总代表谓:贵总代表所云辞职,在此国家危急之时,尚望加以审量。本会关系国家前途至为重要，似不可因一事之争执，遽萌辞职之念，甚愿和衷共济，以国家统一为重。

唐总代表谓：军政府交付议和之案，以法律问题为最先，第恐事实不谈而骤及此，万一双方意思迥不相容，以致和议停顿，则欧洲和会将以我国不统一为口实，国家前途，将蒙不利。故法律问题迟延未讨论者，实以此，而今已矣。外交失败无可讳言，已无所容其顾忌。第五条所拟，实再三斟酌，于法理事实俱至平允，而第八条所载本席与各代表实负莫大责任。为谋互让及统一起见，始有此最大之牺牲。且第八条与上列七条系互系的，如第一至第七条不能照办，则第八条亦无效。今日本席虽辞职，然对于北方诸位代表感情依然，且此举纯属本席责任问题，和议绝非决裂。

朱总代表谓：本会开会之始，即希望早日解决国会问题，不料开会至今已逾数月，国会问题仍无转圜之方。贵总代表因此坚决辞职，实属失望已极，本席自惭才力不逮，亦惟有引退而已。

唐总代表谓：本席感想与贵总代表不同，本席有全权，而办事不力，自认无能，所以引去，不可认为和议因此决裂。军政府如有办法，仍可易人，于和会绝无牵涉也。

朱总代表谓：际兹时局危急之时，贵总代表为各方情势所迫出于辞职，其影响于国家前途至巨。极盼以国家为重，再加审慎，是为至幸。

唐总代表谓：双方意思已尽于斯，请改为谈话会，或即闭会。

朱总代表谓：请改谈话会，请各分代表发表意见。遂开谈话会。

301. 唐绍仪等致军政府电　1919年年5月13日

广州军政府各总裁、政务会议诸公鉴：自和议续开，即将军政府所交条件，完全提出，除惩办祸首北方代表不肯引入议题，我方仍认为悬案，其余以次付讨论。军事、财政、善后案，俱已大致决定。政治案则因地方制度主张尚未一致，再三审查。以上情形，俱经报告。近鉴于外交失败之剧急，民意求和之迫切，复参照会内经过情形，斟酌双方所能办到之限度，遂于蒸日以书面提出八条：一、对于欧洲和会所拟山东问题条件，表示不承认。二、中日一切密约宣布无效，并严惩当日订立密约关系之人，以谢国民。三、立即裁撤参战军、国防军、边防军。四、恶迹昭著、不洽民情之督军、省长，即予撤换。五、由和会宣布，前总统黎元洪六年六月十三日命令无效。六、设政务会议，由和平会议推出全国负重望者组织之。议和条件之履行，由其监督；统一内阁之组织，由其同意。七、其他已经议定及付审查，或另行提议各案，分别整理决定。以上七条，如北方同意履行，则第八条由和会承认徐世昌为临时大总统执行职权至国会选举正式总统之日止。本日即开正式会议，将八件详细说明，并表示此为最后之让步。朱总代表声明：第五条由和会宣布黎令无效，北方万难照办。此项不易，他项终无可议。并言南方如此主张，北方惟有请西南五省补选议员，加入新国会云云。法律问题，两方意见相去太远。其他政治改革诸条，证以会中状况及北京政情，厘定与实行，终无希望。陕西乾县至今尚未停战。四月初问，尚有大批军火输入。如张敬尧、陈树藩且几于撤换无方。仪等智尽能索，愧恨交并，自以才力不胜此任，谨即申述愚情，恳将仪等总代表及分代表各职，一律开去。其如何继续和会，并更换代表之处，并恳迅赐施行，以重和议。仪等解职，纯为个人负责问题，与和会本身不相牵涉。临电无任惶悚之至。唐绍仪、章士钊、胡汉民、曾彦、缪嘉寿、王伯群、郭椿森、刘光烈、彭允彝、饶鸣銮、李述膺叩。元。

302. 钱能训致朱启钤电　1919年5月12日发，13日到。

朱总代表鉴：庚电今日始到。敬悉沪上各团体主张各节，我公与少川分别允驳，语极扼要，至佩。此间被捕各学生，次日已由警厅取保释放，现归法庭随时传讯。闻已预审一次。将来结果如何，自应由法庭酌核办理。外间所传处以死刑及解散学校诸说，全系谣传，毫无根据。已通电各省长官，属转达各界，以免误会矣。至青岛问题，近日所传欧会消息甚恶，唯条款全文尚未寄到。此事签字与不签字之利害，现正详细研究。今日特开茶话会，延集两院议员到院公同讨论，俟定有办法，再行奉闻。紫。文。

303. 徐树铮致吴鼎昌方枢电 1919年5月12日发

上海朱总代表，呗密。转达诠、立之两兄鉴：闻两兄建议于桂老，谓东海可由两方代表签字承认为总统，而国会则签字两消之云云，不胜骇异。总统之承认与否，只是国体改革之际，外国有其说，岂有国内而需承认之理。东海就职以来，国论欣然，各国一体款洽，何待公等二十一人之承认。二十一人承认以后，二十一人以外之人是否照旧承认，恐非公等所敢断言。然则目下之不统一，尚仅五省。一经公等无病而呻，儿戏从事，必致天下骚然，使东海不安于位而后止。如东海何？如国家何？天无二日，国无二会。国会为东海惟一保障，国中有力之人肯为东海出力者，赖有此耳。必由公等代撤藩篱，使愿出力者亦无所倚傍，则凡有奢欲皆可乘间抵隙，投袂而起。公等爱国家、爱东海，定不出此。桂老老成谋国，谅不至为尊策所误。树铮忧戚之中，更复何心预闻国事，徒以治乱之几，危于一发，恐将国忧之不暇，欲居家忧而不可得，故不敢不以宣闻，统祈酌察，幸赐垂教。李赞侯兄到沪，代述鄙见，谅亦入听矣。在苫树铮。文。

304. 徐树铮致朱启钤电 1919年5月12日

上海朱总代表，呗密。桂老台鉴：昨闻达诠、立之兄献策误公。当局则迷，智者容有失。冀公明察，或不为夺。弟亟思与明利害、具魄力而有肝胆者一晤。计我公一行中，惟叔鲁兄为最，拟请转商设法来京，容弟面与剖析大局症结，少效壤流，庶免公等为五里雾所眩。何如，候示。在苫树铮。侵。

305. 吴炳湘致朱启钤电 1919年5月13日

万急。上海朱总代表钧鉴：锞密。昨有人自沪来，极言钧右于北代表会议席上主张国会两废，是第三届国会显在取消之列。于是同人群生愤激之论，以为第二届国会为北方大局胜败之枢机，亦即此派同人存亡之关键。北总代表乃秘密出此下策,于利害关系毅然不顾,不解系何用心。体察各方面论调,其激烈情形,非言可状,于钧右怨毒至深。愚见以为国会问题,对于北方宜公开不宜秘密,前已与达诠切言,盖确知各拟之意见,与事实之解决,必有种种之讨论经过,而后有水到渠成,快刀斩丝之一日。固知钧右极肯负责,极肯任怨,但目前遽以秘密主张此事,终恐对于自身结怨太深,而对于全局酿祸愈大。鳃鳃过虑,既有所闻,敢以密陈,伏乞垂察。炳湘。元。

306. 钱能训致朱启钤电 1919年5月13日发,14日到。

朱总代表鉴:密。青岛问题,吾国先主张由德直接交还,因日人一再抗议,协商方面极力调停,先决议由五国暂收,嗣又决议由日人以完全主权归还中国,但得继承一部分之经济权。政府以本旨未达,正在踌躇审议。近得子兴来电,谓美国以日人抗争甚力,恐和会因之破裂,劝我审酌。英法亦以对日密约关系,不免有所瞻顾。故于"交还中国"一语,未允加入条文。此事国人甚为注重,既不能圆满解决,乃并无交还中国之规定,吾国断难承认。但若竟不签字,则于国际地位亦不无影响。故签字与否,颇难决定。本日招集两院议员,开谈话会,佥以权衡利害,断难签字,尚可为事后之补救;一经签字,则并前此由日交还之宣言亦恐因此摇动。讨论结果,众论一致。现拟以此问题正式提交国会,一面电嘱子兴暂缓签约。近日沪上群言庞杂,风潮震荡,政府采纳民意,坚持拒绝,固以表示态度。对我国人,似当共体时艰,勿再借口外交有所激动。希将此意酌告少川,并望卓筹见教至幸。紫。元。

307. 钱能训致朱启钤电 1919年5月13日发,14日到。

朱总代表鉴:密。文二电悉。南代表提出条件八项,论调偏激,与中央尊重和平之旨适相刺谬。即如第五项取消六年六月解散国会命令,关于法律问题,持论已趋极端,其他各项,更属无从讨论。中央开诚商洽,期在和平解决。若必攫取不可能之事实,务为高论,势必去题愈远，解决愈难，似非彼此促进和平之诚意。务望切劝南代表蠲除成见，撤回此项条件，另商解决办法。能训虽属轻钝，和平愿望始终不渝，但能于双方法理事实兼筹并顾，求一妥善之解决，无不乐从教益也。敢布悃忱，即希代达。能训。元二。

308. 朱启钤致李纯电　　1919年5月14日

秀帅麾下：十三日正式会议，少川提出八条，类多不能讨论之件。经弟分别拒辩，少川意仍坚持，并宣告须向军府辞职，劝阻不获。弟等亦已于昨晚联电中央，恳予解除责任，另派贤员。负民负国，只切惭皇。知系荩怀，特嘱叔鲁今早赴宁代陈会中详情。此后方策，诸待明教。敬颂勋绥。兹录记事录并弟等辞职电文，并希赐察。愚弟朱〇〇拜启。五月十四日。

附抄纪事录一册电稿一件❶。

钤

309. 吴炳湘致朱启钤电　　1919年5月14日

上海朱总代表钧鉴：锳密。元电想邀鉴察。顷各方同人复互相讨论，皆与钧右非恒泛者。其讨论大致佥以为国会两消一语，非言之艰，行之惟艰。设南方不撤军府，非常国会不肯自散，将奈之何。而北方已先让步，使根本动摇。此就不能实行言之。果南北均能实行，而新会已散，遂成非法。则所谓总统回炉、总统临时等说，不惟南方有是语，即北方亦必激而出此。愈止乱而乱愈甚，势所必至，尔时挽回无及。且南方无统系，唐绍仪不能负责，人所共知。倘再携北派之激烈者与为捣乱，恐和会益无维持之法，而总代表已为众矢之的。或谓两消之说，为东海所授意，代表不能不实行。顾东海于外交宗旨，偏美英而开罪日本，巴黎会议合而处分中国，此等政策失败，已有明征。如国内和议行其两消政策，失败殆可逆睹。牺牲不能救国，为总

---

❶ 原稿未附抄件。

代表不值等语。炳湘体察各方同人所虑，亦尚非一偏之论。愚见以为今日局面，西南断无再行用兵之能力，充其量不过再行割据，且相持既久，能否割据，亦未必不有变化。即使长此迁延，于北方现状仍属有利无害。设因此项争执，和会虑即停顿，似尚非遽无救济之余地。目前能姑与委蛇，待两方争持至于极端，而后口舌既疲，再趋于斩截一途，似于钧右责任及大局前途，皆可转为圆满。谨再沥陈，务乞垂察。不尽之意，非电可详，已属常朗斋明日赴沪面谒上陈，并闻。炳湘。寒。

310. 吴鼎昌致徐树铮电　　1919年5月14日发

北京北池子徐司令鉴：唄密。文、侵两电俱悉。国会问题，彼方持绝端主张，昨日已因此决裂，并未议及让步办法。兄竟以政客谣传据为典要，何彼此不相谅信一至于此！现在桂老及弟等因西南主张如此，会议无从进行，业经辞职。大局如何转移，实不可知，幸诸公有以善其后也。桂老暨立兄恕不另复。昌。寒。

311. 朱启钤致钱能训电　　1919年5月15日发

集灵囿译电处，梓密。译呈紫公鉴：元三电悉。国会问题，少川近日受孙伯兰派攻击太甚，故决意不敢担当。国会既无让步办法，会议即无成功结果。故趁政府外交失败之际，全国人民愤怒之时，夹杂国会、外交两问题提出八条，投合国民之心理，贯彻民党之主张。明知我方断难承认，彼即借此下台，博名而去，已无系恋，其态度与从前迥不相同。弟知国民心理对于外交失败愤极发狂，倘以外交问题为拒绝口实，则我方极形不利。故前日弟在会议席上专就国会办法立论，谓国会问题彼方既主张绝端，此外已勿庸讨论，对外发表记事，对政府辞职电文，均专就国会立论，免因外交问题挑动国民之感情。此中苦衷，当蒙鉴察。彼方辞职电文及记事已彼露，仍牵入外交，用意可知。惟彼方尚无宣言书发表，俟体察情形，若有宣言书发表之必要，仍拟就国会发言，免涉外交，致生纷扰。少川坚绝如此，无可挽回。但前日会议双方均声明和议并未破裂，彼方若准许少川辞职，似可以互换代表为转圜之地。尊处可否本此意与军政府接洽之处，并盼裁夺。惟无论少川辞职准否，我方代表必须另派；否则此间过激派，仍指为唐、朱实有结合，疑障横生，彼方内部意见亦不能调协也。且弟等智穷力索，万无再行担任之理。至局部接洽一节，系事实问题，能否办到，弟无以悬揣，并希详审见示。蘷。咸。

312. 徐树铮致吴鼎昌方枢电　　1919年5月15日

上海朱总代表，唄密。转达诠、立之兄鉴：迭电谅均入览。沪议已无可为。黄粱将熟，梦可醒矣！闻伊老氏十一人已全辞，请恳劝桂老速早回京，另谋救国之方，歇浦莺花不足久恋也。夫以交通、北洋、安福三派实力，戴东海之德望，据二十四省区之大地，得桂老之明干，左右扶掖，导我辈后进以先路，稍从根本整理，何患不气吞欧亚，若五省之就范，直瞬息间事耳！何至低首下心，专向流氓胯下讨生活哉！迷途未迩，无事徘徊。析肝布诚，伏恳鉴纳。叔鲁、子健均性情中人，又皆一时健者，尚祈以鄙言相示，联袂归来，言寻旧景，不胜企盼之至。在苢树铮。咸。

313. 吴炳湘致朱启钤电　　1919年5月15日

上海朱总代表钧鉴：南方结合，酝酿□□，在数月以前，徒以各要人自身立足之地，恐失社会上之价值，遂乃游移观望，不肯遽先发言。近已惭次合拍，莫荣新业与林、李等接洽一气。佳日有林葆怿、莫荣新、李烈钧、吕公望、方声涛、李根源、陈〔程？〕潜等七人公电，想钧处当亦接阅。体察此电用意，自系第一步。三数日北方各督亦自有相当之答复。嗣后彼方必有第二步接近办法，大局实可庆幸。惟听有代表现深悉彼方情事，已意在积极进行。湘意以为此时权衡操纵，关系至巨，若一穗（？）不甚重要之件，不妨立即照允，以示融合。其有极关重要问题，正宜坚持强硬态度，留以稍待徐图解决，务使就我范围，以谋国家根本之利，而免政府各方之困难。钧见自已熟筹至当，敢贡愚忱，敬乞垂察。炳湘叩。删。

314. 钱能训致朱启钤电　　1919年5月15日发，16日到。

朱总代表鉴：梓密。南代表所提出条件，除一、二两项，欧会所拟山东问题，中央现已一致坚拒，中日密约既在欧会宣布，事关国际，非可臆定，该两项未便置复外。至订立密约情形复杂。即如二十一条密约，本由彼方强制，当日在事人员悉力争持，多方补救，均有案牍可考。时势所迫，在政府亦非得已，岂能追溯既往，罪及关系之人。揆度情势，无此办法。三、四两条本已在悬案之内。近来蒙边情形益紧，急在调度出师，万难遽议裁废。至对人问题，未便议及，前此已累电言之。第五项取消解散国会命令。持论趋于极端，实属万难办到。国会所以代表民意，旧会成立以来阅时过久，岂能合今日之民意。况解散命令因反对参战而起，事实具在，岂能取消。此时中央国会团已依法选举，并已行使职权，以根本问题断难迁就。唐总代表以此为主张让步，然则不让步又将如何？第六项所云政务会议监督履行，是于政府之上另设机关。揆诸法理，衡诸事实，均不可行。至阁员同意之权属于国会，以此项会议代之，果何所据？第八项承认总统一节。元首当选以来，中外共认，乃加以"临时"字样，复另有正式选举之议。动摇国本，诒诮邻邦，影响所及，沦胥立见，此尤中外人士所断难赞同者也。至第六项已经议定，或付审查各案，当须分别决定。所决定者亦不可恃，将何能恃以解决大局？以上各端，此间公同计议，均认为毫无理由，必应坚拒。南代表既以和平为重，乃以此等不可能之事实列为条件，其中语（？）和平非出诚意，无可讳言。务希切实驳拒，要求将所提条件即日撤回。倘仍胶执前见，则是彼方于和平问题已无磋商余地，我代表等应克期回京，另筹解决。即希照办为要。能训。咸。

315. 徐树铮致吴鼎昌电　　1919年5月16日

上海朱总代表，呗密。达诠兄鉴：电敬悉。政客谣诼，何足动硜砭之听。惟前承教及所谓停顿云者，皆串合一气，借促各方之视听。更考之诸公素日口吻，以为非外人不能统治中国等愤激之论，故此次决裂，不能不疑其别有隐情，似将故启外人干涉，以为制内之计。恐徒陷于丧权辱国，而无从救挽，遂不觉大声而疾呼也。然谚（？）虽憨直，心实无他。外人干涉，虽不足喝人，惟虑法律破坠，无以维系国家耳。以弟素性而论，守法至于极点。法之所许，无论何等危苦，均不难掀天揭地而行，至法所不许者，分寸不敢挪移。使此时撤去法律，遂可恣睢自为，岂不甚便于已。峻如法所□挟限我者，亦遂无以限人。天地之大，材勇百倍于我者，何能数计，将皆自行其是，而无复顾忌，其时如我辈者何以自存，即能竞而倖存，更复成何团体！是耿耿不能释也。如何善后，当轴谅为权衡。咸电所陈，倘足备一日之虑，幸常察教。桂老、立兄诸同人，恕不另。在苦树铮。铣。

316.《大陆报》十三日北京通信　　1919年5月17日

以徐树铮、段祺瑞及丁士源为领袖之军党，自北京风潮之后，极为活动。闻已定有计划，控制全国。此说初仅传于政界，见之报章，今则闻诸切望统一之诸要人之口矣。此举系由小徐作主，而段、丁助之。丁为京绥、京汉两路局长，故筹款较易。现小徐拟大发债券，名为修筑满蒙铁路，而以此项债券押借日资，已由丁氏为之先容。盖丁与日资本家接近，而曹为交通系之亲日者也。徐等拟以债券换得之金钱整饬军备，占京城为根据，以全力沿长江流域而南下。其于久居中立之长江三督，或以利诱，或以武力，迫守中立，即使三督实行联南，亦所不惧。若辈意谓有钱在手，无事不成。现已筹足应需之款矣。至于徐总统之地位，军党尚无明白之表示。以军事眼光观之，徐今无拳无勇，惟闻该党仍将留徐为傀儡，以为对于骑墙各省区作幌子之用。然恐徐或未必愿留，军党亦必乐放其去。情势日亟，不久必有他事发生也。

317. 上海《泰晤士报》电　　1919年5月17日

十六日广州电称：广东军政府对于唐总代表之辞职，尚无允意，并不愿以他人继其任。现正竭力疏通，种种难题，俾和议可以重开云。

十六日东京电称：中国和议停顿之消息，传至日本，一般人士皆以为此举于和议前途有进无退。依目下情形，虽觉困难，实已趋近和平之途矣。

318. 熊克武通电　　1919年5月26日

广东军政府各总裁、各部长，北京徐菊人先生、钱干臣先生，上海和平会各代表，各省督军、省长均鉴：顷奉军政府军务会议删电，并干臣先生巧电，敬悉和平会议双方代表，以和议不协，通电辞职，不胜骇诧。窃以和会为全国人民托命之机关，两年血战以来，国民所为忍痛茹苦，尚未绝其一线之希望者，徒以有和会在耳。况山东问题，祸延眉睫矣。国家危急存亡之秋，正亿兆同心御侮之日。戮力匡济，犹惧后时。乃外难方张，内忧反剧。万一各代表稍有动摇，和会为之久顿，将何以解决时局而共图挽国家之危亡于万一耳。危机四伏，险象环生，绕室旁皇，不寒而栗。诸公护国之忠，夙所深佩，务祈一致挽留各代表，万勿听其辞职。南北意见无论相去若何，务请代表诸公始终以一贯之诚，相磋相切，调协之点，终有可寻。内系人心，外摄急难，凡我国民，实利赖之。熊克武叩。宥。印。

319. 上海和平期成会联合会致朱启钤电

1919年5月28日发，29日到。

国务院转朱总代表鉴：使节行后，和会气脉随而中绝，忧痛曷极。按当时会议情形，实未达破裂程度。唐总代表所提八条，依照会议规则，第一条解释，足下既未同意，协定本未成为议题，尽有妥协余地。乃南代表率尔辞职，公且翻然远去，以致和会为之中断。现时人言啧啧，均以公轻于一掷，借此为脱身计，并谓破坏和局，责有攸归。道路之言，窃□不敢谓然。惟府、院既切电慰留，各界复奔走攀挽，竟弗邀谅，殊深介系。兹本会已分电南北政府，勿再固执条件，迅即赓续开议，冀挽危局。敬恳我公师法古人，引天下为己任，克日邀同分代表诸公，联袂回沪。一人行止，关系一国存亡。国人视公，不谓不重，愿公有以副国人之望也。临电迫切，不任主臣。全国和平期成会联合会叩。勘。印。

320. 陆荣廷等通电　1919年5月29日发

徐大总统、国务院、广东军政府各总裁、上海和平会议南北总分各代表、各省督军、省长、各巡阅使、护军使、各都统、各师长、镇守使均鉴：比因政争，两载以来，民穷财尽，举国骚然。天诱其衷，幸成和议。海内喁喁，想望宁息，如大旱之望云，长夜之待曙。军士枕戈而候命，商贾辍业以候时，以为庶几宁处，复安生业。乃和会开始数月于兹，结束之期，遥遥难卜。初因陕事小有波折，现复因提议条件意见不同，全体代表辞职，闻之不胜慨憯。方今欧洲和会将次告竣，我国际发言地位，亟宜全力保持。内讧不息，外交失力，国权一失，万劫不复。存亡攸系，咎将谁尸。四民失业，怨咨在途。一闻和局中辍，莫不汹惧以为分裂在即，大乱将至。当此千钧一发之际，国民渴望和平之趋向既如此其殷，国际交涉危急之情形又如此其亟，嗟我和会，岂尚容一再停顿，重酿祸端。应请双方政府，迅速力予维持。尤望各代表屏除私意，重开会议，各凭良心上之主张，两方极端让步，折衷办理。限以最速期间，回复统一，俾得同心御侮，挽救危局。倘复成见胶持，迁延不决，虫沙将化，鹬蚌犹争，小民何辜，大局坐误，国事前途，真有不堪设想者。廷等负有护国之责，不能无最后之表示。事机危迫，竭诚相告，幸鉴愚忱，实力图之。国家幸甚！大局幸甚！陆荣廷、陈炳焜、谭浩明、莫荣新。艳。印。

321. 卢信致朱启钤电   1919年6月2日发，3日到。

京奉路局徐局长转朱桂老鉴：运密。闻北方因财政困难，战既不可，单独及直接媾和又无效果，故拟进续和议。但信为兄及少老二人计，双方如未决定办法，二公岂可再出，双方如已决定办法，二公又何必再出。此极简单明了之事。就令和会非二公结束不可，然弟意国会问题必不能再在和会讨论，即他项问题，结束则可，讨论亦不可。香山近因爱女殇逝，对于治乱益形消极。北方拟派分代表来沪接洽，然唐无可语，缪、曾、胡又非北分代表所能深洽，所接洽者不外章、郭等，与事何益。要之，北方步调太乱，南方情形复杂，和议何从说起。现时国会问题较前稍易解决。前照吴达诠与弟所谈之办法，双方取消旧法，召集六年选出未到院之参议员仍有效。总统则照兄所私谈之意见，承认徐为总统，新国会再选。此一办法似可以办到，然必非南北当局所能办。二、则旧国会自决，即在粤开会，选举及宣布宪法，即行闭会。此事似烦，实不难办。粤会不足人数，全因无款，议员到粤数日即行他去。倘能筹二个月之经费，则此事可办。鄙意此办法极简单，只一有责任之人赴香港，与两院巨要分子接洽各件：一、选举；二、宪法内容；三、现在岁费如何拨给，将来岁费、党费如何保证。三事一定，上海和会可以负结束之责。此则简单而易行者也。惟默察北方情形，如无舵之舟航行巨海，未足以语及办法。为兄及少老计，当以暂时旁观为妥。弟信叩。冬。

322. 河南和平期成会快邮代电   1919年6月3日

北京国务院转朱总代表鉴：使节北旋，和议再梗，哀我国民，忧痛曷极。查南方所提八条，虽属过于严酷，岂无协商余地？现闻南代表辞职未准，全体留沪，是已不啻为退让之表示。伏望我公顾全危局，克日知会各分代表回沪开议，以慰国民之望。临电迫切，伏维察纳，无任盼祷。河南和平期成会叩。江。

323. 孔昭焱电❶ 1919年

借钱永密，港寄沪发。漾电计早达。陆艳电即本陈拟原稿。彼方内部融洽，信而有征。漾电所云第一步业经作到，此时应制造时机以实行第二步。首则盼和会之速复。如能于至短时间得有结束，自无间题。倘弛久不复，或复而仍不速结，则弟漾电所云之第二步，亦即陆艳电所云之最后表示，便可于彼时提出。故目前为大局计，桂老应速南下，先谋后会。此即所云制造时机。弟于鱼日应陈炳焜之招，复偕梁君自广抵港。法律问题亦略有具体方案，以备异日之表示。内容固不尽如漾电之单简，要处在另组新会，别设法以调剂现在之新旧。其详俟到沪再电，及向桂老面陈。弟等近怂恿陈，以陆全权借名游沪，亲自接洽。陈有允意，但此计须商准陆乃可决。至陆艳电到粤，大多数军意及全体民意，均属欢迎。惟某派略露不安之象。陆已谋及实力后盾，作种种准备，以助莫之转圜。莫虽狡展，亦不敢公然叛陆。弟明日先返粤，十四五再来港，遇轮即行。先乞转除，并密达梁、朱、世骧、远伯❷诸公为叩。胡引之南下，尚未抵港。顺闻。焱。蒸。自港寄沪发。

324. 上海和平期成会联合会通电 1919年6月12日

大总统、国务院钧鉴：院蒸电敬悉。惟内开本会晓导各方开市一节，正拟续电代达民稳。顷阅各报，喧载命令，准予曹、陆、章辞职，一经宣布，众望始孚，商业市已渐复旧观。尤有切祷者，除准予辞职外，亟应由现内阁积极负责，维持现状，仍持以前南北和议方针，立请朱总代表暨各代表南下，继续磋商和议，以谋统一。息内讧而御外侮，计无过于此者。乘此存亡危急之秋，国事方殷，外交险恶，若再依人用事，太阿倒持，或以外资为重饵，或以武力为挟持，长此束缚，民不堪命，欲求国之不亡，不可得矣。心所谓危，不敢不

---

❶ 原题"孔昭焱自港寄沪快函，由沪转来电"。
❷ 张志潭，字远伯。

告。迫切陈辞，惟大总统、国务院总理采择施行。不胜馨香祷祝之至。全国和平联合会叩。文。

325. 龚心湛复上海全国和平联合会电　1919年6月14日

上海全国和平联合会鉴：文电悉。沪上商市渐复旧观，甚慰。心湛虽暂时承乏，一切和平计划，悉守前规，自当继续进行，以维大局。惟南方所提八条，趋于极端，迭经商洽，仍无让步。纵使会议重开，窃恐仍无归宿。现正多方接洽，即当敦促各代表赓续开议。以慰颙望。院。密。印。

326. 唐绍仪致朱启钤函　1919年6月26日

桂辛先生大鉴：

　　岁月不居，謦咳未闻者又弥月有半矣。世变骤亟，已如暴涛怒潮，官中设置，乃反扬汤止沸。危幕之燕，争啄春泥，卧道之黑，尚噬残骨。俯仰尘寰，真欲哭无泪矣。我公遁迹海滨，养疴林下，优游杖履，艳甚，羡甚。仪自辞职以还，久屏尘俗，死灰槁木，已厌见闻。长夏无事，偶检沪报，见有京闻秘密费一则，阅竟不禁发噱，何物"炭金"竟与"南代表"三字相联属。仪素矢砼砼，即一介之微，向严取与。凡稔仪者，均能悉之。苟礼义之不愆，又何恤夫人言，横议之来，本无庸芥蒂。弟念民国以来，是非混淆，皂白颠倒也久矣。八年中几经变乱，迄今大节无亏始终如一者，尚有几人？古人崇德报功，不外鼓励来者之作用。苟以政见异同之故，对于个人故肆汙评，将黠者信口腾雌，愚者亦相惊有虎。于是操行纯正者，渐灰其任事之心，有志向上者，亦生其堕落之念。沧海横流，社会上宁复有完人乎？仪为世道人心计，不禁生无限之哀感矣。偶有怅触，顺抒积愫。如晤干丞，希便询究竟。时借鸿便，并盼鳞复。北戴河空气清新，山川明秀，幸安居珍重为祷。专此。敬候起居。

　　附呈沪报京闻一则。

弟唐绍仪顿　六月二十六日

沪报京闻一则

钱、龚交代，争执秘密费。

钱龚交代秘密费争执问题已解决：

（一）安福部造党及选举并津贴交际等费，连还前欠共一千二百五十余万。内有奉军入关费二百七十万归纳其中。

（二）上海和议直接间接之疏通及派代表赴西南之川资旅费，内有制宪倡导会经费及南代表炭金共二百〇五万余元。

（三）与陆武鸣、陈炳焜、李耀汉、林虎单独媾和之军费，计公债四百万，现洋三百万。此款龚未允报销作为保留。

（四）已未俱乐部经费十八万元龚前未允报销，现已商定列为侦查敌侨经费项下报销之。

（五）经济调查会、和平期成会等，碎支不多。

327. 和平问题之穷源竟委谈 ❶

光 云 锦

自和议开始以来，一时风靡雷动，上自政府，下至人民，无不谓和平可以实现，群抱乐观。一班投机家，又无不逞其心思手腕，咸思于"权利"二字，攫得一脔以为快，如蚁之附膻，如犬之咋骨，皆借"和平"二字，以肆其活动。其有深思远虑之士，鉴于西南内部之不一致，与过激派之不可理论，对于和平政策，稍抱悲观，主张慎重。而妬忌者，方且任意攻击，且欲加以阻挠和平罪过而倾陷之。一倡百和，是非倒置，此记者所以愤而作汗漫游，不愿再执笔时为讨厌之文章，以烦聒懵无一识者之耳目也。近日和局情形，以唐绍仪四十八小时之哀的美敦书而趋于停顿。政府代表朱启钤，则因受本旧交通系之付托，欲见好民党以自洗刷从前帝制嫌疑之故，投降于唐少川之麾下，为一致推倒中央之行动，暗中结合，共同作战于坛坫之间，而时局乃愈陷于纠纷之境。记者耳闻目睹，忍之无可再忍，因不得不再执

---

❶ 原为四号字铅印，32开本，封面有"《国是报》赠阅"字样。按文中议论，系支持段祺瑞派。

其已掷之笔,张其三缄之口,将此中前因后果及内中黑幕,一一供献于世人,至知我罪我,则不暇计及矣。

诸君诸君,其亦知吾国近年来之人民,不能安其生,乐其业者,谁实致之?想诸君即云善忘,亦必能忆及从前帝制党魁之罪恶矣。向使帝制党魁不赞助袁项城帝制自为,则西南方面即无从兴起义师,是各省安宁至今长保可也。乃帝制罪魁,既借帝制以谋安富尊荣,而结果则项城死去,国会恢复,一班亲德派之群捣,乃利用反对对德宣战问题,以推倒段内阁,而天下遂从此多事矣。朱启钤者,本帝制案中之一要犯也。因缘时会,今固俨然一中央政府之一议和总代表也。然亦思今日之负收拾灰烬、扫除瓦砾责任者,固即昔日持炬放火之一人也。以首酿祸乱之人,任议和之职,在朱本身,则为顽钝无耻,而以素挂民党伟人招牌之唐少川,及西南号称护法省分之各代表,乃不惜与之对等议和,且引为同志焉,此事殊为世人所齿冷。然即此亦可知西南方面之无真正是非,其所谓护法云者,不过借是头衔以攫取利益耳。同病相怜,因以利合,此本常情,无足怪者。自朱氏竖起降旗,因合谋以图推倒中央政府,遂日以离间东海、合肥为事。乃不惜假东海名义,与唐氏接洽。谓东海颇不慊于段派,果能内外相应,打消段派势力,固东海所至愿。至更易北方督军,让与南人地盘,更属不成问题。于是于会议时,唐氏乃因陕事面诘朱曰:"桂辛一陕省撤陈主张,尚办不到,则足下其他所密许之各项,如何可以办到耶?"朱则忸怩对曰:"必可办到,惟须容开时间,候用手续,自能如愿,特不可持之过激耳。"此等语气,蛛丝马迹,殊堪寻味。至唐氏之必于群人前痛痛快快揭开内幕者,则系恐朱氏滑头,说话不算,因当众证实之。而朱氏间徐段、卖政府之隐谋,遂完全败露矣。

近来最热心和议者,要莫过于研究系一派。然就过去之事实观之,国内之不能和平,乃由该派为暴发之导火线也。民国二年,该派以在会议不能占得多数,乃主张解散国会,熊秉三、梁任公乃以阁员署名于解散命令者也。其时该派与国民党势不两立。厥后,国民党失败,该派亦不为袁氏所喜,洪宪之际,乃复与国民党合而图袁。及袁败,主张恢复旧国会者,则为该派首领汤济武所主持。迨国会恢复,又与国民党积不相能,既合复离。仍以在国会不能得多数之故,依然以全为破坏国会，缺席以牵制也，辞职以撤台也，凡力之所能施，谋之所能及，惟以牺牲国会为宗旨。督军团兴，要求解散国会之煌煌大文，皆出于林宗孟之手笔，此尽人皆知者。及国会解散，复辟祸作，国民派初亦有悔祸之心，乃以该系之完全把持，至他人欲得一讨逆军名誉谘议皆不可得，遂愤而南下。当是时张镕西、谷九峰本欲借此脱离国民派而见好于研究派，以冀稍分余沥。不意张氏谒见梁任公时，任公厉声曰："都是你们将事弄坏，尚何面目见我！"张乃渐沮而退，谷亦徬徨无主。未几，汤、梁、林相继入阁，积怨之结果，非常国会遂产生于广州矣。

研究派之入阁也，本借傅良佐为之援。因傅为合肥门下士，亦即任公前在湘省自强学堂之弟子也。有此关系，傅既为之出力，因不得不谋所以报酬。阁议之结果，用傅氏督湘，致谭组庵不得不辞省长之职，而湘事遂不可问矣。湘难之作也，主张以武力解决者，该派之阁员，固纯粹一致也。

至法律问题，反对以旧法召集新国会，而主张召集临时参议院，修改选举法者，亦该派惟一不二之政策也。迨临时参议院竞争议长失败后，复主张牺牲临时参议院。湘事失败，合肥下野，则借张仲仁之奥援，转而依附河间，对于合肥则反眼下石。去岁选举失败，又主张牺牲新国会，以谋和平。世人谓有研究派即无国会。因该派失国人之同情，选举结果，决不能占多数，则必设法破坏国会。证之前事，诚非刻论。

记者曾忆该派之参与入阁，气吞一时，党中要人，每谓此番本系之出握政权，乃当然之权利，成固自食全功，败亦必须由己，断不容他派之稍贡意见。近则因失败之故，愤无所泄。熊秉三氏乃借和平美名，以博西南之好感，并欲以第三者资格，而坐收渔人之利。徐佛苏、汪有龄身为中央议和代表，谈及现国会一若不共戴天。徐本研究派，汪则旧交通系，皆昔日天津都参谋处之参议，极力主张解散国会者也。乃不惜以今日之我，与昔日之我挑战。尤可笑者，近来在北代表所发行《和平日刊》主笔之白水，即昔日在《公言报》主笔之白水也。昔日白水，极力主张武力解决，并攻击梁任公不惜以今日之我与昔日之我挑战，其文屡见于《公言报》中。乃今则一变而主张和平，竟蹈梁氏我与我挑战之覆辙而又加其焉。白水耶，黑水耶，昔日是耶，今日是耶，朝三暮四，复雨翻云，志在觅食耳。一邱之貉，初无足责。

至政学派之善观风色，巧取幸获，其性质本与研究派相近。初非常国会之开幕也，政学派则恐蹈危险为亡命，迟徊观望，勾留于京、津、沪间，不遽加入。及非常国会既开，并无危险，乃忽往扩充势力，排挤过激派，欲取而代之。近复欲以和平问题，包揽一切。又惮于过激派之劫制也，乃师研究系之故智，运动同系诸人，群焉离粤，以撤非常国会之台。研究、政学两系，遂以臭味相同之故，彼此互相携手。世间两阴谋家，寻将合并之说，乃喧传于一时。然记者敢断言，以利合者，必以利离。两派以不得志于时，愤而结合；一旦得志，利害相反，势又必相倾相轧，而不能相容，不至再乱天下而不止。观于前事之师，吾言之验，可操左券。噫！聚群大欲之人，而俨然假和平号召于国人，吾恐和平终无实现之期，而危险乃益甚耳。

上所述之政客，种种变幻，种种谲谋，其宗旨要在于只知有我而已。我为我谋，其朝秦暮楚，东涂西抹，本当然之事，无足深怪。所最不解者，现在龛茸无能之政府，何以专为一班无聊之政客所愚弄，明明正道不走，必欲误入歧途，渐处难境，殆至羝羊触藩，进退维谷，亦已晚矣。政府中人即不知有国，何并不知有我？与虎谋皮，听人穿鼻，是诚不解其何心。兹就其既往之失策论之：

当东海当选总统之初，其时西南方面，早已技穷力竭，咸欲借此下台，求和之心，尤以军人派为最切。盖军人出生入死，糜躯流血，其结果不过为政客争个人之权利耳。迷梦既寤，悔恨乃生。观音山之炮击，孙中山之离粤，是皆军人与政客乖离之现象也。向使东海于登台之后，内阁更迭之时，通饬前敌将士罢战以示息争，劝谕取消自主，与为更始。不为对等之议，而务统一是谋，开诚布公，直接与西南之有实力者为局部之妥洽，不使政客群狙得操纵于其间，则和平早已实现，人民早享幸福矣。盖西南方面，甲省与乙省之利害，各各不同，既意见不能一致。权衡重轻，因势利导，头绪虽繁，自不难迎刃而解。此记者所为屡屡大声疾呼，反对对等议和，而主张局部妥洽也。无如言者谆谆，听者藐藐。惑于梁士诒西南方面已经运动成熟，只须开口言和，即可承认东海为总统之说。于是明令言和，即不啬力屈求降；和议一开，即不啻敬候处分。且使西南已经软化之势，遽变强硬，气馅益张，而和平乃愈去愈远矣。

尤可异者，西南实力本在滇、桂、蜀方面，军政府则浮寄于其中，外不得外人之承认，内不得陆、唐之同情，初毫无实力者也。乃政府独承认其敌体，与之对等议和。唐绍仪者，尤为空心大老官，愤军政府首席总裁为岑西林攫去，徘徊沪上，不肯往粤。和议之开，乃利用过激派与政学会积不相能之故，假主张恢复旧国会之条件，博得过激派同情，而攫议和总代表之头衔以自重，并禁止中央不得与西南直接通电，而间隔南北之沟通。夫强利害不同之省分，以谋共同之妥洽，其势已不可能。况桂、滇、蜀各为一事，军政府另为一事，唐少川又别为一事。有地盘者，实力在焉。军政府原借旧国会以自重，中生意见，仅恃与政学会一部分之接近，以连络唐继尧，而尤为陆荣廷所深恨。唐少川则挟旧国会中一部分之过激派以自豪，于和平会议中，则主张分代表无发言权。北代表尚可忍受，南代表已退有后言。是此次会议，名为南北议和，实则与唐少川为个人会议而已。盖军政府派遣代表，既不取各省之同意，唐少川之会议，又不令分代表发言，此次之会议，直可谓之与西南有实力者毫无关系。无论和议终无成期，即令勉强告成，唐少川一人之意思，岂能强西南有实力者之服从，是终必出于破裂耳。

唐少川乃洋奴出身，心目中只知有外国人。当欧战未了时，则客游日本，运动其朝野人物，思利用其特殊势力，以推倒中央。及欧战告终，乃又亲英美，背日本，借口中央亲日，思引英美外力，以排除日本势力，而攻击中央。其反复有如是者，不仅此也。唐氏表面则标明反对北方武人派，其实并不慊于西南武人派，恒思借和平会议之机会，废除督军制，遂可并西南武人派势力，一网而完全打消之。又恐其目的不能遽达，徒多开罪于人也，对于中央方面，则密电东海，谓"无论如何，必保全公之位置"。一面又转托吴达铨致电合肥，谓："某并非与公过不去，不过大家皆反对参战军，势不得不提出于会议，然暗中必极力维持，务请放心。"而对于西南方面，则又表示极力争扩闽陕地盘，以厚将来之势力。究之，言不由衷，无非玩弄各方面股掌之上耳。至其唯一不二之宗旨，则在于请外人以干涉内政，俾可于中取利，以为无论各方面如何强硬，只要请出碧眼虬髯之主人翁来，自然无事不可解决。此仍是昔日教民借神父以威吓地方，买办假洋东以挟制官场之故智。观其屡次发对外之宣言，求各使之劝告，皆唐氏所施展之手段。无如各公使咸知国交之分际，公法之精神，只能略尽友谊之忠告，而不能为无理之干涉，其程度仅至劝告为止。盖各公使岂肯徇唐氏个人之私情，冒干涉中国内政之嫌，尸不韪之恶名，起多数之反感耶。唐氏至此利用外力之政策乃大穷。

不特此也，唐氏在西南毫无实力，既如上所述矣。其总代表名称虽然取得，以西南内部之万分复杂，唐氏何能代表？唐氏亦明知其然也，初意不过借是名义，以增长声价。借用外力，若能成功，则可以攫无上之政权，若事不成，则借种种名义，与中央为难，以见好西南。方一和议因此决裂，则将一切罪名，完全推到中央政府身上，以博一派之虚誉。此种打算，可谓绝妙。偏偏倒运之中央政府，竟入其圈套，上其大当。明明是中央政府利用主张和平之名，以博世人之欢心者，结果乃适得其反，转博一毫无诚意言和之徽号，不可不谓咎由自取。而唐氏万且高据题巅，特出种种难题，以要笑中央政府。在唐氏深知若先谈事实，则至裁兵问题，中央尚有办法，而西南必起纠纷，本身且为众矢之的而无以自存。若先谈法律，一到国会问题，对于旧国会倘说出"牺牲"二字，则亦身无完肤而毛发必且被人撮尽。非然者，则"和议"二字必无结局。所以乐得借陕闽问题，就此停顿，开中央之心，醒自己之脾。而中央乃不知不觉，负莫大之责任，有口难分，寸步荆棘。此不能不佩唐氏之狡猾，而怜中央政府之愚蠢焉。

夫谋和平而不与有实力者直接磋商，平空生出一和平会议，以为之障碍，是无异家庭中不幸发生讼端，双方当事者皆有悔心，又不直接谈判，委任讼师衙役商量调处方法；而为讼师衙役者，势必利用机会，挑唆愚弄，以为之阻。讼事一日不息，则其利益一日不尽。此理甚浅，中央政府乃不之悟，其负咎招尤尚何足惜。况当派朱桂辛为总代表也，当时深识之士，无不以朱氏日后难免不有通外卖内之事。而当局则以为朱系自己人，决无他虞。果也，朱氏到沪，除终日来电诘责中央及辞职要挟外，一无所事。故西南代表提出要求之议题，愈逼愈紧；而北方代表并未见对于南方问题有所提议，且并未闻对于南代表之提议略发抗议。是朱氏此行,非为议和总代表,简直代政府递降表耳。朱氏之意,岂不以原与唐氏有瓜葛,及早结纳归心;他日和议告成,唐氏万一组阁,或可徼幸尝鼎一脔;即不然,亦可以保全本系经济界之势力,遂不得不举受恩深重之东海而大卖特卖。究其结果,朱氏亦终必为唐氏所卖,不过事未临头,朱氏尚自谓聪明,而不之悟耳。呜呼!政府以然心和平之故,徒以略存私心,不听良言,用人不当,处置失宜,以致距和平之途,南辕北辙,是岂初意所及料哉。一失足成千古恨,再回头已百年身,而人民火热水深,痛苦日甚,政府诚不能不负其责任矣。

或者曰:子上之所述,皆已往失败之历史。今已事过情迁,所谓甑已破矣,复顾何益。曷亦闲言少叙,将足下脑中所怀补救之方法,良好之主张,一贡献于世人,而备万一之采择乎,则应之曰:以记者愚见,亡羊补牢,叶落归根,仍不能出于局部妥洽之一途。不过时局迁延,机会屡失,重谋收拾,不无多所棘手耳。

或又曰:如子所言,吾意政府决不能承认此咎,盖政府初意何尝不筹面及是。方东海登台之初也,南下之使,不绝于道,运动方法,层出不穷,某也赴桂,某也赴粤,某也赴滇,某也赴蜀,皆衔有重要使命也。无如西南各省,对于中央始终若即若离,无诚实之答复,以至不能得其要领,废然而返。乃不得不求共同和平会议之解决,此乃万不得已之办法,非中央不肯为局部妥洽也。则又应之曰:中央从前所派南下之人,并非物色特殊之人才而重任之也,不过某某向中央自告奋勇,谓与西南某某省要人有密切关系,请往说项,中央则因而派遣之。在自告奋勇者,无非挟西南人物以自重,意在投机,事成则可博官禄,不成亦可骗川资,其实与西南人物并无何等关系。中央亦明知其然,视为一种酬应调济之事,派其遄往,成固可欣,不成亦属无损。而西南各要人,本与来者无甚情愫,又知中央非以郑重出之也,谁肯以实在衷曲向途人而语之。此等使者,虽日派十人百人,何济于事,且有损焉。他省姑不具论,兹略举一例,以明吾言之非妄。陆武鸣之反对中央也,乃误于谭组庵之游说,谓政府现既谋湘,寻将图桂。陆为本身地盘计,因举兵援助,刘林南北之争,即由此起。迨事发后,陆已省悟,久有罢兵之意,不过势成骑虎,未得机会耳。乃中央派往南宁之人，如丁某者则以副座为饵，关某者则以给饷为言，皆假中央之命以致词。夫丁、关之所许，陆氏又何尝不怦然心动，不过此等事岂可与交情不深之人当面交涉，致背护法之名，而易个人之利，无怪其愈弄愈僵，毫无效果也。王君铁珊之到南宁也，陆谓之曰："请代达东海，某决不反对其为总统。有兄为证。特希望东海勿再派毫不相干之人，以私利饵我，则受赐滋多。"观此种语气，可以知派人不当，适足偾事，转不若不派之为愈也。至愚所主张局部妥洽者，要在知其内情，因势利导而已。

西南方面之有实力者，既如上文所述，在桂之陆、滇之唐、蜀之熊矣。熊锦帆之在蜀，势属新造，内既有刘、钟旧部乘隙思动，与大帮土匪之到处猖獗；外又有南来之滇、黔各军盘据不去，喧宾夺主，意在永远就食，以川殖民，省界之恶感太深，嫌隙乃有触即发。有此种种情形，熊氏不但无力侵犯中央，其有意假中央之力以自固实必然之势也。前闻熊氏曾秘密派人来京，意极恭顺，果能稍假名器，即以其已得之地盘而付之。熊氏知必且奔走之不暇矣。

唐蓂赓年少气盛，颇有野心。然性情残毒，嫉妒多疑，刺庚恩赐，逐张子贞，陷张开儒，缉李鸿祥，昔日同时起义之人，锄剪殆尽。黄毓成之在蜀，拥众自保，叶荃之入陕，另树一帜，皆知不能容于唐氏，别图生存者也。故唐氏部下，已有离涣之兆，滇军虽号精锐，强弩之末，力惭燀矣。况云南省境土匪遍地，防军往剿，屡次败北。土匪至用照会向驻军挑战，而驻军不敢过问，其势力之强大可知。唐氏现在已有外强中干之象。且其性颇机警，愿为坐轿者而不愿为抬轿者，自必帆随风转，急起直追，先与中央谋接近。顷闻唐氏有电，主张先决根本问题，至闽陕枝叶问题，一任各该省之自了，无须由和平会议过问云云。是已明白表示与中央要好之意见，似不难为单独妥洽之议，有断然者。

至两粤方面，实力虽在陆，而粤中情形乃太杂。盖粤中有桂军之势力，有滇军之势力，而滇军则又区分为李根源与李烈钧。有粤军之势力，而粤军则又区分为李耀汉、李福林与陈炯明、魏邦平之各部曲。陆武鸣与岑西林表面客气，意见太深。李烈钧以赣人而统滇军，李根源则以滇人而运动李烈钧之部下叛为己用，以厚羽翼。因此激成李烈钧请辞参谋总部长职务。李耀汉虽将省长交与翟汪，而仍暗中活跃。陈炯明不得志于闽，乃垂涎粤督。皆意在排斥桂、滇各军，又无如是力量。政学会既借岑西林以制陆，又唆莫荣新以背陆，李根源尤野心勃勃，思以大云南主义吞并桂人。夫以陆在西南为首义之人，至是且几为人所排去，故心中时切齿于一班阴谋政客，特一时翻不转面皮耳。然近来之免去兵工厂总办钮永建之职，而自辞卸政务总裁，以示脱离军政府，则已箭在弦上，不得不发矣。政府如欲收拾统一之局面，必先将复杂最甚之广东处置得宜，然后其他始可迎刃而解。现在有收拾广东之能力者，固非陆氏莫属。陆为人有豪爽气，最爱面子，不必以私利动之。若以大局为言，责成其出而收拾危难，准其功成身退，则陆氏之出也有词，或可明为大局，暗为地盘，一出而驱除浪人。即陆或辞不肯出任，则令其保荐可以督粤者，由中央明令发表，责成办理理善后。陆氏现正苦敌派互相纷争，于己不利，必肯利用中央正当之名义，以排除异已。但使督粤者奉令就职，则诸事解决，各省望风，军政府将无形解散。沪上和平会议无须再开，统一已可实现，人民已享幸福矣。较之终日与毫无实力者为无味之交涉，其难易迟速，岂可以道里计。且现在时机已熟，即宗旨素来激烈之李烈钧、陈炯明，亦愤沪上会议之过于把持，而思与北方有实力者弃怨携手。天时人事，相逼而来，时哉时哉，不可再失！大度以包荒，广惠以招徕，是在政府之善为因应也。

  然记者尤有一说以为政府忠告者，大凡事之失败，不在外患，而在内忧，物如未腐，虫乃不生。当今负天下治安之责任者，惟在东海与合肥，而为宵小所妒嫉者，亦惟东海与合肥。计欲推倒二人，必先施其离间，此一定之事。夫合肥三造共和，有可以为总统资格，不但让元首地位而不居，并且举副座总揆悉退让而不为。其心地光明，胸怀淡泊，久为世人所共见。乃意在离间者，或创为倒段之说，谓段虽下野，势力仍在，必须将其势力打消，然后可以安枕。或又造作谣言，谓沪上和议，乃东海联南倒段之政策耳。此种风说，皆志在推倒徐、段，欲使自相争残，而收渔人之利者也。合肥若倒，东海何能独存。以东海之明达，岂肯为其所愚，而循河间之覆辙哉！特阴谋家之用心太毒，故特为揭出，使政府知所防备焉，是亦和平成否之重要关键也。

议和文献辑存

赖群力 辑

编者按：本资料系辑北京《政府公报》与函电原件而成，可做《李廷玉电稿》和《南北议和文献》的补充。

1. 陈光远致北京政府马电❶　　1917年12月21日

北京参谋本部、陆军部均鉴：正密。铣电敬悉。以武装促进和平，求达息事宁人本旨。远等既以调和自任，但得达到和平目的，无论中央用何种手段，均当竭力赞成。惟赚❷得陆荣廷删电，既云"粤桂取消自主，听命中央"。唐继尧洽电亦云，"仰体大总统谋国爱民之心，使前敌各军一律停战"。是中央渐著威信，调和已得转机。诚如大总统电谕，"彼以善意相投，我亦不能不以善意相答"。此时正宜由公府开诚布公，直接电令陆、唐诸人静候解决，或仍责成江苏李督军居间磋议办法。彼方设有非礼要求，实难允许，然后声罪致讨，国人□敢不从。今巨局初开，而武装转急，不惟局外易生误会，且使调人无地自容。现在赣省军力，正自竭力筹防，以□时局之变，静待中央

---

❶ 原为电报原件四页，北京于1917年12月22日收到。文中阙字，系原电码未译出者。

❷ 衍文或讹字。

命令。苏督致大部皓电，请令第二路南上军队，令由陇海以逾武汉，实为保持治安现状，不使自乱起见。尚希顾大局，斟酌尽善，庶可达到武装和平之目的也。冒昧直陈，伏惟鉴察。光远。马。印。

2. 陈光远鱼电❶　　1918年2月6日

万急。北京国务总理，各部总长，李步军统领，吴总监，各省督军、省长，南宁陆上将军，琼州龙巡阅使，浦口王巡阅副使，广东李协和、天津熊秉三先生，上海岑西林、谭组庵、孙伯兰先生，龙华、宁夏护军使，承德、张家口、归化各都统，徐州张督办，长沙谭总司令，岳州程总司令，并转各镇守使、各司令、师旅长均鉴：光远一介武夫，智能浅薄。猥蒙大总统知遇，拔之师旅之中，畀以疆圻之任。视事以来，适遭湘变，恒恐因应失当，丧地殃民，失职从咎，上累元首知人之明。亦遂忘其庸懦，殚精竭力，冀拥戴元首以匡济我国家，嫌怨有所不避，劳瘁有所不辞，盖五月于兹矣。窃尝自念才不足以称高位，德不足以保众民，然未忍遽尔乞休者，以为爱护和平，即所以拥戴元首，亦即所以匡济国家。故苟有一线和平之望，不使自成身而摇厌摧灭之，以便己者祸国也。远虽不才，囗国家主义，闻之稔矣。二十世纪中，国际竞争之剧烈，凡我国人，皆宜有所觉悟，思所为厚蓄国力，以发扬国威，庶足争自存于世界。大藏资财、社会经济，皆国之富力也。帷幄参谋、将帅卒伍，皆国之材力也。武库军储、坚舰利炮，皆国之兵力也。三者皆所谓国之实力，蓄之以对外，则或可救亡，耗之以内战，则只足自杀。彼沟渎自经，引刃自裁者，人皆目为愚而悲之。独至耗国力以相戕；囗借各忘其为自杀之道，惑滋甚矣。远粗具军学知识，略有国家观念，施国力对外对内之作用，尚能辨其是非，终不忍以相卫者自杀，是则匡济国家之直接计划也。至对于赣省，责在守土保民，必审度赣省所处之徕势，肆应咸宜，而后地方可守，人民之生命财产可保。赣之徕势，西邻湘，南邻粤，北邻鄂，东

---

❶ 原为电报原件十一页。北京于1918年2月8日收到。2月11日由陆军部总务厅呈陆军总长经陆军次长张士钰批"钰阅"字样。阙文系原电码未译出者。

邻闽浙，当五省之冲，而兵力不足三师，各镇一有警耗，则请兵、请饷械不绝于途。且伏莽遍地，动辄乘间窃发。徕势之险如此，故应付稍一不慎，祸变立即蔓延。借非苦心维持，力保治安，则章贡之间，早已不堪设想矣。又况赣与苏鄂同为长江流域之关键，赣不保，则长江动摇，大局糜烂，不可收拾。故保赣即以保长江，而大局亦赖之以安。是则保赣之计划，亦间接以匡济国家也。惟抱此直接、间接匡济国家之计划，故虽时存退志，而苟未至于灰心绝望，尚未敢遽以该请。非有所恋恋于名位兵权，而不能释之以去。此皦然志节，不敢求谅于人，但求堪以自位耳。审当往岁十二月杪，息争明令未颁，荆襄自主，鄂势岌岌，王督军自请罢斥，以谢时贤，而远一忍于此时求去，固知元首仁明，且晚必有息争布告和平之望未绝也。及至本年一月中旬，调和尚无端绪，主战之□复起，李督军亦自请罢免，求即时解职，以谢国人，而远复不忍于此时求去，以为荆襄一部之争，或不至牵动大局，和平乃未绝望也。乃自岳阳攻守，两军接触以还，形式因之陡变，讨湘有令明文，非元首仁恕之初心，然时势艰危既已如此，则调和亦无所用其力矣。光远数月以来，晓音苦口，百计维持，任重力微，积劳过虑，寝食俱废，脑病复□，支日上元首一电，已略言之。自脑病触发，精神智虑，日就昏蒙。若隐忍牵就，虽鞠躬尽瘁，终无补于赣，无救于国。歌日又复陈请乞退，并请另简贤员接替，俾得离任养疴。远去赣之后，尤望继任者保持赣省治安，且维系国家大局，谨馨香颂祷以俟之。敢明心迹，敬告同仁，国多贤哲，幸加教焉。陈光远。鱼。印。

3. 张作霖庚电 ❶   1918年2月9日

各部院、天津曹督军、济南张督军、蚌埠倪督军、吉林孟督军、齐齐哈尔鲍督军、福州李督军、武昌王督军、西安陈督军、杭州杨督军、开封赵督军、太原阎督军、南昌陈督军、承德姜都统、归化蔡都统、张家口田都统、徐州张督办、龙华卢护军使通鉴：南京李督军三

---

❶ 原为电报原件五页。阙文系原电码未译出者。

十一日通电，想达台览。兹于庚日拍复一电，全文曰："捧读三十一日尊电，惝恍迷离，不胜骇异。慨自西南抗令破坏统一，借名护法，隐遂私图。乱党舞文，而有非常国会之开，暴徒称兵，而有联军司令之号。滇黔小弱，思攘蜀以争雄；桂本瘠贫，欲在粤以自利。兵连祸结，误国殃民。石星川、黎天才等，残民以逞，违反国家，迹其行为，实属叛逆；而护法者，且引为友军，公道何存？是非安在？大总统本卫国保民之旨，抒宁人息事之诚，委曲求全，原出于万不得已。我公身膺□纬，首倡调和，长彼凶锋，怠我士气。两月以来，未睹其效，然犹得日仰体元首之意旨也。迨申讨明令已下，而尊电仍和战并提。军人职在服从，毋乃贻成北系军阀之羞，而为天下笑乎！况衅自彼开，原有公论，而尊电乃归咎于荆襄。我公当代贤豪，何至若是之悖！意者左右执事，千虑一失，而我公军书旁午，或未加察耶？总之，彼方时势，是否能和，现在情形，是否应战，所谓护法者，是否违法？所谓爱国者，是否祸国？元首申讨命令，是否应遵？西南祷张为幻，是否应讨？愿我公一再思之。作霖不才学识远不逮公，唯以保国为前提，此志尚堪自信。辱承明教，敢贡愚忱，狂瞽之言，惟垂亮焉。"等语，谨以奉闻。诸公谋国之忠，百倍于弟，当必有所匡救。祈赐教为幸！张作霖。庚。印。

4. 钱能训致广州七总裁真电❶   1918年12月11日

广州岑西林先生、伍秩庸先生、林悦卿先生、孙中山先生，武鸣陆干卿先生，云南唐蓂赓先生，上海唐少川先生同鉴：会议办法，亟待克期组织，迅释纠纷，以维国计。兹经派定朱启钤君为总代表，吴鼎昌、王克敏、施愚、方枢、汪有龄、刘恩格、李国珍、江绍杰、徐佛苏诸君为代表，并迅速筹备一切，以便早日开议。尊处代表各员，当已派定，务希从速电示，俾便接洽。至深翘盼。能训。真。印。

---

❶ 原载北京《政府公报》1918年12月13日第1034号。

5. 张敬尧致北京政府沁电❶　　1918年12月27日

国务院、参陆部钧鉴：统密。宥电敬悉。承询湘西驻军曾否进攻。查东坪方面国军，不但未向青山园等处前进，且已退驻小淹。其新化方面之队，亦由太平铺撤驻新城。以上均系仰遵中央和平意旨办理，并无进攻情事。唐督巧电未知何所根据，谅系道远传闻失实。谨复。张敬尧。沁。印。

6. 王占元致徐世昌等沁电❷　　1918年12月27日

大总统、总理钧鉴：统密。唐继尧马日通电，计已呈览。其大意主张实行停战，似可认为希望和平之表示。惟所指我军进攻各情形，多非事实。他省不敢知，谨就鄂省情形约略陈之。查张联陞所部进驻白河，系在停战命令以前。当时陕南危急，鄂西告警，不能不以保陕者保鄂。及至宣布停战以后，并未前进。至第八师坐镇荆、沙，迄未他调。惟十八师之一部驻大文坪已逾半载，此后亦未进占一步。而鹤峰一县，至上月十九日突来敌军，横被占领，我军仍未遽行进攻，特嘱李督军转电唐氏，责令撤退，至今尚未得复。可见违约启衅，彼实戎首，虽百口不能为之辩也。伏思我大总统、总理垂念大局，冀息内争，理应互图让步。即欲划定停战区域，恐因剿匪问题发生误会，亦只能各守现在防线，不能追及未经停战以前。否则彼斥我之援陕，我亦可斥彼之攻川，势必先令滇军退出川境，南北始有和议可言。反正驳诘，宁有已时？占元分属疆吏，对于解决大局方针，不便参预。惟鄂省情形，中央恐有未悉，不能不据实胪陈，以便与南方接洽时为相当之对待。是否有当，伏祈鉴核是幸。王占元叩。沁。印。

---

❶ 原载北京《政府公报》1919年1月6日第1051号。
❷ 原载北京《政府公报》1919年1月6日第1051号。

7. 张敬尧俭电[1]　　1918年12月28日

北京大总统、国务院、参陆部、吴总监、李步军统领、南京李督军、保定曹经略使、蚌埠倪巡阅使、盛京张巡阅使钧鉴：顷接南京李督军转准贵州刘督军漾电，并接唐督军行营马电，以"湘西新化、桑植等处，北军分路进攻，恐致妨碍和平，应即退回原防，免生枝节"等语。接阅之余，不胜骇诧。溯自国事扰攘以来，阋墙之事，实多隐痛，率滨芸众，咸感悲观。敬尧自奉停战命令，遵即转饬前方，严守防地，未敢或越，并将湘南协防祁阳、耒阳等处军队撤回宝庆，开诚布公，尊重和平，实为国人所共见。盖尧虽一介武夫，深明时事，值此欧战告终，国际情势瞬息万变，同心御侮，尚虞不及，岂忍以同室操戈之嫌，甘蹈复亡之惨祸。况会议行将开始，双方诚意俱已昭明，自应静候解决，以期法律、事实两得其平。何敢轻行妄动，不顾大局。尤有进者，敬尧分属军人，服从命令，乃其天职。上年于徐州出发之先，曾将解决时局办法电达中央，力主和平。嗣至汉上，复以和平之旨，婉转陈说。双方均未采纳，事与愿违。自岳州以逮长沙，迄于今日，无非遵从中央指导，依令进行。盖拘于军人职守，不容或违。而希望和平，有如望岁，若函若电，累牍连篇，班班可考。迨明令停战以来，对于湘省部局之调停，亦曾电达湘西、湘南，深冀西南将领，各蠲意气之争执，共谋人民之乂安。耿耿此心，天日共鉴。乃近来各处函电，忽有此傥坠之言，用意殊不可解。诚恐远道传闻，或有误会。谨布区区，诸希亮鉴。张敬尧叩。俭。印。

8. 钱能训致唐继尧、李纯卅二电[2]　　1918年12月30日

急。行营唐督军南京李督军鉴：前准尊电，承询唐督来电，询以湘西方面新化之军，分路进攻琅珰及太平铺，又由东坪分攻楼家沱、

---

[1] 原载北京《政府公报》1919年1月6日第1051号。
[2] 原载北京《政府公报》1919年1月6日第1151号。

青山园等处，于宥日复电内声明电查。兹据湘督复称："东坪方面国军，不但未向青山园等处前进，且已退驻小淹，其新化方面之队，亦由太平铺撤驻新城。均系仰遵中央意旨办理，并无进攻情事。唐督巧电，未知何所根据。"等因。鄂西方面亦经电查。兹据鄂督复称："张连陞所部进驻白河，系在停战命令以前。宣布停战以后，并未前进。至第八师坐镇荆沙，迄未他调。惟十八师之一部，驻大文坪已逾半载，此后亦未进占一步。而鹤峰一县，至上月十九日突来敌军，横被占领，我军仍未遽行进攻。特嘱李督军转电唐氏，责令撤退，至今尚未得复。"等因。相应电达、电请转达，并盼迅即见复、即速促前途见复为荷。能训。卅二。印。

9. 熊克武通电❶ 1918年2月30日

徐东海先生、钱干丞先生、熊秉三先生暨和平期成会诸先生、南通州张季直先生、上海和平期成会诸先生、南京李督军、南昌陈督军、武昌王督军、龙华卢护军使，各省督军、省长、省议会，热河、察哈尔、绥远各都统，衡州吴师长，并转吉安杨师长、常德冯旅长、各镇守使、各总司令、各师旅长，各报馆均鉴：南北构衅，已逾一载，希望和平，咸具同心。曩者长江三督之调和，已几于成事实，不幸中断，致复决裂。嗣因外关系，损失国权，西南亦尝以最痛切之言论，表示和平之愿望，其不欲穷兵黩武、谋动干戈于邦内者，固国人所共见共闻者也。至欧战告终，友邦警告，朝野诸公，始有亟亟谋和之志，比较前事，似已稍有端倪。然北方当轴，对于川陕问题，有不能不令人疑惑者。盖自一年以来，祸变纷乘，厉阶之始，不能不归咎于刘存厚。克武为息四川之战祸，弭局部之纷争，舌敝唇焦，多方劝喻，对于刘存厚私心，可谓毫无遗憾，乃屡为戎首，思复死灰。克武忝受川省军民之付托，不能不求桑梓之宁一，故前此绵阳、昭、广之用兵，皆对于驱除内难而止。嗣经川陕接触，不欲逞兵，屡电管使，

---

❶ 原载北京《政府公报》1919年1月6日第1052号。发电日期不知，《政府公报》所载似为北京的收电日期。

各守封疆，历时数日，并无异状。乃刘存厚窥伺川境，多方运动，以容受穷蹙有施于刘之管使，而不得安其位，卒至夺彼汉中，酿出兵变。本军以破纷侵边，罪在存厚，不得已遂占宁羌、沔、褒等县。此事在未奉停战命令以前，克武不能不申明曲直者也。及本月青日，奉军政府养电停战，克武即于蒸日转令以前各部队，一体遵照在案。维时我军已薄南郑城下，旦夕可拔，而不惜停止进攻，静候解决者，盖为尊重和平计，不使牵动全局也。乃近闻北方当轴，认陕西为剿匪区域，不属于停战范围。且有四川、湖南问题另行协议之语，而许兰洲、张联棻之军队且陆续并入陕境。是一方议和，一方进兵，利诱威胁，仍是曩昔当轴之故智。致使刘存厚、钟体道等妄生觊觎，复攻褒、沔。以战败奔亡之虏，而犹听其袭四川督军之位号，非北方当轴有意使川人祸川，而又何心故为余地以破坏和局乎。迩来军政府对于川陕问题亦屡有抗议。克武责任所在，尤不能忍默不言。诸公既痛心国难，协谋息争，当使心如平衡，不能稍有偏畸。陕西义军，同为护法，蒙以剿匪之名，绝非事理之平。而刘存厚以祸首罪魁之人，尤不能听其对于四川稍恩尝试。切望划定区域，一体撤防，相见以诚，无诈无虞，庶中外倾企之和平，乃可有望。否则一部分发生冲突，致生枝节，或仍如辛亥议和之攻晋鄂，段阁停战之取荆、襄，则谁为戎首，难逃公论。师直为壮，不忍缄默。克武本素愿和平之心，图川陕治安之计，不忍使垂成之和议，势复中辍，特电奉质，伏维公裁。熊克武叩。印。

10. 钱能训复熊克武卅一电❶ 1918年2月31日

成都熊锦帆先生鉴：来电诵悉。溯自元首就任，首倡和平，明令停战退兵，先期派遣代表，一切和平计划，不惮躬任前驱，中央开布公诚，实为国人所共见。比者组织会议，粗有成说，不意以陕事问题，横生障碍，致南北渴望之和平，复有此波折。能训不敏，心窃痛之。来电以刘存厚祸川为言，夫果刘君在川为祸，执事求桑梓之宁，

---

❶ 原载北京《政府公报》1919年1月7日第1052号。

陈兵边境，以卫川防，犹可言也。今刘军退驻陕境，亦何至贻祸于川。乃川军以图刘者祸陕，使陕南完善之区，陷于水火。陕受其祸，于川亦何利焉？且来电固谓屡电管使，各守封疆矣。此问前得来电，亦有各守边疆一语。今川军进驻宁羌等处，果川之边境耶？破纷侵边，咎有攸属，曲直所在，公论昭然。至占据褒、沔、镇、巴各县，皆在十二月间，谓为停战命令以前，尤所未喻。刘督名位暂仍其旧，亦因大局未定。此后必求力能戡定川乱之人。设若中央于此时免刘督之职，而另简川督，执事其谓之何？为川军计，双方既经停战，自应及时退出陕境，以示尊重和平之意，且以践各守边疆之言。果如是，则中央亦正筹议撤防，一切尽可开诚商榷。否则协谋息争，而兵争不已，衡诸事理，岂得谓平，至许、张赴陕，纯为剿匪计划。以陕省匪氛之盛，即在南方，亦岂能纵匪不治，坐贻民患。迭电群公，已详言之。果有真确南军，自当分别商办。痛心国难，彼此同情，但冀克日开议，迅解纠纷，则国家之幸也。掬诚裁复，不尽屏营。能训。卅一。印。

11. 新疆省议会通电❶　　1918年12月30日电

大总统钧鉴，国务院、参众两院，广州联合军政府、非常国会，各省督军、省长、省议会、教育会、商会，北京、天津、上海、汉口、济南、广东各和平会，各报馆均鉴：窃维南北争持，于今数载，既苦将士，又耗财力。加以土匪乘机蔓延，溃卒到处骚扰，地方之糜烂已甚，人民之涂炭何堪。在中央欲全威信，何妨稍迁就以法律为依归；在西南虽求护法，尤宜审度时势，以民生为前提。只以彼此强执，均趋极端，恃武力以解决，视国家为孤注，既贻阋墙之讥，复召复亡之祸，揆诸经营缔造之初心，其将何以自解。况欧战告终，外患日亟，合力以御，犹难幸免，何可常此分裂，自速其亡。凡具爱国之心，不无悔祸之念。今幸南北要人及达时之士，联合全国民意，组织

---

❶ 原载北京《政府公报》1919年1月9日第1054号。原电为1918年12月30日发，北京收到为1919年1月5日。

调和机关，期挽既倒之狂澜，共持将危之大局，爱国热忱，令人钦慕。本会虽处边远，而希望和平之心理，较之各省尤为急切。无如交通阻滞，附骥莫由，殊觉愧憾之至。现在既蒙大总统俯顺舆情，明令停战，遣派代表，会议和局，救国救民，在此一举。尚祈南北当局诸公，顾念时艰，曲予退让，以维国本。并请各会全体，力持正论，以为后援。总期促进和平而就统一，人民幸甚！国家幸甚！新疆省议会。陷。印。

12. 熊希龄冬电[1] 1919年1月2日

　　北京徐大总统、国务总理、各部院，各省督军、省长，各巡阅使、护军使、镇守使，各师、旅、团长，承德、张家口、归化都统，广东军政府七总裁、武鸣陆上将军、永州谭组庵先生，各省省议会、教育会、商会，上海《申报》、《时报》、《时事新报》、《新闻报》、《神州报》、《中华新报》并转各报馆，北京《晨报》、《公言报》、《国民公报》、《顺天时报》、《北京日报》、《京报》并转各报馆，天津《大公报》、《益世报》并转各报馆均鉴：前因南北相持，生灵涂炭，全国民意，渴望和平。适值欧战终了，世界潮流将趋东亚，更为我国生死关系问题。希龄以饱经忧患，久谢政治之人，本不欲再闻世事，特为同人责备，不得已而联合同志，忠告双方。又恐态度不明，必滋惑虑，故于和平期成会成立之始，通电各界，声明："不分政团，不别作用，不提出媾和条件，平竣之后，即行解散。"等语。本此宗旨，始终不减。现值中央代表联袂出京，希龄等亦不日势将南下，仍□介绍之劳，以副本会之旨。惟国人习惯动去，复疑南北睽违，易生谣误，若不一再申明，终恐无以取信。所损于个人者甚微，所贻累于大局者甚重，言念前途，时泳惶惧。窃维孔圣有言："无信不立。"民国七年以来，起义宣言，表示宗旨，咸谓事成之后，解甲归田，实则无一履行，致贻成话柄。虽当事者各有苦衷，然言行不符，实为绥力之玷。希龄霁（？）庸德薄，自知甚明，此次勉与是举，全属不忍斯世

---

[1] 原为电报原件六叶。原电由天津发出，当日北京收到。

之心，既不敢利用他人，亦不肯为人利用。苟双方不听而事败破，愿谢罪于国民；即双方见听而事成，亦本素志以终养。倘有自食前言，投身政治，组织政党者，敢请全国之人置诸不齿之列。谨预声明，借为凭证。伏冀鉴原，无任虔祷！熊希龄叩。冬。印。

13. 蔡元培启事❶　　1919年1月7日

鄙人自五年十二月到京，委身教育，绝不与闻政治。去年十月杪，友人以国势阽危，凡在国民，皆有鼓吹和平之义务，屡来督责，义不容辞，遂加入和平期成会及全国和平联合会。因而与此两会连带关系之国民制宪倡导会、外交请愿联合会等，援例要求，既旨趣相近，势不宜有所别择，强作解人，殊觉无谓。迩来和平会议不日开幕，期成会、联合会诸要人已次第南下，鼓吹和平之务，业已告一段落，而鄙人既羁学务，兼催胃疾，不能再效奔走之役。自本日起，对于上述各种集会，不得不脱离关系。谨此宣告，诸维公鉴。八年一月七日谨启。

14. 全国和平联合会致蔡元培函❷　　1919年1月9日

孑民先生道座：

敬启者。顷阅《政府公报》我公所登启事一则，声明因"既羁学务，并患胃疾，拟对于各种集会，概行脱离关系"等语。个人意思自由，本非他人所可参与。惟本会分子基于各团体举出代表，基于我公发起之号召。今各代表纷纷到会，而发起号召之人，忽焉引退，诚恐京外团体，不知实情，别生误会，及陷本会于困难之境。且本会由省区总商会、教育会、省议会及其他法定团体集合而成。即以教育论，当此学校停闭，教育襄亡，苟非和平告成，断无进行之望。先生为教

---

❶ 原载北京《政府公报》1919年1月8日第1053号。
❷ 原载北京《政府公报》1919年1月14日第1059号。并有蔡元培复函，允许"从诸先生之后，勉効微劳"。并有全国和平联合会启事一则，声明蔡元培照常办事。

育界泰斗，对于此节，尤属义无反顾，固非其他法律政治之集会所可同日语也。敬祈我公本救焚拯溺之怀，宏力疾从公之愿，所有本会会务，仍希按时莅会，始终主持，以达到和平目的为止，无任翘企叩祷之至。专此布臆，敬颂勋祺。诸维亮察不备。

全国和平联合会谨启　十月九日

15. 广州七总裁致徐世昌佳电❶　　1919年1月9日

十万火急。北京徐菊人先生鉴：兹派定唐绍仪君为总代表，章士钊、胡汉民、李曰垓、曾彦、郭椿森、刘光烈、王伯群、彭允彝、饶鸣銮、李述膺诸君为代表，即日赴沪，听候陕、闽、鄂西问题解决，即行开议。特此通告。岑春煊、伍廷芳、陆荣廷、唐继尧、孙文、唐绍仪、林葆怿。佳。印。

16. 广州七总裁致徐世昌盐电❷　　1919年1月14日

急。北京徐菊人先生鉴：佳电谅达。李曰垓职，现改派缪嘉寿君为代表。特此通告。岑春煊、伍廷芳、陆荣廷、唐继尧、孙文、唐绍仪、林葆怿。盐。印。

17. 广州七总裁致徐世昌真电❸　　1919年1月11日

万急。北京徐菊人先生鉴：佳电谅达。顷接四川熊督军克武勘电称："前月马日，北军乘我不备，突出大队，相继将沔县、宁羌各处占据，且复进逼川境。"闻之骇诧。前接钱君干丞宥电，方以汉中之事，为笃守信约铁证，今何如者，口血未干，战祸复起，令人痛心。执事果以宁息为怀，应请责令北方前敌各军，退出占据各县。又顷据

---

❶ 原载北京《政府公报》1919年1月19日第1064号。
❷ 见上页注②。
❸ 原抄件。后有批一行："奉批交院处速核复。"

李督办根源转据成司令桄阳电称："据报信丰北军增加一团，九渡水亦增加三营，安武军均调回前线，丁效兰所部均转回南克（？），吴鸿昌在赣州招募新兵甚众。"似此行为，尤为惶惑。北军于陕闽等处增兵不已，复又施之赣省，究竟是何用意？是否北军自由行动？应请飞饬查明撤退，以昭大信。鹄候复音。岑春煊、伍廷芳、陆荣廷、唐继尧、孙文、唐绍仪、林葆怿。真。印。

18. 钱能训复七总裁箇电❶ 1919年1月21日

广州岑、伍、陆、唐、孙、唐、林先生鉴：奉发下真电，诵悉。所言陕南、赣南两事，全与事实相戾。查川军于上年十一月十六日明令停战以后，突然大举侵入陕南，于十二月一、二、三、五、七等日，迭陷阜川、略阳、沔县、褒城、镇巴等县，环攻南郑者两星期，至二十二日城围始解。以中央停战之期计算，川军违约反攻一月有余，屡经此电致李督军转诘锦帆，迄未得复。至十二月三十日始接锦帆通电，有蒸日转令前方停战之说。若以锦帆之电为可信，则吕超等违约反攻又十有余日。迨吕超等退出之后，当然有接防军队驻防，沔县、宁羌各处，本是陕境，停战时北军防御前线，何得谓为占据。从前本以川陕边界为界限，何得谓为逼进。以事实时日确实计算，则谁开战祸，谁违信约，必有能辨之者，中央不负此咎也。赣南军队于未奉停战命令以前，皖军马联甲所部十六营驻在前线。现在马部久已撤至樟树，陆续向皖省运回，所余只有江西本省向来驻防赣南之军队。而且战时所派之总指挥一职，业经撤消。皆事实之可证，中外所共知者，何尝有调回各军、添募新兵之事。不知尊处何所据而云然。用特胪举事实，详悉奉复，即希查照。能训。箇。印。

---

❶ 原载北京《政府公报》1919年1月25日第1070号。又有一抄件，本电复17《广州七总裁真电》者。

19. 黄培松致北京政府皓电❶　　1919年1月19日

北京大总统、国务院钧鉴：培松抵厦后，调查各方面情形。北南两军现各守防地，均尚相安。土匪则其众如毛，下游泉属晋、南、同、惠四县除城厢稍靖外，余则遍地匪踪，杀人越货，焚劫掳勒，绝无人理。遂至少壮散四方，老弱转沟壑，妻子离散，田舍为墟。父老来陈，泪随声下，惨痛之状，耳不忍闻。考究匪情，每多假冒南军，乘机煽惑，非妥为区别，莫戢萑苻。现拟派人向陈炯明交涉，将南军驻地及营队名目，逐一查开，严予约束，庶兵匪不致混淆，进行自然较易。惟清乡兵队无多，群匪号称逾万，民穷财尽，筹款尤艰。剿之则不胜诛，抚之则缴械遣农，在在需款。点金乏木，剿抚两难。培松上蒙恩遇，下念维桑，午夜焦思，亟图挽救。叛弁陶、朱两营，流为土匪，军械颇足，胁从亦众。访闻该叛弁等，均尚震慑声威。倘能招抚来归，解散胁众，分别办理，清除兴、泉、永各属匪类，可期事半功倍。培松德薄能鲜，未悉能否如愿耳。一得之知，是否有当，除再随时电请训谕，并商承萨督办、李督军外，兹定马日拨队赴泉，谨将拟办情形电闻。黄培松印。皓。印。

20. 井岳秀养电❷　　1919年1月22日

北京大总统、国务总理、参谋总长、陆军总长，和平期成会熊秉三先生，上海唐少川先生、朱桂莘先生，桂林陆干卿先生，南京李督军、广东岑云阶先生，云南唐蓂赓先生，潼关奉军许总司令、张副司令钧鉴：天祸祖国，变乱相寻。欧战结局，劝告频来。朝野名流，均默察现势，促进和平，以息事宁人之热诚，发爱国保民之伟论。双方各派代表，全国一致赞同。此正嗈嗈向治，海宇澄清之日。瞻望前途，忭佩靡既。岳忝膺边寄，莫补时艰，方欢欣鼓舞之不暇，何敢冒昧哓

---

❶ 原载北京《政府公报》1919年1月24日第1069号。
❷ 原载北京《政府公报》1919年1月28日第1073号。

渎，致掩回天伟绩。惟有不能已于言者，陕省受祸较各省为最久，故今日呼吁请命，情形亦较各省为最急。岳秀生长斯邦，忝列军籍，于年来地方及军队疾苦实情，见闻较确。剥肤之灾，措手无从，茹痛之深，难忍须臾。窃敢以苦衷之稳，抒请愿之诚。一则宜先随大势潮流，一致迅速议和，俾陕局渐臻敉平，毋以局部纠纷而牵及全国。一则和议告成后，再慎审善后，俾是非之真象丕露，而兵匪各不混淆。盖和议不能一致，则不仅陕乱无结局，善后不能慎审，必养痛贻患于将来。故参合南北之主张，以为弭平陕乱之程序，专主剿，专言和，似均非根本之论。先议和，后剿匪，始能得事理之平，毋拘成见，毋趋极端。认为两种之问题，决必先后以措施，试申言之：查陕省迭遭匪祸，人民生命财产久无依托，哀哭诅咒，声不绝耳。居民十室九空，土匪乘机横行，奸淫抢掠，无所不至，剥敲恫喝，无孔不入。毒逾永野之蛇，猛过太山之虎。民受痛苦于荆天棘地之中，兵冒锋镝于枪林弹雨之下。白骨抛乎沙场，碧血染以草木。诚历史以来未有之浩劫，尤近世各邦鲜睹之惨局。此种情况，若不设法促成和议，则不惟陕民涂炭，万劫不复，且恐以局部纠纷，牵及全国。此宜迅速议和者，一也。议和以后，举国统一，必主减缩军备，量予裁编，不问南北之统系，惟以良莠为去留。以练国军，以固国防，以减轻政府国民之负担，斯尤为应时之必要。而陕省兵土不分，人所共睹。加以战祸连年，致双方部伍愈形复杂，各壮其势，各厚其力，全以利害相连，互为维系，遂至良莠同畦，冰炭一炉，皆混合之兵匪，无真正之是非。根本既误，结果良难。若概绳以法规，恐稷下显谈之日，正沙中忿语之时。纵殚虑以求平，尚触机而即发。窃以为解决陕事，若全划为匪区，固失情理之平，而全认为靖国，又岂长久之计。况兵匪不分，则鱼目淆珠，燕石混玉，误国殃民，莫此为甚。计惟有和议告成后，分别良莠，慎予裁编。循规蹈矩者，因势导诲；越分违法者，予以严惩。使害马不能败群，薰莸不至同器，则各就轨道，乱源自弭。此宜审慎善后者，二也。至停战议和期间，双方军队各剿其区域以内之匪；和议告成以后，即由统一政府之命令剿办之，以维持地方而肃清匪类。夫扬汤止沸，不如釜底抽薪，养痛贻患，何若忍痛针砭。保安除匪，为一定之原则，是应为南北所公认者也。岳秀数年以来，惟以服从命令，维持地方为天职，本不欲倡言建议，致失军人本分。然大局所系，桑梓情殷，祸已切肤，谊难缄口。心所谓危，言不多择。诸公关怀国计，洞明世局，若以岳秀之所虑而不戾于事情，则必有共同补救之方。敬布区区，用备采择，实赖明达，鉴此愚忱。是否有当，鹄候明示。陕北镇守使井岳秀叩。养。

21. 陈树藩等致北京政府三十一电❶ 1919年1月31日

国务院钧鉴，参陆办公处鉴：勘电敬悉。查近日滇陕各逆匪四出窜扰，袭击我军。迭据大荔刘旅长世珑报告，曹世英、高进娃等匪屡窥同、蒲，均被我军击退。复据武功张旅长金印报称，于逆右任前派杨九娃、董振武、户占魁等股于一月中旬，由修石午袭渡泾河，会合郭匪窜扰店张驿，进据大王村、插柳康家等处，南联盘属张、樊等匪，西合叶逆荃所部，总计五人（？）余人，日以全力合攻武功西南北三面，意图占领武功，窜扰兴、咸。幸经我军极力抵御，奉军星夜赴援，始将大王村、插柳康家等堡之匪次第驱逐。叶荃一股尚在武功西南两面，昼夜攻击等语。又据探报，泾河以北，卢匪大肆骚扰，奸淫掳掠，较前尤甚，日来商旅邮政，屡被掳劫各等语。查近月以来，省城军警在城关附近盘获匪探，并破获由泾原派来勾煽军队之案，不下数起。似此分途窜扰，居心叵测。树藩、镇华既有守土之责，对于扰害地方之匪，即不能不加以剿办。奉电前因，除饬前线各军协同许军严密防剿外，谨此电复，并乞转呈。陈树藩、刘镇华。三十一。印。

22. 王廷桢致张志潭陆锦庚电❷ 1919年2月8日

北京参陆办公处张远伯、陆秀山两次长均鉴：统密。江电计达。秀督因跌撞胛部，现已青肿，胸部气串稍痛，用按摩及服活血剂，刻眠食如常。南代表缪嘉寿、郭椿森，均晤谈至一小时，请分别转呈，

---

❶ 原载北京《政府公报》1919年2月5日第1080号。
❷ 原为北京政府国务院收电纸三叶。浦口发电，当日到北京。

祈勿廑念。密闻少川所力争总代发〔表〕一人发言者，内中实含有唐能制朱性质，因朱曾充唐之属员也。再，外交恶劣，某国促我撤换顾、王❶两全权，倘不应，即运动满蒙独立自主，要求出席和平会，请特别注意。此说闻自英人。英云："东方势力，我英本可箝制，因我国爱尔兰岛亦有自主风说，铁路兼有罢工之谣，恐无实力干涉也。"故特述闻云云。谨报廷桢。庚。印。

23. 王文华通电❷　　1919年2月

急。天津黎宋卿先生、冯华甫先生、梁卓如先生、熊秉三先生，北京徐菊人先生、王聘卿先生、钱干臣先生、张敬舆先生，保定曹仲山先生，南京李秀山先生，上海孙中山先生、章太炎先生、张季直先生、唐少川先生并转各代表、孙伯兰先生、汪精卫先生，广东岑云阶先生、伍秩庸先生、林悦卿先生、李协和先生、非常国会，南宁陆干卿先生，云南唐蓂赓先生，永州谭组庵先生，各省督军、省长、各都统、各护军使、各镇守使、各总司令、各司令、各师长、各旅长、各省议会、各报馆均鉴：自欧战告终，世界和平思潮，澎湃汹涌。吾国际此运会，亦举国一致，求泯内争。虽各方面所蕴蓄非吾人所尽知，然终不能违反世界之潮流，以归于天演之淘汰。顾欲求和平之道，不于根本解决，则变乱相寻，非空言法治所能消弭。所谓尊重法律．改定制度，地方分权，振兴实业诸大端，固根本解决之问题。然为此论者，不始于今日矣。数年以来，曾否收效？不惟无效，而一度建树，一度破裂，元气剥蚀，精神衰惫，除少数政客武人循环利用互相争执外，多数蚩蚩之民，咸皆待死无生之气。舍本逐末，伊于胡底？反诸良心，能不愧怍。夫祸国殃民，谁则甘受，毋亦流连忘返，有所执著，利害所蔽，遂无所觉悟耶？然而国家地位，社会状况，既已至此，不求永久之和平，岂有生存之希望。欲求永久之和平，则当统筹

---

❶ 出席巴黎和会的代表顾维钧、王正廷。
❷ 原载北京《政府公报》1919年2月21日第1086号。电文无日期，发电当在2月10前。

计划，审定立国方针。方针既定，先去事实上之障碍，用消极方法以求消纳于正轨，然后积极整理可得而言。否则，虽有良法美意，何所措施？所谓立国方针者，愚意以为不外乎顺世界之潮流，以经济政策振兴农工商业，即取法美利坚以实业立国是也。所谓障碍者，即庞杂之军政是也。世界各国由军国主义嬗蜕为经济主义，至是而愈明了矣。人以经济政策来，我不能不以经济政策应之。人不以武力来，岂徒恃武力所能竞争。吾国地位不能以武力立国，稍有知识者所能道也。况所谓武力者，专为对内造乱之数耶？且全国财政支出，军事费占五分之三而强，世界以武力立国者，亦无此例。凡百政治，皆受影响，安有余力以达实业立国之目的。苟不先除障碍，则其他无可言者。事势所趋，不能不相见以诚，固无所用其忌讳。今者和平会议将开矣，筹定国防，编制国军额数，军民分治，划分行政与军事区域，收束军队，整理财政，已成为一致之论调。且闻将有军事会议之组织，对于此大问题研究之结果，当有具体方案，以图解决。区区一得之愚，值此机会，不敢缄默，聊为诸公述之：吾国所谓陆军额数，昔日曾拟定四十八师，已编定者二十余师。去岁军事会议提及此案，据两部调查，已编、暂编及名目分歧者，已有七十余师之多，杂项队伍且有不在此内者。年余以来，增加又不知凡几。其势不能不收束。其收束标准，愚意以为最大限亦不能过四十师，最适宜为五十混成旅。盖吾国国防，除海岸线而外，只东北、正北、正西、西南为陆军卫戍重要地，常备军三十旅足分布边防，二十旅足分布京畿及东南及长江各要点。至各省内地，就目前状况，警察尚未办理完善，警备队暂时不能取消，亦可斟酌分布，绝对不能以省分限制。陆军国军额数既定，则全国之国防卫戍地及交通线之关系方能拟定，而军民分治，划分区域，始可办到。既假定国军五十混成旅矣，而所余军队且将二倍之，非有消纳之方法，则同时裁汰，势难办到。即能裁汰之，不惟需要巨款，而国中骤添数十百万强悍游民，将尽驱而为匪，而社会受莫大之妨害。即用递减之法，为时亦觉嫌久，不能救目前财政之窘迫。如是则舍纳兵于工农二者外，别无良法。查路矿两项，为目前必要之图，借债修路开矿，势不能免之事。以兵作工，不特退减军费，且可化兵为工。次则最窳之军队，及无业游民，舍移之殖边外，亦无他法令其生产。总之，中国众多之军队，留之不惟无益国防，抑且互相造乱。裁之不惟不能自食其力，抑且扰害治安。非设法使之自食其力，渐能生产，则军队允为造匪机关。不宁惟是，驯至国人皆欲舍其农工负贩之业，而为不伦不类之兵，聚敛不足，则日借债以养之。如是国家前途，尚胡可问，个人幸福，又安可得。而坐拥重兵争权夺利，实自贻伊戚耳。或有疑者，谓国队武装竞争，终未脱尽，五十旅之数，不能为最后不虞之备。征兵未办，不能临时补充，一也。国内治安，多恃陆军，遽然收束，势将纷乱，二也。即令拟定办法，谁能使之遵行。拥兵自卫，多多愈善，已成不可掩之事实，孰能自束其势，以纳于轨。且皆以治安为己任，名义甚正，不能衡其多寡良窳，而收缩事更不能责以路矿工作而以其兵寓之，更不能其移边而垦殖之，则如之何？由前之说，是昧于势。吾国现状，任谁以武力来者，虽倾国而出，亦不足以当人一击。不惟财力、物力、交通诸端非十数年所能办到，即陆军本身而论，何以言战。海岸线之长，海军之幼稚，何以攻守。教育不普及，征兵制度，何以实施。夫常备军五十旅，战员三十余万，目前犹嫌其多。美利坚常备陆军平时不足二十万，一年之间召集三百余万之众者，无他，国家社会良好，教育普及完全，而财力、物力足以副之故也。东亚永久和平，固非吾国所能操纵。风云变幻，最后竞争，万一不幸而复以武力，则吾国状况，亦非以实业为根据，充实其财力、物力，普及教育后，不可言战。抵定五十旅者，亦维持边防之现状耳。由次之说，则不即裁汰而寓兵于工者，亦维持军民分治过渡时间治安之意。于此过渡数年之间，吾国警察非极力扩充整顿不可。将来不惟陆军不应负内部治安之责，即中国特产之杂项队伍，亦应逐次裁汰溶化于警察范围之中。不如是，则所谓法治国者，终不可期，而利用割据负隅争权之事，终不能免。且数年来妨害治安最大，而莫如军队本身。果能根本解决，悉遵轨道进行，则区区股匪，甚属易治。至揭竿啸聚，时集时散者，多因生计之窘迫，此则行政之范围，非陆军之能事矣。由后之说，久为国人所诟病者，实无词以自解。亦吾人良心上所愧怍者。急欲解决者，则舍求诸军政长官之觉悟，全国军人之反省外，尚有何法耶？吾辈军人，负国家安危之重任，年来更成举足存亡之势。其演成此恶果者，真军人所乐为耶？岂军人中皆蠢蠢如鹿,岂毫无知识耶?盖亦历史沿革之育孕,执政巨公欲便私图,每因袭而利用之,政客从而煽动之,遂致违反世界进化之公例,成国家特殊之事实。既由事实自然之演成,则除自身解决外,又孰能使之令之以归正轨。脱能之者,则当在十七世纪以上,海禁未开以前,互争雄长,或七八年,或数十年,封豕长蛇,搏噬吞并,硕果仅存,则帝之王之。乱极思治,不统一而自统一,不治平而自治平矣。今也不然,国家根本,摧残已尽。四围强力压迫而来,我不自觉悟而求解决,则必有迫我解决之者,决不容我永久残杀,剪除异己,以便私图而逆世界之潮流。故为今之计,非军人自身觉悟,排除个人利害观念,以公共利害为标准,则亦惟有听人之剥削,以阴险之经济政策以制我,以强力而迫我,使四万万同胞悉外人之经济的奴隶而后已。文华国民一分子也,亦军人也。不幸而军人为世诟病,岂始愿所及料。时机已迫,不能不求自身解决之方,更不能不蕲诸军政长官与同胞之觉悟。而筹策善法,以超出文华管见所及者万万,心所谓危,不敢不言。知而不言,是自欺也。言而不当,是不智也。宁负不智之咎,不忍自欺其心。苟有解决之方,得洗军人之耻,卸军人之责,而国家仍无振之望者,则误国之罪,不专属诸军人。区区苦衷,尚希公鉴。黔军总司令王文华。印。

24. 唐绍仪致徐世昌寒电❶   1919年2月14日

  北京徐菊人先生鉴:顷得干臣元电,强词辩护,一若此间侵电言过其实者。查双方所商停战办法五项,首在严令实行停战,屡经南方电促,即日颁布停战明令,乃至今未见实行。而奉军全体加入战线,在上月二十日前后,张锡元军队加入,亦在上月二十五日前后。其他若运输大宗军火入陕,管金聚进占宝鸡,甘军侵犯陇县,蔡成勋由绥远移驻榆林等事发生,均在和议将开停战办法双方协促实行之际。且日来陈、管、刘、许等军抗令挑衅,全陕几成战区,中外共见,岂北庭毫无闻知。非所谓一面言和、一面挑战而何?至军费、军火则如十

---

 ❶ 原为抄件,电末有批文一行。

二月初问借自日本之二百万，其用途为何？正月二十一日由秦皇岛上岸之枪万四千，暨野炮、山炮、机关枪等系供给何方之用？凡此皆彰彰在人耳目，佸电所指并非一种讹传。和议正当进行，而此等事实乃欲笑付之，岂以为儿戏耳。要之，对于佸电所举二事，必有切实之办法，始能表示诚意。虚词相抵，甚为不取，愿公审之。绍仪。寒。印。

奉批：交院复，交处阅。

25. 钱能训复唐绍仪删电❶   1919年2月15日

上海唐总代表鉴：和密。奉诵致元首寒电，敬悉。中央为促进和平计，不惜使陕民忍痛须臾，特属李督条拟解决办法五端，嗣知已承同意，遂于元日通电宣布。来电所述陕西兵事，皆五条办法未经商定以前。陕匪扰害良善，无可讳言。即使实行划驻之后，尚须双方分任剿匪。况在划界以前，办法尚未商定，岂能纵匪不治。兹既双方商定宣布实行，则此后固已不成问题，无所谓"一面言和，一面挑战"。至军费、军火一节，此间自罢战言和，从无借款购械，惟从前订购参战军械，照合同分期运华，事诚有之。立约在前，并非此时发起，且决不至为国内作战之用，则可断言。日本借款二百万，遍加考询，确无其事，不知果何所指。借日有之，以二百万之军费，遂可戡定西南？毋乃轻视西南矣。前电悉出悃诚，实非强词辩护。虚词固不容相抵，而事实又奚可厚诬。闻桂莘已与公迭次接洽，会议进行，日以接近。惟望双方竭诚商榷，早息纠纷，掬臆质陈，尚希亮察。能训。删。印。

26. 唐绍仪致徐世昌巧电❷   1919年2月18日

北京徐菊人先生鉴：诵干臣删电，对于此间佸电所提二事，只认

---

❶ 原为抄件。
❷ 原为抄件。电末有批文一行。此电2月19日到北京。

为前此之举措,使〔便?〕当不复深求,实与鄙见刺谬。有如借款械,既由参战而来,现在欧战已停,即无继续进行之理,故侵电要求停止一切。今不闻相当之办法,但以非此时发起为解,何以服人。陕以奉、甘各军加入攻击南军,系在北方宣布罢战言和以后,真、寒两电叩以查考。今姑认为北方无和战并用之意,惟自元日宣布条件后,若许、陈等犹复违令挑战,则破坏和局之责,当在北方,公亦恐不能逃天下之责备。和议进行在即,故敢掬诚相告,无所隐讳,敬祈留意。绍仪。巧。印。

奉批:交院处核办复。

27. 钱能训复唐绍仪养电[1]　1919年2月22日

上海唐少川先生鉴:和密。奉诵致元首巧电,敬悉。尊处侵电所述二事,本系前此之举,彼此开诚相见,事实固未可诬也。兹诵来电,仍有怀疑,用再晰述。欧战虽终,和议未定,协约各国军备且未能尽弛。况吾国迫近俄境,俄乱方炽,边防益重,参战职务既未终了,在彼方自须继续履行。此等合同,本属双方订定,且系对外性质,何能臆为停止。至停战言和以来,决无订借军费及续购军械之事,此则可断言者也。陕省匪患已非一日,前此停战明令,及此次商定五条办法,均未尝讳言剿匪。在五条办法未经宣布以前,陕军剿匪安民,势非得已,安有和战并用之意。元日宣布条件,业经通饬遵行,此事系由中央提议,具有决心。亟盼推定监视专员驰往商划,庶可确定办法,永弭纠纷。想我公尊重和平,亦必乐于赞助也。敢布悃诚,诸希亮察。能训。养。印。

28. 陈树藩等歌电[2]　1919年2月5日

北京大总统钧鉴:本日奉到江日电令开:"陕省兵燹频年,疮痍

---

[1] 原为抄件。
[2] 原载北京《政府公报》1919年3月8日第1110号。

满目,眷言民瘼,轸念殊深,亟应促进和平,早谋安集。前由国务院依照协定办法,通饬停战划防,其陕省内部,并照第四项办法,派张瑞玑驰往监督区分,务在一律施行,克期竣事。各该将领自应共体斯意,恪遵办理。倘或奉行不力,职责所在,不得辞其咎也。此令。"等因。奉此,树藩前奉国务院、参陆部元电开示闽、陕、鄂西办法五条,当经饬令前方各军遵办在案。兹奉前因,除转知并饬令前方将领及在陕各军切实奉行,暨敬候监视区分专员张瑞玑到陕监视区分恪遵办理外,谨此复呈,伏祈钧鉴。陕西督军陈树藩、陕西省长刘镇华。歌。印。

29. 北京国务院麻电[1] 1919年3月6日发

各省经略使、巡阅使、督军、省长、护军使,各区都统、都护使、办事长官,海军总司令,广西岑西林先生、伍秩庸先生、林悦卿先生,南宁陆干卿先生,云南唐蓂赓先生,成都熊锦帆先生,贵州刘如周先生,上海孙中山先生,和平期成会,和平联合会,各报馆均鉴:南北纷争,于兹两稔。自政府首倡和平之议,于七年十一月十六日颁发明令,罢战退兵,通电各方,敦切商洽。复由江苏李督军疏通意见,函电交驰,积牍盈尺。其始西南一争名称,再争地点,政府皆曲意从之。迨中央代表既经出发,迟之又久,南方代表始克集沪,又以陕、闽问题,延不开议。政府为促进和平计,断不令以一隅之故,牵及全局,遂不惜使陕民忍痛须臾,允准李督军所拟之五条办法。办法维何?大要在停战划界,双方各任剿匪而已。经征得西南同意,于本年二月十三日电令宣布施行。双方代表始于二十日在沪集议,公同推定张瑞玑赴陕监视区分。在政府以为陕事可告一结束矣。乃唐总代表以迭接于右任连日来函,谓陕省迄未停战,遂于二十八日会议要求撤换陈督树藩,并限四十八小时,如无满足答复,即向外交团声明停议。以国际惯例,施之国内,宁非怪事。溯自二月十三日,将协定五条办法电陕饬遵,嗣复迭电申告,陈督均先后复电谨办,固未尝抗违

---

[1] 原载北京《政府公报》1919年3月10日第1112号。参见本书191页第165号电。

命令。至于右任十七日去函，其间相距仅四五日耳。无论十三日以前，当然不受拘束，即该电到省，再由省转递前方各军队，试问四五日内，能否周知。即当日西南通饬停战，该军队何日奉到，何日遵行，中间亦展转多时，事实具在，可复按也。此次唐总代表仅据于右任私函，遂欲强制要求，以停议为挟持之具，致政府各代表不得已而相率辞职。政府已将陕事确况及彼方误会情形，据实宣示。惟念大局为重，不忍听其破裂，一面慰留代表，催促开议，一面明令前方将领，依照五条办法，恪遵办理，期在一律实行，克期竣事。复经切电在陕军队，各守原防，静俟划界，俟实行划界之后，再定后方剿匪办法。剀切申谕，务期共晓。现张瑞玑克期驰往，着手监划。无论唐总代表是否满意，上海会议是否停止，政府维当抱定五条办法，将陕省划防等事，积极推行，以重信谊。至开议以来，唐总代表所断断争持者约有数端：曰取消参战借款，曰取消参战军，曰取消军事协定条件。在中央则认为欧战尚未终了，取消暂非其时。既不能取消，则参战借款当然支付。俟欧战签字，军队撤退后，所谓军事协定及所谓参战军者，皆应同时消灭。彼时参战军应裁与否，应由陆军部并入裁兵案内统筹办理。此中重要争点，在目前欧战是否认为终了。政府认为尚未终了者，远则有见于和平条件，德国未尽履行，近则有见于俄边激党之尚在肆扰，在华敌侨之尚须驱遣。然默揣欧战情形，和约签字，为期不远，彼时自有正当解决。且此次会议缘起，乃因护法以启兵争。则议题所列，自应以法律为重。即因护法问题牵及事实，亦必有一定之范围。乃迭次开议，于彼方根本关系之法律问题，未尝一语道及。即政府代表所提出裁兵及军民分治各议案，皆有关善后重要计划，亦以开议以后枝节纠纷，束之高阁。徒摭举外交、内政种种事实，以诘难政府。既失集议本旨，且轶权限范围。果一切外交、内政，皆处决于此项会议，则政府固可不设矣。日以促进和平告于中外，而究其所为，乃使和平曙光相去益远，则会议之延滞，中央固不任其咎也。此中经过情形，我国人或未深悉，用特据实摘告，俾释群疑。凡我邦人，其共鉴之。院。麻。印。

30. 北京财政部致朱启钤文电❶　　1919年3月12日

本部此次发行八年内国公债，本属万不得已之举。兹阅报载唐总代表通电一件，似于本部为难情形，尚未深悉，且于事实亦有未符之处。用再详为申述，以明真相而释群疑，幸垂察焉。溯自军兴以来，支款日增，收款日减，每月收入不敷，为数甚巨。处此风雨飘摇之际，开源节流，两无所施。仰屋徬徨，非举债无以应付，而各方索款，迫于燃眉，实有难缓须臾之势。用是议定发行内国公债，变通手续，先请大总统以教令公布，俟国会二次开会。再请追认。此本部万不获已之苦衷，当为邦人所共谅者也。综计目前用款，自以军费为大宗。虽经筹议裁减，然事未实行。每月饷需，势难停发。况大部军队，半在前防，接济稍疏，立虞哗变。唐总代表谓募巨债以充军实，责其破坏和平。然则停止募债，迅致军饷无出，试问前防军队，将何法羁縻，使之枵腹以守纪律，倘因饷缺兵溃，糜烂地方，则破坏和平，恐本部又不能辞其责矣。至谓此项债票已向银行抵押巨款，实系传闻之误。无论本国银行无力担承此项押款，外国银行则牵掣甚多，更难协定。即云外人乐于承受，而债票尚未发行，何能预为作抵。衡情度理，不辩自明。且举募内债，本非咄嗟立办之事。民国三、四年间所行公债，皆累月经年，始获集事。以此例推，亦可概见。本部之意，亦惟就目前最急之需，量为支配，借以腾挪，为周转一时之计，别无丝毫作用于其间。区区之愚，可质天日。总之，本部以维持现状为职责，同具爱民护国之心，断无黩武穷兵之理。惟盼会议早成，庶财政前途或可徐图整理。倘会议日事延期，即财政日趋窘境，仅此救济目前之计，亦将有时而穷，百孔千疮，时时可裂。万一和平之曙光未睹，而国家之破产先形，恐亦非唐总代表所忍闻也。披沥直陈，即乞转达。龚心湛。文。

---

❶ 原载北京《政府公报》1919年3月16日第1118号。另有北京财政部通电一通，向全国人申述本电全文，署名为"财政部"。

31. 陈树藩等致北京政府十五电[1]　　1919年3月16日

国务院钧鉴，参谋部陆军部鉴：查许司令佳日电称，于鱼日收复岐山，所有详情，比经许司令分电钧院大部有案。同日又接许司令电开："鱼电敬悉。因兴平、省城间线杆损坏，又因哨弁递送前方，迟至七日下午十一时，始奉参陆办公处支电，饬令停战。比即遵照转令各部队停止进攻，暂就原防驻守。"等因。除电复许司令，并派本署参议王建带犒品及恤款二千元前往劳军，并电达张巡阅使外，谨此电陈，并乞转呈。陈树藩、刘镇华。十五。印。

32. 北京国会议员王郅隆等致朱启钤电[2]　　1919年4月17日

北京大总统、各部院、保定曹经略使、盛京张巡阅使、蚌埠倪巡阅使、北京龙巡阅使、各省督军省长、各省议会、各报馆均鉴：本日同人致朱桂莘君一电如下："近阅报载，尊处会议现竟涉及法律问题。查法律问题，质言之，即国会问题。国会根据约法，总统由斯选出，内阁由此通过，中外具瞻，国本所系，一有动摇，牵及全局。况执事系受国务院委任，其权限不能出乎行政范围，国会系国家立法机关，断非行政委任人员所能议及。倘若越权擅议，则紊乱国宪，摇动国本，必有尸其责者，郅隆等为拥护法律、巩固国本计，特电声明，尚希照察。"国会议员王郅隆等[3]。筱。印。

33. 陈树藩致北京政府筱电[4]　　1919年4月17日

国务院钧鉴，参谋部、陆军部大鉴：统密。删电敬悉。围乾部

---

[1] 原载北京《政府公报》1919年3月20日第1122号。
[2] 原为抄件。
[3] 下列安福国会三百余人名单，从略。
[4] 原为电报纸六页。此电4月19日到北京。阙文为原电码未译出者。原电由总务厅呈陆军总长，张志潭批有"潭榜"二字。

队，经与张专员瑞玑商定，全线退围五里后，即令张、白各旅团，遵照实行。旋据张旅长金印初八电称："职部遵已全行退至干城南面距原防线五里许之如台村、小刘村、秦家庄北原上之线，团集固守。"据白统领鸿仪初九电称："昨夜遵将防线退后，回守旅部，及原营驻羊红店、杨营退驻如台村，郭金榜全部退驻好儿村及上下底旦村，黄营退驻南好儿村，□营退驻东奇五村，相距原线约五里。"据张团长鸿佳电称："遵于昨日二钟，将城下防线，全行撤退至干城西北金家堡、张家堡、姆家宫、玉皇洞一带驻守。"各等语。所有各该部退驻情形，业于庚、元两电略陈，并于电复各该旅长时，令将防线通知友军各在案。旋由各该旅呈赍退防布置略图前来。乾城外东北方面之守线，已完全撤退，余均如前。各村镇就村落之形状位置，配布防线，其后退距离及地带，则与经张专员往返商定者无异。乃乾东白旅甫退，乾众即将东城外安家寺、两青人村等处占据。比即函知张专员，迄今尚未见复。嗣准张专员转据许司令电，商派员入乾宣抚，当即电饬张、白各旅长，遵照保护。旋据张旅长报称："奉军陈副官入城宣示后，即行出城。据称王珏、郭英甫决意死守，不愿退去，将来究归何部，尚无一定宗旨。"复据张旅长十四电称："自奉军副官入城后，乾众仍每日修补城□，派出多人，于城下村堡大肆抢掠，见我哨兵，即开枪射击"等语。似此负固顽强之态度，恐无掩护归凤之决心。我军虽一退再退，而彼则节进节逼，终且以开衅相咎诬。其实各军自退驻以来，力固防线不暇，何尝有袭击情事？树藩并迭电各军，严约所部，不许还击，致滋借口。数日以来，无论彼方如何横挑，亦毫不过问。惟乾众是否依附奉军，许司令始终并未直接来商，均由张专员往返转达，合并电闻。陈树藩。筱。印。

34. 张作霖漾电[①]　　1919年4月23日

大总统、国务总理、段督办钧鉴，各部院长、众参两院，各省督军、省长、各巡阅使、经略使、各都统、各总司令、各师旅长、各护

[①] 原为电报原件四页。此电4月25日北京收到。

军使、各镇守使、海军各总司令、军政府各总裁、各部长、各督办、黄州、汕头、潮州各总司令、各总指挥、上海朱唐两总代表、各代表均鉴：接奉林、莫诸公佳日通电，展诵之余，不禁拍案叫绝。民国成立，八载于兹，四民痛苦，万姓疮痍，蒿目时艰，我心如捣。推原其故，实由法治未立，内乱相乘，号令纷歧，事权莫属。军人不知治体，乃挟武力以侵权，政界虽有完人，群慑兵威而不出。相沿既久，权责混淆，政治不能进行，民生永无乐利，国本未立，奚以能存，瞻念前途，不亡何待。作霖以为军政之轨不分，天下永无宁日，此中症结，早彻隐微，口每欲言，迄不能达。今幸诸公通电宣示，剀切著明，崇论宏词，洞见肺腑。作霖不敏，取谢所见略同，愿以片言与诸公证袍泽之亲，即为国家谋太平之策。从此内争永息，和局促成，军事修明，政治稳进，权不相扰而义益相亲，力戒相持而事图相济，南北自成一家，天下皆吾袍与，自经此次之宣誓，复何成见之可言。区区此裏，统希垂察。除养日已由曹经略使主稿、作霖附名，另电奉达外，不尽之义，用再布闻。张作霖。漾。印。

35. 靳云鹏致吴光新电❶   1919年5月17日

沙市吴总司令鉴：治密。咸电诵悉。南方所要求条件："（一）巴黎和会提出之山东条件不承认。（二）中日密约由和会宣布无效，惩办订密约有关系之祸首。（三）参战军、国防军、边防军一律撤散。（四）撤换劣迹昭著不洽民情之督军、省长。（五）和会宣告黎元洪六年六月十二日解散国会命令为无效。（六）政务会议，由和会推全国最有声望之人组织之，监督南北议和之执行事件，关于统一内阁之组织，由其同意。（七）所有和会议决案、审查案，由政府会议审定之。（八）由和会承认徐世昌为临时大总统，执行职权，至国会选出正式大总统之日为止。"各等语。中央以其纯出无理要求，万难迁就，已有电正式驳复，并将所派代表召还，不日将有明令宣布经过情形，

---

❶ 原为电稿三页，用"参陆办公处稿纸"。首有"急电第825号五月十七日发口"字样。并有靳云鹏手批"发，云鹏"三字。

并声明继续希望和平之意。惟闻军政府不以唐之辞职为然,有挽留代表、撤回条件之说,尚未征实,先此奉闻。蜀轮上驶一节,并已由院部电知子春矣。云〇。筱。印。

36. 徐世昌停止议和令❶   1919年5月21日

　　大总统令:国步多艰,民生为重,和平统一,实今日救国之要图。本大总统就任以来,屡经殚心商洽,始有上海会议之举。其间群言嚣杂,而政府持以毅力,喻以肫诚,所期早日观成,稍慰海内喁喁之望。近据总代表朱启钤等电称:"唐绍仪等于十日提出条件八项,经正式会议,据理否认。唐绍仪等即声明辞职。启钤力陈国家危迫情形,敦劝其从容协商,未能容纳。会议已成停顿,无从应付进行,实负委任,谨引咎辞职。"等语。所提条件,外则牵涉邦交,内则动摇国本,法理既多抵触,事实徒益纠纷,显失国人想望统一之同情,殊非彼此促进和平之本恉。除由政府剀切电商撤回条议,续开会议外,因思沪议成立之初,几经挫折,晓音瘏口,前事未忘,既由艰难擘画而来,各有黾勉匡持之责。在彼务为一偏之纶,罔恤世梦,而政府毅力肫诚,始终如一,断不欲和平曙光由兹中绝,尤不使兵争搀黩再见国中,用以至诚恻怛之意,昭示于我国人。须知均属中华,本无畛域,艰危夙共,休戚与同,苟一日未底和平,则政治无自推行,人民益滋耗敝。甚或横流不息,坐召沦胥,责有攸归,悔将奚及。亟望周行群彦,戮力同心,振导和平,促成统一。若一方所持成见,终戾事情,则舆论自有至公,非当局之不能容纳。若彼此同以国家为重,凡筹虑所及,务期于法理有合,事实可行,则政府自必一秉夙诚,力图斡济。来轸方遒,泯梦何极。凡我国人,其共喻斯恉,勉策厥成焉。此令。国务总理钱能训。

---

❶ 原载北京《政府公报》1919年5月22日第1184号。

37. 湖南曾广钧等快邮代电[1] 1919年□月16日

北京大总统、国务院、段督办、上海和会南总代表唐少川先生、北总代表朱桂莘先生、各代表先生、广州军政府、旧国会、北京参众两院、云南唐督军、广西陆总裁、保定曹经略使、奉天张巡阅使、南京李督军、湖北王督军、江西陈督军、安徽倪督军、贵州刘督军、广东莫督军、广西谭督军、浙江杨督军、上海卢护军使、热河姜都统、天津熊秉三先生、通州张季直先生、上海和平期成联合会、各法团、各报馆均鉴：顷因报载旅滇一二湘人，请以谭延闿督湘加入议和条件，经唐督赞成等语。乡父老阅之，辗转传闻，莫不疾首蹙额，奔走号呼，俨若大祸之将复临者。岂鳃鳃过虑耶？良以民国改造，该氏督湘两次，计三四载，苟实心为民造福，自应稍留遗爱。乃迹其所为，非但无遗爱之可言，且以大奸似忠、大诈似信之手段，残害英烈，争夺督位，滥用公款，植党营私，纵悍将骄兵蹂躏良懦，任贪官污吏朘削群黎。元气已斫丧无余，又募债勒捐，不惜重增民困。纸币既任意滥发，复抵押矿产，不惜丧失国权。甚至以盗名欺世之假行，为风俗人心之隐患。此皆其祸湘之事实，合省周知，然犹不足以尽其罪也。所最令湘人痛心切齿者，尤在癸丑、丁巳两年当去留未定之时，一切作为皆首鼠两端，流毒桑梓。其第一次无论已，只论此次。当战衅未启之先，明迎周、傅莅湘，暗遣刘、林独立。徇个人权利之阴谋，竟忍以三千万同胞之生命财产作孤注一掷，而不计祸福成败。盖事成则得冒护法之功首，事败则不至为叛国之罪魁，进退裕如，为个人谋，莫巧于此，其如三湘之糜烂何！使当日雍容坐镇，守境保民，或淡泊自甘，挂冠去位，固皆不至祸吾湘而并祸全国。即磊落光明，毅然决然，以护法、靖国之名义，首倡独立，悉心筹备，则吾湘受祸，亦不至如是之惨。纵受惨祸而为国牺牲，在社会舆论、历史清议上，犹有荣誉，足为牺牲之代价。乃其计均不出此，徒以鬼蜮伎俩陷湘人于名实俱败，惨不忍言之地。故湘中受害之家，追原祸始，莫不太息痛恨

---

[1] 原为印件，无月份。据内容推断，当为1919年春某月16日发。

于谭氏，谓其祸湘甚于闽献。骤闻此语，似觉过当，然而一般人心可想见矣。苟谭氏稍知羞恶，咋舌自杀，以谢湘人。乃犹时沪、时粤、时桂、时永，多方运动，以个人位置加入议和条件。似此贪私谬妄，非但公论不容，且按之约法，用人行政，中央自有特权，岂他人所能干预。倘因此无理之要求，致酿为和局之障碍，是谭氏一再疮民蝗国犹不足，而复益之以三也。凡我国民谁能堪此。况湘省年来几费经营，始将谭氏流毒铲除殆尽。如水口山矿业经废约，新旧纸币逐渐收回，各县土匪，将近肃清，其余改良各政，皆蒸蒸日上，孑遗之民，方庆复苏。若令彼冯妇攘臂下车，是不啻导河而投以巨石，救焚而复以积薪也。唐蕙督公忠体国，岂肯助桀为虐，谅以军务倥偬，未暇查吾湘黑白混淆之真相。即旅滇诸君，远客异乡，亦未能洞悉底蕴，无怪受谭氏一人之朦蔽。假使身亲目睹，必不忍出此，故程潜及民党稳健者，皆素与谭氏声应气求之旧友，犹主张公道，不肯任其重来祸湘。况广钧等俱是公民，素无党派，身居乡里，亲闻父老之呼吁，目击情形，确悉将来之利害，岂忍为寒蝉仗马不发一言，坐视彼封豕长蛇仍来荐食。用是齐伸义愤，共策安全。幽谷乔木，不难区别。斧钺华衮，应有公评。谨布区区，伏维鉴察。湖南全省公民大会正会长曾广钧，副会长李藩西、彭佛同、会员辜天保、曹斌达、刘作民、左钦庸、袁家元、武绍程、周晋、欧阳友焱、佘文藻、除天健、谢基复、刘德机、郭道伊、袁疏煌、罗正模、陈堃、戴莲、杨树煌、袁锐、金段潗、除启汗、廖应庚、雷征、李韵涛、陈鹄裕、黄俊、于宗瀛、陈荣荫、杨叙然、覃涤寰、胡正浏、李祖懋、万界豪、刘若挚、陈溉勤、唐士进、向宝桢、唐晦昌、谭宏化、黄中、覃泽寰、颜应寿、陈锦云、萧贤遇、周翥、谭志光、除云鹣、冯士修、柴树云、周嘉淦、陈家桢、除戊、黄衷、彭运斌、李泽棠暨会员一万五千三百三十七人同签印叩。铣。

38. 陕西大战争中之队伍调查[1]

一、靖国军实数约三师

总司令部驻扎三原，卫戍兵暨卫队一营。

副司令张钫，步兵一营，骑兵一营。

第一路郭坚驻乾武一带，步兵三团，骑兵三团。

第二路樊钟秀驻盩厔，步骑兵共三团。

第三路曹世英驻交口高陵，步兵四团，骑兵二团，补充兵一团。

第四路胡景翼驻三原、泾阳、富平，步兵四团，骑兵两团，炮兵一团，机关四连。

第五路高峻驻白水关山兴市，步兵三团，骑兵一团，机关一连。

第六路卢占魁驻耀县，骑兵四团，步兵三营，炮队一营。

二、靖国军援军

川军驻宁羌、沔县熊锦帆一师，颜德基一混成旅，石青阳一师。

滇军姚以介步兵一团驻镇巴一带，叶荃一师驻凤翔、乾县、扶风。

鄂军王安澜步兵两旅驻兴安，王天纵一旅驻平利。

三、中立军

井松生一旅驻陕北榆林。

四、陈军步兵实数约九团

张仲仁新募一混成旅驻省东关。

由兰州新募驻兵一团驻醴泉咸阳。

刘世珑一混成旅驻同、朝、韩。

管青一混成旅驻蒲城。

白戈人一混成旅驻咸阳、醴泉。

曾子才一混成旅驻鄠县。

王子风一混成旅驻西蒲阳。

教育团步兵三营驻同州、华阴。

---

[1] 原件为抄本，"参陆办公处稿纸"三页，无日期。

卫兵四营驻省城，军警稽查处三营驻省城暨东西两关，宪兵一营驻省城，城防司令张金印一独立营驻四城楼。

南路游击司令张飞生一混成团驻兴平。

无统属军队综计约一团。

五、镇嵩军实数约一混成旅

张治公步兵一团驻省城，步兵一团驻临潼。

马瑞旺约步兵一团驻兰田、商州，炮队补充兵一营。

六、刘存厚驻汉中一带

刘存厚自部一师，钟体道一混成旅。

七、管金聚一旅一团，驻凤县一带。

八、入陕晋军驻韩城郃阳，步兵一团，骑炮各一营。

九、入陕甘军驻邠城长武，步兵约三营。

十、入陕北军驻临潼吊桥。奉军四混成旅，张锡元一混成旅。

唐继尧函电

唐继尧

编者按：《会译靖国文牍》系1923年末云南出版，内容主要是护国战争时期的函电。今摘录其有关南北议和部分，以供参考。原书未记函电日期，今就可以推知者，加注说明。因不能确定各通函电日期，所以这几通函电的编次，均照原书。又选辑到1919年夏季议和破裂时为止，只有《复驻沪李宗黄函》一通，系1920年所写，因函中谈及议和破裂后的情况，故亦选入。

通致京省各处冀息兵端而延国脉电[1]

分送北京冯代总统、国务院，分送各省督军、省长、各巡阅使、各镇守使、各护军使、各师长、各旅长、各省议会、各报馆，分送沪岑西林、谭组庵、汪精卫、孙伯兰、张镕西先生、陆巡阅使、陈督军，分送粤孙中山、伍秩庸、唐少川、陈竞存、李协和、李印泉先生，分送湘潭联军总司令钮惕生、岳州程总司令并转黎、石、唐各总司令，成都熊总司令、武穴冯旅长鉴：本月支日接冯旅长寒电，言之直切，读者动心。窃念此次西南各省宣言护法，所拥护者国本，而非

---

[1] 1918年2月14日，冯玉祥在武穴发出寒电，主张南北停战议和。此电中说"本月支日接冯旅长寒电"。可知此电为3月4日以后所发。

以争政权，所指斥者非法内阁之段祺瑞一人，而于北方军人无与。故自段祺瑞免职，各省相约罢兵，乃段祺瑞因个人权位之私，造北洋团体之说，挑南北之恶感，酿湘蜀之战争。以致苏赣方面力主调停，而天津会议乃极端主战，元首方颁和平布告，而张、曹复南下进兵。继尧以兵衅一开，必难收拾，迭电呼吁，迄无效果。今主张和平之王总理、陈督军，皆相继罢斥，而岳州又传烽矣。试问主战诸人有何不得已而用兵？前次湘蜀之战，攘抢经年，血肉盈山，死骸遍野，流亡未集，满目疮痍，谁为为之而至于此？不意枪林弹雨又复集于湘鄂之间。吾民何辜，乃不容于民国？且北方用兵一次，则借款购械一次，丧国家之权利，增人民之负担，乃至朘人民之脂膏以购枪械，遂借外人之枪械以杀人民。此真冯旅长所谓"视同胞为仇雠，以国家为孤注"者也。夫以公等之力征经营，即使能成子孙帝王万世之业，而元气凋丧，国岂能存？况潮流所趋，人民所向，虽有大力，莫之能抗。北方军同此心理，亦岂能随一二人之喜怒，以为此无意识之牺牲。尚冀立息兵端，稍延国脉，若必逞一人之意以促全国之生机，则国家兴亡，匹夫有责，无论南北，当共图之！

商请西南各省制止中日条约电❶

万急。南宁陆巡阅使、广东伍总代表、海军林总长、莫督军，并转上海岑西林先生，韶州李总指挥、李督办，贵阳刘督军、成都熊督军、韶州谭联军总司令，并飞转程总司令鉴：新成密。西林先生宥电办法，深合机宜，果能因此而遏北京之亡国条约，固可以达吾辈救国之苦衷。设段逆一意孤行，亦可以唤起舆论而共讨此卖国贼。惟鄙意有应行商榷者两端：一、善后会议解决法律、政治诸问题，关系极为重要。若由北京集合，则可任意操纵，且海内名流亦苦无标准，恐蹈约法会议之覆辙。拟酌改为：果中央不签亡国之约，允由各省分派代表到沪，并邀集海内名流，迅开善后会议，解决法律、政治诸问题，

---

❶ 《中日共同防敌换文》系1918年3月25日交换。电中所谓"中日条约"，当即指此。据此推断，此电为1918年3月末或4月所发。

自应即行停战，听我国民最后之裁判。二、西南此举，纯为救亡，并非屈服于段氏。段氏不去，则法律、政治决无圆满解决之期。将来西南各省对于法律、政治各问题所争之点，当以何者为限度？此虽宜付诸善后会议，然此时不能不先行讨论，庶各省可循同一之步骤，而不至自溃藩篱。以上两端敬乞公酌，并希由日公❶签名通电发表为祷！

斥揭段祺瑞等私订密约请各省合力救阻电❷

特急。各省督军、省长、护军使、都统、镇守使，各省议会、商务总会均鉴：顷见中外报载："前月二十四日，驻日公使章宗祥与日本外务省互换照会一通，内容两款如下：第一款：'中日两国为防止敌人势力东渐起见，今约定军事上取一致之行动。'第二款：'前项共同行动之办法，由两国军事当局协定之。'"又报载："日本提出条件共十七款，开端声明为保全东亚和平，乃其内容极为重大，因政府严守秘密，未能详知，而其要点如下：（甲）两国军需品军械须互相补充。（乙）两国须互换军用地图。（丙）凡军事设计及军队之调遣训练、指挥等事，两国得互相代行之。（丁）日本得于华境相当地点设置斥候、屯驻兵队。（戊）日本得于华境相当地点建筑要塞。（己）日军所到地得发行军用票。（庚）华官需出示禁止人民勿妨害日军行动。（辛）以上各项办法平时亦有效力。（壬）以上各项办法，两国军事当局议定后，须经两国政府拟批准。又两国政府负秘密责任。（癸）两国之中某方欲增改或废止此项办法时，须六个月以前互相通知。其关于铁路运输、军舰调遣亦俱规定。此外种种实行办法，两国军事当局得随时协定之。又闻两国军事当局：日本为公使馆武员斋藤少将，中国为靳云鹏，业经谈判数次，将于日内签字。"各等语。夫我国因参加欧战，与日本共同出兵，则协定出兵办法，亦自无可议。乃观所提条件，日本得指挥管理中国兵队，得随地驻兵，得随地设置要塞，得利

---

❶ 似即莫荣新。莫字日初。

❷ 电中所说章宗祥与日本外务省互换照会，当即上电所说的换文。可知此电为1918年4月所发。

用中国兵工厂，得随地发行军用票。且此条件适用之范围，既未限定地点，而浑云，"保全东亚和平"；亦未限定时期，而竟云："平时亦有效力"，如果签字，则中国亡矣。继尧前曾会同伍秩庸、陆干卿诸公电陈冯代总统，力阻签约。惟闻此次缔约，实出于段祺瑞等一二私人。段氏欲贯彻以武力平服西南之主张，不能不向外借款购械。欲借款购械，不能不缔此约以为报酬。逞一时意气之私，遂不惮为此卖国之事。夫段氏既仇视西南，亦不应仇视全国，争一田而败全产，虽匹夫不肯为！岂身秉国钧，而智不及此？况西南护法各省所希望者，不过尊重约法，维持国会耳。约法为全国应守之法规，国会为全国人民之代表，并未挟南北之成见，亦非为局部之争持，使执政者一切设施不轶出法律范围之外，则全国自趋于一轨。欲谋国家统一，保政府威信，舍此其道何由？今不求诸法治，而欲以力征经营，驱吾南北无仇无怨之父兄子弟于疆场，而使之肝脑涂地，兵戈所至，城邑为墟。乃犹未已，而竟至假手外人，以墟吾祖国，甘心为吴三桂、李完用之续，以断送国家。非丧心病狂，何以至此！诸君或身任封疆，或主持舆论，夙抱爱国之忱，同有救亡之责，尚冀共抒筹策，拯此沦胥。民国存亡，在此一举。不胜迫切盼祷之至！

致嘱西南各省拒绝单独媾和电

百万火急。广东岑总裁、伍总裁、林总裁、莫督军、李协和总司令、李印泉督办，并转唐、孙两总裁，南宁陆总裁、陈督军，行营谭联军总司令、程总司令，全州谭组庵先生、贵阳刘督军，重庆熊督军鉴：亲译。新成密。前接滇国会议员由君北京来电，谓："连同北方要人，均欲力顾大局，有趋于调和之势。昨以汪伯唐先生介绍，与徐东海之某要人接洽。关于云南方面之调停，有重要问题急应商榷者，兹具办法，拟任我公为川督，或任为川滇黔巡阅使。川督除熊、刘外，中央另行放人，但必须得我公之同意。至国会问题，顷南北两方要人已商有具体办法，我公尽可听局势之移转，从多数所主张，虽不可抛弃弗顾，亦不必过于坚持。溯自调和至今，以此次就商各节，较为深切著明。现北方要人，关于调和事因不愿有调和机关，故特嘱令电滇直接商议，似觉便易，如何？恳速详切示知，俾便进行。更望乘此机会，速筹解决。倘过此而中央对于粤事得手，则所商恐未能有如此圆满也。又此次所商事项，务请秘密勿宣。"云云。当经复电，文曰："国事纠纷，迄难解决，如得东海出而斡旋，大局必有转机。惟此时时商榷办法，当从全局着想，不宜专从云南着想，此次护法各省共同宗旨，全在国会问题。现南北要人所商办法，此间尚未与闻，然使与护法本旨相背驰，也难得各省同意。至关于滇、川、黔方面：川督一席，仍以熊克武为宜，继尧迭经宣言，决不愿就任川督，亦不愿就三省巡阅使，但求川事主持得人，于愿已足。熊克武器识阔通，必能奠安川局，尚希转达前途。此间本切望和平，惟北京当局，意见能否一致，调和办法如何进行？并希详示。"各等语。复电去后，迄今均无电来。查北方当局，果有诚意调和，则吾辈亦决不肯穷兵以伤国家元气。惟调和办法：一则宜与法律不相背驰，一则宜与西南一致商榷。今辄用离间西南主义，诱以单独媾和，许以最优条件，滇省已迭经拒绝。但恐此种手段，北京对于各方亦所难免，故特详悉密陈。窃念西南用兵经年，损耗以亿万计，所奋死力以争者，只此国家根本问题，若舍此而徒觊一局部之利益，天下后世其谓我何？诸公阂识远谟，想必有统筹全局，贯澈初终之策。敬乞时有以教之。

论徐世昌当选非法总统复衡州吴佩孚师长电❶

万急。衡州吴师长鉴：接元电主张和平，纯从法律上立论，探本钩玄，理真词允，阂谋卓识，敬佩玉音。继尧护法兴师，但求根本大法不致破坏，使此地广民众利害复杂之中国，能有一线之相维，而渐求改善。若舍法律相维之道，别求武力统一之方，则域者健者，谁不如人？形势所驱，不至人自为法，人自为政，分崩离析不可究诘不止，区区之衷，惟此而已。徐公老成旧德，素所钦佩，出身为国，必先求法律上之自全，若轻易为非法所牺牲，则窃窃不敢期许也。

---

❶ 1918年9月13日吴佩孚通电。此电为对吴电而发，当在9月中旬。

复贵阳刘督军以应付各方和平办法电

万急。贵阳刘督军鉴：威密。卅电敬悉。曹寒电此间未见，北边危急，内部和平实为应时必要，北派对此点似已有所觉悟。惟东海登台，法律即不易转圜，西南团体应付和议，当由军政府先与各督密商妥洽，具体提出，方能顾全一切，收效亦大。冯旅致胡经武等电，近于巧滑手段，欲假借和平之机，令胡等速就曹氏范围。以个人接洽局部和平之方法，打破南北大团体对抗议和之诡谋，似以敷衍应之为佳。至湘西前敌，即请公复令相机接洽，办至停战而止。议和之说，万勿轻为所绐。派员一举，似可不必。军府复河间电，此间亦未到，谅亦不过表示希望和平之意而止。至和议开始，必由总体进行，且先由内部密商妥洽，然后提出。此间已密电云公，俟有要闻，即行转商也。

复请军政府岑总裁筹集议和条款电

万急。广州岑总裁鉴：亲译。靖密。巧、午电敬悉。所陈三义，深惬鄙怀。事前征集各方意见，制合具体条件，预备于议和时由军府总体提出，尤为必要。此间除三省善后问题外，关于湘西、鄂西、陕西方面，已先后加入联军，同受指挥。善后问题，即应代为担负。除此间预商妥洽，再行列款密告外，并乞由公酌察外间情势，有若何应行提出之件，列款密示，以便参酌调合，一致主持，则于和议进行，战后团体，尤为有益。如何？盼复。

复止军政府政务会议下令讨伐电[1]

千万飞飞急。广州岑总裁、林总裁暨政务会议诸君公鉴：诚密。政务会议文电敬悉。徐氏就职，和平之望又隔一层。然南北相持，彼此实力不过如此，对付之计，仍以审慎观察为妙。强进申讨，若不能

---

[1] 徐世昌于1918年10月10日就北京政府大总统职。此电当为10月所发。

立制敌命，即将反长寇氛；湘南、湘西前敌，尤恐有踌躇之感；若徒事声讨，而事实不应，则军府威信大受打击，前途将不堪问。闻军府将有下令讨伐之举，此间绝不赞同，因时局外形无论如何变幻，事实内幕，依然趋入缓和也。愿诸公详察。

请军政府筹议和平联复北方电[1]

十万急。广东军政府岑总裁、伍总裁、林总裁、莫部长、李部长，南宁陆总裁，贵阳刘督军，成都熊督军鉴：新成密。北京钱能训漾电，希望和平，词尚恳切。惟谓"先就事实设法解纷，而法律问题，俟之公议"等语，与西南护法本旨实不相容，应如何因应适宜之处，拟请由军府主稿，联名电复，以期一致而合机宜。卓见如何？统希公酌。

复贵阳王总司令以解决时局不宜迁就电

万急。贵阳王总司令鉴：亲译。永密。有辰、宥亥两电均悉。昨接秀山漾电，当将此间意见转达各公，请其主稿，联名电复，并抵托伯群赴宁；或就近派王季文、李伯英先与秀山接洽，想如公已酌定矣。鄙意如秀山等出任调停，自无妨先与协商，疏通意见。至解决办法，有不能不抱定主旨者：一则法律不宜完全抛弃，一则西南必须一致进行。前东海未被选时，曾由汪伯唐托人来电磋商，大致许以种种权利，而于法律置为后图，并谓："如两粤既平，必难得此完满条件。"当即复以："护法之心，西南一致，欲谋解决时局，宜从全局着想。"并将此意转达西南各省。恐北方以特别条件诱我单独媾和，不止对滇，黔为然，或致为所离间也。近迭接钱能训、李秀山各电，意颇倾向和平。然李电似欲与滇黔直接磋商，钱电竟谓："先从事实设法解纷，法律问题让诸公议。"即由、邓两君漾电所云，均不离单独媾和，与抛弃法律之办法。滇黔两次倡议，所博得之光荣，宁能轻于

---

[1] 1918年10月23日钱能训电致西南各省。此电应为1918年10月末所发。

牺牲，受国人之抨击。即以事实而论，如川事驻兵协饷等项，无论西南一致解决，或滇黔单独进行，要不出从前所议之范围，如所求止此，则早可和平了结，经年剧战，实出无名。故此时对于各方，可竭力表示和平，而法律问题不宜自我先行迁就，将来如何解决，应由军府一致主张，滇黔不轻于发端，庶不至进退失据。鄙见如此，希先转达如公，至由、邓两君处，容当另拟电复。

筹拟和平条件请军府主张提出电

对十万火急。广州岑总裁鉴：诚密。元电敬悉。主张南北各派代表，加入在野名流，在上海开和平会议，此间前经电商，谅蒙鉴及。至具体条件，此间主张约举如下：（内容见《南北议和文献》91号）以上各节，请由军府汇集提出，未尽事宜，尚希明教。并请将预备全案制成，密电见示为祷！

请在上海开和平会议分致南北各要人电[1]

迭奉张季直、熊秉三诸先生通电，仁心危论，读之慨然。西南兴师，原为法律，苟有余地，可以迥旋，谁复忍心自相戕贼？乃当局者始终凭恃暴力，悍然不顾，我行我法，凌轹一切，充其暴力之所至，其于民主政治能否相容，此岂待再计而决？夫近代民治之思潮，如川之方至，决不容有暴力政治存在之余地。故为国家久远计，不得已而忍痛兴师，冀一挫顽暴之凶锋，而纳国家于共由之正轨。今者兵连年余，祸延数省，功不补患，愧负国人。而一念及元气之凋伤。与国命之阽危，则又有惊心动魄怒焉如捣者。诸君子既怵于内外之情势，而撼被发缨冠之忧。继尧与同人亦何敢昧轻重之权衡，而忘摩顶放踵之义。苟有长策至计，足以解纷难，规久远，而餍国人之望者，继尧与同人亟愿闻命矣。故为欲承诸君子之教命，并容纳各方面之意思，俾得自由发抒起见，鄙意以为宜做辛亥成例，在上海开和平会议，南北

---

[1] 电中言议和地址问题，当为1919年初所发。

各派代表滋会，并以在野名贤若干人参加会议。南方由军政府主持选派，北方由徐菊老主持选派，在野名贤则由两方认许加入，庶较切实，而免偏倚，如何？仍候公酌。

复岑总裁商拟和平办法电

对万急。广东岑总裁鉴：靖密，亲译。两蒸电、皓午电均悉。和平会议以在上海为宜，北京所定名目、地点，均觉未当，顷已详电奉商。滋会人数，秀山来电，主张双方各派代表十人；如周来电，复以："此次会议除全局外，必多涉及各省，应由各省各派一人参与会议。"等语。鄙意不如采用尊处所拟第二办法，派全权代表正、副两人，此外参赞和员，即由各省分别推定，较为周妥。至正、副代表，以少川、组庵充之，此间极为赞同，请协商各省酌定。会中应商事项，昨已拟具条件奉商。关于划分军区一层，业经列入，将来军区划定，则军民分治，自见实行也。我辈任事，只为国家，国会诘难，终当谅解。惟和平会议解决法律问题，如制定宪法，选举总统之类，有当与国会协商者，尚希先与疏通，以免临时发生障碍。至和平条件，将来由政务会议汇集各省意见后，即可由总代表提出研议，免生镠轕也。愚见如此，仍乞卓裁。

复伍总裁等以依法永久扼定议和电

广东伍总裁、林总裁、李部长鉴：新成密。佳电敬悉。苟且言和，乱不旋踵，覆辙具在，良可寒心。尊论惩前毖后，欲贯彻自治精神，使护法初旨不致终背，理精语透，读之击节。顾此种理趣，既不足以喻一般苟且求安之众，庶而北庭又迎机取巧，盛倡和议，以要结一国之人心。故我于此时，直不能径情直遂，惟有因势利导，借和议，以求根本解决之方。查北庭动称威信，无理之理，夙奉为金科玉律。今不惜取对等议和形式，彼于势已为屈辱，苟非有不得已之情形，在北庭岂易出此？故窃谓乘此可乘之机，即提出严重条件，未始不可就范。谓宜先由军府扼定"依法永久"四字，就军区问题，地方制度问题，筹拟减削军阀势力，及扶植自治精神之条件，届时提出会议。彼允，即以樽俎代干戈，遂竟我护法初志，异则我不施黩武之咎，自可别筹办法也。兹事惟军府克总其成，伏望公酌筹面，共策进行。

复广东参众两院议长以议和主旨电

广东参议院林议长、褚议长，众议院吴议长鉴：新成密。养电敬悉。推论内政外交之关系，鞭辟近里。于北庭之所以曲道求和，与我之所以克操胜算，尤极透达无遗。当此百尺竿头，惟一之办法，只有再进一步，此简当之主旨。继尧盖内断诸心，度亦与诸公所见略同者也。惟实现此主旨，厥有二道：一则直情径遂拒绝和议。一则借迳和议，由曲而达。数十年来，北洋军阀之俯视全国，几成第二天性。今竟纡尊降贵，不惜取对等议和形式，此必有不得已之窘况，予我以可乘之机，审时度势，良不宜轻易放过。顾人心厌乱，于斯为极。彼以和议来，而我弗应，是直冒天下之不韪，人心大去，且不可为。第一手段殆不可采用，今日先决问题，当然随机应付，与之言和。惟和议中应扼定尊电所谓"适法永久"四字与之周旋。彼能就范，则以樽俎衣裳，稍留国家之元气，而减生民之苦痛，为计亦得，不然则再接再厉，曲不在我矣。若夫具体之条件，其荦荦大者，则裁抑军阀之势力，确定地方制度之基础，为吾立言之骨干。兹事体大凡我同人允宜先事筹维，勿骛于浮文，勿参以客气，澄心渺虑，集思广益。诸公暨两院同人，闳通博洽，尤望按切时势，各抒宏说，公同酌择，冀达我一定之主旨。诸公以为如何？

复南京李督军商议和平电

特万急。南京李督军鉴：同密。迭接冬、微、庚、文各电，极钦我公维持调护之苦心。窃念护法所争，原系内政，乃合肥凭借外力，以加兵于南方，遂致战祸蔓延，经年不决。今东海既翻然知主战之非计，而容纳护法各省之主张，则排难解纷，本无待外人之劝告。惟此次会议为将来永久和平之基础，不能不使蒞会诸人有从容商榷之余地。故鄙意以会议地点在沪较为适宜，兹来示仍主在宁，已电商军政府酌定，迳电奉闻。会议名称，接军府电云：北京已允改为"和平会议"，自无庸加入"善后"字样，致涉两歧。会议代表，亦俟遴派有人，即将各员姓名，由军府电达查照。至代表首席，尊意拟推西林。惟西林为军府主席总裁，现方主持大计，非至大局完全解决以后，亦未便遽离也。此间已催军府将会议地点、日期、代表人数以及应行加入海内名流，从速决定，电由尊处转达北京，以便双方同时宣布，克期实行也。特此奉复，即希荃照。

论军府主席不宜出任代表致岑总裁电

对百万火急。广东军政府岑总裁鉴：靖密。真、元两电敬悉。关于会议之名称、地点及组织办法，此间意见，已于寒电奉商，即请裁夺。我公现为军府主席总裁，与北政府首领居对等地位，出任代表，绝不相宜，不如仍推少川，亦已于寒电详达。秀山电请以公为代表首席，干卿、如周来电均表赞同，殆不察北方用意所在。尧已将我公不能出任代表理由，详告各方。各省应派代表，鄙意各省可推一二人，由军府选定。此间李曰垓、唐继虞、缪嘉寿三人赴粤，到时请即由军府酌定一人可也。至北京已下令停战，乃仍进窥陕西，必至以一隅用兵，牵动全局。此间已严诘北京政府，并催锦帆督饬援陕各路，迅速前进矣。知注奉复。

请军府与北京严重交涉停止攻陕电

对十万急。广东军政府政务会议鉴：新成密。军府文电敬悉。北方趁停战期间急进攻陕，此间已严电诘问，并催援陕各路迅速增援。惟因一方战端，牵动全局，则兵连祸结，终无已时。拟请仍由军府与北京严重交涉，务令转饬北方部队，即日停止进行；一面速开和平会议，即将陕事提交会议解决，以免三秦义侣，独当敌锋，尊见如何？敬乞裁示。

致北京徐菊人实行停战促进和平电

北京徐菊人先生鉴：前接钱能训君翰电，谓"东海为促进和平起见，拟即日宣布明令，通饬前方在事各军队，一律罢战退兵。诸君爱国素切，定必赞同斯举，希即转饬前方南军，双方商洽次第撤退"。又接皓电云："深愿和平，并欲示信天下，已于十六日通令停战，现正筹议撤防。"等语。当即电商军政府，主张开和平会议，解决法律、政治各问题。遵照军政府养电，于本月三日令前方各军一律停战。旋奉我公微电开："欲跻于世界和平，必先自求国内息争，然后国际和平乃有坚确之保证。爰即明令停战退兵，推其至诚，冀垂公听。"等语。仁言利溥，威服难名，私冀国事纷纭，当必从兹解决。惟近察各方情势，有不能不鳃鳃过虑者，停战退兵，我公既经通令，则北方各军队，自应遵照实行。乃近据据陕西于总司令右任电称："陕西方面，张锡元过西安，晋军进宜州，张联陞入白河，陇军攻凤、宝，许兰洲入关，四面攻陕。"又据巫山黎总司令天才电称："鄂西方面，北军第八师全部已进施属大支坪，后方部队又陆续进窥建垣，意在封锁川江，袭取施建。"又据辰州田总司令应诏等电称："湘西方面，新化之军，分路进攻琊塘及太平铺，又由东坪分路攻楼家河、青山园等处。"又据四川熊总司令克武电称："北方军队由陕西向四川进兵，最近陈树藩复以饷弹供给刘存厚、钟体道，俾其率部反攻。"各等语。当此停战期间，而北军仍节节进攻，诚恐兵衅一开，牵动全局。查上年江苏李督，力主调和，渐有端绪，冯代总统已下令停战，乃忽借名剿匪，进攻荆襄，遂至战祸蔓延，经年不解，如或仍蹈故辙，则兵争宁有已时。兹为实行停战，促进和平计，特以两事奉商：一、宜划定停战区域，在和议期间，各区域内治安，由各军自行维持，双方不得借剿匪为名，互相侵犯。二、区域划定以后，甲军越入乙区域时，即认为有意挑衅，应负破坏和平之责。此事于和议前途关系甚巨，如承允诺，即乞转饬北方各军遵行，并候示复。

复请南京李督军力陈当局急弭兵争电

十万急。南京李督军鉴：同密。两敬电、俭电均悉。前迭接北京来电，欲先解决事实，而以法律置为后图。此间以国本所关，未容弃置，故不欲专就事实以求办法，非谓事实与时局全无关也。若一面下令停战，一面分路进兵，而曰"此系事实问题，南方可不过问"，使南方亦力求伸张于事实，而不许北方之与闻，则双方各走极端，宁复有接近之望？迺者东海复电，仍以陕西剿匪为辞，西南各军，无不愤激，群欲以陕西能否停战为和议先决问题。继尧窃虑和议进行，因之中梗，故一面电商北京，双方划定停战区域，所属境内秩序，由各军自行维持，不得以剿匪为名，互相侵越。一面电请军府，遴派代表，以期会议早开，陕西问题亦可由会解决。诚不欲因一方兵衅，致碍大局转机，区区之诚，当蒙谅察。我公维持国事，百折不回，前次力任调停，河间❶已通令停战，乃因荆襄一带又复被兵，功败垂成，可为痛惜！尚冀力陈当局，开布公诚，以调燮全国为心，而不以平服一隅为急，使兵争既弭，则和局自易成矣。至西南所派代表，及前方停战区域，当另电详达，知注并以奉闻。

致北京徐菊人停止攻陕电

北京徐菊人先生鉴：顷接陕电称："此间自奉到停战令后，奉、直、甘、晋各省敌援四集，袭我陇州、津阳、宝鸡、虢县、武功、扶风等处，并进陷盩厔、郿县，现仍节节进逼，日夕环攻，请飞电诘问。"等语。现在和议已开，而北军仍复极力进攻，何以昭示大信？务希迅饬前敌各军，停止前进，并退出停战以后占领各地；否则国内纷争，将无已时。内则有梗和议，外则腾笑友邦。明达如公，当必有以处此也。敢布区区，诸希亮察。

---

❶ 冯国璋，直隶河间人。

和议将开通令各路联军将领固守原防电

百万急。夔州黎联军总司令,并转柏总指挥、唐总司令、蔡总司令、资州顾总参谋长、泸州赵军长,重庆黄总司令、卢副司令,黔军朱参谋长、顺庆石总司令、潼川颜总司令、万县田梯团长,分转叶军长、姚总司令,并转龙驹寨于督军、张会办、胡曹各司令、王总司令,叙府何总司令、赵旅长,辰州卢旅长,并转田、周、张、胡各司令鉴:威密。前因内外形势趋向和平,而北庭理屈势穷,亦颇悔过,迭次来电,切盼调停。此间主张于上海开和平会议,解决法律、政治各问题。北庭复电赞同,惟主张在南京开善后会议。此间力持原议,渐有端倪。现双方代表均经推定,分赴沪宁,待期开议。惟北庭日日言和,而对于陕、闽、湘西、鄂西究未实行停战,迭经联合军府,严电诘问。乃北庭复电,谬以"陕省匪氛未靖,派兵助剿"为词,现复由军府联名致电北庭,非陕闽问题解决,则和议万难遽开矣。所有前敌各军,仍望固守原防,勿稍疏虞为要。

致军政府国会各处共济艰难毋持意见电

万急。广东军政府各总裁、各部长、各次长、各代表,莫督军、翟省长、参众两院议长议员诸公,林军长、钮督办、武鸣陆总裁、南宁谭督军、桂林陈省长、漳州陈省长、潮州方会办、惠州刘督办、黄岗吕督办、韶州李督办、成都熊督军、杨省长、贵阳刘督军、王总司令、永州谭组庵先生、郴州程总司令、夔州黎总司令并转唐总司令、柏总指挥、上海孙总裁、唐总裁均鉴:新成密。自权奸乱法,国本动摇,西南兴师,国会移粤,齐心一志,共济艰危。虽法纪赖以维持,而民力已苦凋敝,言念国事,常为痛心。夫护法而至于用兵,诚出于不得已,苟舍此而可以达法治之希望,亦何必相见于兵戎?迩者全国人心翕然厌乱,欧洲战局已告敉平。北方知西南之不可以力征经营也,亦翻然有调和之议,护法诸省,自不能不赞同,以顺世界之潮流,而稍留国家之元气。惟是赞成和议,所求者在适法永久之和平,并非敷衍目前为苟安之计。使议和而国基可以奠定，吾辈亦复何求？设北方对于法律问题无正当之解决，则即和局破裂，其责亦有攸归，或再至破斧钺斨，西南亦可以告无罪于天下。然欲贯彻主张，非徒泛言高论，必恃有力量有责任之护法团体，以促其成。今代表既经推定，应即由军府力促进行，俾会议速开，早定立国大计。若因微嫌末节，而内部互相牵掣，使大局陷杌陧不安之境，西南受拒绝和议之名，想亦非爱国诸君子所忍出。尚冀军府当局，力任其难，国会诸公，亦互相体谅，庶始终一致，相与有成，不至以意气误国家，为天下后世所僇笑。心诚词逼，乞共谅之。

致京内外速弭内争保持国际电

万急。北京徐菊人先生、钱干丞先生，广东军政府各总裁、各部长，参众两院议长、议员，上海和平会议各代表、张季直先生、熊秉三先生，南宁陆总裁，各省督军、省长、各护军使、镇守使、各省议会、各报馆鉴：上海会议开始，和平稍放曙光，乃近因陕西问题未能解决，北代表闻已全体辞职，和议无从进行，国事前途复趋黯淡。查陕西停战办法，北京业经赞同，而监视划界人员，亦已启行在即，此时自应双方信守以待和局之成，不意停战迄未实行，而会议遂复停顿，恐和平破裂即在目前。夫当此环海交通，中国非复可闭关自守，国内之治乱，无不与世界各国相关。今欧战告终，方协谋世界和平之策。我国非速弭内争，以保持国际地位，则生杀予夺，一听他人之处分，而中国必亡。或曰寻干戈，惟倚外援为后盾，则自残同类，以为他人驱除，而中国亦必亡。故此时和议，实迫于内外情势使然，凡具有救国热忱者，无不望和局早日成立。倘曰以和平号召天下，而一方仍伸张武力以破坏和平，不特弃信背盟，失人民之信仰，且将兴兵拘怨，陷国家于危亡。稍有人心，宁忍出此！自军兴以来，国内已呈分裂之象，经千回百折，始有此双方接近之机，诚宜协力维持，以促成和局，稍弭不祥之兵祸，共循法治之轨途，则中国一家，又何必互争地域。若坚持成见，以求逞于一时，必至战端复开，则国事将何从收拾？外觇大势，内审国情，安危所关，间不容发，惟邦人诸友实图利之。

主战派破坏和局致商南京李督军另谋防制电

特急。南京李督军鉴：和密。亲译，宁密。国家不幸，战祸连年。我公排除万难，力任调解，经千回百折，始有此双方接近之机。今和会甫开，又复停顿，诚恐和平破裂，复启战端，不特负我公调护之苦心，且将陷国家于危亡之绝境。窃念我国今日地位，内则民究财尽，满目疮痍，外则边备空虚，强邻逼处，非早日息争御侮，国家宁可图存？故今日稍有人心者，无不望和局之成立。乃主战派凭恃外力，以为后援，坚执其武力统一之主张，以破坏和局，苟有可以逞其欲者，诚不惜断送国家。吾辈今日徒以口舌与争，望彼辈之可以戢其野心，国事之可以从此宁帖，恐未免涉于梦想！鄙意此时惟有联合南北热诚爱国而有力量之人，组织一纯正爱国之军事团体，以树立建设国家之基础，而防制扰乱国家之祸源，中国前途，庶其有豸。然环顾海内，微公其谁与归？顷安德森到滇备述我公伟划，私幸彼此所见，具有同情。兹已嘱缪代表延之，赴宁商承一切，夙蒙倾诚相与，故敢率臆直陈荩筹如何？仍希密示。

因陕西战争及参战军痛斥北京当局电

北京徐菊人先生、钱干丞先生，上海和平会议各代表、孙总裁、张季直先生、熊秉三先生、广东军政府各总裁、各部长、国会议长、议员，武鸣陆总裁，各省督军、省长、各省议会均鉴：前因上海会议停顿，诚恐和局破裂，战端复开，国事益难收拾。曾于真日通电各省，协力维持。所冀北京容纳各代表之主张，速谋解决，以免人民再罹兵燹国家致陷危亡也。乃顷接钱君干丞麻电，殆欲以和局停顿之故，归咎于南方，而于陕西战事及参战军则强辞以为之辩护。查北京自上年十一月十六日已明令罢战退兵，陕西自应一律照办，何以谓："本年二月十三日以前，当然不受拘束。"十三日既将协定办法五条电陕饬遵，乃昨接于右任三月四日由三原来函云：陈树藩仍联络奉军、刘镇华等举行总攻击。以京陕通电便利，岂相距廿余日，而北京电令前方军尚未周知？何以谓："陈树藩均先后遵办，未尝违抗命令。"至参战军队，原为欧战发生，今欧战既终，何所用其参战？如谓休战条约，德国未尽履行，此不过欧洲和会之小有争持，岂足为欧战未终之证。若俄过激党之扰乱，以东省军队防制之而有余，驱遣敌侨，尤无需乎兵力。乃自六年十一月督办参战军务处成立以来，未闻出一兵以赴欧洲之急。今于欧战告终之后，反炱炱以编练新军，此何为者？参战借款，先取之三百万元，已不识用途所在，今更欲续取一千七百万元以重吾民之负担，此又何为者？以上所陈，事实具在，本无庸以口舌争。惟继尧不惮辞繁，以为国人告者。诚以国事俶扰，皆缘主战派之激迫而成。近因内外大势所趋，始有上海会议之举。唐总代表提出陕西停战及参战军撤废两事，为先决问题，盖以剗除扰乱国家之祸根，建立永久和平之基础，此全国人民所希望，而并非唐总代表一人之主张也。北京当局如以忧国爱民为心，诚不必御人以口给，毅然废除此全国侧目之军队，示天下以不复用兵，则国事纠纷，当可迎刃而解。若狙于武力统一之政策，而不惜推翻和平，则年来主战派之力征经营，其效已可立睹，不过大伤国力，重苦民生而已。继尧身历行间，诚不忍再睹战祸，主战派如仍阻兵，安忍当惟力是视，以相与周旋，拂全国之舆情，以生战乱，解数人之兵柄，以奠国家，何去何从，一惟北京当局之自择。特电布臆，伫候复音。

致成都熊督军切速援陕电

成都熊督军鉴：威密。军政府马电，缪、王、刘各代表勘电计达，北庭既积极图陕，殊无议和诚意，自应切速备战。顷复得舍弟夔赓由粤来电称："顷据陕籍国会议员面称：'接于督军一月十六日函云：奉军全部移兴平，实行加入战争；武功前线，两方兵力，均约相对，而盩厔又被彼方以多兵力包围。又廿九日函云：管金聚于六号出南山，陷我宝鸡。又有人自陕西来云：旧历十二月十八日，在潼关遇北京运济刘存厚枪弹四十余辆，上书四川督军刘查收字样。以上种种，无非段祺瑞扶陈据陕，助刘扰川之阴谋。瞩陈钧座，极力准备，并电诘责'等语。查陕西停战划界办法，现在虽照李纯所提六条，由南北代表公推赴陕监视人员，而程途险远，势难遽达。且北方现惟徐、钱诚意言和，而段系亦无日不在主战醉梦中。应请电知锦公，转令前敌，严密防御，以免为敌所乘。盖西南只能诘责于徐，而段派行动，恐徐亦不能约束也。"云云。是段氏图陕阴谋毕露，而我形势涣散，军实不充，殊为可虑。应由我兄督励援陕各军，切速赴援，严密防御。并希将部署方略，见示为盼。

复军政府政务会议考论和战责任电

广东军政府政务会议鉴：新成密。支一、支二各电均悉。陕西战事未停，和议恐难成立，军事方面自应迅筹准备，昨已飞电熊督督励援军赴救。惟默察情势，此时不宜轻启战端。少川谓非至万不得已时不可使和议破裂，及从外交方面着手，使北庭负不停战之责任办法，极所赞同。继尧前已通电各省，将北方破坏和平情形宣布中外，万一和议决裂，其责亦有攸归，彼时我军自当重整旗鼓，积极进行也。特布区区，统希澄察。

请北京惩办卖国诸贼以谢天下电❶

北京徐菊人先生，广东军政府各总裁、各部长、参众两院，各省督军、省长、护军使、镇守使、客师长，各省议会、教育会、商会、各报馆均鉴：自权奸柄政，日以大借外债为生活，国家权利断送靡遗，综计两年以来，借款至三万万以上，而国家之矿产、森林、电信，几无不拱手以奉之他人。其尤可痛心疾首者，莫如断送胶济、济顺、高徐及满蒙之热洮、长洮、吉开等线路。此外尚有南浔线之延长，其区域绵亘山东、直隶、河南、安徽、江苏、陕西、甘肃、山西、福建、浙江以及满洲、蒙古，举中国三分有二以上之领土，几尽入某国势力范围，而使我锦绣河山，竟亡于外人铁道政策、经济政策

---

❶ 据内容有北京学生运动，可知为1919年5月4日后发电。

之下。我国人痛念国家危亡，欲剚刃于卖国诸贼之腹者，全国上下，人同此心。此次北京学生，因外交失败，有此激烈举动，特公愤之见端耳。查青岛问题，欧美原有意援助中国，乃中国为七年九月廿四日之新条约所缚束，遂至于无可挽回。在当日换约诸人，不过以此博某国之欢心，冀假借外力，诛锄异己，而独揽国内无上之威权，乃不惜使国家堕于万劫不复之域。今海内汹汹，以巴黎和会签字为亡国之绝命书，不知中国垂危，不在此时之签字与否，而在上年换约直承认四年五月之亡国条文。故使卖国诸人未能摈弃，则此后卖国之事，将续出而无穷，而国内之和平，亦终无由恢复。当此国势岌岌，应请北京当局惩前毖后，将卖国诸人严行惩办，以谢天下。国贼一去，众愤胥平，庶可内外同心，共图救国，否则"庆父不去，鲁难未已"，即无外患，宁能图存。忧危之言，敬希察纳。

和议难成川防宜固致成都熊督军电

急。成都熊督军鉴：精密。前以川省更定防区，易置军队，妨碍甚多，曾由尧切具支电，请暂缓实行。旋准阳电，复以系暂定区域，非永久性质，具见开诚相示。顷者共同研究，窃以滇、黔军分驻川东南，关系甚大，不能不再进一言。现在上海和议时生梗阻，陕事未宁，鄂西方面确有敌人逐节增兵之耗。川省东南门户，责任綦重。若遽将滇、黔军防地移动，川军力薄难支，万一门户有失，根本动摇后，虽噬脐其将何及？故原日分配滇、黔军防地，万不能遽议更动，致召危险。且年来滇、黔军驻在地点，盗匪敛迹，军民相安，尊处并可腾出兵力清剿他处匪徒，于川省内部既多所裨益，而滇黔边境宁静，亦可免会剿防堵之烦。三省迭同患难，势若连鸡。允宜协力同心，互相扶助。川省当南北之衡，处扼塞之地，不能不协驻兵力以备不虞。倘和议得循此进行，既可遥壮声势，以促其成功；纵或敌肆狡谋，横生枝节，我亦素有准备，不致为敌所乘。为西南全局计，为川省计，无善于此。此外尚有疑难之一事，则饷项之协助是也。查滇、黔军驻川问题，自护国以来，历时四载，迭次提议，无不得北庭承诺，并许改为国军饷项，由中央担任。其暂时由川省拨济者，以川省年应解中央盐款壹千余万。于应解之盐款内拨付，手续便利，表面虽出之于川省，实际则仍取之于中央。将来大局解决，中央能直接付款，固属尽善，否亦只由川省兑拨，并不由川省迳行负担，是饷项一层，更属无可疑虑。就种种事实研究，均不宜轻议更张，若徒徇畛域之见，不顾一切而为之，恐召敌启争，益滋纷扰。川省迭罹兵灾，疮痍未复，岂尚堪再有意外之变故乎？执事公明夙著，务望详加体察，力持稳静，一照原约办理。俾国家大计得圆满之解决，岂惟西南全国实利赖之矣。掬诚奉告，统希谅察。

复军政府岑总裁坚持团结电

广东军政府岑总裁鉴：新成密。皓电转到组庵筱电，揭破北方假面具，以谋对付之方，所言极中窾要。北方欲各个议和，以破坏西南局势，此间曾力杜其阴谋。我公领袖西南，尚望力谋团结，一意坚持，无论和战，终必操最后之胜算。明达谅早鉴及，并望转达鄙忱，实深企祷！

致上海唐总代表等毅力坚持电

上海唐总代表并转各代表均鉴：延密。顷政务会议转到铣电具悉。对中外宣言各节，持论正大，至深钦佩！此次会议提出先决问题，无非排除障碍，以求永久和平。乃北方阳和阴战，袒庇乱徒，经诸公一再宣言，是非曲直，已洞如观火。而诸公数月以来，殚精竭虑，坚苦卓绝之心，亦可大白于天下。曾于艳日略布愚忱，谅邀鉴及。如果天心厌乱，北方迫于公论，幡然变计，固中国之幸。至万不得已时，彼以诈力，我以正谊，终必见谅于国人，获助于友邦，安见不可操最后之胜利？尧不敏，窃愿与我同袍再接再励，为诸公后盾。望仍持以毅力，勿负初心，是所企祷！

以挽留陆总裁事转知贵阳刘督军电

贵阳刘督军并请译转王总司令电轮鉴：春密。昨因陆干老辞职，曾于艳日致电西林，略谓："和议停顿，大局艰危，乃干老又电辞总裁，致内部益呈分裂之象。昨已迭电切劝，未审干老能否听从？窃念西南自军府成立以来，已确立与北方对抗之形势，北庭知未能力服，始屈志以言和。今和议甫开，又复中辍，然其曲在北，中外咸知。欧美对于南方，近颇表示同意，我能坚持数日，则时局必有圆满解决之机。西南当局诸人，此时宁能歇手？乃干老忽尔辞职，实予北庭以抵隙之端。闻干老因广东内部问题，愤而出此，遂欲脱离军府关系，接近北方。是否实情，未能臆测。惟自兴师护法，干老实实为西南团体之中坚，若一旦撤台，恐全局为这牵动。近日默观情势，焦虑殊深。我公总揽全纲，想已顾虑及此。尚乞婉加劝慰，俾全始终。如粤事果有纠纷，亦望相机调处，事关大局，用特密陈。粤局情形如何，并祈见示"等语。兹得复电云："艳电奉悉。干老辞职，业经切电挽留，并派员赴邕，竭诚敦劝。顷据回粤报告，干老系恐和议决裂，并恐不负责之人，持论过高，操之太急，故表示辞职，以杀其气，并无他意。得其复函，词意正同。至于广东问题，干老始终与煊并未提及，外问误会，均非真相。日初坚忍，力支危局，粤局巩固，请释廑念。"云云。特以奉闻。

和议中断分致西南各省详商办法电

万万急。广东军政府各总裁、各部长、莫督军、翟省长、李督办，武鸣陆总裁，南宁谭督军、陈省长，贵阳刘督军，成都熊督军、杨省长鉴：新成密。南方代表提出条件，实因舆论责望，迫而出此。乃北方竟逐条驳拒，并悍然撤回代表，南代表亦相继辞职，和局又复中断。鄙意此时应付大局之方，惟有三策：（一）宣布卖国贼把持政柄，断送国家之罪状，联合南北要人，在南京组织政府会议，另辟一新局面，以图根本解决。（二）提出分治，要求外交承认，声明北方既不愿和，而国内又不宜再生战事，惟有南北画疆分治。惟一项，须得中部及北方要人多数之赞同。二项画疆，难免不生激烈之争执，至内部之团结，外交之同情，尤关重要。如一二两项，猝难办到，势不能不出于维持和议之一途。近接钱能训巧电，有"另派代表，促开会议，或共商办法，迳图解决"等语。鄙意另派代表，则有不信任旧代表及抛弃主张之嫌，迳图解决，又有单独媾和，破坏全局之虑。究竟应否挽留代表，继续开议，或另派代表，或迳图解决，总须协商妥洽，一致主张，绝不宜分道扬镳，致堕北方诱胁。如何？敬乞公决进行，是所切祷！

否认联徐联段分致军政府暨西南各省电

急。广东军政府各总裁、各部长、李督办，武鸣陆总裁，南宁谭督军，贵阳刘督军，成都熊督军鉴：亲译，新成密。国事纠纷，久难解决。近日筹国是者，急谋统一，遂有联段联徐之两说发生。鄙意西南各省，如果一志同心，始终不渝，则时局无论如何变迁，西南终当合全力以与挡撑，而徐、段实无联络之必要。惟现既有此两说，亦无妨互相商榷，以征集各方之意见，而定最后之方针。主张联徐之说者，谓徐氏既昌言和平，颇有收拾时局之意，且在北方夙负声望，亦可笼罩直皖两系之人，故为贯彻和平计，宜联徐制段，以济时艰。主张联段之说者，谓段氏实力猝难扑灭，且近日亦颇觉悟，有与西南携手之决心，如能与释嫌修好，则国内争端，立可解决。以上两说，固皆各有理由。惟徐赋性柔滑，而实力毫无，前谋操纵两方，近则惟有仰段氏之鼻息，其所承认，必难见诸实行，若倚以制段，则尤为无望。至段氏刚愎自用，宁能骤变其强横之主张？其左右诸人，类皆违法卖国，与西南宗旨亦绝对不能相容。故目前联徐联段云云，或出于一时救济之策，然稍不审慎，必至堕其计中。彼以离间西南，本以分头接洽为得策，使西南互相疑忌，或单独进行，则内部从此分裂，而大事去矣。西南各省有相关之利害，有共同之祈向，故对于时局，无论如何应付，终必统筹全局，一致进行，诸公卓见如何？尚乞筹示为祷！

致军政府暨西南各省维持和局磋商条件电

万火急。广东军政府各总裁、各部长、莫督军,龙州陆总裁,南宁谭督军,永州谭督军,贵阳刘督军,成都熊督军,郴州程总司令鉴:新成密。前闻和议复停,知必为段派所破坏。惟南方仍宜表示维持和局,以博中外之同情。故于漾日通电,主张挽留代表,继续会议,并将应付方法,另电奉商,计均登鉴。

兹接政务会议筱电,西林先生巧、效、马等电,所示各节,用意大略相同。承询此后应付方针。鄙意如果段复登台,极端主战,则西南亦惟有速筹战备,协力御侮之一途。若北京政局不生变化,和议可望复开,则此时所应研究者,只在代表是否仍旧,与代表所提条件是否继续主张而已。窃意另派代表一层,诸多窒碍,继尧前于漾电已具言之,且军府已去电挽留,此时亦无庸商榷。惟唐总代表此次提出八项条件,始因内外情况所激而成,如果完全继续主张,恐双方无从接近。查条件内如一、二、三等项关系国家甚大,自应坚持到底,以期贯彻主张,至五、八两项,亦为重要问题,但国会能自由行使职权,则两项似不必另议。其四、六、七等项,亦尚可略为变通,拟请由军府先与唐总代表密商,酌加修正,另行提议,以表示西南维持大局之意。若北方仍未能容纳,则和平破裂,责有攸归也。是否?仍祈公决。

致岑陆两总裁商议和战电

万万急。广东军政府岑总裁、龙州陆总裁鉴:义密,亲译。西林先生筱、号两电悉。和议又停,局势瞬变,西南应付方法,目前仍以维持和局为宜。承示去电挽留少川,适与鄙意相合。至此后如何应付,继尧已于漾、俭两日专电奉商,两公卓筹如何?尚乞详示。鄙意如果和局不生变化,则代表之去留、条件之变通,未始无磋商余地;万一政局变动,段复登台,必贯彻武力统一主张,西南宁能安枕?然返观内部,似尚少协力御侮之决心,恐西南辅车相依之形势,终必为北方所打破。仍乞两公筹示方略,以竟全功,是所切祷!

妥筹和议补救方法致商军政府暨西南各省电

万万急对。广东军政府各总裁、各部长、莫督军，龙州陆总裁，南宁谭督军，永州谭督军，贵阳刘督军，成都熊督军，彬州程总司令鉴：义密。岑总裁有、宥两电敬悉。北方政局不生变化，和议当可复开，然非妥筹补救之方，恐此后仍难结束。宥电所示，拟将解决诸要点，由两政府直接商定，再以和平会议之形式出之，为法甚为直捷，顾鄙意窃有进者。和局屡经停顿，虽由北方无诚意言和，而各方之责望过多，使当局者多所顾忌，以致双方意见愈趋愈离。此后欲使和议进行不生障碍：第一；宜由军府将前后提出条件重加厘订，何者在所必争，何者可以让步，拟定具体办法，交由代表与北方切商，以免代表与军府之间，主张不能一致。第二；条件提出后，军府宜有切实负责之人，毅力主持，而不为浮议所摇夺，以免军府卸责于代表，代表受制于旁观。否则方针不定，责任不专，即使和议复开，仍恐一哄而散。国事纷扰，安有解决之期？默察和议经过情形，不能不过虑及此。至总代表一席，仍以挽留少川先生为宜，如少川坚辞，或浼伍总裁一行，或另派有声望为北方所钦服者，均请由军府酌定，此间毫无成见也。专复布忱，仍祈公酌。

挽留议和各代表电

万飞急。上海唐总代表并转各代表鉴：新成密。军府转示删电悉。代表诸公于蒸日提出八条，实关国家根本至计，亦为救济时局之正大主张，乃北方悍然拒绝，和议破裂，责有攸归。惟念国步方艰，外患益迫，内部纷纠，不能不急谋解决之方。前于漾日曾电请代表诸公，继续开议，并迭商军府，切电挽留。诚以和会为国家安危所关，不宜任北方之遽行破坏也。仍请诸公力任其难，撍持大局，不胜切祷！

和议停顿切恳南北当局继续维持电

急。广东军政府各总裁、各部长，北京徐菊人先生，上海和会各代表，各省督军、省长鉴：前因上海会议停顿，继尧以和议破裂，国事益难收拾，曾于真日电请维持，既而和会复开，大局渐有转圜之望。乃顷接军政府删电，暨钱君干丞巧电，得悉南方代表所提条件，北方未能容纳，和议无从进行，双方代表遂复相继辞职，闻之不禁抚膺太息。窃念我国数载以来，因内部之纷争，而日受外界凌逼，国家权利，殆将断送无余。今山东问题又复吃紧，正全国芟除意见，共扶国难之时，若不能少忍须臾，而坐任和平之决裂，则国事永难宁息，惟有一听强有力者之处分而已。使国家从此沦胥，则当局者宁能辞责？尚冀南北一致分电代表诸君，开诚布公，继续开议，以维和局，而济艰危，不胜跂望。

请军政府主持和议严杜单独媾和电

万万急。广东军政府各总裁、各部长、参众两院、莫督军、翟省长，龙州陆总裁，南宁谭督军，桂林陈省长，漳州陈省长，韶州李督办，诏安方会办，永州谭督军，郴州程总司令，贵阳刘督军、王总司令、成都熊督军、杨省长鉴：新成密。此次和议再停，钱能训即有另派代表或直接商洽之电。继尧以为另派代表则有抛弃主张之嫌，直接商洽，又有单独媾和之虑。故力主挽留代表，赓续议和。近据各处来电，云西南各省，多有派员入京，分头接洽之事，此殆由北京故为此说，簸弄西南。然果有事实发生，则国家正气扫地尽矣。西南同心护法，原为国家，诚不忍日寻干戈以伤国脉，故速望和局成立，亦属情所同然。但目前和议虽停，终不至于决裂，北方因外交失败，群情汹汹，现正处四面楚歌之中，岂复能轻开战衅。我西南顺人心之趋向，作正大之主张，但能全体一心，则国事将有圆满解决之望。即西南各省内部各有特别情形，然提交军府合力磋商，亦不难同时解决。若急不暇择，单独进行，使北方得操纵其间，西南因而解体。无论北方以利相饵，终必食言而肥，即使如愿相偿，而置大局于不顾，则前此经年血战，只为自便私图，以义始者，以利终，我西南将何面目以见天下！窃意国事至此，正千钧一发之时，我西南允宜表示决心，以维全局。兹陈数事，乞诸公裁之：（一）护法各省各军，共同组织之军政府，于国事未解决、南北未统一以前，均合力拥护维持，始终勿贰。（二）请军政府主持与北方续开正式和议。凡关于国家重要事件，由护法团体公意解决之。（三）为国事容易解决计，和议条件应让步至何限度，由军政府酌定适宜办法，征取各省各军同意，为一致之主张。（四）各省特别事宜，请军政府交和会同时提议。其有各省利害互相冲突之事，先由军府与各省各军妥商办法，而严拒北方之单独媾和。以上数端，撮举大要，其有未备，统乞卓裁。继尧现复居忧，茕茕在疚，家国两无所补，万念皆灰；惟大局安危，忍不能舍，辄越礼冒陈。惟诸公鉴其愚诚而嘉纳之。至祷！

以急筹战备协力御侮致商陆总裁等电

飞急。龙州陆总裁、贵阳刘督军鉴：义密。如公❶迥电悉。沪会又复停顿，目前仍以维持和局为宜。惟另派代表，则有抛弃主张之嫌；径行接商，则有单独媾和之虑。故此间漾电，仍主张挽留代表，继续开议。至代表所提条件，非略加变通，恐双方意思无从接近。故此间关于各条意见，亦于俭日另电奉商，但使和议复开，则代表之去留，条件之变通，似尚有协商余地。万一政局生变，段复登台，必贯彻武力主张，西南终难安枕。滇黔与桂省为西南团体之中坚，不能不始终撑持全局。如果和局破裂，惟有急筹战备，协力御侮之一途。两公卓见如何？仍希详示。

致上海王代表伯群缪代表延之电

上海王代表伯群、缪代表延之鉴：延密。和议进行，关于大局各

---

❶ 刘显世，号如舟。

问题，自应逐一提商。而滇黔驻军川省之规定，实为重要问题之一，诚恐沪上辽远，各代表不明此中真相，用特正当表示，以便提出商决。溯自护国、护法以来，滇、黔军队云集川中，良以川省当南北之冲，为双方所注视。北方得手，则足以箝制西南；南方胜利，则足以下趋武汉，上规秦陇。故两役之始，北方均以重兵入川，苟非滇黔军早占先着，尽力在川抵御，万一川事有失，滇黔不支，则西南根本动摇，大局何堪设想？故滇黔军之驻川，非为自身关系，实为西南关系，亦即为全国大局之关系也。今虽停战议和，而国是未定，前事不忘，后事之师，谓宜将滇黔军规定数目，照旧分驻川中，或改编为国军，饷项由中央担任。庶几有备无患，不至为野心家所乘。至于川中群盗如毛，自滇黔军分防各地，盗戢民安，三省边境，亦获宁静，犹属局部之裨益也。希即本此意，与少川切实商榷，俾有具体之主张，然后向和议中提出取决。再，此办法年来北方屡有表示，均极认可，希并注意。

复上海缪代表延之电

万急。上海新民里缪代表延之览：平密。歌电悉。正拟复间，复接蒸、文两电，和会情形又变，前此划分军区、厘定军制诸说，自不得不暂从搁置，俟后再行相机主张。目前急务，当以维护国权，收拾人心为要。文电所称，提出八条及补提二条，于上述宗旨，尚属相符。既经正式提出，待其如何答复，再为商榷办法。曹、章诸人，卖国徇私，积恶已久，此次外交失败，遂至激动公愤，发生剧烈风潮，亦足见人心不死，公道尚存。段系若仍无觉悟，一味倒行逆施，恐人心愤慨，必至愈激愈烈，前途险象，尚堪问乎？吾辈以国家为重，自不愿国中再生扰乱。和会能继续进行，自应力予维持，若至必不得已，而归于决裂，亦惟有尽力所能而已。

致军府赵部长等仍主取消密约撤废参战军电

万万急对。广东军政府赵交通部长、李子畅代表鉴：畅密。敬电,三十一午、申两电均悉。北方政局不变,和议当可复开;惟此后如何进行,不能不妥筹办法。前和局屡蹶,虽由北方无诚意言和,然代表为各方面所包围,不能无所顾虑,故提出条件,惟有趋于极端。此后非有切实负责之人,毅力主持,即和议复开,亦恐仍难结束。承示推重西林一节,适与鄙意相符。前于冬日复西林有、宥两电时,已通电西南,力倡此议。惟代表去留未定,而又以军府当和议之冲,恐主张难免纷歧,而各方又必矢集于军府。故鄙意军府此时宜将提出条件,择其与国家关系最重者,厘订大纲,以为依据,庶可抱定主旨,而不为浮议所摇。前次少川所提八条,诚不无窒碍难行之处;然其让步案于取消密约、撤废参战军等事,一律删出。另添入铁道分院、工程分局诸端,于全局无关,而徒授人以争权攘利之口实,鄙意甚不谓然。诚以密约不取消,则外患益迫;参战、边防各军不撤废,则内乱难除。此实关国家安危大计,非唱高调者比,望仍向西林力陈之。此外和议办法,由军府直接商榷,再用代表形式发表,以及关于总代表问题,军府如何主张,此间均属同意,已将意见于冬日通电详言也。

复上海缪代表杜绝单独媾和保持人格电

万万急。上海新民里缪代表延之鉴:延密。全、冬、支三电悉。北方政局不生变化,和议当可复开,现正通电军府及西南密商补救之法。惟各方纷纷单独接洽,恐西南将成瓦解之形,时局如斯,可为浩叹。所拟条件四项,大致均属周妥。惟滇、黔、川三省关系甚深,实事问题,务须一并提议。但鄙意终须与全局同时解决,以免单独媾和之嫌。所有上海接洽情形,望时与幼轩互通消息,若他方私行入京,以争投机事业,人格何在!此间不忍为也。至组织三省同盟,及保护驻军地方人民融洽感情,划清权限等事,均关重要,当电饬顾、赵各军,随时慎密照行。

复上海缪代表切勿提及巡阅使电

万火急。上海新民里缪代表延之鉴:延密。寒电悉。前接全、冬、支三电,已于鱼日电复,计均入览。惟此间绝不愿任三省巡阅使,迭经宣言,乃各处磋商,每以此列入条件。在提议者之意,或欲以此为酬劳,或借此以为团结三省之计。不知迭次倡议,只为国家,今国事毫无转机,而先谋地位,既惭清议,亦背本心。若以团结而言,则三省关系密切,滇省果有实力,自不难提挈川黔,若川黔各怀异心,则即有巡阅使之空名,于团结亦毫无裨益。今断断争此名目,徒足以损吾人格,而启北方轻视。望此后,切勿提及。北京内阁更迭,政局当有变动,未审上海会议能否赓续进行?各方情形,并望随时电告。

致军政府暨西南各省军团结精神免被破坏电

万急。广东军政府岑总裁、莫督军、李督办,武鸣陆总裁,南宁谭督军,贵阳刘督军、王总司令,成都熊督军,资中顾军长,泸州赵军长均鉴:亲译。密。顷接沪电称:"日昨龙济光、李嘉品特派吴光荣持函到沪,而言近日有某某在京向徐世昌进破坏西南之策,谓对于滇、川、粤、桂各省只须分头接洽,使在粤之滇、粤、桂各军,在川之滇、川、黔各军互起冲突,北方即可从中取利。龙氏对滇颇为关怀,四川方面请由滇自行防卫。其粤东方面前彼有粤匪徐东海、杨允文、雷协中等各大股可以指挥,而现在小站所练之兵,亦可使用。若粤中有事,即由李嘉品率军到粤暗助,托先为转陈细察。吴光荣所言,其前说似属确实,后说则系段氏扰粤计划。合亟电陈,尚乞注意。"等语。查北庭分头挑拨,欲以打破西南团体,用心至为阴毒。但望诸公密饬各军,亟宜团结精神,勿予敌人以可乘之隙,是所企祷!并希赐教。

复致岑总裁暨西南各省参酌修正条件电

对万急。广东岑总裁,南宁陆总裁、谭督军,贵阳刘督军,成都熊督军,永州谭督军鉴:义密,亲译。岑总裁阳电敬悉。承示修正八项条件,极属持平。继尧前与陆干老曾于本月东日,将关于和议意见拟具条件,联名电陈、岑总裁,大体尚无异致,即祈参酌施行。至岑总裁主持全局，备历诸艰，无论时局如何进行，总祈毅力撑拄，是所切祷！

复军政府岑总裁主持议和条件电

万急。广东军政府岑总裁鉴：义密。青、蒸电悉。前与干老拟具条件，既蒙赞同，并转致西南各省，如果意见一致，即请由军府主持进行。至议和条件之履行，诚不能不预为筹及，容当会商办法，另电奉闻。

致复李纯函（一）❶

秀山仁兄惠鉴：

江云滇树，相望为劳，虽文电往还，神交契洽，而未亲伟度，渴慕时深。昨接何民嵒君来缄，具述勤拳拳之雅谊，备承奖借之殷怀，知爱有加，英名结篆。敬维望重封圻，勋隆砥柱，翘钦虎幄，曷罄凫愉。

弟持节梓乡，毫无树建，迩以风云诡谲，法纪陵夷，不得不起而与争，护法苦衷，定邀亮察。只以吴周作梗，遂至于战，率师远出，良非得已。今幸联军克捷，底定渝、泸，迭承我公力任调停，莫名钦服。继尧虽秉性愚直，实亦雅爱和平，转圜之期，当不再远。而我公维持大局，国家实利赖之，若得依附末光，与我公携手以图国家长治久安之策，尤不胜大愿。兹特派王参议乃昌代表前来，晋谒崇阶，面陈觇缕，尚祈予以容接推诚相告，实所企祷！寸心千里，无任主臣，祗请勋安。

致李纯函（二）

秀山仁兄督军大鉴：

山川修阻，笺候多稽，遥望江云，辄深引企。周少将到，具述盛怀，并承惠翰，过蒙奖借，愧不克当。我公康济时艰，维持大局，千

---

❶ 滇军于1918年初克重庆。此函当为1918年初所发。

回百折，卒底于成，毅力热忱，实深钦服。现已组织和平会议，得我公斡旋其间，想一切问题不难悉予解决。此间意见，顷已电达军府，提交会议正式协商，一切详情，自当向周少将面述也。诸承垂注，感荷良殷，肃复布忱，余维惠鉴。

致李纯函（三）

秀山如兄督军阁下：

延之派代表赍到环章并荷兰谱荣颁，珍仪累赐，琼瑶报重，金石盟坚。情逾骨肉之亲，感令心脾俱沁。惟公望隆江左，力振横流，中外竞仰其讦谟，干坤实赖其旋转；乃复怀虚若谷，谊重同岑。皭然开诚公布，期于互相提挈，共图国是，用济时艰，岂特患难交深，直是兴亡责重。公真知己，等鲍叔之厚夷吾，我慕古人，仰曲逆之交欢太尉。小礼无用，未敢虚致谢词，永矢弗谖，借以证兹盟好。数行奉复，不尽余诚。

复于右任函（一）❶

右任仁兄伟鉴：

历次惠书，均已先后裁复，并用英文译转。近复奉十月七日华翰，始知复函都未达到，究不知浮沉何处，殊惘惘也。读呈军府统筹和战大计六件，为大局计，为西北计，识深虑远，筹划周详，而表示主张，扩充工厂两条，尤为先得我心。靖国一役，以护法为帜志，无论如何顿挫，总须达到目的，决不稍涉迁就，致负初心。此种表示，万众皆知，正无虑阴谋派之飞短流长也。

至我军战事未能十分急进者，实因枪枝子弹不甚充足。尧自渝归来后，方筹备亟亟进行在滇设厂，已有成议，设不幸以后再有重大之战事，军械一事，或不至再形匮乏。东海毅然就职，未知何所恃而不恐？陕军悉称朴勇，暂时困乏，得足下督而激励之，不难肃清三辅，

---

❶ 此函言徐世昌就职，当为1918年末所发。

进据潼洛也。风便尚希时惠嘉猷为盼！

复于右任函（二）❶

右任仁兄大鉴：

山川修阻，引企为劳，献岁九日得客冬十一月二十日、二十九两缄，欣承劳苦功高，机势顺利。惟现在情势颇异于前，北庭不认陕闽为停战范围，仍着着进逼，用心殊太狡狯。昨迭接各方报告，即已会同军政府严电驳诘，若不一律停战，会议即不能开。北方急欲求和，或易就范。然有备乃能无患，防范不可稍疏。尊处饷弹缺乏，至为系念，道远力绌，兼领难当。继函商熊锦帆总司令，酌量筹济，当必有以报命。幷勿幕君热忱毅力，倚重方殷，碎于群奸，同深悲悼。已遵嘱电请军政府从优议卹，借慰英魂。其部下幷家属处，尚烦代致唁忱为荷！

复日本鸟居赫雄君❷

鸟居先生鉴：

前大作君东旋，曾泐寸柬，知达签掌，深慰渴怀。顷贵代表竹内君到滇，具述盛意，复荷惠书，绮注殷拳，且读且感，承示各节，精理名言，激昂骏快。至云：一寺内一段之倒，未足慰怀，殷殷以前途艰险，终须奋力相勖，崇论闳议，实获我心。尧虽菲材，自当努力，以副明教。敝国因北洋军阀专政，法纪陵夷，西南各省兴师，只求维护国本，耿耿苦衷，幸承赞助，感佩难忘。近以俯从国民心理，兼容纳北方意见，定于沪上开和平会议，一切问题，当可悉与解决，用特奉告。竹内君到后，款接深谈，甚为欢洽，容再借重，以匡不逮。承赐宝刀，刚经百炼，柔能绕指，盥手捧玩，如接英风，敬谨拜领，无任感荷。专复肃谢，顺颂撰祺。

---

❶ 此为1919年初之函。
❷ 函内说："定于沪上开和平会议"，当为1919年初所写。

复日本田中陆相

敬启者：山县少佐至滇，拜读瑶缄，并惠银制烟盒，遥领嘉贶，益慕容辉。蒙教以敝邦统一，提携整备，共保东洋之平和，并绍介台湾总督明石大将，以交情之联络，拳拳厚谊，感谢无既。敝国因权奸乱法，扰攘经年，现因世界和平之会，奸人有悔祸之心，不佞已通电国内，主张和平。如北方当局能及时警悟，顺从民意，尊崇国法，必得良好解决也。复函接洽以后，更当敬如雅嘱，常相往还，获交英雄，殊为庆幸，东望海云，无任瞻瞩。专此肃复，并颂台祺。

复东京朝日新闻社

朝日新闻社大主笔诸君鉴：

远隔芝宇，正切遐思，适贵社代表竹内君到滇，具述盛怀，兼承华翰，藻饰溢量，非所敢当。曩者敝国因军阀专政，法纪陵夷，西南各省兴师，以图维护国本。乃北京妄肆簧鼓，诬为权利之争，幸贵社仗义执言，力持正论，使西南本旨，将以见谅于友邦，每读大著，辄为欢感。近者海内舆论，主张和平，已定于沪上开和平会议，结束战局，一切问题，当可圆满解决。素劳廑念，用敢奉闻。竹内君才识宏通，极所钦佩，遇有借重之处，再得当以报，已先将来意告知所部矣。专复布悃，顺颂公绥。

致美公使[1]

大美国公使阁下：

顷承贵公使笃厚邦交，促进和平，最正大之主张，最恳切之诚意，特派一等参赞德来达君，远涖云南，征求同意，极其感佩欢迎。连日与德参赞及安德森君接洽，意见交融，实为非常欣幸。前者敝国权奸肆

---

[1] 据文中说"南北议和，行将开幕"，似为1919年初所写。

虐，妄以武力摧残法律，压迫公理，敝督军联合同志，仗义兴师，力争逾年，渐彰公道。今者南北议和，行将开幕，敝督始终以尊重法律，造成法治国家为帜志，顺民意之共同趋向，求永久之真正和平。

关于议和要点，端绪繁多，已与德参赞及安君详谈，烦其转达阁下，开诚布公，用希教益。尤愿与贵公使永结同心，对于两国交际，个人感情，均从此愈加亲密，互相赞助，由一国之和平，进而为世界大同之和平，以符于贵国大总统为全球谋幸福之伟画。兹就德参赞北旋之便，特具一函，敬致忱悃，并祝贵公使荣誉无量，身体健康。遥望海天，神驰不已。

复石星川❶

汉舫仁兄惠鉴：

贵代表邹君廷燊来滇，接到密告五条，正拟裁复，适奉惠书，备承垂注。展诵之余，如接雄谭。溯自权奸乱政，靖国军兴，荏苒经年，无补实际，幸免于过，何敢言功，乃复远承藻饰，惭恧实深。执事热心爱国，夙所钦迟，荆沙之役，偶有蹉跌，亦属常事，执事引以为咎，劳谦终吉可预卜也。此次和议开始，固应时势之要求，然于根本问题，始终坚持到底，决不稍事迁就。凡关于南北各种条件，业由此间汇达军府，以备提议。至于恢复荆、襄原状，此间早有此主张，当于会议时力争，想不难达到目的。鳞鸿有便，仍望时惠嘉谋，俾资借镜。专此布复，并颂勋祺不备。

致王占元函❷

子春仁兄督军惠鉴：

昨派代表王参议季文带上一械，并面陈觇缕，计已得邀清听。敬

---

❶ 文中说："此次和议开始……当于会议时力争"等语，似在南北议和正式开会之前，约为1919年初所写。

❷ 1917年11月18日曹锟、李纯、王占元、陈光远联名发表巧电，主张停止内战。并愿意担任调人。12月26日冯国璋发表《停战布告》，责令南北两军各守原防，停止战争。此函系对此两文件而写，当在1918年初。

维勋华彪而履苇鸿申，翘企麟图，维殷凫颂。前接我公与仲珊、秀山、秀峰各督军电示，出任调停，旋又奉冯代总统停战布告，当已分电前敌，静候解决。乃刘、钟等迄无悔祸之心，日日进逼，遂至兵连祸结，良用疢心。幸军事进行颇属顺利，川局底定，或有可期。此间前后情形，曾经电达，惟事理委曲，非文电所能悉。兹特派顾问王少将兆翔前来代候履绥，并就商左右，取决方针。到时尚祈与以容接，推诚相告，俾得奉以周旋。又该少将拟至鄂后参观兵工厂，如蒙为之介绍，尤所企祷！敬候勋安。

复钱能训函[1]

干丞先生阁下：

周少将到，具述盛怀，并奉苾躬道胜，定洽颂忱。继尧僻处边陲，非勤远略，只以国家成立，瞬已七年，变乱相寻，迄无宁岁，法律陵替，实为厉阶。欲求久安长治之图，为端本澄源之计，故主张拥护法律，即所以拥护国家。乃区区苦衷，未蒙当局谅察，至以兵戎相见，实非护法初心。战祸经年，常怀隐痛。

今者东海出任艰巨，倡导和平，复得我公斡旋其间，以期共维大局，屡承明教，感佩良深。顷拟组织和平会议，各方幸已赞同，所有一切问题，不难由会议从容解决。至详细节目，自当与周少将开诚面商。惟自川东下迄夔、巫，现均属南军屯驻，承示："东川一带，现为长江上游司令驻军之地，仍由支配酌筹。"等语。与实际情形不同，确难如命。专泐奉复，敬颂勋绥。

复众议院全体议员函[2]

众议院诸先生鉴：

捧读惠书，卓识谠论，厚意隆情，感佩无似，政变迭兴，皆因坏

---

[1] 此函在徐世昌为总统、钱能训为国务总理之后所写，当为1918年末。
[2] 函中说派唐绍仪为南北议和总代表，当为1919年初所写。

法，以护法而起兵，断不因弭兵而废法，耿耿此心，天日共鉴。现在内外情势，共趋和平，然必以法律为依归，则始终抱定此旨。

前曾将和平意见电达北京：（一）解决时局宜依据法律而不能专重事实。（二）宜得西南全体之公意而不能单独媾和。（三）解决办法未经双方议定以前，北京若遽以命令处理各项问题，西南各省决难承认。至会议中应行提议，议长新成密盐电称："唐少川总裁近驻沪上，资高望重，最为适宜，即请军政府委托。"等语。是少公为议和总代表，实由贵会举出，兹复称："军政府不求同意，竟自派出。"电函互异，不识是何情形？当此国事阢陧之秋，每因疑谤而生障碍，务望互相体谅，共济时艰，不胜厚幸！辱承明教，敢不拜嘉。专此肃复，敬颂道安。

复驻沪李宗黄函❶

伯英仁弟左右：

仆还滇后，诸事纷集，忙冗鲜暇。夔赓濒行时，汇交执事报告书三十三件，积之高逾一尺，阅之经纬万端，且须查对各处课卷宗，乃得详悉。历时几及半月，今始就绪。其中有经夔函，复无庸再赘者，有已复未办应补办，及未复应复者，兹特分别办理，汇复条例于左。其无甚紧要关系，或事过情迁，则从略焉。

（一）据第四十号报告：请致上海红十字总会副会长沈仲礼一函，并给奖章一事。查经夔赓函复照办，尚未办发。兹经饬课制就一等奖章一枚，填具奖证书一分，并作一函，迳寄上海投交矣。沈君接到后，对于滇红十字会，谅必乐与援助也。

（二）第四十四号报告：所陈日美对我情形，自是确有所见。近查世界和平之趋势，日本所抱之野心，必不胜威迩逊所提之公理。我之护法精神，应与美总统之主张脗合无间。惟此后各方面之情势有无变化，仍望随时探报，以凭相机应付。至论现今大势，武力不足恃，可恃者民心。迎世界之潮流，顺民心之趋向，正与鄙意相吻合，自当

---

❶ 此函据内容看来，似为1919年末或1920年初所写。

永远抱定此旨。但武力仍不可不图充实，以为必达此旨之后盾耳。

（三）云南为中国共和模范之语，出自美国人安德生，可知公理自在天壤，吾辈自矢之诚，亦可大白于天下，特不可因誉自满耳。和议进行，亦有许多难处，贤奸杂进，意见纠歧，执事所论，形式上与李结合，精神上则须自强，可谓经权互用，表里并到。至另求真才，与之开诚相见，尤所愿也。果有真才祷祀求之矣。伯兰对我诚恳尽力，极为感佩，来书述其近况甚窘，本应资助，其如滇之窘况，更不可以言喻，若干最重要最紧急之事，尚且无款兴办，焉有余力及此？所谓爱莫能助，知我者当能谅之。安德生已本月六日抵滇，此间优加接待，惟聘为顾问一层，前接宇饶来函谓："少送薪，则礼遇未隆；多送薪，则力量不及，仍宜暂缓。"等语。所见甚是，当俟后酌量处之。

（四）第四十六号报告：谓南方各派，宜始终调和，勿为左右袒。鄙人宗旨，原来如此，无所偏倚，惟以大义相劝勉，以至诚相感发，期于消融意见，一致团结，其有效耶，幸也！或无效耶，尽吾心而已。又论对于国会勿为牺牲法律之言，则我之仗义兴师者为何？对于法律方且维护不已，若言牺牲，岂非以己之戈，陷己之盾，断不至此，请勿过虑。其他各节，议论均多可采，当加注意。

（五）第四十七号报告：拟为搜罗北派人才。此刻执事业已去沪，无从接洽，请寄鄙人用笺，以为临机笼络之用，姑俟后图。陈调元、赵纶翰聘为顾问，聘书中宜含有征得同意之语，以为将来地步，自可照办。惟财政支绌太甚，给薪綦难，只有作名誉职耳。聘书二函附寄查收，分别转致可也。

（六）十二月七日未列号报告：请援助民国日报社，兹酌定先寄千元，以后应如何补助，望执事妥为计划详陈再行酌济。此次千元，即由执事向夔赓拨付。前复该社叶楚伧等一函，以鼓励之，请转交。编辑中华民国中兴史，亟应赞成，所需编辑费千元，请分两期汇沪。查夔赓答复执事函稿，业允照办，而询课则未汇过此款，当是夔赓濒行之时，事忙忘却，以致两不接头，为数无多，即由执事面向夔赓商拨可也。执事需款，亦可与夔赓面商，前已有电言之，即佳电发往上海，计早达览。

（七）第四十八号报告：五国公使劝告，意在压服督军团，使不敢破坏和局，并使某国不能单独干涉中国，而美之《大陆报》，英之《太晤士报》，均攻击某国最力，并谓督军团及曹、陆等非淘汰尽净，中国不能治平。足知公愤所在，公理必随之而伸，任彼辈之贪横变诈，终必瓦解冰消。我国前途庶几有豸。秀山饴我以巡阅使，且较量于二省三省之间，其言殊可笑，此何异鸿鹄超然寥廓，而燕雀为谋堂檐以处之。吾自尽吾之天职，吾自有吾之天爵，何至希望巡阅使。秀山捉摸不定，更问我对于议和真意，所在尤可笑。执事答以："只在依法解决，造成法治，求永久之和平"云云。立言得体，实获我心。川人施愚如果乐为我用，何惜顾问虚名，嗣后渠如有函电来滇，或必要时，自当相机办理。执事企图滇、黔、川、陕联合事，到粤组织，期在必成，此事颇关重要。前接该会来电，业经成立，此间亦经复电表示赞同矣。三省兵工厂关系极重，前经电商锦帆，不得同意，则约杨合办，势亦难谐，彼恃自有一厂，即不复顾共谋推广之益，非特眼光不远，抑且魄力不足。川省财政紊乱，达于极点，名为富省，穷且过滇，此现在不可掩之事实也。与谋筹款，徒托空谈。前曾与黔督协商，滇七黔三，合力办理，黔督颇甚同意，将来当可照此办理。执事又建议与沧白协商，各派干员于滇、渝、蓉三处组织机关报，现在此项人才缺乏，经费亦复难筹，似应从缓图之。蒋梦麟赠我威尔逊参战演说一本，即由执事代为答谢可也。

（八）第四十九号报告：勖我以保持名誉，培养实力，拿极远大极堂皇之主张，大军事家大政治家兼而有之，则无论时势如何变迁，皆可立于不败之地。期望甚厚，敬佩良箴，虽有不足，不敢不勉，其余所论各节，亦多中肯。

（九）第五十号报告：论废督裁兵及地方分权三事，已于佳电答复，又有筱电达复宇镜，均已详言之。佳电计早达览，现正筹商适宜之具体办法，以告安德森。俾知此间对于此项主张，早有计划矣。至关于外交要义，执事尚拟再为云南根本计划上之详细报告，并看趋势如何，与夔庚协商，作具体之报告甚善，甚盼。宇镜、季文等所来各电，均经答复。惟因两人住址不定，均由他处代转，不卜一一寄到否？兹将历复各电稿，汇钞附寄，执事阅后，转致两君。

（十）第五十一号报告：续论裁兵废督及外交要着，关系至为密切，事机亦为紧迫。现安德森与德来达均抵滇，当相机应付。南海谓护国之役，非仆主动坐镇，松坡不能成名。仆虽不敢自居，然可见达人之言，明无不照，闻之令人向义之心，油然而生。先妣墓志铭，南海前已复书许撰，今又加函催之矣。

（十一）第五十二号报告：力言接办民业银行之种种利益，诚为当务之急。惟造端宏大，谋始不厌求详，即执事亦谓办法尚须斟酌，业经发交财政厅核议，一俟复到核定，再行详告，兹先复纽安廷一函，附请阅后转致。

（十二）一月四日未列号报告仅一页：追叙"前王揖唐君托宇镜带来信一件、像一张，昨已于报告内附呈"云云。查历次报告书内，均无此二件。又云："尚有密电一本同寄呈"等语。查此电本为茸密已经收到，又附段新成军一览表，孙伯兰宣言一纸，均收到阅悉。再复纽安廷信，已于昨日缮讫付邮寄上海径交，先慰其望，以免展转羁延。书中表示赞同之意，惟办法不厌求详，现与长于财政经济诸人，研究讨论，俟后再闻云云。

（十三）执事向少川所论四项，均中肯綮，而尤以造成舆论，攻击神奸为扼。语云："千夫所指，无疾而死。"兵法亦云："避实击虚"此类是也。果能运动各方面，制就种种印刷物，腾播中外，使天下人士，咸知其多行不义，而激起公愤，则笔诛口伐，严于秉旄仗钺矣。迹彼对于国人敛怨已甚，对于外交信用已失，乘此机势，顺风一呼，响应自捷。幸切密速图之！

（十四）干卿态度，近来疑义繁兴，吾辈携手至今，应图永固团体。此间现经派员赴桂，加意联络矣。

（十五）川人陈廷杰电告二刘，一则"欲保川，非与滇黔携手不可"，是就大局立论，尚属有识。再则曰："欲取而代之，亦非与滇黔携手不可"，是就私计发言，足动彼听。三省同盟，果能成立，亦可消除许多隔阂。惟去岁在渝，钟君辟生曾有此议，锦帆颇不赞成，必须得多数人提倡，此事或可行也。

（十六）秀山着急，自是实情，现于段之请徐免其职，徐之遣使告诫，怒意显然，诚不免陷于困难之境。执事评论秀山及函陈三策，近机以促之，皆从正大处落墨。现今未能遽决，仍当随时善导。执事就近接洽，此间亦常通电，切实联络，俾感情日固，则机会一来，自有得心应手之时也。

（十七）李树榖果真输诚，自可利用，执事代致孟淑村函，及分赠师旅长等五人照片，以期传导正义于北方，亦是一法。所宜注意者，善为利用人，勿为人所利用耳。

（十八）国会问题诚难解决，现正筹议，务得一适当办法，俾和局得告成功，而以不背护法宗旨为要点。

（十九）派员赴京一层，前亦有此意。适因和议复生波折，而外间又有干卿已与北京单独媾和之谣传，此间如复派人，最易惹人疑议，故复中辍耳。

此复。顺颂近祉。

护法诤言（选录）

姜玉笙

  编者按：姜玉笙字实诚，湖北监利人。护法战争时，曾充湘西护法军军事代表（实为周则范的代表）。刊有《问政集》，其第一卷为《护法诤言》，自称所收的文电"为民国七年十二月至十一年七月所作"。今选录其中1918年12月至1919年6月间的文电。这些文电中反映了一些广州军政府的情况。唯原书未载日期，今据各电内容，能推断发电日期者，在标题下注明。原文有许多人名作□□，今将可以确定者注明。

1. 致军政府书 1918年12月

军府诸公鉴：

  阅《新民国报》十一月二十九日专电栏内，载北廷向李纯提出条件，以福建、陕西军作土匪对待等语，不胜骇异之至。夫闽陕义师，非吾西南所认为护法军者乎？闽陕督军、省长非经我军府正式任命者乎？而北廷谬妄，竟以土匪诬之，是不啻以军府为土匪窝，以诸公为土匪头也。乃军府噤若寒蝉，不惟不加声讨，反与之委曲言和。是果颜子之犯而不校，抑孟子所谓无羞恶之心耶？曩见北廷下令停战，即已料无诚意，今且桀犬反噬矣。此而不图，真伪奚辨。衮衮诸公，固以护法到底相号召者，宁甘冒土匪以终乎？惟希熟筹而审处之。

附军政府复函　　1918年12月

迳启者：顷承大教，至佩热忱。闽陕各军揭橥护法，天下共闻。北廷以土匪相诬，讵能忍受，业已严电诘问，戬彼奸谋。军事方面亦有相当办法，决不令同舟义旅蒙此恶声也。专复，并颂公绥。

2. 再致军政府书　　1918年12月

军府诸公鉴：

阅广州各新闻纸十二月十日专电栏内，佥云：南北已决定各派代表十人，在南京开和平会议等语。果尔，则护法旗帜糟踏矣，诸公尚有价值乎？此次兴师之理由最为单简，表面上虽属恢复国会与约法两事，实只国会一端耳。果能朝令恢复，晚即可以和平，有何会议之可开。窃谓南京会议不开则已，开则合法之国会与非法之总统，势将不能两全，其结果，必至牺牲合法之国会存留非法之总统也。如谓不然，试问此南京会议之举，果为北廷所颠顶，抑系诸公所敷衍？更问此南京地点，果在北廷势力范围之中，抑在军府势力范围之中？既非军府势力范围之中，而其主动又为北廷之颠顶，则西南派出之代表，尚有主持正义之余地乎？既无主持正义之余地，国会犹有恢复之希望乎？国会既不能恢复，直是束手投降耳，尚何面目言护法乎？吾愿吾言之不中，尤愿诸公之不苟也。读诸公每次宣言，一则曰拒绝非法总统，再则曰服从合法国会，其热心毅力，可佩可钦。值兹逆流湍急之时，正赖诸公挽回之力，幸勿堕厥初志，弃乃前功。须知军府之足以统率西南，而诸公之能以抗制北廷者，良因有此合法之国会可为保障而资号召耳。若竟迁就而牺牲之，是无异其杀其父兄而与盗贼为友也，亦无异自弃清洁而入污泥也，更无异自戕肢体而促死亡也，吾料诸公决不出此也。

然而诸公之苦衷，吾亦测之矣，得毋谓和平各会布满全国，非和不足以餍群民望治之心欤？抑知此和平各会者，是皆徐□□〔世昌〕以强奸和议之手段，嗾使帝制余孽假托民意以离间我西南者也，正与袁世凯之筹安、劝进各会无稍异。彼而果有诚意耶，又胡为而进兵闽陕，又胡为而兴戎湘西。此在乡曲牧竖，都知其诈，诸公之明，宁不烛照及此。

日来更有骇人听闻之说，有谓诸公以副座、阁员、疆督为和议条件者。如果非虚，则是以人民之膏血，换诸公之头衔，稍有人心者不为，而谓诸公为之乎？微论诸公素称坦白，可以间执逸口，即令稍存权利，益应猛力坚持，则将来护法告成，国人崇德报功，自当顶礼欢戴，又何待诸公之自为谋耶？我辈生斯世上，无论为公为私，总以爱惜名誉为第一要义。而"权利"二字，尤为败坏名誉之酖毒。先哲云："见利思义。"又曰："见义不为，无勇。"是我辈人鬼关头，此语最宜十思。

总之，此番护法，必须恢复国会，方可告无罪于国人。否则，彼此以捣乱相寻，黄帝子孙宁有安宁之日乎？诸公苦战经年，功败垂成。纵居心无他，天下后世其谓诸公何！吾愿诸公为百世留芳之人，不愿诸公为万年贻臭之人也，好自为之！

3. 三致军政府书

军府诸公鉴：

读诸公致徐□□〔世昌〕蒸电，首先要求对等，次又要求径复，其自立身分，郑重将事，佩服佩服！揆诸公之意，得毋谓一经徐□□〔世昌〕予以对等之地位，诸公即有相对开议之价值，凡百法律问题都可于此会解决乎？噫，可笑矣！试思诸公所处之地位何等乎？主人也。徐□□〔世昌〕所处之地位何等乎？贼子也。以主人而求侪于贼子、微论彼贼悍诈，必不我予；就令予之，而我已损其尊严，尚何价值之有乎？且与贼子而谈法律，尤无异于对牛弹琴，国是宁有解决之日乎？

夫吾西南之得有川、滇、黔、粤、桂之完全护法省分，及闽、陕、湘、鄂、豫之完全护法军队者，其中生命财产不知牺牲若干。今则闽、陕、湘，鄂并诬为匪，而四川又不在议和之列；其所未敢公然诋毁者只剩此虚与委蛇之诸公，而为彼势力范围所不及之滇、黔、粤、桂各重兵，暨僻在一隅之豫军而已。前者是其牢笼手段，后者是其缓兵计划，所谓"司马昭之心，路人皆知"者也。乃诸公不申讨贼锄奸之义，偏为以顺就逆之谋，是果故示宽大，抑系别有作用？外间揣测，颇滋惊疑。

窃以为诸公不欲护法彻底则已，如欲护法彻底，非将伪总统、伪国会及一般祸首铲除净尽，万不能遽尔中止。至若闽、陕、湘、鄂之突受奇诬，四川之列在例外，尤非空电诘责所能了事也。军府以护法各军为基础，护法各军以诸公为依归。诸公果自决心护法，各军断无不竭诚效命。否则，自堕堕人，敷衍讫事，今日言和，明日仍捣乱也。借曰外交危险，人民痛苦，吾恐将来之危险痛苦更有十百千万于今日者矣，且恐亡国灭种之祸，不肇于北廷之真非法，而在我西南之假护法矣。毫厘千里，愿明辨之！

4. 四致军政府书　　1919年2月（？）

总裁诸公均鉴：

闽陕问题已否解决，会议地点已否确定，和平条件已否提交国会同意，外间揣测多不明了。乃诸公突于迅雷不及掩耳之中，竟将总分代表一齐派出。就形式言之，固属酷爱和平，就实事言之，未免过于操切。吾无以喻之，喻之曰寡妇急欲下堂，候不得坟土干者也。夫国会之所以委托诸公，各省各军之所以推戴诸公者，原欲有所借重于诸公，非请诸公为和事老人也。若谓可以和也，则当长、岳失守之际，冯代总统曾下停战之令，长江三督又主调和之说，非法国会既未召集，非法总统亦未产出，彼时而言和议，少却许多障碍。且世有无力作战而求助于友者矣，未有自甘屈服而犹假手于人者也。若果安于和也，各省各军宁不能单独讲和，又何求乎诸公，夫各省各军之仰望诸公，实不啻奉若神圣，令战则战，令守则守，尤不可谓不奉命维谨。返观诸公之对于各省各军，曾否助以一饷，予以一械，惟日以和议之说昏人头脑，堕人志气，何各省各军待诸公之尊，而诸公自待之卑也。

夫饷械难筹，各省各军原可相与体谅，亦未过事要求，其所要求者，不过望诸公出以坚决之文电，撑持大好之台面耳。杀敌致果，固有各省各军为前矛也，诸公又何惮而不为哉！夫西南局势不如北方之大，其武力又不如北方之强，吾何所恃而劝诸公以言战。且人民日益痛苦，外交愈形紧急，吾又何忍而阻诸公以不和。然而吾所恃者，正义可以服天下，欲建百年之治安，无妨暂忍一时之痛苦也。如必曰局势扩大而后战，则夏少康之一成一旅可以不传，何至今犹称也。即如此番刘公建藩首义湘南，其初曾有偌大地盘，今则护法区域奄有九省矣。非常国会之集于广州，其初曾有若干议员，今则正式开会足法定人数矣。此无他，正义有以召之也，北方将领，如湘南之吴佩孚，湘西之冯玉祥，其战胜攻取，俱又逊我义师，然卒不待下令停战而先自止攻者，亦正义有以感之也。如谓正义不敌武力，则袁氏可以不亡，德皇可以不败，而今果何如耶！诸公处理胜之势，又有先事之师，宜若可以振奋矣。乃不为一往直前之计，偏为苟且迁就之谋，吾不知其用心何居也。将谓人民厌乱，外交警告耶？然一思辛亥革命，犹为吾国创见，而人民且乐此不疲，外人复立予赞助。其故为何？夫亦曰本实心行实事耳。今者国体已改，民智益开，兴师宗旨尤为光明，然反不能邀外人之承认、滋人民之疑虑者，是又在诸公之自省也。

夫既以法律为战争，自当以法律解决之日为战争终止之日，有何和议之可言。迺者鉴于人民与外交之难险，欲借樽俎折冲，化干戈为玉帛，斯固必不得已，吾亦愿睹其成。但虽以和平为解决，仍必以法律为依归。如和平条件之必须提交国会同意，和战事件之必须代表参予政务会议，是皆明载军政府组织大纲者。此外如会议地点之必须适当，和议代表之必须得人，和议未开以前应先解决之闽陕问题，是又经国会议决有案者。法案具在，无敢或违。然总代表之派出，犹可诿曰在未接国会议案之先。而分代表之派遣，国会曾预告矣，何仍不候其同意也。将谓总分代表不全行派出，不足以表示和议之诚意，恐外人相责难耶？然总代表早经派出，已足表示意思，又何迫不及待也。将谓出自前敌各总司令之催促耶？然陆、唐两总裁之主张坚持到底，早已彰彰在人耳目。最近如川督之声请抗议，陕督之下令收复原防，石总司令之声请单独作战，以及黎、唐、柏、周各总司令之声明不苟言和，并慎选和议代表等电，可以知其决无催促之事矣。如其有之，诸公又何不将其来电发报公布与人共览也。将谓出自各省各军代表之赞助耶？然诸公之派遣分代表时，并未预告列席政务会议之代表，且经各省各军代表公函质问矣。其为诸公之自私自利,欲以一手遮盖天下耳目,了无疑义。夫一假百假之说,吾固不敢以小人之心度君子之腹。然是可欺也,孰不可欺,即此一端,可以见其梗概矣。呜呼！以如此重大之事,即在专制时代之皇帝,与假行共和之袁、段,尚不敢公然为之,而诸公竟悍然出此。不惟与诸公护法之初衷大相剌谬,其又何以慰义死之先烈,服北方向义之将领,而告无罪于国人乎。吾敢预断曰,此番和议,必无良好之结果,其不利于护法方面,且不利于中国,俱不待言,即于诸公,亦未必利也。诸公耆年硕望,海内宗仰,其卓识远见,必有超出寻常外者,请有以教之。

5. 五致军政府书　　1919年2月28日

主任总裁钧鉴:

　　读总裁致徐□□〔世昌〕祃电,其以理喻而威迫之者,至详且尽,虽极愚顽,亦应感悟。诚如总裁所言,苟非别有肺肠,当不忍再梗和议者也。独惜其所与言者为无人格,无能力之徐□□〔世昌〕,恐终等于炊沙作饭而已。以法律言,徐氏僭窃大号,已为国人所不齿。以实事言,徐氏徒拥虚位,又为武力所束缚。彼其所以停战而求和者,是欲于无人格之中而求承认其人格,于无能力之中而求伸张其能力也。岂真倾向共和,爱戴民国者哉？和而幸成,彼之机谋得逞,借此见好于国人。和而不成,彼固由武力所拥戴者,乃可依附武力以求全。辗转迁延,北方之借款愈充,西南之元气渐耗。和亦不能,战又不及,其祸有不可胜言者。与其空发电文,虚掷岁月,不知早厉兵马,一决雌雄。

　　方今巴黎和平会议一主公开主义,中日密约不难即日揭破。密约一经揭破,则北方诡谋立见败露。若乘此机,而大加挞伐,其势极易为力。何则？盖段□□〔祺瑞〕前次迫胁总统解散国会,人只知其坏法,今则密约宣布,人更知其卖国矣。吾国人民虽少法律知识,而爱国热忱,究不让于外人。以护法为标帜,人或难于了解；以救国相号召,则鲜有不知奋发者。此不惟西南义师,同深愤慨,即北方明达将领,岂肯终于附逆,沦为奴隶。谓予不信,试观一般国民,此番要求宣布密约之勇,及辛亥革命成功之速,从可知矣。夫辛亥革命之所以易于成功者,大都知其革除满洲皇帝,收复汉人河山也。今若正告于国人曰,段逆借饷借械,是欲引贼入内。我若不除段逆,某国必入主中土。如此而人民犹有不投袂而起者,未之信也。

今总裁苦口婆心求和平于徐氏,虽有生公说法之忱,其如顽石不知点头何。就令敷衍苟成和局,试问此不伦不类之国防军队,依然布满京畿,如虎如狼之奉天胡匪,仍是侵扰闽陕,而所谓惩办祸首,划除武力种种问题,又将责谁以执行。中国存亡系于总裁一人之有决心与否,千钧一发,稍纵即逝。迫切僭言,惟裁度之。

6. 复湘西地方参事会电

叙浦周行营护国军湘西地方参事会邹会长、梁副会长暨会员诸公均鉴:顷奉元电,极佩荩筹。此番兴师,所争在法,法如不决,师出何名。促进和平,固所夙愿,牺牲法律,誓不苟从。兹读谠论,实获我心。玉笙奉使岭表,毫无赞襄,回首行间,益滋愧怍。惟冀政府坚持初衷,各前敌竭诚効命,本同心同德之谊,为有始有终之谋,依最鲜最明之护法旌旗,律可大可久之共和民国而已。诸公情殷桑梓,志在国家,对此时机,定多硕画,望不遐弃,频锡良箴。

7. 致鄂籍国会议员书

参众两院鄂籍议员诸先生惠鉴:

玉笙受托来粤,原寓土敏士厂。嗣为韩君□□❶所邀,遂迁居于南园对过五十八号❷,屈指计算三越月矣。以籍谊言,韩君隶松滋,玉笙隶监利,在府制未废以前则为荆州同乡。以友谊言,韩君与玉笙皆先后受学于现任参议员张公知本,则为同门。以现职言,韩君为

---

❶ 按文中所说,当即韩玉辰。韩玉辰,字达斋,湖北省松滋县人。武昌政法学校毕业。1913年为参议院议员。1916年参加政学会。1917年国会议员南下护法,仍属政学会。

❷ 五十八号即广政学会的集会地址,并以之作政学会的代号。

鄂军军事代表，玉笙为湘西军事代表，则为同僚。论私情应相亲爱，论公谊尤须接洽，此所以徇其请而不辞也。韩君为参议院议员，其平昔主张，是否合于公意，诸先生自有评骘，玉笙格居局外，不敢妄参。兹将其最近之态度与对于玉笙之情形，谨为诸先生一详陈之：

慨自双方休战以来，北廷阳言和议，阴行攻击，凡在血气之伦，莫不引为深恨。玉笙本良心之主张，进逆耳之忠告，对于军政府各总裁暨内政部部长、秘书长，共经四次函询，曾蒙一度答复。拙稿与复函，均刊报端，想俱察及。虽措词不免戆直，然自问此心除要求保全合法国会与希望永久和平而外，从未一涉狂谬。而卒得政务会议之复函慰籍者，亦可见公道尚在人心，而当道诸公之纳谏如流矣。乃韩君横加干涉，始托某君转向张怀九即张公知本先生，谓玉笙此举对于军府尚不要紧，对于彼之面子太觉难过。继又面斥玉笙，谓□□二公与彼有特别关系，不应如此对付。并与江西众议员陈君□□❶合词交责曰："□□系当代名流，尔辈初出问世，不宜藐视大人。"且谓玉笙屡次函询当道，本身尚为不配，系受旁人指使。甚至投函于怀九先生，诬玉笙屡据无根之事实，发热中之言论。种种狂吠，令人齿冷。

夫军府自军府，议员自议员，总裁自总裁，韩君自韩君，一公一私，最明最显。玉笙前上三函，专对总裁而言，后致一书，专对□□而言，此外皆毫不相干。吾不知于韩君之面子有何难过也。□□二公为护法政府之官职，凡在护法旗帜之下者，孰不与有关系，岂仅韩君一人而已哉？乃韩君谓与伊有特别关系者，吾不知其特别者何在耶？□□为当代名流，自是不可菲薄。然吾人论事，一准诸理，小子而循规蹈矩，我当致敬；耆耄而越礼犯分，我亦不直。吾不知孰为大人孰为小人也。天下兴亡，匹夫有责。而言论自由，尤为国法所特许。玉笙既具有人格，又负有责任，及时谠论，自是应分，不必自命为政客如韩君者而后可以发言也。何为不配？玉笙赋性耿介，向不屈挠，真理而外，一无所知，谁可指使我者。若谓可以指使，则玉笙与韩君同

---

❶ 疑即陈鸿钧。陈鸿钧，字容甫，江西省上犹县人。日本留学生，归国后，曾任江西省议会副议长。1913年为众议院议员。1917年国会议员南下护法，至广州，属于政学会派。

居，不为不久，何以韩君之主张如彼，而玉笙之主张仍如此。是玉笙之不受韩君愚弄，一犹他人之不能指使我也。韩君以议员为护符，供政府之走卒，以小人之心，度君子之腹。岂疑天下人尽如韩君，以势利为从违耶。

玉笙在前清为学生，入民国为公仆。七年以来，一役于司法，两役于行政，近又投笔从戎，一载有奇，诚无讳于初出矣。陈君□□远在赣省，其从前建过偌大事业，玉笙不得而知。然韩君自民国元年怀九先生为湖北司法部长时，经同学介绍，由书记而课员，由课员而课长。最后又由怀九先生之嘘植，一跃而为参议员。是其经历之卓著，为诸先生所夙知者。此外尚有偌大功绩，吾不知也。

玉笙第一函系力争闽陕匪案问题；第二函系反对南京会议地点；第三函系质问对等会议名称；第四函因上海报纸揭载□□二公有解散国会之议，请其速为辨明。以上种种事实，或见新闻，或存公牍，章籍具在，有目共睹，何谓无据。然而韩君有据之论，吾亦略见梗概矣。其与张、谷诸人之秘密通信，借日邮为传递者，吾固不知其内容如何，而考其致军政府代表某君之羊密元电，一则曰：北正南副，已成定象，再则曰：国会恢复甚难，而宪法亦不能制定。此稿尚存玉笙之手，吾又不知其根据何来也。

玉笙从征三湘，转战千里，迩且间关来粤，亡命呼号，热忱则有之，热中则不屑也。而韩君以五十八号为标帜，今日在某厅索洋几百元，明日在某部敲洋几百元，以政党相号召，以酒食为招引，处心积虑，总期贯彻其损人利己之主张，吾又不知其孰为热中也。揆韩君之意，得毋谓玉笙既同居五十八号之房，又同吃五十八号之饭，必须仰承五十八号之意旨，附和五十八号之主张，始于彼之面子好看，方为不热中乎？然人各有志，讵能相强。武周之不肯为管蔡，展禽之不肯为盗跖，生性然也。极而言之，设如五十八号欲推翻护法根本，转奉逆贼为主人，亦将迫玉笙而从之乎！

囊闻人言，佥谓韩君阴险狠毒。玉笙犹以为纠之不善，不至如是之甚。今则同居三月，窥之审矣。韩君之最擅长者，当面则甘言蜜语，极意联欢；退后则姤贤嫉能，使机斗诈。初尚以为限于政见，对于异己，原无足怪。乃观其对于同类者，接甲则说黑，接乙则又说白，阅人愈多，出词愈歧。此玉笙于无意之中，所谓不一闻者也。苏明允云："凡事不近人情者，鲜不为大奸慝。"玉笙生值薄俗，雅慕古谊，安能与韩君郁郁久居，已于一月三日清晨，襥被于长堤寄庐各省各军代表办公处矣。明知君子绝交，不出恶声。然公愤所迫，如鲠在喉，用敢吐于同乡诸先生之前，乞鉴察焉。

8. 对湘督问题发表意见之通电

阅湘军程总司令致西南护法各省及广东《中华新报》箇电，谓唐蓂帅不应赞同旅沪湘人朱树藩等请，以谭公组庵督湘列入议和条件。持论有故，甚佩甚佩。然泛论政则无当法理，敢为程总司令一商榷之：查谭公于民国五年重行督湘，任之者为合法总统，撤之者为非法内阁，职权上虽失自由，法律上犹存名分。南中各省，既号护法，谭督职权，当然恢复。议和条件之加入与否，初无关乎轻重。谓不必提交会议则可，谓蓂帅不应赞同则不可。何则？盖此纯为法律问题，绝非政治问题。政治或可让步，法律决无让步之余地也。若如程总司令所言，则傅（良佐）可以不去，张□□（敬尧）可认为有效，护法之举，转为多事矣。总之，此后谭公之愿否督湘，湘人之愿否一致推戴，皆非局外所能推测。但愚以为民国五年合法之湘督，非认为继续有效，终不足以显护法之真旨。玉笙于谭督军与程总司令，均无一面之识，绝无所谓好恶，只以程总司令来电有谓议和之执行，即继续护法之意义，用特引伸其说，以副雅意。且程总司令虚怀若谷，又谓"能予驳斥与有荣焉"，故敢贡其一得。世有法家，愿闻明教。

9. 为废督裁兵问题致参众两院电

参议院、众议院台鉴：废督裁兵之说，几于风靡一时，而考其所持之理由，类多因少数督军不法，遂归咎于督军制度不良。夫制度自制度，个人自个人，乌可并为一谭。谓督军分子皆不良耶？然坏法者为督军，护法者亦为督军。谓督军易于滋事耶？然倪□□〔嗣冲〕以省长而叛离中央。推而至于总统、总理各制，凡属共和国家莫不任采其一。然在吾国,袁□□〔世凯〕则假总统而自作皇帝,段□□〔祺瑞〕则假总理而肆行暴力。岂谓世有袁段,遂将总统总理各制而亦革之欤。因噎废食,是奚可者。细绎主张废督者之苦衷,无非欲集权中央,防制专横而已。然唐之内轻固易肇祸。而宋之内重亦足致亡,此中枢机,一言难喻。总之,国于世界,不能无兵。既有兵,不能不需统率之人。就令督军废矣,而后此执掌兵符者,又难保不假他项名义,行督军跋扈之实。愚以为督军一职,首当论其人之贤不肖,而制度之废与否无关也。查护法军兴以来,南北所增兵额,计共一百四十余万,较前清增加四倍,较袁氏时代增加一倍有余,应裁之数,实在百万以上,苟非至愚与极无赖,类能深然其说。但民国八载,变乱迭乘,大都误于和议敷衍,裁兵不公。每和一次,南方实行裁减,北方暗地增加。积久而北方之淫威日益逞,南方之实力日益虚,因而众寡不敌,遂至是非不明。是诚大可痛心,不能不惩前毖后者。今兹和议能否根本解决,未可逆睹,大乱隐伏,待机必发。愚以为非俟祸首铲除净尽,法律完全有效之日,凡属护法军队尽可严加编遣,万不可轻言裁撤。编遣之法维何?既查现在实有之兵力,确能成一师者,即编为一师。确能成一旅者,即编为一旅,其余赤手空拳及武器瓠陋者,则概行遣散,以节糜费,庶于编遣中,仍寓裁减之意。且此番兴师,纯为护法,称为南北战争,已属立言错误。裁兵之法,尤应区分良莠。若不辨其军队之为护法与否,一并予以淘汰,罹良民而与盗贼同归于尽,将何以励军人而彰国法。一得之见,敢希裁察。

10. 请先决惩办祸首通电

吾民苦兵燹久矣!苟非生性好乱,孰不渴望和平。顾欲靖鲁难,必先除庆父,欲安汉室,当尽锄诸吕,倘存隐忍迁就之心,定贻滋蔓难图之祸。沪上和平会议,现已续开数日,而前此竞言惩办祸首之先决问题,至今反无一人提及。是果何为者哉?夫和战不并行,法贼不两立。诸公试澄心渺虑,若祸首不惩,而国会可能自由行使职权,参战军队可能令其裁撤、参战借款可能令其取销、八年公债可能令其废止、陕西战祸可能令其停息乎?譬诸病在腹心,而徒疏通腠理,不惟无效，且恐促亡也。夫辛亥以粉饰言和，袁氏遂帝制自为。丙辰以粉饰言和，段氏遂造成复辟。此吾民所痛心疾首，不胜噬脐之悔者。然回溯辛亥之役，其目的在变更国体，而清帝退位矣。丙辰之役，其目的在推翻帝制，而洪宪告终矣。虽未能正本清源，尚可谓小有成功。迩者流血经年，仍使毁法诸叛逆逍遥法外，则西南受此重大牺牲，以护法号召天下者，宁非多事。如谓护法等于儿戏，和平不必永久，则我亦愿为仗马寒蝉，不置一词。若犹以合法、久安两义为标帜者，则非先行惩办祸首，决不可议及他事。况天津会议，报载汹汹。谁为为之？孰令致之？度诸公当不至充耳若不闻、熟视若无睹也。伏冀鉴于历次苟安之覆辙，轸念吾民厌乱之苦衷，毋养痈以贻患，庶一劳而永逸，功在国家，泽及后世，唯诸公实图利之。

11. 为五四运动警告当局通电　1919年5月

　　以最少数手无寸铁之学生，竟能于卖国贼积威之下，不终日而火其庐，而扣其胫。伟矣壮哉，快极佩极！返观护法方面，废日需时，将近两载，劳民伤财，动累巨万，而所谓堂堂总裁，皇皇议员，桓桓督军，赳赳司令，赫赫代表，几不可以车载，不惟不能拔卖国贼之一毛，且于"惩办"二字亦不敢提。学生乎！夫非中国人耶？彼何勇而我何怯也！夜气果未尽没，宁不愧死万分。曩此弃战言和，已属不惬舆论；言和而诸事迁就，尤为显背公理。近据报纸喧传，并谓有人假和议之机会，暗结北方，借四万万大宗款项以分肥者。如果非虚，则卖国之罪，浮于曹、章。人心未死，公道犹存，难保无学生其人以对付曹章者对付之也。衮衮诸公，纵不知为国家存亡计划，宁不知为自身名誉计，纵不为名誉计，独不为生命计耶？吾为此惧。望诸公有则改之，无则加勉，并望诸公继学生之志而振奋之。若徒空发文电，要求释放学生，则学生已入虎口，而北虏又豺狼成性，未必翻然悔悟，遽予开释。就令释之，而祸首叛党仍据要津，亦未足云毕事也。凭良心，鼓义气，做实事，计成功，愿与诸公共励之。

12. 为国会问题致上海和会代表电

上海唐总代表暨各代表均鉴：国会自由行使职权，实为天经地义，丝毫无可迁就。迩闻有主张国会问题听之国会自身解决者。试问军府委托诸公之初，所列为议和大纲者，孰大于此？孰先于此？除此而外，诸公尚有何责可负？更有何事可议？又闻有主张国会迁至南京制宪者。试问神圣国会职权悉属法定，有谁可以任意迁徙？更谁敢以制宪限制？又闻有主张恢复民国六年之国会者。试问约法既无解散国会之条，何来恢复国会之说？此番护法国会，依约法之行动，而自行集会于广州，是即撑持民国六年之国会也。彼既不认广州之国会，即是不认民国之约法。至欲借此以争新补议员与解职议员之去留，殊不知国会系机关，议员系个人，兹所争者为机关统系问题，非个人地位问题。况以院法与人格判之，则若者负责，若者弃职，斯固无庸深辩者也。又闻有主张新旧国会合并制宪者。试问一国之中，焉有两种国会？现在盘踞于北京参众两院旧址、自称国会者，理应斥之为伪，何能名之曰新。根本已错，遑言制宪。又闻有主张国会须求外人解决者。试问国于世界，果应自谋，抑由人谋？此又无待明告者也。日来更有骇人听闻之说，有谓诸公借和议之机会，谋自己之权利者。窃谓和议而根本解决，则诸公功在国家，何患无位。和议而敷衍讫事，则国且不国，安问个人权利。以上种种，一则淆乱国家之是非一则有损诸公之人格。就公而论，是非为国人所必明，诸公固军府之代表者，当不能默尔而息。就私而言，人格为人类所必有，诸公固国人所仰望者，尤不可妄自菲薄。务望念军府委托之重，人民属望之殷，有以解决国是而辟邪说也。

13. 诘驳和议提案通电　　1919年5月19日

昨致上海唐总代表及各代表巧电一通。文曰：

上海唐总代表及各代表均鉴：阅总代表真电宣布之八条，率多凌空，惟第八条承认徐□□〔世昌〕为总统为着实。度诸公宣布之时，必深以为得计,将以一手掩尽天下人之耳目。抑知吾民非狙,未可以朝三暮四之术相欺也。玉笙无似,敢为诸公痛切言之:查第一、第二、第三、第七各条,外观似甚堂皇,实未搔着痒处。痒处维何?即祸首与卖国贼究竟为谁?究应如何惩办?是置此不问,试问山东问题、中日密约,可凭一纸宣言了之否?参战、国防、边防各军,可能令其实行裁撤否?若云不能。则第七条所谓分别整理决定者,其将责谁以执行。书不云乎"除恶务本"。诸公舍祸首与卖国贼之名概不敢提,而徒于枝叶问题,空空置议。夫谁欺?欺天乎!查第四条恶迹昭著,不洽舆情之督军省长,即予撤换云云。试问不洽舆情有何标准?以万恶滔天之倪□□〔嗣冲〕,而皖人偏有万家生佛之称;以奸掳烧杀之张□□〔敬尧〕,而湖人间有要求留任之举;推而至于国人共弃之徐□□〔世昌〕,而护法政府之代表,竟欲奉之为总统。此而谓之舆情,何舆情之足云!且地方上所谓舆情者,不过省议会与农、商、教育各会而已。现在隶属于北方各省之省议会,大都为该省督军、省长所利用,而农、商、教育各会,又俱处于积威之下。我若征求舆情,彼辈势必嗾使省议会串通各界,强奸民意,为彼歌功颂德者。若谓不洽舆情,则该省之歌颂昭彰。若谓为洽舆情,而吾民之膏血净尽矣。不亦大可痛乎!查第五条,由和会宣告前总统黎元洪六年六月十二日命令无效云云。须知护法宣布之时,即黎前总统命令无效之时,何待今日和会之宣告哉。查第六条,设政务会议,由平和会议组织之。议和条件之履行,由其监督,统一内阁之组织,由其同意云云。试问平和会议,从何发生?代表职权,受谁委托?且其内阁之组织,须由国会同意,此更明载约法,无敢或违者。该条云云,置军府于何地?置国会于何地?置民国约法于何地?在道德谓之忘本,在法律谓之侵权。前者为逆子,后者为罪人。吾不知诸公是何居心,而甘冒大不韪也。查第八条,由和会承认徐□□〔世昌〕为临时大总统,至国会选出正式总统之日止云云。其违法与第六条同,而无耻尤甚。试问徐氏窃位之初,军府曾否声言讨伐?诸公身为军府代表,曾否与闻?何前呼为贼,后认为父耶?此犹关于诸公个人之人格,吾亦不与深辩。至以护法主旨论,若肯承认徐氏为总统,则早已掩旗息鼓,俯首帖耳,奉为至尊矣,又何苦坚持至今,徒劳天下之父子为也?辗转迁延,而仍奉彼为总统,又何须有此会议?更何贵有此代表?曩者国人对于和会进忠告,诸公辄以造谣置之。今既自行宣言矣,是国人之造谣,抑诸公之背谬乎?夫众怒难犯,专欲难成。有曹、章之伙同卖国,斯有学生之毅然焚击。诸公自度所作所为,有以异于曹、章乎?曾亦计及茫茫宇宙犹有学生其人否?有之,则国家得再造之人,而诸公无可辞之咎矣。诸公纵不爱国,宁不自爱?望猛省之。湘西护国军军事代表姜玉笙叩。巧。等语。

查该提案于国法外交,煞有关系,未敢自甘缄默,用特激切陈词,敬乞一致主张。

附:政务会议发表唐总代表提案通电

政务会议通电云:接唐总代表真电开:蒸日开会,对于外交、祸首、国会等问题,要求北代表八项,大旨如下:(一)对于欧洲和会所拟山东问题条件,宣告不承认。(二)中日一切密约,宣告无效,并严惩订密约关系之人。(三)立即裁撤参战军、国防军、边防军。(四)恶迹昭著、不洽舆情之督军、省长,即予撤换。(五)由和会宣告前总统黎元洪六年六月十二日命令无效。(六)设政务会议,由平和会议组织之。议和条件之履行,由其监督。统一内阁之组织,由其同意。(七)议决各案,及已付审查提议各案,分别整理决定。(八)由和会承认徐世昌为临时大总统,至国会举出正式总统之日止。谨闻等语。特此转达。政务会议。盐。印。

14. 为和会停议仍请当道下令讨贼电   1916年6月

广州岑总裁、伍总裁、林总裁、莫督军,上海孙总裁,云南唐总裁、武鸣陆总裁,贵阳刘督军,桂林谭督军,成都熊督军,永州谭督军均鉴:读诸公复钱能训卅电,一则曰提与承之间尚有会议在也,再则曰当先继续开会,然后再议条件。反复玩索,一若北庭苟予重开会议,南方既再可让步者。噫!何迁就一至此哉!夫唐总代表真电宣布之第八条,竟明认徐氏为临时总统,非仅让步,直已投降。若再言让,不知更有何步可让也。夫合法者,不应与非法者议和,玉笙亦不必再事哓哓。然既云和议，必有相手方之存在，乃有接近之机会。诸公所引为和议之相手方者，非徐□□〔世昌〕与钱□□〔能训〕乎。今则钱氏免职，徐氏辞职矣，是议和之相手方已将根本消灭，吾不知更向谁氏言和也。譬之对牛弹琴，虽不能听，犹有牛在。今牛亦无之，何徒弹为。夫曰人民呼吁，外人干涉，非诸公借为议和之口实欤？今则全国学、商、工界相继罢业争先讨贼。各地军警亦多所觉悟，而亟思奋起，即隶属于北廷山东之第五师；暨直隶省议会，亦各有宣言，而协约各国之报纸且多所赞许矣。吾不知诸公之所谓人民者，除此学、商、工、军、警而外，尚有何种人民，诸公之所谓外人者，除此协约各国而外，尚有何种外人也。夫以护法之鲜明旗帜，又兼讨贼之正大名义，内而国人协助，外而友邦赞成，此真千载一时之会也，虽极愚儒亦知奋兴。乃举国方兴讨贼之师，而膺护法之责者，反若铩羽之鸟，不亦辱国家而羞当世耶！本年二月二十八日，玉笙第五次致主任总裁书时，当经吁请声讨卖国贼矣。迟误至今，犹复让人着鞭，有何面目对我商人、学子也。夫军府与西南各军，责同护法，相依为命。军府如不下令讨贼，则罪在军府；各军如不奉令讨贼，则罪在各军。倘军府与各军都不愿言讨贼，则请护法旗鼓即日收下，一听国人之自决，毋再徒拥虚位，空费民财也。戆直之言，诸维亮察。

15. 敬告国民书

国民公鉴：

国无公理，其国必亡；人无正气，其人必死。西南护法军之讨伐段□□〔祺瑞〕、徐□□〔世昌〕，中国公理之伸张也。北京学生团之焚击曹□□〔汝霖〕、章□□〔宗祥〕，人民正气之发展也。青岛本德国租借地，现在德国强权失败，其土地自应交还中国，无论何邦，不得干涉。蕞尔日本，竟欲肆行攘夺，此而不争，公理安在，民气何存？须知青岛为山东咽喉，山东即中国藩篱。青岛失则山东去，山东去则中国危矣。盖青岛者，不仅为山东少数同胞之庐墓所关，实为我中国二十二行省，四万万同胞之最要门户也。今日断送青岛，与日本订立卖国条约者，虽为徐〔树铮〕、曹□□〔汝霖〕、章

□□〔宗祥〕、陆□□〔宗舆〕,四贼,而主谋者实为徐□□〔世昌〕、段□□〔祺瑞〕。欲救中国,必先争回青岛,欲救青岛,必先去卖国贼,欲去卖国贼,必先去卖国贼首领。盖巨魁不歼,而徒惩治胁从,终不足以澄清乱源也。西南政府,标明护法,如不能下令讨伐卖国贼,则护法政府即为卖国贼之伙友。国会为监督机关,西南为护法区域,国会不能责成护法政府讨贼,则监督之职何在。护法军队不能合力讨贼,则所护者果为何事。乱臣贼子,人人得而诛之。我国民律以春秋之义,决不能默尔而息也。

吾国土地物产,甲于世界,而人民聪明才力,亦不逊于各国,宜乎富且强矣,然仍贫且弱者,即一般人民专于依赖政府"毫无自立之能力。试观我国现在号称政府者,孰非亡国之大夫。彼辈果可恃耶?则前清不至于亡而民国亦不至腐败如此之极。此我国民所应觉悟者一也。大凡救国事业,不必专恃乎长枪大戟,只须充足其毅力决心。若谓讨贼必须武力,则拥兵带甲者在坑满坑,在谷满谷,何以焚曹击章之举,竟让于无拳无勇之学生。此我国民所应觉悟者又一也。吾人无论作何事业,果能秉以公理,持以正义,则不求后援而后援自至。试观北京学生焚击曹章,其初何尝计及后援。卒之北京商人罢市,近且津、沪、湘、鄂、闽、赣、苏、浙之商、学、工各界亦相继罢市、罢课、罢工,群起援助矣。此我国民所应觉悟者又一也。吾人对于人类,首当辨其善恶,不必论其亲疏。为今之计,如有惩办卖国贼者,虽雠仇亦吾亲戚,倘有袒护卖国贼者,虽亲戚亦吾雠仇。武周之诛管蔡,其前师也。最近如山东第五师之宣言,直隶省议会之通电,尤为得体而快心。此我国民所应觉悟者又一也。孟子曰:"虽有智慧,不如乘势。"值彼众叛亲离之候,正我一致御侮之时,无可丝毫迟疑者。及今不图,亡在旦夕。过此以往,虽欲再有所为,而亦无可为之势矣。此我国民所应觉悟者又一也。顾亭林曰:"天下兴亡,匹夫有责。"曾文正曰:"坚其志,苦其心,勤其力,事无大小,必有所成。"愿我国民速兴乎来!

16. 为处置关余意见致军政府书

军政府政务会议总裁诸公均鉴：

阅粤中各报，知军府已于本月陆续收入关余五十万两。此款如完全由军府购军实，以为积极讨贼之用，无论何人，不敢异议。若以接济前敌，则同兹护法，同受损失，自当统筹兼顾，按区匀分，决不可有所厚薄也。用特函商，请即公开会议，宣布用途，以重信义而昭公允。敬颂政禧，并盼示复。

17. 为处置关余意见致参众两院湘籍议员电

参众两院请转湘籍议员诸先生公鉴：顷致军府函曰（函已录前）等语。查湖南为首义之邦，所受战祸与损害，均较他省为惨，近更易子析骸，痛苦不堪言状。久拟请帑接济，只缘公府无款可筹，遂至忍病未呻。迩查军府拨入关余五十万两。若果悉充战备，积极讨贼，亦应绝对赞助，不敢别有要求。现闻军府有将此款分润各省各军之议，则全湘前敌，待拯嗷嗷，应请诸先生一致主张，从速要求军府拨款若干，发交谭督，再由谭督酌量轻重，分润各军，庶事权统一而军受实惠。区区之见，未审可否。谨此电商，敬乞明教。

政闻纪要

大隐居士 手摘

编者按：《政闻纪要》是未曾发表的稿本。封面题"大隐居士手摘"字样，内容涉及北京政府的内幕，观点纯为北洋军阀的立场。王康琚《反招隐诗》说过："小隐隐陵薮，大隐隐朝市。"可知作者为北洋政府中的要员之一，但不知其真实姓名。现在找到的止有几本，第一二两册相连，起1918年3月18日，止6月26日；第四册起1918年8月13日，止9月24日；第五册起1918年12月21日，止1919年2月17日。各册的纸张、装钉、封面字迹完全相同；编纂方式一、二、四册相同，第五册略有不同；笔迹第五册和前三册完全不同；选材方面，第五册记事较少，而每天都大批记录任免名单，和前三册也不相同。今照原稿刊出，删略几条与中国无关系的外国纪事；任免与奖章的名单，除将官、厅长、道尹、外国人外，一般都删略。文中记事，有不实之处，止注出几条作为示例，编者限于能力无法详细考订，还请读者注意。

一九一八年三月起

三月十八日　　戊午二月初六日

我军克复岳州。　据第一路总司令两湖宣抚使曹锟、攻岳总司令张敬尧、海军第二舰队司令杜锡珪迭次电呈："分路规复岳州，水陆兼进，所向有功，先后于月塘嘴、羊楼市、通城、临湘、古米山、九岭、白葛岭、天岳关等处，连次激战，迭获胜利，节节进逼。本月十七日攻破岳城，逆军顽强抗拒，相持不退，经我军奋力攻击，并由舰队掩护，业于十八日将岳州完全克复"各等语。此次出师规岳，自开始攻击以来，为期不过旬日，屡夺要隘，遂克名城，实由该总司令等调度有方，各将士忠勇用命，用能迅奏肤功，拯民水火。览电殊深嘉慰。仍着该总司令等遵照电令计画，督率所部，奋勇进取。并先查明此次在事出力各将士，分别等差，呈请优奖；期阵亡、被伤官兵，并准优予议恤，以昭激劝而慰忠魂。第念岳州、临湘一带人民，重罹兵燹，流离颠沛，弗安厥居，损失赀财，危及身命。哀我湘民，叠被荼毒。兴言及此，惨怛良深。应由宣抚使曹锟迅派妥员，分路查明，加意抚恤，安集劳来，各安生业，用副吊民伐罪之至意。此令。七年三月二十一日令

三月十九日　　戊午二月初七日

　　曹锟等二十七人联电劝段祺瑞出任内阁总理。　　万急。北京段督办钧鉴：国家不幸。变乱迭生，外则德俄媾和，边防吃紧，内则西南寻衅，战事殷繁。当此万分危难之际，而聘老❶又因忧致疾，决计引退，揆席虚悬，政策何出。大总统忧勤于上，诸同人焦虑于下，函电商询，咸以声望素著中外信仰者，非公莫属。顷奉大总统删电，亲诣寓邸敦请，未荷允诺。奉论之下，焦灼异常。伏惟我公再造共和，功在民国。前此不忍坐视沦亡，出任艰巨。今之危难尤倍于昔，斯时不出，如国事何。锟等一介庸愚，尚知卫国。我公实具先觉，爱国之忧，当较锟等尤切，际此一发千钧，宁忍坐视不救。锟等已互相约定，我公如允任揆席，则同人等誓当一致，共扶危局；否则亦惟从公高蹈，不问世事。是全国之安危，同人之离合，均系于我公之一身，论情论事，皆当俯就。伏乞准如前所请，惠然出山，上以副元首殷恳

---

❶ 国务总理王士珍、字聘卿。

之至意，下以慰人民望治之诚悃。临电迫切，无任翘首待命之至。曹锟、张怀芝、张作霖、倪嗣冲、王占元、李纯、齐耀琳、陈光远、戚扬、阎锡山、陈树藩、杨善德、齐耀珊、孟恩远、鲍贵卿、李厚基、赵倜、张广建、杨增新、曹锐、姜桂题、田中玉、蔡成勋、卢永祥、张树元、张敬尧、吴光新叩。效。印。

曹锟电请任张敬尧为湖南督军。　略谓：湖南督军，自傅良佐离任后，虚悬数月，无人负责，地方糜烂，已达极点。张司令久历戎行，威望素著，拟请迅颁明令，暂署湖南督军篆务，以专责成而奖有功云。

攻岳总司令张敬尧电告分路进取平江之兵进驻杨林街、南江驿、虹桥市。

略谓：巧日夜，据左纵队司令吴新田报称，本晚进抵杨林街宿营，中央纵队司令田树勋报称，本晚进抵南江驿宿营，右纵队司令张敬汤报称，本晚进抵虹桥市宿营，均称前方皆有少数敌人出没情形。

三月二十日　　戊午二月初八日

王汝勤克复监利。　据王汝贤报捷个电。

湘赣检阅使张怀芝电请严令冯玉祥限期开赴前敌。

略谓：该旅长顿兵武穴，扼驻长江中心，阻碍实多。伏恳中央迅电严令限期开赴前敌，归曹使节制调遣，一可以释皖督之猜疑，并可免职军之后顾。

张敬尧率兵抵岳州。　是日即召集全体军官，会议进军长沙与驻守岳州之计画。

日本伏见军舰抵长沙。　保护侨民也。

奉天军三营进抵宿迁。　上海东方电：驻扎宿迁七十四旅长陈调元报告：李督军❶称，有奉天军三营，业于二十日由嫱庄开到宿迁，此外南京第六师一团，已由浦口北上。

---

❶ 江苏督军李纯。

三月二十一日　　戊午二月初九日

奉军三营抵武昌。　据汉口电：奉天军三营由徐州拔队，经由海兰线及京汉线抵汉，驻扎武昌。

南京施行舟车防疫。　据报患者已有十六名。

三月二十二日　　戊午二月初十日

长江巡阅副使❶电告，苏督❷对于奉军南下意见已释。略谓：渡江面谒李督，将钧座密谕奉军南下始末情形，缕晰详述。业经李督允照鲁军过境办法，晓谕军民人等云。

滇军李根源、林虎、魏邦平等占领阳江。

中央电复张怀芝，冯旅行动由曹锟负责。　由曹锟调遣也。

三月二十三日　　戊午二月十一日

中央任段祺瑞为总理，准免王士珍署职。　昨日下午十时以前，段合肥之态度尚未十分活动。总统因其欲俟攻克长沙后，再出组正式内阁，亦不便相强。不意各方面反多误会，并谓总统系不欲合肥出山。总统闻之，异常诧异，昨午顿生急劝合肥出山之念。且倪嗣冲等会同各督军，电知田农商总长焕庭、王财政总长叔鲁❸，谓元首果欲合肥出组内阁，请即迳发令命，不必徘徊观望，仍一面电促总统。遂交阁议，一致赞同。乃命恽宝惠秘书代办王士珍辞呈及任免命令，至下午六时遂发表矣。

是日，张敬尧之兵克复平江。

特任刘振华署陕西省长。　系该省督军陈树藩电保。刘在陕省追

---

❶ 安徽督军倪嗣冲。
❷ 江苏督军李纯。
❸ 田文烈，字焕庭。王克敏，字叔鲁。

捕匪类❶，卓著勤劳，故有此命。

派何品璋暂行护理海军总司令。 署海军总司令饶怀文因病出缺，继任人物尚未觅定，故派何品璋暂行护理。

是日收到奉天督军养日论政通电。 略谓：窃自民国肇造，于今七年，祸乱相寻，岁无宁日。而醉心权利之辈，乃得乘间播弄，借遂阴谋，外则以非法责中央，内则以抗令责该省。调停无效，出以战争。幸而拨乱有期，则又除恶不尽。或谓自残同类，或云息事宁人。卒之姑息养奸，祸根又伏，曾不旋踵，死灰复燃。而国家有限之菁华，尽耗于力征经营，大计悉因之坐误。往事具在，可为寒心。此次西南拘兵，诪张为幻，胜则力图进取，败则伪意言和。大总统委曲求全，忍无可忍，以明令讨伐，实为救国保民。今幸天佑中华，岳州既已克复，长沙不日可下，若一鼓作气，乘胜进攻，澄清中原，在此一举。倘仍蹈故辙，徒为敷衍目前之计，不作一劳永逸之谋，恐再起波澜，我国将永陷于万劫不复之域。鄙意以为我同志本以拥护元首，固结团体，促成强有力政府以谋国家之统一为宗旨。即当共体国家财力之艰难，各军征调之不易，趁此兵威大振，群丑即可荡平，然后协力同心，扶持内阁，内修政治，外辑邦交，吾国前途，庶几有豸。拟于长沙克复之后，请仲珊、子志❷两兄，联合同志，统筹全局。粤省如何进逼，作子诚❸兄之声援，川省如何夹攻，为积之❹兄之后盾。盖粤定则桂自易收，川平则滇黔易取。实行统一，永庆升平，则有道之长，实基于此。如或听和议之谰言，遗隐患于来日，祸变无已，永堕沈沦，则非霖之所敢知矣。诸公爱国百倍于霖。谨布愚忱，伫候明教。

三月二十四日　　二月十二日

是日我军开始举行长沙总攻击。汉口中华电

---

❶ 污蔑陕西省内主张护法的部队为"匪类"。
❷ 曹锟，字仲珊。张怀芝，字子志。
❸ 龙济光，字子诚，一作紫丞。
❹ 刘存厚，字积之。

准免国务院秘书长恽宝惠职,以张志潭继之。 前张志潭由内务次长转任国务院秘书长,随同段祺瑞辞职。此次段出组第三次内阁,故以继恽,资熟手也。

段总理通告本日就职,明日到院视事。

王汝贤报告克复洢溪河。 王汝贤漾日自仙桃镇来电:据职师十五旅旅长王汝勤报告,罗团电称:本早八时由烟筒集前进,匪据山抵抗,鏖战一时许,匪退洢溪河,复集千余人猛力回扑。我军三面围攻,匪向当阳溃退,当时洢溪河完全克复。旋因天晚,即在该处宿营,明日再行追击。是役毙匪数人,捕获十余人,我军伤一人。

曹锟电报占领新墙。 梗电略谓:据第三混成旅长萧耀南马电称,于十九日接吴总指挥①命令后,当即出发,已于今早七时将新墙完全占领云。

张敬尧电告克复九岭、北港。 张部下旅长刘锡广克复九岭,旅长田树勋进攻白葛岭,团长刘宝善等克复北港。按九岭为通城要隘,北港为湘鄂门户,形势极称险要者也。张部下之兵,以善战闻,其攻克天岳关之役,战事尤为激烈。兹将其报捷原电摘录于下:"寒日拂晓,我步队及炮队掩护向天岳关进击。惟因该关悬崖绝壁,高越群山,鸟道羊肠,艰险万状。侦探敌之兵力,分布要隘,约有一师之众;且占据山巅,构造坚固沟垒,防御严密。我军由其左右侧方死力强袭,被敌猛力射击,受其瞰制,官兵奋勇速耀,进击三次,皆未收效。至日落,进抵山腹,占领阵地。我军死伤三百余名,第二营营长罗开福腹部受伤,当时阵亡。该营帮带王万昌,臀部亦受重伤。两相对峙。似此顽强之敌,凭险据地,坚守雄关,诚有一夫当先万夫莫御之势。查该关为湘赣锁钥,此地若不早为攻克,则我正面各军,均将为所牵制,不得进取。当即增加陆炮多尊,星夜兼程。进入阵地。令第六团第三营,由天岳关东北方乘夜跋涉,绕进山腹待令;第四十二团一营,由天岳关西北方乘夜绕进山腹待令,第五团之马队一营,轻装乘夜绕至小黑洞敌人侧背,放火为号;各部视火起炮响,齐向进击。至删日早二时,火光照耀,陆炮齐射。斯时第五团三营张营长成

---

① 吴佩孚。

恩率领所部，身先士卒，踊跃前攻，呐喊直进。与敌相距约一二百米达，白刃接斗。该营长张成恩左膀被敌伤折，第一营管带石振芳、马队一营营长张敬周，同时阵亡。四十二团一营，亦于是时进击；至距敌三四百米达。马队第一营，因该营营长阵亡，士气激昂，由关后绕到山巅，击其侧背。届时张团长率预备队第一营之两连，攀籐附葛，绕至天岳东南山麓，斜射敌之右侧背。敌军四面还射，势极猛烈。然我军各部队仍坚持进行，至拂晓时，奋力超越，连夺四道防御线，向敌突击。我各军齐声呐喊，奋力猛进。敌军精疲力尽，纷纷溃散，狼借不堪，俱向平江及天岳关之西南方向退却。至午前八时，天岳关遂为我军完全克复。当派四十二团第二营尾追十余里。查是役计杀毙敌人约有一千三四百名，夺获枪械战利品无数。我军阵亡营长两员，营副一员，受伤营长一员，营副一员，其伤亡连排长及目兵约五百余员名，容俟查明续报。

我军占领醴陵。　醴陵为湘赣要道、萍长铁路所经过之地。

进步党中坚分子汤化龙，乘京奉铁道通车赴日本。

奉军副司令徐又铮，由军粮城赴津访梁士诒。　梁燕荪寓天津英界朱家胡同。

三月二十五日　　戊午二月十三日

段内阁莅院视事。

徐州张镇守使文生请赦张勋。

湘桂军自长沙退至湘潭。　是日桂军先退至湘潭，以湘军殿后，到潭后，即占居各店户。连日来者不绝，约三四万之多。至十六日，即抢劫各埠，十七日始返向衡山方面。幸潭市已公推余屏垣为知事，陈开文管警察，枪毙土匪十余人，不至滋事，得免火灾。十八日，北军军官四人到潭，与商会接洽。十九日，国军到潭约三四千人，秩序始定。然商家尚闭市，不敢营业也。

公府参陆办公处移至国务院。

驻俄罗斯公使刘镜人抵京。　俄与德和，刘镜人与日本内田公使等离俄京，由西伯利亚铁道至哈尔滨，小住数日，即各携眷回国。

奉军两营由武昌开赴蒲圻。　　汉口中华电

我军第十一师直达平江。　第十一师由通城方面进攻，占湘省之草鞋山头，道火线，直达平江。　汉口中华电。其克复平江之捷报，系张敬尧漾日来电。略谓：我军自十八日起至二十三日，两方激战颇烈。南军刘建藩所部之十八营，谢国光所部之六营，罗先开所部之八营，林修梅之六营，连日均为我军痛击，致丧失大湖及独流滩等处阵地，平江遂不能守，我军于二十三日已完全占领平江，南军纷向长沙方面退却，所有南军三十余营，皆已受创极重云。

我军第三师占领湘阴。曹锟宥电，略谓：据阎旅长相文有电称：我军第三师于本日进占湘阴等语。俟接到吴师长❶详报再陈外，谨先电闻。

三月二十六日

政府电令吴光新防范滇、黔、川军东下。　略谓：滇、黔、川军联合东下，且有侵犯宜、施之耗。望执事迅饬劲旅扼要防战，以杜敌军进窥。又一消息，此次滇、黔、川军进犯宜、施，其兵力有一万二千名，计分四军，每军三千名。第一军司令为顾品珍，第二军司令为叶荃，第三军司令为黄毓成，第四军司令为袁祖铭。

谭浩明等自长沙退守衡山县。据东方通信社汉口电报云：江西方面第一路总司令张怀芝，现已进逼长沙背面。因此，南军总司令谭浩明于二十五日上午退守衡山县。此外多数南军强夺民船，由水路陆续撤退，长沙秩序大乱。日本军舰伏见，因保护侨民，其陆战队业于二十六日上岸，我军前队闻亦于是日垣黄昏，行抵长沙城下。

前司法总长林长民出京。　是晚八点三十五分由东站出京。林为进步党之强健分子，与汤化龙约赴日本。作者七人，盖有慨也。

三月二十七日　戊午二月十五日

特任张敬尧为湖南督军，谭延闿未到任以前，湖南省长着张敬尧

---

❶ 吴佩孚。

兼署。

我军克复长沙。　两湖宣抚使曹锟沁电，略谓：据吴师长佩孚宥一电：自湘阴克复后，职师及各旅分向长沙方面急进，兼程追击。沿途逆兵处处抵抗，我军节节猛攻。凡我将士，饥苦俱忘，昼夜驰追，当在同山口方面协力痛剿，击溃逆军如鸟兽散。现向同山口前进搜索，进取长沙。旋接宥二电称：师长今日率同各旅团由同山口搜索，前卫行至中途，据探报，谭浩明、程潜已先后退出长沙，尚有未退净之少数逆军，现在城厢抢掠等语。当即饬队兼程前进。午后八时，头队进抵长沙，至十时，师长亦率队续到，遂将长沙完全收复。除暂派队在各门防守，并专员于明日前往通城，迎接张总司令莅长外，谨此禀闻云云。又一消息：谭浩明于有日退出长沙后，即率所部取道湘潭，向衡州方面进行。

鄂督王占元电促奉军赴援鄂西。　略谓，奉电敬悉。当令第八师分兵往援矣。顷据吴司令光新宥电称，川、滇、黔业由唐继尧委顾品珍等督师东下，并与黎天才、王天纵等均经联络，宜、施危险万状，乞转商曹宣抚使派兵来宜，并请接济弹药等语。顷与曹使一再磋商，刻因攻湘正在进行，前敌战线愈广，兵力尚虞不足。万难抽调。鄂省自克岳后，敌溃四窜，防务尤为重要，又不能分派。除请曹使电商张奉督，将援鄂之军调赴施、宜借资抵御外，恳中央迅电奉军迳往该处，星夜前进，以固鄂西而免侵越下游。事关戎机，伏乞迅示遵行。至子弹一节，已饬兵工厂赶紧预备，即日派员运送。合并附陈。

苏督电贺段总理。　感日电，略谓："此次钧座通电，深自降抑，法姬旦之如畏，开诚诰诫，推萧王之赤心，循诵再三，感极已泣。"（末段）"纯以菲质，谬领岩疆。自离复祷，遂多愆戾。幸得重依台鼎，有所秉承，敢不竭尽智能，永图翊戴。"（煞尾）"伏恳俯念愚顽，时加罪责，雷霆雨露，等是春风。"各等语。人谓为猜拟尽释之先兆。先是段芝泉总理于廿六日通电云："前蒙效电，只增惭悚。祺瑞两僭揆席，奉职无状，乞身思过，以谢国人。属以聘老引疾，乃蒙大总统不遗故旧，车骑亲临，宽其偾辕之愆，责以负重之任。自维蹇弱，再驾何堪，前席屏营，不敢拜命。重劳大总统删日电谕各省，遂致同袍诸公责言之来。祺瑞谊属军人，素明与国同休戚之义，公家之急，理不反顾。且追随我大总统者逾三十年，道义相期，安危宜共，而诸公又皆患难骨肉之交，今日元首宵旰忧勤，诸公协恭康济，乃祺瑞独行退避，其岂人情。而所以未敢受命者，良以方今时局艰危益甚，区宇未安，边警又告，反诸扶持之义，惭无安辑之方；审慎迟回，量而后入者，深恐上负国家，下负友朋也。昨日只承命令，仍以国务总理重任相畀，再事隐惜，殊负深知，已于本月廿四日就职。惟念国家多故，边防既临，诚宜举国一心，捍固吾圉。前此西南各省挟持意见，破坏和平，昌言自主独立，不奉中央命令。情感理喻，笔舌俱穷，而维持国家统一，责有所在，必不得已，然后用兵。迄于今兹，战事未已，劳疲士卒，苦累人民。私室深思，惟冀西南各省诚心悔祸，降以相从。鉴大势之所趋，临危而知所惧；蠲除偏私，悉遵命令，则兵气销于一旦。筹边之略，赖此同心，扬声威于域外，苏困穷于国中。御侮防边，岂非大幸。惟于时局未定以前，所有前敌将帅，仍当振励士气，迅赴事机，稍有疏虞，难图枝蔓，转于促进和平之局，有所阻滞，是不得不加意审处，实力进行者也。祺瑞过承大总统知遇，重以诸公厚意，勉竭绵薄，负兹责任。知所不周，力所不逮，尚祈诸公以时匡襄，俾免于戾，国家幸甚。"

曹锟电请调冯玉祥兵赴防石首、公安。 时冯旅驻兵武穴，长江一带，人心惶恐，故有此电，并代请开拨费十万元。

三月二十八日

特给已故署海军总司令中将饶怀文治丧费二千元。
特任蓝建枢为海军总司令。
李传业授为陆军少将。 时李传业率安武军驻兵萍乡。
湘督张敬尧抵长沙。 查系艳电，则二十九日也。

三月二十九日

准陆征祥等辞职。特任陆征祥为外交总长，钱能训为内务总长，段芝贵为陆军总长，刘冠雄为海军总长，傅增湘为教育总长，朱深为司法总长，田文烈为农商总长，曹汝霖为交通总长兼署财政总长。

特任孟恩远为吉林督军，田中玉着回察哈尔都统本任。任命齐燮元为陆军第六师师长，宫邦铎为步兵第十二旅旅长。

三月三十日

梁士诒抵京。 各界人士到站欢迎者数百名。下车后即赴总统、总理处谒见，住什锦花园关宅。

滇军顾品珍之先锋队行抵巴东。 汉口电讯：顾队行抵巴东，专候顾品珍到巴东后，即拟分路进窥归县、长阳等处，以便包攻宜昌。北军业已派兵分途迎击。其计画拟分两路进兵，一路由湖北宜昌取道巴东、施南、利川、进逼四川之万县，一路由陕西汉中进逼四川南江、绥定等处，以便夹攻夔州，使滇军腹背受敌。

黑督鲍贵卿电告，俄国保守派谢米诺夫之军队已占领大乌里。又闻流金一派之过激党已潜赴海参崴。

三月三十一日

马福兴加陆军上将衔。

沈铭昌辞职照准。任命吴鼎昌财政次长。吴系现任天津造币总厂厂长。

湘督张敬尧电请任吴佩孚会办军务。 略谓：此次湘鄂克复，虽由各将士用命之力，实赖吴师长佩孚亲临指挥，拟请中央迅颁明令，以师长会办湘省军务，借资臂助，并请将所部军队驻扎三湘，以壮声威，而寒敌胆云云。

临时参议院院长王揖唐，安武军秘书王郅隆由蚌埠回京复命。系奉命赴倪督军嗣冲处商榷一切也。

张检阅使❶行抵宜春。

---

❶ 湘赣检阅使张怀芝。

一九一八年四月

四月一日

政府命拨四方元赈恤岳州难民。 大总统令：据两湖宣抚使曹锟电称："岳州自罹兵劫，十室九空。此次逆军败退之际，复焚掠残杀，搜劫靡遗，近城一带地方人烟阗绝，现虽设法招集流亡，商民渐聚，而啼号之惨，实不忍闻。拟请颁发巨款，俾资赈恤"等语。披阅之余，殊深悯恻。着财政部迅速拨银四万元，交由该宣抚使会同湖南省长遴选员绅核实散放，毋任失所。此令。

第二路右路副司令张宗昌收复浏阳。

任命马麟署理甘肃提督，马廷勷署理甘肃凉州镇总兵。

代理国务院秘书长方枢到院视事。时张志潭请假，故以法制局方枢代理。

第八师师长王汝贤剿匪于老毂口，擒匪首欧阳全等。

银行团拨付盐税余款四百余万元。

四月二日

令曹锟、张敬尧等查明克复长沙出力官兵呈请奖励。 据第一路总司令两湖宣抚使曹锟、总司令湖南督军张敬尧等迭次电称，"各军自本月十八日克复岳州之后，节节进攻，分途收复平江、湘阴两城。二十五日，由同山口进窥长沙。逆军处处死抗，经我军协力痛击，星夜追逐。逆军不支，遂于二十六日将长沙省城完全克复"等语。此次各军激于义愤，忠勇愤发，由岳州窥取长沙，曾不数日，力下坚城。该总司令等督率有方，各将士忍饥转战，嘉慰之余，尤深轸念。所有在事出力官兵，著先行查明，分别呈请优奖。仍即督饬各军乘胜收复县邑；以奠全湘。所在地方，被难人民流离荡析，并著查明，亦为抚恤，用副国家绥辑劳来之至意。此令。

令拨赈抚银六万元。　据湖南宣抚使曹锟电陈克复长沙情形，并称，"逆军在湘，勒捐敲诈，搜索一空，败退之余，复行纵兵焚杀，惨无人道。土匪又乘间劫夺，以致民舍荡然。请拨钜款赈抚"等语。披览之余，殊深悯念。著财政部迅即拨银六万元，交由该宣抚使会同湖南省长，遴派妥员，查明被难民户，核实散放，毋任流离失所。此令。

命兼署财政总长曹汝霖兼盐务署督办。

令汪炽芝为总检察厅厅长。

张检阅使电报，拟于是日抵萍乡。　略谓：职路皖军高、马两帮统遵令由萍拨队进剿，由艳日九时将醴陵完全占领，敌军向攸县败退，当令力向攸县一带力追，一面与长沙吴师联络一气。芝拟于下月二日由宜赴萍云云。

四月三日

政府电令赴援鄂西奉军专任施南一路。　奉督张作霖电参陆办公处，谓奉军两旅驰援鄂西，请自任一路，以资指挥统一等语。故政府以施南一路任之。至宜昌一路，则责成于吴光新。王汝贤率队赴援鄂西，已于二日由仙桃镇赴沙市，亦系吴光新所电请者也。

四月四日

特授曹锟以勋一位、吴佩孚以勋三位。

曹锟给予一等大绶宝光嘉禾章，吴佩孚晋给二等大绶宝光嘉禾章。徐国梁给予四等宝光嘉禾章

曹锟电告，谭浩明杀程潜，逐马济、陆裕光❶。　支电略谓：吴师长佩孚卅一电称，"现据衡阳来红十字会长云，程潜、马济已在易俗河地方，均被谭浩明所杀，陆裕光亦被谭派人押送广西等语。查逆首既系猜忌自相残杀，我军乘机协力进攻，不难一鼓而肃清湘省"等

---

❶ 此条不确。

语。谨此奉闻。又一消息，程潜确已被杀，马济逃于某处，陆裕光现未被逮，仍在衡山方面云。

杨士琦抵京。　表面上系为侄儿娶亲也。

日本东京电告，进步党员汤化龙、林长民谒见寺内总理于公宅，国民党员唐少川谒见于私宅。

四月五日

任命高震兼充高等捕护审检厅评事。

修正制盐特许条例第十一条、第十二条，公布之。

吴光新电告军事计画。　略谓：当阳、远安已收复，拟以秭归、巴东为第一战区，施南为第二战区。第二战区暂取守势，一面图清长阳、宜都、长乐一带之匪军，以免肘腋为患，俟收复秭归，取地扼防。第二区始乘势进击，会师夔、万，实行封锁。

湘督张敬尧条陈三路攻湘计画。　略谓："第四期计画，敬尧之意，微有出入。对川局应取守势，待湘事扫清后，再以全力对川。此时湘事，拟分三路进攻：吴师为中路，由湘潭前进；第二路施师为左路，攻衡州之后；职师为右路，由宝庆攻其左。"

曹锟电请开复王、范等原官。　谓王、范等于克复长、岳多役，不无微劳，请准开复原官，以示有功必录。

四月六日

莫擎宇晋见大总统，报告龙济光最近战事。

皖督倪嗣冲到京，奉督张作霖电保田中玉、王郅隆、王揖唐为阁员。据报载，皖督系因改组内阁阁员而来。

派奉军三旅援川。　鱼电广元刘督军云：东电敬悉。敌势益鸱张，自应迅图歼除。除已令吴总司令堵御宜昌，截其下窜，另曹使选派劲旅接应后援，兼拨奉军三旅兼程赴川，会同执事筹商作战计画。希即预为布置，相机进取，以奠川局。至请拨枪械一节，由部另电陈明。

曹锟电申明三路平湘计画。　与张敬尧电陈无异。

日本海军省公表停泊海参崴舰队登陆保护侨民情形。　据最近电，不但日本派兵登陆，且有英美军队登岸，均防御布尔扎维克也。

湘督张敬尧电陈收容湘省溃军。　鱼电略称派朱泽黄统率以作乡导。

四月七日

奉军一混成旅抵丰台。　奉军一面开赴南方，一面又由奉陆续进关。交通部于七日接山海关电局电称，奉天暂编第一混成旅旅长邹芬率步、马、炮全旅兵官，由奉开来专车四次，当即陆续开往丰台云。

四月八日

任命严家炽为湖南财政厅长。

大总统接见北京赴日视察团。汪立〔士〕元、康士铎、徐瑾、王荫桓、汤用彬、彭希民、吴光熙、谷耀山、李安陆原名离、娄鸣声、王河屏、马璞、王博谦、张传纶、乌泽声、光云锦。

蒙古喇嘛僧团参现日本皇室新宿御苑。

北京商家未挂国旗。　是日为国会纪念日，北京商家不挂国旗。询有之者，答云，若再纪念，则捣乱更甚，益不能堪也。

四月九日

制定《矿业警察组织条例》，公布之。　七章十九条

英文《京津泰晤士报》揭载中日新交涉之内容。　一、出征军队由日本领率。二、警察制度由日本组织。三、兵工厂、船厂由日本管理。四、矿山由日本开办。五、日人在蒙古有种种特权。此不过略举其范围与性质。闻此种交涉，不经外交部，直接与总统、总理商办。令人犹回想民国四年中日交涉之情形云云。按此系八日所登，见之晚，故记于次日之下。

纽约报揭载千九百十六年日俄密约。"第一条，双方互相承认两国之重要利益，在保障中国，勿令第三者有仇视俄国或日本之计画，而操纵其政治，故互认将来无论何时，当应时势之要求，根据完全之信赖，开诚相见，以便采取必要之方法，借防上述情形之发生。第三条，若因日俄两国根据上条所述，互允采取必要之方法，以致本约第一条中所言之第三国，向订立密约者之一方宣战，则其又一经同盟国请求，应即与以援助。双方同意，此后如有上述之事发生，非先得其同盟国之允可，不得与公敌媾和。第三条，双方依前条之所规定，以兵力互相援助及其协助之方法，一切条件，须由两国当道公同决定之。第四条，双方须知两国之甲方或乙方非有其同盟国确保依将来战事之重要，与以相当援助，则并不为本条约之第二条所束缚，必以兵力援助其同盟国。第五条，本约自签字日发生效力，至一千九百二一年七月一日即十四日为止。若双方中有一方面于本约期满前十二个月，以为无宣告不愿继续此约之必要，则本约于又方面宣告废止后，其有效期间，可以展长一年。第六条，本约除双方订约者外，当严守秘密。本约由双方全权代表于一九一六年六月二十日即日本大正五年七月三日，在彼得格勒签字调印。萨仲诺夫、本野署名。"此纽约报所载，列宁政府揭露前政府之第一件也。其第二件，为日本领土战争之目的。略谓："俄驻日本大使克鲁本土基，向日本外相本野云，若许中国加入将来和平会议，日本必须取得协约诸国赞助日本关于山东省及太平群岛之希望。此项希望，即为日本继承前此德国在鲁省所有之一切利益及特权，并取得现在日本所据赤道线以北之群岛"云云。第三件亦同。按此系《北京日报》附张所载，为列宁政府所早日揭发者也。近报始载，故列于此。

四月十日

任命杨春普为陆军第九师师长。

萧安国调京另候任用。任命周荫人为陆军第十一师步兵第二十二旅旅长。

任命朱泽黄为陆军第十七师步兵第三十三旅旅长，周崇岳为步兵第六十五团团长，毛树骏为步兵第六十六团团长。

武昌拿获乱党四十名。　据汉口十日东方电载：湖南人约四十名，受谭浩明委令，潜入武汉谋扰乱，已被查获云。

浙江援闽军长童保暄，已拔队前进。　据汕头十日来电。

热河都统姜桂题来京。

四月十一日

制定电气事业取缔条例，公布之。

李梦彪免职。命祝鸿元为陕西政务厅厅长。

李耀汉电告返省，谋攻湘军。　龙济光之兵大败于电白，李嘉平被获。

参陆处议决赣军分路攻粤。　以赣军两旅分两路入粤，丁效兰为左路，王余庆为右路。丁军赴肇庆，王军赴粤东，以牵制粤军攻闽。并令陈督再抽一旅，由赣东入闽，以附潮汕之背。《顺天时报》

四月十二日

任命刘淇为长沙关监督。

张检阅使怀芝报告，李传业、张之杰等率队克复生塘、双江。

生塘、双江为醴陵附近之要险。又一消息，攸县已为我军完全克复。《北京日报》

段总理发电诰诫前敌。　一、军行所至，首宜问民疾苦，抚恤商家。二、外人之生命财产，随在切实保护。三、长江航路，尤当保全。

奉督张作霖已由军粮城回奉。　又一消息，不日当来京。《北京日报》。

叛军黎天才向长乐、长阳两县溃退。　据汉口电讯：宜昌附近巴东、归县、奥山等处，自九日起已发生小战。黎天才之军队，以子弹缺乏，势难支持，文日上午四时，由巴东、归县一带，向长阳、长乐两县溃退。比得鄂西张学济军队二千人之援助，复向宜昌回击。途中与吴军追击之两队相遇，激战数十时，黎军仍向巴东退却。又一说，黎军于文日败溃，其一部分已向宜昌西北之房县、竹山等处退却，联络王安澜之旧部，朱廷灿旅长业已分兵追袭云。

四月十三日

张敬尧晋级一等文虎章，并给予二等大绶宝光嘉禾章。赵玉珂给予二等大绶宝光嘉禾章。

特授王承斌以勋三位，赵玉珂、曹锳、张学颜、萧耀南、张福来、彭寿莘、陈清源、董政国、王用中、王起贵、杜锡珪、刘锡广、张敬汤以勋五位。

张敬尧密请暂缓调动吴佩孚等军队。　参陆办公处于本日接张密电，略云：准曹使来电，请将吴佩孚之一师及其余各旅调回岳州。事关前路军情重要，拟请暂缓调动云云。《顺天时报》

梁士诒、朱启钤、周自齐、曹汝霖等大宴财政顾问阪谷芳郎、日本公使林权助于天津日本花园。　到会者不下百余人。闻系因某项大借款问题，并非普通酬酢也。

第二路军官张宗昌之兵占领皇图岭。　电云：职旅自攻克浏阳后，仍率兵前进，于元日占领皇图岭云。

冯玉祥之兵开抵汉口。　顷接某要人消息：汉口曹宣抚使电告中央云，冯玉祥军队，真、文两日由蕲春转轮西上，陆续抵汉口将及二团。一俟全军齐集后，当即遵令遣其开往公安、石首两地驻防。尚乞指示方略云。

四月十四日

奖给李荣殿等勋章，张敬汤等陆军少将等官衔。　赏攻克长岳等地功也。

四川刘存厚兵，与熊克武所部兵队激战于广元。

张敬尧报告，第一路兵队进占湘乡以南之鱼塘、下湾铺一带。陈光远报告，第二路兵队进占攸县以南之窑北地面。　新民通信社消息云：第一路张督敬尧所部之田司令树勋，于文日清晨，在湘乡以南之鱼塘、三区团、下湾铺一带，与敌鏖战。亘半日之久，毙敌百余名，迄下午四时，敌势不支，纷纷退却。据土人云；此项敌兵，均系新增之援队。元、寒两日，田军正在乘胜追击。此张督寒电告政府之情形也。又第二路张旅长宗昌所部之第四十五团，于蒸日占领正峰山，敌军纷向攸县退却。文日该团复进据藻田。同日该旅之四十六团，又击破水冲社田之阵线。元日拂晓，两团会师，进至距攸县廿里之窑北以南地面，开始向县城攻击。桂军统领马济，现率多数敌军，距守茶陵一带。此赣督陈光远寒电报告政府之大概情形也。

四月十五日

皖督倪丹忱谒见总统，面陈对南用兵之计划。　闻将援川攻湘。援粤攻桂之计划决定，是晚即出京赴津。

传闻陆荣廷病故于武鸣。❶

我军于衡山方面开始总攻击。　《北京日报》载：参陆办公处日昨致电湘督张敬尧、前敌总司令吴佩孚，即日向衡山方面开始总攻击，以免敌援渐聚，不易进攻。前敌电复于删日向衡山开始总攻击。

张敬尧报告分兵三路攻宝庆。　删日报告，现已分兵三路攻宝庆，以田树勋为中央纵队司令，吴新田为左翼纵队司令，张敬汤为右翼纵队司令。《北京日报》十七日

四月十六日

修正陆军刑事条例，公布之。修正陆军审判条例，公布之。

纷传中日交涉将签字。　此交涉内容，关于海军条件最为严酷。大致为无线电台，由日本承办，将来购械造舰，须尽向日本购入，并有聘用日人教练海军士兵学生等件。闻此项交涉不由外交部，而由靳云鹏秘书与日本方面接洽云。《北京日报》十七日

---

❶ 此条不确。

四月十七日

湘赣检阅使张怀芝报告，第二路军队于铣日克复攸县。　昨日湘督张报告：李统领传业删日午追敌至攸县北关，我军猛力前进，已将该县完全克复，当即入城，一面出示安民，一面遣军追击。现马济、王德庆等败向竹市退却。张怀芝报告亦同，但称李传业一军，以剧战之余，子弹稍为缺乏，目前每兵只存百粒，不敷追击之用，已商准张督就近由他队拨送云。

吴师长佩孚进击花石。　曹宣抚使转据吴师长佩孚称：敌军约一师以上进攻花石，与之接战，极为激烈。拟明日前进，先行击退花石之敌云。

四月十八日

令高种署湖南审判厅长，王淮深署湖南检察厅长。

第二路旅长张克瑶、张之杰等克复荼仁。

西南各省主张改组军政府为联合政府。　草案系汤漪所定。然孙文一派，雅不愿取消军政府。同室操戈，能否成为事实，尚不可知也。因今日《顺天时报》登载，故列于此。

四月十九日

徐世昌出京赴豫。朱启钤同行。　车站送行者，极一时之盛。

俄国中东铁路长官霍尔瓦特氏来京。　相传霍氏到京欲与政府商定在哈尔滨组织政府，以抵抗过激派云。

任命刘之龙署湖南政务厅长。

甘肃张广建派兵八营援刘存厚。　十九日电致参陆办公处云：探悉广元、昭化之急，特令我甘肃军中驻阶州及文县之部队八营，驰赴柏元、上丹、哈南一带，以便应援刘军。

奉军总司令部移驻汉口。　张督电称：拟在汉口设立总司令部，即由徐副司令驻汉，经略前敌事宜。前蒙核准之特别军费六十万元，即希克日汇往汉口云。《顺天时报》。

四月二十日　三月初十日

下午一时段总理出京赴汉犒师。同行者张伯英国务院秘书、叶恭绰交通次长、吴鼎昌财部次长、靳翼卿、曲同丰、魏宗瀚、宋玉峰、冯耿光、虞克昌、曾毓隽、陶云鹤等三十余员，卫兵一百二十人。闻系调和曹、张各派之意见，而表面是犒师也。行期不过七日即回京云。

张湘督报告，田司令树勋克复永丰镇。

四月二十一日

公布侨工出洋条例及募工承揽人取缔规则。出洋条例十六条，取缔规则二十条。

赣督陈光远报告，赣军进占中站。哿电见之晚，故补登于此。 哿电略称：现据援粤赣军后路总指挥吴鸿昌、援粤司令丁效兰等电达，四团团长刘玉崐巧日午四时，率第一梯队由庾岭出发，行至来雁亭附近，有敌军占领侧面阵地，向我军右侧射击。经我军前队猛力击退，复向前追击，至中站附近，续有敌军一团及巡防队数营，处处据险设防，顽强抵抗。经我军逐次猛力进攻，激战数小时，冲锋多次，敌势不支，纷向南雄方面溃退，我军于下午三时完全占领中站，计击毙敌军无算，夺获枪枝子弹及工作器物甚夥。查中站为自赣通粤门户，附近多系高山，敌人设有工事，防守甚为坚固。现经占领，即日乘胜直逼南雄。闻南雄方面敌军近添一混成旅，中站败退后，又已赴韶请兵，然我军锐气甚盛，当可计日先下南雄，续取韶关云云。

是日下午八时段总理抵汉口。

四月二十二日

第一路吴佩孚军队克复衡山。 据曹宣抚使漾电称：顷已得前敌第三混成旅萧旅长耀南电禀：我军自哿日黎明前进，将陈、崔两团分为两路，陈团率步队两营山炮两门，前击护湘关。该旅长自率崔团进攻大花桥、小花桥方面，甫行抵荷叶塘，即有敌军三千余名前来应战，因临时更将崔团分两部，一部对大花桥，一部对小花桥。迄下午一时，始逐渐攻进敌军防御阵地。敌依据良好地势，加以工事坚固，拚命固守，向我环击，我军均奋不顾身，愈激愈勇，卒将敌人击退。尾追至福田埠岳云关，而迭败之敌，仍依据地险，作二次防御。我军继续猛进，敌乃不支，于哿夕二时后，始相率向衡阳方面逃窜。我军于马日黎明进占衡山县境之白露山、祝融寨两要隘。陈团进攻护湘关，敌军亦抗拒甚力。会十团自石湾渡江来援，敌处腹背受击之势，全向衡阳方面引退，我军即时进占护湘关。马日午前齐向衡山县城正面猛击，遂于午后六时完全收复衡山。是役敌军死亡极夥，尸体枕借。我军伤亡尚属不多，夺获炮械及军用物品等件无算，容俟详细查明，会同五旅报由吴总指挥汇转。现一面严密防守警戒，一面相机出攻衡阳。仍请电知第二路速下安仁，以成包抄衡阳之势，则敌氛不难指日肃清云。

川旅长吴震克复梓潼。刘存厚三十日电

四月二十三日

海军次长李传绶辞职照准。

松沪护军使驻京办事处登报声明，卢永祥并无与张绍曾、岑春煊通电主和。　按巧电主和，系何人主持，必有从中播弄者。

法兰西新任公使柏卜呈递国书。　当经大总统批，本星期五即二十六日上午十一时接见。

第一路吴佩孚军队克复衡阳及白菓市。　张湘督报告：顷据吴佩孚漾电，本日克复衡阳，下午五时入城安民。又曹宣抚使转据吴师长报告，由衡山前进，在花石与敌激战，毙敌二千余人。我军继进至白菓市，敌军四面埋伏，幸以稳慎破其奸谋，并即完全占领白菓市云云。

第二路张旅长报告克复朱亭。　按朱亭为湘潭所辖之一市镇，在湘水之东岸。

中央参陆办公处电致龙济光防守待援。 略谓:粤事极紧,均悉。各路援军不日可到,并密电蓝总司令迅拨军舰开往奥南协助。至饷弹一节,已由莫会办擎宇带交。其行军方略,亦经密商一切,请执事与该会办接洽可也。惟援军未到以前,仍望严密防堵是幸。

四月二十四日

命刘传绶为将军府参军。
许兰洲军队已抵宜昌。

四月二十五日

命刘淇兼任外交部特派湖南交涉员。
段总理自汉口启程赴江宁。 总理乘楚泰兵舰,其卫队乘楚材兵舰,行至涉水池地方,与上行之招商局江宽号轮船相撞,是时大雷雨江宽即时沉没,死者不下数百人;楚材亦受微伤,停泊于该处,改乘楚信、楚安开行,总理及各随员均无恙云。总理先拟敬日启行,因吴光新司令兼程赴汉,故少待一日始启行。
国军克复宝庆。 系第十三旅田树勋军队占领。
川军旅长吴震克复剑阁。 刘存厚电称,惟昭化被围甚急,请饬管使派兵二团来援。
赣军吴鸿昌、丁效兰等克复南雄。 南北两军逼近南雄,自二十三日起,即发生激战。至二十四日,南军因子弹缺乏,拟反战为守,以待援军。北军乃乘势猛攻,南军即向南雄城北退却。至二十五日黎明,北军即有一部分入城,于本日上午九时左右,完全占领南雄。南军则分途窜入翁源、韶州一带,并驻军界岭,以为第二路之预防。现正进攻界岭云。某交通机关电

四月二十六日

公布复判章程。

法兰西驻京公使柏卜觐见大总统。

鄂西军队孟团长收复墅山关。

段总理于上午七时行抵九江。　陈光远督军率镇守使吴金标登舰，面谒总理，晤谈约二时之久。

四月二十七日

段总理于上午八时行抵下关。　苏督李寿〔秀〕山、皖督倪丹忱、上海护军使卢子嘉、海军蓝总司令，均到江岸恭迓。总理即离舰上陆，同至南京督署会商一切，并在署用膳。午间十二时即过江至浦口。下午二钟即由浦口乘车北上。皖督亦随同总理同车返蚌埠。是日抵南京，在车站上发见一形势可疑之人，搜出炸弹二枚。

徐树铮抵长沙。

公布民国七年六厘公债条例。十五条。　利息六厘，计募债总额四千五百万元，专为续还中交两行积欠，限二十年还清。十年后，始用抽签法还本，每半年还一次，每次计二百二十五万元。此项公债，以五十里以外之常关收入为第二次担保。

公布民国七年六厘短期公债条例。十四条。　债额四千八百万元，专为归还中交两行积欠，利息六厘，每年付息二次，每半年还本一次，计四百八十万元。自民国七年一月起至十一年十二月止，五年之内，一律还清。此次公债还本付息，由财政部指定每月延期赔款项下拨付。

蒙藏院呈请派夏政等为五口台站管理处处长。

醴陵有复行失守消息。　据长沙二十八日来电，风传南军对于第二路之攻击，最为猛烈。克复攸县后，复追迫北军至醴陵，于廿七日晨已占领该地。又据交通方面云，国军逃出醴陵后，电局被逆军占据云。《顺天时报》

四月二十八日

下午五钟后段总理抵京。　车站欢迎者甚众，下车后即回府学胡同私宅。

周则范等复陷常德。　王巨雅来电称：陈师长复初进驻常德之后，不意周则范等率队反攻。陈师溃散，常德复陷。

纷传国军复收复攸县。　赣督勘电称，张旅昨日收复攸县云云。

纷传南雄得而复失。　某方面消息，赣督俭电报告，据丁旅长报告，南雄得而复失。现重整队伍，极力进攻云。

四月二十九日

闽督李厚基抵厦门。　是日厦门电称，李厚基行抵厦门，即入镇守使署驻节。并因道尹之请，将童保暄所率之军队拨调一师归李闽督节制，将向潮州进军。并报李闽督在时局未解决以前，暂在厦门停留。至童保暄已于廿六日行抵厦门云。共同通信社消息

京师警察厅呈报在京外人确数。　内外城二十区，计男丁一千一百二十六名，女口八百五十六名。

吴佩孚将第三师司令部移驻衡山。

国军完全克复南雄。　赣督转据前敌吴总指挥艳廿九日电称：我军于廿二夜开始进攻南雄，敌军死力抗拒。至二十五日敌力不支，纷纷溃退出城，我军仍奋勇追击。讵敌援大至，复行抗拒。我军血战七昼夜，本日将南雄完全克复，刻正整军前进云。《顺天时报》

非常国会议员反对中日协议。

四月三十日　　三月二十日

近畿第一混成旅旅长吴长植率队赴鲁。　该旅驻北苑，此次奉派赴鲁会剿胶东诸匪，故本日登车赴鲁。

中日电信借款二千万，签字。

徐副司令树铮电告，将驻鄂奉军开赴湘省。

第八师王汝贤电告，兵抵沙市。

纷传广东雷州失陷。

一九一八年五月

五月一日　　三月廿一日

授吴庆桐以勋五位，王占元晋给一等大绶嘉禾章，徐占凤加将军衔。

七年公债自本日发行。

任命姚建屏为福建陆军第一师师长，王祖棨署理陆军第一师参谋长。

曹锟来电夹攻攸县、醴陵。　曹电称，吴佩孚之军队。现已在衡山方面开始迂回运动；根据新计划，从事布署。又第二旅施从滨所部军队，虽已退守萍乡，现因奉军三旅前来应援，已全部向皇图岭方面出发，言誓必克复攸、醴两处云。

上海公共租界小商人袭击警察署。　小商人因是日日本增收税金，由二元加至三元，故于昨日袭击福建路工部局卫生分局，破坏器具等项，经巡捕弹压，仅得镇定。今晨小商人数百名，又聚众袭击虹口警察署，巡警开炮抵御，群众死二名，负伤十名。与前次车夫之暴动，较为混乱也。

宣抚使曹锟电告，赵恒惕已死❶，急宜进占祁阳、耒阳。　百万飞急电。北京大总统总理钧鉴：据吴师长三十电称，查赵恒惕已死，谭浩明、程潜计穷势蹙，狼狈不堪，现已退至零陵、郴州。复探悉耒阳、祁阳逆兵俱已溃退。由宝庆退回之游击队伪统领曾广瀛，又在文明埠附近熊罴岭为部下所杀。除以第六旅张旅长督饬十二团进占耒阳，并令阎团派队随后策应外，现第十一团在祁阳大路之洪桥，专候右路军队会合进占祁阳。仰恳钧座转电张督军，催促右路田司令督队由宝庆急进，以便连合十一团协力占据祁阳。若耒阳、祁阳俱被国军占领，则郴、永以北皆可完固，所余残余逆军自易设法收抚，我军在

---

❶ 这一消息不确。

衡亦无南顾之忧，且可腾出我十一团之兵力，调回衡州。现已令王旅长率第一团由渣江、台源沁向衡州前进。如此，则我路即得一意肃清攸县、安仁等处余匪。查攸县以北之匪徒，不过三千余人，甚形离乱，枪枝子弹俱形缺乏，决其不能持久，且已得有溃退消息，我军分路痛予击剿，想数日当可敉平，以定湘局等语。查攸县虽复失陷，第二路虽退长沙，我军联络进攻，彼溃退之余，不难一鼓消灭。除飞电张督军并函请张检阅使迅令所部激励进行外，谨电奉闻。曹锟叩。东。印。

湘督张敬尧电告亲赴株州督战。 大意谓：株州铺复为我军夺回。现奉军已到一团，开赴易家湾。尧拟本日亲赴株州督战，仍恳速催奉军接续来湘云云。

西南方面伍廷芳等通电反对中日交涉。 其辞与非常国会议员之反对辞大同小异云。

是月军费约需一千五六百万元。 自南北失和，交绥以来，政府用去之军费，鲜有知其底蕴者。兹经确切调查，自民国七年一月起，至四月卅日止，共用军费三千四百余万元；一月分四百九十万元，二月分七百三十余万元，三月分八百五十余万元，四月分一千四百万元，五月分须在一千五六百万元左右。

是日公府及国务院情形，参陆办事处会议事项。 大总统披阅第一、第二路军报五六通，部院例行公事数件，延见前参政院参政杨度、新放湘江道尹吴跃金。国务院秘书长到院，发布明日议事日程。总理未到院。参陆处于上午九时开重要会议，到会者为靳翼青、段香岩、荫午楼、陆秀山、张博斋、师岚峰❶等十余人，由靳主席，至十二钟始息。下午仍继续开议，靳因某项要务，暂时离席，由段为临时主席，至下午五时始散会。内容关系前敌军事，异常秘密云。

五月二日

命张志潭为国务院参议。命方枢兼署国务院秘书长。准任孟广润

---

❶ 即靳云鹏、段芝贵、荫昌、陆锦、张士钰、师景云。

为陆军第六混成旅参谋长，刘建瀛为陆军第一师二等参谋官。

苏督李纯电告，于十九师抽拨一混成旅，派师长杨春普统率赴赣。请迅饬苏财政厅先拨军费十万元。

第二路军队有恢复攸县之说，占领安仁县。

闽督报告议决分攻闽南诏安、上杭情形。　李督统率臧旅❶任正面攻击，童保暄、潘国纲任左翼攻击，唐旅长国谟、贾团长文祥任右翼攻击。

张旅长宗昌克复株州。　李奎元自长沙致电国务院云：我军自二日克复株州后，即乘胜前进，克复荷塘埠、石塘埠两地。惟连日奋斗，拟暂行休息。现令各队在株州休息，再行前进云。

是日国务会议议案。　一、续议接济第一第二两路军火、军费案。该项由政府速筹二百万元，汇交鄂湘赣督军转交前敌长官应用。一、讨论平复湘东重要军事计划案。一、呈请特派援湘总司令案。一、吉督电请增募新兵七营一连，追加预算案。交陆财两部核办。一、消弭鲁匪扰乱地方案。责成吴旅长长植会同第五师第七混成旅巡防警备各队，克日肃清。一、张广建在甘建设机器局，要求追加经费五万六千八百九十元。交财部核办。一、臧致平电请发给所部一混成旅军费案。议决由福建财政厅正款项下拨给五万四千五百元。其余普通议案，及任命官吏案，照例通过。遂由钱、田❷两长赴公府面告阁议情形。

参陆办公处会议。　关系商发要电多件。内有仍促管金聚分兵援广元之电。

公府之情形。　大总统连日虽略有不适，然照常办公。上午到居仁堂披阅要电。下午延见钱、田两总长及第六师第三十一旅第六十二团团长翟殿林、前禁卫军团长索宗仁。又接见报告计划援湘之段香岩总长及与秘书长张仲仁❸，密谈时事至二小时之久。

政府电令曹宣抚使、张湘督严守衡阳、衡山。　略谓：敌军暗袭我军，奸计百出，务望督饬所部军队，从严防守衡阳、衡山，俟将双

---

❶ 臧致平旅。
❷ 内务总长钱能训，农商总长田文烈。
❸ 总统府秘书长张一麐，字仲仁。

方抄攻计划拟定，再往湘南痛剿云。案：电令张军暂取守势，为平复湘东计划之一种，与谕令徐树铮副司令余率奉军赴湘援助，及令倪、陈两督❶加派得力军队赴萍乡一事，以取夹攻之势，均为本日阁议所决定也。

奉军第二十七师师长孙烈臣、第二十八师师长汲金纯、第二十九师师长吴俊陞，由津赴汉。　案：三师长在津与曹省长会议毕，即于二日上午一时至丰台转车赴汉，与曹宣抚使晤面后，即赴前敌云。

南昌宣布戒严。　自第二路军队失利以来，南昌一带人心摇动。陈秀峰❷赣督，因维持地方秩序起见，已于本日宣布戒严，并拟设临时戒严司令部。

粤省党人竞争省长。　上海二日东方电称：广东省长李耀汉辞职，莫督军❸欲以李根源继任，省议会则欲推荐胡汉民，几呈竞争之象云。

沪埠加税案已撤回。　上海东方电称：本埠工部局，对于小商人同盟罢市问题，现发布告示，已将加税案撤回，仍照从前征收。

五月三日

鄂西军队穆恩堂等克复秭归、巴东。　滇黔军东下，以黎、王为前驱。中央既得谍报，令吴光新趁滇军未到之先，为先发制人之计。吴司令江电来京报捷，内称据穆支队长恩堂等电称：我军先后将秭巴克复，黎天才、王天纵等由小路向巫山逃窜。又朱司令亦报告，于艳、卅等日克复巴东、秭归云。十日电有黎王退至三丰坪，身负重伤，仅余二千残兵，不能成军。

侨工事务局颁布招揽华工合同纲要。

是日府院情形。　大总统延见四川省长张澜、京汉铁路总稽查袁世辅、驻日本公使馆附武官陆军留学生监闻春荣、前农商次长文群。

---

❶ 皖督倪嗣冲，赣督陈光远。
❷ 陈光远，字秀峰。
❸ 莫荣新。

与师岚峰处长、张仲仁秘书长、国院秘书长方枢等密谈时事良久。段总长于一三五日照例不到院，因约见河工委员，遂到院接见郑毅权等，遂回私宅。

闽督李厚基电告攻粤计划，并自任前敌总指挥官。电内有借示身先士卒之诚，俾可鼓励兵士之心语。

阿尔泰办事长官张庆桐请调中下级军官二十员。段总理令讲武堂堂长陈文运遴选熟于边事之学员赴阿，每员由部发给治装费三百元。

段总理批令酌赔江宽船损失。由交通部转呈之招商局呈文请求赔偿江宽撞沉之损失，经总理批"酌赔"二字。

中交票低至五六折。自七年公债发行，币价反落。据银行人云，系因湖南军事不利之影响，故自六六跌至六五。然前者段总理上台之时，由交通方面筹备现洋二百万元，日向市上收买纸币，故突由五五折渐渐升至六七折。兹因军费浩繁，复无现款收买，此一纸币跌落之原因也。

护军使卢永祥电告，前暗杀郑汝成之要犯孙强夫，请判处死刑。

驻港专员韩宾礼报告，张开儒率队赴仁化县。略谓：滇军师长张开儒，被唐继尧免职后，现将所部开赴仁化驻扎，不肯交卸，龙使已派员前往招抚云。其内容未可知也。

是日参陆会议要案。一、将二日至三日上午所接张勋臣❶、吴光新、吴佩孚、李厚基之重要军电，决定办法，即日复电。二、议决仍促管金聚分兵赴援刘存厚，免失四川根据案。三、核议赣督请改变攻韶州计划案。内容谓：前订计划赣军攻大庾，第二路攻柳州，然后会师韶州。现在第二路失败，国军难进至南雄，仍未能贯彻计划。因请改攻至韶关止。结果于奉军未到赣南以前，可依陈督之请求。四、徐树铮请将第二路军队调动防地，以奉军任前线，虽认为可行，但须请示总理云。

五月四日

给还赣督陈光远原官。据江西督军陈光远电陈克复南雄情形，

---

❶ 张敬尧，字勋臣。

此次逆众恃险负隅，抵死抗拒，我军奋力血战，经七昼夜始克坚城。具见该督军忠勇激发，督率有方，着给还上将衔陆军中将原官，仍即督饬各军迅扫逆氛，以奠南服。此令。

北军进抵始兴。　克复南雄后，即进抵始兴，滇军死者千余人。倪督电告派马联甲率队赴湘。

陈赣督电告，第二路溃兵到袁州约五千余人，沿途抢掠不堪。

湘督军队克复浏阳。

奉军第三旅入关。　系补足原定南下六混成旅之数。不日即由丰台转汉。

高而谦辞职，命陈箓为外交次长。

令徐振鹏为海军次长。

河野岩男给予三等嘉禾章。

是日国务会议。　徐树铮到院与总理接洽军事。先议中日交涉问题。议决仍由靳云鹏与日委员交涉。次段香岩报告军事。照参陆处议决通过。次任命官吏案。次行政官吏搭发公债案。未决。次吉督请截留解款案。次库伦办事大员陈毅电告军事吃紧案。未决。次内务部提出之测量雨量条例，及中英协定之禁烟条例。次江西督军请募公债五十万元案。遂由段、傅两长入府报告。

是日参陆处会议。　会议徐副司令电陈平湘攻粤援川计划。结果以所陈事属可行，即拟分电各处遵照办理。又分电吴佩孚、张勋臣，令在衡军队暂取守势，俟第二路军队完全收复湘东后，再行会攻零陵云。

是日公府要事。　延见安武军营务处处长中将苏锡麟、七十四混成旅旅长陈调元、长江巡阅副使王廷桢、苏督代表何恩溥、本府政治谘议邓毓、张恩绶、贾熙庸、河务委员郑毅权等及段、傅两总长。

日本公使林权助氏抵汉口。　日领事及交涉员代表均到站欢迎。传说与中日交涉有关系，故武汉人士颇为注意。

纷传张怀芝有电辞第二路司令。

政府已电止倪督军赴湘亲征。　惟请酌拨军队开往应援。

令执法处处长殷鸿寿赴长沙。　令其即赴长沙，严查前敌军官临战不力者，分别惩处，以肃军纪而励前敌。

赣督电告进攻韶州之布置。　支电略谓：赣西防务，业经饬令方镇守使本仁，会同二十三、二十四旅协同担任，可无顾虑。又一电称：顷据吴总指挥电称，刻已拨出两旅分攻韶州，所有进攻计划及一切布置，均已议定，急盼迅济子弹等语。当以中央所拨械弹尚未运到，先将省垣军械库所存之二十箱，交付兵站运往，以济急需。仍恳催饬大批弹药速运，以利进行云云。

五月五日

　　湘督报告湘省税款不收纸币，改为现金。　略谓：湘省财政纷杂异常，兹为整理起见，暂时规定一筹款方法，凡湘省应纳各项税款，一律不收湖南纸币，改为现金，而纸币公报市价，折扣为现，方可准缴。至上年谭延闿为弥补暗亏起见，加抽厘金五分之案，应即打销，以利商民。

　　是日府院情形。　总统披阅张勋臣、张子志、陈秀山军电数通，及部院文件。总理未到院。

　　参陆处会议要案。　拟发前敌军电数通。至对于谢米诺夫军队悬中国旗攻击过激派，过激派已有抗议，且已进占恰克图二事，已电行交涉。又致鲍督一电，以谢米诺夫招致胡匪、蒙人充当兵队，仍应严为限制，免致不易收拾。谢今后行动，多有影响于我国边政者，务随时严为交涉云。又致冯玉祥一电，内容未悉。

　　曹宣抚使电告常德得而复失。　曹有支电报告：沁日常德经王正雅、陈复初完全收复。乃本日电称：迭接冯旅长等先后电称，盘获陈复初马弁云，王正雅已变，陈师长逃往沙市，又陈师在澧被王三面包围各等情。除电令详查务得确情外，谨闻云云。

　　莫擎宇电告抵香港与龙使接洽。　五日电称，已于四日抵港，将军饷交付龙使。龙使军力，现足供保守防地，仍图相机进取。请饬赣闽各军进攻，在粤各军必能响应云。

　　参陆处电复库伦陈都护使外交办法。　一、保护商民，凡我国在外蒙之主权，均应严守。二、严防敌俘，保免余祸延长。三、我国对外，未便轻易干预，以期视察协约国之动作如何。

五月六日

任命棍布札布帮办卓索图盟盟务。

是日府院情形。参陆会议议案。　总统延见日使馆介绍之上杉慎吉_{日本帝国大学教授法学博士}及日使馆汉文参赞西田畊与徐振鹏、张联棻侍从武官，魏宗瀚_{第五混成旅旅长}，张国仁_{陆军少将}，米材栋_{陆军少将}、崔承炽_{参谋本部局长}、闻春荣_{日本留学生监}。段总理到院，出席参陆会议：一、开议徐树铮之军事计划案。一、议决电令上海兵工厂谢邦清，迅拨子弹六百箱，径运厦门交闽督领收案。一、议决吉督请添练吉省第六混成旅案交阁议。一、议决李闽督请拨奉军一旅援闽，碍难派赴案。一、议决冯玉祥一旅应归鄂省调遣案。一、议恰克图被过激派扰乱案交明日阁议。

下午四时余徐树铮出京赴津。　闻在津略有耽搁，尚需赴奉与奉督接洽一切。

日本林权助公使拟往大冶。　自西欧开战以来，至民国六年末，此三年五个月中，日本对华放资，总额为八千一百十七万九百六十二元，计开：汉冶萍公司借款二百五十二万一千元，广东巡阅使借款五十万元_{原定一百万元}，海关社债一百万元，交通部借款二千万元_{原定三千万}，汉口造币厂借款二百万元，兴亚公司借款五百万元，奉天省借款二百万元_{原定三百万}，汉口水电公司借款一百万元，四郑铁道公债五百万元，交通银行借款五百万元，广东洋灰厂借款一百七十万元，广东盐税担保借款一百五十万元，吉长铁路借款四百万元_{原定六百五十万元}，山东省借款一百五十万元。第二次善后借款垫款一千万元，第二次交通借款二千万元，直隶省水灾借款五百万元，其他六百七十万三千元_{原定六、四九九}。此次林使赴大冶，闻系此项二千万之借款，特来汉调查一切。

陆军总长段芝贵访法国驻京公使柏卜。　密谈约一小时之久，旋即回报总理与法使接洽情形。

湘督张敬尧电告本日返长沙。　系由株州返省。

驻港探员韩宾礼转达广东省长李耀汉布置防务情形。　据称滇桂军有反攻肇庆之耗，特将圭峰山、羚羊峡及西江上下游等处防务布置巩固，再分兵两路，一以与赣军联络，一以与龙军联络云。

政府电致张謇〔謇〕表示愿息内争　内有："兵本凶而战固危，北廷有止戈之愿；树欲静而风不息，南服无悔祸之心"语。

衡山方面无战事。　衡山方面，自支日起，确有两次激战。惟因吴子玉师长得到中央停止前进之令，故自鱼日起，该方面未发生战事云。

五月七日

广东非常国会可决孙中山辞职及改组联合政府案。

是日国务会议议案。　陆、曹两总长请假，余均列席会议。其由行政人员搭发公债案，议决由财政部与审计院核办。徐副司令条陈戡定川湘乱事案，议决由参陆处核议。张督呈请任命朱孝威为衡阳道尹案，及任命官吏案，均通过。遂由朱、刘两长入府报告。

参陆办公处议案。　中日交涉案及援川、规陕、攻粤、防边案，会议毕，遂分电各处。

公府情形。　批准八日下午四时延见美国菲律宾提督，其余无要事。

上午十二钟，徐又铮返京。　同行者有徐邦杰、曲同丰、王克敏诸人。此次出京，系专往军粮城奉军司令部收束一切文件，以便移至汉口，故又专车来京，仍定于日内取道京汉路南下云。

第二路旅长张宗昌克复醴陵。　张怀芝转张宗昌虞未电称：昨晚宗昌选派部队向醴陵方面迫击逆寇，今午十时到达醴陵。逆寇正在布置抵抗之际，当经奋力突击，歼毙甚众。逆势披靡，即向黄土岭地方且战且退，现正加紧进剿。醴陵即经职旅于今午完全克复，并夺获大炮两尊，子弹等项甚多等语。查自逆军反攻，立逼株州，该旅长贾其余勇，协同张湘督所部，奋力前进，于支日将株州占领，昼夜激战，跟纵穷追，即将醴陵恢复。攸县、株亭均经第二师次第克复，湘东余孽，不难指日肃清云云。又宗昌虞亥电称：宗昌准庚日午十时，率其余各部，前往醴陵指挥一切云。

曹宣抚使电告派冯玉祥率第十六旅就近往援常德。　陈复初为周助范所卖，不但陷落常德，且丧失之余，已无战斗力。周逆并犯临澧，故待援孔急云云。《北京日报》九日

五月八日

特派章宗祥为全权代表，与瑞士国签订通好条约。

命朱孝威署理湖南衡阳道尹。

通匪蒙犯桑宝革去辅国公并头等台长，发往哲里木盟严加管束。

是日府院情形。　总统披览鄂、湘、赣、闽各省要电。延见美使芮恩施、菲律宾提督义胹恩、美使馆参赞丁家立、使署卫队统领根提德等。此外尚有日本公使汉文参赞西田耕一等请见，批示明日接见。又中德实业银行总裁培勒德辞行，并未延见。总理未到院。

参陆办公处议案。一、讨论刘川督报捷电及请援情案。一、议决复电张宗昌克复醴陵嘉奖案。一、分别准驳各路请补充械弹案。陈光远所请由沪厂运赣，曹锟所请由中央将第五批直接寄汉，吴光新所请暂由鄂借拨，张怀芝所请由汉阳兵工厂拨给，龙济光所请以运输困难尚未作复，刘存厚所请以第一二批已由陕运川毋庸再复。

龙济光由香港赴雷州，并报告李耀汉无通敌情形。　系为第二次之攻击。

段总理回访法公使柏卜。

陈毅报告俄过激派进至库伦。略谓：米色队侵入恰克图，黄色、绿色两队无法阻止。近更进至库伦，库伦政府无力抵抗，商民惶恐万状云。

张宗昌旅长报告刘建藩已毙。　庚电称：据探报，醴陵之役，刘建藩已被我军击毙，并毙其团长、营长多名，暨敌兵三千余名。

五月九日

是日国务会议案。　陆子欣未列席，议案如下：一、维持库伦恰克图等处秩序案。一、拨款赈济南雄灾民案。一、李统领请设京畿平

棠局案交内财二部核办。一、电复吴光新，令其积极进攻川东案。一、任命方贞为雁门道尹、马骏为河东道尹案。一、准派鲁省剿匪司令案。一、接济各省以及各路军费案未决。其余任命官吏案照例通过。

是日参陆处议案。　管旅成师案，及规复湘西办法，尤讨论详细。

公府情形。　延见日公使署汉文参赞西田畊一、东京时论社总主笔中野正刚及曹汝霖、董士恩、黄鸾鸣。

总理谈及议和期。　《北京日报》云：本报记者见总理，问若于时日始有议和之希望。总理谓前定四十日。现湘局既有波折，前项计划，恐须两月左右始可实行。以时计之，似须下月中旬，方有希望云。

曹财政长已四日不到部。　因财政困难，辞兼职，故不到部。

湖南宝庆失守。　湘省电：谭浩明率兵万余攻宝庆，田树勋旅长以众寡不敌，已向永丰镇退却。一说退至界岭。比即急电张湘督请援。当派军队一旅驰往援助，十日已开抵永丰与敌军激战云。

第一路军队张福来克复耒阳。　据曹使佳日电称：据吴师长歌电称，张旅长福来于四日午后完全克复耒阳。

苏督电告，派十九师于青日赴赣。

倪督报告，马联甲率安武军二十营，行将出发赴赣。

鲍督报告，谢米诺夫招募华工作军队，杂有胡匪，请与俄使严重交涉。

五月十日　　四月初一日

易恩侯辞职，调炳〔吴炳枞〕拟署陕西高检厅检察长。

是日府院情形。　披阅军电，延见施愚前参政。总理未到院，然发军电至廿七八件之多。

是日参陆处要案。　一、讨论援川办法，决定以奉军三旅积极援川，变更从前作战计划。（因探得南军最近决定之计划，对于长江上游及粤闽方面，暂取保守之势；于湘省暂取扰乱主义；惟于陕南、川北各地，则乘中央尚无准备，决定以全力进攻，以为捣虚之计。）先令许兰洲一旅，即日由徐州开拔赶赴川北，余即陆续前往。二、电促冯玉祥赶紧赴援湘西案。此外尚有边防案，均作详细之讨论。

山东财政厅报告与英美烟公司借款三百万元已妥洽。 厅长安茂寅与该公司上海副经理葛谷瑞商借二百万元，闻系为讨伐山东土匪之用，其担保品为山东省内之烟叶培养权云。济南十日来电

纷传苏督李纯、黑督鲍贵卿、吉督孟恩远请赦张勋。 呈内有"拟恳复其自由，免予通缉"等语。

五月十一日

国务会议议案。 一、防范库伦、新疆西北边事案。决定派员调查再定正式办法。一、中日交涉案。微闻确将"中日共同出兵"字样改为"中国预备出兵"。此案毕，陆长适出院。一、海军部要求薪金改发现金案。交部核。一、呈请政府任命张庆珍为甘肃高等审判厅厅长案。一、陕督电请自募公债案。未决。 一、接济前敌各路军费案。俟筹定主款再行分配。一、任命官吏及财商部普通案。

参陆办公处会议案。 一、规复湘西案。佥谓规复湘西，宜从夺回宝庆入手，盖因该地实当零、永之冲，地势异常重要，一经失守，则无以遏敌军北进之路。决定饬令湘督赶派得力军力，克期前进。并论吴佩孚师长，速攻祁阳，以截敌军之归路，而收夹攻之效。其余，若援川北，电令赣闽两督进攻粤边及防边计划，电奖耒阳军官等重要军事案十余件之多，均详细讨论。

公府情形。 自昨晚大雨，至本日下午十钟滂沱不息，总统至下午三钟，始到办公室接见报告阁议总长，披阅军电。

国军与南军激战于湖南洪桥一带。 曹使十一日电致参陆办公处，略云：王旅长承斌，自三日以来，即在洪桥地方开始战斗。两方激战，竟达数昼夜。我兵奋勇力战，今尚未决胜负，仍令我吴师长并丁团长即时开拔赴援云。

留日中国学生一部分中止回国。 留日中国学生，日来因受某等之煽动，以致弃学回国者颇不乏人。刻已明了，故大部分已中止回国。惟自始即知此中消息者，则毫不动心云。东方电十一日

五月十二日　　四月初三日星期

　　克复宝庆。　田司令树勋、陈统领德修电称，我军于文日早八时完全克复宝庆，闻政府发给奖金三万元。

　　鲁绅周自齐、潘复、夏继泉、丁惟鲁、王朝俊等进谒总统。叩询日人在鲁设民政署，有无对待方法，并报告鲁省匪祸日炽，商民所受痛苦，惨不忍言。元首答谓，近派近畿第一混成旅及直隶第五混成旅前往会剿，不日可望肃清云。

　　豫督报告，舞阳县土匪已经痛剿肃清。据称：敝省舞阳土匪经陈二混成旅陈团长广琛督队痛剿后，已告肃清。

　　驻法胡公使电告，巴黎会议后，各国公使仍令返俄。据称前协约国方面，以为俄国列宁政府，背后必有德国人在，且逆料其政府必不永久。乃列宁政府与德意志根本上抵触，而德国之压迫列宁政府过于旧政府，故决令各公使、大使回任，意在继续邦交。又谓列宁政府一切取放任主义，故一时不为他派势力所推翻。我国公使亦应取一致之行动云云。闻政府已致电驻日章公使，训令注意内田大使之行期。果尔则中日共同对俄出兵之条件，当在根本打销之列也。

　　徐又铮在京寓开重要会议。是日上午八时，开军事重要会议，与议者为奉天孙赞侯、汲海峰、吴兴权三师长❶，及奉天督军署顾问英顺、前第十三师长刘金标，并通知许兰洲一同列席。盖讨论对于南方作战之计划，及移驻司令部于汉口也。是夜奉军三师长已出京

　　银行团拨还四月份盐税余款。四月分全国盐税余款四百二十万元，于本星期即本日由银行团拨交广州中行四十万元，天津中行十六万元，其余三百六十四万元，均存于上海中行，专备政府提用云。

　　湘督电告复祁阳、安仁、茶陵三县。参陆处于二日内接捷电：一、系报告王承斌克复祁阳；二、系报告张学颜克复安仁；三、系报告张之杰克复茶陵。惟湘西告急之电亦有三起以上。

---

　　❶ 第二十七师师长孙烈臣字赞侯，第二十八师师长汲金纯字海峰，第二十九师师长吴俊陞字兴权。

张开儒被莫荣新逮捕。　据广东十三日电：莫督军因张开儒部下之密告，已悉张曾受龙济光百万之买收，业于昨日逮捕张氏，正在与唐继尧商酌处置方法。又以同一之理由，逮捕军政府陆军次长，业于昨夜枪毙。南军对赣之作战，又将变化矣。

五月十三日

南军叶荃之先锋队已抵巫山。　据孟昭月团长所报告。

孙烈臣、汲金纯授为陆军中将。　单晋和免职，以方贞为雁门道尹。马骏为山西河东道尹。黄芝瑞擅离职守免职，任命邵修文署理甘肃高厅审判长。

五月十四日

署理湖南全省警务处处长兼署省会警察厅厅长刘鸿逵免职。

商会联合会选就卞荫昌为正会长，张维镛、张兴汉为副会长。

八旗官产处释放商人。

阎旅长相文已占领熊罴岭。

公府情形。　接见报告阁议之段、傅两总长，并咨询留学生归国事件。

国务会议议案。　除外交案件外，以军事案件为最多。一、电复张宗昌攻敌密要计划案。责成张宗昌、张学颜两旅长选派劲旅坚守醴陵、安仁外，应会师进政酃县。一、奖赏克复祁阳、醴陵、安仁、攸县、茶陵等处得力将校案。一、接济前敌各路军费案。先筹二百万元交第一、第二两路及吴光新。一、陈陕督呈请募地方公债四百万元案。未决。一、杨新督电请添临时检查案。未决。其余任命官吏案均照例通过。总理是日上午延见由日本回京之记者团一次。

参陆办公处议案。一、规复湘西之新计划案。一、谕令国军固守祁阳、衡阳各处案。一、改组第二路战时编制案。以奉军三混成旅任中路及总预备队，以李传业及马联甲所部之二十营为左路，以张宗昌之混成旅及杨春普之混成旅为右路，其司令则仍其旧。此案虽议决，然尚须徐副司令承认后，方能电致前敌也。此外支配军饷、整顿军纪诸问题,约有十余件之多。

赣南军队陈光逵有与南军激战消息。　比日纷传龙南被南军占领,陈督派其弟陈光逵率队往援,寒日即与南军相遇,正在激战云。
惟龙南失守一说不确

吴司令光新电请封锁渝江计划。　吴司令近以鄂西军事得手,国军并已攻入川境,特于寒日电致参陆办公处,陈述封锁渝江计划,以防在川敌军由水路东窜。并请转饬杜锡珪司令派舰上驶,以便协助封锁计划云。

五月十五日

令海军部组织军法会审,审理楚材撞沉江宽案。　国务总理段祺瑞呈:此次劳师南下,于四月二十五日由汉口启行,随从人员乘坐楚材兵轮,与江宽商船相撞。楚材受伤,江宽立沉,溺毙多命。所有肇事失慎原因,亟因彻查究办。现楚材管带及领港等,已由湖北督军王占元先行看管,请令海军部按照海军审判条例,秉公审理等语。着由海军部组织军法会审,传集人证,研讯明确,按律拟办。此令。

令各省不得扣留盐款。　据兼署财政总长兼盐务署督办曹汝霖呈:迭据四川、广东盐务稽核分所电陈,川粤盐税,悉被各省扣留提用,迭经抗议无效,请饬整理等语。查盐务关系债务,至为重要,数年以来,各处无不按期解缴。乃川粤两省,竟将各该处盐税强迫截留,殊属非是。所有截留之款,无论何项军队动用,一俟时局解决,均须勒令如数缴还,不得稍有短欠,着即通令盐运使及稽核分所,勉负责任,毋稍诿卸。其各该地方军民长官,亦当恪守范围,共维国信。此令。

盛同颐、盛恩颐、盛重颐,均给予二等大绶嘉禾章。盛升颐、盛毓堂、施则敬、邱恒汇均给予二等嘉禾章。　盛文颐捐款特赦,未蒙允准。熊秉三督办屡次邀求,某当局主张如此办理,以为了事之计,故优奖其兄弟也。

公府情形。　除披阅公文外,传见前财政总长王克敏、树威将军张绍曾、内蒙昭乌达盟旗多罗汉郡王多布柴。由贡桑总裁引见参陆办公处议案。 讨论援川攻粤之计划，发往湘、川、赣、闽各省重要军电多起，又致吴光新密电一件。

留东学生先发队救国团副干事长抵京。 因中日新交涉，日人要求条件过酷，回京谋反对总理政策也。

五月十六日

敖廷铨授少将。……

纷传中日交涉条件，于是晚由双方委员签字。 名于陆军协同防敌条约，关于陆军者十二条，海军者八条。在吾国所提出之附带三条件：一、此条约限于北满、西伯利亚发生战事时，中日两国有共同出兵之必要时，始能发生效力。二、北满、西伯利亚如无战事发生，此条约即等于无效。三、北满、西伯利亚等处战事终结时，此条约须完全废止。已经日委员加入约文之内。两方列席人员：中国方面，靳云鹏、曲同丰、丁锦、沈寿堃、田书年、刘嗣荣、江寿礼、童焕文、秦华、陈鸣达、张济元、吴振南、陈恩焘、刘崇杰；日本方面，斋籐、宇桓、增田、伊集院大佐、桦山、本庄、川崎、山田，其内容究不得而知也。

公府情形。 延见李士伟、丁乃扬、孔庆塘。

阁议情形。 由总理报告解决时局之办法，讨论良久，未决。其议决者，有提倡销售公债案一件，筹拨各路军饷一件，陈陕督请募地方公债案一件照江西办理，新省请临时检查所一件，接济各省兵工厂经费案一件先将欠费拨给，电复湘督迅速剿平湘西匪乱案一件，任命官吏及奖励前敌案数件，中瑞条约发表与派驻公使案一件。尚有王鄂督请拨赈款案，因所请为十万元甚巨，未决。

参陆议案。 未知其内容。

张绍曾出京赴津。 说者谓与时局有关系。然张君亦向人言及，时局所以如此者，良非一方面之过失。如各人能去其良心所不安者，则时局方可解决。

五月十七日

特派陈箓兼外交官领事官资格审查委员会委员长，派江庸充日本留学生监督，调任马邻翼为安徽教育厅长，卢殿虎为甘肃教育厅长。

龙济光报告于雷州城外之同城一带，毙敌一千余名，现已转守为攻。

兹制定禁止与敌通商条例公布之。教令二十一号。 第一条，凡中华民国人民，及在中国领域人之其他人民，除主管部处别有规定外，对于左列之国或人，概行禁止通商：一敌国，二敌国人及敌国法人，三敌国之同盟国，四在敌国或其同盟国之占领地居住之人或法人，五商店公司之全部或一部由敌人管理，或其他事务隶属于敌人势力范围之下，曾经主管官厅揭示者。前项规定，其假手于中间人之通商亦适用之。第二条，前条第一项第二款、第五款，得依主管部处之指定，特别监察之。第三条，违反本条例之规定，或有预备违反之行为者，处五等有期徒刑拘役或一千元以下罚金，由法院审判。第四条，通商之原因，发生于本条例施行前者，应自本条例公布一月内呈报主管部处，经主管部处许可者，不适用本条例之规定。第五条，关于本条例之施行细则，由各该主管部处定之。第六条，本条例自公布日施行。

公府情形。 披览曹仲珊、鲍庭九❶、陈毅有报告库伦政府为过激派笼络者之说等要电。延见中国银行总裁冯耿光。

参陆处议案。 讨论中日交涉案及军事案。

商会联合会电诘西南各省。 武鸣陆上将、云南探报唐督军钧鉴：敬电计达。南北战争，危及国本。本会徇全国商民公意，专电呼吁，哓音瘏口，痛苦莫名。我公既以护法救民为心，无论如何，理应电示方针，借慰民望。乃去电旬日，迄无复音，岂以藐此商民，不足劳我公之答复耶。师直为壮，曲为老。民情向背，即曲直攸分，满清、洪宪之亡，可为殷鉴。本会代表全国商民，双方哀恳。祈速电复，以安民心而拯危局云。

---

❶ 鲍贵卿，字庭九。

五月十八日

丁嵩免职，命马镇桐为河南全省警务处处长兼省会警察厅厅长。

公府情形。　延见新简陕西高等检察长吴柄枞，甘肃高等审判厅长邵修文。

国务会议议案。　总理延见雁门道尹方干周。段总长报告川北紧急状况及某项军事问题，均未加讨论，仅按照参陆处所定之计划通过。其议案：一、为宣布中日共同御敌之办法，一、为平定湘乱计划案，一、为浙鲁两省增募新军案暂缓实行，一、为山东、湖南两省电恳豁免被灾区内地丁钱粮案，一、为招商局要求赔偿飞鲸商轮款项案交交通部，一、为鄂督电请续拨赈济商民案先拨二万元，一、为日本政府向中政府申明，克伦斯基政府许以松花江岸至长春一段东清铁路划归日本，但此案克氏政府并未宣布，列宁政府又不承认，请查照由案。暂不提议，俟欧战终了再说。

张湘督电保徐树铮为第二路总司令，未允。　略谓：湘战尚在吃紧之中，而第二路军队，完全丧失战斗力，战事前途，殊觉可危。张子志既已再三请辞本职，乞中央早日明令奉军副司令徐树铮继任第二路总司令之职，并加陆军上将衔，饬令徐氏早日入湘，以资臂助等语。段总理披阅后，以徐树铮既不愿就是职，殊难置复云。

参陆办公处电致前敌慎重招降。　鉴于常德周、田二人之诈降也。

五月十九日　　四月初十日星期日

府院情形。　是日为休息之期，除披览要电外，并未延见他宾，总理未到院。

参陆办公处议案。　拍致刘存厚电一件，曹使、张督、吴光新电各一件，不外援救川北及进攻永州方略也。

中日交涉，于是晚在参战督办处双方签字。　内容异常秘密。原拟十六日签字，因海军条件有二条语稍失含混，为我国海军委员长沈寿堃氏所查觉，要求日委员长增田氏加以修正，故延至昨日下午始签字。此项交涉之经过，详载于《北京日报》六月三日附张之内，靳云鹏之误国，不得辞其责也。

五月二十日

任命张一鹏为司法次长。

修改税则委员会主任曾述棨因病呈请辞差，以蔡廷干代之。

陈光远报告，杨春普之军队哿日抵赣。

电报借款续交日金六百万元。 按此款系日金二千万元，此系由汇业银行转交也。

孟昭月团长占领西溪峡。 吴光新于二十二日电致政府云，巫山四峡，西溪峡占其一，为入川要路，现经孟团长奋勇进攻，于二十二日占领云。

公府情形。 延见日本军事委员宇垣一成、吉田增次郎、斋籐季治郎、伊集院俊、本庄繁、田健三由陆军中将青木宣纯等领见、楠濑辛彦前日本陆军大臣陆军中将、床次竹二郎日本前铁道院总裁、政友会总务，由公使馆汉文二等参赞西田耕一领见。

国务会议议案。 一、皖督请募公债案。一湘督要求三百万元维持市面案。一吉黑两省添设军事电线案。一规复川北各重要地方案。一续议东北西北边防案。其余任命官吏案均照例通过。

曹宣抚使报告第一路进攻永州。 略谓：以吴佩孚所部及直隶第一混成旅王承斌、第二混成旅阎相文之三路进攻永州，中路由梁水，左路由古州，右路由永安云。

二十一日

公布海军刑事条例及海军审判条例。

公府情形。 传见北京大学等各校学生代表段锡朋、雷国能等，及陆军中将黄郛、少将吕均、鲁绅夏继泉与恽公孚秘书介绍之黄中慧等。

国务会议。 一、为讨论解释国民误会中日共同御敌条例之办法。一、讨论平湘定川之军事案。一、续议奉、吉、黑三省与库伦、新疆等处之边防案。一、电复湘督请款三百万元维持市面案。一电复皖省长拟募地方公债一百万元案。一、吉、黑两省设置军事电线案。其余任命官吏案。又段总理亲复三路司令一电，大致谓中日防敌条件，先后签字，纯为出兵协商事项，绝无涉及国权之点。

徐副司令于是晚六钟赴汉。

张湘督报告，湘西益阳县完全肃清。　略谓：益阳于朝日完全肃清，刻正向龙阳方面进攻云。

孙文定于是日乘苏州丸赴日本。　孙中山自提出辞表后，拟于是日启行赴日，其随行者有戴天仇、朱执信、叶夏声等。但闻于二十日潜离广州，往汕头与陈炯明计画云云。

五月二十二日

湘督报告，克服罗山。

命党积龄署理四川高等检察厅长。

张凤鸣、邓凤合授为陆军少将。

府院情形。　延见日本留学生监督江庸、广东粤海道道尹唐恩溥。晚间，设筵祖饯青木中将。

纷传时局将有变化。　曹、张二司令屡次辞职，现又有张奉督雨亭渐渐主和之说，恐不然也。

学界反对新约，大学校长蔡元培呈请辞职，未允。　前日北京大学、工业学校、法政学校、高等师范四校学生，反对中日新约，求见总统，请勿盖印。蔡子民校长因劝阻无效，故辞职。未允。

张绍曾、章士钊回京。　张赴宁与李秀山接洽，章赴南方与各要人接洽，均与时局有关系。按现在纷传政府已派审计院长庄蕴宽往南宁，与陆荣廷接洽和局之事。

赣南探报，粤军分五路犯赣。　第一路由平远攻会昌，第二路由长宁攻安远，第三路由和平犯定南，第四路由大岳山攻信丰，第五路由韶关攻南雄，李烈钧担任总司令，即住韶州，李根源担任地方警备云。

五月二十三日

冯玉祥克复澧州。

公府情形。　延见梁启超、冯德麟及报告阁议之傅增湘。

国务会议议案。　一、讨论解释国民误会中日条件之办法。一、张广建电请追加预算案。一、电示刘川督积极平定川北乱事案。一、讨论章公使电陈，与瑞士国立约手续案。一、财政部提出之七年度预算案。议决准予变通办理。一、司法部提出之暂行援用刑事诉讼律章案。

参陆办公处情形。　首由段总理报告湘东之形势，决定派奉军星夜赴援。此外各方面之军事，均有详细讨论。

国军进抵永州城北之永安铺地方。　据长沙电称：北军分路进攻永州，左路王承斌旅长之军队，首先行抵永州城北之永安铺，即与某枝桂军相遇。激战数小时，已将该铺完全占领。刻正乘胜向永州之古城进攻云。又一讯，系取包攻之势。

五月二十四日

南元超授少将。

府院情形。　延见代办墨西哥公使事务冯祥光、太平关监督冯应楷。国务院秘书厅已改组为五科，秘长方立之传见各科长。

张广建报告，藏番进犯西宁。　据称：现有大股藏番分两路进攻西宁，敝省劲旅，多已开赴陇南、陇东一带。应如何设防，祈速电示云。

日本议员团乙组滨田国松氏十二人抵京。

五月二十五日　　大雨

命刘佐龙为湖北陆军第四混成旅旅长，李胜美为该旅步兵第一团团长，谢超为第二团团长。

府院情形。延见王叔鲁系由蚌埠回京。刘冠雄、朱深均延见，问及阁议情形。

国务会议议案。 一、提议销售七年公债案。一、张湘督维持湘省金融案未决。一、电示张广建杨增新防辖边境案。一、皖省公债案照江西办法。一、闽浙海军联防案。一、熊督办请特赦盛文颐案。一、新督请将塔城、额米尔河增设县治案。一、农商部提出之东陵森林公司组织案。值日本议员团来谒见总理，故后三款未议决。

五月二十六日　四月十七日星期

纷传我军攻克永兴。　不足信也。

第一路田旅长树勋进占四望山极高峰。查四望山为永州第一门户。

冯玉祥进逼常德，距该城仅二十里。

公府情形。　无来宾请见。

政府由令吴司令光新严饬所部军队进占巫山。　政府以川军节节进行，非将巫山攻克，断难急谋平川方策。兹特密令吴光新督队，务于六月五日以前将巫山攻克云。

参陆处电致陈赣督于韶州方进攻，王正雅夹攻常德。

王汝贤电告剿匪获胜情形。　略谓：陆军第八师三十二团第二营营长张传堃，在湖北荆沙之张家岭□臣庙，剿办伪鄂西招抚军匪首张庚六、余全胜、马家文数百名，激战数时之久，匪势不支，即纷纷向湖水逃窜。当场击毙匪兵数十名，拿获三十余名，而溺毙者亦甚多，并获快枪、土枪多件。官兵仅微伤一名。

交通银行在江西会馆开股东大会，举定董事。　到会者四百余人，由曹润田总理❶主席，报告去年营业进行，较前年多盈四十余万元。旋改选梁士诒、朱桂馨、周自齐、陆宗舆、汪子健、孟玉双、蒋邦彦当选为董事，方仁元、叶恭绰、于子昂、关冕钧、王祝三、陈玉苍为候补董事。

---

❶ 曹汝霖，字润田。

五月二十七日

徐树铮在长沙城内开一前敌军界恳亲会，旋往衡永一带抚慰军队。

冯麟阁到奉天。

府院情形。　延见日本议员视察团滨田国松等及李长泉、张锡元等。

政府电复张謇，新约确无损伤国权之处。

曹宣抚使因病请假，特派代表张联棻、公府医官纪书元赴汉慰问诊视。　据闻因染患时疫。

陈赣督据赣绅欧阳霖呈请赦张勋。　略谓：张勋久历戎行，泽流桑梓。同袍环诉，既共希孟明一眚之宽；乡党陈情，又愿为奄息百身之赎。该绅欧阳霖等，豫章耆硕，领袖商民，览其言辞，皆极诚恳，非仅表乡评之善，抑可昭舆论之公。昔辛庆总叩头流血，而汉成帝遂免朱云，哥舒翰泪随声下，而唐玄宗卒宥忠嗣。该绅等不惜其身，营救僚友，视庆忌之流血，哥舒翰之声泪，心迹如一，今古同悲。夫情无可恕则执法，情有可恕则原情。今同系者既邀宽典，而向隅者独在拘囚。是罪疑惟轻，已当在矜全之列，兹同罪异罚，何以昭折狱之平。合无仰恳钧座，俯如所请，即沛殊恩，行使特权，不泥常制，宥一人以慰群庶，消反侧以定危疑，其于弭乱安民，实多裨益。据情电请，伫候殊施，不胜悚惶待命之至。得阅较迟，故录于此。

教育部限令留学生回日本上校。　以六月十日为限，务须照常上课，否则取消其官费云。

奉督来电，主战到底。　日来盛传政府主张调停南北，奉督亦不愿战。兹得现其日前密电，则不然也。略谓："国家出兵数月，所耗之金钱与牺牲之军人生命军火，不可胜计。南方诡计频施，力充则肆意扰乱，力挫则假言求和，查其情形，不过一种缓兵之计。况日来鄂、皖、苏、赣，大军云集，军事甚为得手，奉军亦连获胜捷。正宜及时进兵，扫清逆氛，以为一劳永逸之备。万勿轻信若辈之奸诈，致贻后日噬脐之悔。大局幸甚。"

五月二十八日

广东军政府已解散，联合政府之七总裁均允就职。廿八日路透电。

张殿臣营长克复茶陵。

国务会议议案。 一、讨论某项重要外交问题。一、电复李闽督请准截留盐税案。未准。一、准拨醴陵灾民赈款二万元案。一、龙巡阅使自向琼州商民商借巨款案。一、闽浙海军联防案。一、西北边防案。其余任命官吏及湘南、湘西军事案。遂由陆、曹两长入府报告。

章士钊入见总统。 章氏自言时局有和平之途，经士钊再供奔走，亦所不辞云。

日仓知氏谒见总理。 密谈半小时之久，仅外部参事刘崇杰列座，担任翻译。

传闻总统电复陆荣廷言和。 陆氏来电，请弃战言和。故电复陆氏，详述中央不愿延长战事之隐衷，如西南果能服从中央政令，南北竞争自不难立刻平息云。

五月二十九日

张宗昌由攸县退回泗汾铺。

宁乡匪徒退至安化。 系李奎元所部魏团长所击退。

荐任张缉光为交通部秘书。

府院情形。 延见吉林督军署参谋陈鸿逵及本府秘书文群。文系由上海回京。

参陆处情形。 关于进攻鄙、永及第五期作战计画，讨论甚详。

徐东海派人谒见总统，劝将清室公债票退还。 近日纷传冯总统❶向清室借出一千万元之债票抵押某银行，得三百万元，为徐东海

---

❶ 原作"长"字。

运动总统，故东海请某局长或系吴士湘向总统陈说云。

曹锟因病电辞第一路总司令之职。

徐树铮由长沙电陈，是日亲赴衡州。

纷传南军许崇智所部已侵占福建之武平、上杭两县。

五月三十日

张宗昌突然到汉口。闻于时局有关系。

奉军第一支队张景惠司令率队抵衡州。吴佩孚报告。

冯玉祥所部周、董两团克复鳖山。

南军陈炯明之兵占领福建之永定。

援川甘肃新建军十营之前锋队已抵广元。刘存厚电

传闻李烈钧占领南雄。李烈钧军队，由二十六日开始运动包围南雄，北军未与交锋，于三十日退至大庾岭。南军现已分三路图赣，所有杨春普之苏军，及吴鸿昌之赣军，已集中于大庾岭附近。

孟昭月团长克复巫山。

福建长汀失守。

准以吉钟升补东陵总管

浙江监犯马骥帮同看守阻止暴囚反狱，宣告减刑为三年又四月。司法总长呈请。

公府情形。延见报告阁议之钱、田两总长及中日实业公司之副总裁仓知铁吉、日公使馆汉文参赞西田畊一。并派员赴长辛店慰问曹使病状。

国务会议议案。一、讨论改变进攻湘南及肃清湘东计画。一、陕西电请增募新兵案。未决。一、紧要边防案。一、拨款赈济长沙被水灾民案。一、第一、第二两路总司令请拨暑药案。由财部筹拨四万元。一、任命官吏案。

中日两国同日宣布三月二十五日外交文书四件。中国驻使章宗祥致日本外务大臣文云：前后未录。"一、中国政府及日本国政府，因敌国实力之日见蔓延于俄国境内，其结果将使远东全局之和平及安宁受侵迫之危险。为适应此项情形，及实行两国参加此次战争之义务，

不能不及早协同考量应行之处置。二、依前项所述，经两国政府合意后，因实行决定之事：凡两国陆海军，对于此次共同防敌战略之范围，应行协力之方法及其条件，由两国当局官宪协定之。该当局官宪，对于相互利害问题，互相慎重诚实，随时协议，并由两国政府核定，俟时机实行。"日本外务大臣本野一郎复中国驻使文云：前后未录。"一、日本国政府及中国政府以下同前。二、同前。"又日本国政府致中国驻使函云："敬启者：三月二十五日，贵我两国政府，因共同防敌，业经互换公文。帝国政府，以为该公文之有效期间，应由两国军事当局商定。再因公同防敌，日本军队在中国境内者，俟战事终了后，应一律由中国境内撤退。帝国政府，特此声明，相应函达。兹本大臣对于阁下特表敬意。敬具。"中国章使复日本外务大臣云："敬复者：本日接准尊函内开，三月二十五日至当局商定等语。中国政府对于此节，亦正表同意。再尊函所称，因共同防敌至特此声明等语，亦经阅悉。以上依本国政府之训令，相应函复。兹本使对于阁下特表敬意。敬具。"

两湖宣抚使曹锟由汉抵天津。案曹使以病未痊，行车甚缓，是晚十二时始抵长辛店。其至天津，则确系次日上午三时也。

曹仲珊于二十九日由汉口专车北上，三十日下午十一时抵长辛店。当晚即由长辛店转车丰台，驰回天津。政府方面，已派段陆军总长、曹交通总长赴长辛店前往慰问。惟第二路总司令张怀芝，亦有回鲁益急之说，则前敌战事将由何人负其责也。至龙济光日昨亦有密电到京，将于日内北上。时局之变化，真非局外人所能测其万一也。吴镜潭、靳翼青，均到长辛店欢迎曹使。

湘省战事已停顿。项据某交通机关消息云：湘省战事，近日陡然停顿。湘西、湘东一带，虽因水患之故，然湘南零、永方面，并无水灾。战事亦无发展消息。则两军此次借端停战，略有其它原因云。又闻湘督亦有电同前情。

五月三十一日

着财政部迅拨赈济湘省款银三万元。据湖南督军兼署省长张敬尧电陈：本月二十四五等日，湘省大雨如注，山洪暴发，省河漫溢，长沙、株州、醴陵、湘潭、宁乡、湘阴、湘乡等县，沿河皆被水灾，恳请速颁急赈以安穷黎等语。湘省兵燹之余，继以灾祲，被难情形，殊堪悯恻。着财政部迅拨银三万元，克日汇交该兼省长，遴派妥员，分赴灾区核实散放。此令。

苏省援湘军已抵江西之宜春。

童保暄电陈，已出兵规复武平。 略谓：逆敌压境，势甚汹涌。现在唐、臧两使，急趋永平督战。童保暄于本日由中路出发。另组支队防敌上窜，并截敌前进，以为规复武平地。

南郑镇守使管金聚率兵援川，抵宁羌县。

陈复初交湘督任用。任命朱泽黄为湘南陆军步兵第一旅旅长。

府院情形。 总统自三十日午后，精神疲倦。不见宾客。是日派王兰芬上校武承宣官到东车站欢迎龙巡阅使。

龙济光午后三钟由东站到京。 其侄龙运干率振武军三十名到津站迎迓，总理派曾毓隽到站欢迎。下车后，即赴米市胡同私邸休息云。

有某当局谈及时局已趋于平和。 略谓：曹张之举动，省会联合会之在宁开会，定于六月三日，直、鄂、川、黔等省到宁者不少。直隶边守靖亦到南方，足为平和之证云。

政府通电各省，曹使返津纯为养疾，请勿误会。

一九一八年六月 止二十六日

六月一日 四月二十三日

殷鸿寿代张旅长宗昌电请在汉就医。

驻岳州奉军一旅开往长沙。 奉军前驻长沙之一旅，刻已开往衡阳，于一日由岳州开往长沙一旅，担任湘垣防务。计奉军驻湘者确有两旅以上。

刘川督电请由汉阳兵工厂速拨七五退管炮十五尊，交邓孝可运回广元。

广东警卫军统领袁带在香山宣告独立。系与莫荣新脱离关系。

国务会议。　总理延见龙巡阅使。议案：一、为变更攻取湘南湘东计画案。一、为讨论粤省军事计画案。一、为筹拨第一第二路军费案。一、为湘省扩充陆军案。一、为电令张宗昌认真维持湘东地方案。一、为陕甘两省增兵案。遂由总理偕段、傅两总长赴府报告。

参陆办公处议案。　上午，曾将曹仲三〔珊〕宣抚使所陈之实行招抚南军办法，详加讨论。下午，则议及粤、闽、赣各方面之军事紧急问题，分电各处。

报载，段总理对于湘省主抚，两粤主战。

报载，曹使已电请政府派前湘南镇守使赵春庭赴衡永方，招抚南军。

报载，前敌军官集齐汉口，湘省军官全体乞休。　汉口大旅馆均住满。

政府派靳云鹏赴津与曹使接洽一切。　闻系商妥实行招抚之办法。

曹使自津电陈遵照军事计画。　电称：第一路军队，现在遵照军事勉力进行。二路因水未能续进。入湘奉军，请令开赴右路云。

六月二日　　四月二十四日星期

府院情形。　总统因政躬不适，未到办公室，并未延见来宾。

鄂省宣布解严。

政府通电各省，转饬交涉员照会外交团，勿论何方党人，勿与借款。闽军臧致平之兵队克复黄冈。　据电称：职旅克复黄冈，士气大振。现定鱼日向饶平进攻。厚基已派潘旅贾团分往永定平和进攻。

徐树铮由汉抵京。　徐树铮因曹锟仓皇回津，恐时局问题。将来若何变化，特即赴程北上。已于今日十一时四十分专车北上，随带护兵甚众。下车后并未回宅，即驰至某当局处筹商一切。

参谋办公处因靳翼青到津，未开议。

纷传赵春庭将授为湘南镇守使，委以招抚之职。　张湘督、徐树铮均保其心无它，且系湘人，与西南各方面通声气，故政府决定如此。但南方受抚与否，尚无把握也。

纷传政府将授吴佩孚以孚威将军。　曹使回津，第一路司令之事，均托王占元代办。然前敌一切指挥，惟吴佩孚是赖。政府有鉴于此，故拟以吴为孚威将军，以便调遣各军。

湘西战事尚未停顿。　湘南战事均已停顿，惟湘西安乡、石门，仍有战事。

热河都统姜桂题电呈前敌战事不宜变更。　略谓：曹使北归，于前敌战事，影响甚大。务恳切实安慰，能令仍任前方军事，方为上策。值此西南内哄机会，正宜密饬前敌各军，积极进行，以收统一之效云。

纷传南军反攻祁阳甚力。　前敌虽已停顿，然南军反攻祁阳甚力，死伤俱甚多。

非常国会议长吴景濂反对陆荣廷、岑春煊与中央议和。　上海一日电。

张陇督电报，特派吴攀桂为甘肃援川总司令。

六月三日

政府电令两湘严缉伪宣抚使。

南雄已为南军陷落。

吴佩孚授为孚威将军。

任命赵春庭为湘南镇守使。

公府情形。　总统政躬渐畅，披览李秀山、吴致堂、田蕴山、孟曙村❶来电数件。并派公府庶务司长张调辰、卫侍武官张联棻持函赴津与曹使接洽，并邀其来京解决时局问题。

段总理在宅内开重要会议。　靳翼青自津回京，于是日午后驰赴段宅，报告曹宣抚使所持之收拾湘局办法。总理以事关重大，即电约段陆军总长到宅密议。大致就绪，须经明日阁议，即当电达前敌各军

---

❶ 吴光新，字致堂；田中玉，字蕴山；孟恩远，字曙村。

照办。

湖南方面已实行招抚。 赵春庭往湘，系以镇守使兼任湘南招抚清理局局长。抵湘后，曾以局长名义发出布告一道，略谓：本局长奉两湖宣抚使曹、湖南督军张命令，已在衡阳设立湘南招抚清理局。为息事宁人起见，网开三面，宽其既往。经偕同地方公正绅商，会商陆军第三师师长吴总指挥，拟双方划界，暂行停战。派员分途招抚，随带有陆军第三师师长总指挥发给之护照，保护尔等入境。会同呈请编为国军，官仍原职，兵发原饷，一律优待。如有不愿入伍者，准其缴械，仍给川资护照遣送回籍，决不稍有歧视云云。上下省略

天津方面梁燕荪、朱启钤、周自齐等联合名流，主张调和南北，公推徐世昌斡旋其间。

香港来电：李耀汉已宣布独立于肇庆，与莫荣新脱离关系。

吴光新电告，在三岔口方面大获胜利。 巫山方面不甚得手，但于三岔口方面大胜敌军。

龙济光遍访当路，并往拜蒙藏院总裁贡桑诺尔布。

国军败绩于湘乡、祁阳方面。 长沙三日电：北军在祁阳战时，适遇倾盆大雨，桂军司令韦荣昌，即冒雨袭击北军，大破奉军，闻死伤近二千人，俘虏有三千之多。同日湘乡方面，亦大败，死伤至一千余人之多，确否不可必也。案《顺天时报》之六月五日报载，祁阳大败非奉军，系直隶第三混成旅，确已溃散。祁阳方面，确归南军占领云。

六月四日

汤济武由日赴美。 预定在美两月即行归国。

交通部总长曹汝霖呈请任命曹家骥为视察。

公府情形。 大总统以政躬不适，加以肚腹微泄，并未到办公室及延见宾客。

国务会议。 一、讨论招抚湘南各处南军之唯一办法，大致已议定。一、拨款维持湘省金融案。责成财政部分期筹拨。一、苏省扩充军备案。议决缓办。一、张广建、鲍贵卿请截留解款案。一、电示闽省行军计划案。一、任命官吏案。一、陆军部提出长春增驻军队添

军费案。一、外交部提出乌梁海善后办法案。又钱内务报告救济国会选举甚详。遂由朱深入府报告。

参陆会议。　其重要案件为龙济光条陈平粤之计划，与曹使所陈招抚湘南之办法。

政界要人靳云鹏等公宴龙巡阅使于那宅公园。　并召名伶梅兰芳等演戏以助兴趣。

六月五日

公布刑事诉证审限规则。计十六条

冯玉祥之军攻克石门县。　南军已向临澧、慈利等处溃败。董团长现亦逼近常德。又有歌电，报告南军向清水岭退却云。

吴佩孚报告，支队长殷本浩占领天堂山。　略谓：职师第五混成旅长张学颜将所部编成两支队，分别攻守。兹据支队长殷本浩报称，于五日辰刻占领天堂山，敌之部退至永兴城下云。

张怀芝谓改编山东第一师为两旅，以潘鸿钧、张克瑶为混成旅旅长。

杨建勋授为陆军少将。

元首宴龙济光于公府。　下午六时为宴期，段总理先时至府，与元首密谈半小时之久。与宴者计三十六员。

纷传古城得而复失。南军通电不愿受抚，驻沪各要人主张疏通和议，天津将有督军大会议。

赣督陈电告赣南军情。　略谓：南雄方面，刻下尚无战事，仍由赣军司令吴鸿昌驻守。现又抽拨劲旅一支，约万余人，前赴大庾岭防峡。一俟各军到齐，当即前进云云。然外间盛传，南雄已被李烈钧包围，北军已退至庾岭。由此推之，殊不确也。

六月六日

皖督、奉督电请任张怀芝为援粤总司令。　奉督系歌日电，倪督系鱼日电。

张湘督请派施从滨为湘东警备司令，冯玉祥为湘西警备司令。

广东香山县已为南军占领。

国务会议议案　一、湘督请维持金融案。一、清皇室要求拨给优待经费六十万元案。一、黑、甘两省电请截留解款案。不准。维持鄂西要隘地方案。责成王占元、吴光新速筹办法。一、接济各省军费案。其余普通议案。

参陆处会议。　段总理列席，有某当局力言湘省既收抚无功，以宜继续作战，以免徒怠我军之心，而予敌人以可乘之机。总理亦极谓然。遂决定饬令前敌各军积极作战。

公府情形。　延见报告阁议之曹汝霖及江海关监督冯国勋。

传闻烟酒大借款将于五日内签字。

徐东海到京。

清室公债票现在向某方面要求交还。　谣诼纷纭，政府当局即向清室交涉，故世续要求某方面交还。

六月七日

张奉督命殖边银行停止营业，并禁止各钱铺一律歇业。　殖边银行在奉天仅有开办银元六十万，而发行钞票至六百万之多，钞票日低，故派员清理，并拘留各员行。至其余小钱铺不满一万元资本者，均一律禁止。说者谓此与总统问题有关，因恽公孚欲该行资金运动一切也。

闽军克复永定。

张祖佑授陆军少将。

公府情形。　延见章士钊前充岑西林代表、王克敏、王廷桢。

段总理往访海军总长刘冠雄及徐东海。　时局问题，东海并不置可否。

六月八日

闽军臧致平报告，占领庙子前、张顺坝一带要隘，拟于本日进攻饶平。

刘川督报告，吴旅退至二龙山，赖旅、唐旅、田旅退至笔架山。

赵云龙团长占领火峰驿。

公府情形。延见钱内务、田农商长，询阁议情形。又见萧安国、蒋廷梓、冯耿光。

国务会议。 一、海军部提出之军事重要案。一、龙济光请款案。决定折半拨付。一、对于湘南改守为攻案。一、令闽督于十日内克复上杭、武平、永定各地案。一、拨付清皇室经费二十万元案。一、湘民要求赔款案。未决。一、接济各路军费议决第一路拨六十万，第二路三十万案。其余任命普通官吏案。

张宗昌由汉赴湘。 系六日电告政府，在汉医治，业经痊可，定于八日赴湘。

《北京日报》登载总统密电滇督唐继尧。 计一百二十一字，内容甚密。

陕督陈树藩退守新市，来电请援。陈督被围于固市镇，于阳日突围而出，退守新市，电请四路救援；一、请令奉军许旅援川过陕时，暂留渭南剿匪；一、请陆军部急令姚村训练之新兵两团，配械出发来陕，一、请中央添派镇嵩军十营来援，取道黄河较为便捷。一、请鄂省派援军一旅，经由郧阳入陕南援助。

国军占领益阳。 本日南军退守龙阳、益阳已被北军占领。上海八日东方电。

国军进逼汕头。 北军得奉军来援，已进逼距汕头八十里地点，正与南军激战。孙中山亦因此暂离汕头，观望形势。

六月九日

川军钟体道电告，龙潭已失，退驻朝天岭，刘督自广元退扎神宣驿，请令管使速派援军。

府院情形。 总统延见两广巡阅使龙济光。张秘书长入府报告见徐东海近况。

龙济光、孙慕韩❶等往豫省，致祭项城。

六月十日　　五月初二日星期

南军马济等反攻攸县。

童副司令部下李炜章报告，于上午九时占领饶平。

赣督陈电告，南雄失守原因。

公府情形。　延见熊炳琦、王廷桢、王克敏，及日本公使林权助与阪谷芳郎等。

参陆处要案。　皖督请添募新军二千名，并拟于赣州招集，已议决。

传闻汕头已被闽军占领。

六月十一日

特授朱廷灿、王都庆以勋五位。鄂西战功。

审计院长庄蕴宽已回京销假。　庄之出京，以回籍省墓，其内容实含明调和南北性质也。

任命吴长植为陆军第三混成旅旅长。

国务会议。　一、对南继续作战与招抚投诚南军办法案。一、各路统兵长官屡电催促军费筹划接济办法案。一、各兵工厂添加夜工电请增费案。一、湘民要求赔偿损失案。一、刘存厚请截留盐税案。一、电示湘东，赣南各军以预备改守为攻案。一、黑省边地添设电线案。其余任命官吏案。又一讯云，吴使转来之亚西亚煤油公司在武汉、芜湖、大通间，因战事所受之损失要求赔偿案。议决令外务部派员调查。黑省边境粜出粮食货物是否解禁案。议决弛禁。英教士遭损失赔偿案。均议决。

公府情形。　延见报告阁议之段、陆两总长及荫参谋总长、本府秘书文群、中国银行总裁冯耿光。

---

❶ 孙宝琦，字慕韩。

吴佩孚师长以书招抚各地南军。系十二日报，故录此。书云：

敬启者：

久仰风仪，无从挈手，江天在望，时切遐思。然以同袍同泽之人。为争地争城之举，而复无一纸画以道达诚意，扑之于心，良用歉然。此次南北竞争，多以时事龃龉，遂致双方误会，兵连祸结，涂炭生灵，所耗者吾国资财，所伤者吾国元气，无论孰负，利害同之。在执事深明大义，自然洞晓此中症结，勿待烦言。徒以未发之先，实具有不得已之苦衷，遂致既发之后，又实含有不能言之隐痛，此亦彼此之所同也。佩奉命出师，南下数月，转战襄樊，递复岳长，所谓名城要隘，举不可恃，在兵法已成有进无退之势。然目观衡山南北，烽火频惊，湘水东西，室家失据，则大有不忍于心者。谁生厉阶，至今为梗。长此纠葛，庸有益乎？是以极诚相告，不惮先施。如执事憬然悔悟，一反畴昔负固之为，同作拥护中央之计，则民国法网夙宽，自当不究既往。佩亦将禀请中央，凡受抚之官长士兵，悉仍旧职，共策将来。除由前湘南镇守使赵君春庭，受任招抚，可以接洽一切外，特专函奉布。执事纵不为国家前途计，独不为湘省人民计乎？况甘为戎首，决无幸免，刘建藩之结果，可为殷鉴。所愿扩其虚怀，受余忠告，同心御侮，有厚望焉。意长言短，尚希明察。

顺请戎安，伫候明教。

孙文赴日本箱根。文偕同随员等于十日早抵门司，十一日即转赴箱根。

六月十二日　　五月初四日

赵团长云龙攻克界岭。　系鄂蜀交界之地。

广东非常国会议员开正式国会。　两院合计有议员二百四十名。

特授张宗昌以勋五位。

钱能训晋给一等大绶宝光嘉禾章，江朝宗晋给一等大绶嘉禾章，于宝轩、徐恩元均给予二等大绶宝光嘉禾章。一混成旅参谋长，均照准。

府院情形。　元首延见阿尔泰办事长官张庆桐及汪外交长。国院院方面惟参陆处有会议。

是日所闻之湘省军事消息。　据闻常德指日可下。零陵敌军主力仍系谭浩明，其部下之兵，计万余人。粤、桂南军首领，已续调援兵二十营，兼程驰至永州策应。直隶军队，现已全体加入火线，酣战两昼夜，敌军极力抵抗未退。并闻酃县已于本月二日为张福来旅长所部攻克。张旅刻已向桂东追击，敌军已溃向郴州、永兴两处，联合马济固守入粤之咽喉。张宗昌旅长所部苏军，冲入安仁南境，会合直军第五旅及驻常宁第三师之一大部队，三面抄袭，南军仍面面抵抗。现在马济仍固守永兴未退。宝庆方面，田旅长、陈统领与南军交绥，已得胜利，敌向新宁东安分窜。益阳县城，已为国军入驻。国军入益阳后，即拔队直向汉寿进攻。同时冯玉祥旅长所部中路之军，已抵火龙镇，常德不日可下，并已任董世禄团长追剿周田之溃兵云。施从滨师长及潘、张两旅长，于十一日由皇图进驻新市。冯玉祥真电云："我军第二支队抵皮公山，向敌痛击，敌向杨树山败退。我右队抵双庙山与该队合进，探悉敌军大部在千金山，遂从左右翼夹击退之。同时我猛攻单梁山，亦占领之。敌皆退至观音庵，经我军四面包围，旋即完全占领，计共毙敌百余名。"

张怀芝、倪嗣冲均到天津。预闻天津督军会议。　此次会议主动为曹锟，各省均有代表到会。

六月十三日　五月初五日

为端节各部院均放假一日，各部总长赴彰德致祭项城。
第六混成旅长张宗昌已抵醴陵。

六月十四日

国军克复常德。　王镇守使正雅报告，是日早九时完全克复常德，敌大部向桃源溃窜，一部败往汉寿，现正出示安民云。

天津会议开第二次。闻曹督军极力主张将时局问题解决，及总统问题均讨论具体办法。到会者除倪、张二督外，有鄂省代表杨文恺、苏省代表何思溥、陕省代表张宝龄、晋省代表田应璜、上海卢小嘉、奉省代表杨雨霆。

是日所闻宜昌方面之捷讯。大安山一役，敌军分途窜退，其江北岸之敌，退守蔡家山。涪石方面，已陆续到有敌援，当由王副司令派赵、穆两团出击，并令兴山陈团驱逐遗家桥之敌。本月四日，赵团长云龙出威灵观，至龙川河岸，于六日早晨六时，炮击隔河南军，北军奋力占领高地，以炮力掩护兵士渡河，冲锋直进。敌不能支，且战且退。第三营长杨国华率全部由左翼攻渡，连夺十余山头，至十时半，完全占领观音堂。第二营长刘文崇率全部由右翼攻渡，亦夺十余山头，十一时，占领蔡家山。至十二时，南军复迭次反攻，均被击败，向火峰退去。是役击毙敌营长连长五员，兵士数十名，伤敌兵百余名，俘七名，并获快枪四支，土炮五尊。同时穆团长楼棠率部协助赵团进攻，并令第二营由右翼大道相攻沛虎垩，第一营由左翼小道相攻官渡口背后一带高山之敌，激战二小时，将敌击退，遂占领沛垩、虎垩各官渡口背后一带之高山。因火峰敌军仍作反攻之势，遂乘胜进攻火峰。八日早五时，赵团先以两翼冲队攻击，敌在火峰西大黄山上防御，激战片时，敌势不支，四面溃走，至六时半即完全占领火峰驿。是役北军伤兵一名，击毙王天纵部下团长齐某一名，兵数名，伤敌兵数十名，并夺土炮数尊，快枪一支。现江南面一带，已无敌踪。惟大竹方面，发现哈克明等敌军约千余人，向北军武李两营进攻，鏖战数日，已由吴光新总司令派孟支队由巴拨队往援，并令驻归赵支队镇防巴东云。赵团自占领火峰驿各要隘后，蒸日与王安澜在罗平河激战，敌向茅山方【面】退窜，文日攻克界岭，敌向小樵驿逃窜。赵团追出湖北境界十里，因天晚路险，未敢穷追，乃回界岭大山一带防御云。

六月十五日

公布保守袁公林规则。

命令：陆建章既经拿获枪决，着褫夺军官、军职、勋位、勋章。前据张怀芝、倪嗣冲、陈树藩、卢永祥等先后报称，陆建章迭在山东、安徽、陕西等处勾结土匪，煽惑军队，希图倡乱。近复在沪勾结乱党，当由国务院电饬拿办。兹据国务总理转呈，据奉军副司令徐树铮电称，陆建章由沪到津，复来营煽惑，当经拿获枪决等语。陆建章身为军官，竟敢到处煽惑军队，勾结土匪，按照惩治土匪条例、陆军刑事条例，均应立即正法。现既拿获枪决，着褫夺军官、军职、勋位、勋章，以昭法典。按陆十三日到津，次日即往见徐副司令于奉军司令处，遂被枪决。

费国祥授为陆军少将。张奎武、胡文藻授为陆军少将陆军长呈准。

国务会议。总理将枪决陆建章问题报告，并谓须宣布罪状，均无甚讨论，通过。其议案：一、为讨论继续对南作战划计。一、陈树藩电请军费案。一、张作霖电请拨款维持金融案。一、电示刘川督恢复川北案。余均任命官吏案。遂由曹汝霖入府报告。

公府情形。　延见张怀芝上将、王克敏、任可澄、张仲仁新自彰德回京、萨镇冰、王廷桢，及日本议员团泽来太郎等。

张检阅使由津早车到京。　寓旧刑部街陈宅。十一时即谒段总理，旋见大总统。

以枪决陆建章事通电各省，并电告冯玉祥。

各总长及各要人均由彰德回京。

吴光新司令报告克复巫山，并述进攻川省计划。　按克复巫山，此为二次。

外蒙古及西藏众议员已选出。　土谢图汗部车林桑都布，车臣汗部贺得霖，三音诺颜吴文翰，扎萨克图汗部不尔格特。前藏四名，乌泽声、克希克图、罗布桑车殊尔、黄云鹏。后藏三名，臧荫松、巫怀清、史启藩。

传闻南军合攻雷州，占领重要炮台。　南军林、刘、沈三司令，乘龙济光离粤机会，合攻雷州，业将重要炮台占领，龙军降服者已达三分之一云。

六月十六日

陈陕督报告克复潼关。　略谓：据刘旅长电称，元日潼关防敌经我军痛击，于十四日完全克复。

王正雅报告，是日克复石门，敌向泥沙、桃源溃窜。

府院情形。　延见冯国勋系江海关监督。国务院则较为清闲。

陕西镇守使管金聚报告，刘存厚自朝天关退往宁羌，钟礼道自神宣驿退至黄坝，请速令奉军赴援。　时奉军许兰洲尚留滞河南，且拟来京商妥一切云。

六月十七日

陆军第十六混成旅旅长冯玉祥给还陆军中将，并销去免职处分。

奉军师长孙烈臣抵醴陵。

上洋洋药公所之阿片新药，经内务、财政两总长于是日签字。闻政府购入，为每箱价银六千三百两，以六分利公债支付，由内务总长以每箱一万六千元销与某公司，得在江苏、江西出售，作为医药之用。其发卖期为三年，由公司预先付价二百万元。

府院情形。　延见日本前驻津司令官陆军少将石光及其随员等。午后传见王金绶、籍忠寅。国务院无会议。

张怀芝督军在陈宅会议。　除军事外，并提议副总统一席，以曹仲三〔珊〕为最适宜云。

冯玉祥电告湘西得胜详情。　对于枪决陆建章一事，不过略有提及而已。

湘南南军有反攻消息。　连日接前敌军官报告，南军因谭浩明督师不利，易以张其锽为总司令，于零、永一带增兵约二师，已有积极进攻之势。

湘东形势又形吃紧。　长沙电讯：南军反攻攸县甚急，张湘督已谕令现驻醴陵之张宗昌旅长赶急赴援，然本日张旅尚在醴陵。传闻此次进攻湘东者为马济等之桂军等十营及林修梅湘军，约万余人。然北军在湘东醴陵、耒阳、攸县一带驻扎者亦在两师以上。

政府电示前敌，自谏日起一律改守为攻。

六月十八日

吉会铁路借款预备条约，于是日订立。计十四条。 系曹汝霖与日本兴业、台湾、朝鲜三银行之代表吉川孝秀氏订立，其条件如下：一、用途，吉会铁路建设费。一、金额，与吉会铁路建设诸费同额（其金额更由本条约决定）。一、借款之形式，募集公债，由三银行担任发行。一、担保，吉会铁路财产及其收入。一、垫款，吉会铁路建设准备金日金一千万元，建设图们江铁桥费，由中日两政府各担任一半。尚俟此预备条约签字后，即协议本条约。

国务会议。 一、补行通过冯玉祥复官案。一、奖励克复常德将校士卒案。一、讨论攻粤行军方略及挽救川北案。一、拨款办四郊平粜案。一、裁撤八旗官产处与京营官产处合办案。一、赈恤临澧灾民案。遂由田总长入府报告。

公府情形。 元首政躬，稍有不适，时言倦勤。本日延见本府高等顾问莫礼逊及龙济光、王克敏。

六月十九日

苏军师长杨春普开抵吉安。 陈督电杨抵吉安，遵令以一部援湘东，以一部援赣南。援湘东之一部，已由省开拔。援赣南之一部，由吴士芬率领，于本日由赣州出发，进赴大庾岭。

府院情形。 延见王家襄、李长泰及孟吉督代表陈鸿逵、王玉琛、长江巡阅副使王廷桢。院无会议。靳翼青患痢疾，参陆处紧要文件，均由总理自行裁决。

龙济光及张怀芝均在天津接洽军事问题及选举问题。 闻作战宗旨已定云。

张奉督电陈攻粤意见。 略谓两广问题，因循不决，莫如用积极最严手段云。

政府电示前敌，攻克郴州，悬赏十万元，攻克永州，悬赏五万元。

六月二十日

冯旅报告，张之江团长于巧日克复汉寿，敌军退却于仁化方面。

龙裕光中将报告收复文昌县。 此二十日之事，先已克复嘉积、琼东、乐会三县，系十三、十四、十五日之事。

特派曹锟为四川、广东、湖南、江西四省经略使。特派张怀芝为援粤总司令。派吴佩孚为援粤副司令。都翊卫使阿穆尔灵圭辞职，以塔旺布哩甲拉代之。

国务会议。 其重要者：一、讨论湘东、湘南军队一律改守为攻案。一、讨论某督条陈攻粤案。一、讨论肃清湘西案。一、筹画现金接济前敌军费案。一、奉督要求拨款收回该省滥发纸币案。遂由段总理躬亲入府报告案。

公府情形。 延见段总理及林长民、苏督署科员吴镇南。

日本公使林权助往谒段总理。 闻系接洽出兵问题。

南军全力注集建始县。 连日得汉口方面消息：刻下南北两军，在鄂西方面，视线皆在建始、施南各县。所有南军大小数十部，已尽赴建始，利川方面，只留守兵二百余名而已。咸丰一带，先本在南军之范围，近亦为北军掌握。南军兵力，趋重建始，由柏烈武担任总指挥，唐克明、牟鸿勋、王安澜为总先锋，叶荃、黄毓成为左右翼，直攻建始。一面由清江而进，一面由巴江而东，拟为直下宜昌之计划云。

吴光新司令报告鄂西军势可战可守。 略谓：宜昌为我军根本之地，原驻重兵，足资镇慑。刻下荒口各处，虽略见南军，然多系石门之溃军，不难指日肃清。至黎天才、王天纵等军，与川滇联军之一部，由秭归窜入利川、巫山方面，已失战斗能力，目下我军在鄂西可战可守云。

张湘督报告石门县城亦无南军踪迹。

中央第一部、第二部、第四部、第五部参议员已选出。 第二部投票人共十七名，朱启钤、王揖唐、陈振先、张元奇、熙彦、蔡儒楷、周自齐、吕调元八人当选。第四部投票人二十七名，韦荣熙、谭雨三、卢谔生、林椒之当选。第五部投票人十三人，毓朗、溥绪二人当选，荣全候补当选。其第一部投票人计三百零六名，仅罗鸿年、胡钧、周诒春、许喆、吴家濂、何炎森当选，尚有四名未选出。其第二部候选人，亦已选得王克毓、毕桂芳、汪大燮、张国淦、许世英、屈映光、李兆珍、段书云八人。惟第四部之候补者，则俟明日再行补选也。

京兆参议员选得孟宪彝，宁赓韶为候补当选人。

科布多报告众议员当选人。 当选人臧荫松、王伊文，候补当选人李炘纶、隆莆。

六月二十一日

府院情形。 延见日本公使林权助及有松英文、船津辰一郎、园田宽、援粤总司令张怀芝。又与办理选举之某要人密谈良久。总理未到院。

中央参议员第三部选出梁士诒、陈邦燮、江绍杰、任凤宾为当选人。 是日开票。

直、奉、皖、晋众议员选出。 直隶马家遂、曹钧，奉天曾有严、赵连淇、陈瀛洲、苏毓芳、陈克正，安徽龚心湛、倪道杰、苏文选、张敬舜、姜肇瑞，山西梁善济、田应璜、贾□□、解□□。

中央学会选举，本日投票人不足法定数。 因安福俱乐部收买林建伦之票，讨论会及山西大学团与张玉昆等反对安福系，故人数不足。闻此次冯总统亦提出百二十余万元与安福派争竞。

湘张督电请募湘中壮丁赴英法工作。 为消弭湘中乱源也。

六月二十二日　　星期

特派李厚基为闽浙援粤军总司令，派童保暄为闽浙援粤军副司令。

倪督已启行返蚌埠。

传闻吴佩孚司令电告赵恒惕受抚。 惟以宝庆至茶陵二百里以内有某项之要求，为交换条件。

国务会议。 其重要者有五：一、预筹攻粤行军方针。未决。一、筹划援粤军费。曹财长谓非某项借款成立借以应付。一、讨论陈赣督电请拨款三百万元问题。一、电令刘存厚迅速规复川北案。遂由刘、朱两总长入府报告。

公府情形。　除延见刘、朱两长外，并延见新简都翊卫使塔旺布里甲拉及南浔铁路总理李盛铎，及报告办理选举情形之张仲仁、师岚峰。

中央选举，第一部选出，王世澂、邓镕、魏思灵、陈焕章为参议员，第三部选出王郅隆为参议员。　第三部候补当选人梁萼联、郝登五、冯沛霖、唐理衡、刘朝钦。

山东参议员已选出。　张肇铨、庄陔兰、李元亮、王锡藩、张玉庚当选。尹宏庆、刘塝、丁惟鲁、萧承弼、于宗潼为候补当选人。

热河选出高锡恩为参议员。

政府连接十七省赞成续战复电。

六月二十三日

参谋总长荐任刘郁芬为陆军第十六混成旅参谋长。

援粤总司令张怀芝已回山东。　闻不日即南下赴汉口司令部。

汉阳兵工厂火药爆炸。　炸死卫兵一名，负伤者约三十名，并炸坏房屋之一部。

闽督李厚基力争拨七年公债票二百万元。　系以去就力争。

吉林省报告，选得祝华茹、于贵良、成多禄、毕维垣、徐肇铨为众议员。此次选举，均系包办性质，以安福俱乐部、交通系为主体。传闻两派首领，原议定由交、财两部提出一百四十万元分领使用。嗣梁士诒先在交通部提用四十万元。王揖唐者，安福首领也，不悦。内部冲突，几致分裂。而安福派之议员系，亦有倾向梁某之势焉。

六月二十四日

令以七月十二日为恢复共和纪念日。　上年七月十二日，国军恢复共和，邦基永奠，允宜着为纪念，以昭令典。一应举行事项，均查照前定各纪念日一律办理。此令。

张怀芝电告已抵济南。　略谓，一二日内即往汉口，组织援粤总司令部云。

公府电复陆荣廷。　计二百三十七字。

陈赣督报告虔南战事。　略谓：据吴鸿昌电称，虔南敌军千余人，现与我军开始战斗。信丰方面之敌，已退至吴迳云。

范国璋报告养日克复关王桥。

任命魏宗瀚为陆军第九师师长，任命黎丹署甘肃西宁道尹。

法制局参事梁鸿志呈准辞职。

府院情形。　延见顾问日本有贺长雄、王廷桢、马玉仁淮阳镇守使。下午九时复延见议员张恩绶、王双歧。总理未到院。

吴佩孚司令报告克复黄飞岭。　略谓：职旅步兵陈团，会同炮营陆沄，于马日二十一拂晓，开始攻击。敌顽强抵抗，我军奋勇攻克距零陵七十里之黄飞岭。现以一部编成进击队，向前跟踪败退之敌；一部搜索所占领地之余匪等情前来。查该岭为入永州要道，地势高瞰，取建瓴之势。既经克复，不难进规零陵云。

六月二十五日

广东莫荣新枪决本地《民主报》主笔陈耿夫。　陈系民党，与广西派不利也。

国务会议。　首由段陆军总长报告前敌军事电报。继由曹财政长报告二十日以后发出军饷计四百七十万元。其重要案件：一、为英使质问华侨选举案，及江宽船撞没英人照新裕轮赔偿案。一、为英、德、俄、日质问某项盐税案。议决战事平后照补。一、为续议攻粤案。未决。一、为交通部提议铁路、电报、电话各局，改收十成现金案。一、为刘川督请拨款二十万元案。一、为张湘督请任田树勋为长宝镇守使案。又蒙藏选举及赵恒惕受抚问题，某项借款问题，均提议未决。借款事又闻已决。由曹总长入府报告。

公府情形。　延见曹总长。

曹锟报告对南作战之计划。

陈赣督电催龙济光回粤。　各方面俱有电催返粤。

闻七年公债借款日内即行签字。押日金二千万元，二年还本，年息七厘。日本方面为西原龟三经理，中国方面则派周家彦经手。

黑督鲍贵卿电告，俄国谢米诺夫军队不愿解除武装，并拟在满洲里组织义勇军，遵约拒绝。又俄过激派要求黑督引渡谢米诺夫，亦经拒绝。

　　传闻政府攻粤计划。拟由江西、福建两面猛击南军。以攻破韶州，扼广东之要害，俾其无暇顾及海面。然后令龙军乘隙登岸，遥为呼应，则广东中立各派，如李耀汉等，必随地勃发。即政府收复广东之计划，遂得如期进行。但广东海军游弋广东各港，陆荣廷又加增湖南援军，以图牵制。果否毫无障碍，不可测也。

六月二十六日

　　特授冯玉祥以勋四位。

　　府院情形。传见第九师师长魏宗瀚、团长耿锡龄。参陆处议决张敬汤出兵安仁、赣南军队猛攻南韶各案。

　　徐司令树铮来京。

　　林绍斐由广东来电，报告与莫荣新未商妥，须往梧州谒武鸣。闻林携去之条件：一、以龙济光为广东督军，以莫为琼崖督办，陆荣廷仍为两广巡阅使，并拨付善后款若干。

　　张湘督请催张总司令早日到湘，并报告剿平湘西匪乱情形。

　　吴佩孚电告宝庆、攸县二百里间，已有赵恒惕军队踪迹，请指示办法。略谓：意在催请言和云。

　　美国公使芮恩施谒辞段总理。❶

一九一八年八月 起十三日

八月十三日

　　王揖唐晋给一等大绶宝光嘉禾章。

---

　❶ 第二册原文止此，以下缺。下为第四册，原缺第一页。"八月十三日"系编者所加。

阁议纪要。　仅讨论海军临时提出之海军添办军火及设立海军供给所问题案。议决军火酌予添购，设所从缓。

新国会开幕之颂词。　十二日，两院举行开会式之开会词曰：

维中华民国七年八月十二日，为我国会开院之期。四方英俊萃于一堂，诚大典也，谨致祝词以襄盛举。其词曰：国步多艰，多士兴之。民困未苏，多士济之。凡兹多士，亿兆赖之。言坊行表，为举国重。发纵指示，为举国先。视听所寄，好恶从同。无偏无党，奚罪奚功。欲循正轨，鉴兹前车。欲障狂澜，赖兹中枢。愿我五旗，互相扶持。愿我同人，念兹在兹。邦基永奠，我谋孔臧。景运方新，受福无疆。绵兹国会，日月同光。冯代大总统致颂词曰：参众两院为国家立法机关，自去岁解散以来，久未成立，无以慰国人之望。本代大总统就职之初，即汲汲以此为念，是以召集参议院修正国会选举法。自公布之后，迄今不过数月，而各省及中央办理选举，已次第告竣。足见举国望治，人有同情。今幸值贵院开会之期，本代大总统得躬与其盛，其为欣幸企慰，自不待言。盖天下无无国会之立宪国，论专制政体与立宪政体之区别，即以国会之有无为断。惟是西哲有言，政治为人类之产物。一国之政治，又一国国民之产物。凡国民有普通性，有特别性。其栖息于立宪政体之下，希望食国会之幸福，此根据普通性而然，各国之所同也。至国会之组织如何，权限之范围如何，此根据特别性而成。一国之所独也。今国会之组织及权限，既已确定，将来国民终竟得食其幸福，则全在国会之自身。诸君来自田间，品望最优。值此国人望治之时，而得以发挥立法之真意，将来制成完善之宪法，解除小民之痛苦，矫已往之复辙，开未来之盛轨，皆将诸君是赖。是则本代大总统区区之望，抑亦国民之厚幸也已。段总理致颂词曰：正式国会二届成立，祺瑞又逢其盛，庆幸何如。诸君皆一时彦俊，明体达用，为国家前途所利赖。今得聚首一堂，祺瑞略述往日经过情形与诸君商榷焉。民国建立七年，危而复安者再。国会亦不幸而蹶，纷扰迄无宁息。虽曰国家改革所不免之阶，然溯厥由来，宁非约法不良所致。夫以专制政体一跃而为共和，已臻至上之境，共同爱护之，使永远强固，非国会与政府相辅而行不可矣。今之相需最殷者，在良好宪法。四海喁喁，同深仰望，国会为立法机关。监督政府，俾无自私自利之图。顾政府为政令所自出，整饬纲纪，强固国势，亦国会所宜赞助。而自有内阁以来，更易十数，组阁之才固难其选，信任不专，束缚而驰骤之，即当其才亦奚由展布乎？当此全球鼎沸，内难未夷，所冀国会政府协办同心。由是敦睦邦交，修明内政，以与列强并驾齐驱。语曰："陈善为敬，颂不忘规。"敢援斯义，为诸君祝，为国会祝，为全国人民祝也。

公府情形。　传见苏督李纯代表何恩溥，农商总长田文烈。

八月十四日

满洲里有被日军强占之说。　政府方面，闻由外交部派施履等三人，参、陆两部各二人，前往哈尔滨方面调查情形。

八月十五日

外交总长陆徵祥呈请任命署关中道道尹贾济川兼办陕西全省交涉事宜。

山东实业厅长陈介呈准辞职。田农商部长呈。

阁议纪要　总理除延见日本某参赞及议员数人外，旋即与议。一、满洲里中日日来之交涉案。议决和平对待。一、陈毅电告库伦附近之俄国新旧两党开战案。议决令其毋入国境。一、议外交次长代理报告出兵交涉经过情形，及最近协商国胜利消息案，及唐在礼电请仿照协约国举行宣战纪念以联军情案。决议二十日出兵赴崴，协约国胜利照例电贺。至宣战纪念，尚须斟酌。一、浙江萧绍塘工程费案。照内务部原案，分为五年完工，由中央地方各任其半之经费，通过。一、变通荐任官荐任职第一期办法案。系由外交、交通两部提出略有修改即议决。

公府情形。　延见报告阁议之傅、段两总长及周自齐。

八月十六日

福开森晋给二等嘉禾章。

林西镇守使署副官长于学忠免职，以郑凤鸣代之。

黑龙江督军鲍贵卿与靳云鹏同车由津到京。

公府情形。　延见鲍贵卿、陈昌谷_{京兆财政分厅厅长}、姚憾。

陆军部连日与李督磋商新募奉军之三旅。　拟归参战处调遣。

八月十七日　　七月十一日

王恩渥授为陆军少将。

阁议纪要。　一、出兵海参崴及海拉尔案。_{系本鲍贵卿提出之国防案。}一、公债票国库券印花票运费案。一、扩充荐任职第一期办法案。一、海军部请发林建章军费案。遂由刘、朱两总长入府报告。

公府情形。　延见白长发_{淮阳镇守使署参谋长}，及朱、刘两部长。

驻京各国公使会议日本出兵满洲里事。　会议结果，由美使主张，并协约国出兵崴部范围扩充，与日本共同行动，以示各协约国同心赞助防满洲里德奥俘敌之意。已经各公使电请各本国政府训示矣。

八月十八日　　七月十二日

参战处议设国防总司令于满洲里。　拟设总司令，以鲍督担任。并扩充参战处范围，设督练处长一席，以曲同丰担任。

报载张奉督与徐树铮算帐风潮已结。　前日纷传徐树铮在津被张督看管，追清欠款，虽系失实，然徐之无恙，确系鲍督及倪丹忱两电之力。其新招之混成旅，徐当面交与张督接收。并云此原为奉军前六混成旅之后援，并未用过奉天子弹粮饷，统由中央预备，今请和盘接收云云。张督旋亦以新旅经费甚巨，亦无办法，遂由鲍督调停，将两旅拨归奉天张督，交由许兰洲指挥，以为援川之用，余概归参战处，以为国防之用。于是徐亦辞奉军副司令之职回京。然徐曩者曾以奉军之款，提办安福党务，所费不赀，张督甚为愤怒。旋经段总理准由政府拨还，张督遂亦不深究诘矣。

八月十九日　　七月十三日

哲布尊丹巴有变趋向之说。　闻系因我国所派之兵未到库伦，有转求日本出兵之事。

公府情形。　近日异常清静，所有新议员来谒者，概未接见，以避嫌疑。

八月二十日　　七月十四日

任命么培珍为吉林陆军第五混成旅旅长，王玉珍为步兵第一团团长，王树棠为步兵第二团团长，张德海为骑兵团团长。

阁议纪要。　段理延见鲍贵卿督军后，即与议。一、曹经略使、张总司令之请款案。一、鲍督军条陈之国防外交案。闻系以奉吉黑军尽数开往边境，以热察绥军开往外蒙。

湘督张电告，张学济、田凤丹等在辰州开军事会议，改辰州为省会。滥发军用票。

众议院举定王揖唐为议长。　计出席议员二百七十八人，王揖唐得二百六十二票当选，刘恩格得一百七十六票当选为众议院副议长，计在场议员二百一十六人。

八月二十一日

张纶璜授为陆军少将。

外交总长陆征祥、财政总长曹汝霖呈粤海关监督兼特派广东交涉员罗诚，办事乖方，请免本兼各职。罗诚着即免职。

吉林将军孟恩远报告，中东路支线为日军所占满。　按中东路支线，由宽城子至松花江畔即哈尔滨至长春一段，连日开到日本军队五千余名，分驻各站。查欧战发生之明年，俄旧政府向日本借款，即指定中东路为抵押品。俄以此路有法国资本，未便作为担保品。于是进而为将长春、哈尔滨支线卖却问题，言明卢布两千万。时卢布价七角。嗣后日本递信省反对，遂中止。未几，俄革命起，王室陵夷，拉瓦夫组织内阁时，亦与内田大使谈及，未有结果。迨至克伦斯基掌政，遂与日本约定，可以奉让。去岁克伦氏扑，列宁政府成立，否认此事。谓俄国欠债甚多，不仅贵国，凡俄国政府之财产，未便私相授受，俟将来协商各国商定办法再议。其交涉之程度仅至此。今春日公使以公文照会我外交部，略谓宽城子至松花江间中东支路，已得俄前政府之让与，现因俄战未平，故未执行，特行通知云云。我政府并未抗议，今日军占领，殆即根据前案耶？

传闻驻京各公使反对以盐税余款作出【兵】费。

八月二十二日　七月十六日

吴佩孚通电主和。

我政府提出出兵海参崴宣言书于各国。　略谓：中俄国境毗连，睦谊素敦。乃自该国内乱以来，祸变相乘，政情浑沌。中欧各国，遂乘此机发展远东之势力，西伯利亚之德奥俘虏，蜂起加入，阻止捷克军队，不令东进。查捷克与协约国宗旨相同，休戚相关。中国邻谊所在，实不忍坐视被迫，致难达其建国之目的。因本美政府之建议，特于海参崴方面派出相当军队，与协约国取一致之行动。此项出兵，纯为赞同各友邦仗义之举动，并尊重俄国领土及其主权起见，对于内政，丝毫不加干涉。一俟目的完成，即将所派军队完全撤回。特此宣言云云。

阁议纪要。　一、续议鲍督提出之边防外交说帖案。一、滨黑铁路改组案。一、鄂省田赋正附税改征银元案。从缓。

公府情形。　传见师长刘询，派文承宣官田鸿恩代表赴车站欢迎梁士诒，又延见鲍督筹议边防事件。

参议院举定梁士诒为议长，朱启钤为副议长。　出席议员一百二十三人，梁士诒得一百十九票，当选为议长；朱启钤得一百十四票，当选为副议长。

报载吉黑两省长报告，日军到中东路行使临时军用票。　商人皆甚疑虑，所感痛苦，未敢明言。

传闻俄过激派递质问书于我。　因日军到满站，故递质问书，限二十四小时答复。

八月二十三日

任命巴布色楞为翊卫使。任命王都庆为陆军第十八师步兵第三十五旅旅长。任命王全胜为陆军第十三师炮兵第十三团团长。

公府情形。　延见梁士诒、福开森本府顾问、田庆礼美国公使署参赞。

黑督鲍贵卿出京。　同行者有靳云鹏。到津后，尚须与曹督商议一切，方返卜奎❶。

驻港探员韩宾礼报告，琼州港口悉被南封锁。　略谓：琼州港口，由海琛舰封锁，航线由缉私军舰辑西、济西、平南、安北四舰扼守，外路援应甚难。该处电报，现由广州港代转云。

八月二十四日

中央政府通电各省区长官，征集意见。　为吴佩孚之通电主和也。

吴佩孚复有敬电主和。

任命张景惠为暂编奉军第一师师长。白鸿仪授为陆军少将。

马安良、马福祥均给予二等大绶宝光嘉禾章。

大总统亲授勋位人员：特授勋四位刘云峰、萧安国，特授勋五位蔡成勋、刘询、熊炳琦。

阁议纪要。　其最重要者为日本欲指挥中国所有军队案。会议之结果，由中央向日使交涉解决后，再行通知满站总指挥张焕相，暂令其维持现状。又豫省请发赈款四万元案，恰克图李垣请发军费两万元案，均可决。

公府情形。　延见授勋等员及报告阁议之段、傅二长。

驻港探员报告，琼州崖县、乐会等处失守。　南军陈继虞、周

---

❶ 卜奎即龙江县。

麟辉所部军队已入县城。陵水方面，正在激战之中。

各报揭载吴佩孚等主和养电 略谓：恭读大总统文电，仰见我元首尊重约法精神，主持和平，力谋统一，此心此德，朗若日星，全国军民，莫不钦仰。师长等待罪行间，奉职无状，对时局则挽救无方，对长上则匡襄乏术，徬徨午夜，心疚滋多，惟分属军人，于卫国保民之天职，耿耿勿忘。溯自我国之法律问题，引起内争，全国纷纷，已逾一载。长此以往，分崩之祸，即在目前。国利安在，民福安存，此不仅师长等所惕就忧惧者也。况年来外交紧逼，国债繁兴，险象环生，无一非内争之所致。人非木石，能勿痛心。我经略使前于在汉时，迭颁电示，谆谆以和平授意。曾经本此宗旨，质之于苏、赣、鄂三督帅，亦俱表同情。此正仰体元首爱国之深心，以期转危而为安也。师长等虽至愚昧，毫无法律知识，然亦尝闻大总统媾和宣战之特权，为约法所允许。对外尚然，而对内主和，尤不得谓非法。为此恳请我总统仍根据约法之精神，实行悲悯之宏愿，颁布通国一体罢战之明令。俾南北双方军队，留有余力，以备将来一致对外，慎勿以摄权期满，辄思息肩。尤望我经略使与长江三督帅及各省道军民长官，仰体元首苦衷，俯念生灵涂炭，群出赞助，协谋宁息。大局幸甚。至选举总统问题，虽非师长等所敢问，然新旧国会，分立南北，实无统一精神，焉有真正民意。若当此兵戈未息之时，骤行选举典礼，不但与法理不合，且恐促民国分裂，此尤为我经略使与长江三督帅及各省区军民长官所急应注意者也。区区之忱，伏乞察纳，不胜悚惶待命之至。谨此电闻。吴佩孚、赵春庭、张宗昌、陈德修、冯玉祥、王承斌、阎相文、萧耀南、张学颜、张福来、潘鸿钧、张克瑶、朱鼎勋、王起炎、杨清臣。曹经略使得此电后，旋即去电，令吴师长勿信阴谋云云。然道路传闻，吴电主和，实系曹使嗾使，以为争副座之先声也。

八月二十五日

传闻日军在满洲里、海拉尔建筑营房。 日军在满洲里等处，通借营房，旋即自行建筑，实有久假不归之意。不过借出兵举动，以为侵占之地步也。

公府情形。　延见冯耿光中国银行总裁、赵俊卿将军府参军、熊炳琦、王达京兆尹。

八月二十六日　　七月二十日

公府情形。　延见李登科、文群、籍忠寅。
各报连载倪皖督及张宗昌、张敬尧等驳吴佩孚之主和通电。
宋焕章报告，日军大谷司令我军为后援，暂在双城屯驻。
吴佩孚有宥电主和。

八月二十七日

令拨福建诏安、云霄等县赈款一万元。　据福建督军兼省长李厚基电呈，诏安、云霄等县风雨为灾，山洪暴涨至十余次，房舍崩颓，田园湮没，人民压伤饿毙不计其数，请予拨款赈抚等语。

倪督电复吴佩孚。　内有所商榷者三端。

段总理在国务院西院招宴全体议员。

令拨河南巩县偃师等处赈款二万元。　据河南兼省长赵倜电陈，豫省夏秋之冬，大雨时行，山洪暴发，沁、溲、卫、洛各河先后决口，巩县、偃师、修武、武陟、孟县、潢县、许昌等处适当其冲，下游各县，亦因宣泄不及，受灾颇深，籲恳拨款赈恤等语。

湖北财政厅长张寿镛免职，以何佩瑢代之。

阁议纪要。　一、清华学校留美优等毕业回国学生，应订待遇办法案。交教育部考核。一、范国璋开去处分案。可决一。某项紧要借款案。一、参陆处报告联军向呢满口总攻击及满站司令之编组，须续派军队前往案。一、海参崴开战后，维护该埠华侨案。遂由刘部长入府报告。

日本公使林权助代表政府谢开放米禁救灾之意。

八月二十八日

吴佩孚有主和之俭电。

公府情形　传见吴光、冯祥光墨西哥代办公使、张锡元、梁国璋、王克敏。

各协约国会议协防南满。　按表面上为共和防御俄新党及德奥俘虏起见，实则防日本出兵之自由行动也。

报载吴佩孚宥电全文。　略谓：天子有争臣七人，虽无道不失其天下。诸侯有争臣五人，虽无道不失其国。大夫有争臣三人，虽无道不失其家。士有争友，则身不离于令名。父有争子，则身不陷于不义。我师❶为内阁首领，上大夫也。争臣争友，有几人乎？学生不忍见中国沦亡，用敢执争子之义，为我师苦口陈之。钧电云，军人应服从天职以驭下等语。学生直接服从者曹经略使，间接服从者陆海军大元帅。大元帅希望和平，通国皆知。经略使在汉表示和平，学生即根据实行，谨守服从，无以过之。况军不可从中御，古有明训。故孙子曰："将在外，君命有所不受。"周亚夫屯军细柳，军中闻将军令，不闻有天子诏。此学生之所以驭下也。且宝庆时势，苟利国家，何不可为。学生此举，乃仿效我师在孝感时通电主和之宣布也。实系由我师教育而来，并非额外生枝。钧电又云，责任内阁，系巩固国家之中枢，政令所自出等语。查民国约法，宣战媾和，许大总统以特权，未许以此种特权许内阁也。况今日之内阁，即昔日之宰辅。宰辅者，世运之隆替，国家之枢纽也。曰内阁，曰丞相，名殊义一。其责任，宰辅朝野上下之权衡，以辅左右出入之政也。天生元首以统万民，不骛虚名画一，而系天下安危操邦国存亡者，实在宰辅一人。元首而不仁，则可驱为汤武；元首而仁，则可希乎尧舜。是世无仁不乱政之元首，而有不仁危国之宰辅也。中华自开辟画野成州，由部落组织国统，主其政者，揖让家传，继继承承，莫不愿登熙皞。虽有桀纣之虐，幽厉之暴，齐湣之残，哀献之懦，晋愍之愚，唐昭之暗，其心未

---

❶ 称段祺瑞。

必厌治喜乱也。然逢恶在侧，心非莫格；易鹿为马，鼓惑莫达。不桀纣而桀纣，不幽厉而幽厉，不齐湣而齐湣，不哀献而哀献，不晋愍而晋愍，不唐昭而唐昭，其所以导之使之者，宰辅也。或谓元首为统一之权，神器所在，魁柄莫移。不知宰辅总百官之政，元首之口舌也。一旦喉关固闭，言路勿通，则国情无所达。好伪者流，自多粉饰，或假征伐而开边邻之祸，或假赋税而困民生之财，或去贤进谗而树党帜，或罢将黜吏而削封疆。权威倾国，千钧难举，挟令尊一莫拔，以致内怨外怒，羽檄交驰，会孟津，叩函谷关，禹鼎汤盘，拥戴别姓，乱政危民，丧其统业，是元首乎？是宰辅乎？此责任内阁应引以为戒者也。宰辅果抒一己之忠，负有为之志，言重于国，行重于民，和邻弭兵，远奸任能，不以私废公，不以亲废法，厚民生，勤国计，而统业无忧。故太甲不亡商，成王不乱政，吕后不斩汉，武氏不绝唐，其不亡、不乱、不斩、不绝者，伊尹也，周公也，朱虚侯也，狄梁公也，以责任内阁应身体力行者也。否则宰辅假人之国，夺人之祀，而秦，而汉，而魏，而晋，而唐，而宋，其惟赵高乎？新莽、曹操乎？司马、宋武乎？杨、卢、田、朱、秦桧乎？责任内阁如此，其居心又堪问乎？钧电又云阴侧反对，干犯纪纲，春秋诛心等语。按春秋尊王，大一统也。陪臣执国命，春秋所贬也。今元首之忧，内阁之辱也。乃津议阳为推冯举徐，阴实倒阁复辟，干犯纪纲，莫此为甚。危军布满畿辅，雷震春、张镇芳、万绳栻、胡嗣瑗等，遁迹津门，与□督秘密连系，可为明证。其预定期限，拟俟两军在前线战斗最烈时也。万一祸起萧墙，我师虽欲讨逆，将用何种军队。彼时共和破坏，统一毁裂，谁被恶名。援照春秋书法，罪在责任内阁也。学生请通电罢战，乃思患预防，为元首，为内阁，即所为国家谋共和统一也。语云："良药苦口利于病，忠言逆耳利于行。"凡兹所陈，言虽爆率，实具有良药苦口之效。深望我师改弦易辙，怂惠极峰，速颁罢战明令，以息内争，以御外侮，以厚民生，以延国脉，则我师统一之能力，即民国不世之隆勋，传诸永久无斁。临电不胜怵惶冒昧之至。谨禀复。

八月二十九日

令开复范国璋陆军中将,并给还勋位勋章。 四川、广东、湖南、江西四省经略使曹锟电称,前二十师师长范国璋剿匪出力,迭著成效,请予开复官勋,以资策励等语。范国璋着开复陆军中将,并给还勋位勋章。

任命何佩瑢兼署湖北政务厅长。

李照岱辞职,任命杨绍曾署理绥远全区警务处处长兼署绥远警察厅厅长。

阁议纪要。 一、关于前敌吴佩孚主和通电案。一、陈毅请将蒙古阿巴克地方改区为道案。交内、财两部及蒙藏院核议。一、张怀芝电请饷械案。一、察哈尔都统清划蒙荒百顷开办模范畜牧场案。交蒙藏院及内务部核议。遂由曹汝霖入府报告。

公府情形。 延见曹汝霖、赵庆华_{前津浦路局长}及日本公使林权助等。

八月三十日

令九月七日为秋丁祀孔之期,派内务部总长钱能训恭代行礼,即由该部敬谨预备。

丁士源给予二等大绶宝光章,严鹤龄、王景春均给予二等大绶嘉禾章。

各报登载吴佩孚主和之俭电。 略谓:顷奉国务总理感电,略谓提议和平,唯恐南人要求过甚,终无和平之余地。当复一电文曰:(中略)"师训谆谆,责备綦严。但学生意旨所在,吾师有未尽悉者。前次长岳失据,荆襄独立,中央威信全失。在学生以新锐之旅,根据大总统拟亲自督师通电,伏□请缨,衔命南下,故收战胜之效。此次衡宝克复,已挽回中央威信。加以民困兵疲,不堪再用,故案据已通电呈请罢战。倡议和平,实出学生本心,既非受人嗾使,亦非被人愚弄,耿耿此心,天日可表。缘彼我之情既见,胜负之数难期,大势所趋，非和无以善其后。如果中央能顾念民生，俯顺舆论，开诚心，布公道，法理持平，毅然为和平之表示，西南必当就我范围，实在学生把握之中。倘其间有一二人逞其私意，要求过甚，则是理曲在彼，当为全国所共愤。学生一人，庸能独异，尔时将激厉将士，不介马而驰。在学生军人，素重服从命令，屡胜之余威，岂有中道畏葸之理。但不能逞一己之私意，置大局安危于不顾，置全国人心理于不问。吾师身任全局，当早见及。如蒙俯如所请，则南人不反，担任十年，后如无效，学生以一旅之师，平之足矣。纵马革裹尸，义所不辞。郭汾阳单骑服回纥，以有威信故也。利害攸关，惟吾师详细而善处之，则大局幸甚"等语。国势至此，民生至此，国难不弭，国将不国。故不避斥责，一再直陈。诸大老伟略匡时，国命所托，敬乞力为斡旋，大局幸甚云云。

八月三十一日　　七月二十五日

任命邹芬为暂编奉天陆军第一师步兵第一旅旅长，阚朝玺为第二旅旅长。

调任林鹍翔为粤海关监督并兼充外交部特派广东交涉员。

任命王丰镐为外交部特派浙江交涉员。

吴佩孚复电曹经略使。　略谓：顷奉经略使卅电，以师长呈总理宥电，引经据史，大放厥辞，对尊长不可肆发议论，饬速婉言悔过云云。师长伏思，生长我者父母，教育我者总理，成全我者经略使。师长有生之日，即报德之年。现在担负重任，不敢不默察时机，妥策完全，以图报称于万一。宥日呈总理一电，实本一片血诚发为不可遏之年论，伏冀鉴察以救危局。即马日上大总统请发明令罢战之通电，及迭次披肝沥胆进忠言于经略使者，亦正所以维大局而救危亡也。区区苦心，可表天日，可质鬼神。以现在我国之时势及人心而论，除和解而外，别无良策。敢请俯从师长之言，极力进行，其完全责任，付之于师长担负。一俟和局告成，诸事就绪，再北上自请抗言之罪。倘不才蹈于复辙，贻误大局，自当伏阙请诛，岂徒悔过而已。且宥日呈请经略使电内，亦曾声明以师旅长在保、永两处之家属作抵押矣云云。

阁议纪要。 一、为拟由上海组织特别军法庭，审讯江宽轮船沉没案件，照拨经费三万元案。一、蒙古卓盟喀喇沁左旗扎萨克郡王熙凌阿承袭继爵案。交印铸局长吴笈孙代行核议。以其熟悉蒙情也。一、河南赵督拟由行政官俸内扣二成作赈款案。其最重要者，为段总理辞职通电案。遂由钱、田两长入府报告。

公府情形。 延见赵庆华、梁士诒、车林巴布喀尔喀图什业图汗部落后路中右旗扎萨克多罗郡王。

参政两院开两院联合会于众议院议场内，议决九月四日五日为举行正副总统之期。

段总理通电辞职。 （前略）往岁滇黔诸省，挟持私意，独立自主，理谕情感，信使无功。祺瑞忝秉国成，义难坐视，仰承明令，从事讨伐。方据全胜之势，忽倡调停之说。祺瑞不敢孤行己意，引咎乞休。讵中央方从事调停，而长岳失陷，荆襄扰攘，武汉震惊。凭恃险阻者，曾无悔祸厌乱之诚，运筹全局者，难施息事宁人之计。彼时祺瑞辞职，专任筹边，已不愿再综政权。而大总统车骑亲临，敦促再起；我同袍函电交驰，勉以大义。迫不容已，重负仔肩。受任以来，仍以统一为职志，和平为希望，与大总统同德同心，冀挽劫运，荏苒经时，而统一之局，尚需时日。将士疲劳于外，人民疾苦于下，清夜深思，心哀泪堕。良以统一不成，平和直成虚愿。而国纲所在，断不容弃统一以就和平。理即甚明，事非得已。惜祺瑞襄赞无方，未能早纾国难，上负大总统知人之哲。今幸国会告成，已议决组织大总统选举会，实为我国第一次改选大典。元首改任之时，即政局重新之会，祺瑞自应及时引退，遂我初服。所虑递嬗之际，新内阁尚未成立，人心浮动，谣诼易生。凡我在位，具有责成，而各省军民长官，责任尤重。所有前敌各军队，希即转饬修明战备，严杜煽惑。京师及各省地方，尤应镇抚人心，妥维秩序。倘有疏虞，危及国本，则前敌诸将领与任地方之责者，对于国家人民，皆有不可辞之咎也。谨布区区，诸希鉴纳。

四省经略使曹锟通电表明心迹。 内有："政治问题，选举问题，尚不置喙，讵有容心，耿耿此衷，可质天日。第恐悠悠众口，漫不加察，当此人欲横流之际，谣诼繁兴，莫明真相。或且私心揣测，将以锟拥护中央之诚意，转视为觊觎荣利之私图。信如是也，则是锟之此行，徒为劳师动众，耗财縻饷，驱我部下健儿，冒锋镝，膏原野，捐多数之生命，为锟等博取功名之代价。苟存心若此，行事若此，将何以对我国家，对我人民，又何以慰我敢战之将士，捐驱效命之忠魂耶？人言纵可不顾，我心誓无或渝，区区之忱，窃愿与国人共见者此也。"敝按曹之北来，人言啧啧，索饷械，争坐位，路人皆知。而此文乃饰伪若此，可叹！

一九一八年九月 止二十四日

九月一日

汤化龙在美洲维多利亚地方被刺殒命。 刺客王昌，系理发匠，因追捕甚急，亦自戕。

九月二日 七月二十七日

令褫夺陆军少将陈肇英官级、勋章，通缉拿办。 据闽浙援粤总司令福建督军李厚基电呈：据副司令童葆暄电称，所部步兵第一团团长陆军少将陈肇英，于本月二十八日，率所带五百余人降逆，请褫夺官级勋章通缉拿办等语。陈肇英着即褫夺官职暨勋奖各章，着各路军官一体严缉拿办，以肃军纪。此令。

翊卫使苏珠克图巴图尔辞职照准。蒙藏院呈。

公府情形。 延见江西高等审判厅长陈经若。连日府内均整束行装，先后将总统眷属送归河间。

连日各省来电挽留段总理。 其中以奉督、倪督、曹经略使之电为最早。

黑督鲍贵卿电促中央拨发两旅来黑扼守边防。 中央虽允派两旅，然所以迟之不发者，当局故别有用意也。微闻冯派之第十五师现驻南苑，曹之军队又在保定，约有三旅。奉军又沿京奉路线驻扎，廊坊一带尤多。惟此两旅，由奉军内拨归参战处直接管理。小徐对之，盖有深意存乎其间也。

九月三日　　七月二十八日

杨丙荣辞职，任命杨思署甘肃安肃道道尹。

阁议纪要。　其议案为豫督请核议之自筹行政经费案。中央铁路之管理权案。闽督请加兵工厂经费案，均无暇议及。惟对于全体阁员应否总辞职之问题，断断致办耳。

九月四日　　七月二十九日

总统府是夜开会，预备交卸事宜。

徐世昌得票四百二十五票，当选为第二次大总统。　两院出席人数，计四百三十六人，除段祺瑞得票五张，王揖唐得一张，倪嗣冲得一张，王士珍得一张，张謇得一张，徐世升及渔翁废票二张外，均举徐世昌，计得四百二十五票。

外报揭载，福建宁洋、漳平两县已被南军李荫轩攻陷。　福建情况危急，闽督已退驻厦门，南靖、泉州均可危。

九月五日

公府情形。　河间亲访徐世昌，请早日就职，万勿延至双十节云。

阁议纪要。　因总理既已通电辞职，故未预备议案，仅临时提出闽省告亟案。决议火速救援。东三省巡阅使案。通过。杨增新请将中俄连界之塔尔巴哈台所属之马租饷银永远豁免案。准免。

新大总统徐世昌通电辞让。　（衔略，西南各要人均及）国会成立，适值选举总统之期，乃以世昌克膺斯选。世昌爱民爱国，岂后于人，初非沽高蹈之名，并不存畏难之见。惟悾念国家杌陧之形，默察商民颠连之状，质诸当世，返诸貌躬，实有非衰老之躯所能称职者。

并非谦让，实本真诚，谨为我国会及全国之军民长官并林下诸先生一言，幸垂听焉。

民国递嬗，变乱屡经，极望承平，徒存虚愿。但艰难状况，有什佰于当时者。道德不立，威信不行，纪纲不肃，人心不定。国防日亟，边陲之扰乱堪虞；欧战将终，世局之变迁宜审。其它，凡事实所发见，情形所抵牾，当局诸公，目击身膺，宁俟昌之喋喋。即才能学识十倍于昌，处此时艰，殆将束手。此爱国而无补于国，不能不审顾踌躇者也。国之本在民，乃者烽火之警，水潦之灾，商业之停滞，金融之消耗，土匪劫掠，村落为墟，哀哀穷民，无可告诉。吏无抚宇之方，人鲜来苏之望。固无暇为教养之计划，并不能苏喘息于须臾。忝居民上，其谓之何。睹此流离困苦之国民，无术以善其后，复何忍侈谈政策，愚我编氓。此爱民而无以保民，更悚惕而不自安者也。

然使假昌以壮盛之年，亦未尝无澄清之志，今则衰病侵寻，习于闲散。偶及国事，辄废眠食。若以暮岁，更忝高位，将徒抱爱国爱民之愿，必至心有余而力不足。精神不注，丛脞堪虞；智虑不充，疏漏立见，恐以救国者转贻国羞，更恐以爱民者适为民病，彼时无以对我国国民，更何以对诸君子乎？吾斯未信，不敢率尔以从；心所为危，敢用掬诚以告。惟我国会及全国之军民长官，盱衡时局，日切杞忧。所望各负责任，共济时艰。起蹙额之民生，登诸衽席；挽濒危之国运，系于苞桑。昌虽在野，祷祀求之矣。邦基至重，非所敢承，干济艰屯，必有贤俊。幸全尘翩，俾遂初衷云云。

九月六日

冯总统通电推戴徐世昌。 东海当选后，得河间躬往劝驾，并电南北要人表示推戴。其电知各省长官者，略谓："国会成立，国璋曾以统一和平之心理，属望于荣膺大选之人，通电布告在案。兹准大总统选举会来咨，徐公世昌以四百二十五票之多数，当选为第二任大总统。元良有属，遐尔腾欢。徐公德量渊涵，军界同袍，皆其后进。饱经世变，匡济时艰，其渴望和平，较国璋尤为切至。将来实行统一，造福苍生，否极泰来，时机已至。国璋得免罪戾，寸释仔肩，公谊私情,尤为庆忭。惟徐公尚持谦德,逊谢不遑。所望文武长官一致推崇,同辞敦劝。方今水深火热,民不聊生,免分裂而臻大同,在此一举。即西南诸省,自为风气,宁无厌乱之心。国璋去职有期,苟利国家,直言无隐。特援匹夫有责之义,以效朋友忠告之情,敢布腹心,惟希公鉴。"云云。其致西南各要人者,略谓:"广东岑西林先生(中略)同鉴:天祸中国,同室操戈,苦我生民,劳我将士。国之不能统一,皆国璋不德有以致之,何敢尤人。顾自依法代理以来,适值国会解散之际,瞬本年九月十日,即为国璋卸责之时。是用促成国会,即行选举,俾元首及早得人,非得已也。今徐公世昌,已以最多数当选第二任大总统。国璋交代有期,本可默尔而息,顾念国不统一即分裂,苟分裂必复亡。其所以酿成今日之现象者,皆意气与意见二者误之。夫意气与意见重乎?国家重乎?今与诸公捐除二者,而纯以国家为前提。在法律问题,姑待后来解决。简单言之,请诸公赞成徐公为第二任大总统而已。徐公德量渊涵,其希望和平,较国璋为尤切。以自前人望而论,遍国中殆无第二人。明知此言一出,诸公必断断以护法为辞。不知法之大源,以全国人民为主体。今全国人民,皆厌乱而望治,苟无民,何有法。诸公而无志存国也则已,如有志于存国也,当此元首得人,否极泰来,时乎难再,失此不图,万劫不复。在诸公作朋友先施观可也,作兄弟急难现可也。否则,后之视今,亦犹今之视昔,长此相持,又将奈何。精卫填海,愚公移山,惟执事实利图之。"

各省频电贺徐大总统电当选。 曹锟电云:(前略)恭聆之下,欣忭莫名。伏念民国七期,主权三嬗。四方靡骋,正遗艰极钜之时;百姓戴仁,切本固邦宁之祝。凡兹选举,允洽人心,非元首一身之怀,实四海苍生之福。我新举大总统厚德及民,殊勋在国,屈从物望,出济时艰。抑有而不与之高情,宏后乐先忧之素抱,必能解生民倒悬于俄顷,奠国家根本于万年。凡我同人,谅同忱悃。锟等内屏畿辅,外总师干,在大义主于服从,与国家誓同体戚。谨布愚诚,为国庆贺。

九月七日　　八月初三日

特派张作霖为东三省巡阅使。

张湘督电告南军大部集合茶陵。　略谓：敌军大部集合茶陵，意在袭取醴陵。已责成鲁军节节严防，并拟令张克瑶旅长由朱亭移驻醴陵，以资镇摄。

公府情形。　延见刘询十五师长及直绅蒋式瑆、冯恕、史履晋，谈论维持钞票价格办法。下午又延见汪大燮、林长民。

闽督李厚基报告泉州等处危急。　李厚基自厦门来电云：永春、仙游、安溪三方面之敌军，猛攻泉州，势甚危急，并有旦夕难守之语。又臧致平司令亦有浮山因兵力单弱，危急异常之语。故连日有泉州、浮山不守之耗。参陆处因李督电请救援，开紧急会议。其结果，电令淞沪护军使抽派得力军队，一面就商龙巡阅使，速将在津训练成军之新振武军，即日开拔，以维闽局。并一面电令李督坚守待援。

湘省因李奎元自浏阳、平江方面撤队回省，土匪占据地面，异常危急。　李奎元因与张湘督意见不合，擅将所部撤回。浏阳、平江为土匪占据，声势汹汹。政府拟将第十一师长李奎元撤差回京，而该师官佐等又合辞恳留，以维现状。已电请曹经略使转呈政府矣。

我政府亦有承认捷克军为交战团体之说。　各协约国先后派兵援助捷克军，并承认为交战团体。故我国亦与各国取一致之行动云。

九月八日

唐国谟率队由连城退抵厦门。　前日外官谓唐失踪，得此电方证实其未然也。

湘督张报告，暂派张敬禹为长沙戒严总司令。　略谓：省城戒严，总司令李奎元，带二十一旅两团赴浏阳剿匪，即派第七师炮兵团团长张敬禹代理戒严总司令云。

黑督报告，日本军队将由昂昂溪开赴黑河。　日本觊觎东省，尽人皆知。此次出兵援助捷克军，亦乘机而起。前将军队开赴满洲里，令我军队让出兵房，并退驻后方。此次运兵往齐都者，已有三联队之多，且续运不绝。并散布谣言，谓黑军与过激派联络，以为进兵黑河之借口。并在昂昂溪设总兵站部，俾作运兵黑河之准备云。

驻美、驻日两公使密电报告，美总统、日本天皇赞成选举徐东海。

九月九日　八月初五日

漳厦铁路南段已为南军占领，厦门附近亦有战事。　陈炯明攻入漳州后，急欲包攻厦门，已将漳厦铁路南段之路线占领。李督以该路既失，厦门即陷于孤立无援之地，昨已电陈政府，请免去本职，另简贤能以图补救云云。又陈炯明包围厦门之军，已达一万二千。已预先通知领事团，令外国人避难。现泊厦门英国炮舰，四日已派陆战队在专管租界上陆。现在臧致平之军二千已到厦门，更以中央交来之五十万元，极力维持市面秩序。

闽浙援粤副司令童保暄电，请派新振武军来闽协防。　略谓：以步兵两团固守黄冈防线。南军连日由石坑、坪溪等处攻我阵地，请迅令新振武军来左翼协防云云。

九月十日

任命陈锦章署理参谋部局长。

臧致平之军克复同安。　泉州或可无虞也。

阁议纪要。　一、汤化龙恤款一万元案。一、东三省巡阅使权限问题案。未决。一、处理德奥侨民案。一、湘省华容等县水灾赈恤案。遂由钱、田两部长入府报告。

闽督李报告泉厦危急。　中密电，略谓：陈炯明、李荫轩现抵漳州，指挥厦门附近之敌。许崇智、洪兆麟现在永春，指挥泉州附近之敌。并调集后方敌援。厦门尚炮台可守，泉州则无险可凭。已派张祖焱充泉州警备总司令，王树林充副司令云。

九月十一日

攻闽方面之南军，已占据黄冈附近之黄沙坑。

传闻林绍斐中将得西南电，将补选徐世昌，以便解决世局。系由旧国会承认，以合法定手续。

徐世昌通电表示就职。　前电掬诚相示，实出至情，非有丝毫矫饰。乃参众两院，以国计民生，重加敦劝，复承诸公交电劝勉，责以大义，动以至诚，推爱国然诚，施及下走，崇论宏议，金石能开，昌独何心，能无感奋。惟是出即无待再商，而国家断不容一试。昌之所以斯斯致意者，则以爱国而不能救国，爱民而无以保民，负人自负，而多以负国，此昌之所大惧也。夫所谓救国保民者，导源于法律，取效于政治。我国宪典未修，法制未备，虽日谈政治，而是丹非素，靡所折衷。坐使国权不张，民困日甚，咸受害于此而莫之知。譬彼河流，过壅则决，国无常宪，奚以图存。百政之源，准诸财用，盈虚酌剂，经国之常。今则金融匮竭，供亿浩繁。各省则仰给中央，中央则仰给予不常之外债。无流可节，遑论开源。长此因仍，何以为国。军事计划，重在边防。当边要之冲，成合从之势，稍有疏虞，动关大局。况复劳师境内，转战经年，扰攘纷纭，仍无归宿，边疆征调，何以应之。立国之要，实系邦交。欧战将终，潮流益迫，世界大势，或有变迁。易武力而趋商业，则东亚固绝好商场也。工商竞进，中外所同。我则内政不修，财源枯竭，既无提絜之力，必成坐困之形。势有固然，宁可忽视。至于民生之耗敝，商业之凋残，吏治之惰偷，盗匪之充斥，症结所在，无难倰计，积患已极，夫岂易图。故论今日立国本计，固非仅国内问题，而欲合全国之力以赴事机，则必先使内政之有所措手。诸公同膺重计，为国干城，度计之熟矣。若以昌之所虑，尚不戾于事情，则必有共图补救之方，次第而整理之。诚以中央之于地方，犹腹心之于指臂，中央不能离地方而孤立，地方亦岂能去中央而自立。况若昌者，从政有年，薄有经验，初非畏难苟安之人。假令勉徇国会之情，与公勖勉之殷，惟仍冀同德同心，共支危局，倘有救国保民之策，无不竭力为之。否则以衰老之躯，膺此钜任，尚无统治

内政之实力,奚暇远图,亦适以重世昌之戾而已。抑世昌更有言者,治国之本,端赖群贤。当此国事多艰,人才消乏,忧时之彦,或洁身栖隐,或避地远游,良用企念。如其慰我辎饥,群策匡济,则立贤无方,古有明训,此尤世昌所延望者也。既承推毂之爱,必有借著之谋。再布悃忱,伫候明教。

九月十二日

吉林省长郭宗熙电,请政府速派铁路熟手人员来哈尔滨接办铁路工事。因俄工罢工之影响也。

令给予汤化龙治丧费一万元。 据驻美公使顾维钧电称:前内务总长汤化龙在坎拿大维多利亚地方,突被枪击,伤重身亡等语。汤化龙学术渊通,智识宏毅,赞襄国务,卓著勋劳。此次游历各国,中途遇害,追念贤才,殊深惋惜。灵柩回国时,着经过地方所驻公使领事,遴派专员,妥为照料。并给银一万元治丧,派员致祭。所有生平事迹,宣付国史馆立传。一面查缉主谋凶犯,务获究办,以慰英灵。此令。

令拨给湖南赈款银二万元。 据湖南督军兼省长张敬尧电称:华容、常德、宁乡、安乡、临湘、南县、沅江、湘阴、汉寿、益阳等县均被水灾等语。

国务会议纪要。 一、吉黑两督电陈,日军请在中东铁路电杆悬挂电线案。议决由交通部派人视察,再行核办。一、援闽案。议决由三路进兵以退厦门之敌。由赣省抽调得力军队开赴上杭,以窥漳泉敌军之后。由浙省添派军队,乘轮开赴厦门。由海军司令部速派舰队驰赴厦门。一、西藏办事长官陆兴祺电告我国在藏军队退入印京,附陈维持藏事办法三端案。未决。

各报揭载西南各人物有提出三条例之说。 闻除孙文一派外,均将由旧国会补选徐东海为总统,决于双十节前举行。但希望中央允许三项条件:其一,即补给西南各省以前用出之军费,其二,副座问题;其三,比前两项略为重要也。

各报揭载周予觉君自云南来京,交呈唐继尧信于段总理。 略谓:此后倘有和平办法,但使法律上能无妨碍,必当拔戈即好,一致携手，以图对外云云。

九月十三日

吴佩孚致电徐世昌，请先调停时局再就职。

倪嗣冲晋给一等大绶嘉禾章，王印川晋给二等大绶嘉禾章。

闻南北解决问题已开始电商。 据政界某外人云：南北之时局解决问题，连日双方确已开始电商，其电报多由苏督、鄂督转来，东海方面，接获者尤多。东海已电邀在野各要人，如梁任公、张季直、熊秉三诸人来京，各抒意见，以便采择云。一说熊秉三已接岑西林电，解决时局，须由中央政府拨四千万元为善后之用。至闽湘两督须由军政府推荐。

九月十四日

李奎元等之军队克复浏阳。 元日官军抵浏阳附近之黄花市、永安市、东山鹿子岭。十四晨由李奎元师长、张纪旅长、阚旅长朝玺指挥所部，由小吴门、浏阳门两路进攻，即于午刻完全克复。并由方镇守使本仁、张总指挥官宗昌在东南方面堵击云。

靳云鹏晋给一等大绶宝光嘉禾章，童焕文、曲同丰、丁锦、刘崇杰均给予二等宝光嘉禾章。

青木宣纯给予二等宝光嘉禾章，伊集院俊、桦山可也均给予三等宝光嘉禾章，宇垣一成、坂西利八郎、吉田增次郎均给予二等大绶嘉禾章，本庄繁给予三等嘉禾章，"土肥原贤二给予四等嘉禾章。

斋籐季治郎给予二等文虎章，川畸吉五郎、山田健三、田代皖士郎、小林角太郎、冈村宁次、土居政道均给予四等文虎章。

内阁纪要。 一、为议员光云锦等质问中交票如此低落之原因，及其有无救济之法案。一、为质问自兵兴以来，所有政府与外人缔结之密约，关于军事外交财政各项，请将真相宣布，以免人民多所疑虑案。议交由各负责机关设法逐节拟答，交院咨复。一、为参谋部与海军部会同提出留学日本海军大学校学员暂行规则案。一、科布多佐理员李垣电陈托摩斯克回部，愿脱离俄国，归我版图案。交蒙藏院核复。又讨论全体阁员总辞问题，议决俟东海就职时，再行提出。遂由朱、刘两部长入府报告。

参谋、外交、交通三部议决，电话挂线由交通部速拨十五万元办理。

报载唐继尧提出五条件。 一、恢复旧国会。一、要求任命为川、滇、黔三省巡阅使。一、熊克武为川督。一、滇军派二师常川驻川，永不撤换。一、凡自来反抗中央之军官，一律照常任用。

九月十五日

吴佩孚报告，和议进行，南军已退至零陵城下。

奉军陈团长克复湖南之平江。

李奎元已克复株州、醴陵。 前者李奎元撤退浏阳之第十一师；故浏阳陷落。刻由该师克复，长沙已保无虞矣。

曹锟通电论时局。通电皆系浑沌之辞。

九月十六日

任命祺诚武为翊卫使。

赵俊卿、米材栋、熊炳琦、何绍贤、萧广传均授为陆军中将，刘宗纪、项致中、丘震、江寿祺、张家藩均授为陆军少将。

徐大总统接受当选证书。 两院议长赍此项证书至徐邸，如仪只呈，东海敬谨接受。议长致辞云："士诒、揖唐，今日代表参众两院，恭致证书于当选大总统之前，谨致辞曰：元首得人，大任有属，群伦托命，薄海归仁，福国利民，此其左券。"总统答辞云："世昌不敏，承全国重托，两院公推，义无可辞，引为己任。此后厉行宪政，发扬国光，敢竭寸长，冀符舆望。"闻徐大总统统一时局，已与西南间接妥议，决不再用兵矣。

传闻南方密遣暗杀团混迹京津。 数日来，在前门外某乐户内，曾捕获四名，在煤市街捕获一名，无量大人胡同内捕获一名，第一舞台捕获一名，在天津捕获四名。月之八日，徐树铮赴第一舞台观剧时，亦捕获一名。

九月十七日　　八月十三日

广东众议院选举褚辅成为副议长。

特派萨镇冰督办福建全省清乡事宜，派黄培松会办福建全省清乡事宜。

任命方日中为湖北督军公署参谋长。

阁议纪要。　一、议决将七年公债提出二千万发卖，以便提高票价案。其一切办法，交财部会同两行办理。是日阁议时间最短。

传闻蒋尊簋在温台等处起兵。　温台等处闻已由浙督宣布戒严云。

外人方面传说厦门已被南军攻陷。

厦门各国领事不许南北军在厦门五十里以内战争。

九月十八日　　八月十四日

任命梁朝栋为暂编奉天陆军第一混成旅旅长，郑殿陞为第二混成旅旅长，蔡平本为第三混成旅旅长，王良臣为第四混成旅旅长，刘香九为第五混成旅旅长。

公府情形。　延见税务督办孙宝琦、靖威将军蒋雁行、福建清乡督办萨镇冰、会办黄培松。

九月十九日　　中秋

山东护理督军张树元报告，龙军南下，至晏城暴动，已派队堵击。　云龙军新招之兵，均系土匪，行至晏城，将有暴动，派兵堵击，毙五十余人，已悉镇定，惟晏城仍戒严。按津浦车昨日末次票，前日开往南段之车，均折回天津云。

谭延闿由郴赴永商议解决时局。　因谭浩明在永也。

喧传李厚基已返福州。　因延平被围，省防告急，驻水口之珠船板一营兵变，距省不过五十里，恐省垣驻兵被其煽惑，故率六营回省镇压。至厦门军事，均交由童、臧二人维持。

段总理宅内开重要会议。　与议者，段陆军总长、曲同丰、陈文运等，闻系关于内阁问题及军事计划云。

日本外交调查会在总理宅开会，议决不答奥国讲和提议。　据外报：西欧战事，德军濒濒败退，德奥已无胜算，如再继续战争，益形不利，故德奥两国，复协商提起和议。去年十二月已提一次。而使奥国政府通告各国政府，各派代表会合于中立国之一地，讨论媾和预备条件。更由德国向比国提议，若比国能守中立，至战争终了，即可保其政治上、经济上之地位。此不过德奥借此煽动协约国民之希望和平，以为离间之计，且令比守中立。则德兵由法北部退却时，可受其右翼之援护，非真意言和也。如英，如美，如法，如意，如比，皆已议决，实行拒绝，作战到底。故日本政府亦取一致之行动也。

九月二十日

内务、财政、陆军、蒙藏院会议阿尔泰改选事宜于内务部　院派祥桂、吴燕绍赴议。

广东军政府会议，决定罢免省长李耀汉，以翟旺代之。　翟旺即日赴肇庆接事。然反对者甚多，翟旺亦废就返矣。

参议院纪事。　一、吴宗濂提出，咨请政府维持中交票以备兑现案。付审查。一、吴宗濂等请咨政府速以所买存土实行制药，运销国外案。不成立。一、陈焕章等请定阴历八月二十七日为圣诞日一案。三读会议决。

九月二十一日

派喻毓西为驻沿海州中国军参谋长。

阁议纪要。　一、库伦办事大员陈毅，请在库伦设立军事处案。议决准其设立。惟每月经费不得过二千元。一、议决准拨奉省赈款一万元案。一、讨论补救河南巩县兵工厂损失百余万元案。交财政、陆军两部核办。

传闻我国与日本所订军械借款不日签字。 此事发源于靳云鹏东渡时，嗣因故中止。此次日内阁下野，欲竟前功，故特令太平公司向我政府提议，扩充借款至巨，或主张三千万，或主张一万万。而我国所许可之条件，内容极为严酷，丧失铁路民治、军警诸权，不一而足。两方均积极进行，日内可以鉴字。各报所登，不满意于现内阁者，比比然也。闻系由参战处用教导团名义与太平组公司订定，总额为二千万元，利率八厘，两年付清。

九月二十二日

李厚基于是日午时抵闽省城。

传闻新总统派员面商长江三督，主持和局。 东海与西南方面如何接洽，外间有谓其并无办法者；有谓其间接协商者，惟西南方面如陆，如岑，必不表示反对有断然者。

参议处议决国防地点。 一、乌苏里兴凯湖。与俄接近。一、三姓、珲春、宁古塔。与俄之乌苏里接近。一、乌鲁木旗巴里坤。与俄之舍尾天士克非路冈接近。一、帕米尔之西北。连俄境。一、喀尔喀尔。与俄之费尔干接连。一、准格尔关。与俄境连接。一、乌尔稽、恰克图。与俄连境。一、阿尔泰索果克。毗连于俄之塔什阿嘎赤。一、唐努乌梁海。毗连于俄之也尼色斯克与托木斯克。一、塔尔巴哈台之西北。与俄属接近。

九月二十三日

王怀庆授为庆威将军。

传闻唐继尧提出议和条件五条。 据黔中某政客所谈，唐继尧近介人与中央接洽，提出谋和条件五条：一、以旧法改选国会；二、惩办刘存厚及要求以熊克武为川督；三、索交上年反对帝制时中央认给之军费七百五十万，除交过四十万外，尚欠七百一十万；四、此次用出之军费，概由中央认还。五、要求以后永驻滇军二师、黔军一师于川省中部，饷由中央认给。至对于东海之当选，甚满意云。

传闻奉军四团入关，以拥护徐世昌为目的，人心异常惊骇。 有谓张雨庭督军，因新招奉军之饷未发，问之徐树铮，反云已被张雨庭取去，故奉督拥兵入关，将与徐办理债务。岂其然乎？然嗣经政府调停，奉督亦涣然冰释矣。第北京市面，未免稍受震慑耳。

九月二十四日

令，九月二十八日举行关岳秋戊祀典，派内务总长钱能训恭代行礼，由内务部敬谨预备。

令拨奉天省赈款一万元。 兼署奉天省长张作霖电呈，本年夏秋以来霪雨连绵，省城及辽阳、海城等处河流陡涨，冲没城垣房屋田亩大多，淹毙人民牲畜，灾情綦重。其余营口等十余县，亦均先后被水成灾，请予拨款赈恤等语。着财政部拨银一万元，克日汇交该兼省长，遴派妥员，分赴灾区，核实散放，以安穷黎。此令。

厦门臧镇守使致平电报占领江东桥。 敬日电称：据我辛、刘两支队长报告，今早敌反攻灌口，经我全线迎头痛击，激战半日，敌势不支，我军乘胜进至江东桥，遂将江东桥一带完全占领，拟即乘胜进攻漳州云云。嗣因军队尚未集合完毕，改于二十六日向漳州开始总攻击。

广东旧国会协议总统任期延期八十日。 其理由以洪宪八十日不应加入也。

财政总长曹汝霖出席众议院，被议员克希克图等质问中交两行京票跌价案。 首由光云源质问云："自中交停兑以来，票价日低，乃有发行七年公债票九千三百万元，以为拨还两行积欠，用为收回中交京钞，提高票价，何以债发行后，票价反低落至五折左右？倘将来京行钞票跌落至一钱不值，试问财政当局能否负此责任？"曹汝霖答：（前略）"收买公债，最多者为京奉铁路，计九百余万元之多，其余亦强半为有大资本者所购买，故与普通社会无关，所以钞票不见增高。如谓钞票价低，苦累小民，不知所苦者为一般文官月俸。其再贫苦之小民，每日所入，以铜元为本位，似无甚影响。至维持之法，本部亦有计划，嗣后收回钞票一张，销毁一张，及至中交两行请发七年公债时，曾有拨还积欠后不准再借之请，本总长竟毅然批准，足见维持票价之心，无微不至。"克希克图质问云："贵总长即云货易不币，小民无大痛苦，试问今日收受钞币为五二折，明日落至五折，吃亏者岂非小民？况交通机关等，莫不均受现洋，其钞票销路日少，信用自弱。"财政总长答："交通机关收现，系因外债本息、洋员月俸、工人工资均需现洋，统计需用十分之七，故收现洋。"郑万瞻质问云："贵总长兼任两部，直辖中交两行。而中交两行流通市面之京钞，计有若干，当能知之。"曹汝霖答："中国银行流通北京市面者，约有一千八百万有奇，交通银行有九百余万元。"至是人数不足，遂无结果而散。

阁议纪要。 一、共同出兵海兰泡及参战处改组问题。未决。一、议决拨曹锟军费五十万元，张怀芝、李厚基各三十万元，张敬尧之第七师及湖南之第一混成旅、李奎元、冯玉祥各五万元。一、答复中交票价质问案。未决。一、关于国庆给勋案。

公府情形。 延见冯总裁耿光、财政顾问王克敏，垂询维持票价办法。

查封新闻通信社及《亚陆日报》、《经世报》、《中华新报》、《国民公报》、《晨钟报》、《大中华日报》、《北京民强报》、《大中日报》八家。 二十一日，新闻交通社稿中有："呜呼三大借"新闻一则，各报展转揭载。督办参战事务处，以此事殊非事实，咨请京畿警备总司令处按照戒严法办理。司令部遂请警察厅查封，并传其编辑人等讯究。其主文系故意造谣，泄露秘密，妄肆登载等语。

各报揭载岑春煊、伍廷芳答复东海歌电原文。 各报馆均鉴：今准岑西林、伍秩庸拍达谏日复徐东海一电。其文曰：吴师长鉴：兹致徐菊人先生电文曰：北京冯代总统转徐菊人先生鉴：读歌日通电，借悉非法国会，选公为总统。公既怵世变，复自谦抑，宣示辞职。窃谓公能察民意，不愿冒居大位，至可钦佩。惟公之立言，虽咨嗟叹息于国事之败坏，而所以致败坏之原则，公未尝言之。此煊、廷所不能默尔而息者。致敌之故，虽非一端，救国之方，理无或二，一言以决之，奉法守度而已。约法为国命，人设有悍然不顾，而为法外之行动者，有托名守法，而为犯法之实者，均足以召乱。自国会被非法解散，约法精神，横遭断丧。既无以壮❶。

一九一八年十二月 _{起二十一日}

十二月二十一日

　　传见王瑚，将有他项使命。
　　公府情形。　钱总理入府商定阁员，计开：外交陆征祥，内务钱总理兼，财政龚心湛，陆军靳云鹏，海军刘冠雄，司法朱深，教育傅增湘，农商田文烈，交通曹汝霖。冯河间入谒，密谈一小时之久。传见李纯代表谢传安。
　　参议院表决，赞成梁士诒辞议员及议长职。　全场议员八十余人一致起立。
　　公府财政委员会开成立会。以张弧为主席，会员长为周自齐，事务主任为张弧，委员梁士诒、汪大燮、陆宗舆、曹汝霖、李士伟、朱启钤、陈振先、吴鼎昌、张志潭、王克敏、徐恩元、张寿矜、叶恭绰。
　　中外要闻。　财部已筹获新年用款三百万元，多由盐款中筹来。

十二月二十二日

　　中外要闻。　李督转来西南电。西南并不反对剿匪，但请双方划界，于界内清匪，方免误会。
　　讲武堂即行解散。

十二月二十三日

　　赴欧调查委员王治昌等入府辞行。
　　中外要闻。　陆荣廷已由南宁返武鸣，已来电促中央进行和议。

---

❶ 第四册原文止此。以下缺。第五册缺第一页，下"十二月二十一日"系编者所加。

唐少川复东海巧电如下："北京徐东海先生鉴：干臣两电，代达尊意，以会议名称虽可从同，而先决问题，尚待商榷。来电所云，窃有未喻者。谓解决内政，必须在完全国土之内。则上海地位，与京津无殊。诚不知公等何时以上海摈诸国土之外。此未喻者一。此次会议既属对等，则会议地点，允宜超出双方势力以外之范围。沪滨为舆论集中之区，中外观瞻所在，托庇于民意公理之下，与团体于警跸樽俎之间，其孰为适当，无待熟计。壬子二月二十八日之变，以项城雄猜，犹难预弭。今之秉钺者其才略宁过项城。此未喻者二。陕闽护法军队，直受军府接〔节〕制，绝不含土匪性质。间或伏莽乘机窃发，须由彼此会同剿办。苟于强者则虚与委蛇，于弱者则斥为盗贼，是非从心，良莠在口。然则向来骄兵悍将，蹂躏间阎者，在军府应否以匪视之。此未喻者三。凡仪所主持，悉本正义，未尝挟一己之私。顾兹事体大，实不敢稍涉苟且，而舍本逐末。来电所云，争持枝节，致旷时日，苦不得其解。此未喻者四。前电以私人名义，竟为我公一竭其忠告，亦欲我公不矜其位，与为论思。今仅从干臣间接疏释，则曷若竟向军政府接洽。此未喻者五。今日之局，发自我公，至诚所感，和乃可望。若徒以文饰相尚，恐亦非我公之本旨也。再者，迩日南方通电，尚多隔阂。望饬知主者勿事延搁，以便进行。凤辱知走之末，敢布腹心，伫候明教。北地早寒，为国珍卫。绍仪。巧。"

十二月二十四日

中外要闻。　徐树铮晋见元首，报告国防军编练情形及参战处更易名称办法。

丁士源抵海参崴。系漾日电

鲍督电陈，赤塔军团长喀特烈次带兵赴赤塔方面，声明系为保护满站以西之铁路。

十二月二十五日

中外要闻。　徐树铮请假，于是日出京返徐州省亲。

派赴云南之中将张子贞到京，系为滇省猜忌折道而回也。

十二月二十六日

　　日本男爵军医总监石黑忠德给予一等文虎章，军医监下濑谦太郎、药剂监羽田益吉、兽医监武籐喜一郎均给予二等文虎章，陆军二等兽区正野江次郎晋给三等文虎章，陆军三等军医正小营勇给予四等文虎章。

　　日本军医总监鹤田祯次郎、本多忠夫均给予二等大绶嘉禾章。

　　中外要闻。　朱总代表桂莘在中央公园招待中外新闻记者及特派员，席间演说，大要希望舆论界发挥伟论，以诏同人云云。

　　段督办原定编练国防军四师，现因限于军费，暂行编练三师。第一师长将属陈文运，所编本军在保定训练。第二师长将属曲同丰，所编本军在北苑训练。第三师长将属马良，所编本军在济南训练。

　　政府调查滇军之确数：计陆军三师，混成旅五旅，新招混成旅六旅，飞虎军六营，土军五十九营，边防军十二营，杂色军约三千人云。

　　唐继尧马日通电论闽陕问题。略谓：一划定停战区域，在议和期间，各区域内治安，由各军相助维持。如甲军队越入乙区域时，即认为有意挑衅，应负破坏和平之责。

　　钱总理因西南筱电诘问闽陕问题，特于本日发电答复，其电甚长，不及备录。见《北京日报》二十七日

十二月二十七日

　　中外要闻。　西南未能派出代表原因，虽表面上涉及闽陕问题，实则因党派纷争意见未能一致也。

　　刘恩源自南京归，晋谒元首复命。

　　元首传见冯耿光，讨论维持钞票方法。

　　善后讨论会，于是日开会讨论善后事宜。

　　前赴欧洲考察教育之范源濂，于本日晋谒元首。

国民制宪倡导会，由蔡元培、王宠惠、易宗夔等发起，分别担任起草。

十二月二十八日

派载涛、江朝宗、麟光、色楞额、瑞丰、治格、志锜、张德彝管理值年旗事务。派罗振方充京畿河工处坐办。

公府情形。元首在怀仁堂筵宴和议代表朱桂莘等，席间演说：第一，希望放出世界眼光，见其远者大者。第二，希望解决法制，须合民情。第三，希望收束军事，不存敷衍。第四，希望地方善后通力合作。第五，希望遇事勿过偏枯，勿存敷衍。

唐绍仪与军政府书，论军政府名称宜改为护法政府。

参议院通过拟任汪荣宝为驻瑞士公使、魏宸组为驻比利时公使案。

北京报界联合会开成立会。

十二月二十九日

中外要闻。 总代表唐绍仪，代表胡汉民孙文代表、章士钊岑春煊代表、曾彦广西代表、郭椿森广东代表、唐继禹云南代表、赵世钰或李述膺陕西代表、王伯群贵州代表、吴永珊四川代表、程潜湖南代表、魏子浩福建代表。

元首传见汪瑞闿，意欲派充公府政治顾问。

各和议代表于本日出京。

参议院开议长预选会，李盛铎为候补当选人。

丁乃扬偕西南代表郑嵘、丁乃澄等晋谒大总统。

十二月三十日

公府情形。 传见谷钟秀、严修、王廷桢。日本驻公使小幡酉吉初谒元首。

外蒙贡使岱青吉农将于明日由张家口到京。司法次长张一鹏自上海来电，论监烧存土事。

十二月三十一日

令山东剿匪军队毋得搅扰车站妨碍交通。　前因鲁省匪氛不清，业经严饬署督军张树元切实剿办，并由苏豫等省一体拨队协剿。迭据该署督等呈报剿匪获胜情形，办理尚属得手。惟是该省居津浦铁路之冲，前此曾有搅扰车站、妨碍交通情事。现虽匪势渐平，车行通畅，而为体恤商旅起见，仍宜察度情形，妥筹维护。应由该署督会同直隶、江苏、安徽各省，迅拨得力军队，于津浦沿路各处，随时剿除匪患，认真防护路线，务期通行无阻，以保公安。至军队有维持秩序之责，住来各路观听攸属，尤应恪遵军纪，毋稍凌越。并着责成各统兵将领，严密稽察，有犯必惩，以肃戎行而重路政。此令。

一九一九年一月

一月一日　　十二月三十日

令整饬官方。　从来保邦制治，群策攸资，必有振奋之精神，乃无废弛之政治。近岁以来，政尚宽大，官多冗闲，或一事而置数员，或一人而兼数事。社会积成凋敝，般乐无异承平，禄糈辄病纤微，挥霍乃同豪右，长吏无闻，下僚益肆。京师若此，外省可知。推厥由来，盖亦有渐。或则以官为家，因仍旧习，役志于升斗之末，疲神于征逐之余。叩以世界大势，列邦近闻，殆非所习。其在稍窥新理者，则又假借治术，利用政权，以名为奔走之资，以华朊为党援之助，权利所在，不惮牺牲。执义为衡，实两失之。夫服官公权，法律所许。而自中枢以逮末僚，莫不有其应尽之职务与其责任。职责云者，非仅如曩昔官箴所守仅矢慎勤已也。每一事之经画，准诸国情奚若，揆诸世界趋势又奚若，必当有深识远虑，以贯彻初终。而事之繁重艰棘者，尤必往复筹谘，以求一当。即在休沐，不废焦思。故名秩愈崇，则职责愈重，而所以副其职责也愈难。旁观多歆羡之私，当局皆疚心之地，方兢惕之不暇，何权利之足言。矧当欧战既终，世界潮流一变，吾国人之心理，与夫国家之政策，亦当权衡通变，以应世势。并力以赴，犹惧后时。玩愒相乘，适滋丛脞。本大总统德薄能鲜，勉任艰屯，亦惟赖百尔有司之竭诚匡济，为国民力谋幸福，与友邦共进休明。至于道德纪纲，国脉攸系，政策虽有迁变，而扶植在所必先。亟望京外长官，各以艰难宏济为心，一洗上下相蒙之习。勿逞忮求，勿耽逸欲，勿蹈泄沓，勿挟偏私。即在庶僚，皆吾心膂，寅恭共励，匡翊是资，勿以政简而稍即怠荒，勿以秩微而自存菲薄。多难兴邦，式在古训。祈天永命，恃此至诚。咨尔有位，勉之勿歟！此令。

杨祖德授为陆军少将

大岛健一给予一等大绶嘉禾章。

萨镇冰给予一等文虎章，黄培松给三等。

日本陆军中将参谋次长福田雅大郎给予二等宝光嘉禾章，参谋本部部长陆军少将国司五七给予二等嘉禾章，参谋本部部员陆军步兵少佐二簶三郎给予三等宝光嘉禾章，陆军一等主计朝比奈义马给予四等嘉禾章，秋山雅之助给予二等大绶嘉禾章，内田隆给予三等嘉禾章。

陈毅晋给二等大绶嘉禾章，洪桢晋给三等嘉禾章，向西兵库、引西干作均给予二等文虎章，山口鹿太郎、高田丰树均给予三等文虎章，峰幸松给予三等嘉禾章，山田友一郎给三等。

日本陆军省军务局课员陆军炮兵大尉井上三郎、参谋本部部员陆军炮兵大尉菊池门也、陆军步兵大尉柳下重治，均给予四等文虎章。

一月二日

令开复王金镜上将衔陆军中将原官，并给还勋位勋章。四川广东湖南江西四省经略使曹锟、湖北督军王占元呈称，师长王金镜赞助军事，懋著勤劳，请予开复官勋，以资激劝等语，王金镜着开复云云。

中外要闻。　中央议和代表朱启钤一行抵宁。

一月三日

令开：孔子道赞化育，陶铸群伦，自汉以降，代致崇典。后之儒哲，被服古训，绅绎道义，或尊德性，或阐知能，觉世牖民，廉顽立懦。两庑祀位，亦复代有增列，所以重儒修明正学也。方今世界文化，日益昌明。孔子之至德要道，著在六经，传译邻邦，交相倾仰。况我国人，涵濡德化，既深且久，欲开来以继往，宜尊闻而行知。至于升堂入室之序，尤以躬行实践为归。不有表章，焉知遵率。先儒颜元、李塨，清初名硕，生平著书立说，本原仁孝，归功实用，深得孔子垂教致化之旨。曩当制礼之初，曾有从祀之议，频岁泯棼，因仍未举。兹据内务部以颜李两儒，有功圣学，呈请从祀两庑，位汤斌、顾炎武之次。事关祀典，谘度佥同，应予照行，用昭茂矩。风徽所在，肸响尤隆，入德即在，彝常导世。先端教化，永资矜式，以示来兹。此令。

程长发加陆军少将衔。

中外要闻。　陈嘉言等关于政府聘用日人阪谷芳郎为币制顾问，有无特殊条件，依法提出议案，限五日内答复。

一月四日

令开：国务总理钱能训呈，据山东省长张树元电称，此次肥城县被匪攻入，迭据该县绅民呈控警备队长林勉森有通匪情事，现已畏罪先扬，署该县知事赵树南任用非人，无可辞咎，请予从严惩究等语。林勉森统带警队，有保卫治安之责。乃据控通匪畏罪远扬，情节綦重，既由该省长通行严缉，仍着各省督军、省长一体查缉，务获究办。署肥城县知事赵树南，于该县土匪滋扰，平时既毫无防范，临事又抵御无方，所属警员通匪亦漫无觉察，实属有乖职守，着即行褫职，提交法庭讯办，从申国纪而昭儆戒，交内务、司法两部查照此令。

公府情形。　外蒙活佛代表岱青吉农、扎萨克和硕亲王朝克巴达尔祜，正式觐贺大总统年厘，并献呈贡品白马、玉佛、骆驼等，及表章一道。醇亲王谒见，为个人与元首叩贺新年。

传见廖宇春，令赍要函赴宁，径交朱总代表拆阅。

一月五日

令开：通商惠工，古称美政。海通以降，百业渐昌。顾虽恤商有令，劝业置官，未尝视为本计也。近岁国步迍邅，民生憔悴，益知工商关系之重。徒以氛壒未戢，政府不遑提倡，人民亦乏企业之知识，本大总统蠹然伤之。欧战既终，内讧将息，厚生之道，在所必先。是宜审国情之所近，察世界之所需，因时制宜，以图国民经济之发展。即国家经济，亦必有相得益彰之效，可断言也。今世界潮流，日相接触，欲图经济，必先疏其脉络，利其机括。若航业，若金融，若税权，首当先事筹画，广兴航业，商富攸资。董劝补助，政府之责。着该管各部速拟奖励航业章程呈布。劝业、农工各银行条例，前经颁定，应责成财政、农商两部提前筹设，并分催各省筹设分行，以资振导。海关税则既经议改，常关厘金亦应行土货优遇之法。科条之不便民业者，悉与废除。土物能更新制造者，优予奖励。更宜广设国际汇兑之机关，益图对外贸易之便利，消息互通，盈虚相剂，宏兹愿力，以振新机。他若矿业之开采，农产之改良，林牧之推行，机织之奖劝，该部责有专属，其随时会商各省，条议以闻。此令。

任命汪荣宝为驻瑞士国特命全权公使。

任命魏宸组为驻比利时国特命全权公使。

公府情形。　接见前清史馆赵尔巽，谘询对于和局意见；广东琼崖道道尹周沆，谘询粤事现状及振武军失利原因；直隶军务督办王怀庆，谘询关于冬防事宜。

中外要闻。　议和朱总代表电称，此次和平会议，拟准报界旁听，使外间得明真相云云。盖取公开形势也。

钱总理以陕事问题，于上月三十一日电复熊克武，其扼要语，首谓：川军破约侵边，进驻宁羌等处。宁羌果川之境也？双方既经停战，应及时退出陕境，以示尊重和平各守边疆之意。中谓：川督刘存厚名位,在大局未定以前,暂仍其旧,碍难免职。末谓:许兰洲、张锡元领兵入陕,纯为剿匪计画云云。原文见一月六日《北京日报》。

同日《北京日报》载:钱总理为陕闽问题电复岑西林,关于双方划定驻兵地点各任剿匪事宜种种磋商,希望之语。未录。

关于撤兵后划分防区办法,现由政府议定数项:(一)陕西划出靖国范围,仅允驻兵十营。(一)三湘由双方各酌留十分之二军队。(一)福建以漳州为界,南北各守防线。(一)赣南归由北军看守,滇军仅留一旅暂驻南雄,余则由中央政府妥择相当军队填驻云。

一月六日

令开:近今烟禁綦严,乃以厚利所在,莠民奸商多方尝试,甚至有假冒军人由各路包运销售情事。似此违禁营私,肆无忌惮,若不严行查缉,则禁烟要政直同虚设,于国家前途影响至巨。本大总统治军有年,凡隶军符,夙知国纪,岂容金壬影射,玷我戎行。嗣后应责成各省督军省长,遴派专员,会同各税关严密查察,毋论是否假冒军人,但遇有包运烟土,即行切实拿办,毋任漏网。其京奉、京汉、京绥、津浦各路,为近畿绾毂之地,尤应切实侦缉,着京师军警督察长马龙标,督饬所属干员随时梭巡稽察,一面由交通部通饬各路警员,襄同认真办理。一经查获,即予尽法惩罚,查出烟土,悉数焚毁。仍当侦察明确,勿得扰累行旅。经此次通令之后,凡我邦人当知令出惟行,除恶务尽,其各涤瑕荡秽,悉袪旧染,用副保民除害之至意。此令。

公府情形。 长芦运使丁乃扬来京晋见元首,代呈陆武鸣要电一件。奉天督军公署参谋长秦华,奉军第一师长张景惠晋谒,报告撤退奉军办法,及遣散输队数目。

中外要闻。 南方岑春煊等促进和议派之意见,以应速开议和会之理由如下:(一)北方代表已南下,并要求南方派遣代表,若不应之,则内外将误解南方无诚意,殊属不利。(二)目下外国报纸均谓陕闽问题应让诸议和会议解决,时局迁延之罪将在南方。(三)国民厌乱已极,如各省省议会、总商会等要求解决时局,以去商业上障害而恢复其秩序；若放任之，则人心将去南而附北。（四）军政府以护法各省之各军民为基础，今陆荣廷及其他各省军队，均希望速派代表；若军政府不承认此等请愿，将陷于困难地位。（五）开对等会议以外，所谓不派总代表不派其他之代表云云，均系毫无意味。且如此停滞，亦不解决闽陕问题、湖南湖北问题，各省之不利，将愈趋愈大。（六）对于陕闽军队，北方称为土匪，南方称为南军一层，亦决非仅恃电报所能解决。如第一次革命，当时袁世凯认陕西军为土匪，嗣在会议席上经民军之反对，终归屈伏，前例俱在，彰彰可考。（七）北方既派遣代表，南方如不派遣代表，则议和不成功之罪，将转嫁于南方。又继续进军，不容易解释各国之误解云云。

一月七日

中外要闻。　众议院通过大总统拟任阁员同意案。计开：外交陆征祥，内务钱能训兼任，财政龚心湛，陆军靳云鹏，海军刘冠雄，教育傅增湘，司法朱深，农商田文烈，交通曹汝霖。投票结果均超过半数通过，钱内阁完全成立矣。

苏督李纯电告政府，谓朱、唐两总代表业已接晤，嗣后双方商洽事件，请迳由朱、唐两总代表直接商办。

全国币制局开会讨论进行办法，议决如下：（一）调查本国及各国币制状况；（二）整顿各省币制分年办理计画。

一月八日

中外要闻。　政府与日本东亚兴业公司订立京绥铁路借款，于上年十二月七日成立。其内容见本日报载，转录如下：（一）全额日金三百万元。（一）以其中百二十五万向纽约公司购铁路材料六十吨，以七十万元充材料运费，以十万元购日本枕木，其余九十五万元存于日本银行，得有日本公使馆证明即随时交付。（一）将来京绥铁路提起借款，须先向东亚兴业公司商酌。

税务督办孙宝琦氏奉命赴沪，与南方唐总代表关于议和问题有所接洽，于本日出京。

一月九日

令开：任命张作相为东三省巡阅使署总参谋长。内务总长钱能训呈准直隶省长曹锐电称，直隶口北道道尹邹道沂难胜边要，请免本职，邹道沂准免本职。任命李同卿为直隶口北道道尹。

公府情形。　元首去电美国，吊唁罗斯福逝世，以表哀忱。和议地点争执，当道因表示退让，有允在沪举行之说。

中外要闻。　参议院通过众院移付大总统拟任阁员同意案。又续议选举本院议长案，结果李盛铎以八十六票当选，即于是日宣告就议长职。

一月十日

令开：兼署财政总长曹汝霖呈称，全国烟酒公卖局事务繁重，请仍设专署等语。　应即改设全国烟酒事务署，另候派员督办，以资整理，而专责成。任命张寿龄督办全国烟酒事务。兼任盐务署署长稽核总所总办李思浩呈请辞职，李思浩准免本职，任命张弧兼署盐务署署长稽核总所总办。兼署财政总长曹汝霖呈，两浙盐运使袁思永请免职，另候任用，袁思永准免本职。任命蒋邦彦为两浙盐运使。兼署财政总长曹汝霖呈，署理福建盐运使刘孝祚请免职，另候任用，刘孝祚准免本职。调任冯国勋为福建盐运使。任命姚煜为江海关监督。巴西国前外交总长李诺白桑阿给予一等大绶嘉禾章，比国驻津总领事陶师给予二等嘉禾章。

公府情形。　传见丁乃扬、郑药、丁乃澄，及广东警备第一军统领袁带。

中外要闻。　陆专使安抵巴黎。

在沪之熊（秉三）、谷（九峰）、张（季直）、孙（慕韩）、范（静生）、张（仲仁）会衔电请政府，对于闽陕援照湘省划界停战会同剿匪办法办理。

西南为派遣代表又发生争执，旧国会一派与军政府意见尚不一致，朱总代表等惟在宁静候而已。

驻港军事委员改派李鸿祥接充。

一月十一日

令开：外交总长陆征祥、内务总长钱能训、陆军总长段芝贵，海军总长刘冠雄、司法总长朱深、教育总长傅增湘、农商总长田文烈、交通兼署财政总长曹汝霖呈请辞职，陆征祥、钱能训、段芝贵、刘冠雄、朱深、傅增湘、田文烈、曹汝霖均准免本职。特任国务总理钱能训兼任内务总长、特任陆征祥为外交总长，龚心湛为财政总长，靳云鹏为陆军总长，刘冠雄为海军总长，朱深为司法总长，傅增湘为教育总长，田文烈为农商总长，曹汝霖为交通总长。外交总长陆征祥未到任以前，着次长陈箓代理部务。财政总长龚心湛未到任以前，着次长李思浩暂行代理部务。特任荫昌为卫侍武官长，特任张怀芝为参谋总长。特任吕调元为安徽省长，未到任以前着李维源暂行护理。任命郭则沄署国务院秘书长。任命许宝蘅署国务院铨叙局局长。张士钰授为博威将军。陆锦加将军衔。任命徐承锦为平政院评事。内务总长钱能训呈，甘肃泾原道道尹王宗祐因病恳请辞职，王宗祐准免本职。任命欧阳溥存为甘肃泾原道道尹。

公府情形。　元首在怀仁堂筵宴，宾客赴会者为各驻使及中外名人约达百员以上。

中外要闻。　众院通过以三月一日为两院常会期案。

一月十二日

任命财政总长龚心湛兼盐务署督办。教育总长傅增湘呈请任命陈荣镜、黎惠中、洪彦远为视学，均照准。

权量给予二等宝光嘉禾章，古贺传吉、厚东祯造均给予三等嘉禾章，嬉野八郎、浅井新太郎均予给四等嘉禾章。

中外要闻。　政府发专电与陆使，以备吾国提出意见于和议席上时之参考材料，内容大致如下：（一）关于军事之尽力者，如派军防守北部国界，以阻止德奥俘虏南下，派战舰赴威海卫协助警备，以维持远东和平，及助谢米诺夫攻击过激派之类是。（一）关于工事上之尽力者，如派赴英法两国华工约二十万人，其从事工作，不亚于作战之兵士之类是。（一）关于物质上之尽力者，如供给战事必需品及食物煤铁等品之输出，汽船之代行制造之类是。（一）关于敌侨处置上之尽力者，如收回德租界，收容德侨之类是。此外尚有赞助协约国之慈善事业及最近赞助威总统对德之复文，均足为欧战始终尽力之保证云。

军政府以七总裁名义通电各省，略称：兹致北京徐菊人先生一电，关于闽陕问题，特以三事相商：（一）划分停战区，暂就现在驻扎地点为界线，一面邀请就地领事或教育会为之证明；（二）担任区域内之治安，各剿其匪，各卫其民，毋相侵争；（三）禁止侵越界线，如甲军队侵入乙军队区域，即认为有意开衅。

和议地点坚执在沪，唐少川以去就相争，元首已俯予承诺，惟否认在租界举行，以顾国家体面也。

一月十四日

中外要闻。　李苏督转到岑西林复谭延闿之蒸电，内开十代表姓名与前微有出入，转载于下：章士钊、胡汉民、李曰垓、曾彦、郭椿森、刘光烈、王伯群、彭允彝、饶鸣銮、李述膺。

检验焚土特派员张一鹏电告，存土分量缺少。

一月十五日

令开：任命钱能训督办京都市政事宜。

公府情形。　和议代表吴鼎昌晋谒元首，详述抵宁所办关于和议上事件，及唐少川坚持在上海租界开和议会与疏通无效之经过各情形。

中外要闻。　欧洲和议会各国参与会议委员人数闻已规定，英、法、美、日、意各派五人，巴西三人，中国、比利时、塞尔维亚、希腊、波兰、乞开斯拉瓦加、鲁满尼亚各派二人，坎拿大、澳洲、南非洲、印度亦各派二人，葡萄牙派一人，新西兰、纽芬兰岛派一人，独与中欧强国断绝国交之各国各派一人。

南方派郭人漳、唐宝锷赴宁谒李纯，谓议和地点非上海不可，此实南方大多数主张云云。

一月十六日

令开：棉业功用至广，其种植纺织诸法，世界各国靡不殚心研究，日求精进。吾国夙称产棉为输出原料大宗，乃衣被所资，仍仰给于舶品，计其展转制造，获利何止倍蓰，以民业不兴，坐令利权外溢，良可惜也。近岁海内人士，知为要图，渐筹创导，而商力未充，成效鲜著，亟应由政府切实提倡，用策进行。兹据农商部呈称，棉业关系重要，拟设整理棉业局，并请派员督办等语。应即照准设置，派周学熙为督办。此后关于棉业各项计画，均由该督办商承农商部悉心筹拟，随时呈候核夺。总期絜提纲领，振导工商，以专门学识审别改良，以积极精神振兴推广，期收实效而挽利权。

特任财政总长龚心湛兼币制局督办，任命罗开榜为陆军次长，任命张志潭署陆军次长。

美国公使馆附武官海军中校义理寿给予三等文虎章，英国公使馆附武官海军中校赫腾给予三等文虎章，义国公使馆附武官海军随员芬麟给予三等文虎章，驻华日本公使馆附武官海军大佐伊集院俊给予三等文虎章。

公府情形。　元首在居仁堂宴请两院议员及新闻记者，约三百余人。席间元首大抒伟论，演说我国内政外交之经过与将来。嗣由参院长李盛铎恭致答辞毕，遂均赴怀仁堂观剧。是日之宴会颇极一时之盛。

中外情况。　军政府改称护法政府。

一月十七日

中外要闻。　西南和议代表正式派定，其人名与李苏督转来岑西林电文无异。

一月十八日

任命姚朋图为内务司长,内务总长钱能训呈。准吉林督军孟恩远等电陈,滨江道道尹李家鏊不洽舆情,请免本职,李家鏊准免本职。任命傅彊为吉林滨江道道尹。

中外要闻。 熊希龄诸人倡废法造法之说,主张两国会并行打消,以国会议制宪为宗旨。

闽陕问题,由李苏督建议双方划界剿匪,该问题即依此解决。

一月十九日

令开:张志潭加陆军中将衔,任命李钺为陆军第六师参谋长兼江宁镇守使署参谋长。

一月二十日

中外要闻。 外交方面,接到巴黎电告,万国和平会议,业于十八日在巴黎行正式开会礼。法总统白音开、美总统威尔逊、协约参战之各国代表以次列席,陆征祥总长代表中国正式莅会,位置在第十六席。此会定名为巴黎会议,全数代表共计六十六名,公推法首席代表法总理克利孟素为会长,英、美、日、意四国首席代表副会长。至议事次序业经粗定三端:(一)挑起战衅之责任;(二)战时犯法之责任;(三)关于万国工党之立法。又决定对于俄国问题,由各政府联合审查云云。

一月二十一日

令开:特委陆征祥、顾维钧、王正廷、施肇基、魏宸组充赴欧参与和会委员。调任苏锡第陆军部司长。陆军总长靳云鹏呈,司长丁锦另有任用，请免本职，丁锦准免本职。任命李钟岳为陆军部司长。任命朱孝威兼外交部特派湖南交涉员。财政部呈请调任王治训为西岸榷运局局长，陈光宪为花定榷运局局长，均照准。国务总理内务总长钱能训呈，据甘肃省长张广建电称，泾原道尹王宗祐此次请假就医，被陕省查有携带鸦片情事等语。王宗祐着先行褫职，交陕西省长刘镇华确实查明呈办，以儆官邪。

一月二十二日

令开：外交次长代理部务陈籙呈请任命镇江关监督冒广生兼镇江交涉员，瓯海关监督周嗣培兼温州交涉员，应照准。

一月二十三日

令开：派权量充吉会铁路督办。兼署湖南省长张敬尧电陈，政务厅厅长王丙坤因病恳请辞职，王丙坤准免本职。任命史久绍试署湖南政务厅厅长。教育总长傅增湘呈，黑龙江教育厅厅长刘潜呈请辞职，准免本职。任命廖宇春为黑龙江教育厅厅长。任命徐彭龄为大理院推事署庭长。任命邵修文为司法部司长。调任徐声金署甘肃高等审判厅厅长。调任党积龄署甘肃高等审判厅厅长。任命严式超为都护副使，充唐努乌梁海佐理员。

驻汉口日本陆军司令官陆军少将神头圣弥给予二等文虎章。
中外要闻。参院通过七月三日为再造纪念案。

一月二十四日

中外要闻。　陆专使自巴黎来电，报告二十二日五国会议处置俄国问题案，照美总统之提议，英全权之赞成，决定邀请所有在俄国及西比利亚现时之各政府及政治军事各团体停止军事动作，并派员于二月十五日赴马尔马拉海之拨兰使岛，会同英、美、法、意四国代表，公同设法使恢复俄国之自由及秩序并和平。各国现既干涉俄乱，我国

南北相争甚非中国之利，请即日恢复南北之统一和平，以防意外云云。

一月二十五日

令开：任命刘庆镗为财政部司长。

日本总领事高尾亨晋给二等嘉禾章。

国会议决修正国会组织法第六条。（第六条）本大总统依约法第三条公布之。法律第一号。修正国会组织法第六条。（第六条）参议院议员任期六年，每三年改选二分之一，国会议决修正参议院议员选举法第十七条，本大总统依约法第三十条公布之。法律第二号。修正参议院议员选举法第十七条。（第十七条）第一届选出之参议院议员，于开会后，依国会组织法第六条规定之任期以抽签法分全院议员名额第二班，第一班满三年改选，第二班任满改选，嗣后每三年就任满之议员改选之。国会议决修正议院法第二十条，本大总统依约法第三十条公布之。法律第三号。修正议院法第二十条。（第二十条）两院议员、副议长任期三年。

兹制定《管理敌国人民财产条例》公布之。兹制定《管理敌国人民财产事务局条例》公布之。兹制定《管理敌国人民财产事务分局条例》公布之。兹制定《遣送敌国人民事务局条例》公布之。

管理敌国人民财产事务局条例

第一条 本局直隶于国务总理，承各主管部总长之指挥，遵照管理敌国人民财产条例，办理关于敌国人民财产事宜。

第二条 本局设左列各处分掌事务：一总务处，一执行处。

第三条 本局置评议若干员，协议关于敌国人民财产处理事宜。

第四条 本局置委员若干员，承局长之命分任总务及执行各事宜。

第五条 局长由大总统简派；评议由国务总理遴员，呈请大总统简派；委员由国务总理就外交、内务、财政、司法、农商各部及警察厅职员中选派。前项职员均得兼任。

第六条 因事务之必要，得由局长委派专任委员。

第七条　本局因事务之必要，得聘用顾问。

第八条　本局为缮写文件及办理事务，酌用雇员。

第九条　国务总理对于有敌国人民财产各省区得设分局。

第十条　本条例自公布日施行。

管理敌国人民财产事务分局条例

第一条　各分局遵照管理敌国人民财产条例，掌理各该省区关于敌国人民财产事宜。

第二条　各分局因事务分配之便利，得分科办事。

第三条　各分局局长由各省区最高行政长官就左列各员中拟定一员，咨由管理敌国人民财产事务局转呈国务总理呈明大总统派充，一政务厅长，一特派交涉员，一高等审检厅长，一财政厅长，一警务厅长，一实业厅长，一道尹。

第四条　各分局局员就左列各职员遴派兼充，但有必要时得派专任职员，一省公署职员及原办关于敌侨事务人员，一交涉署职员，一司法署职员，一警察职员，一财政厅职员，一实业厅职员，一道公署职员，一其他关系各机关职员。管理敌国人民财产事务局，亦得委派专员充分局局员。

第五条　各分局谋事务之接洽，得随时函请本条例第三条内列各长官公同会议研究。但为管理敌国人民财产章程所未规定事件，及有疑义者，仍应由管理敌国人民财产事务局核复办理。

第六条　各分局因事务之必要，得商明管理敌国人民财产事务局聘用顾问。

第七条　各分局因缮写文件及办理庶务，得酌用雇员。

第八条　各地方敌国人民财产管理事宜，由警察官署秉承分局长之指挥，遵照管国人民财产条例办理。其未设警察官署地方，由县知事办理。

第九条　各分局督饬警察官署或县知事办理敌国人民财产事宜，应随时呈由各省区最高行政长官咨行管理敌国人民财产事务局查核。但事关紧急，应从速裁定者，得咨呈或迳电管理敌国人民财产事务局核定，函复，仍分报各省区最高行政长官。

第十条　本条例自公布日施行。

遣送敌国人民事务局条例

第一条　于上海地方设遣送敌国人民事务局，直隶于国务总理，办理遣送敌国人民回国事宜，一俟遣送事毕即行裁撤。

第二条　遣送敌国人民事务局置督办一员，以上海护军使兼任，督理局务。会办由大总统特简一员，襄理局务。并以左列各员兼任会办，一特派江苏交涉员，一沪海道尹，一上海警察厅长，一沪宁兼沪杭甬铁路局长，一津浦铁路局长。

第三条　遣送敌国人民事务局置兼任委员长，无定额，由督办就左列各职员遴派兼充，一护军使公署职员，一沪海道尹公署职员，一上海警察厅职员，一沪宁铁路局及沪杭甬铁路局职员，一上海县知事及上海县公署职员。

第四条　遣送敌国人民事务局得由督办委派专任委员，但至多不得过十人。

第五条　遣送敌国人民事务局因事务之必要，得酌用雇员。

一月二十六日

令开：盐税为国家正供岁额甚巨，近年官销渐畅，增益税源，颇著成效。惟是各省引地攸判，税则各殊，盐价亦随之而异。往往贸利之徒，私行夹带，借便冲销。其在交通便利之区运转既灵，走私尤易，亟应切实整顿，严杜弊端。着财政部盐务署督饬所属盐运使、榷运局及缉私统领等认真取缔；其铁路已通各处并由交通部转饬路局，随时侦察，凡载运盐觔未领盐务官署运照者，一律扣留不得装运，所扣盐觔就近交盐务官署或地方官依处置。如有假借名义，私运盐觔情事，并应由各督军省长饬属认真稽查，一经查出，无论是否军民，均着按律严惩，以整饬纲而肃国纪。

外交次长代理部务陈篆呈请任命傅彊兼哈尔滨交涉员。

公府情形。　和议代表吴鼎昌禀辞出京。

中外情形。　张季直来电，条陈和平会议手续，悉照辛亥成例办理。巴黎会议我国之赴欧代表，除陆总长外，余四人均轮流出席，凡议案有关于何人即由何人出席。政府前对于欧洲和会预备陆军条例凡四项，今拟扩充为七项云。

一月二十七日

令开：财政总长龚心湛呈，吉林财政厅厅长刘彭寿声名平常，请予免职，刘彭寿着即免职。任命丁道津为吉林财政厅厅长。财政总长龚心湛呈，热河财政厅厅长刘凤镳因病恳请辞职，刘凤镳准免本职。任命谭椒馨署热河财政厅厅长。张叙忠授为陆军军需监。川上俊彦晋给二等大绶嘉禾章。

中外要闻。张一鹏办理焚土事宜，业经竣事，并有电到京，特参禁烟特派员冯国勋办理存土有废弛职务情事。巴里电云，和会公报宣布略谓：自高等军事会议闭幕之后，美总统与协约诸国之总理、外交长及日本代表等举行一短期会议，取决将以下之意见，用无线电通告全球。内称：今日参与会议力求永久和平之诸政府，闻欧洲及东方仍有用武力以侵害他人疆土者，闻信甚为警骇。是非曲直自有公理，吾人于此不得不下一警告曰：逞强贪得，既悖公理，亦乖众论，将来和议一开，必无幸矣。如其未忘公理，速自戢除野心，即有要求之事，亦应交由和会代为解决可也云云。

一月二十八日

令开：派卢永祥督办遣送敌侨事务，派蔡廷干会办遣送敌侨事务，派曾彝进为管理敌国人民财产事务局局长。任命易恩侯署四川高等检察厅检察长。

一月二十九日

令开：任命端绪为镶蓝旗蒙古都统。任命王永泉为第二十四混成旅旅长。任命陈鸿逵署吉林督军公署参谋长。

中外要闻。二十八日巴黎会议，吾国专使顾维钧、王正廷二氏，因某种理由得五国代表之许可亦得列席。议及山东问题，中日代表大起争执，连带而及于秘密条约应否宣布之问题。日本代表谓，中日密约能否宣布，须先请示其政府。我国代表谓，决不反对宣布。因此意见上之歧异，有碍日本自称可以代表东亚之表示。事后日本代表即将此情形报告其本国云。

一月三十日

令开：据援粤总司令张怀芝呈，请取消援粤总司令等语。现在南北停战，大局渐就和平，援粤总副司令均即撤销。该总司令等所属军队，着由陆军部派员前往妥筹收束，以专责成。

财政总长龚心湛呈，安徽财政厅厅长刘鸿庆办事不力，请予免职，刘鸿庆准免本职。任命胡思义为安徽财政厅厅长。财政总长龚心湛呈，河南财政厅厅长蒋楸熙舆情未洽，请免本职，蒋楸熙准免本职。任命郑焯署河南财政厅厅长。

调任关赓麟署交通部参事，蒋尊祎、黄赞熙署交通部司长。

中外要闻。　南方代表章士钊、胡汉民、彭允彝、王伯群、饶鸣銮、李述膺赴宁，与北方代表接洽。由北方总代表提出会议规则四条，交胡汉民携交南方唐总代表，征求同意。约记如下：（一）会议各案由南北总代表协定后正式提出大会。（二）开会之时，仅凭南北总代表发言，但南北总代表得随时指出代表一名，陈述意旨及意见。（三）南北总代表关于开审查会或预备会议认为必要时，由双方代表自由发言，讨论结果后，再经总代表之协定。（四）会议之形式不取公开，但协议事件经双方协定后，得酌量公布。

一九一九年二月　　止十七日

二月一日春节

中外要闻。　日本公使小幡氏以胁迫行动晋见外交次长陈箓，要求我政府约束顾、王二代表，勿再在欧和会议持反对之言论，而事事与日本取同一之态度，否则取消退还青岛之宣言，并占据山东，所有以前尚未交付之参战借款一千七百万亦不交付，且中国将蒙其他之不利益。措辞极厉，察其意犹在中日密约之秘密问题。当时陈次长答以须取决于国务会议。小幡氏遂悻悻而去。事为外间所悉，欧美人方面俱为不平，政府尚无所表示也。

二月二日

令开：任贤无方，古训所尚；时艰康济，攸赖群才。欧战既终，内争渐戢，正我政府惕厉修明之会，亦我国人驰驱振奋之秋。及兹敷扬民治，瀹导新机，振聩发蒙，责在有位。各省省长及兼任省长为一省政令所寄，自应勤求治理，为刷新庶政之基，尤必甄采贤才，以资匡助。平居延揽，务在悉心鉴察，登进廉洁而必黜贪污，奖掖勤能而必惩怠弛。老成者固饶经验，新进者尽有英贤，任用但贵得人，遴选不拘一格。总期庶僚奋励，百政昌明，树之风声，挽兹弊俗。其有治行卓著，或学擅专门，以及山野隐逸闻望昭著者，均着随时留意考察，胪举切实事迹，呈备擢用。民政要端，不外兴利除弊，而今日保民之计，则当详审世界大势，酌察吾国内情，因时制宜，折衷至当。各省省长责无旁贷，务当督饬所属，认真筹办。一命之秩，存心利物，闾阎已受其赐，矧在专圻长吏，其各勉之。

二月三日

中外要闻。　北代表徐佛苏、李国珍、汪有龄等赴沪。李苏督足部受伤。

二月四日

国务总理钱能训呈，请派黄荣良为直隶管理敌国人民财产事务分局局长，吴仲贤为湖北管理敌国人民财产事务分局局长，均照准。

二月六日

令开：国务总理钱能训呈，请派陈贻范为江苏管理敌国人民财产事务分局局长，王赓廷为副局长，应照准。国务总理钱能训呈，请派唐柯三为山东管理敌国人民财产事务分局局长，应照准。

公府方面。　本日十二时，元首筵宴蒙古年班王公九十余人。午后四时，又在怀仁堂开茶话会，各机关文武职员列席达五百三十余人。于是元首面致训辞毕，各员鱼贯而退。接见段合肥，关于某项外交及西南反对编练国防军问题有所垂询。传见财长龚心湛，为全国财政整顿计划。

中外要闻。　国务会议，一为制定邮旗案，以教令公布。余为任命官吏案数通及外交陈次长报告某项外交情形。

众院是日除普通议案外，由克希克图提出临时紧急动议，特请国务总理及外交次长出席说明日使某项外交原委。

朱总代表提出之会议规则，经唐总代表修正如下：（一）议题由两总代表协定。（二）会议时由总代表发言（三）开议后总代表以为宜准备或审查者，由总代表指定某人行之。（四）准备审查两会议定仍须俟两总代表公决。

据外报载称，得悉中政府全不为小幡氏之说所慑，虽有他种极大压力，而内阁并无何等举动，亦无电谕巴黎中国代表之事。总而言之，毫不注意而已。

最近二日前小幡公使又往谒外交次长陈箓氏一次，其措辞及态度转不如第一次之强硬。然政府方面，仍处之泰然，以为只宜听诸世界公论，连日对于此案异常冷淡云。

二月七日

令开：国会议决，以七月三日马厂首义再造共和之日为民国纪念日，兹公布之。

中外要闻。　唐总代表所修正之议和规则，已由朱总代表复电赞成。北代表除朱、施二公外，均已到沪。会场决定在旧日之德国总会。

二月八日

令开：实业为立国要计，迭经明令提倡，尤必赖商民集合赀力，奋励进行，乃收实效。吾国侨民转输海外，居积致富颇不乏人，近年挟赀归里，经营各项事业，成绩昭彰，在人耳目。方今世界重睹和平，亟谋康济，精神所注，势将趋重于经济一途。及兹保惠侨民，宜有劳来之政。著内务、农商两部，通令各省军民长官，于籍隶该省之侨商，均应设法招徕，随时拊喻。并晓谕国外各中华商会，切实劝导各商，集资回国，兴办实业。其已经归国，尤必悉心保乂，务使安居乐业，各泯猜虞。即居留海外之侨商，对于本国实业规画，如有真知灼见，亦可指陈原委，随时呈明主管官厅核夺。至侨商投赀实业，应如何优予奖励以示激劝，并由该部妥筹办法，呈候施行。

内务总长钱能训呈，准署河南省长赵倜电陈，汝阳道道尹陶炯照请免本职，陶炯照准免本职。任命杨承泽为河南汝阳道道尹。派陶云鹤充陆军讲武堂堂长。

中外要闻。　军政府已赞成李苏督解【决】闽陕问题之五办法。和会规则由胡汉民、章士钊、汪有龄、吴鼎昌等会同拟定后，经唐、朱两总代表签字发表：（一）会议时双方总分代表列席。（二）会议时由双方总代表发言。（三）议题由双方总代表协定。（四）议题既开，总代表认为应开准备会或审查会者，由双方总代表各指定若干人联合行之。（五）议时由双方总代表各派秘书一人记录，并会同整理保管记录文件。（六）会议未决事件及准备会或审查会拟定事件，双方代表及秘书均负完全秘密责任。（七）议时不准旁听。（八）本规则由双方总代表签字。

西北边防军司令徐树铮有将积极进行，先成四混成旅。

双方代表及西南军政府七总裁，对于新交涉电请当局据理拒驳。惟闻日本方面颇有让步，并电该国代表在和会宣布一切秘密条约。

二月九日

中外要闻。 和会有宣传十二日开会之说,闻首提出之议案即为裁撤国防军问题,因此项之军队存在极惹国人之注意,故双方代表均视最要之案件也。

中国专使在巴黎平和会议,现在运动废除兰辛石井条约。

巴黎会议新组织审查会,计由二十四国公同组织,五强国各出代表二人,其余十九国合出代表五人,共十五人为审查员,中国专使顾维钧被举为十五审查员之一。关于各国不平之秘约,多已提出审查。关于国际联盟草案,正在提会讨论。

二月十日

令开:任命陆懋德署教育部参事。

二月十一日

令开:财政总长龚心湛呈,宜昌关监督马宙伯请免本职,马宙伯准免本职。调任易洒谦为宜昌关监督。调任冯国勋为河东盐运使。任命吴用威为福建盐运使。

二月十二日

令开:特任沈铭昌为山东省长。

二月十四日

令开:据内务总长钱能训,教育总长傅增湘、农商总长田文烈呈称,胪举晋省历办诸政成绩昭著,请特予褒奖等语。山西省督军阎锡山,久任晋疆,殚心政术,敷教勤学,理财训农,纲举目张,措施悉协，据陈令绩，嘉慰良深。值兹民治推行，亟赖各省行政长官认真擘理。尚其厉行实政，益抒宏猷，用副国家倚畀之殷，有厚望焉！

二月十五日

中外要闻。　是日阁议决定：（一）财政部提议自三月起，京外军政各费一律照八成支发案。（二）四郑铁路扩充支钱案。（三）实授王树翰为龙江道尹案。

上海管理敌侨财产事务局成立。

二月十六日

令开：任命石得山为陆军第二十九师骑兵第五十八旅旅长。

二月十七日

中外要闻。　朱总代表已抵沪与唐少川会晤。

府院方面接有朱桂莘总代表，已与南方商定以抽签法定议题先后之报告。

陕西靖国军纪事

编者按：《西北革命史征稿》铅印本三卷（三册），1949年初西安出版，非卖品。上卷为记事，中卷为传记，下卷为附录。《靖国军革命记事》为上卷中的一篇，所记主要内容为护法战争时期陕西靖国军的情况。1919年南北议和时，陕西问题为两方争执的问题之一，这篇记事，对于了解南北议和时有关陕西方面的问题，有参考价值，特选录以供读者参考。因为这篇纪事所叙述者，止是陕西靖国军的情况，泛用"靖国军"一词，名实不符，就不能不改动标题。"概述"部分起首有一段空论，末尾有一段记靖国军以后的陕西情况，均和护法战争、南北议和无关，今删去。

一 概　　述

民国三年，袁世凯遣陆建章督理陕西军务。建章故长北京军政执法处，日残杀党人，世所称屠伯者也。入陕后，愈煽威虐，官吏尽鹰犬，侦伺者四布，道路无敢声。既尽力附和帝制，益婪杀自固，民党王绍文、南凤薰、章雨苍、杜守信、李桂森、方象堃、张渊诸君，先后遇害。后使其子承武，率所号中坚团者，巡渭北。民党胡景翼、刘守中、冯毓东、武钧、姜宏模诸君，发难富平，擒承武，破其军，遂围长安，应者四起。而甘肃、山西党人之在陕西者，如邓宝珊、景定成、李鸣凤、胡德甫、续西峰诸君，早奔走谋起兵。建章震惧失措，愿献城赎其子，旋窜出陕。时陕军旅长陈树藩，悉部由大荔驰至三原，号陕西护国军。旋入长安，总省政，乞伪命北庭，散迫民军几尽。时袁世凯亦死矣。陕政苛厉日甚，北庭诸军渠相为结托负恃，盗乱其政，树藩伺旨趣，人心尽不堪。

时民党多走渭北三原、泾阳、高陵、富平、蒲城各县，横一水与长安相隔。临潼、渭南壤地之在渭北者，人情号难治，俗武健轻斗，翩然击人都市，不中去，去益为杀人报仇。蒲城、富平侠少年，争以此相高，一啸呼，可数百人立集。既革命起义以来，此益为党人声气地。三原旧为文事及贸迁要区，南距渭河，东西通潼关以外及甘肃，无不便，与长安战争，则三原自甚雄长。故树藩居长安为政，日欲事驱除，编汉武军分遣东西路驻，以压迫渭北腹心，而省置警备军使耿直统领之。时省长为李根源君，关中道尹为井勿幕君，皆民党同志，而树藩羁牵之，使不能治事。

耿君直愤树藩所为，且恶其为革命梗也。七年十月，举义省城，战不利，退蒲城，殉命于城下。岁将尽，胡景翼君所部营长张义安君，起兵三原，覆树藩劲旅，进薄长安，围之。胡君景翼遂于其时建陕西靖国军，自任总司令。曹世英君亦自陕北率所部民军至，殊不相下，民党同志多在曹军中，革命意气张甚。内蒙古骑兵数千，由卢占魁、张九才二君率之入陕，与三原兵会。先是高峻君起白水，称护法军，为树藩所败，旋与郭坚、樊钟秀两君，并起兵讨树藩。至是进围长安，战于城四周。会树藩佯请和，义安奉令退兵，中道遇伏，殒于鄠县。邓宝珊、董振五诸君，以所部退渭北。由是北庭命刘镇华率镇嵩军，由河南入陕，益为民军敌。阎锡山亦遣山西兵渡河西，扰关中，战乱弥苦。

胡军初虑他部兵纪律疏弛，将重为民害，故意度常踟蹰，思蔺除诸恣睢者，乃致力于敌。邓宝珊恐失众，且误革命机宜，数劝胡君勇决于事。旋诸将协谋，推于右任先生为陕西靖国军总司令，使王玉堂、张庆豫两君迎于先生于上海。于先生间道走山西入陕，涉险犯难，崎岖陕北山野间。时民国七年六月抵三原，受任誓师，统一革命军政。张钫君为副司令，刘廷森君为参谋长，李秉璋为卫戍司令，设总司令部于三原，并延李元鼎、茹欲立诸先生，共参革命军事。其后井勿幕、彭世安、张赞元、张宗福诸君来三原，推井君为总指挥，编郭坚、樊钟秀、曹世英、胡景翼、高峻、卢占魁各部为六路军，暨惠又光君一独立部队，分使徇陕东西路，靖国军势大振。并派王玉堂、张警吾、成柏仁、张庆豫、纪时若诸君，谒报广州军府及留上海，通各方情实。

于先生统率军政之初，胡景翼君赴渭南故市，被绐陷敌，树藩锢之长安，军气顿挫。因令岳维峻君为司令，代领第四路军。时滇、川、黔、鄂靖国军，分十道来援，叶荃、颜德基、但懋辛、吕超、石青阳、石星川、王安澜诸军长，约出关中。叶荃君率滇军，经甘肃境入陕，先至凤翔。王安澜则由鄂西北遣兵，尽援南郑、安康各地。吕超君所部，亦出川北，向陕南，旌旗云合，檄书霆迅，声势复盛。七年十一月，于先生命总指挥井勿幕君，驰劳诸援军，且共计事。归至兴平南仁村，为贼部李东材所戕。诸军失联系，顿踬不前。叶荃君孤军走耀县，其余援兵各观望不前，陕靖国军受兵弥烈，益独力支撑于西北。

民国八年一月，副司令张钫君所部在盩厔被围。其先东略潼关，战商县、蓝田，欲通零口道，以会渭北军。至是战盩厔围亟。第四路支队长董振五君，本随总指挥井勿幕君、司令岳维峻君战于西路。井君遇害，岳君还三原。董君攻战兴平、武功、凤翔间者两月。闻省城南路战事急，会邓宝珊君、冯毓东君两支队，及第三路支队长杨彪君❶部，协援武功战事，以救盩厔。与奉军许兰洲部遇于武功大王村，大创敌，董君亦阵亡，西师遂无功，战事稍沮。

阴正月，树藩诇知靖国军虚实，荒岁储胥匮竭，民命悬续间，饥兵分农民数升麦，谓此可一日活耳，辄相向涕泣罢去。军中危苦甚，创夷未苏。乃麾精锐逾万，横渭河各渡口来攻，益以奉军许兰洲及直军张锡元部，东西路压境，各万骑，战事剧厉，炮火动原野。三原总部，日夜发号令，励军心。诸将严阵垒，巡徼不少间，数子弹而射。戒不得尺寸动，动必杀；不杀，人亦贱视之。以此竟却敌不得逞，敌

---

❶ 即杨虎城。

亦寝疲。既持久，有隔阵以乡里语相呼问询者矣。时岳维峻君所部当临潼，渭南正面，高峻君所部拒蒲城、大荔东面之敌，且以兵力固河防，防山西兵之窥犯也。西路凤翔、乾县并被围，树藩部张金印，日以地雷爆城，王珏、郭英夫两君，死守乾县，后编为第七路军。甘肃陆洪涛，以镇守使所统兵会皖军管金聚部，悉来攻凤翔，城郭无完堞，人民忍死随战争而已。如是者亘半年。乾县守兵食尽，穴城腹囊借而守。城圮于地雷多次，卒血战得保完。后以命令，全师退戍高陵。

时三原、高陵，岌岌几陷，军中有惶恐失志及疏于防检者，公然往返敌方，讹言盛起。会连岁大侵，军民交困，敌又断粮道，绝水陆运输，呼吁救济均无自。树藩复横相诬，谓靖国军为乱匪，蔽中外不相顾，坐苦槁绝而已。后南北停战，将开和议于上海，陕西军应划界守。专员张瑞玑本民党也，党人信任无异辞，乃违信不公，袒树藩，谓无违令攻击靖国军事。又对于乾县守者，直指为匪，电文且隐连靖国军全部，谓"自有土匪以来，未有如陕西土匪之荣；自有陕西以来，未有如今日土匪害人之惨者"。于先生致函南北代表，谓："北庭宣言，实行停战，而在北杀人，在南欺人，有如是乎！"张瑞玑出关，长安古物字画，一时腾贵，则其所为摧陷靖国军者可知。毒螫无遭，无能自断。树藩则乘机急政，遂被占十余县地，军亦大燬。卒以党人在东南者，持于先生电信力争，和议代表至罢议以待，乃划界休战。未几军政府解体，总理以南中局面日非，遂引去，从事革命组织与纪律之加强，益为主义著述。

民国十年，直军阎相文、冯玉祥各部入陕，陈树藩败退长安，靖国军扼之于西路，遂退汉中。其先一年，胡景翼君得释归，任靖国军全军总指挥，军事诸如旧状，无所进展。于先生殊以为歉，退处耀县山间，凭吊滇军去后之将士墓场，咏歌弥苦。寻诸将环山而请，乃复莅三原军中，然事愈不易为矣。至是靖国军新收编之李纪才部，任西路之战，第七路兵亦西驰略地。树藩之退也，靖国军稍获辎重俘虏，诸路争之于咸阳、兴平、醴泉间，势且交哄。醴泉驻新抚之白鸿仪部，故树藩将，复叛去，由是军心各趋自为。郭坚第一路军，于奉军未去之先，早以力蹙归附许兰洲。樊钟秀第二路军，则出关跋涉至广东,归命于孙大元帅,即他日之建国豫军也。副司令张钫,亦迫于三原棼泯之情势,飘然去陕。卢占魁第六路军,随滇军入蜀,兵溃去。阎相文即入陕督军政,未久忽自杀。冯玉祥则杀郭坚于长安,因其所部积为残暴,陕民哀之,亦快之也。由是陕军多惴惴,皇然思有所附。胡景翼谋假途直军,中有所为,主和甚力,开国民大会于三原。第四路军暂受编制,第三路石象仪、杨虎两支队,及甄士仁、马献章所部,则皆主战。主战主和,游移未决者,则有第五路高峻部,第七路王珏、郭英夫部。而于先生则至淳化方里镇驻焉。

民国十一年春,于总司令驻淳化之方里镇,于营长凤冈以其兵随。是时杨虎缮武功、扶风城郭既完,又于武功西原筑城砦,高瞰漆水川,以控守东原。于先生任李夺为第一路司令,驻凤翔,麻振武为支队长,驻岐山,杨虎为第三路司令,与第一路兵均南阻黑水河,屏终南为固。于先生既决西巡,计于武功置行营,便前敌指挥,而设总司令部于凤翔。于鸣冈营随护西进,杨虎使孙维栋及骑兵一团,迎于醴泉。于先生遂即西路,复建陕西靖国军。于时党人意见有两大分野:一则主张革命不问成败,须使事迹炳然,成则实行主义,败亦存留志节。一则谓革命须以成功为目的,若仅硁硁小谅,于事无补矣。然当时不顾颠险,从于先生于西路者实多。总司令部移驻西路后,茹欲立、李元鼎两先生,及李百龄、王玉堂、周伯敏、余钦烈、李秋轩、王大鹤、魏任、袁紫宵、赵任卿、王嗣昌、李丰功、宁建邦、田种玉、蔡屏藩、张宗福诸君,皆先后间道至军中于先生共茹、李诸先生,决制大计,参佐宵旰勤奋,计备战守,有使命,麻鞋重茧,出入敌防地,无所顾畏。孤城四望,环以十倍之敌,然莫不慷慨摩厉,益以暇整。行政既秩,且规划为西路地方兴教育,而先之以设师范学校。胡景翼初在三原,曾浼人告于先生曰:"今事不获已,请达于先生,计无复出,俱焚无益,然翼终为革命奋斗,决不负于先生也。"

三月直军遣兵驻兴平之马嵬及桑镇,西向窥靖国军,以武功东扶风大王村为东防第一线。于时甘肃同志张禹僧密报,知有军械西运,由甘肃军护行。杨虎遣兵袭之于乾县铁佛寺,尽获军辎以归。时直奉军战事起,冯玉祥为陕督,将出兵而东,直军严具待发。于先生西视凤翔师,命杨虎进击直军,分命李夺、麻振武皆以兵循黑水河东,进攻桑镇敌，与戆攻马嵬之师会。戆拔马嵬，待攻桑镇兵，无耗，后续部队未至，敌炮发积秸中，军大至，不得已退回原防。于先生数电诘振武，兵何以不前？而振武实已率兵由岐山行。则大疑，知必别道趋利，不欲成戆功也。急使兵追之，至黑水河，敌弹雨集，退遇败兵。知振武果从其参谋计，阳诺出兵应戆，而潜趋终南山下，欲乘敌兵东撤，掠其军实。而黑夜兵自残，转为敌乘，创夷几尽。振武收集残部，归岐山，而时机已失。直军知靖国军之必蹑其后，因留不行，悉众大举来攻。陕军郭金榜、白鸿仪，甘肃军张兆钾等，皆助战。直军阎治堂师当正面，吴新田师由陕南出大散关，逼宝鸡凤县道。杨戆仅有众一旅，战于武功东原，屡败敌。敌愤，集精锐来攻，日夜炮火不绝声。于先生则自凤翔率炮兵东来督战，炮兵加入阵线，敌不得逞。自开战至是，历半月矣。麻振武援兵轻敌，又狃于小利，士兵得敌械，辄离壕堑各携归，阵线屡动。又军中忽流言将俟杨戆败，收其械，意汹汹，率不利杨军。军中觉势危，幸方胜，犹可从容退。

四月初，杨戆下令撤防，武功之战，至是告结矣。杨戆退岐山之桃园，于先生更慰励之。戆矢战不屈，且曰："他人即皆走成功之路，我当一试失败之情况为何如耳。"其后走陕北，依井岳秀于榆林，集旧部训练之。

于先生既失杨部一劲旅，遂复由岐山而西，居凤翔。杨戆既北去，麻振武即已通款于直军。时刘镇华继冯玉祥为陕督，命人招李夺使降。李桄触无所归，愿从受编部下，眈眈欲得于先生枪马，势颇险恶。斯时甘肃泾川驻军统领谢有胜，因军械前被截夺，使人谒于先生，谓归其军实，决不相犯。于先生鉴其诚，许偿以金，使者欣诺去。而城中事已至此，遂散诸同志，俾冒险由高崖假道行。高崖为汧阳县境，谢有胜军驻兵处也。

六月间，值旧端午节，于先生既遣去总部诸从者，予兵械于李夺，入夜集同人于一室，为军中最后会议。王玉堂、王家曾、杨瑞亭、李秋轩、余钦烈、李丰功诸君与王陆一皆在。时黎元洪复任总统于北京，欲延于先生往京，刘镇华亦遣车来迎，且言："未敢以非义请，第愿先生之东，得谨迎送长安城外何如？"玉堂，秋轩均言，宁涉险从西路行，五年革命，争此一结也。于先生慨然曰："吾宁被执槛车而东耳。"复之书曰："战争事已,山水方滋,苟任我行,则东西南北何之不可,我今行矣。"次日黎明,命玉堂、家曾、陆一潜出城,疾驰谢有胜军中假道。仓卒中乱兵塞途,于先生走山谷中,与从者相失,山头乱兵抢攘,意皆在于先生也。方危急间,李夺部支队长卫定一,夙敬服于先生,得讯率骑驱乱者去。玉堂、家曾等假道得许,急返报。谢君高崖之兵,亦至岭下迎护,送就道,甚谨。先生由此离陕入甘肃,玉堂、家曾、陆一皆从。经崇信、灵台、华亭、清水、天水,逾秦岭至徽县,遂泛白水江,入嘉陵。山川艰险,风雨兼之,以十一年七月至重庆。时川中一、二军战事起,重庆遂为战地。于先生未欲久留,旋赴上海。时总理亦以陈炯明叛,离广东至上海,于先生因报告陕西革命经过。

二 战守纪要

陈树藩之督陕也,非由众意,实由陆建章以富平丧师,爱子被擒,气沮力穷,乞和陕人。树藩利用机会,以保护建章之私人身命财产自任,为取得陕督之交换条件。建章遂电袁氏,力荐树藩代己任陕西督军兼省长,借得从容离陕。未几,袁世凯死,树藩发电推崇,谓袁为中华民国不祧之祖,共戴之尊,陕人由是大愤。

树藩既以诸党人之发难,取得军政两权,后复对各党人之握兵者,严加限制,除编郭坚所部为警备军七营外,胡景翼则仅予以步兵团长,编高峻所部为一团,而又以李天佐为团长,使高任中校团附。嗣因高与李积不相能,复使高为骑兵团长,率马队四连驻白水,实阳予而阴夺之。曹世英部,则仅编为骑兵营,其余各部,悉令遣散。既而黎元洪被举为正式总统,以军民分治号召国人,任云南李根源为陕西省长,树藩意虽不欲,而无辞拒绝。李既至,警备军以例直属。郭坚既见李,尤倾心服从,树藩恶之。适复辟事起,段祺瑞誓师马厂,以讨张勋为名,数日而定。树藩闻马厂之师初起也,欲借以除郭坚,乃组织讨逆军两路,使张钫驻兵潼关为观望,独令郭坚率一军,由禹门渡河,假道山西声讨张勋。阳许以王飞虎、胡景翼等团为后应,而阴嘱王、胡布兵河上,不令郭坚一卒复西。及闻复辟消灭,段祺瑞复执国政，乃急电晋督阎锡山，谓郭坚以警备军叛，请严兵御防。坚遂溃败，随军参谋党人宋元凯、樊毓秀等均死焉。坚轻骑走免，由韩城渡河西行，依其旧部营长张铎于凤翔，由是恨树藩刺骨。树藩亦免坚警备统领职，而以副统领耿直代之。既而段祺瑞因参加欧战事，与国会龃龉，嗾附己各省分组织督军团，胁散国会，树藩与焉。遂以武力偪取李根源省长印信，置兵守其门。关中道尹井勿幕，愤而辞职。于是在陕诸党人，益愤，咸欲起而讨陈矣。

当是时，孙总理在广州召集非常国会，风靡全国。旧国会议员焦子静，乘机返陕，匿居白水高峻所。焦素知兵，辛亥、丙辰诸役，均有战功，其后旧部散处陕军中，高其一也，欲因之以讨树藩。树藩亦甚注意焦之行迹，闻其归也，召之相见。不应，促之去，亦不应，日为高计划，谋发难。各地党人又从而促之，高遂于六年旧历十月十九日，以陕西护法军名义，在白水宣布独立。传檄渭河南北，历数陈罪，声颇震。陈闻怒甚，随命李天佐、胡景翼、王飞虎诸团，自蒲、富、大荔分道进攻。三日后，各路兵即开至城下，围扎东、西、南三面，开始攻击。树藩又悉开步、骑、炮、机关枪各营，至战地，枪炮射击，均极猛烈。时高之兵，尚有分驻澄城间，在白水仅三连，双方攻守三日夜，高渐不支。因与部下计曰："我军起事，每枪分配子弹不过百五十粒，株守一地，消耗易尽，何若舍白趋澄，合赵子健之兵，东西突击，使敌军惫于堵截，姑为牵制之兵，以待他部响应。"遂于二十五日夜，放弃白水县城。翌晨，树藩军始知之，遂入城，而警备军统领耿直，即于是日在省垣发难矣。

刘锡麐者，白水人也，少与高峻，郭坚诸人友善，以精于射击闻名陕右，后以杀人避事依树藩。及树藩督陕，使充骑兵连长，隶其庶弟树滋部下，甚宠遇之。当郭坚由晋败归，高峻与李天佐水火时，即与耿直谋发难，而貌为恭顺，使之不疑，与耿各举所亲，为陈卫兵。高峻在白水宣布独立之第二日，刘即轻装由防地入省，谒树藩，白事毕，即与耿直密计事。直曰："事急矣，峰五一部，胡可以当全陕之兵？倘吾侪不乘时响应，万一峰五失败，使陈得移兵而西，不但方刚可虑，陕事大势，亦从此去矣，虽欲继起，不复可追。"峰五者高峻字，方刚郭坚字也。锡麐曰："我部健者，皆在渭南，必归而召之来，悉令杂陈卫兵中，然后我攻于外，兄应于内，扑而杀之，反掌间事耳。渭南距省往返两日，若今去明来，树滋庸奴，或不能解，但陈氏必因而生疑，甚非万全之道。请假我以旬日，或更借他事来省方可。峰五有杰材，所部皆家乡子弟，乐为之用，决不至一战溃没，必能缀陈于一隅，以待我等之举事也。"直称善。锡麐即返渭南原防，翌日即遣其排长廉某，外号疯子者，持信来省谒树藩。先见耿直，告以锡麐命已借投函图陈之谋，并请其带己入见，耿许之。因见于督署，刘函篇幅甚长，皆假造为党人军队间勾结情形，可信可疑，意在以此动陈听，然后出不意刺之。讵树藩久历行间，时有戒心，当阅函时，以目旁睨。见廉方举手向衣袋，即以有失军人礼节叱之出。耿直见事不成，移时亦出。廉既负所托，无以复刘命，遂潜匿耿所。

当白水独立前数周，即风传有新疆购运之军械，从陕经过，欲截而有之者不一其人，俟之亦非一日。乃忽于廉某之去省，翌日马枪一千支、子弹八十万粒到渭南。刘喜曰："此天授我，不可失也！"明旦枪弹西去，刘即命本连兵，击收其团长陈树滋卫兵枪，缚树滋斗室中。或曰："陈五，陈督弟也，不如杀之。"刘曰："渠弟兄皆遇我厚，今免其死以报。且树滋庸夫，杀之无益于事。"乃舍之。随以旧部骑兵，风驰而西，追至临潼。护送兵约一连，方就食，刘使兵围之，尽收其枪弹。临潼驻防王某归降，刘以骑兵不满百人，一日之中，得枪近二千支，子弹百余万，遂使飞骑报耿，说明速发原因，促耿即发，已则于临潼募兵半日，得千余人，率之西进。

耿直见廉图刺不成，刘又无来期，方焦急间，飞骑递刘函至，时旧历十月二十六日也。急将廉某召至，授以计，付手枪两支，缚之作囚状，派健卒三十余人，声言拿获匪人，解送军署。嘱曰："不死陈也，无相见。"陈副官汪某，觉来人意非善，不为传报。方争执间，廉即发枪击汪倒地，余人遂皆开枪。时树藩方会前关中道尹陈某于客室，闻枪声，愕眙间，一弹穿窗入，坐客应枪死。有人呼曰："陈大人死矣。"解兵以为树藩已死，不知其鹿代羊亡也。而树藩即于是时奔署后，逾垣逃出，至其亲信杨某营，随调宪兵营及军警稽查队，与常驻西门外之模范营，火速布置。耿直于军署枪声起时，一方以陕西靖国军总司令名义，遍布文告；一方即以兵分占东西两城，与省垣中心地之钟楼。树藩所召兵旋至，耿、陈两军，遂于城内开战。翌日刘锡鏖新募之兵，由东、南两门入城助战，而西安空前之巷战遂起。

当是时也，党人刘允丞、王诚斋、邓宝珊、吴希真、李春堂、陈谦仲等，均集中三原。三原距省不过百里，前阻泾、渭，后负同、耀，非但为商业汇萃之区，亦为兵家必争之地，向为胡景翼军防地。胡部军官，多学生出身，平时与诸党人均以师友相切磋，其关系最深，而可与秘谋者，尤莫如刘尤丞、王诚斋二人。盖刘与景翼、岳维峻、邓宝珊、杨瑞轩、董振五、张义安诸多居里，交莫逆，而王则为董之师，张又以董故，而师事王也。于是以刘、王等人之运筹，怂恿胡部举义。时胡驻蒲城兴市镇，允丞亲至军中密谋发动。胡曰："余非不知误国祸陕者之罪在必诛，但举事后，必与行同土匪者结合，恐因伐贼而又引起大乱，将来不易收拾，岂非因救国而误国，因救陕而祸陕乎？"邓宝珊曰："人方疑君，君乃虑及于此。设陈果加君以通耿之罪名，君亦俯首认咎耶！与其他日受通匪之罪名，何若仗义执言，兴师讨贼，且得美名。"胡虽为之动容，而终踌躇，欲有所待。其第二营驻富平之美原镇，营长陈世钰，昵于树藩。胡令开至兴市，拟先集中兵力开会议。刘恐谋泄，乃密函杨瑞轩，使缴收陈之枪械。盖瑞轩为陈之第一连连长，力足以制陈也。讵送函人误投世钰。世钰密之，即命杨连先开，俟其去远，方同余连开拔。甫出城，忽令急步南奔；夜行九十里，黎明自渭桥渡河，疾趋归省，自北门入报树藩，称奉胡命援省者。时省垣战事已三日夜，两军均惫甚。耿军之守钟楼者，饮水断绝，兵士至澄滤尿汁润喉吻。忽闻有兵来自北面，枪声甚厉，树藩军又扬言，胡军全部来援。耿、刘知不敌，因相率由南门退出。郭坚自凤翔率部来援，至咸阳之三桥镇，闻败耗，亦引还。耿、刘诸部既退出长安，经鄂县，过盩厔，绕太白而西，据岐山县城，掘壕沟，修战备，将前所截得之子弹，分输凤翔。凤翔为西路第一坚城，郭坚自山西败归，即驻此为根据，耿、刘西来，亦以此也。

树藩既遭踰逾之险，恨耿刺骨，及其西去，颇欲以全力对付之。除令王飞虎、李天佐牵制高峻外，余如刘世珑、曾继贤两旅长，带同严锡龙、张金印、张鸿远各步团，姜宏模、曹位康各骑团，俱令分道西进。是时胡景翼亦回省，其所部原属刘世珑旅，因即命为前锋。先是兴平、盩厔，俱有耿部少数驻扎，树藩军先后围而攻之。耿知数处兵力单薄，陆续调回岐山。树藩军开至岐城下，即在东、南、北三面包围，阙西路者，恐郭坚之出其后也。耿既布置城守完密，即出兵城外，与树藩军连日接战，互有伤亡。城东有凤凰村，地甚高，得之可以下瞰城内，树藩军多营来攻。耿军守将简大獒，勇敢士也，与其部下皆善射击，枪不虚发，树藩军不能取胜。至日暮，树藩军将收队，大獒率其徒数十人急攻之，得枪弹无算。至第六日，大獒忽中流弹死，耿军气稍衰。树藩益令刘世珑合兵围之，内外交通几断。是时张鸿远、严锡龙等，以与树藩私人关系，颇用命。胡景翼则欲利用时机，以达其实力扩张张之目的。遂与耿、刘密函往来，令其让出岐山，东与高峻结合，俾己军得以先入功，冀升编为旅，多得枪械子弹，然后响应，以为交换条件。约既定，耿、刘即率众由北门出，胡果以首先克复岐山告捷于树藩。八日夜之血战，暂告终结。耿、刘自岐山退出后，循北山东行，至富平之美原镇。树藩复使胡景翼团跟追之，攻守五日夜，耿以岐山之约责胡。胡请耿再退，复弃美原而东；与高峻合兵攻占白水，越数日南下袭攻蒲城，耿为前锋，死于城下。而张义安遂发难三原。

三原战事之酝酿，原因有三：（一）岐山战后，胡景翼以先入，故对树藩怀极大希望。顾树藩微闻胡、耿通函状，疑之，故对胡之希望略无表示，且战后照例之枪弹补充亦靳而不与。因之谣言蜚腾，衅端渐开。（二）胡部营、连长中，学生最多，如张义安、董振五、冯毓东、杨瑞轩等，逐陆之役，皆与有力。耿、刘战起时，踊跃欲动，而胡则以欲达其实力扩张之目的，抑制之。及树藩不信任之事实表露，邓宝珊等又日夜催促，刘允丞诸人复左右之，张、董遂不俟胡之同意而发难。（三）岐山战后，耿、郭先后东来，胡军以追击为名，亦东开至蒲城、富平、三原处。三原为陕西商业中心地，距省仅泾、渭之隔，树藩甚不愿胡部屯留，因令其旅长曾继贤，带同团长严锡龙来原驻防，而假胡以剿匪司令名义，令尽率所部东击高、耿。时胡军之在三原者，为张义安之备补营，兵不满三百，曾、严甚轻之，迫令开拔。腊月十三日夜，大雨雪，曾、严军均围炉不设备。张义安先使董振五等伪为查城者，分缴各城门曾、严卫兵枪。又于各要隘巷口，派兵布置，断绝曾、严各部交通。乃向曾之旅部，严之团部，四面攻击。战事竟一日两夜，悉解缴其军装，曾、严缒城遁去，至十五日平明始定。而曹世英率部至自耀县，胡景翼亦自富平相继至，乃共树陕西靖国军旗，而各统所部，为左、右两翼军。张义安即率一支队，由原出发，西自兴平渡河，直趋省城。

高峻当岐山战争前后，率部往来白、蒲、富、原、耀、同一带，时与王飞虎、李天佐部小有战事，及耿、刘东来，郭坚亦舍凤翔至白水，四人旧好甚笃，遂结合为一。其时白水为王飞虎部营长王永镇驻守，高与郭、耿等部合攻之三日，王不敌，溃围走，白水再为高峻所有。顾白水小县也，高、耿、郭、刘四部居之，供不应求之事，时有所闻，因议袭蒲城为根据地。十二月十四日夜，即三原战事第二晚，曾、严败走时也，耿直亲率所部，进袭蒲城。黎明至城下，夺门入城。时胡部第三营岳维峻在蒲，三原之事不知也。维峻与天佐皆蒲城人，且厚交，恐桑梓残破，因助李巷战。而耿众复不守纪律，时有争取财物者，耿使人严令禁之。紧急之际，命令不易传知，他部接应者又失时。旭日东升，耿见事不佳，退出西门，忽中流弹死。当耿袭蒲计定，差武功人李慰亭送信于耀县曹世英。时曹已接胡景翼自富平函，方为三原派援，即令李持复报耿，力主蒲不可袭，谓三原既胜，蒲为疥癣之疾，无关要害。且李虽助陈，可以战胜之威，改变其态度，化仇为助。蒲距耀百里，十五日下午，李方抵蒲，而耿是日清晨已战殁，故耿直至死，不知张、董辈之应已也。

陕诸将中，与陈树藩最恶者，莫如曹世英，而诸党人又多在曹所。及曹与胡组织靖国军，争为雄长，意见不一，其后虽经调解，分其军为左、右翼，各称总司令，然内幕之龃龉，时所不免。树藩知之，间使一日数至，许迁胡军第三营营长岳维峻为团长，令其图曹。岳以告胡，胡以告曹。曹遂拍电树藩，责数其罪。树藩接电，知离间不行，即命刘世珑、曾继贤率兵由泾阳进攻三原。胡、曹各由西、南两门应战，自晨至暮，胜负未决。时郭坚、高峻、刘锡麐各部，均开至高陵一带，沿河屯扎，预备攻省城。某君者，机智士也，扬言刘锡麐率千余助骑由东南来助战。胡部闻之，恐刘收战功，遂选精卒徐元凯、介天青等直扑敌阵，大败之，靖国军遂获全胜。夺获大炮一尊，机关枪两架，马步枪无算，而徐、介等亦阵亡。

腊月二十四日，左翼军王祥生等攻泾阳。当是时，右翼军张义安，已由兴平渡河过盩、鄠等县，进攻长安，连获胜利，近逼省城。捷报至三原，群议宜合泾围省，为根本上之解决。世英遂于二十六日到高陵，会同郭坚、高峻等军，渡渭河驻新筑镇。二十八过灞水，与树藩军战于灞桥、十里铺、光合庙、水腰、草滩各处，由东南而西北，战线达五十余里。自晨至日暮，树藩军不支，急将驻泾阳之樊钟秀部调回，分防省西，胡部田玉洁遂进占泾阳。是日左翼军之在省东者，已进至韩森塚，旋以食尽，战又无坚城可据，且悉陈增兵，虑其来袭，遂仍退回新筑镇。

张义安渡河后，连战皆捷，二十九日进占省垣西关外之大营盘。树藩悉其精锐来攻，集中机关枪、大炮各营连，作猛烈之射击。张见敌军来势，知东路曹军已退，即持冷静态度，非敌军攻至最近，目标最显时，严令军中不许还射一弹，然时一发枪，树藩军即死伤满地。战至晦日，树藩军不能尺寸进。张与诸将计日："敌军如此攻我者，知我军子弹不充，欲以火力取胜也。连日以来，敌已耗弹不少，死伤亦多，其气馁矣。直薄而进，纵不破敌，胜算可必。"即率众越壁直扑敌垒。树藩军虽欲延战，而兵士已纷纷退部，急敛全军入城。七年阴正月初一日，张军遂进驻省西关陆军学校及其左右民商房内。翌日，树藩军登城俯射，枪弹时从窗隙入，且中人。张觉其地不可久持，整军退出，仍前驻大营盘及甲种农业学校、大小雁塔等处，图与左翼军携手。

左翼军退至新筑镇、耿家集等处，时闻省城方面炮声隆隆。或疑树藩军内变，或疑张军进城。后由三原传来消息，始知右翼军已攻入西关复退出各情形，群情哗然，颇有归咎左翼无故退却，不能分敌兵力者。曹世英复联合郭坚、高峻各部，图再举。适王飞虎之第一营营长杨虤、第二营营长王永镇，相继由朝邑、同州来属。曹愿当前锋，而省城南门守者刘某，亦来函约为内应，于是东路各军，遂再过坝水，驻扎光台庙、水腰、草滩各处。树藩甫接战，即败去，左翼军长驱大进，前线一部有入省北关者。树藩急由西路防线抽出精锐，连夜转开东路。曹、郭诸军，战一昼夜，疲甚。又见敌军新增，恐不能胜，相持至傍晚，复退回新筑镇。翌日拂晓，树藩军突过坝水来攻，各部命令不能一致，未及商榷应敌，争先溃退，渡河而归。

东路诸军，二次攻省既退，树藩又移其精锐，专力西路，于是有小雁塔之战，时已近灯节矣。树藩与其将刘世珑等议曰："我不意耿直之后复有一张义安。今耿直已死，而张且如猛虎长蛇，盘据城外，不出奇以挫之，其锋不可当也。闻小雁塔兵不满连，张义安当不在此，今宜先牵制其大部，然后进围该处，济以极大之火力。此部摧灭，余必气馁，自可迎刃而解矣。"计既定，即出战。而张军之在小雁塔者，适为董振五，树藩军张鸿远、陈世珏等以步兵五营合围之，炮兵、机关枪连又相继至，弹射之密如飞蝗蔽空，轰轰如烈风震霆，塔外土墙，强半摧毁成平地。董一方督战，一方命军士于墙下掘战沟为掩护，悍然不顾之气，与敌军攻势俱增。至夜分，树藩军终不能进一步，而攻益烈，董军时有伤亡，众惧。董慰之曰："我以数十人守，彼以全副精锐无虑百倍来攻，战一昼夜，不能如我何，敌之伎俩可见矣。诸君何惧为？况义安在外，岂能袖手乎？万一不幸，敌益增兵，我援不至，绝不令诸君独死董某独生也。"众感动，守益力。至拂晓，张义安果以兵来援，树藩军退，围始解。而绥远卢占魁亦于是时率所部南来，靖国军之兵势益威。

卢占魁者，察哈尔人，拥有骑兵数千，尝据河套数年，曾受北政府编为旅长，旋叛去。至是标名西北靖国军，率所部自甘边庆阳府欲西攻甘肃。闻胡、曹、郭、高等与树藩战，连月不休，使蓝田人某，以书至三原，愿以所部助战。胡、曹等初不以为然，继闻其前部已抵耀县，乃推刘允丞、郑思成为代表，赴耀县欢迎，观其是否可用。卢到耀后，即派队分扎渭河沿岸，与高、曹等议进兵，并言其骑兵堪战，愿当前锋，于是协同左翼军，复渡河攻省。曹令步兵杨虤、王永镇、刘一敬、黄占彪、石象坤等作主兵，而以骑兵王祥生、程星五、刘锡麐等协同卢部任游击突骑，高峻、郭坚亦各率全部由东继进，自草滩至临潼，战线延长八十余里。曹军甫过坝水，即与树藩军刘世珑遇。杨、王等攻其前，卢部以骑兵迅出其后，刘腹背受敌，带众向东南集载原逃去，所携之八生七炮多尊，几为曹部所夺。树藩军之在斜口者，呼应遂中断。程星五以百骑袭坝桥，下之。坝桥无险可守，惟两堤能粗为掩护。树藩闻坝桥失守，甚惊，以其关系斜口、临潼、新丰诸军交通也，随以重兵由桥西来攻。其部分布桥东者，又以归道所在，亦由东面来攻星五军。星五两面拒战，自晨至酉，伤亡甚众，而应战益坚。无何，卢占魁亲督精骑，出桥东树藩军侧，树藩军大溃退。是日郭、高两部遂进占临潼、新丰，卢部亦进驻斜口。

靖国军攻省不下，非兵不强、将不勇、势力不敌也，分子复杂，号令不一，左右翼消息复不通，必由三原转递，往返稽延，军机是误，此进彼退，步伐不能一致，实为诸因之总因。然左翼军第三次进攻获胜后，树藩军亦疲于东西应战，防线曲叠，殆及百里。及用避实击虚之法，知曹军本不耐战，而卢部无纪律，因出其精锐数营，猛攻河口。卢部军甫经新胜，又以边塞骑兵素无斥堠戒备，一遇敌攻，未及呼援，仓卒先退。东西诸军闻之，因与俱退过河。于是曹军驻渭桥，卢军驻雨金，郭、高两军驻交口，渭河自此为南北天然之防界矣。计斯役王永镇部死伤独多。

省西有蒲阳村者，距城五里许，右翼军张义安以营余兵攻之。树藩军十余营合力来战，未几即向东南败去，张追至一大隧中，树藩军复回，四面围攻之。张知中伏，子弹且尽，而地势又极恶，众情忧惧。张命人持旧日备补营旗高悬，曰："此数尺布可以援我否？"树藩见之，知张在围中，相顾莫敢先进，但遥以火力压迫而已。日将没，围如故。张猛悟曰："兵志不云声东击西乎？"随由从兵中收集子弹十余排，分给二卒，令其潜至隧东南口，以排枪向敌射击。嘱曰：弹尽即返。树藩军果疑张欲乘暮溃围走，尽移各方兵向隧口堵截，张见敌军移动，知计已行。即率部潜出隧西北口，包围蒲阳村，地下掘壕，墙上穿孔，不数分钟，诸事完备。张跃身当先，以手搏膺，大呼曰："我张义安也，缴枪者免死！"村内树藩军多数出战，残留二百余人，皆卫辎重守伤病者，突闻张至，相顾骇愕，莫敢枝梧，悉请降，遂尽有其军实。及树藩大部觉，而靖国军旗已高树于城上矣。

樊钟秀有众千余，时隶树藩军为团长。三原战后，樊随曾继贤驻泾阳，尝约靖国军曹部攻泾，愿为内应，旋中变，不果。及靖国军两路攻省，省城空虚，树藩急撤回泾阳樊军，使以所部四营，驻省西鱼化、木塔、尹家、甘家四寨为屏蔽。张义安自进占蒲阳村后，即使李云龙、冯毓东各营，分攻鱼化、尹家两寨，均尚未下。阴正月十九日大雪，至夜，雪深尺余。义安忽令兵士，各用麻绳紧缚鞋袜，疾驰二十余里，绕鱼化寨之南，至甘家寨。俄顷登城，城中守军尚不觉也，其营长王泰来遂以众降。因驰书与樊，劝其舍逆效顺。樊见实力大方，又畏张神威，复书谓愿往蓝田整顿队伍，请让退兵之路。义安允之，即令各营罢攻。翌晨樊遂率众东行，张军皆于壁东欢呼送之。樊至省东三兆镇，即改建靖国军旗，由蓝田越秦岭，入商雒，暂为屯兵休养计。次日胡部蒋世杰、王俊生、靳伯纶、康振邦等均自三原分率步骑来会，军威益振。乃分道进攻省城，义安自率队进驻南郭外，距城四里之吉祥村。

树藩既屡败于张义安军，兼以两路敌势力日促，乃约豫西刘镇华入关相助，以省长一席为饵。镇华当辛亥时，尝隶东路招讨都督张钫部下，民国告成，率部归河南嵩县，编其部为镇嵩军，约一旅之众。树藩与有旧，且以其近而易至也，因正当靖国军两路攻省时，故刘许之而未敢动。及左翼军既退，刘遂乘机率所部至西安，时已正月杪。刘入潼关，先以书抵三原，告胡、曹诸人，谓伊此来，欲作调人，且请先退兵。胡恶其先以礼来也，拒之不情，又以义安孤军久顿坚城下，非善计，因连函催张回军作他图。张忿然曰："初不料同志诸人不可恃如此。夫陕事成败，在此一举，若一旦舍去，兵连祸结，胡所底止？三秦糜烂，万姓惨劫，茫茫前路，职咎伊谁？我男儿也，不能为国除贼，徒使八百万同胞沦于浩劫不复，吾实无面目立天地间。"随以函复胡曰："我自决志起兵，即置生死于度外。今我战而胜，贼可逐，志可遂；不胜，以一死谢全秦父老，胜腆颜人世，不尤多耶！然我必死于附省二十里内，此外无我死所矣。"终不返兵。胡不得已，乃许其不撤兵，而促其单人暂回三原，决大计。张因稍退兵至鄠县，轻骑归原面胡。计事毕，翌晨即复往前防，而树藩军与镇嵩军已攻鄠矣。张行过泾阳，晤田玉洁，由电机窃听知之。即西进渡河至鄠，随行仅十余骑，破围而入。城中见张至，如增劲旅千万，出城与战，大败树藩军。张因督众猛追，竟中流弹死。凶闻至三原，胡旋命董振五代将，回军三原。自此右翼军以泾河为防线，咸阳以西乾、醴、兴、武、盩、鄠、岐、郿等数十县，悉入树藩军范围。

七年三月，靖国军东、西路既退，渭北树藩军旅长刘世珑率一旅之众，自渭南渡河，至蒲城、富平间之施家镇，致书胡部岳维峻，约相见议事。盖刘初为陈树藩办军官团时，岳维峻、胡景翼、田玉洁均为学员，与刘有师生谊，张义安既战死，欲借此以收束胡部也。维峻得书欲行。众咸劝其宜带兵为备，乃以一连自随。及近所约地点，刘忽以众猛扑，维峻仓悴抵御，几被包围。适曹世英部骑兵连长程星五来援，合力反攻，敌大溃，退奔十余里而还。靖国军东北屏蔽，遂得无恙。

郭坚所部既弃临潼，乃转图东路，欲取同州为根据地。同州北连韩、郃，东通绛、潞，南瞰二华潼关，可以塞树藩军东方交通。同州驻军，为树藩团长王飞虎。坚先使其副官长杨介往说之，使反攻树藩，飞虎犹疑莫决。坚遂于二月二十一日黎明袭攻同州，登城者已数百人，以后队愆期，未下，乃围焉。是时树藩因省围既解，又得刘镇华镇嵩军为助，而新购大批枪弹又运至，遂有大包围之计划。时郭坚已移驻羌白，距同州二十里，高峻亦离交口驻关山，为郭后援。树藩计曰："靖国军攻省不下，内隙起矣。胡景翼驻泾原可以和诱，由高陵以东，曹、高、郭辈，以兵相见，无二道也。"遂使其将刘世珑、白弋人等西出乾、醴，直贯三、淳，遥为声援，不急东进。树藩亲带张鸿远、陈世钰、曹位康及镇嵩军之大半，自渭南渡河，合故市姜宏模、同州王飞虎、蒲城李天佐等众，图郭、高。其意以为胡不东援，郭必西退，然后合围泾原，一战成功，陕事可大定也。故其致镇嵩军团长柴春霆书，略曰："匪多骑兵，善邀袭，宜特防。羌白、关山诸匪，多用火力压迫，总以'形格势禁'四字为要图。能与匪战于泾原附近，则一隅穷促，胡景翼言和，他匪瓦解矣"云云。此树藩亲笔，关山战后为靖国军所得者也。

姜宏模者，本为胡景翼前所带之第二团团附兼骑兵营长，与胡为兄弟交，最亲善。岐山之战，献计于胡，欲借军事会议，召树藩诸将刘世珑、曾继贤、张金印等聚而歼之，反兵讨陈，胡不用。及胡部东开，姜即以所部骑兵，分驻渭南之固市、下邽等处。张义安发难三原，事前未通知姜，姜复衔之，故于靖国军之攻省，不左右袒。及树藩军渡河，姜附陈，时出兵断羌白、关山间之交通。高峻等患之，遂决计与姜一战。两军相见于下邽城下，时高以步兵当中路，卢占魁指挥官弓富魁以骑兵张左右翼。高与约曰："姜宏模年少而心机最多，宜以法乱之，号令进，则以兵退，号令退，则兵速进，姜可擒也。"既而高部王仕云与战，姜悉众来攻，未数刻钟，高命发冲锋号，王射击顿缓，卢众亦在原地盘桓，若无闻者然。姜大疑。无何，高改发收队号，王率部猛进，卢众亦风扫电驰出姜后。姜初以为靖国军后方有变，故收队，方欲尾击，而四面已被包围，腹背受敌，因大溃。高、卢各部，乘势横击，尽缴夺姜军械。姜为卢众所获，绐言兵也，弃枪逸去。

关山距下邽西卅里，宋范文正公仲淹，筑城屯兵以防西夏者也。当树藩渡渭时，曹世英即踵高峻开驻其地。城东北有村曰界坊，再北清寺，杨虎、王祥生等分防之。胡部岳维峻、董振五、邓宝珊、李云龙、康振邦等，亦同时至关山西南炮张、查理、相桥各处驻扎，盖预知树藩之必来攻也。树藩自分兵攻羌白，一方即至关山附近，张家店驻扎，布其军于官底、傅马村、赵村、冉家、南北宋、大小石田市等处，与靖国军各成子午线相对峙，相距无过二十里者。而界坊为攻关山必经之地，树藩所驻张家店与界坊相距最近，杨虎在曹部号为能战，故当此冲。树藩军开始攻击，即取威吓主义，火力甚盛。镇嵩军初到陕，不明真相，以为易与，张鸿远助之进攻尤力。战二日矣，树藩军炮弹突碎去杨所居之屋顶，杨众甚骇。杨曰：此偶然耳，亦作战应有之事，何骇为？至第三日夜，众急甚，适胡部李云龙、邓宝珊、董振五等来援，树藩军见终不能取胜，而镇嵩军死伤尤多，遂渐引去。同时树藩军在清寺，亦为同一之攻势。清寺毗连界坊，得清寺即能绕出界坊之侧，至关山之后也，曹部王祥生、李养初守之。清寺西宋堡，石象坤守之。清寺城小而薄，王知不可恃，舍而逆于城外。树藩军以火力制胜，炮弹之密，在陕战中不多见。王军子弹本不充，而所部马青苑、甄士仁等皆陆军学生，颇有战事经验，均能竭力守防。至第三日，子弹告罄，有一枪仅余数排者，有数枪不存一颗者，王与诸将终不退。未几，胡部邓宝珊带人来助；弓富魁初解羌白围，亦由东来出陈后，胡部冯毓东亦自富平至张桥，距傅马北十余里。树藩腹背受敌，遂尽撤前线之兵，向下邽、固市等处退却。而胡军驻相桥之蒋世杰部，亦于关山开战后第二夜，会同李云龙部袭破田市树藩军，擒其营长刘登科。

当关山战事正激之际，树藩将刘世珑，由醴泉方面渡泾河，声言欲取泾原。胡部田玉洁与刘有师生谊，避舍让之。刘军直进至泾西，不及城者十里许。刘初绐其部下，言田与己善，许献泾阳。及至城下，田婴城闭门不为动。胡景翼复亲身由原至泾，欲与战，刘遂不敢攻而退。树藩大包围之计划，至是遂败，而靖国军渭北之局势于焉以定。

酒河口者，酒水入渭之口也。树藩军自关山退却，胡部董振五即进驻其地，距树藩所驻之故市仅十里许。树藩恶其逼也，于某夜派兵来攻。时三月将尽，又值阴雨。董曰："天雨地泥泞，禾稼且为害。"命军士尽裸，只喊杀而不鸣枪，向敌猛进。急电骤雨之下，董身先士卒，横贯敌阵，敌军惊溃。董始命以排枪追击之，且十里，日出始还。

邓宝珊在靖国军中与张、董相善，且有能名，树藩恶之甚，欲得而甘心焉。邓时以少数兵驻上涨渡之某村，树藩军侦之，悉以数营乘夜来袭。邓适于午间他去，代以冯毓东部将霍龙光，亦战将，特以初至，地理不明，仓卒应战，竟死于乱军中，部众殆无免者。董振五闻枪声，急率兵来救。树藩军方战胜，正在搜罗民间财物，忽闻董至，皆争先溃走。董尾追之，尽夺其所获，遂仍以一连兵驻守其地。此皆关山战事之余波也。

羌白在同州东，为渭北巨镇，闾阎繁盛，商旅辐辏；北可以攻蒲城，东可以扼大荔，南渡渭河，堪阻二华交通。郭坚据之，分布其军于大荔四周村落，以攻王飞虎。树藩初渡河，至渭南之孝义镇，即从间道召飞虎及李天佐，议破坚军。三月十五日，飞虎由东面进，天佐由北面进，树藩亲率镇嵩军全部，由西南两面进。坚使李夺东拒飞虎兵于铜堤村，王仕云、王孝生、王镇西、孙步武等，北御天佐兵于龙阳镇，而亲率刘福田、麻振武等战树藩。飞虎招韩城硬肚子三百名，使为前驱。硬肚子者，拳匪之余孽也，设为吞符诵咒能避枪弹诸说，诱惑乡人。一般乡民，不堪兵匪之蹂躏，求起而抗之之术，以为惟此最工。而韩城为其发源地，飞虎遂招之为助。硬肚子皆乡民，无制服，无枪械，持刀矛作战。是日潜至铜堤村之洛河浮桥，坚军所设以通往来者也。桥几尽夺，乃觉，急使其连长徐太祥以劲卒数十人击之河干，硬肚子死亡殆尽。飞虎营长高步云，充前敌司令，犹督兵临阵。兵士见素所信仰之硬肚子且死，魄尽落，皆返奔。太祥乘胜猛攻，生擒其连长苏灵等三十人，独步云逃免。同日攻龙阳之天佐部，亦为王仕云等所败。惟树藩兵至羌白城下，坚亲御之三日，士卒皆死战。卢军弓富魁，自败姜宏模于下邽，侦知羌白有战事，亦移兵来援。树藩军乃退去，坚复引兵围大荔。此关山战前之役也。

树藩自关山退却后，耻其师出无功，思欲就靖国军中摧灭一部，以偿其代价。因留其少部于西，牵制胡、曹各军，而以重兵东围羌白。而郭坚自初次羌白战后，围攻同州愈急，数以书辱王飞虎。至云："尔为渭北飞虎而不飞，为陈家走狗而不走。"王终不敢开城延战。及树藩军再至，坚乃尽撤围同之军，集中羌白以待之。树藩军攻数日，莫能下，郭且乘夜出袭之，迭获胜。树藩亲临督战，并合张鸿远等，实行包围，以绝内外交通。高峻先自关山来援，弓富魁继之，树藩分兵迎战，相持四十余日。时已四月杪，城内粮草俱尽。曹部杨虤及郭部张铎亦来援，均未得胜利，乃引兵西击天佐兵于兴市镇，夜袭下之。郭坚乘夜雨，自羌白突围出走兴市，树藩军遂占羌白，时已六月下旬矣。

郭坚既由羌白退出，其前所派攻邻阳之马腾蛟又为守城之硬肚子所败，亦引兵来会。郭之图同计划，至此完全失败，乃与曹部杨虤等改而图西。原因如下：（一）胡、曹、高、卢皆有固定地盘，而兴市一镇殊不足屯大兵，顾而之他，遂生辟地凤翔之心。（二）陈树藩于春间，命西路各县，广种鸦片，此时正届烟捐收纳之期。靖国军占地既少，饷项常缺，郭且新出围城，因思与陈争收此项进款。（三）云南叶荃辈援陕消息，传至靖国军。沪上驻员又来函，言广东军政府接济陕军枪械，托由援军转交。凤、宝为南军必经之路，皆欲早日接头，优先取领。合此诸因，陕西战事，遂由省东一变而移至省西。

先是诸党人鉴于各军号令不一，作战困难，乃推王子元、张立卿赴沪，商请于右任，间道由陕北归三原。各部代表，在原开会，公推右任为陕西靖国军总司令。时张钫亦间道来原，众以钫知兵，推为副司令，并改编郭、樊、曹、胡、高、卢为六路，其次序由各代表抽签定之。陕西靖国军至是始归统一。

郭、杨等自兴市定议后，即先后出发。杨由耀县经淳化之通神沟，阻于当地硬肚子者多日。郭部经耀县之南，绕醴泉，至乾县城下，树藩守兵弃城走，坚遂占领乾县，命王珏、郭英夫、党玉崐守之，分遣张申、李生新进取扶风、武功，张铎进取岐山。坚亲率百余骑至兴平。树藩军连长贾福堂、胡绶卿等，杀其营长王振藩，迎郭入平。既而扶风、武功、岐山皆告捷，复遣李夺收复郿县。郭之第一路，至是乃大发展。遂编其所部为十支队，又以贾福堂为营务处长，使参谋萧荣绶为之副。盖因贾出身行伍，行动多不法，性复反侧，故使萧助之，即所以监之也。贾果未几而与萧龃龉，乘郭略地扶风，乃复叛，囚荣绶送树藩以自赎，兴平遂不复属靖国军。

樊钟秀自至商雒，欲进取南阳，阻于豫军者累月。因用惠又光言，复由渭南出山东，袭潼关，克之，得炮多尊，枪弹无算。树藩闻之，派兵来攻。其前驻潼关之一部，于潼关失守时，东走至河南之阌底镇，至是亦由东来攻。樊腹背受敌，尽弃前所得西走，退入蓝田山中。及闻郭坚在西路势复振，乃率众出临潼之马额，攻零口，欲通渭北。军不胜，沿山绕长安南境，西攻鄠县，亦未下。乃驻军盩屋终南镇，与郭部遥为声援。

卢部弓富魁，二次援羌白归，即分屯临属雨金，原属大程，富属觅子，淳属方里等镇。及见郭部由西来者，多携鸦片，皆跃跃欲染指，富魁遂率之而西，分驻兴平、扶、岐等县。

自郭坚弃羌白，同时高峻即回白水。及受第五路司令关防，又闻郭等皆西去，亦欲扩大地盘。韩城人强健、郃阳人王得标等，向受焦子静意，欲以韩、郃归靖国军，酝酿已久。秋节日高，由澄县猝以兵东至郃阳城下，城内守军无多，与知事贾某皆逃走，高遂占有郃阳。高之部下多刀客，无纪律，既得新地，暴横时闻。贾某乘之，怂乡团与抗。所谓乡团者，皆硬肚团也。一日聚众且万人，鸣锣挝鼓，挑战城下。高初戒其部下曰："彼辈受人愚弄，我不忍以敌待之，自来听其自去耳。"自晨至申，硬团气不少衰，且图登城。高部某营长曰："事急矣，我不忍人，人将忍我。"遂派数连出城击之，毙硬团三百余人，众乃哗溃。同时第三路第二支队杨虣亦收复韩城。

自关山却敌后，胡部岳维峻、李云龙、冯毓东、邓宝珊、董振五等，均节节前进，先后攻克大小舍、权家各堡寨，与树藩军刘世珑部战于上涨渡，大破之。会届收麦，乃暂令停止进攻。至八月，闻樊军复自商山出攻零口，岳维峻等即夺渡济渭，与树藩军中流交绥，悉破南岸敌垒，进攻马驹寨。马驹寨者通零口之要冲也，小堡密布，地形如箕，树藩军张鸿远等驻守之。我军仰攻侧击，悉覆其巢，及闻樊军西去，乃复退归。

是时靖国军副司令张钫，自终南樊军绕道至三原，与总司令于右任议攻守方略。树藩军驻防下邽之曹位康，与钫同乡，而有旧约，以地应靖国军。秋节前三日，遂与胡景翼有东路之行，至关山，曹复迟疑不决。适于总司令丁内艰，召钫归原代其职务。胡景翼南至故市附近，以书召姜宏模。姜佯应之，约胡入城计事。胡以旧交甚笃，从数人入城，姜留之以告树藩。树藩即至渭南，陈兵故市附近，使韩庆绶入城，促姜献胡。时李天佐亦自蒲城至故市，李、韩等遂挟胡至渭南见树藩，相将入省囚之。胡部岳维峻、董振五、冯毓东等，初闻胡被留，即以全部围故市，曹世英率王祥生等亦至。胡致岳、董等书与决曰："景翼判处死刑之日，即陕西靖国军绝续存亡之时。余虽不如古人，然常以关、岳自期，宁骂贼而死，不为降将军也。愿诸兄弟努力前进，无忘张义安于地下，则景翼虽死之日，犹生之年也。"岳、董等得书，围益急。李天佐与岳皆蒲人，情素洽，出见于野，言已与宏模久欲响应靖国军，特以陈树藩不易除耳。今欲借胡诱陈，俟其至则杀之，然后改树靖国军帜，因请退兵，一面以待陈来。岳信之，即撤南面围，李、韩，遂得挟胡以去，及觉，已无及矣。胡去之二日，李再出至岳所计事。胡部营长杨瑞轩等，恨其卖胡，率数人突入室击杀之，中七弹死。而于总司令旋以岳维峻继胡为第四路司令。

凤翔于汉为扶风郡，西控陇东，南通巴蜀，为军事上必争之地，第一路司令郭坚，西来之目的在焉。九月十六日，郭令麻振武、李夺各支队进至凤翔东郊，分驻附近村落，而自引轻骑西进，收复汧阳、陇县。驻军李东材，郭之旧部，前充警备军二营长者也，因命仍守其地，复率骑南行至宝鸡。宝鸡守军，北洋陆军十五旅，闻风先遁，郭分兵守之，复还凤翔。是役也，往返四日，计程五百余里云。

自六年冬，西南靖国军联帅唐继尧即声言遣兵援陕，适陕代表王建极等复请援于唐，七年秋七月，唐遂命叶荃率所部云南第八军，由四川经甘边至陇县。李东材以城降叶，遂委为前驱，至凤翔。凤翔守兵魏进先、吕金堂、梁文炳等，前迫于叶军，后阻于郭部。张副司令钫亦由三原来，以魏、梁诸人，均为其昔年旧部，使其参议刘承烈，致书约降，凤翔乃下。阴历十月初三日，张副司令钫入凤翔，郭司令坚继之，叶荃又继之。张旅派兵助樊钟秀克盩厔。于是西路各县，除鄠县、兴平外，悉复归靖国军范围。

靖国军既得叶军增援，西路各县次第收复，且欲作进一步之计划。陈树藩惧，一面向北庭乞援，一面商请井勿幕、彭仲翔以调人名义至三原，欲使收束胡部，以抵制叶荃。顾井为民党巨子，久为树藩软禁省垣，此时乘机至三原，即被推为靖国军总指挥，彭授军务处处长。井旋率岳维峻、董振五等西至凤翔，晤叶商陕事。是时贾福堂复叛靖国军，多为残暴行，自咸阳以西，时人谓之黑暗地狱。井自凤翔还，即集合第四、第六两路兵，环攻兴平，数日未下。时井驻后方，十一月十九日，忽得郭坚书，邀至距城十五里之南仁村计事。及往，郭固未在，则见李东材迎之入室，方寒暄间，忽有人报，郭司令至矣。井出往迎，甫至门外，东材遽自后发枪，击井及从者，皆死。东材取井首，驰省报树藩，树藩迁东材为汉武军统领。郭书，李之伪作也。李降叶，随至凤翔，郭以其旧部，请叶归诸己。不知李固别具肺肠，初起草泽，甚忠郭，及为警备军营长，致富至百万。郭败，更任树藩团长，驻防陇县，绌于势，降叶。至是复通树藩杀井。或曰："井之死，实郭坚使东材杀之。郭与井书亦真，而非伪。且所欲杀者，又非仅井一人，并欲致岳西峰、董振五、邓宝珊诸人于死，盖诸人皆同时被邀者也。且使既杀之后，即持诸人之首投陈，得便杀陈，然后彼方得以横行无忌。讵岳、董诸人在行间，且知郭不可信，未肯往，遂免于难耳。"或又曰："郭坚本不欲杀井，由其参谋长马某设为方略，使东材杀之。"华君考康《井案纪实》，载其证据甚确。此两说也，姑并存之。

井勿幕既死，靖国军之攻兴平者，军气为之顿挫，即各罢归。是时，树藩以西路各县俱为靖国军所占，军饷无来源，乃使北京非国会议员高某，向日本所经营之银行借债四百万元，以陕西纺纱厂优先权为抵押。靖国军闻之，益大愤，各路代表会于乾县，协议会攻省城，而奉军忽入关。先是奉军师长许兰洲率部驻郑州年余，早有入陕代陈之心。树藩屡电北庭，谓其力足以制靖国军，拒许使不西来。及闻叶荃至陕，而南军王安澜、石青阳等后至者尚多，因请派援。许遂以援陕总司令名义，副以北洋军第四旅旅长张锡元，先后入关。树藩亦三路出兵：使张鸿远出兴武为中路，白弋人出醴泉为北路，镇嵩军出鄠县为南路，以与靖国军抗。张鸿远至兴平，诛贾福堂，尽有其枪械财物，随至武功备战。而叶军自抵凤后，颇思与树藩军一战，以验其虚实。又因胡、卢各部攻兴平未下，井勿幕又死，益愤，因东至扶风、武功间之杏林镇，以郭、卢两部为左右翼，进与张鸿远军战。鸿远素号能军，初交颇凶猛，叶军死伤甚多。但越境出师，又且第一次出战，未肯示弱于人，故践尸而进，愈见奋励。至午分，敌军节节后退，尾追十余里，已近武功城下矣。方冀两翼兵乘胜逐北，乃后方枪声忽大作，郭、卢两部互相冲突。张闻之复回战，叶军气馁，几致败。盖以卢部两卒负伤倒地，郭部某利其自来得枪，遽致两卒于死，携枪去。卢部觉，乘郭某部不意，击杀十余人，而夺其枪，遂舍敌互讧。叶询悉，恨甚，而无可如何。各军遂扼守杏林周围各村坞。郭坚旋由华家坞渡大㜑，进据兴平县城东北之冈儿村，复派骑出东大道，经大小韩店，至马嵬，获敌转运粮秣之参谋薛骅杀之。

奉军入关后，使张锡元驻渭南，许兰洲自引所部，自咸阳西进平。西路靖国军郭、卢各部，相形见弱，叶军亦以后援未至，未敢轻战。而副司令张钫行营驻盩厔，与樊军又同被围，因函商于总司令，令第四路董振五、冯毓东、李云龙，及第三路杨虎、王祥生等西行助战。董至武功北，不及照会叶军，即与许军交绥，连获胜利。许军某地驻兵约两连，董见可袭，即于日中整队直其处。许部见来军持有己军旗，不疑，兵且照常致敬礼，董遂不费一弹尽夺其械。所持许军旗，实得之阵上者也。许闻报骇然曰："吾未入关，即即闻董振五骁武缉伦，今日相遇，真名下无虚也。"冯、李与董同来，许欺其少，围之三面，势颇危。董闻报，急率众出许军侧，图解冯围。甫至一田间小房后，方布置间，忽一弹飞来中脑部，仆地气绝。其地名大王村，时阴历十二月二十日也。邓宝珊旋代统其众，未儿与冯、杨等东归；叶亦弃杏林防地，西归凤翔。许军遂长驱至岐山。是时靖国军益不竞，而北政府又命晋军以一旅自禹门渡河，以甘言诱高峻部曹树勋。树勋退屯澄城，晋军遂占驻韩城。甘肃陇东镇守使陆洪涛，亦率万余人，分驻邠、长、陇县及凤翔之北部。北洋军十五旅管金聚，亦于是时袭占宝鸡。

八年阴正月，奉军、北洋军、镇嵩军及树藩军，东西分八路，向靖国军作总攻击。兹先表列主客各军情形如左：

陕西主客各军防地人数表

首领	地盘	人数
（一）靖国军		
曹世英	高陵	二千余
岳维峻	三原、泾阳、富平	四千余
高峻	白水、澄县	三千余
卢占魁	耀县、同官	三千
叶荃	耀县	三千
（二）陈树藩及北洋军		
陈树藩	省垣附近及榆林道属与蒲、同、兴安旧属	三万余
刘镇华	盩、鄠、郿及长临境内渭河南岸	八千
许兰洲	兴平以西至凤翔	一万五千
张锡元	渭南以东至潼关	五千
管金聚	宝鸡、凤县	五千
晋军	韩城、郃阳	三千
甘军	三水、邠、陇及凤翔北部	一万余
刘存厚	汉中道属	二万五千余

其在西路攻击者：一为盩厔，二为岐山，三为乾县。

盩厔自樊钟秀占据后，镇嵩军即以兵围之。当叶、郭各军与树藩军相持扶、武间，终南左右，时有小战争。奉军攻岐，镇嵩军围盩益急。城外有村落十余处，初为樊军所占，后渐弃之，歃军入城。镇嵩军遂逼城下，屡以极大火力攻城，樊不为动。至八年阴正月望，围久守惫，镇嵩军乘夜登城，樊军西走凤翔。第一路第五支队，亦弃郿县归凤翔。自此靖国军遂绝迹于渭河以南。

自董振五死，扶、武间南北防线全撤。郭坚归凤，留兵千余人守岐。正月十五日，奉军直薄城下，由东、南、北三面攻。郭部初御之甚力，至二月八日，奉军火力极盛，城内渐不支，未几，即弃城西走，岐山遂为奉军所占。

乾县守军为郭部王珏、郭英夫，众不满千。树藩初命白弋人攻之，无所取利。及叶、郭等撤杏林防，奉军向岐山西进，树藩部张鸿远，遂率全部而北，助白攻乾。故乾县较岐山、盩厔，战时最长，战情亦最烈也。

同时东路北洋军第四旅张张锡元攻交口、相桥，树藩军姜宏模攻关山；刘世珑及李天佐遣部郭秉城、緱章保攻施家坡、兴市镇，皆于八年阴正月开始。

交口守军为第三路曹世英部王祥生，众只三百，所部程星五、马青苑、甄士仁等皆能战。当闻敌军司令部已驻田市镇时，即在石川河西岸掘壕沟且十里，与相桥防线相接。敌军至河东，以河水浅隘欲涉，王军阻之，夹水攻击，三日后攻愈烈，炮声不分昼夜，相持逾灯节，敌军不能越进尺寸，方休战。且致王书曰："我来陕剿匪，不知交口所驻即执事之骑兵团也，愿从此休兵敦好，永不相犯。"

相桥守军，为第四路岳维峻部蒋世杰、史铸两营，胡景翼以前第二团老队伍也。董振五驻相一年，城垣壕沟，设备极完。张军自渡河，一方攻交，即一方分兵攻相。当未战之先，获敌密探，令循战垒而视，纵之归，尽以状告。及来犯时，蒋军阵地已改易，敌不知也，冒昧深入，遂败退。其后张锡元至西安，于树藩座上晤胡景翼，谈其此次来陕，不期在相桥遇劲敌。胡询何人，答云蒋某，胡微哂曰："此吾军最驽下材也。"张默然有愧色。

关山初为第五路高峻所驻守，高归白水，第四路胡部李云龙移驻焉。李固骁将，能战。而姜部自下邽败后，实力大亏，自正秒攻起，虽进占界坊，终未逼近关山，三月中旬，并舍界坊东去。同时树藩军一部,欲由高陵迤西之红崖渡过河,袭扰高陵后方,亦为曹部营长黄铭击却之。

施家坡,蒲、富间之小镇也。第四路冯毓东自富平移军驻防,邓宝珊率董振五旧部助之。树藩将刘世珑,由同州西来,先据蒲城荆姚镇,直逼施家坡,日以大炮向城轰击。冯部除分兵守城外,时出奇兵袭刘军,连破之。刘戒其部下曰:"张、董、冯、邓,齐名关右,此不可以力斗也。"令分扎者集合一地,使兵士掘隧道至城下,置火药于椟以纳之,以火线燃发,坏东城十余丈,冯、邓军惊,仓卒西退十余里。时交口、相桥已停战,程星五、蒋郎亭皆来援,刘终不敢西进,越数日退去。

兴市镇,为第四路康振邦、靳伯纶等合守。树藩军初至,即于四面包围,隔绝内外交通。康等于城四周筑矮墙,下掘沟,纵横交错。军士或伏墙内,或出沟中,防御甚便。郭、缑等部虽迭攻无效,及施家坡为地道火药所轰,乃效其法。康觉,亦由内向外穿隧截之,卒不得逞。围月余,城内食物渐告缺乏,燃料几尽。一日发见某商家藏羊油万斤,防夜赖之。二月望日,高峻派其营长茂轩,由白水来援,杨虎及卢部亦先后至美原,分骑兵挠蒲,以步兵直攻郭、缑,围乃解。

当是时,北京非法国会举徐世昌为总统,倡言议和,南北各派代表十人至沪,首约停战,而北政府听陈树藩一面之词,谓陕西为匪区,欲划出例外。时钱能训为北政府内阁总理,于总司令致电驳斥。有:"日照潼关,遂送出亡清不死之名臣,民国非法之总理,陕人固待尔不薄也。"等语。盖辛亥西安起义时,钱适以藩司护巡抚印,民军获之优遇焉,事定,送之东归,故于电文及之。于复电沪和会力争,双方代表至停议以待,乃派张瑞玑为陕西划界专员。及至,则盩厔、岐山、施家坡已相继陷,乾县、兴市镇尚日日在战争中。是时樊、郭两军,已与奉军西部议和,受编为第一、第二两支队。叶荃率部东行至耀县,与卢军错处。张瑞玑至三原,复坚指乾县守军为匪,语多纠纷。四月秒,沪上和议停顿,树藩复向乾县增兵。王珏、郭英夫等守干已五阅月,恐独力将不支,因弃干城走三原,奉编为第七路。从此泾河以西,遂无靖国军。

九年,北洋军阀直皖两系分裂,奉军许兰洲亦离陕东归。夏六月，直皖战作，皖败，段祺瑞辞国务总理职。陈树藩以夙附皖系自危，乃释胡景翼，欲借以联络陕人，图自治。景翼既归，复继井勿幕为靖国军总指挥。是年陕西大旱，民食屡空，军糈更无所出。因无复军事之进展，而惟汲汲于兴水利，设学校，培养军事、政治人材，休养训聚，以待将来。

十年夏，北政府免陈树藩职，而以直部师长阎相文督陕，率三师一混成旅入关。树藩败退汉中，其部下归附靖国军者甚众。当是时叶荃已率滇军返川，第六路卢占魁部随之西行，至广元，众溃散。第二路樊钟秀，复循商雒至南阳，靖国军副司令张钫亦随樊军东去。胡景翼以攻战连年，名将凋落，兵民交困，思假途直军，另谋出路，而曹世英、高峻亦皆愿受编。景翼请于于总司令不得，因以兵解散总部，于总司令先期避居东里半耕园。曹部支队长石象仪，据高陵反抗世英。其驻交口之马青苑、甄士仁等，亦逐其支队长王祥生而独立，皆拥护靖国军。胡景翼助曹世英以兵入高陵，执象仪归三原。曹部支队长杨虎城时驻武功、扶风间，力请于总司令西巡，誓终始靖国军无贰心。第七路司令王珏，亦持正义不屈。先是郭坚入省，为冯玉祥所杀，其部下李夺、麻振武等无所属，至是皆请复归靖国军。于总司令遂更任李夺为第一路司令，杨虎城为第三路司令，麻振武为支队长。

十一年春，杨虎城使孙维栋迎于总司令，曹部营长于鸣冈，率部扈送西进，茹卓亭、李子逸诸人，皆随之而西。于总司令遂复于西路建靖国军，设总司令部于凤翔，并于武功置行营，以便前敌指麾。

阎相文督陕，未几忽自杀，冯玉祥继为陕督。而直奉军战事又起，冯奉直系命令，率部东出，胡景翼、曹世英部皆随之东行。是时，杨虎城适于乾县铁佛寺截获甘肃军械，于总司令乃命虎城及李夺、麻振武合攻直军之在西路者，且亲率炮队助战。虎城进攻马嵬，而李、麻各趋利竟不至，虎城遂败；李、麻亦败。虎城旋率部北至榆林依井岳秀，李、麻等势益孤。时刘镇华继冯为陕督，使人招之，遂转隶镇嵩军。于司令自此经陇入川，至重庆，沿江东，以达上海。而此最后西路一战，遂为陕西靖国军之总殿焉。

三　军政军制纪要

（甲）西安发难后之陕西靖国军组织编制表

陕西靖国军总　司　令　郭　坚　　副　司　令　耿　直
　　　　　参　　　谋　萧荣绶　　郭　浤
　　　　　秘　　　书　党　沄　　书　　　记　秦培烜
　　　　　副官处长　陈汉峰　　军需处长　辛子秀
　　　　　军法处长　杨秀石　　军械处长　刘精三
　　　　　第一支队司令　耿　庄　　第二支队司令　李　夺
　　　　　第三支队司令　麻振武　　第四支队司令　马腾蛟
　　　　　第五支队司令　王仕云　　第六支队司令　刘福田
　　　　　第七支队司令　王　珏　　第八支队司令　郭英夫

（乙）三原发难后之陕西靖国军组织编制表

陕西靖国军右翼总　司　令　胡景翼
　　　　　顾　　　问　曹毓生　　范卓甫
　　　　　参　谋　长　李秉璋　　参　　　谋　同文成
　　　　　秘　　　书　范卓甫　　书　记　长　张维直
　　　　　副　官　长　靳经国　　军需处长　朱思聪
　　　　　军法处长　刘墨臣　　军械处长　高文明
　　　　　总　指　挥　邓宝珊
　　　　　第一游击司令　田玉洁　　第二游击司令　张义安
　　　　　第三游击司令　岳维峻　　步兵第一团
　　　　　　　　　　　　　　　　　团　　　长　冯毓东
　　　　　步兵第二团　　　　　　步兵第三团
　　　　　团　　　长　李云龙　　团　　　长　康振邦

步兵独立营
营　　　长　董　威　　骑兵营营长　　张维和
炮兵连连长　刘佩蓉　　骑兵连连长　　胡彦海
机关枪连连长 杨德玖　　侦探兼递兵
　　　　　　　　　　　哨　队　长　　柴松亭
陕西靖国军左翼总　司　令　曹世英
　　　　　　顾　　　问　韦　虞
　　　　　　参　谋　长　王　烈　　参　　　谋　员绳先
　　　　　　秘　　　书　张梦宾　　书　记　长　卢文模
　　　　　　副　官　长　杨仁天　　军需处长　　吴子齐
　　　　　　军法处长　　张瑞卿　　军械处长　　梁都堂
　　　　　　第一游击支队　　　　　第二游击支队
　　　　　　司　　　令　赵子健　　司　　　令　石象仪
　　　　　　第三游击支队　　　　　第四游击支队
　　　　　　司　　　令　刘锡麟　　司　　　令　石强斋
　　　　　　第五游击支队　　　　　第六游击支队
　　　　　　司　　　令　杨慭　　　司　　　令　张玉山
　　　　　　第七游击支队　　　　　第八游击支队
　　　　　　司　　　令　王起才　　司　　　令　李秋轩
　　　　　　骑兵团团长　王祥生

（丙）于右任归陕后之陕西靖国军组织编制表

陕西靖国军总　司　令　于右任　　副　司　令　张　钫
　　　　　　总　参　议　茹卓亭　　参　谋　长　刘月溪
　　　　　　参　　　谋　余钦烈　　秘　书　长　刘绍文
　　　　　　副　官　长　刘子茂　　军务处长　　彭仲翔
　　　　　　军法处长　　李琴舫　　军需处长　　蔡江澄
　　　　　　军械处长　　高又明　　外交处长　　王子元
　　　　　　财政处长　　柏　堃　　副　处　长　郭子兴
　　　　　　教育处长　　蔡祥符　　书　记　长　李瑞峰

	卫戍司令	李秉章	卫队营营长	李励生
	粮台总办	同文成	帮　　办	刘鲁堂
	帮　　办	唐新斋		
陕西靖国军第一路	司　　令	郭　坚		
	参 谋 长	马凌甫	参　　谋	郭　泫
	秘 书 长	党　沄	书 记 长	田华堂
	副 官 长	杨季石	军需处长	辛子秀
	军法处长	萧荣绶	军械处长	蔚定候
	军官战术研究所所长	雷赤城	学生教导连连　　长	安石城
	先遣司令	刘锡麟	第一支队司令	张　铎
	第二支队司令	王　珏	第三支队司令	郭英夫
	第四支队司令	王仕云	第五支队司令	耿　庄
	第六支队司令	刘福田	第七支队司令	贾福堂
	第八支队司令	党玉崑	第九支队司令	李　夺
	第十支队司令	麻振武	卫队骑兵团团　长　兼卫队步兵第三营 营 长	党海楼
	卫队步兵第一营 营 长	马腾蛟	卫队步兵第二营 营 长	李生新
陕西靖国军第二路	司　　令	樊钟秀	副　司　令	阎锡民
	参 谋 长	吉少峰	秘 书 长	陈霞廷
	副 官 长	王新更	书 记 长	何树三
	军需处长	阎秀峰	军法处长	王文轩
	第 一 支 队	李三林	第 二 支 队	赵德一
陕西靖国军第三路	司　　令	曹世英		
	参 谋 长	王　烈		
	秘 书 长	张梦宾	副 官 长	王继臣
	军 需 长	田衍九	军 医 处	郭仁甫

军 法 处	包国翘	军 械 处	吴子齐
书 记 长	柯伟玉	第 一 支 队	杨 麇
第 二 支 队	王祥生	第 三 支 队	石象仪
第一团团长	刘文伯	第二团团长	石象坤
骑兵团团长	王成章	简练队队长	杨仁天

陕西靖国军第四路　司　令　胡景翼
　　　　　　　　　参　谋　长　李文卿

秘 书 长	柏 堃	军 法 处	刘铭斋
军 需 处	朱思聪	军 官 处 长	郭叔蕃
军 械 处 长	高又明	军 医 处 长	杨介石
第一支队司令	田玉洁	第二支队司令	董振五
第三支队司令	岳维峻	第四支队司令	李云龙
第五支队司令	康振邦	第六支队司令	冯毓东
第七支队司令	崔式卿	第八支队司令	姚林翼
骑 兵 第 一 营		骑 兵 第 二 营	
营　　　长	张维和	营　　　长	靳经国
炮兵营营长	刘佩蓉	机关枪连连长	溫怀强
工兵连连长	崔宝航		

陕西靖国军第五路　司　令　高　峻　副　司　令　王雄生

顾　　　问	焦子静		王自荣
参　谋　长	曹济卿	秘　书　长	李裕本
军 法 处 长	田需霖	军 需 处 长	杨 渡
军 械 处 长	石生光	军 医 处 长	伊莘农
副 官 处 长	田明卿	第一支队司令	赵树勋
第二支队司令	张全贵	第三支队司令	谢丕绩
第四支队司令	李秀山	机枪连连长	赵乐山
骑兵连连长	阎振奎		

陕西靖国军第六路　司　令　卢占魁
　　　　　　　　　参　谋　长　张晋三

秘 书 长	黄庸伯	副 官 长	张少丞
军 需 处 长	卢占海	军 法 处 长	李明轩

军械处长	郑雨庭	总指挥官	弓富魁
第 一 支 队	张 威	第 二 支 队	武耀威
骑兵团团长	张九才	辎重营营长	马少泉
工兵营营长	杨文秀	机关枪营营长	刘 芳

陕西靖国军第七路 司 令 王 珏 系九年停战后续编

副 司 令	郭英夫	参 谋 长	史绩丞
秘 书 长	吴杰生	副 官 长	魏抱仁
军 法 处 长	田雨亭	军 械 处 长	王英诚
第 一 支 队	田华堂	第 二 支 队	苏子厚
第 三 支 队	王伯龙	卫队营营长	王 韬

陕西靖国军总指挥署编制表 民国九年成立

陕西靖国军总 指 挥	胡景翼		
顾 问	刘允丞	曹航生	
参 议	郭伯龙		
参 谋 长	李秉璋		
参 谋	同文臣	彭时斋	
秘 书 长	张翌初	范克立（继）	
军 需 长	朱思聪	主任军需	杜荫亭
军 法 处 长	史仲书	军 械 处 长	高又明
军 医 处 长	李蔚亭	副 官 处 长	郭淑藩
主 任 副 官	牟文卿	十分队总队长	杨瑞轩
第 一 分 队 长	张星南	第 二 分 队 长	韩子云
第 三 分 队 长	贾坤山	第 四 分 队 长	井寿章
第 五 分 队 长	赵璧轩	第 六 分 队 长	马正中
第 七 分 队 长	郭振才	第 八 分 队 长	武忠堂
第 九 分 队 长	李胜武	第 十 分 队 长	王序绪

四 附 录

于右任致南北代表书

少川、桂莘两总代表钧鉴：

和议频危，国人失望，瞻念前途，曷胜浩叹。阅京报（三月二日）载北京二月二十七日复朱总代表电如下："陕事自元日将五条办法电令饬遵至中央未尝诘难也。"等语。据以实事，其何能诬。

查省西乾、凤，省东蒲、富、临、渭前方各北军一电之发，顷刻可达，岂待五日。何得借当日北南停战之事，以为之证耶？即五日未能周知，试问元日去江日二十余日矣，其宜周知固也。何以尚须江日之停战命令。则二十余日之仍未停战，不言可知。今日三月十日，其去江日又七日矣，而乾、凤围急，兴市被攻，红崖渡今午又向我攻击。顷得省中确实消息，陈氏六七日已电饬前敌军队，查照中央江日停战命令，遵即停战，并已通电各省。而六日午后又电饬张金印激励将士，赶掘地道，以期轰克干城。七日又派机器局熟于爆炸术之刘某，携带地雷、黄色炸药并磨电机等前往乾县助攻。则陈氏迄无停战诚意可知。且不仅陈氏已也，北京又发给陈氏七九、六五枪弹各三十万粒，五生七、七生五及七生六炮弹各一千五百枚，已运至观音堂云云。由以上各节观之，北京与陈氏对于陕西实有所不甘心之处，必千方百计拖延掩饰，以杀尽此六七万义军然后快。非必北京之令出不行，亦非陈氏之抗命不遵也。

今北方代表全体辞职，既经笼统慰留矣。南方代表要求限时答复，又已不得要颁。和议前途如何，尚不可知。如和会而存也，务望双方代表速电北京，严词阻止观音堂之大批军火运入陕境。如果和议决裂，战祸重开，孰为戎首，责有攸归，则陕西靖国军虽覆亡之日，此存在之年也。此肃。即颂议安。　　弟于右任启　三月十一日

于右任通电

北报馆转南北各代表及各团体诸先生钧鉴：陕乱蒙念，涕泣以谢。顷阅上海某西报，竟有谓本部出兵省城者。试问处四面重兵包围之中，从何处出兵攻人。又有谓一隅战争，不必牵动和议者。试思陕为腹地，六七百里间居民日在枪林弹雨之中，即论人道已应拯救。况北京宣言实行停战，而在北杀人，在南欺人，诚意谋和，有如是乎！至近日战事，谨据实情报告如次。右任倘诬辞欺世，希图妨害和平，他日组织法庭，戮谢国人可也。

（一）东战场之情形：除张锡元一旅正式函知奉令停战外（彼担任交口、相桥方面），陈部刘世珑包围兴市已久，日用大炮轰击；姜某攻击关山，近复增兵。（二）西战场之情形：乾县被围月余，陈氏因地面战争不能得手，遂变而为地下战争，拉居民掘凿隧道，以备轰城，致死于黄泉者无算。并将附近数百里间民家麻袋全行搜去，装土作垒，以便射击。又强拉民夫数千，驱使填战壕，致死者不计其数。岐山本月十号已为奉军攻下，胡子队奸淫掳掠，惨难言状。停战之赐，有如是者！凤翔被刘、管、甘、奉各军围攻，我军屡函告急，恐变动即在此数日间。闻叶荃已脱围北走，未知现在何处。

唐绍仪复朱启钤函

敬复者：接三月十五日函开，王安澜于停战期内，进犯平利。三月十六日函开，郭坚、樊钟秀、叶荃等在凤翔城内，竟见决裂，互哄扰民。又一函开，王安澜于双方停战时，率众横窜，勒索商民各等由，均悉。查此间距陕道远电阻，究竟有无上述等情，尚难悬揣。惟来函一则曰停战期内，一则曰双方停战。据中外报纸所传，陈树藩实未遵令停战，皆可复按，不独于总司令一面之词为然。兴平、醴泉、武功、扶风、宝鸡、汧阳、陇县、盩厔、郿县等县，本为陕靖国军所有，于去年十一月十六日日，北京第一次下令后相继失去。岐山、凤翔、乾县在包围中。交口、相桥、兴市、关山、修石头、红崖渡等处战争，尚极激烈。施家坡已于本月十二日为陈军刘世珑所陷。此皆事实彰彰可考者也。至于叠函所开各情，自应以速电询，以证虚实。乃此间屡次与于总司令去电，均未接复。且据电局通知，去电均为陈树藩之陆军检查员扣阻。兹欲通电询办，从何着手？尚祈有以教之。特函汇复。此致朱总代表。

唐绍仪　三月十七日

近代史资料专刊

鸦片战争时期思想史资料选辑
太平天国资料
太平天国文献史料集
太平军北伐资料选编
山东义和团案卷（上、下）
义和团史料（上、下）
筹笔偶存
庚子记事
杨儒庚辛存稿
辛亥革命先著记
鄂州血史
云南杂志选辑
云南贵州辛亥革命资料
辛亥革命资料类编
华侨与辛亥革命
徐树铮电稿
一九一九年南北议和资料
秘笈录存
五四爱国运动（上、下）
五四运动回忆录
陆海军大元帅大本营公报选编
陕甘宁边区参议会文献汇辑

近代史资料专刊（22种25册）由 知识产权出版社（全国百佳图书出版单位）结集出版。